Oscar Rojas

Minidicionário Escolar Espanhol

ESPANHOL/PORTUGUÊS ❖ PORTUGUÊS/ESPANHOL

Copyright © 2025 do texto e ilustrações: Editora DCL

Direção Editorial : Rogério Rosa
Diagramação: Casa Editoral Maiuhy & Co.
Revisão Técnica: Carmen Barbosa
Telma Baeza

**Texto em conformidade com as regras do
Novo Acordo Ortográfico da Língua Portuguesa.**

**Dados Internacionais de Catalogação na Publicação (CIP)
(Câmara Brasileira do Livro, SP, Brasil)**

Rojas, Oscar
   Minidicionário escolar de espanhol: espanhol-português,
português-espanhol / Oscar Rojas. — São Paulo : DCL, 2025.

ISBN 978-65-5658-332-7
1. Espanhol - Dicionário - Português
2. Português - Dicionário - Espanhol I. Título

99-3720   CDD-463.69

Índice para catálogo sistemático:
1. Espanhol: Português: Dicionário   463.60
2. Português: Espanhol: Dicionário   869.87

Impresso na Índia

Editora DCL – Difusão Cultural do Livro
Av. Marquês de São Vicente, 1619, Cj. 2612 — Barra Funda
CEP 01139-003 — São Paulo — SP
Tel.: (11) 3932-5222
www.editoradcl.com.br

APRESENTAÇÃO

A DCL – Difusão Cultural do Livro – apresenta aos seus leitores o mais recente e moderno dicionário Português/Espanhol e Espanhol/Português, consciente de sua responsabilidade deste empreendimento editorial. O momento de globalização, onde é crescente o intercâmbio cultural, econômico e turístico entre os países do mundo, e no caso particular do Brasil com seus vizinhos da América do Sul – Mercosul – fez surgir a necessidade de colocar a disposição dos brasileiros um material atualizado e confiável do idioma espanhol. Assim, temos a certeza que este será um valioso instrumento de trabalho e consulta cotidiana.

Os Editores

PRESENTACIÓN

La DCL – Difusão Cultural do Livro presenta a sus lectores el mas reciente y moderno diccionario Português/Español y Español/Português, seguros de su responsabilidad en este empreendimiento editorial. Este momento de globalización, donde es muy grande el intercambio cultural, económico y turístico entre los paises del mundo, y en particular entre el Brasil y sus vecinos de la America del Sur – Mercosul – hace sugir la necesidad de poner un diccionario actualizado y confiable del idioma español, a disposición de los brasileños. Entonces, tenemos certeza que el presente, será un valioso instrumento de trabajos y consultas diarias.

Los Editores

Sumário

3 .... **Apresentação**

5 .... **O Mercosul**

13 .... **Universo Idiomático**

18 .... **Dias da Semana**
Meses do Ano
Estações do Ano

19 .... **Cores**

20 .... **Conversação Geral**
Expressões e Frases Úteis
Afirmando
Perguntando e Respondendo
Apresentação
Negação

27 .... **Situações e Lugares**
No Aeroporto
No Hotel
No Restaurante
Comprando
Direções e Viagens

33 .... **Abreviaturas**

35 .... **Espanhol/Português**

253 .... **Português/Espanhol**

427 .... **Suplemento Gramatical:**
Espanhol e Português
Noções de Gramática Espanhola
Espanhol e Português:
Semelhanças e Diferenças

O Mercosul

O Mercosul surgiu, anteriormente, de acordos de integração comercial entre o Brasil e a Argentina, assinados em 1990.

Em 1991, em visita oficial ao Brasil, o então presidente argentino Carlos Menem propôs a criação de um Mercado Comum que reunisse os dois países e mais Uruguai e Paraguai.

Em março de 1991, ficou estabelecida a criação do Mercosul a partir de janeiro de 1995. Nessa data, seria liberada a circulação de bens e mercadorias entre os quatro países.

Em julho de 1991 foram discutidas também as medidas práticas para o funcionamento do Mercosul. Em reunião em Montevidéu, os ministros da Economia do Brasil, Argentina, Uruguai e Paraguai discutiram a respeito de tentar unificar até o final daquele ano uma política antidumping. Os ministros decidiram que os países integrantes, antes de adotarem qualquer medida econômica importante, deveriam levar em conta seu impacto sobre o Mercosul e consultar os demais países envolvidos.

Em 1º de janeiro de 1995, Argentina, Brasil, Paraguai e Uruguai passaram a cobrar tarifas idênticas nas suas importações.

Chile em 1996 e Bolívia em 1997 tornaram-se membros associados e, em julho de 2006, a Venezuela aderiu ao bloco.

Os quatro países passaram a formar uma união aduaneira com quase 190 milhões de consumidores potenciais e um PIB (Produto Interno Bruto) total de mais de meio trilhão de dólares. O objetivo do bloco é dinamizar a economia regional, movimentando entre si mercadorias, pessoas, força de trabalho e capitais.

Países que participam do Mercosul

ARGENTINA - Nome oficial: República Argentina. **Área:** 2.780.092 km². **População:** 38,7 milhões de habitantes. **Capital:** Buenos Aires. **Moeda:** peso argentino. **Idioma:** espanhol. **Gentílico:** argentino. **Religião:** cristianismo.

BRASIL - Nome oficial: República Federativa do Brasil. **Área:** 8.514.215,3 km². **População:** 188 milhões de habitantes. **Capital:** Brasília. **Moeda:** real. **Idioma:** português. **Gentílico:** brasileiro. **Religião:** cristianismo.

PARAGUAI - Nome oficial: República do Paraguai. **Área:** 406.752 km². **População:** 6,2 milhões de habitantes. **Capital:** Assunção. **Moeda:** guarani. **Idiomas:** espanhol e guarani. **Gentílico:** paraguaio. **Religião:** cristianismo.

URUGUAI - Nome oficial: República Oriental do Uruguai. **Área:** 176.215 km². **População:** 3,5 milhões de habitantes. **Capital:** Montevidéu. **Moeda:** peso uruguaio. **Idioma:** espanhol. **Gentílico:** Paraguaio. **Religião:** cristianismo.

VENEZUELA - Nome oficial: República Bolivariana da Venezuela. **Área:** 912.050 km². **População:** 26,7 milhões de habitantes. **Capital:** Caracas. **Moeda:** Bolívar. **Idioma:** espanhol. **Gentílico:** venezuelano. **Religião:** cristianismo.

O acordo final de funcionamento do MERCOSUL foi assinado em dezembro de 1994, na cidade de Ouro Preto (MG), pelos presidentes Itamar Franco (Brasil), Carlos Menem (Argentina), Luis Lacalle (Uruguai) e Juan Carlos Wasmosy (Paraguai).

Outros Países

A inclusão de Uruguai e Paraguai foi quase automática.

Ambos têm na Argentina e no Brasil seus grandes parceiros externos e poderiam se tornar focos menores de tensão caso permanecessem isolados.

A capital paraguaia foi então simbolicamente escolhida para assinatura, em 6 de julho de 1990, do Tratado de Assunção, para a Constituição do Mercado Comum do Cone Sul (Mercosul).

Membros Associados do Mercosul

BOLÍVIA - Nome oficial: República da Bolívia.
Área: 1.098.581 km^2. **População:** 9,2 milhões de habitantes. **Capital:** La Paz. **Moeda:** peso boliviano.
Idiomas: espanhol, quíchua e aimará.
Gentílico: boliviano. **Religião:** cristianismo.

CHILE - Nome oficial: República do Chile.
Área: 756.626 km^2. **População:** 16,3 milhões de habitantes. **Capital:** Santiago. **Moeda:** peso chileno.
Idioma: espanhol. **Gentílico:** chileno.
Religião: cristianismo.

Integração Aduaneira

A rigor, o Mercosul ainda não é um mercado comum, organização que, além de mercadorias e serviços, permite a livre circulação de .

O único exemplo do gênero é a União Européia, ex-Mercado Comum Europeu.

O Mercosul é, por enquanto, uma zona de integração aduaneira, na qual os países membros circulam produtos sem cobrar mutuamente direitos alfandegários e mantêm, com relação a terceiros, as mesmas taxas aduaneiras.

A fusão não é, por enquanto, total. Dos 9.000 produtos que os países do Mercosul comercializam, pouco mais de 800 continuam a ser protegidos por barreiras alfandegárias quando se trata do comércio multilateral.

Para outros tantos, os países membros cobram impostos diferenciados de terceiros. Ou seja, não aplicam a TEC (Tarifa Externa Comum).

Estágios da Integração

Área de Livre Comércio: acordo entre dois ou mais países que institui em seus respectivos territórios uma única política de tarifas. Cada país mantém independência nas relações comerciais com outras partes do mundo.

União aduaneira: é o estágio em que ingressou o Mercosul no dia 1º de janeiros de 1995. Além da constituição de uma área de livre comércio, os países-membros estabeleceram uma política comum de relacionamento comercial com todos os demais. Para tanto foi estabelecida a TEC (Tarifa Externa Comum).

Mercado Comum: é o estágio de integração completa. Os países-membros liberalizam o comércio também no que se refere aos chamados fatores de produção — pessoas, bens e capitais —, estipulando a livre circulação desses fatores, sem quaisquer restrições. É o objetivo final do chamado Tratado de Assunção, que deu origem ao Mercosul.

O Poder no Mercosul

Conselho do Mercado Comum (CMC): órgão supremo cuja função é a condução política do processo de integração. O CMC é formado pelos Ministros das Relações Exteriores e da Economia dos Estados Parte, que se pronunciam por meio de decisões.

Grupo Mercado Comum (GMC): órgão decisório executivo, responsável por fixar os programas de trabalho e por negociar acordos com terceiros em nome do Mercosul, por delegação expressa do CMC. O GMC é integrado por representantes dos Ministérios de Relações Exteriores e de Economia e dos Bancos Centrais dos Estados Parte e se pronuncia por resoluções.

Comissão de Comércio do MERCOSUL (CCM): órgão decisório técnico, é responsável por apoiar o GMC no que diz respeito à política comercial do bloco e se pronuncia por diretivas.

Comissão Parlamentar Conjunta (CPC): órgão de representação parlamentar, integrado por até 64 parlamentares, 16 de cada Estado Parte. A CPC tem um caráter consultivo, deliberativo e de formulação de declarações, disposições e recomendações.

Foro Consultivo Econômico Social (FCES): órgão consultivo que representa os setores da economia e da sociedade e se manifesta por recomendações ao GMC.

Processo de Integração

Coordenação: pelo Tratado de Assunção, que deu origem ao Mercosul, os países membros se comprometeram a harmonizar suas políticas macroeconômicas (tributação, políticas monetária e cambial etc.) e setoriais.

Lista de Exceções: para facilitar o processo de adaptação das economias, o Tratado permitiu que cada país fizesse uma lista dos produtos que não se sujeitariam ao cronograma comum de redução de tarifas.

Universo Idiomático

Alguns países que falam a língua:

ESPANHA (ESP)
Nome oficial: Reino da Espanha.
Área: 505.954 km².
População: 40 milhões de habitantes.
Capital: Madri.
Cidades principais: Madri, Barcelona, Valência,
Sevilha e Zaragoza.
Unidade monetária: peseta.
Idiomas: espanhol, basco, galego e catalão.
Gentílico: espanhol.
Religião: católica.
Rios principais: Ebro, Tejo, Guadiana, Minho e Douro.

peseta

Espanha

- Bilbao
- Madrid
- Barcelona
- Valencia
- Sevilha
- Gibraltar
- Málaga

COLÔMBIA (COL)
Nome oficial: República da Colômbia.
Área: 1.141.748 km².
População: 37,1 milhões de habitantes.
Capital: Bogotá.
Cidades principais: Medellín, Cali, Barranquilla e Cartagena.
Unidade monetária: peso colombiano.
Idioma: espanhol.
Gentílico: colombiano.
Religião: católica.
Rios principais: Magdalena, Cauca, Meta, Arauca, Atrato e Patía.

COSTA RICA (CRC)
Nome oficial: República da Costa Rica
Área: 51.100 km².
População: 3,6 milhões de habitantes.
Capital: San José.
Cidades principais: Alajuela, Puerto Limón e San José.
Unidade monetária: colón costarriquenho.
Idioma: espanhol (of.).
Gentílico: costarriquenho.
Religião: católica romana.
Rios principais: Sapoá, Frio, San Juan Carlos, Sarapiqui e Chirripó.

CUBA (CUB)
Nome oficial: República de Cuba.
Área: 110.922 km².
População: 11,1 milhões de habitantes.
Capital: Havana.
Cidades principais: Havana, Santiago de Cuba e Camaguey.
Unidade monetária: peso cubano.
Idioma: espanhol (of.).
Gentílico: cubano.
Religião: católica.
Rios principais: Cauto, Sague la Grande, Agabama e Cayaguateje.

EL SALVADOR (ESA)
Nome oficial: República de El Salvador.
Área: 21.041 km².
População: 5,9 milhões de habitantes.
Capital: San Salvador.
Cidades principais: San Salvador, Santa Ana e San Miguel.
Unidade monetária: colón salvadorenho.
Idioma: espanhol (of.).
Gentílico: salvadorenho.
Religião: católica romana.
Rios principais: Lempa, La Paz e San Miguel.

EQUADOR (EQU)
Nome oficial: República do Equador.
Área: 283.561 km².
População: 12 milhões de habitantes.
Capital: Quito.
Cidades principais: Guayaquil, Quito e Cuenca.
Unidade monetária: sucre.
Idioma: espanhol.
Gentílico: equatoriano.
Religião: católica.
Rios principais: Esmeralda, Daule e Mira.

FILIPINAS
Nome oficial: República das Filipinas.
Área: 300.000 km².
População: 71 milhões de habitantes.
Capital: Manila.
Cidades principais: Manila, Quezón, Cebu e Davao.
Unidade monetária: peso filipino.
Idiomas: filipino (of.), tagalo, cebuano, inglês e espanhol.
Gentílico: filipino.
Religião: católica romana, protestante e islamismo sunita.
Rios principais: Cangayán e Agusán.

GUATEMALA (GUA)
Nome oficial: Guatemala.
Área: 108.889 km².
População: 11,2 milhões de habitantes.
Capital: Guatemala.
Cidades principais: Guatemala, Mixco e Villa Nueva.
Unidade monetária: quetzal.
Idioma: espanhol.
Gentílico: guatemalteco, guatemalense.
Religião: católica.
Rios principais: Negro, Matagua e Salinas

GUINÉ EQUATORIAL (GEQ)
Nome oficial: República da Guiné Equatorial.
Área: 28.051 km².
População: 420.000 habitantes.
Capital: Malabo.
Cidades principais: Malabo e Bata.
Unidade monetária: franco CFA.
Idiomas: espanhol (of.), inglês e fang.
Gentílico: guinéu-equatoriano.
Religião: católica romana.
Rios principais: Mbini e Utamboni.

HONDURAS (HON)
Nome oficial: República de Honduras.
Área: 112.088 km².
População: 6 milhões de habitantes.
Capital: Tegucigalpa.
Cidades principais: Tegucigalpa, San Pedro Sula e La Ceiba.
Unidade monetária: lempira.
Idioma: espanhol.
Gentílico: hondurenho.
Religião: católica.

MÉXICO (MEX)
Nome oficial: Estados Unidos Mexicanos.
Área: 1.972.545 km².
População: 94,3 milhões de habitantes.
Capital: Cidade do México.
Cidades principais: Cidade do México, Guadalajara, Monterrey e Netzahualcóyoti.
Unidade monetária: peso novo mexicano.
Idioma: espanhol.
Gentílico: mexicano.
Religião: católica.
Rios principais: Bravo ou Grande do Norte, Colorado, Grijalva, Balsas e Yaqui.

NICARÁGUA (NIC)
Nome oficial: República da Nicarágua
Área: 130.682 km².
População: 4,4 milhões de habitantes.
Capital: Manágua.
Cidades principais: Manágua, León, Masaya e Chinandeça.
Unidade monetária: córdoba nova.
Idioma: espanhol.
Gentílico: nicaragüense.
Religião: católica.
Rios principais: Coco, Matagalpa, San Juan e Prinzapolca.

PANAMÁ (PAN)
Nome oficial: República do Panamá.
Área: 75.517 km².
População: 2,7 milhões de habitantes.
Capital: Cidade do Panamá.
Cidades principais: Cidade do Panamá, San Miguelito, Lo, David e Colón.
Unidade monetária: balboa.
Idioma: espanhol.
Gentílico: panamenho.
Religião: católica.
Rios principais: Pacora, Camito, Chico e Grande.

PERU (PER)
Nome oficial: República do Peru.
Área: 1.285.215 km².
População: 24,4 milhões de habitantes.
Capital: Lima.
Cidades principais: Lima, Callao, Arequipa, Trujillo e Chiclayo.
Unidade monetária: sol novo.
Idioma: espanhol.
Gentílico: peruano.
Religião: católica.
Rios principais: Ucayali, Putumayo, Maranón e Madre de Dios.

REPÚBLICA DOMINICANA (RDO)
Nome oficial: República Dominicana.
Área: 48.442 km².
População: 3,1 milhões de habitantes.
Capital: Santo Domingo.
Cidades principais: Santo Domingo, Santiago e La Vega.
Unidade monetária: peso dominicano.
Idioma: espanhol.
Gentílico: dominicano.
Religião: católica.
Rios principais: Yaque del norte e Yuna.

SANTA LÚCIA (SLU)
Nome oficial: Santa Lúcia.
Área: 617 km².
População: 148.000 habitantes.
Capital: Castries.
Cidade principal: Castries.
Unidade monetária: dólar do Caribe do Leste.
Idiomas: inglês (of.) e francês crioulo.
Gentílico: santa-lucense.
Religião: católica.
Rios principais: Canelles e Roseau.

VENEZUELA (VEN)
Nome oficial: República da Venezuela.
Área: 912.050 km².
População: 22,8 milhões de habitantes.
Capital: Caracas.
Cidades principais: Caracas, Maracaibo, Valencia e Barquisimeto.
Unidade monetária: bolivar.
Idioma: espanhol.
Gentílico: venezuelano.
Religião: católica.
Rios principais: Orinoco, Meta, Arauca, Apure e Guárico.

Dias da semana	Días de la semana
domingo	domingo
segunda-feira	lunes
terça-feira	martes
quarta-feira	miércoles
quinta-feira	jueves
sexta-feira	viernes
sábado	sábado

Meses do ano	Meses del año
janeiro	enero
fevereiro	febrero
março	marzo
abril	abril
maio	mayo
junho	junio
julho	julio
agosto	agosto
setembro	septiembre
outubro	octubre
novembro	noviembre
dezembro	diciembre

Estações do ano	Estanciones del año
primavera	primavera
verão	verano
outono	otoño
inverno	invierno

Cores - Colores

Conversación General
Expresiones y Frases Utiles
(Conversação Geral - Expressões e Frases Uteis)

Gracias.
Obrigado.

Muchas gracias.
Muito obrigado.

De nada.
De nada.

En absoluto. No hay de qué.
Por nada. Não tem de que.
Não, de modo algum.

Buenos días.
Bom dia.

Boa tarde.

Buenas tardes.

¿Como está ud?
Como está você?

Como vai?
Como vai passando?

El placer es mío.
Muito prazer.

Muy amable.
É muita bondade sua.

¿Quién es?

Quem é?

¿Qué quiere(s)?
¿Qué desea(s)?
O que você deseja?

Quiero una tarta de manzana.
Quero uma torta de maçã.

¿Qué hora es?
Que horas são?

Escúchame.
Me escute.

Adios.
Adeus.

Hasta luego.
Até logo.

Nos vemos después.
Vejo você mais tarde.

Hasta mañana.
Até amanhã.

¿Cómo se llama esto?
Como se chama isto?

¿Qué pasa?
O que acontece? / Qual é o problema?

Descúlpame.
Desculpe-me.

¡Cuidado!
Preste atenção.
Tome cuidado.

Sígame.
Siga-me.

É sua vez.

Sentate. Siéntese.
Sente-se.

Levántase.
Levante-se.

De pie.
Levante-se.

¡Continua!
¡Adelante!
Vá em frente.
Prossiga.

Prohibido estacionar.
Proibido estacionar.

¿Cómo se escribe desarollo?

Como se escreve desenvolvimento?

¡Sin duda!
Não há dúvida!

Es muy posible.
É perfeitamente possível.

Entrada prohibida.

Proibida a entra[da]

Mano única.
Mão única.

Prohibido fumar.
Proibido fumar.

Yo también.
Eu também.

Lindo día, ¿no?
Lindo dia, não é verdade?

Un momento, por favor.
Um momento por favor.

Tenho certeza.

Estoy seguro.

Sí, está bien.
Sim, está bem.

¡Exactamente como dijiste!
Exatamente como você falou!

Afirmando (Afirmando)

Es por eso que es perfecto!
Por isso é perfeita.

Tarda alderedor de una hora.
Dura mais ou menos uma hora.

Vuelvo en un momento.
Voltarei num instante.

Es una persona (joven, hombre) muy agradable.
Ele é uma pessoa muito agradável (rapaz, homem etc.).

Tenemos que irnos o llegaremos tarde.
Temos que ir agora, ou vamos nos atrasar.

Es una chica muy buena.
Ela é uma excelente moça.

Preguntando y Respondiendo
(Perguntando e Respondendo)

Você fala espanhol?
Não, eu não falo.
Sim, eu falo.

¿Cómo es Tu nombre?
Qual é o seu nome?

Mi nombre es ...
Meu nome é ...

¿De dónde eres?
De onde você é?

Soy de Brasil.
Sou do Brasil.

¿Cuál es tu(su) nacionalidad?
Qual a sua nacionalidade?

Soy brasileño/a.
Eu sou brasileiro.

¿Cuál es su ocupación?
Qual é sua profissão?

Soy médico. (estudiante, vendedor).
Eu sou médico. (estudante, vendedor)

¿Cuánto tiempo se(te) quedará(s) aquí?
Quanto tempo você vai permanecer aqui?

Más o menos 5 (cinco) días.(una semana, un mes)
Mais ou menos cinco dias. (uma semana, um mês)

¿Me podría(s) dar uma mano?
Poderia me dar uma ajuda?

Sí, claro. Por supuesto.
Sim, naturalmente.

¿Juan, tienes dinero?
Juan, você tem dinheiro?

Tengo un poco, ¿porque?
Tenho algum, por quê?

Raúl, ¿tienes sed?
Raul, você está com sede?

¡Sí, tengo mucha sed!
Sim, estou com muita sede.

¿Qué vamos a hacer esta noche?
O que faremos à noite?

Podríamos ir al cine.
Poderíamos ir ao cinema.

¿Puedo preguntarle(te) algunas preguntas?
Posso fazer algumas perguntas a você?

Ahora no, estoy muy ocupado.
Agora não. Estou muito ocupado.

¿Quieres ir al cine?
Você quer ir ao cinema?

¡Me encataría!
Sim, adoraria!

¿Viste a la señora Maria?
Você viu a sra. Maria?

¿Podría(s) informarme?
Você poderia me dar uma informação?

Arnaldo, ¿qué estás haciendo?

Estoy estudiando.

Estou estudando.

Presentaciones (Apresentação)

Neusa, quero te apresentar Alberto. — Neusa déjame presentarte a Alberto.

Alberto, esta é a Neusa, esposa de Sílvio. — Alberto, esta es Neusa, la mujer de Silvio.

Buenas Tardes, busco al señor Camargo.
Boa tarde, procuro pelo sr. Camargo.

Me perdí. ¿Puede(s) ayudarme?
Estou perdido. Poderia me ajudar?

Negación (Negação)

No lo puedo hacer.
Não posso fazê-lo.

No soy capaz de hacerlo.
Não sou capaz de fazê-lo.

Não é possível. — No es posible.

No lo creo.
Eu não penso assim.
Eu não acho.

No me gusta.
Eu não gosto.

Situaciones y Lugares (Situações e Lugares)

En el Aeropuerto (No Aeroporto)

¿Me puede ayudar com la maleta?

Você poderia me ajudar com a mala?

¿Muéstreme su pasaje y pasaporte, por favor?

Posso verificar seu bilhete e passaporte?

¿Dónde hay un taxi?

Onde há um táxi?

¿Tiene exceso de equipaje?

Você tem excesso de bagagem?

¿Cuántas maletas lleva?

Quantas malas o senhor tem?

¿Cuál es mi número de vuelo?

Qual é o número do meu vôo?

En el Hotel (No Hotel)

Gostaria de fazer uma reserva.

Que tipo de quarto senhor?

Quiero una habitación doble com aire-acondicionado televisión y baño privado.
Quero um quarto com ar-condicionado, televisão e banheiro privado.

Quanto é a diária?

Por fa preen a fich regis

US$ 40. (quarenta dólares)

diária
ui meia
nsão?

Qual o número do meu quarto?

É 311. (trezentos e onze)

¿Este hotel tienes bar?
Este hotel tem um bar?

(al botones):
(para o mensageiro):

Você poderia trazer ossas alas?

En el Restaurante (No Restaurante)

Una mesa, ¿por favor?
Uma mesa, por favor?

¿Una mesa para cuántas personas, señor?
Uma mesa para quantas pessoas, senhor?

Una mesa para dos, ¡por favor!
Uma mesa para dois, por favor!

¿Quiere ver el menú, señor?
Gostaria de ver o menu, senhor?

Si, por favor, y tráigame un martini.
Sim, por favor. E traga-me um martini.

¿Puedo anotar su pedido?
Posso anotar seu pedido?

Sí, por favor.
Sim, por favor.

Quero costillas de cerdo, papas hervidas y una ensalda de tomate.

Quero costeletas de porco, batatas cozidas e salada de tomate.

¿Qué postre desea?
Que tipo de sobremesa gostaria?

Torta, budín, tarta.
Bolo, pudim, torta.

¡La cuenta, por favor!
A conta, por favor!

Siempre desayunamos a las 7:00 (siete).
Nós sempre fazemos o desjejum às 7:00.

Comprando (Comprando)

Preciso comprar un regalo de cumpleaños.
Preciso comprar um presente de aniversário.

Llevo todos.
Quero todos (todos eles).

¿Cuánto cuesta éste?

¡Permiso! - ¿cuánto cuestan esas manzanas?

Com licença! - Quanto custam aquelas maçãs?

Llevo éste.
Qual o preço deste (desta)?
Vou querer esta (ou este).
Vou levar esta (ou este).

¿Puede(s) mostrarme algo diferente?
Pode me mostrar algo diferente?

Quiero una casi así.
Quero uma parecida com esta.

¿Cuánto cuesta eso?
Quanto custa aquilo? (ou isto)

Indicaciones y Viajes
(Direções e Viagens)

¿Estamos en el camino correcto?
Este é o caminho certo?

¿La estación está lejos de aquí?
A estação está longe daqui?

¿Cuál es el mejor camino para ir hasta allá?
Qual é o melhor caminho para chegar lá?

Poderia dizer-me onde é a estação, por favor?

¿Podría decirme dónde está el hotel Internacional, por favor?
Sabe me dizer onde fica o hotel Internacional?

Sígame. Venga conmigo.
Venha comigo.

¿Qué lugar es éste? ¿Dónde estamos?
Que lugar é este? Onde estamos?

¿Dónde está el centro de la ciudad?
Onde é o centro da cidade?

Gire a la derecha.
Vire à direita.

Gire a la izquierda.
Vire à esquerda.

¿Podría decirme dónde está la estación, por favor?

Abreviaturas Usadas Neste Dicionário

abreviatura	português	español
adj	adjetivo	adjetivo
adv	advérbio	adverbio
art	artigo	artículo
contr	contração	contracción
conj	conjunção	conjunción
def	definido	definido
FIG	linguagem figurada	lenguaje figurado
interj	interjeição	interjección
loc adv	locução adverbial	locución adverbial
MAT	matemática	matemática
num	numeral	numeral
prep	preposição	preposición
pron dem	pronome demosntrativo	pronombre demostrativo
pron neutro	pronome neutro	pronombre neutro
pron pess	pronome pessoal	pronombre personal
s	substantivo	sustantivo
v	verbo	verbo

Minidicionário Escolar

Espanhol – Português

Minidicionário Escolar

Espanhol – Português

a A

A primeira letra do alfabeto *prep* indica direção, tempo modo.

Ábaco *s* ábaco, tabuleiro.

Abad *s* abade, cura, pároco.

Abadesa *s* abadessa, prelada.

Abadía *s* abadia, mosteiro.

Abajo *adv* embaixo, abaixo.

Abalanzar *v* abalançar, balancear.

Abalorio *s* avelórios, contas de vidro para enfeite.

Abanderado *s* porta-bandeira.

Abandonado *adj* abandonado, descuidado.

Abandonar *v* abandonar, desamparar, renunciar.

Abandono *s* abandono, negligência.

Abanicar *v* abanicar, abanar com leque.

Abanico *s* ventarola, leque.

Abaratar *v* baratear, baixar o preço.

Abarca *s* tamanco, calçado rústico.

Abarcar *v* abarcar, abranger, alcançar, cingir.

Abarrancar *v* embarrancar, encalhar.

Abarrotado *adj* abarrotado, cheio.

Abarrotar *v* abarrotar, encher completamente.

Abastecedor *adj* abastecedor, que abastece.

Abastecer *v* abastecer, fornecer, prover.

Abastecimiento *s* abastecimento, aprovisionamento.

Abasto *s* abasto, provisão de comestíveis.

Abate *s* eclesiástico de ordens menores, minorista.

Abatimiento *s* abatimento, prostração, fraqueza, desalento.

Abatir *v* abater, derrubar, baixar; FIG desanimar.

Abdicar *v* abdicar, renunciar.

Abdomen *s* abdômen.

Abdominal *adj* abdominal.

Abecedario *s* alfabeto, cartilha, lista em ordem alfabética.

Abedul *s* bétula, álamo branco.

Abeja *s* abelha; FIG trabalhador, esperto.

Abejorro *s* besouro.

Aberración *s* aberração, desvio.

Abertura *s* abertura, fenda, orifício; FIG franqueza.

Abeto *s* abeto.

Abiertamente *adv* abertamente, francamente.

Abierto *adj* aberto, franco, sincero, dilatado.

Abigarrado *adj* matizado, em diversas cores.

Abismar *v* abismar, guardar, ocultar.

Abismo *s* abismo, precipício, despenhadeiro.

Abjurar *v* abjurar, renunciar.

Ablación *s* ablação, extirpação.

Ablandar *v* abrandar, amolecer, suavizar, moderar.

Ablución *s* ablução, lavagem.

Abnegación *s* abnegação, renúncia.

Abnegado *adj* abnegado.

Abocado *adj* delicado, agradável.

Abocar *v* apanhar com a boca, embocar, aproximar.

Abochornar *v* abafar, causar calor.

Abofetear *v* esbofetear, esmurrar, dar bofetadas.

Abogacía *s* advocacia.

Abogado *s* advogado, magistrado.

Abogar *v* advogar, defender em juízo.

ABOLENGO — ABURRIMIENTO

Abolengo s avoengo, ascendência de avós, linhagem.
Abolición s abolição, anulação, extinção.
Abolir v abolir, revogar, suprimir, anular, cessar.
Abolladura s amolgadura.
Abollar v amolgar, amassar.
Abominable adj abominável, detestável.
Abominación s abominação.
Abominar v abominar, condenar, maldizer.
Abonar v abonar, afiançar, garantir, creditar.
Abono s abono, subscrição, assinatura.
Abordaje s abordagem, abalroamento.
Abordar v abordar, aproximar.
Aborigen adj aborígene, nativo.
Aborrecer v aborrecer, detestar, odiar, desagradar.
Aborrecimiento s aborrecimento, ódio, antipatia.
Abortar v abortar, falhar, fracassar.
Aborto s aborto; FIG frustração.
Abotonar v abotoar.
Abovedar v abobadar, dar forma de abóbada.
Abrasador adj abrasador, ardente, candente.
Abrasar v abrasar, queimar, incendiar, arder.
Abrasivo adj abrasivo.
Abrazadera s braçadeira, argola, colchete.
Abrazar v abraçar, cingir, cercar.
Abrazo s abraço.
Abrelatas s abridor de latas.
Abrevadero s bebedouro ou bebedoiro.
Abrevar v abrevar, regar.
Abreviar v abreviar, encurtar, resumir, apressar.
Abreviatura s abreviatura.
Abrigar v abrigar, resguardar, proteger, amparar, recolher, defender.
Abrigo s abrigo, agasalho, amparo, asilo, acolhida.
Abril s abril.
Abrillantar v abrilhantar, dar brilho, lustrar.

Abrir v abrir, destampar, desdobrar, desenrolar, separar, inaugurar.
Abrochar v abrochar.
Abrogar v ab-rogar, revogar, abolir, anular.
Abrojo s abrolho; FIG dificuldades.
Abrumar v abrumar, afligir, oprimir, aborrecer.
Abrupto adj abrupto, escarpado, íngreme, inacessível.
Absceso s abscesso.
Ábside s lugar do altar mor.
Absolución s absolvição.
Absolutamente adv absolutamente.
Absoluto adj absoluto, independente, incondicional; FIG autoritário.
Absolver v absolver, perdoar, indultar, anistiar.
Absorber v absorver, aspirar, sorver, tragar, engolir.
Absorción s absorção.
Absorto adj absorto, distraído, contemplativo.
Abstemio adj abtêmio.
Abstención s abstenção, abstinência, privação.
Abstenerse v abster-se, privar-se.
Abstinencia s abstinência, privação.
Abstrato s, adj abstrato, alheio, irreal.
Abstraer v abstrair, separar, prescindir.
Absuelto adj absolto, indultado.
Absurdo adj absurdo, disparatado, fantástico, incrível.
Abuchear v assobiar, apitar, silvar.
Abucheo s troça.
Abuelo s avô, ancião, velho.
Abulia s abulia, falta de vontade.
Abúlico adj abúlico, apático.
Abultar v avultar, aumentar, engrossar.
Abundancia s abundância, fartura, abastança, opulência.
Abundante adj abundante, farto, copioso, opulento.
Aburrido adj aborrecido, enfadonho, chato, tedioso.
Aburrimiento s aborrecimento, tédio, chateação, fastio.

ABURRIR — ACHACAR

Aburrir *v* aborrecer, cansar, molestar.
Abusar *v* abusar, estuprar, violentar sexualmente, faltar à confiança.
Abuso *s* abuso, violência, desordem, excesso.
Abusón *adj* abusador.
Abyecto *adj* abjeto, vil, desprezível, indigno.
Acá *adv* aqui, cá.
Acabado *adj* acabado, concluído, terminado, arruinado, perfeito.
Acabar *v* acabar, concluir, terminar, destruir, gastar.
Acacia *s* acácia.
Academia *s* academia.
Académico *adj* acadêmico, referente ao ensino universitário.
Acaecer *v* acontecer, suceder, ocorrer.
Acallar *v* aplacar, sossegar, fazer calar.
Acalorado *adj* acalorado, ardente, vivo, fogoso.
Acalorar *v* acalorar, aquecer, animar, excitar, inflamar, entusiasmar.
Acampar *v* acampar.
Acantilado *adj* alcantilado, escarpado.
Acanto *s* acanto.
Acaparador *adj* açambarcador.
Acaparar *v* açambarcar, monopolizar.
Acaramelado *adj* doce, açucarado.
Acaramelar *v* caramelar, caramelizar.
Acariciar *v* acariciar, afagar, mimar.
Acarrear *v* conduzir, transportar; FIG causar.
Acarreo *s* acarreio, transporte em carro.
Acartonarse *v* acartonar-se.
Acaso *s* acaso, casualidade, talvez.
Acatar *v* acatar, respeitar, aguardar.
Acatarrarse *v* resfriar-se.
Acaudalado *adj* rico, abastado.
Acaudillar *v* acaudilhar, comandar, guiar.
Acceder *v* aceder, consentir, anuir, assentir, concordar.
Accesible *adj* acessível; FIG comunicativo.
Acceso *s* acesso, entrada, ingresso.
Accessorio *adj* acessório, secundário.
Accidental *adj* acidental, casual, imprevisto, eventual.

Accidente *s* acidente, incidente, casualidade, peripécia, desastre.
Acción *s* ação, ato, feito, atitude.
Accionar *v* acionar, ligar.
Accionista *s* acionista.
Acebo *s* azevinho.
Acechar *v* espreitar, observar, espiar.
Acecho *s* espreita.
Acedera *s* azedeira.
Acéfalo *adj* acéfalo, que não tem cabeça.
Aceite *s* azeite, óleo.
Aceitera *s* azeiteira.
Aceitoso *adj* azeitado, gorduroso, oleoso.
Aceituna *s* azeitona, fruto de oliveira.
Aceitunado *adj* azeitonado, verde-oliva.
Aceleración *s* aceleração, aquecimento.
Acelerador *adj* acelerador.
Acelerar *v* acelerar, apressar, antecipar, ativar, instigar.
Acelga *s* acelga.
Acémila *s* azêmola, cavalgadura.
Acento *s* acento, tom de voz, entonação, timbre, sotaque.
Acentuar *v* acentuar, realçar, salientar.
Acepción *s* acepção, sentido.
Aceptable *adj* aceitável, admissível.
Aceptación *s* aceitação, acolhida, aprovação.
Aceptar *v* aceitar, receber, admitir, aprovar.
Acequia *s* acéquia, aqueduto.
Acera *s* passeio, calçada para pedestres.
Acerado *adj* de aço; FIG forte.
Acerbo *adj* azedo, amargo.
Acerca *adv* acerca, perto.
Acercar *v* acercar, aproximar, chegar perto.
Acería *s* aciaria, fábrica de aço.
Acero *s* aço.
Acérrimo *adj* acérrimo, forte.
Acertado *adj* acertado, avisado.
Acertar *v* acertar, igualar, coincidir.
Acertijo *s* adivinhação, enigma.
Acervo *s* acervo, cúmulo.
Acetileno *s* acetileno.
Achacar *s* achacar, atribuir, imputar, inculpar.

ACHACOSO — ACTA

Achacoso adj achacoso, que tem achaques.

Achantarse v ter medo, ocultar-se.

Achaque s achaque, indisposição, doença.

Achatar v achatar, amassar.

Achicar v diminuir, encurtar, reduzir.

Achicharrar v torrar, crestar, tostar.

Achicoria s chicória.

Achispado adj embriagado.

Achisparse v embriagar-se.

Achuchar v apertar, esmagar, incitar.

Achuchón s empurrão.

Achuras s intestinos.

Aciago adj aziago, infausto, de mau agouro.

Acicalar v acicalar, polir.

Acicate s acicate, incentivo.

Acidez s acidez.

Ácido adj ácido, azedo.

Acierto s acerto, ajuste.

Aclamación s aclamação, aplauso, glorificação.

Aclamar v aclamar, aplaudir, glorificar.

Aclaración s aclaração, esclarecimento.

Aclarar v aclarar, esclarecer, explicar.

Aclimatar v aclimatar, climatizar.

Acobardar v acovardar, amedrontar, assustar, atemorizar.

Acodar v apoiar os cotovelos sobre alguma coisa para sustentar a cabeça.

Acogedor adj acolhedor, hospitaleiro, receptivo.

Acoger v acolher, receber.

Acogida s acolhida, recepção.

Acogotar v matar com uma pancada na nuca.

Acólito s acólito.

Acometer v acometer, atacar, invadir.

Acometida v acometida, acometimento.

Acomodado adj acomodado, apto, oportuno, rico.

Acomodador adj acomodador.

Acomodar v acomodar, adaptar, ajustar, adequar, dispor.

Acomodo s emprego, cargo.

Acompañamiento s acompanhamento, cortejo, séquito.

Acompañante adj acompanhante, companhia.

Acompañar v acompanhar, seguir, escoltar.

Acompasar v compassar.

Acondicionar v acondicionar, condicionar, embalar.

Acongojar v angustiar, afligir, inquietar, oprimir, entristecer.

Aconsejable adj aconselhável, recomendável.

Aconsejar v aconselhar, guiar, recomendar.

Acontecer v acontecer, suceder, ocorrer.

Acontecimiento s acontecimento, fato.

Acopiar v aprovisionar, ajuntar.

Acopio s grande quantidade, cópia.

Acoplar v acoplar, juntar, unir.

Acoquinar v acovardar, intimidar.

Acorazado adj couraçado, blindado.

Acordar v acordar, concordar, conciliar.

Acorde adj acorde, conforme.

Acordeón s acordeão, harmônica.

Acordonar v acordoar.

Acorralar v encurralar.

Acortar v encurtar, reduzir.

Acosar v acossar, apertar.

Acoso s acossamento.

Acostar v deitar, encostar, atracar.

Acostumbrar v acostumar, habituar.

Acotar v cotar, demarcar, delimitar.

Acre s acre, medida agrária; adj azedo, picante.

Acrecentar v acrescentar, aumentar, adicionar, juntar.

Acreditar v acreditar, creditar, abonar.

Acreedor adj credor, merecedor.

Acribillar v furar, crivar.

Acrisolar v acrisolar, purificar no crisol, apurar.

Acritud s acritude.

Acrobacia s acrobacia.

Acróbata s acrobata.

Acrópolis s acrópole.

Acta s ata, registro, resumo escrito.

ACTITUD — ADMINISTRADOR

Actitud s atitude, postura, pose.
Activar v ativar, impulsionar, despertar, excitar.
Actividad s atividade, pressa, dinamismo, vivacidade.
Activo adj ativo, ágil, diligente, animado.
Acto s ato, feito, ação.
Actor s ator, artista.
Actriz s atriz, artista.
Actuación s atuação, funcionamento.
Actual adj atual, efetivo, real, corrente, presente.
Actualidad s atualidade, oportunidade.
Actualizar v atualizar, modernizar, realizar.
Actualmente adv atualmente.
Actuar v atuar, influir.
Acuarela s aquarela.
Acuario s aquário.
Acuartelar v aquartelar, alojar.
Acuático adj aquático.
Acuchillar v esfaquear.
Acuciar v estimular, aguçar, induzir, incentivar.
Acudir s acudir, socorrer, atender, acorrer.
Acueducto s aqueduto.
Acuerdo s acordo, contrato, ajuste, convênio.
Acumulador adj acumulador.
Acumular v acumular, reunir, juntar.
Acunar v embalar, balançar uma criança no berço.
Acuñar v cunhar, meter cunhas.
Acuoso adj aquoso.
Acurrucarse v acocorar-se, encolher-se.
Acusación s acusação, incriminação.
Acusado adj acusado.
Acusador adj acusador, que acusa.
Acusar v acusar, culpar, incriminar.
Acústica s acústica.
Adagio s adágio, ditado, sentença, aforismo.
Adalid s chefe, caudilho.
Adán s homem sujo, apático, negligente.
Adaptable adj adaptável.
Adaptación s adaptação, ajustamento.
Adaptar v adaptar, ajustar, moldar.

Adecentar v arrumar, assear.
Adecuado adj adequado, conveniente, apropriado.
Adecuar v adequar, ajustar, igualar, convir.
Adefesio s extravagância.
Adelantado adj adiantado, antecipado.
Adelantar v adiantar, acelerar.
Adelante adv diante.
Adelanto s adiantamento, melhoria.
Adelgazar v emagrecer, adelgaçar.
Ademán s gesto, trejeito.
Además adv ademais, demais, além disso.
Adentro adv adentro, dentro, interiormente.
Adepto adj adepto, partidário.
Aderezar v adereçar, enfeitar, compor.
Aderezo s adereço, enfeite, aparelho, tempero, condimento.
Adeudar v endividar, dever.
Adherir v aderir, anuir, vincular, ligar.
Adhesión s adesão, acordo, união, ligação.
Adhesivo adj adesivo, aderente.
Adición s adição, acréscimo, aditamento, aumento.
Adicto adj adepto, apegado, dedicado, propenso.
Adiestramiento s adestramento, treino, exercício.
Adiestrar v adestrar, treinar, exercitar.
Adinerado adj endinheirado, rico.
Adiós s adeus, despedida.
Adiposo adj adiposo, gorduroso.
Adivinanza s adivinhação, enigma.
Adivinar v adivinhar, predizer, profetizar.
Adivino s adivinho, profeta.
Adjetivo s adjetivo.
Adjudicación s adjudicação.
Adjudicar v adjudicar, declarar judicialmente.
Adjuntar v juntar, unir, agregar, associar.
Adjunto adj adjunto, unido, junto, anexo.
Administración s administração, gerência, direção.
Administrador s administrador, gerente, diretor.

ADMINISTRAR — AFECTAR

Administrar v administrar, gerenciar, conduzir, conferir.
Admirable adj admirável, digno de admiração.
Admirablemente adv admiravelmente.
Admiración s admiração, entusiasmo, arroubo, espanto, assombro.
Admirar v admirar, contemplar, apreciar.
Admisión s admissão, ingresso, iniciação, entrada.
Admitir v admitir, receber, consentir, concordar, permitir, aceitar.
Adobar v temperar, condimentar, adubar.
Adobe s tijolo cru, seco ao sol.
Adobo s adobo, tempero, adubo, reparo.
Adocenado adj vulgar, comum.
Adoctrinar v doutrinar, educar.
Adolecer v adoecer, sofrer.
Adolescencia s adolescência.
Adolescente adj adolescente.
Adonde adv aonde, para onde.
Adopción s adoção, aceitação, perfilhação.
Adoptar v adotar, aceitar, abraçar, perfilhar.
Adoptivo adj adotivo, adotado.
Adoquín s paralelepípedo, pedra, macadame.
Adoquinar v empedrar, calçar.
Adorable adj adorável, encantador, estimável.
Adoración s adoração, veneração, estima.
Adorar v adorar, prestar culto, amar apaixonadamente, reverenciar.
Adormecer v adormecer, acalentar, entorpecer.
Adornar v adornar, enfeitar, decorar, ornamentar, embelezar.
Adorno s adorno, enfeite, ornamento.
Adosar v encostar, apoiar.
Adquirir v adquirir, comprar, obter, conseguir.
Adquisición s aquisição, obtenção, compra.
Adrede adv adrede, de propósito.
Aduana s aduana, alfândega.
Aduanero s aduaneiro, alfandegário.

Aducir v aduzir, alegar, apresentar, juntar, acrescentar.
Adueñarse v apossar-se, apoderar-se, apropriar-se.
Adulación s adulação lisonja.
Adulador adj adulador.
Adular v adular, lisonjear, bajular.
Adulterar v adulterar, falsificar.
Adulterio s adultério.
Adulto adj adulto, crescido.
Adunia adv em abundância.
Advenimiento s advento, vinda, chegada.
Advenir v advir, chegar.
Adverbio s advérbio.
Adversario s adversário, oponente, antagonista.
Adversidad s adversidade, desventura, infelicidade.
Adverso adj adverso, desfavorável, infeliz, oposto.
Advertencia s advertência, conselho.
Advertir v advertir, chamar a atenção, notar, reparar.
Adyacente adj adjacente, vizinho, contíguo.
Aéreo adj aéreo.
Aeródromo s aeródromo.
Aerolito s aerólito.
Aeronauta s aeronauta, aeronáutica.
Aeronave s aeronave.
Aeroplano s aeroplano, avião.
Aeropuerto s aeroporto.
Aerosol s aerossol.
Aerostática s aerostática.
Aerovía s aerovia.
Afable adj afável, benevolente, cortês, meigo, delicado.
Afamado adj afamado, famoso, notável, célebre.
Afán s afã, esforço, trabalho, empenho.
Afear v tornar-se feio.
Afección s afeição.
Afectación s afetação, vaidade, fingimento, presunção.
Afectado adj afetado, fingido, falso.
Afectar v afetar, fingir, simular, dissimular.

AFECTIVIDAD — AGOBIAR

Afectividad s afetividade, emotividade.
Afectivo adj afetivo, sensível, afetuoso.
Afecto s afeto, afeição, amor, carinho, dedicação.
Afectuoso adj afetuoso, carinhoso, afável, cordial, meigo.
Afeitado adj barbeado.
Afeitar v barbear, fazer a barba.
Afeite s enfeite, cosmético.
Afeminado adj afeminado.
Aferrar v aferrar, agarrar com força, segurar, prender.
Afgano adj afegã.
Afianzar v afiançar, garantir, afirmar.
Afición s afeição, afeto, predileção.
Aficionado adj aficionado, amador.
Aficionarse v afeiçoar-se.
Afijo s afixo.
Afilador adj afiador, amolador.
Afilar v afiar, amolar, aguçar, dar fio.
Afiliado adj afiliado.
Afiliar v afiliar, adotar, ingressar.
Afín adj afim, com afinidades, próximo.
Afinar v afinar, aperfeiçoar.
Afinidad s afinidade, analogia, parentesco.
Afirmación s afirmação, confirmação, afirmativa, declaração.
Afirmado adj afirmado, consolidado, assegurado.
Afirmar v afirmar, garantir, certificar, assegurar.
Afirmativo adj afirmativo.
Aflicción s aflição, sentimento, amargura, angústia, ansiedade.
Aflictivo adj aflitivo, perturbador, angustiante.
Afligir v afligir, inquietar, assolar, devastar.
Aflojar v aflrouxar, alargar.
Aflorar v aflorar, nivelar, emergir.
Afluencia s afluência, abundância.
Afluente adj afluente.
Afluir v afluir, convergir, correr, concorrer.
Afonía s afonia.
Afónico adj afônico.

Aforar v aforar, avaliar.
Aforismo s aforismo, máxima, sentença.
Afortunado adj afortunado, feliz, ditoso, favorecido.
Afrancesado adj afrancesado.
Afrenta s afronta, injúria, insulto, ofensa, agravo.
Afrentar v afrontar, insultar, ofender, injuriar.
Africano adj africano.
Afrodisíaco adj afrodisíaco.
Afrontar v enfrentar, encarar, confrontar.
Afuera adv fora, por fora.
Agachar v agachar, esconder, encobrir, ocultar.
Agalla s guelra.
Ágape s ágape, banquete, festim, jantar.
Agarrado adj agarrado, avarento, avaro, mesquinho, sovina.
Agarrar v agarrar, pegar, segurar, apreender, colher.
Agasajar v tratar com atenção; obsequiar.
Agasajo s hospedagem, acolhida.
Ágata s ágata.
Agazapar v agarrar, esconder.
Agencia s agência, filial.
Agenciar v agenciar, negociar, solicitar.
Agenda s agenda, apontamento.
Agente s agente, corretor.
Agigantar v agigantar.
Ágil adj ágil, rápido, ligeiro, destro, vivo, desembaraçado.
Agilidad s agilidade, rapidez, vivacidade, desembaraço.
Agio s ágio, usura, especulação.
Agitación s agitação, perturbação.
Agitar v agitar, sacudir.
Aglomeración s aglomeração, agrupamento, ajuntamento.
Aglomerado adj aglomerado.
Aglomerar v aglomerar, juntar, reunir, amontoar.
Aglutinar v aglutinar, unir, reunir.
Agnóstico adj agnóstico.
Agobiado adj preocupado.
Agobiar v curvar, dobrar o corpo para o chão, incômodo.

AGOBIO — AHORA

Agobio s angústia, sufocação; FIG abatido.
Agolpar v amontoar, empilhar.
Agonía s agonia, angústia, aflição.
Agonizante adj agonizante, moribundo.
Agonizar v agonizar, agonia.
Agorero adj agoureiro.
Agosto s agosto, mês de colheita; FIG lucro.
Agotamiento s esgotamento, exaustão.
Agotar v esgotar, consumir, fatigar, extenuar.
Agraciado adj agraciado, felizardo.
Agraciar v agraciar, favorecer.
Agradable adj aprazível, ameno, suave, amável.
Agradar v agradar, amenizar, suavizar.
Agradecer v agradecer.
Agradecido adj agradecido.
Agradecimiento s agradecimento, gratidão.
Agrado s agrado, gosto, deleite, prazer.
Agrandar v engrandecer, tornar grande.
Agrario adj agrário, agrícola, rural.
Agravar v agravar, exagerar.
Agravio s agravo, ofensa, dano.
Agraz s agraço; FIG amargura.
Agredir v agredir, atacar, ir contra.
Agregado adj agregado, adido, anexo.
Agregar v agregar, associar, anexar, juntar, reunir.
Agresión s agressão, ataque, assalto, embate.
Agresividad s agressividade, combatividade, violência.
Agresivo adj agressivo.
Agresor s agressor, provocador, atacante.
Agreste adj agreste, rústico, silvestre.
Agriar v azedar; FIG irritar.
Agrícola adj agrícola, agrário.
Agricultor s agricultor, lavrador.
Agricultura s agricultura, lavoura.
Agrio adj acre, ácido, azedo.
Agronomía s agronomia.
Agropecuario adj agropecuário.
Agrupación s agrupação.

Agrupamiento s agrupamento, ajuntamento.
Agrupar v agrupar, ajuntar, reunir.
Agua s água, líquido.
Aguacate s abacate.
Aguacero s aguaceiro, chuva forte.
Aguada s aguada.
Aguador s aguadeiro.
Aguafiestas s desmancha-prazeres.
Aguafuerte s água-forte.
Aguantar v aguentar, suportar, tolerar.
Aguante s tolerância, paciência.
Aguar v aguar, regar, borrifar, frustrar.
Aguardar v aguardar, prorrogar.
Aguardiente s aguardente, cachaça.
Aguarrás s aguarrás.
Agudeza s agudeza, astúcia, perspicácia; FIG sutileza.
Agudizar v aguçar.
Agudo adj agudo, penetrante, aguçado.
Agüero s agouro, pressário, vaticínio.
Aguerrido adj aguerrido, valente, belicoso.
Aguijón s aguilhão, ferrão.
Aguijonear v aguilhoar, apressar.
Aguileño adj aquilino.
Águila s águia; FIG presa esperta.
Aguja s agulha, bússola, ponteiro de relógio.
Agujerear v furar, esburacar, perfurar.
Agujero adj agulheiro, buraco, furo, perfuração.
Agujeta s agulhada, pontada, dores musculares.
Aguzar s aguçar, estimular, avivar, incitar.
Aherrojar s aferrolhar, algemar.
Ahí adv aí, nesse lugar.
Ahijado adj afilhado, protegido.
Ahijar v adotar, perfilhar, proteger.
Ahinco s afinco, persistência, apego.
Ahíto adj farto, fatigado, abarrotado.
Ahogado adj afogado, sufocado.
Ahogar v afogar, sufocar, asfixiar.
Ahogo s sufoco, aflição, pressão, aperto.
Ahondar v afundar, penetrar, aprofundar.
Ahora adv agora, neste instante.

AHORCADO — ALBÚMINA

Ahorcado *adj* enforcado.
Ahorcar *v* enforcar, estrangular.
Ahorrar *v* economizar, poupar.
Ahorro *s* economia, poupança.
Ahuecar *v* cavar, escavar, tornar oco, afofar.
Ahulado *s* oleado, tecido impermeável.
Ahumado *adj* defumado.
Ahuyentar *v* afugentar, espantar.
Airado *adj* colérico, irritado.
Airar *v* irar, irritar, encolerizar.
Aire *s* ar, vento, atmosfera, clima.
Aireación *s* ventilação, arejamento.
Airear *v* arejar, desabafar, ventilar.
Airoso *adj* arejado, airoso, garboso.
Aislacionismo *s* isolacionismo.
Aislado *adj* isolado, avulso, desacompanhado, solitário.
Aislador *adj* isolador.
Aislante *s* isolante.
Aislar *v* isolar, separar.
Ajar *v* estragar, maltratar, amarfanhar.
Ajedrecista *s* enxadrista.
Ajedrez *s* xadrez.
Ajenjo *s* absinto.
Ajetreo *s* cansaço, fadiga.
Ají *s* pimentão.
Ajo *s* alho.
Ajorca *s* pulseira, bracelete.
Ajuar *s* enxoval.
Ajustado *adj* ajustado, aparelhado.
Ajustador *adj* ajustador, montador.
Ajustar *v* ajustar, estipular, reconciliar, combinar.
Ajuste *s* ajuste, trato, pacto, acordo, ajustamento.
Ajusticiado *adj* justiçado, executado.
Ajusticiar *v* justiçar, executar.
Al contração da prep. a com o art. el (ao).
Ala *s* ala, aba, asa.
Alabanza *s* elogio, louvor, louvação, aplauso.
Alabar *v* louvar, elogiar.
Alabastro *s* alabastro.
Alacena *s* armário embutido.
Alaco *s* farrapo, andrajo.
Alacrán *s* escorpião, lacrau.

Alado *adj* alado, com asas, ligeiro.
Alajú *s* massa de amêndoas e nozes.
Alambique *s* alambique, destilador.
Alambrar *v* alambrar, cercar com arame.
Alambre *s* arame, fio de metal.
Alambrera *s* rede de arame, tela.
Alameda *s* alameda, rua com árvores, avenida.
Álamo *s* álamo.
Alarde *s* alarde, ostentação, orgulho, vaidade.
Alardear *v* alardear, propalar, divulgar.
Alargar *v* alongar, encompridar, estender, dilatar, prolongar.
Alarido *adj* alarido, clamor, gritaria.
Alarma *s* alarme, rebate, susto, clamor.
Alarmar *v* alarmar, assustar, clamar.
Alarmista *adj* alarmista, assustador.
Alazán *adj* alazão.
Alba *s* alba, alvorada, aurora, amanhecer.
Albacea *s* testamenteiro.
Albanés *adj* albanês, albano.
Albañil *s* pedreiro.
Albañilería *s* alvenaria, construção civil.
Albarán *s* tabuleta, rótulo.
Albardar *v* lardear; FIG molestar.
Albaricoque *s* abricó, damasco.
Albear *v* alvejar, branquear.
Albedrío *s* arbítrio.
Albergar *v* albergar, hospedar, acolher, alojar.
Albergue *s* albergue, estalagem, hospedaria, pensão, pousada.
Albino *adj* albino.
Albóndiga *s* almôndega.
Albor *s* alvor, brancura.
Alborada *s* alvorada, madrugada.
Alborear *v* alvorecer, romper o dia.
Albornoz *s* albornoz, espécie de capa.
Alborotar *v* alvoroçar.
Alboroto *s* alvoroço, balbúrdia, motim.
Alborozo *s* alvoroço, alegria, animação.
Albricias *s* alvíssaras.
Albufera *s* lagoa, restinga.
Álbum *s* álbum, livro.
Albumen *s* albume, albúmen.
Albúmina *s* albumina.

ALBUR — ALIAR

Albur s boga, mugem.
Alcachofa s alcachofra.
Alcahuete s alcoviteiro, fofoqueiro, mexeriqueiro.
Alcaldada s abuso de autoridade.
Alcalde s alcaide, prefeito.
Alcaldía s alcaidia, prefeitura.
Alcalino adj alcalino.
Alcaloide s alcaloide.
Alcance s alcance, seguimento.
Alcancía s alcanzia.
Alcanfor s cânfora.
Alcantarilla s pontezinha, esgoto.
Alcanzar v alcançar, atingir, chegar a.
Alcaparra s alcaparra.
Alcatifa s almofada, tapeçaria.
Alcázar s fortaleza, castelo.
Alce s alce.
Alcoba s alcova, quarto de dormir.
Alcohol s álcool.
Alcohólico adj alcoólico, alcoólatra.
Alcornoque s sobreiro.
Alcurnia s família, linhagem, estirpe.
Aldaba s aldrava.
Aldea s aldeia, vila, vilarejo, povoado.
Aldeano adj aldeão, rústico.
Aleación s liga de metal.
Aleatorio adj aleatório, eventual.
Aleccionar s lecionar, adestrar, educar.
Aledaño adj divisório, limítrofe.
Alegación s alegação, defesa.
Alegar v alegar, citar, afirmar.
Alegato s alegação por escrito.
Alegoría s alegoria, fábula, metáfora.
Alegórico adj alegórico, simbólico, metafórico.
Alegrar v alegrar, divertir, brincar.
Alegre adj alegre, contente, animado.
Alegría s alegria, contentamento, animação, brincadeira.
Alegro s alegro.
Alejar v afastar, distanciar, aposentar.
Aleluya s aleluia.
Alemán adj alemão, germânico.
Alentada s respiração contínua.
Alentar v alentar, animar, encorajar.
Alergia s alergia.

Alérgico adj alérgico.
Alerta s alerta.
Alertar v alertar, vigiar.
Aleta s aleta, pequena asa.
Aletargar v aletargar.
Aletear v bater as asas, esvoaçar.
Alevosía s aleivosia, traição, falsidade, infidelidade.
Alevoso adj aleivoso, traidor.
Alfa s alfa, primeira letra do alfabeto grego.
Alfabético adj alfabético.
Alfabetización s alfabetização.
Alfabetizar v alfabetizar.
Alfajor s alfajor, doce seco.
Alfalfa s alfafa, erva para pasto.
Alfanje v alfange, sabre oriental.
Alfarería s olaria, cerâmica.
Alfarero s oleiro, ceramista.
Alféizar s batente, vão da porta ou janela.
Alfeñique s alfenim, pessoa delicada.
Alférez s alferes.
Alfiler s alfinete, adorno, broche.
Alfiletero s agulheiro.
Alfombra s tapete.
Alfombrar v atapetar.
Alforja s alforje, provisão.
Alga s alga, sargaço.
Algarabía s algaravia, eufrásia.
Algarada s algarada, algazarra.
Algarroba s alfarroba.
Algazara s algazarra.
Álgebra s álgebra.
Álgido adj álgido, muito frio.
Algo pron algo.
Algodón s algodão.
Algodonero s algodoeiro.
Alguacil s aguazil.
Alguien pron alguém, alguma pessoa.
Algún pron algum; adv um tanto.
Alguno pron algum, qualquer.
Alhaja s joia, adorno.
Alhajera s porta-joias.
Aliado adj aliado, coligado.
Alianza s aliança, liga, anel de casamento, coligação.
Aliar s aliar, unir, harmonizar.

ALIAS — ALTANERÍA

Alias *adv* por outro nome.
Alicaído *adj* abatido, triste, desanimado, desalentado.
Alicates *s* alicate.
Aliciente *adj* aliciante, sedutor, atraente.
Alícuota *s* alíquota.
Alienación *s* alienação, demência.
Alienar *v* alienar, alhear, afastar.
Aliento *s* alento, vigor.
Aligerar *v* aligeirar, aliviar.
Alijo *s* muamba, contrabando.
Alimaña *s* alimária, embustes.
Alimentación *s* alimentação, nutrição, sustento.
Alimentar *v* alimentar, nutrir, sustentar.
Alimenticio *adj* alimentício, nutritivo, substancial.
Alimento *s* alimento, comida, sustento.
Alinear *v* alinhar, enfileirar.
Aliñar *v* alinhar, enfeitar, compor, preparar, condimentar, temperar.
Aliño *s* alinho, asseio, gosto, condimento, tempero.
Alisar *v* alisar, amaciar, desgastar, polir.
Alisios *adj* alísios, vento.
Alistamiento *s* alistamento, recrutamento, arrolamento.
Alistar *v* alistar, catalogar, dispor, preparar.
Aliviar *v* aliviar, moderar, suavizar, consolar.
Alivio *s* alívio, descanso, consolação.
Aljibe *s* algibe, cisterna.
Allá *adv* lá, além.
Allanamiento *s* aplainamento.
Allanar *v* aplainar, igualar, pacificar.
Allegado *adj* chegado, próximo, parente.
Allegar *v* aproximar, ajuntar, acrescentar.
Allende *adj* além de, além disso.
Allí *adv* ali.
Alma *s* alma, espírito.
Almacén *s* armazén, almoxarifado, depósito.
Almacenaje *s* armazenagem, armazenamento.
Almacenar *v* armazenar, conservar, depositar, reunir.

Almacenista *s* atacadista.
Almanaque *s* almanaque.
Almazara *s* lagar de azeite.
Almeja *s* amêijoa, molusco.
Almendra *s* amêndoa.
Almendrado *adj* amendoado.
Almendro *s* amendoeira.
Almíbar *s* calda de açúcar.
Almibarado *adj* açucarado, em calda.
Almibarar *v* adoçar, açucarar.
Almidón *s* amido, fécula.
Almidonar *v* engomar.
Alminar *s* minarete, almenara.
Almirante *s* almirante.
Almirez *s* almofariz, gral.
Almizcle *s* almíscar.
Almohada *s* almofada, travesseiro.
Almohadón *s* almofadão.
Almoneda *s* leilão.
Almorrana *s* hemorroidas.
Almorzar *v* almoçar, comer.
Almuerzo *s* almoço, refeição.
Alocado *adj* amalucado, doido.
Alocución *s* alocução, conferência, discurso breve.
Alojamiento *s* alojamento, aposento.
Alojar *s* alojar, hospedar, acomodar, recolher.
Alón *s* asa sem penas.
Alondra *s* cotovia.
Alpaca *s* alpaca, lã.
Alpargata *s* alpercata, alpargata.
Alpinismo *s* alpinismo.
Alpinista *s* alpinista.
Alpino *adj* alpino.
Alpiste *s* alpiste.
Alquería *s* casa de campo, granja.
Alquilar *v* alugar, arrendar, ceder temporalmente.
Alquiler *s* aluguel, arrendamento.
Alquimia *s* alquimia.
Alquimista *s* alquimista.
Alquitrán *s* alcatrão.
Alrededor *adv* ao redor, em torno, em volta.
Alta *s* alta, licença para sair do hospital.
Altanería *s* altivez, orgulho.

ALTANERO — AMARGURA

Altanero *adj* altaneiro, altivo, orgulhoso.
Altar *s* altar, ara.
Altavoz *s* alto-falante, megafone.
Alteración *s* alteração, inquietação, desordem.
Alterar *v* alterar, mudar, transformar.
Altercar *v* altercar, disputar, discutir.
Alternador *s* alternador.
Alternar *v* alternar, revezar, variar.
Alternativa *s* alternativa, opção, escolha.
Alterno *adj* alternativo, alterno, revezado.
Alteza *s* alteza.
Altibajo *s* desigual, irregular.
Altilocuencia *s* grandiloquência.
Altímetro *s* altímetro.
Altiplanicie *s* altiplano, planalto, chapada.
Altitud *s* altitude, altura, elevação, estatura.
Altivez *s* altivez, arrogância.
Altivo *adj* altivo, orgulhoso, arrogante.
Alto *adj* alto, eminente.
Altoparlante *s* altofalante, amplificador.
Altramuz *s* tremoço.
Altruismo *s* altruísmo, generosidade.
Altruista *adj* altruísta, generoso.
Altura *s* altura, elevação.
Alubia *s* feijão.
Alucinación *s* alucinação, visão, delírio.
Alucinante *adj* alucinante, delirante.
Alucinar *v* alucinar, delirar, fascinar, ofuscar, deslumbrar.
Alucinógeno *s* alucinógeno.
Alud *s* avalanche.
Aludir *v* aludir, citar, mencionar.
Alumbrado *s* iluminação; *adj* iluminado.
Alumbramiento *s* iluminação, parto.
Alumbrar *v* iluminar, aluminar, parir.
Alumbre *s* alúmen, pedra-ume.
Alúmina *s* alumina.
Aluminio *s* alumínio.
Alumnado *s* alunado, corpo discente.
Alumno *s* aluno, discípulo, estudante, colegial.
Alunizaje *s* alunissagem.
Alunizar *v* alunissar.
Alusión *s* alusão, menção, citação.

Alusivo *adj* alusivo, indireto.
Aluvión *s* aluvião, inundação.
Alveolar *adj* alveolar.
Alveólo *s* alvéolo, casulo, pequena cavidade.
Alza *s* alça.
Alzado *adj* alçado.
Alzamiento *s* alçamento, revolta.
Alzar *v* alçar, levantar, elevar.
Ama *s* ama, dona-de-casa, senhora, governanta.
Amabilidad *s* amabilidade, cortesia, delicadeza, atenção.
Amable *adj* amável, cortês, delicado, atencioso.
Amaestrado *adj* amestrado, treinado.
Amaestrar *v* amestrar, ensinar, treinar.
Amagar *v* ameaçar.
Amago *s* ameaça, sintoma, sinal, indício.
Amainar *v* amainar, acalmar.
Amalgama *s* amálgama.
Amalgamar *v* amalgamar, mesclar, misturar.
Amamantar *v* amamentar.
Amancebarse *v* amancebar-se, amasiar-se, amigar-se.
Amanecer *s* amanhecer.
Amanerado *adj* amaneirado, afetado.
Amansar *v* amansar, domesticar.
Amante *adj* amante, companheiro, amigo, namorado, fã.
Amanuense *s* amanuense, tipógrafo.
Amañar *v* amanhar, lavrar, ajeitar, preparar.
Amaño *s* amanho, jeito, preparo.
Amapola *s* papoula.
Amar *v* amar, estimar, apreciar, querer, gostar.
Amareje *s* amerissagem.
Amargado *adj* amargurado, angustiado, desgostoso, aflito.
Amargar *v* amargar, amargurar, desgostar, afligir.
Amargo *adj* amargo, acre.
Amargura *s* amargura, desgosto, angústia.

AMARICONADO — AMORÍO

Amariconado *adj* afeminado, maricas, bichoso, boneca.
Amarillear *v* amarelar.
Amarillento *adj* amarelento, amarelado.
Amarillo *adj* amarelo, cor-de-ouro.
Amarra *s* amarra, corda de navio.
Amarrado *adj* amarrado.
Amarrar *v* amarrar, prender, atracar.
Amartelar *v* enciumar, atormentar com ciúmes.
Amartillar *v* martelar.
Amasar *v* amassar, misturar.
Amasijo *s* massa, confusão.
Amatista *s* ametista.
Amazona *s* amazona.
Amazónico *adj* amazônico.
Ambages *s* rodeios, evasias, circunlóquios.
Ámbar *s* âmbar.
Ambición *s* ambição, cobiça, ganância.
Ambicionar *v* ambicionar, cobiçar, desejar.
Ambicioso *adj* ambicioso, cobiçoso.
Ambidextro *adj* ambidestro.
Ambiental *adj* ambiental.
Ambiente *s* ambiente, meio, atmosfera.
Ambigüedad *s* ambiguidade, equívoco, dúvida, incerteza.
Ambiguo *adj* ambíguo, equívoco, duvidoso, incerto.
Ámbito *s* âmbito, esfera, contorno, circuito.
Ambivalencia *s* ambivalência, duplicidade.
Ambivalente *adj* ambivalente.
Ambos *adj* ambos, os dois.
Ambrosia *s* ambrosia.
Ambucia *s* voracidade, gulodice.
Ambulancia *s* ambulância.
Ambulante *adj* ambulante, errante, nômade.
Ambulatorio *adj* ambulatório.
Ameba *s* ameba.
Amedrentar *v* amendrontar, atemorizar, assustar.
Amén *s* amém.
Amenaza *s* ameaça, intimidação.

Amenazador *adj* ameaçador.
Amenazar *v* ameaçar, intimidar, coagir.
Amenidad *s* amenidade, suavidade, delicado.
Americana *s* jaqueta, jaquetão, casaco.
Americanismo *s* americanismo.
Americanista *s* americanista.
Americanizar *v* americanizar.
Americano *adj* americano, norte-americano.
Ametralladora *s* metralhadora.
Ametrallar *v* metralhar, fuzilar.
Amianto *s* amianto.
Amiga *s* amiga, concubina, amante.
Amigable *adj* amigável.
Amigdala *s* amídala.
Amigo *adj* amigo, companheiro, camarada, colega, namorada.
Amilanar *v* assustar, intimidar.
Aminoración *s* diminuição, minoração, redução.
Aminorar *v* minorar, diminuir, reduzir.
Amistad *s* amizade, dedicação.
Amistosamente *adv* amistosamente.
Amistoso *adj* amistoso, amigável, dedicado, gentil, amável.
Amnesia *s* amnésia, perda de memória.
Amniótico *adj* amniótico.
Amnistía *s* anistia, indulto, perdão.
Amnistiar *v* anistiar, indultar, perdoar.
Amo *s* amo, dono de casa, proprietário.
Amodorrarse *v* amodorrar-se.
Amohinar *v* aborrecer.
Amojonar *v* demarcar, delimitar.
Amolar *v* amolar, afiar, aguçar.
Amoldar *v* amoldar, moldar, modelar.
Amonestar *v* admoestar, repreender.
Amoníaco *s* amoníaco.
Amontonar *v* amontoar.
Amor *s* amor, afeto, afeição, carinho, paixão.
Amoral *adj* amoral, imoral.
Amoralidad *s* amoralidade.
Amoratar *v* arroxear.
Amordazar *v* amordaçar.
Amorfo *adj* amorfo, disforme.
Amorío *s* namorar.

Amoroso *adj* amoroso, carinhoso, afetuoso, meigo.
Amortiguador *adj* amortecedor.
Amortiguar *v* amortecer.
Amortizable *adj* amortizável.
Amortización *s* amortização.
Amortizar *v* amortizar, pagar aos poucos, resgatar.
Amotinar *v* amotinar, sublevar, alvoroçar.
Amovible *adj* removível, transferível.
Amparar *v* amparar, proteger.
Amparo *s* amparo, proteção, auxílio, socorro, defesa, abrigo.
Amperímetro *s* amperímetro.
Ampliación *s* ampliação, amplificação, aumento.
Ampliar *v* ampliar, amplificar, aumentar.
Amplificación *s* amplificação, aumento, acréscimo.
Amplificador *s* amplificador.
Amplio *adj* amplo, espaçoso, extenso, vasto.
Amplitud *s* amplitude, extensão vastidão.
Ampolla *s* ampola, bolha, bexiga.
Ampolleta *s* ampulheta.
Amputación *s* amputação, mutilação.
Amputar *v* amputar, mutilar, extirpar.
Amuchar *v* aumentar.
Amueblar *v* mobiliar.
Amular *v* esterilizar.
Amuleto *s* amuleto, talismã.
Anacoreta *s* anacrônico.
Anacronismo *s* anacronismo.
Anaerobio *adj* anaeróbio.
Anáfora *s* anáfora, repetição.
Anagrama *s* anagrama.
Anal *adj* anal.
Analar *v* canalar, abrir canais.
Anales *s* anais, narração de eventos organizada por ano.
Analfabetismo *s* analfabetismo.
Analfabeto *adj* analfabeto, iletrado, ignorante.
Analgésico *adj* analgésico.
Análisis *s* análise, estudo, exame.
Analista *s* analista, pesquisador.
Analítico *adj* analítico.

Analizar *v* analisar, decompor, estudar, examinar.
Analogía *s* analogia, semelhança, similaridade.
Análogo *adj* semelhante, similar.
Ananás *s* ananás, abacaxi.
Anaquel *s* prateleira, armação.
Anaranjado *adj* alaranjado.
Anarquía *s* anarquia, desgoverno.
Anárquico *adj* anárquico.
Anarquismo *s* anarquismo.
Anarquista *adj* anarquista.
Anatema *s* anátema, excomunhão.
Anatomía *s* anatomia.
Anatómico *adj* anatômico.
Anca *s* anca, quadril.
Ancestral *adj* ancestral, antigo.
Ancho *adj* largo, amplo, extenso, espaçoso.
Anchoa *s* anchova.
Anchura *s* largura, extensão.
Ancianidad *s* ancianidade, velhice.
Anciano *adj* ancião, velho.
Ancla *s* âncora.
Ancladero *s* ancoradouro.
Anclar *v* ancorar, fundear.
Andaluz *adj* andaluz, natural da Andaluzia.
Andamio *s* andaime.
Andante *adj* andante.
Andanza *s* andança.
Andar *v* andar, caminhar, ir.
Andariego *adj* andarilho, errante, andejo.
Andas *s* padiola, liteira.
Andén *s* cais, embarcadouro, plataforma de estação.
Andino *adj* andino.
Andrajo *s* andrajo, farrapo, trapo.
Andrajoso *adj* andrajoso, esfarrapado.
Androceo *s* androceu.
Andrógino *adj* andrógino, hermafrodita.
Androide *s* androide, robô.
Anécdota *s* anedota, episódio.
Anecdótico *adj* anedótico, episódico.
Anegadizo *adj* alagadiço.
Anegar *v* alagar, inundar, encher.
Anejo *adj* anexo, incorporado.

ANEMIA — ANTECÁMARA

Anemia s anemia, fraqueza, enfraquecimento.
Anémico adj anêmico, fraco, débil.
Anémona s anêmona.
Anestesia s anestesia.
Anestesiar v anestesiar.
Anestesista s anestesista.
Anexión s anexação, incorporação.
Anexionar v anexar, juntar, incorporar.
Anexo adj anexo, ligado, incorporado.
Anfibio adj anfíbio, ambíguo.
Anfibología s anfibiologia.
Anfiteatro s anfiteatro.
Anfitrión s anfitrião.
Ánfora s ânfora, vaso.
Angarillas s padiola, cangalhas.
Ángel s angelical; adj angelical, angélico.
Angina s angina.
Anglicanismo s anglicanismo.
Anglicismo s anglicismo.
Anglófilo adj anglófilo.
Anglosajón adj anglo-saxão.
Angora adj angorá.
Angosto adj estreito, apertado, reduzido.
Anguila s enguia.
Angular adj angular.
Ángulo s ângulo, aresta, esquina, canto.
Anguloso adj anguloso.
Angustia s angústia, aflição, opressão, ansiedade, agonia.
Angustiado adj angustiado, amargurado, oprimido, ansioso.
Angustiar v angustiar, afligir, amargurar, entristecer.
Anhelante adj anelante, desejoso.
Anhelar v anelar, desejar, aspirar.
Anhelo s anelo, desejo, aspiração, anseio.
Anidar v aninhar.
Anilina s anilina.
Anilla s argola, aro de metal, anel.
Anillo s anel.
Ánima s alma.
Animación s animação, entusiasmo, alegria, vivacidade.
Animado adj animado, alegre, entusiasmado.
Animador adj animador.

Animal s animal, besta, fera.
Animar v animar, entusiasmar.
Anímico adj anímico.
Animismo s animismo.
Ánimo s ânimo, espírito, coragem.
Animosidad s animosidade, antipatia, aversão, inimizade.
Animoso adj animoso, corajoso.
Aniñado adj pueril, infantil.
Aniquilar v aniquilar, exterminar, destruir, acabar.
Anís s anis.
Aniversario s aniversário.
Ano s ânus.
Anoche adv ontem à noite.
Anochecer s crepúsculo, anoitecer.
Anodino adj anódino, inofensivo.
Anomalía s anomalia, anormalidade.
Anómalo adj anômalo, anormal.
Anonadar v reduzir a nada, aniquilar.
Anonimato s anonimato.
Anónimo adj anônimo, incógnito.
Anorak s agasalho impermeável.
Anormal adj anormal, extraordinário.
Anormalidade s anormalidade, anomalia.
Anotación s anotação, advertência, minuta, comentário.
Anotar v anotar, tomar notas, explicar.
Ánsar s ganso.
Ansia s ânsia, angústia, desejo, tormento, agonia, anseio.
Ansiar v ansiar, desejar, ambicionar.
Ansiedad s ansiedade, angústia, incerteza.
Ansioso adj ansioso, ávido, desejoso, aflito, agoniado.
Anta s anta, tapir.
Antagónico adj antagônico, oposto.
Antagonismo s antagonismo, oposição.
Antaño adv antanho, outrora.
Antártico adj antártico.
Ante s alce; adv antes.
Anteanoche adv anteontem à noite.
Anteayer adv anteontem.
Antebrazo s antebraço.
Antecámara s antecâmara.

ANTECEDENTE — ANVERSO

Antecedente s antecedente, fato anterior.
Anteceder v anteceder, preceder.
Antecesor s antecessor, antepassado.
Antedicho adj expresso, dito anteriormente.
Antediluviano adj antediluviano.
Antelación s antelação, antecipação.
Antemano adv antemão, antecipadamente.
Antena s antena.
Anteojo s óculos, lente, luneta.
Antepasado adj antepassado, ancestral.
Antepecho s parapeito, peitoril.
Antepenúltimo adj antepenúltimo.
Anteponer v antepor, preferir.
Anteproyecto s anteprojeto.
Anterior adj anterior, precedente.
Antes adv antes.
Antesala s antessala.
Antiaéreo adj antiaéreo.
Antialcoholismo s antialcoolismo.
Antiatómico adj antiatômico.
Antibiótico adj antibiótico.
Anticipar v antecipar, avançar, prevenir.
Anticipo s antecipação, adiantamento.
Anticlericalismo s anticlericalismo.
Anticoagulante adj anticoagulante.
Anticomunista adj anticomunista.
Anticonceptivo adj contraceptivo, anticoncepcional.
Anticongelante adj anticongelante.
Anticuado adj antiquado, velho, obsoleto, ultrapassado.
Anticuario s antiquário, colecionador, vendedor de antiguidades.
Anticuerpo s anticorpo.
Antídoto s antídoto, contraveneno.
Antiestético adj antiestético.
Antifaz s máscara, carapuça.
Antigüedad s antiguidade, velhice.
Antiguo adj antigo, antiquado, obsoleto, velho, desusado.
Antillano adj antilhano.
Antílope s antílope.
Antimonio s antimônio.
Antinomia s antinomia, contradição.
Antipara s anteparo, biombo.

Antipatía s antipatia, aversão, repulsa, birra.
Antipático adj antipático, desagradável, detestável.
Antipirético adj antipirético.
Antípoda s antípoda.
Antiquísimo adj antiquíssimo.
Antirrábico adj antirrábico.
Antirrobo s antirroubo, pega-ladrão.
Antisemita adj antissemita.
Antisepsia s antissepsia.
Antiséptico adj antisséptico.
Antisocial adj antissocial.
Antítesis s antítese, oposição, contraste.
Antitoxina s antitoxina.
Antojarse v apetecer, desejar, muito.
Antojo s desejo, capricho, fantasia.
Antología s antologia, coletânea, seleta, seleção de texto.
Antológico adj antológico.
Antónimo s antônimo.
Antonomasia s antonomásia.
Antorcha s tocha, facho, farol.
Antracita s antracite.
Ántrax s antraz, tumor.
Antro s antro, cova, covil.
Antropofagia s antropofagia, canibalismo.
Antropófago adj antropófago, canibal.
Antropoide adj antropoide.
Antropología s antropologia.
Antropólogo s antropólogo.
Antropomorfo adj antropomorfo.
Anual adj anual; s anualidade, anuidade.
Anuario s anuário.
Anubarrado adj nublado, anuviado, enevoado.
Anudar v atar, juntar, dar nós.
Anuencia s anuência, consentimento.
Anulación s anulação, revogação.
Anular v anular, invalidar, cancelar.
Anunciación s anunciação, manifestação, notícia.
Anunciar v anunciar, noticiar, publicar.
Anuncio s anúncio, aviso, convocação, sinal.
Anverso s anverso, frente, face.

AÑADIR — APETITOSO

Añadir *v* agregar, acrescentar, adicionar.
Añejo *adj* antigo, velho, ancestral, antiquado.
Añicos *s* pedaços fragmentos.
Añil *s* anil.
Año *s* ano.
Añoranza *s* nostalgia, saudade.
Añorar *v* ter saudades, desejar.
Anzuelo *s* anzol.
Aojar *v* encantar, fascinar, enfeitiçar.
Aojo *s* encanto, fascinação, feitiço, quebranto.
Aorta *s* aorta.
Aovado *adj* oval, ovalado.
Aovar *v* desovar.
Apabullar *v* esmagar, achatar.
Apacentar *v* apascentar, pastorear.
Apacible *adj* aprazível, agradável, ameno.
Apaciguar *v* apaziguar, desarmar, sossegar, pacificar.
Apadrinar *v* apadrinhar.
Apagado *adj* tímido, acanhado, extinto.
Apagar *v* apagar, extinguir, aplacar, abafar.
Apagón *s* blecaute, apagamento.
Apalabrar *v* apalavrar, ajustar.
Apalancar *v* alavancar.
Apalear *v* espancar, bater.
Apandillar *v* formar partidos.
Apañado *adj* apanhado, colhido.
Apañar *v* apanhar, colher, furtar.
Aparador *s* aparador.
Aparar *v* aparar, cortar.
Aparato *s* aparato, ostentação, pompa, grandeza.
Aparatoso *adj* aparatoso, grandioso, suntuoso.
Aparcamiento *s* estacionamento.
Aparcar *v* estacionar, parar.
Aparear *v* emparelhar, igualar, juntar.
Aparecer *v* aparecer, comparecer, surgir.
Aparecimiento *s* aparição, aparecimento, surgimento.
Aparejador *s* aparelhador, construtor.
Aparejar *v* aparelhar, preparar.
Aparentar *v* aparentar, fingir, enganar.
Aparente *adj* aparente, falso, enganoso.

Aparición *s* aparição, visão, aparecimento.
Apariencia *s* aparência, aspecto.
Apartado *adj* afastado, distante.
Apartamento *s* apartamento, compartimento, aposento.
Apartamiento *s* afastamento, lugar retirado.
Apartar *v* apartar, separar, afastar.
Aparte *adv* à parte, separadamente.
Apasionado *adj* apaixonado, enamorado.
Apasionar *v* apaixonar, exaltar.
Apatía *s* apatia, indiferença, indolência.
Apático *adj* apático, indiferente, impassível, insensível.
Apátrida *s* apátrida.
Apear *v* apear, delimitar, demarcar.
Apedreamiento *s* apedrejamento.
Apedrear *v* apedrejar, lapidar.
Apegarse *v* apegar-se, agarrar-se.
Apego *s* apego, afeição, afeto.
Apelación *s* apelação.
Apelar *v* apelar, recorrer, invocar, chamar.
Apelativo *adj* apelativo.
Apellidar *v* apelidar, cognominar, nomear.
Apellido *s* sobrenome.
Apelmazar *v* condensar, comprimir.
Apenar *v* causar pena, desgostar.
Apenas *adv* apenas, unicamente, somente.
Apéndice *s* apêndice.
Apendicitis *s* apendicite.
Apercibir *v* aperceber, dispor, avisar, perceber.
Aperitivo *s* aperitivo, antepasto.
Apertura *s* abertura, entrada, inauguração.
Apesadumbrar *v* afligir, entristecer.
Apestar *v* empestar, infectar.
Apestillar *v* agarrar, pegar.
Apestoso *adj* pestilento, fétido.
Apetecer *v* apetecer, desejar, pretender.
Apetencia *s* apetência, apetite.
Apetito *s* apetite, estímulo, desejo.
Apetitoso *adj* apetitoso, saboroso, gostoso, tentador.

54 APIADARSE — APRETÓN

Apiadarse v apiedar-se.
Ápice s ápice, auge, cume, vértice.
Apicultor s apicultor.
Apicultura s apicultura.
Apilar v empilhar, amontoar.
Apiñar v apinhar, ajuntar, agregar.
Apio s aipo.
Apisonar v calcar.
Aplacar v aplacar, acalmar, tranquilizar.
Aplanar v aplanar, nivelar, igualar.
Aplastar v achatar, esmagar.
Aplaudir v aplaudir, louvar.
Aplauso s aplauso, aclamação, louvor.
Aplazamiento s aprazamento, convocação.
Aplazar v aprazar, prorrogar, adiar, retardar.
Aplicable adj aplicável.
Aplicación s aplicação, adaptação.
Aplicado adj aplicado, estudioso, atento, assíduo, dedicado.
Aplicar v aplicar, adaptar, adequar.
Aplomo s gravidade, serenidade, circunspecção.
Apocalipsis s apocalipse.
Apocaliptico adj apocalíptico.
Apocar v apoucar, diminuir, minguar, reduzir.
Apócope s apócope.
Apócrifo adj apócrifo, falso, suposto.
Apoderado adj apoderado; s procurador, agente.
Apoderar v apoderar, dar procuração, autorizar, encarregar.
Apodo s apodo, alcunha.
Apófisis s apófise.
Apogeo s apogeu, auge, culminância.
Apolillar v roer, traçar.
Apolítico adj apolítico.
Apologético adj apologético.
Apología s apologia, defesa, elogio.
Apologista adj apologista.
Apoltronarse v tornar-se preguiçoso.
Apoplejía s apoplexia.
Aporrear v espancar, bater.
Aportación s contribuição.
Aportar v contribuir, ocasionar.

Aposentar v hospedar, alojar.
Aposento s aposento, casa, moradia, quarto.
Apósito s apósito, compressa.
Apostar v apostar, competir, arriscar.
Apóstata s apóstata.
Apostilla s apostila, comentário, anotação.
Apostillar v apostilar, comentar.
Apóstol s apóstolo, missionário.
Apostolado adj apostolado, missão.
Apostólico adj apostólico.
Apóstrofe s apóstrofe.
Apóstrofo s apóstrofo.
Apostura s atitude, garbo, gentileza, linha.
Apoteósico adj apoteótico, consagrador.
Apoteosis s apoteose, consagração.
Apoyar v apoiar, sustentar, colaborar, amparar.
Apoyo s apoio, arrimo, amparo, favor, base, descanso.
Apreciable adj apreciável, digno, admirável.
Apreciación s apreciação, admiração, estima.
Apreciar v apreciar, avaliar, julgar.
Aprecio s apreço, consideração, estima.
Aprehender v apreender, prender.
Aprehensión s apreensão, percepção.
Apremiar v apressar, acelerar.
Aprender v aprender, estudar, instruir-se.
Aprendiz s aprendiz, estagiário; adj principiante, novato, calouro.
Aprendizaje s aprendizagem.
Aprensión s apreensão, receio, temor.
Aprensivo adj apreensivo, receoso, preocupado.
Apresamiento s captura, detenção, prisão.
Apresar v capturar, deter, prender, agarrar.
Aprestar v preparar, equipar, dispor.
Apresurar v apressar, acelerar, ativar.
Apretado adj apertado.
Apretar v apertar, amarrar, estreitar.
Apretón s apertão.

APRIETO — ARENAL

Aprieto s aperto, perigo.
Aprisa adv às pressas, velozmente.
Aprisionar v aprisionar, capturar, prender.
Aprobación s aprovação, permissão, adesão.
Aprobado adj aprovado, habilitado.
Aprobar v aprovar, admitir, autorizar, habilitar.
Apropiación s apropriação.
Apropiado adj apropriado, próprio.
Apropiar v apropriar, acomodar, atribuir.
Aprovechable adj aproveitável, útil.
Aprovechado adj aproveitado, utilizado.
Aprovechar v aproveitar, ganhar.
Aprovisionamiento s aprovisionamento, abastecimento.
Aprovisionar v aprovisionar, prover, abastecer.
Aproximación s aproximação, proximidade, aconchego.
Aproximado adj aproximado, próximo, chegado.
Aproximar v aproximar, encostar.
Aproximativo adj aproximativo.
Aptitud s aptidão, habilidade, jeito, queda.
Apto adj apto, hábil, conveniente.
Apuesta s aposta.
Apuesto adj enfeitado, aplicado.
Apuntalar v escorar, assegurar.
Apuntamiento s apontamento, anotação.
Apuntar v apontar, anotar, aguçar, fazer pontaria.
Apunte s apontamento, nota, anotação.
Apuñalar v apunhalar, esfaquear.
Apurado adj apurado, exato, esmerado.
Apurar v apurar, purificar, escolher, selecionar.
Apuro s apuro, aperto, aflição.
Aquejar v afligir, magoar.
Aquel pron aquele.
Aquello pron aquilo.
Aquí adv aqui, neste lugar.
Aquietar v aquietar, sossegar, acomodar.
Ara s ara, altar, lugar sagrado.
Árabe adj árabe.

Arabesco s arabesco.
Arábico adj arábico, árabe, mouro.
Arado s charrua, terra lavrada.
Arancel s tarifa.
Arancelario adj tarifário.
Arandela s arandela, candelabro de parede.
Araña s aranha, lustre, candelabro.
Arañar v arranhar, riscar.
Arañazo s arranhão.
Arar v lavrar a terra.
Arbitraje s arbitragem, arbitramento, julgamento.
Arbitrar v arbitrar, julgar, dirigir jogos.
Arbitrariedad s arbitrariedade, injustiça.
Arbitrario adj arbitrário, despótico.
Árbitro s árbitro, juiz.
Árbol s árvore.
Arbolado adj arborizado, arvoredo, bosque.
Arbusto s arbusto.
Arca s arca, baú, cofre.
Arcada s arcada, série de arcos, náusea.
Arcaico adj arcaico, antiquado, antigo.
Arcaísmo s arcaísmo.
Arcángel s arcanjo.
Arcano s arcano, segredo profundo.
Archidiócesis s arquidiocese.
Archipiélago s arquipélago.
Archivador s arquivista, classificador.
Archivo s arquivo, depósito, cartório.
Arcilla s argila, barro.
Arcilloso adj argiloso, barrento.
Arco s arco, curva.
Arder v arder, abrasar, queimar.
Ardid s ardil, armadilha, emboscada.
Ardiente adj ardente, tórrido, abrasador.
Ardilla s esquilo.
Ardor s calor, afã, paixão.
Ardoroso adj ardoroso, ardente, intenso, fogoso.
Arduo adj árduo, difícil, penoso, trabalhoso.
Área s área, espaço, superfície, zona, campo.
Arena s areia, pó.
Arenal s areal.

Arenga s arenga, palavreado.
Arenoso adj arenoso, areento.
Arenque s arenque.
Argamasa s argamassa.
Argelino adj argelino.
Argénteo adj argênteo, prateado.
Argentino adj argentino.
Argolla s argola, aro, elo.
Argucia s argúcia, perspicácia, sutileza.
Argüir v arguir, deduzir, provar.
Argumentación s argumentação, alegação.
Argumentar v argumentar, discutir, alegar.
Argumento s argumento, assunto.
Aria s ária.
Aridez s aridez, secura, esterilidade.
Árido adj árido, seco, estéril.
Aries s áries.
Ario s ariano.
Arisco s arisco, esquivo, áspero.
Arista s aresta.
Aristocracia s aristocracia, nobreza.
Aristócrata s aristocrata, nobre, fidalgo.
Aristocrático adj aristocrático, nobre, fino, distinto.
Aristotélico adj aristotélico.
Aritmética s aritmética.
Aritmético adj aritmético.
Arma s arma.
Armada s armada, esquadra, marinha.
Armadía s jangada.
Armadillo s tatu.
Armador s armador.
Armadura s armadura, armação.
Armamento s armamento, arsenal.
Armar v armar, munir, equipar, aparelhar.
Armario s armário, móvel.
Armazón s armação, esqueleto.
Armería s armaria, depósito de armas.
Armero s armeiro.
Armiño s arminho.
Armisticio s armistício, trégua.
Armonía s harmonia, acordo, fraternidade.
Armónica s harmônica.

Armónico adj harmônico, harmonioso, melodioso.
Armonioso adj harmonioso, sonoro, agradável.
Armonizar v harmonizar, acordar, assentar.
Árnica s arnica.
Aro s aro, argola.
Aroma s aroma, perfume, cheiro, odor, fragrância.
Aromático adj aromático, pefumado, fragrante.
Aromatizar v aromatizar, perfumar.
Arpa s harpa.
Arpegio s arpejo.
Arpía s hárpia.
Arpón s arpão.
Arquear v arquear, curvar, encurvar.
Arqueología s arqueologia.
Arqueológico adj arqueológico.
Arqueólogo s arqueólogo.
Arquero s arqueiro.
Arquetipo s arquétipo, modelo, padrão.
Arquitecto s arquiteto.
Arquitectónico adj arquitetônico.
Arquitectura s arquitetura.
Arrabal s arrabalde, subúrbio, cercanias.
Arrabalero s suburbano; adj vulgar, grosseiro.
Arrabañar v arrebanhar, recolher.
Arrabio s ferro fundido.
Arraigar v arraigar, enraizar.
Arrancar v arrancar, extorquir, separar, extirpar.
Arranque s arranque, arrancada.
Arras s penhor, sinal, doação.
Arrasar v arrasar, aplanar, nivelar, demolir, derrubar.
Arrastrar v arrastar, impelir, atrelar.
Arrastre s arrasto.
Arrayán s murta.
Arrear v arrear, apressar, estimular.
Arrebatado adj arrebatado, precipitado, fogoso, impetuoso.
Arrebatar v arrebatar, precipitar, irritar, arrancar.
Arrebato s arrebato, arrebatamento.

ARREBOL — ARTIFICIO

Arrebol s arrebol, cor vermelha.
Arrebujar v amarrotar, agasalhar-se.
Arreciar v arrecife; s recife, banco de areia.
Arredrar v arredar, afastar, apartar.
Arreglado adj regulado, regrado, arranjado.
Arreglar v regular, ajustar, arrumar, compor.
Arreglo s regra, ordem, arranjo, conserto.
Arremangar v arregaçar.
Arremeter v arremeter, investir, agredir, embater, atacar.
Arremetida s arremetida.
Arremolinar v remoinhar; FIG amontoar-se, apinhar-se.
Arrendador s arrendador.
Arrendamiento s arrendamento.
Arrendar v arrendar, alugar.
Arrendatario s arrendatário.
Arreo s arreio, rédea.
Arrepentido adj arrependido, contrito.
Arrepentimiento s arrependimento, contrição, pesar, remorso.
Arrepentirse v arrepender-se.
Arrestado adj detido, preso, apreendido, embargado.
Arrestar v prender, deter, arrestar, embargar.
Arresto s arresto, detenção, provisória.
Arriar v arriar, afrouxar.
Arriba adv em cima, para cima.
Arribada s arribação.
Arribar v arribar, atracar, ancorar, chegar.
Arribista adj arrivista, oportunista.
Arriero s arrieiro.
Arriesgado adj arriscado, perigoso.
Arriesgar v arriscar, aventurar, expor.
Arrimar v arrimar, aproximar, encostar, apoiar.
Arrimo s arrimo, apoio, encosto, amparo.
Arrinconar v encurralar, acuar.
Arritmia s arritmia.
Arrítmico adj arrítmico.
Arroba s arroba.
Arrobamiento s arroubamento, êxtase.
Arrobar v enlevar, entusiasmar, extasiar.

Arrodillar v ajoelhar.
Arrogancia s arrogância.
Arrogante adj arrogante, pretensioso, insolente, altivo.
Arrogarse v arrogar-se, atribuir-se.
Arrojado adj arrojado, empreendedor, audacioso, decidido.
Arrojar v arrojar, arremessar, lançar.
Arrojo s arrojo, ímpeto, ousadia, atrevimento.
Arrollador adj enrolador.
Arrollar v enrolar, rolar, envolver.
Arropar v agasalhar, abafar.
Arrostrar v encarar, afrontar, enfrentar.
Arroyo s arroio, riacho, regato, ribeiro, córrego.
Arroz s arroz.
Arrozal s arrozal.
Arruga s ruga, dobra, prega, franzimento.
Arrugar v enrugar, franzir, encrespar, amarrotar.
Arruinar v arruinar, empobrecer, destruir, estragar.
Arrullar v arrulhar, sussurrar.
Arrullo s arrulho, sussurro.
Arsenal s arsenal, depósito.
Arsénico s arsênico.
Arte s arte, cautela, astúcia, método, habilidade, destreza.
Artefacto s artefato.
Artejo s falange.
Arteria s artéria.
Arterial adj arterial.
Arteriosclerosis s arteriosclerose.
Artesanal adj artesanal, manual.
Artesanía s artesanato.
Artesano s artesão, artífice.
Ártico adj ártico, boreal.
Articulación s articulação, junção.
Articulado adj articulado.
Articular v articular, unir, ligar, juntar.
Artículo s artigo.
Artífice s artífice, artesão, artista, autor.
Artificial adj artificial, falso, fingido.
Artificiero s artífice, fogueteiro.
Artificio s artifício, produto de arte, astúcia, ardil.

ARTILLERÍA — ASIMÉTRICO

Artillería s artilharia.
Artillero s artilheiro, atacante.
Artimaña s artimanha, ardil, astúcia.
Artista s artista, artífice; adj engenhoso, artístico.
Artritis s artrite.
Arzobispado s arcebispado.
Arzobispo s arcebispo.
Asa s asa.
Asado adj assado, espeto, assadeira, tabuleiro para assar.
Asadura s entranhas, vísceras, fígado.
Asalariado adj assalariado; s trabalhador.
Asalariar v assalariar, pagar salário.
Asaltante s assaltante, atacante.
Asaltar v assaltar, atacar, acometer, avançar.
Asalto s assalto, investida, avanço.
Asamblea s assembleia, junta, reunião, congresso.
Asar v assar, abrasar.
Ascendencia s ascendência, família, linhagem, influência.
Ascender v ascender, subir, elevar-se.
Ascendiente s ascendente, antecedente.
Ascensión s ascensão, subida, elevação, promoção.
Ascenso s ascensão, subida.
Ascensor s elevador.
Ascensorista v ascensorista.
Asco s asco, nojo, náusea, repugnância.
Ascua s brasa, carvão ardente.
Aseado adj asseado, limpo.
Asear v assear, limpar.
Asechanza s armadilha, cilada.
Asediar v assediar, sitiar, bloquear.
Asedio s assédio, cerco.
Asegurar v assegurar, garantir.
Asemejar v assemelhar, semelhar, parecer.
Asenso s assenso, assentimento.
Asentado adj aposentado, situado.
Asentamiento s assentamento, juízo.
Asentar v assentar, afirmar, pressupor, consolidar.
Asentimiento s assentimento, anuência, aprovação.

Asentir v assentir, consentir, concordar, afirmar.
Aseo s asseio, limpeza, esmero.
Asepsia s assepsia, esterilização.
Aséptico adj asséptico, esterilizado.
Asequible adj acessível, exequível, fácil.
Aserción s asserção, afirmativa, enunciado, proposição.
Aserradero s serraria.
Aserrador s serrador.
Aserrar v serrar, cortar com serra.
Asesinar v assassinar, matar, eliminar, trucidar.
Asesinato s assassinato, homicídio.
Asesino s assassino, homicida.
Asesor s assessor, auxiliar; adj adjunto, conselheiro.
Asesoramiento s assessoramento, assessoria.
Asesorar v assessoriar, aconselhar.
Aseveración s asseveração, afirmação.
Aseverar v asseverar, afirmar, certificar.
Asexuado adj assexuado.
Asfaltado adj asfaltado, recapeado.
Asfaltar v asfaltar, recapear, pavimentar.
Asfalto s asfalto.
Asfixia s asfixia, sufoco.
Asfixiar v asfixiar, sufocar, estrangular.
Así adv assim, do mesmo modo, desta maneira.
Asiático adj asiático.
Asiduidad s assiduidade, frequência, empenho.
Asiduo adj assíduo, frequente, pontual.
Asiento s assento, cadeira, banco.
Asignación s vencimento, consignação, destinação.
Asignar v destinar, nomear, atribuir, assinalar.
Asignatura s cadeira, disciplina, programa universitário.
Asilado adj asilado, albergado, recolhido em asilo.
Asilar v asilar, abrigar, albergar.
Asilo s asilo, albergue, abrigo.
Asimetría s assimetria.
Asimétrico adj assimétrico.

ART / ASI

ASIMILABLE — ATASCAR

Asimilable *adj* assimilável.
Asimilación *s* assimilação, semelhança.
Asimilar *v* assimilar, acomodar, assemelhar.
Asimismo *adv* deste modo, do mesmo modo, ainda assim.
Asir *v* agarrar, pegar, segurar, prender.
Asirio *adj* assírio.
Asistenta *s* criada, empregada doméstica.
Asistente *adj* assistente, auxiliar, ajudante.
Asistir *v* assistir, estar presente.
Asma *s* asma.
Asmático *adj* asmático.
Asno *s* asno, burro.
Asociación *s* associação, sociedade.
Asociado *adj* associado, sócio, parceiro.
Asociar *v* associar, agregar, aliar.
Asolar *v* assolar, arrasar, exterminar, destruir totalmente.
Asomar *v* assomar, despontar, aparecer, indicar, apontar.
Asombrar *v* assombrar, maravilhar, espantar, admirar.
Asombro *s* assombro, admiração, espanto, estranheza.
Asomo *s* assomo, indício, suspeita.
Aspecto *s* aspecto, aparência.
Aspereza *s* aspereza, rudeza, serveridade.
Asperjar *v* aspergir.
Áspero *adj* áspero, rugoso, duro, rigoroso, austero.
Aspersión *s* aspersão.
Aspiración *s* aspiração, desejo, anelo, ambição.
Aspirador *adj* aspirador.
Aspirante *s* aspirante.
Aspirar *v* aspirar, desejar, sorver, inalar, pretender.
Aspirina *s* aspirina.
Asqueroso *adj* asqueroso, repugnante, repelente, sórdido.
Asta *s* haste, lança, chifre.
Astenia *s* astenia, fraqueza.
Asténico *adj* astênico.
Asterisco *s* asterisco.
Asteroide *s* asteroide, pequeno astro.

Astigmatismo *s* astigmatismo.
Astilla *s* lasca, estilhaço, fragmento.
Astillar *v* estilhaçar, despedaçar, fragmentar.
Astillazo *s* estilhaço, fragmento.
Astillero *s* estaleiro, depósito de madeira.
Astral *adj* astral, sideral.
Astringencia *s* adstringência.
Astringir *v* adstringir, contrair, apertar, estreitar.
Astro *s* astro, corpo celeste.
Astrofísica *s* astrofísica.
Astrología *s* astrologia.
Astrólogo *s* astrólogo.
Astronauta *s* astronauta.
Astronomía *s* astronomia.
Astronómico *adj* astronômico.
Astrónomo *s* astrônomo.
Astroso *adj* desastrado, desgraçado.
Astucia *s* astúcia, sagacidade, esperteza.
Astuto *adj* astuto, hábil, esperto, sagaz.
Asumir *v* assumir, atribuir-se, encarregar-se.
Asunto *s* assunto, tema, motivo, argumento.
Asustado *adj* assustado, inquieto, intimidado, amedrontado.
Asustar *v* assustar, intimidar, inquietar, amedrontar.
Atacante *adj* atacante, agressor.
Atacar *v* atacar, acometer, agredir.
Atado *adj* atado, amarrado.
Atadura *s* atadura.
Atajar *v* atalhar, interceptar, deter, separar.
Atajo *s* atalho, vereda.
Atalaya *s* atalaia, sentinela.
Atañer *v* corresponder, tocar, pertencer.
Ataque *s* ataque, assalto, investida, agressão, arremesso.
Atar *v* atar, ligar, unir, amarrar, cingir.
Atarantar *v* atarantar, atordoar, perturbar, atrapalhar.
Atardecer *v* entardecer, a tardinha.
Atareado *adj* atarefado, ocupado.
Atarear *v* atarefar, dar tarefa.
Atascar *v* atolar, calafetar, entupir.

ATAÚD — ATROCIDAD

Ataúd s ataúde, féretro, esquife.
Ataviar v ataviar, adornar, embelezar, enfeitar, ornar.
Atavío adj adorno, enfeite, ornamento.
Atavismo s atavismo.
Ateísmo s ateísmo.
Atemorizar v atemorizar, assustar, espantar.
Atemperar v temperar, suavizar, conciliar, restabelecer.
Atención s atenção, cortesia, consideração, deferência.
Atender v atender, considerar, observar, notar.
Atenerse v ater-se, aderir.
Atentado s atentado.
Atentar v atentar, cometer um atentado, tentar.
Atento adj atento, cortês, atencioso, educado.
Atenuación s atenuação, suavização.
Atenuante adj atenuante.
Atenuar v atenuar, desvanecer, enfraquecer.
Ateo adj ateu, impío.
Aterciopelado adj aveludado.
Aterirse v endurecer-se, entumescer-se.
Aterrar v espantar, apavorar, aterrorizar.
Aterrizaje s aterrissagem, pouso.
Aterrizar v aterrissar, pousar.
Aterrorizar v aterrorizar, aterrar, apavorar, assustar.
Atesorar v entesourar, acumular.
Atestado s atestado, declaração.
Atestar v atestar, certificar.
Atestiguar v testemunhar, atestar.
Atiborrar v estofar.
Ático s ático.
Atildar v reparar, notar.
Atinar v atinar, conseguir, encontrar.
Atisbar v observar, espreitar.
Atizar v atiçar, avivar.
Atlántico adj atlântico.
Atlas s atlas, mapas.
Atleta s atleta, desportista.
Atlético adj atlético.
Atmósfera s atmosfera.

Atmosférico adj atmosférico.
Atolladero s atoleiro, lodaçal, pântano.
Atollar v atolar, encalhar.
Atolondrar v estontear, aturdir, atordoar, desorientar.
Atómico adj atômico.
Átomo s átomo.
Atonía s atonia.
Atónito adj atônito, espantado, aturdido.
Átono adj átono.
Atontamiento s atordoamento, espanto.
Atontar v atordoar, estontear, espantar.
Atormentar v atormentar, torturar, afligir, importunar.
Atornillar adj atarraxar, parafusar.
Atosigar v intoxicar, envenenar.
Atracadero s atracadouro.
Atracar v atracar, aproximar, assaltar, abordar.
Atracción s atração.
Atraco s assalto, roubo.
Atractivo adj atrativo, atraente, encantador.
Atraer v atrair.
Atragantar v engasgar, afogar.
Atrancar v trancar, atravancar, empacar.
Atrapar v apanhar, pegar.
Atrás adv atrás, detrás, anteriormente.
Atrasado adj atrasado.
Atrasar v atrasar, retardar, demorar.
Atraso s atraso, decadência, demora, retardo.
Atravesar v atravessar, cruzar, trespassar.
Atrayente adj atraente, magnético.
Atreverse v atrever-se, ousar, arriscar-se.
Atrevido adj atrevido, audacioso, ousado.
Atrevimiento s atrevimento, ousadia, audácia.
Atribución s atribuição, direito, autoridade, competência.
Atribuir s atribuir, conceder, conferir, dar.
Atribular s atribular, afligir, angustiar, maltratar.
Atributo s atributo, qualidade, condição.
Atrio s átrio, vestíbulo.
Atrocidad s atrocidade, crueldade, ferocidade.

ATROFIA — AUTOMOVILISTA

Atrofia s atrofia, enfraquecimento.
Atrofiar v atrofiar, enfraquecer, tolher.
Atronar v atordoar, abalar, troar, retumbar.
Atropellar v atropelar, derrubar.
Atropello s atropelo, transgressão.
Atroz adj atroz, cruel, desumano.
Atún s atum.
Aturar v aturar, suportar, tolerar.
Aturdido adj aturdido, atordoado, perturbado.
Aturdir v aturdir, atordoar, perturbar, espantar.
Atusar v aparar, podar.
Audacia s audácia, ousadia, atrevimento, arrojo.
Audaz adj audaz, atrevido, arrojado.
Audible adj audível.
Audición s audição.
Audiencia s audiência, sessão de um tribunal, auditório.
Auditor s auditor, ouvinte, magistrado.
Auditoría s auditoria.
Auge s auge, apogeu, ápice.
Augurar v augurar, prognosticar, pressagiar, vaticinar.
Augurio s augúrio, presságio, vaticínio.
Augusto adj augusto, majestoso, imponente.
Aula s sala de aula, sala de estudo, classe.
Aullar v uivar, ulular.
Aullido s uivo, guincho.
Aumentar v aumentar, ampliar, alargar, estender, crescer.
Aumentativo adj aumentativo.
Aumento s aumento, acréscimo, extensão, alongamento.
Aun adv até, inclusive, também.
Aún adv ainda, todavia.
Aunar v unir, unificar.
Aunque adv ainda que, mesmo que, se bem que.
Aura s aura, halo.
Áureo adj áureo, dourado, brilhante.
Aureola s auréola.
Aurícula s aurícula.
Auricular adj auricular.

Aurora s aurora, amanhecer, madrugada.
Auscultación s auscultação.
Auscultar v auscultar, examinar, explorar.
Ausencia s ausência, inexistência, retiro, afastamento, falta.
Ausentar v ausentar, afastar, retirar.
Ausente adj ausente, afastado, distante, retirado.
Auspicio s auspício, presságio, agouro, prognóstico.
Austeridad s austeridade, integridade, severidade.
Austero adj austero, íntegro, severo, sério.
Austral adj austral, meridional.
Australiano adj australiano.
Austríaco adj austríaco.
Autarquía s autarquia, autossuficiência.
Autenticar v autenticar, legalizar, autorizar.
Autenticidad s autenticidade, veracidade, legitimidade.
Auténtico adj autêntico, verdadeiro, legítimo.
Auto s auto, decreto, despacho, sentença; composição dramática, automóvel.
Autoadhesivo adj autoadesivo.
Autobiografía s autobiografia.
Autobús s ônibus, lotação.
Autocar s ônibus.
Autocracia s autocracia, poder absoluto.
Autócrata adj autocrata, tirano.
Autocrítica s autocrítica.
Autóctono adj autóctone.
Autodefensa s autodefesa.
Autodeterminación s autodeterminação.
Autodidacta adj autodidata.
Autoescuela s autoescola.
Autógeno adj autógeno.
Autogestión s autogestão.
Autógrafo adj autógrafo.
Autómata s autômato, robô.
Automático adj automático, mecânico.
Automatizar v automatizar.
Automóvil s automóvel.
Automovilismo s automobilismo.
Automovilista adj automobilista.

AUTONOMÍA — AXIAL

Autonomía s autonomia, independência, soberania.
Autopista s estrada, rodovia.
Autopsia s autópsia.
Autor s autor, criador, produtor, escritor, literato, fundador.
Autoría s autoria.
Autoridad s autoridade, domínio, mando, influência.
Autoritario adj autoritário, dominador, influente.
Autorización s autorização, ordem, permissão, licença.
Autorizar v autorizar, permitir, validar, apoiar.
Autorretrato s autorretrato.
Autoservicio s autosserviço.
Autostop s carona.
Autostopista s caronista.
Autovía s rodovia, estrada.
Auxiliar v auxiliar, ajudar, socorrer; adj ajudante, subalterno.
Auxilio s auxílio, ajuda, esmola.
Aval s aval, garantia, caução.
Avalancha s avalancha, avalanche, alude.
Avalar v avaliar, garantir, assegurar.
Avalista adj avalista.
Avance s ataque, avanço.
Avanzado adj avançado, atrevido, saliente, liberal.
Avanzar v avançar, ir adiante; investir, andar, progredir.
Avaricia s avareza, avidez, mesquinhez, mesquinharia.
Avaricioso adj avaro, mesquinho.
Avaro adj avaro, avarento.
Avasallar v avassalar, dominar, subjugar.
Ave s ave, pássaro.
Avecinar v avizinhar, aproximar.
Avellana s avelã.
Avena s aveia.
Avenencia s avença, acordo, ajuste, conciliação.
Avenida s avenida, alameda, enchente, inundação.
Avenir v advir, concordar, acontecer, suceder.

Aventajar v avantajar, adiantar, progredir, exceder.
Aventar v aventar, ventilar, arejar, abanar.
Aventura s aventura, proeza, acontecimento.
Aventurero adj aventureiro.
Avergonzado adj envergonhado, encabulado.
Avergonzar v envergonhar, encabular, acanhar.
Avería s avaria, dano, prejuízo.
Averiar v avariar, estragar, danificar.
Averiguación s averiguação, investigação, exploração.
Averiguar v averiguar, investigar, explorar.
Aversión s aversão, antipatia, oposição, repulsa.
Avestruz s avestruz.
Aviación s aviação, aeronáutica.
Aviador s aviador, piloto.
Aviar v aviar, despachar, dispor.
Avícola s avícola.
Avicultura s avicultura.
Avidez s avidez, cobiça, avareza, ganância.
Ávido adj ávido, cobiçoso, ganancioso, voraz.
Aviejar v envelhecer.
Avieso adj avesso, contrário, oposto.
Avinagrar v avinagrar, azedar.
Avío s aviamento, preparo.
Avión s avião, aeronave.
Avisado adj avisado, prudente, experiente.
Avisar v avisar, prevenir, notificar, advertir, delatar, denunciar.
Aviso s aviso, advertência, anúncio, informe, conselho.
Avispa s vespa.
Avispado adj esperto.
Avispero s vespeiro.
Avistar v avistar, ver, encontrar.
Avituallar v abastecer, prover, fornecer.
Avivar v avivar, animar, despertar, entusiasmar.
Axial adj axial, do eixo.

AXILA — AZUZAR

Axila *s* axila, sovaco.
Axioma *s* axioma, máxima.
Ayer *adv* ontem.
Ayuda *s* ajuda, auxílio, socorro, favor.
Ayudante *s* ajudante, auxiliar, assistente.
Ayudar *v* ajudar, auxiliar, socorrer.
Ayunar *v* jejuar, abster-se de comer ou beber.
Ayuntamiento *s* ajuntamento, prefeitura, câmara municipal.
Ayuntar *v* ajuntar, juntar, reunir.
Azabache *s* azeviche.
Azada *s* enxada.
Azafata *s* aeromoça.
Azafrán *s* açafrão.
Azahar *s* flor de laranjeira, de cidreira, de limoeiro.

Azar *s* azar, acaso, casualidade, desgraça.
Azogue *s* azougue, mercúrio.
Azorar *v* sobressaltar, irritar.
Azotar *v* açoitar, chicotear, fustigar.
Azote *s* açoite, chicote.
Azotea *s* açoteia.
Azteca *adj* asteca.
Azúcar *s* açúcar.
Azucarado *adj* açucarado, doce.
Azucarar *v* açucarar, adoçar.
Azucarero *adj* açucareiro.
Azucena *s* açucena.
Azufre *s* enxofre.
Azufroso *adj* sulfuroso.
Azul *s* azul.
Azulejo *s* azulejo, ladrilho.
Azuzar *v* açular, atiçar, instigar.

b B

B segunda letra do alfabeto espanhol.
Baba *s* baba, saliva espessa.
Babear *v* babar.
Babel *s* babel.
Babero *s* babador.
Babor *s* bombordo.
Babosa *s* lesma; FIG adulador.
Baboso *adj* baboso.
Babucha *s* chinela, chinelo.
Bacalao *s* bacalhau.
Bacanal *s* bacanal, orgia.
Bache *s* cova, buraco.
Bachear *v* consertar, tapar.
Bachiller *s* estudante de 2º grau;
   FIG tagarela.
Bachillerato *s* 2º grau.
Bacía *s* bacia, vasilha.
Bacilo *s* bacilo.
Bacín *s* urinol, penico.
Bacteria *s* bactéria.
Bactericida *adj* bactericida.
Bacteriología *s* bacteriologia.
Bacteriólogo *s* bacteriologista.
Báculo *s* bastão, cajado.
Badajo *s* badalo.
Badana *s* pele curtida de animal.
Bagaje *s* bagagem, equipamento militar.
Bagatela *s* bagatela, ninharia.
Bahía *s* baía, enseada, angra.
Bailable *adj* dançante.
Bailar *v* bailar, dançar.
Bailarín *s* bailarino, dançarino.
Baile *s* baile, dança.
Baja *s* baixa, diminuição de preço.
Bajada *s* baixada, declive, ladeira.
Bajamar *s* baixamar, maré baixa.
Bajar *v* baixar, diminuir.
Bajeza *s* baixeza, vileza.

Bajo *adj* baixo, inferior, humilde, desprezível.
Bajorrelieve *s* baixo-relevo.
Bala *s* bala, projétil de arma de fogo, fardo.
Balacera *s* tiroteio.
Balada *s* balada.
Baladí *adj* fútil, superficial.
Balance *s* balanço; FIG oscilação.
Balancear *v* balançar, agitar-se.
Balandro *s* barco pequeno, barco pesqueiro.
Balanza *s* balança; FIG equilíbrio.
Balar *v* balir.
Balaustre *s* balaústre.
Balbucear *v* balbuciar, gaguejar.
Balcón *s* balcão, sacada, varanda.
Baldar *v* baldar, frustrar.
Balde *adv* debalde, sem motivo, gratuitamente; *s* balde.
Baldear *v* baldear, fazer baldeação, molhar plantas.
Baldío *adj* baldio, inútil, vadio, vagabundo.
Baldón *s* ofensa, afronta.
Baldosa *s* ladrilho.
Balear *v* balear, fuzilar.
Balido *s* balido.
Balístico *adj* balístico.
Baliza *s* baliza, boia, meta.
Balizar *v* balizar, limitar, demarcar.
Ballena *s* baleia.
Ballenero *adj* baleeiro.
Ballet *s* balé.
Balneario *s* balneário.
Balompié *s* futebol.
Balón *s* balão, bola para jogar.
Baloncesto *s* basquete.

BALONMANO — BASAMENTO

Balonmano s handebol.
Balonvolea s vôlei.
Balsa s balsa, jangada, charco, pântano.
Bálsamo s bálsamo.
Baluarte s baluarte, bastião.
Bambolear v bambolear, vacilar.
Bambú s bambu.
Banal adj banal, trivial.
Banalidad s banalidade.
Banana s banana.
Banano s bananeira.
Banca s banco, cadeira sem costas.
Bancario adj bancário, relativo a banco.
Banco s estabelecimento de crédito, banco, assento.
Banda s banda, grupo de pessoas armadas, conjunto de instrumentos musicais.
Bandada s bandada, aves voando.
Bandeja s bandeja, travessa de louça.
Bandera s bandeira.
Banderín s bandeirola, flâmula.
Bandido s bandido, ladrão.
Bando s bando, partido, édito, proclamação pública.
Bandolero s bandoleiro, salteador, bandido, ladrão.
Banquero s banqueiro, cambista.
Banqueta s banqueta, banquinho.
Banquete s banquete.
Banquillo s banquinho, banco dos réus.
Bañador s maiô.
Bañar v banhar, molhar.
Bañera s banheira, tina.
Bañista s banhista.
Baño s banho, banheiro, balneário.
Baptisterio s batistério.
Baqueta s baqueta.
Bar s bar, cantina, botequim.
Barahúnda s barafunda, confusão.
Baraja s baralho.
Barajar v baralhar, embaralhar, confundir.
Baranda s corrimão, varanda.
Barandilla s varanda, galeria.
Barata s troca, câmbio.
Baratija s bagatela, ninharia.

Barato adj barato, baixo preço.
Barba s barba.
Barbacoa s grelha.
Barbaridad s barbaridade, crueldade, atrocidade.
Barbarie s barbárie, ignorância.
Bárbaro adj bárbaro, rude, grosseiro.
Barbería s barbearia.
Barbero s barbeiro.
Barbilla s queixo, barbicha.
Barbitúrico s barbitúrico.
Barbotar v resmungar.
Barca s barca, jangada.
Barcaza s barcaça.
Barco s barco, navio, embarcação.
Bario s bário.
Barítono s barítono.
Barniz s verniz, polimento.
Barnizar v envernizar, lustrar.
Barómetro s barômetro.
Barón s barão.
Barquero s barqueiro.
Barquillo s barquete.
Barra s barra, alavanca.
Barraca s barraco, choupana.
Barracón s barracão, alpendre.
Barranco s barranco, obstáculo.
Barrena s verruma.
Barrenar v verrumar, furar com verruma.
Barrendero s varredor, gari.
Barreño s terrina.
Barrer v varrer.
Barrera s barreira, tapume, cancela.
Barriada s bairro, arrabalde.
Barrica s barrica, tonel.
Barricada s barricada, trincheira.
Barriga s barriga, abdômen, ventre.
Barril s barril.
Barrio s bairro, arrabalde.
Barrizal s lamaçal, lodaçal.
Barro s barro, lama, lodo, argila.
Barroco adj barroco.
Barrote s barrote, travessa, tranca.
Bártulos s objetos de uso.
Barullo s barulho, desordem.
Basalto s basalto.
Basamento s embasamento.

BASAR — BEODO

Basar *v* embasar, fundamentar, basear.
Báscula *s* balança.
Base *s* base, apoio, alicerce.
Básico *adj* básico, essencial.
Basílica *s* basílica.
Bastante *adj* bastante, suficiente.
Bastar *v* bastar, ser suficiente.
Bastardilla *s* letra cursiva, grifo, itálico.
Bastardo *s* bastardo.
Bastidor *s* bastidor, caixilho.
Bastión *s* bastão, fortificação.
Basto *adj* basto, denso, bruto.
Bastón *s* bastão, bengala.
Basura *s* lixo, sujeira, imundície.
Basurero *s* lixeiro, varredor.
Bata *s* bata, roupão.
Batalla *s* batalha, combate.
Batallar *v* batalhar, guerrear, combater.
Batata *s* batata-doce.
Batel *s* batel, bote, canoa.
Batería *s* bateria.
Batiborrillo *s* confusão.
Batidera *s* batedeira.
Batiente *s* batente, ombreira.
Batir *v* bater, explorar, abater, sacudir, mexer.
Batiscafo *s* batiscafo, equipamento para mergulho.
Batracio *s* batráquio.
Baturro *adj* rústico.
Batuta *s* batuta.
Baúl *s* baú, cofre, arca.
Bautismo *s* batismo.
Bautizar *v* batizar.
Bauxita *s* bauxita.
Baya *s* baga, bago.
Bayoneta *s* baioneta.
Bazar *s* bazar, loja.
Bazo *adj* baço, embaçado; *s* baço.
Bazofia *s* bazófia.
Beatificar *v* beatificar.
Beatitud *s* beatitude, placidez.
Beato *s* beato, devota, religiosa.
Bebé *s* bebê, nenê.
Bebedero *s* bebedouro.
Beber *v* beber, ingerir, engolir, absorver.
Bebida *s* bebida, beberagem.

Bebido *adj* embriagado, bêbado.
Beca *s* beca, bolsa de estudos.
Becario *adj* bolsista.
Becerro *s* bezerro.
Bedel *s* bedel.
Beduino *s* beduíno.
Begonia *s* begônia.
Beige *adj* bege.
Béisbol *s* beisebol.
Beldad *s* beldade, formosura.
Belén *s* presépio; FIG confusão.
Belga *adj* belga.
Belicismo *s* belicismo.
Bélico *adj* bélico.
Belicoso *adj* belicoso, guerreiro, agressivo.
Beligerancia *s* beligerância.
Bellaco *adj* velhaco, astuto.
Belladona *s* beladona.
Bellaquería *s* velhacaria, baixeza.
Belleza *s* beleza, formosura, beldade.
Bello *adj* belo, formoso, lindo, distinto, agradável.
Bellota *s* bolota.
Bencina *s* benzina.
Bendecir *v* benzer, abençoar, bendizer, louvar.
Bendición *s* bênção.
Bendito *adj* bendito, bento.
Benefactor *adj* benfeitor.
Beneficencia *s* beneficência, caridade.
Beneficiar *v* beneficiar, favorecer, melhorar.
Beneficiario *adj* beneficiário.
Beneficio *s* benefício, proveito, privilégio.
Benéfico *adj* benéfico.
Benemérito *adj* benemérito.
Beneplácito *s* beneplácito, aprovação, licença.
Benevolencia *s* benevolência, bondade, boa vontade.
Benévolo *adj* benévolo, afetuoso, bondoso, benevolente.
Bengala *s* bengala, bastão.
Benignidad *s* benignidade, bondade, doçura, clemência.
Benigno *adj* benigno, ameno, agradável.
Beodo *adj* bêbado, ébrio, embriagado.

BERBIQUÍ — BISECTOR

Berbiquí s berbequim, furador.
Berenjena s beringela.
Bermejo adj vermelho, encarnado.
Bermellón adj zarcão, mínio, vermelhão.
Berrido s berro, mugido, grito.
Berrinche s rabugem, cólera, berreiro das crianças.
Berro s agrião.
Berza s couve, couve-galega.
Besamel s bechamel, tipo de molho.
Besar v beijar.
Beso s beijo.
Bestia s besta, animal.
Bestial adj bestial, brutal.
Bestialidad s bestialidade, brutalidade.
Besucón adj beijoqueiro.
Besugo s besugo.
Besuquear v beijocar, dar beijocas.
Betún s betume.
Bezo s beiço, lábio grosso.
Biberón s mamadeira.
Biblia s bíblia.
Bíblico adj bíblico.
Bibliografía s bibliografia.
Biblioteca s biblioteca, livraria.
Bibliotecario s bibliotecário.
Bicarbonato s bicarbonato.
Bicentenario s bicentenário.
Biceps s bíceps.
Bicho s bicho, animal.
Bicicleta s bicicleta.
Bicoca s ninharia.
Bicolor adj bicolor.
Bidé s bidê.
Bidón s vasilha.
Biela s biela.
Bien s bem, benefício, virtude.
Bien adv bem, corretamente, com saúde.
Bienal adj bienal.
Bienaventurado adj bem-aventurado.
Bienaventuranza s bem-aventurança, felicidade.
Bienestar s bem-estar, conforto.
Bienhechor adj benfeitor.
Bienintencionado adj bem-intencionado.
Bienio s biênio.
Bienquerer v bem-querer, estimar.

Bienvenida s boas-vindas.
Bienvenido adj bem-vindo.
Biés s viés.
Bifásico adj bifásico.
Bifurcación s bifurcação, vértice.
Bifurcarse v bifurcar-se, dividir-se.
Bigamia s bigamia.
Bígamo adj bígamo.
Bigote s bigode.
Bigotudo adj bigodudo.
Bilabial adj bilabial.
Bilateral adj bilateral.
Biliar adj biliar.
Bilingüe adj bilíngue.
Bilis s bilis, bile.
Billar s bilhar.
Billete s bilhete, escrito breve.
Billetero s bilheteiro.
Billón s trilhão, um milhão de milhões.
Bimotor adj bimotor.
Binario adj binário.
Bingo s bingo.
Binóculo s binóculo.
Binomio s binômio.
Biodegradable adj biodegradável.
Biofísica s biofísica.
Biografía s biografia.
Biología s biologia.
Biológico adj biológico.
Biólogo s biólogo.
Biomasa s biomassa.
Biombo s biombo, anteparo.
Biopsia s biópsia.
Biosfera s biosfera.
Bióxido s bióxido.
Bípede adj bípede.
Bipolar adj bipolar.
Birlar v derrubar, tirar, tomar algo.
Birrete s barrete, boné.
Birria s ridículo, grotesco.
Bis adv duas vezes.
Bisabuelo s bisavô.
Bisagra s dobradiça, gonzo.
Bisbiseo s murmuração, murmúrio, cochicho.
Bisección s bissecção, bipartição.
Bisector s bissectriz.

BISEL — BOMBO

Bisel *s* corte oblíquo, chanfradura.
Biselar *v* chanfrar.
Bisexual *adj* bissexual.
Bisiesto *adj* bissexto.
Bisílabo *adj* bissílabo.
Bismuto *s* bismuto.
Bisonte *s* bisão, bisonte.
Bisoñé *s* peruca.
Bisoño *adj* acanhado, inexperiente.
Bistec *s* bife.
Bisturí *s* bisturi.
Bisutería *s* bijuteria, quinquilharia.
Bíter *s* bíter (bebida).
Bituminoso *adj* betuminoso.
Bizantino *adj* bizantino.
Bizco *adj* vesgo, estrábico.
Bizcocho *s* biscoito, bolacha.
Biznieto *s* bisneto.
Blanco *adj* branco.
Blancor *s* alvura.
Blancura *s* brancura.
Blandengue *adj* brando, suave.
Blandir *v* brandir, agitar uma arma.
Blando *adj* brando, suave, macio, fraco, vagaroso.
Blandura *s* brandura, doçura.
Blanquear *v* branquear, caiar, alvejar, desencardir.
Blanquecino *adj* alvacento, esbranquiçado.
Blasfemar *v* blasfemar, ultrajar.
Blasfemia *s* blasfêmia.
Blasfemo *adj* blasfemo, ímpio.
Blasón *s* brasão, escudo de armas.
Blenorragia *s* blenorragia, gonorreia.
Blindado *adj* blindado, couraçado.
Blindaje *s* blindagem.
Blindar *v* blindar, couraçar, fortificar.
Bloc *s* bloco de papel.
Bloquear *v* bloquear, sitiar.
Bloqueo *s* bloqueio, cerco.
Blusa *s* blusa.
Boa *s* boa, jiboia.
Boato *s* ostentação, pompa, luxo.
Bobada *s* bobeira, bobice.
Bobina *s* bobina, carretel.
Bobinadora *s* bobinador.

Bobinar *v* bobinar.
Bobo *adj* bobo, tonto, tolo, bobalhão.
Boca *s* foz de um rio, boca, lábios.
Bocacalle *s* embocadura, entrada de rua, cruzamento.
Bocadillo *s* sanduíche.
Bocado *s* bocado, pedaço.
Bocal *s* jarro.
Bocanada *s* gole, bochechada, baforada.
Boceto *s* esboço.
Bochorno *s* ar quente.
Bocina *s* buzina, trombeta, megafone.
Bocio *s* bócio, papeira.
Bodas *s* bodas, casamento.
Bode *s* bode.
Bodega *s* bodega, armazém, adega, taverna.
Bodegón *s* taverna, tasca.
Bodoque *s* bodoque.
Bofetada *s* bofetada, sopapo.
Boga *s* voga, ato de remar.
Bogar *v* vogar, remar.
Bohemio *s* boêmio, cigano.
Boicot *s* boicote.
Boina *s* boina.
Bola *s* bola.
Bolchevique *adj* bolchevique.
Bolear *v* jogar bola.
Bolero *s* bolero.
Boletín *s* boletim, publicação periódica.
Boleto *s* bilhete de entrada.
Bolívar *s* bolívar (moeda venezuela).
Boliviano *adj* boliviano.
Bollería *s* confeitaria.
Bollo *s* bolo.
Bolo *s* bola, jogo de bola, pílula grande.
Bolsa *s* bolsa, saco.
Bolsillo *s* bolso, saco.
Bolso *s* bolso.
Bomba *s* bomba.
Bombardear *v* bombardear.
Bombardero *s* bombardeiro.
Bombear *v* bombear, extrair água, bombardear.
Bombero *s* bombeiro.
Bombilla *s* lâmpada elétrica.
Bombo *s* bombo, zabumba.

BIS / BOM

BOMBÓN — BRAHMÁN

Bombón s bombom, confeito.
Bombona s vasilha de vidro de muita capacidade, garrafão.
Bombonería s confeitaria.
Bonachón adj bonachão, bondoso, crédulo.
Bonanza s bonança, calma, sossego.
Bondad s bondade, benevolência.
Bondadoso adj bondoso, bom, clemente.
Bonete s boné, barrete.
Boniato s batata-doce.
Bonificación s bonificação.
Bonificar v bonificar.
Bonito adj bonito, lindo, formoso, engraçado.
Bono s bônus, título de crédito.
Bonzo s bonzo, sacerdote budista.
Boñiga s bosta, esterco.
Boomerang s bumerangue.
Boquear v boquear, bocejar.
Boquerón s boqueirão, anchova.
Boquete s garganta, desfiladeiro, brecha.
Boquiabierto adj boquiaberto.
Boquilla s boquinha, boca pequena.
Borbollar v borbulhar.
Borbotar v borbotar, ferver.
Borbotón s borbotão, jato forte.
Borda s borda, cabana.
Bordado s bordado.
Bordar v bordar, orlar, enfeitar.
Borde s borda, margem, orla.
Bordear v bordear, beirar, costear.
Bordo s bordo, costado, lado do navio.
Boreal adj boreal, setentrional.
Boricado adj boricado.
Bórico adj bórico.
Borla s borla, barrete de doutor.
Borne s borne, extremidade.
Bornearse v curvar, revolver, dobrar.
Boro s boro.
Borona s pão de milho, broa.
Borra s borra, felpa, fezes.
Borrachera s bebedeira, embriaguez.
Borracho adj bêbado, embriagado, beberrão.
Borrador s rascunho, borrão.
Borrar v borrar, rabiscar, apagar, rasurar.

Borrasca s borrasca, tempestade.
Borrego s boato.
Borrico s burrico, burro, jumento.
Borrón s borrão, nódoa de tinta.
Borroso adj impreciso, confuso.
Bosque s bosque, mata, selva.
Bosquejo s bosquejo, esboço.
Bosta s bosta, excremento.
Bostezar v bocejar.
Bostezo s bocejo.
Bota s bota, botina, calçado.
Botadura s bota-fora, lançamento de um barco à água.
Botánica s botânica.
Botar v botar, lançar, atirar, arremessar.
Bote s bote, golpe, salto de cavalo, pulo.
Botella s botelha, garrafa.
Botica s botica, farmácia.
Boticario s boticário, farmacêutico.
Botija s botija, jarra.
Botijo s moringa, vasilha de barro.
Botín s botim, bota de cano curto.
Botiquín s farmácia ou caixa de primeiros socorros.
Botón s botão, rebento, botão de roupa.
Botonadura s abotoadura.
Botones s rapaz, moço de recado.
Botulismo s botulismo.
Bouquet s buquê, ramalhete, aroma dos vinhos.
Bóveda s abóbada.
Bovino adj bovino.
Boxeador s boxeador, pugilista.
Boxear v boxear.
Boxeo s boxe, pugilismo.
Boya s boia, baliza.
Boyante adj flutuante.
Boyar v boiar, flutuar.
Boyero s boiadeiro.
Bozo s buço, bigode incipiente, bigodinho.
Bracear v bracejar, nadar.
Bragado adj pessoa enérgica.
Bragas s calcinha, braga.
Braguero s bragueiro, faixa ou funda.
Bragueta s braguilha.
Brahmán s brâmane.

BRAHMANISMO — BUGANVILLIA

Brahmanismo s bramanismo.
Bramante s barbante, fio, cordel; adj bramador.
Bramido s bramido, rugido.
Branquia s brânquia.
Branquicéfalo adj branquicéfalo.
Brasa s brasa, carvão incandescente.
Brasero s braseiro, fogareiro.
Brasileño adj brasileiro.
Bravata s bravata, fanfarronice.
Bravío adj bravio, silvestre, selvagem.
Bravo adj bravo, valente, destemido.
Bravucón adj fanfarrão, valentão.
Bravura s bravura, coragem.
Braza s braça, medida de comprimento.
Brazada s braçada.
Brazalete s bracelete, pulseira.
Brazo s braço de rio, braço, ramo de árvore.
Brea s breu.
Brebaje s beberagem, poção.
Brecha s brecha, abertura, fenda.
Brega s briga, luta.
Bregar v brigar, lutar, trabalhar muito.
Breña s brenha, matagal.
Brete s grilhão.
Bretón adj bretão.
Breve adj breve, curto.
Brevedad s brevidade, efemeridade.
Breviario s breviário.
Brezo s urze, brejo.
Bribón adj preguiçoso, velhaco.
Brigada s brigada.
Brigadier s brigadeiro.
Brillante adj brilhante, fulgurante, reluzente.
Brillantina s brilhantina.
Brillar v brilhar, reluzir, cintilar.
Brillo s brilho, esplendor, claridade.
Brindar v brindar, oferecer, presentear.
Brindis s brinde, saudação.
Brío s brio, valor, coragem.
Brisa s brisa, aragem.
Brisca s bisca.
Británico adj britânico.
Brizna s fibra, fio delgado, fiapo.
Broca s broca.

Brocado s brocado, tecido de seda.
Brocha s broxa, pincel.
Broche s broche, fecho de metal.
Broma s brincadeira, diversão.
Bromear v caçoar, gracejar.
Bromista s brincalhão.
Bromo s bromo.
Bronca s bronca, briga, rixa.
Bronce s bronze.
Bronceado adj bronzeado.
Bronceador s bronzeador.
Broncear v bronzear.
Bronco adj bronco, rude, estúpido.
Bronconeumonía s broncopneumonia.
Bronquio s brônquio.
Bronquitis s bronquite.
Brotar v brotar, aparecer, nascer, aflorar.
Brote s broto, pimpolho.
Bruces adv bruços, de bruços.
Brujería s bruxaria, magia, feitiçaria, feitiço.
Brujo s bruxo, mago, feiticeiro.
Brújula s bússola.
Bruma s bruma, nevoeiro.
Bruñir v brunir, polir, lustrar.
Brusco adj brusco, desagradável.
Brutal adj brutal, violento.
Brutalidad adj brutalidade, violência, estupidez.
Bruto adj bruto, estúpido.
Bu s papão, bicho-papão.
Bucal adj bucal.
Bucear v mergulhar, ficar debaixo d'água.
Buche s bucho, ventre.
Bucle s anel, caracol feito de cabelo.
Bucólico adj bucólico, campestre.
Budismo s budismo.
Buenaventura s boa sorte.
Bueno adj bom, útil, agradável, divertido.
Buey s boi.
Búfalo s búfalo.
Bufanda s cachecol.
Bufar v bufar, resfolegar.
Bufete s escrivaninha, banca de advogado.
Bufón s bufão, bobo da corte.
Buganvillia s buganvílea.

BUHARDILLA — BUZONERO

Buhardilla s águas-furtadas, trapeira, desvão.
Búho s mocho, bubo, bufo.
Buhonero s vendedor ambulante de quinquilharia.
Buitre s abutre.
Bujía s vela de cera, castiçal, vela de motor.
Bula s bula.
Bulbo s bulbo.
Bulevar s bulevar, alameda.
Búlgaro adj búlgaro.
Bulla s bulha, confusão, desordem.
Bullicio s bulício, confusão, motim.
Bullir v bulir, ferver, mexer, agitar.
Bulo s boato, mentira.
Bulto s vulto, volume, fardo, pacote, inchação, maleta.
Bungalow s bangalô.
Búnker s búnquer.
Buñuelo s filhó, massa de farinha com ovos.
Buque s espaço, capacidade, casco de navio.
Burbuja s borbulha, bolha.
Burbujear v borbulhar.
Burdel s bordel.
Burgués adj burguês.

Burguesía s burguesia.
Buril s buril, cinzel.
Burla s burla, engano, trapaça, gozação, zombaria.
Burlar v burlar, enganar, zombar.
Burlesco adj burlesco, festivo, caricato, jocoso.
Burlón adj zombador, gozador.
Burocracia s burocracia.
Burócrata s burocrata.
Burocrático adj burocrático.
Burrada s burrada, asneira.
Burro s burro, asno, jumento; adj ignorante, teimoso, tonto.
Bus s ônibus.
Busca s busca, pesquisa.
Buscapiés s buscapé.
Buscar v buscar, procurar, pesquisar, averiguar.
Búsqueda s busca.
Busto s busto, efígie.
Butaca s poltrona, cadeira com braços.
Butano s butano.
Butifarra s espécie de chouriço.
Buzo s mergulhador.
Buzón s tampa, rolha, caixa de correio.
Buzonero s carteiro.

c C

C terceira letra do alfabeto espanhol, C 100 em algarismos romanos.

Cabal *adj* cabal, completo, perfeito.

Cábala *s* cabala, ciência oculta.

Cabalgada *s* cavalgada.

Cabalgar *v* cavalgar, montar.

Caballa *s* cavala (peixe).

Caballeresco *adj* cavalheiresco, nobre.

Caballería *s* cavalaria, cavalgadura.

Caballero *adj* cavaleiro, cavalheiro, gentil, nobre.

Caballerosidad *s* cavalheirismo.

Caballete *s* cavalete, cavalinho, potro.

Caballo *s* cavalo, peça de jogo de xadrez.

Cabaña *s* cabana, choupana.

Cabaret *s* cabaré.

Cabe *prep* junto a, cerca de.

Cabecear *v* cabecear, pender.

Cabecera *s* cabeceira (de mesa, de cama), origem de um rio.

Cabecilla *s* cabeça pequena, cabecinha, cabecilha; FIG cabeça de vento.

Cabellera *s* cabeleira, peruca.

Cabello *s* cabelo, pelo.

Cabelludo *adj* cabeludo, fibroso.

Caber *v* caber, pertencer, conter, ter capacidade.

Cabestro *s* cabresto.

Cabeza *s* cabeça.

Cabezada *s* cabeçada.

Cabida *s* cabimento, capacidade.

Cabildo *s* cabido, Conselho Municipal.

Cabina *s* cabina, camarote.

Cabizbajo *adj* cabisbaixo, abatido.

Cable *s* cabo, corda grossa.

Cablegrama *s* cabograma.

Cabo *s* cabo, extremidade, fim.

Cabotaje *s* cabotagem.

Cabra *s* cabra.

Cabrear *v* saltar; FIG irritar-se.

Cabria *s* guindaste.

Cabriola *s* cabriola, salto, pulo, pinote.

Cabritilla *s* pelica.

Cabrito *s* cabrito.

Cabrón *s* bode; FIG marido traído, corno.

Caca *s* caca, cocô, excremento humano.

Cacahuete *s* amendoim.

Cacao *s* cacau.

Cacarear *v* cacarejar, gaguejar.

Cacerola *s* caçarola.

Cacha *s* folha do cabo da navalha.

Cachafaz *s* velhaco, pulha.

Cachalote *s* cachalote.

Cacharro *s* vasilha ordinária, louça quebrada, cacos.

Cachaza *s* lentidão, despreocupação, sossego, cachaça, aguardente.

Cachear *v* revistar.

Cachete *s* soco, murro, bochecha.

Cachimbo *s* cachimbo.

Cachiporra *s* clava, maça.

Cacho *s* pedaço, porção, talhada, cacho de banana.

Cachondo *adj* cachondo, brincalhão.

Cachorro *s* cachorro, cão, filhote de cachorro ou outros mamíferos.

Cachupín *s* espanhol estabelecido na América.

Cacique *s* cacique.

Cacofonía *s* cacofonia.

Cacto *s* cacto.

Cada *pron* cada, *pron* **uno**= cada um, **a**= cada passo, **=cual** cada qual.

Cadalso *s* cadafalso, palanque.

Cadáver *s* cadáver, defunto.

Cadavérico *adj* cadavérico.

CADENA — CANA

Cadena s cadeia, corrente, prisão, sucessão, série.
Cadencia s cadência, ritmo.
Cadera s cadeira, quadril, anca.
Cadete s cadete.
Cadmio s cádmio.
Caducar v caducar, declinar, envelhecer.
Caduco adj caduco, decrépito.
Caer v cair, desabar, tombar, diminuir, morrer, sucumbir.
Café s café.
Cafeína s cafeína.
Cafetera s cafeteira.
Cafetería s cafeteria, bar.
Cagada s cagada, dejeção.
Cagado adj cagado.
Cagalera s caganeira, diarreia.
Cagar v cagar, defecar.
Cagón adj cagão, medroso.
Caída s queda, ruína, declive.
Caimán s caimão, jacaré.
Caja s caixa, arca, cofre.
Cajero s caixeiro, caixa, pessoa que recebe pagamento.
Cajetilla s maço de cigarros.
Cajón s gaveta, caixa grande, caixão, esquife.
Cajonera s gaveteiro.
Cal s cal.
Cala s enseada pequena, pedaço de fruta, perfuração em um terreno; FIG peseta.
Calabaza s abóbora, cabaça.
Calabozo s calabouço, cárcere, prisão.
Calado s bordado, entalhe, calado (do navio).
Calafatear v calafetar.
Calamar s calamar, lula.
Calambre s cãibra.
Calamidad s calamidade, desgraça.
Calamitoso adj calamitoso.
Calaña s amostra, modelo, padrão, índole, qualidade.
Calar v calar, impregnar, trespassar, atravessar.
Calavera s caveira.
Calcañar s calcanhar.
Calcar v calcar, comprimir, pisar.

Calcetín s meia três-quartos, meia soquete.
Calcificación s calcificação.
Calcificar v calcificar.
Calcinar v calcinar, carbonizar.
Calcio s cálcio.
Calco s calco de um desenho, decalque.
Calculable adj calculável.
Calculador adj calculador.
Calcular v calcular, computar, contar.
Calculista s calculista, projetista.
Cálculo s cálculo, avaliação.
Caldear v escaldar, temperar.
Caldera s caldeira, reservatório.
Caldereta s caldeirada, ensopado.
Calderilla s caldeirinha, moedinhas.
Caldero s caldeirão.
Caldo s caldo, molho, tempero, caldo de cana.
Calefacción s calefação.
Camioneta s caminhonete, furgão, perua.
Camisa s camisa.
Camiseta s camiseta.
Camisón s camisão, camisola.
Camomila s camomila.
Camorra s briga, rixa.
Camote s batata-doce.
Campamento s acampamento.
Campana s sino; FIG igreja.
Campanario s campanário.
Campanilla s campainha, sineta.
Campante adj alegre, tranquilo.
Campaña s campanha, batalha.
Campar v ostentar, brilhar.
Campechano adj afável, franco.
Campeón s campeão, herói.
Campeonato s campeonato.
Campesino s camponês.
Campestre adj campestre.
Camping s acampamento.
Campiña s campina.
Campo s campo, planície, extensão.
Camposanto s cemitério.
Camuflaje s camuflagem, disfarce.
Camuflar v camuflar, disfarçar.
Can s cão, gatilho de arma.
Cana s cã, cabelos brancos.

CANADIENSE — CAPACIDAD

Canadiense *adj* canadense.
Canal *s* canal, cano, faixa de frequência para sintonizar a televisão.
Canalización *s* canalização.
Canalizar *v* canalizar.
Canalla *adj* canalha, safado, sem-vergonha.
Canalón *s* calha, pia de cozinha.
Canapé *s* canapé, espécie de divã.
Canario *s* canário.
Canasta *s* canastra.
Cancel *s* biombo, persiana.
Cancela *s* cancela, portão de ferro.
Cancelación *s* cancelamento.
Cancelar *v* cancelar, anular, apagar.
Cancer *s* câncer, cancro, tumor maligno, constelação zodiacal.
Cancerígeno *adj* cancerígeno.
Canceroso *adj* canceroso.
Cancha *s* cancha, campo destinado a jogos, terreno espaçoso.
Canciller *s* chanceler.
Cancillería *s* chancelaria.
Canción *s* canção, cantiga.
Candado *adj* cadeado; *s* brincos das orelhas.
Candela *s* candeia, vela de sebo ou cera.
Candelabro *s* candelabro, castiçal, lustre.
Candelero *s* castiçal.
Candente *adj* candente, incandescente.
Candidato *s* candidato.
Candidatura *s* candidatura.
Cándido *adj* cândido, simples, sincero.
Candil *s* candil, candeia, lamparina.
Candor *s* candura, alvura.
Canela *s* canela.
Cangrejo *s* caranguejo.
Canguro *s* canguru.
Caníbal *s* canibal.
Canibalismo *s* canibalismo.
Canica *s* bola de gude.
Canijo *adj* débil, fraco.
Canilla *s* tíbia, canela, bobina.
Canino *adj* canino.
Canje *s* troca, permuta.
Canjear *v* trocar, permutar.

Cano *adj* encanecido, que tem cabelos brancos.
Canoa *s* canoa.
Canon *s* cânon, cânone, regra.
Canónico *adj* canônico.
Canónigo *s* cônego.
Canonizar *v* canonizar.
Canoro *adj* canoro, canto melodioso.
Cansado *adj* cansado, fatigado, enfraquecido.
Cansancio *s* cansaço, fadiga, canseira.
Cansar *v* cansar, fatigar, importunar, aborrecer.
Cantante *adj* cantante, cantor profissional.
Cantar *s* canto, canção; *v* cantar.
Cántaro *s* cântaro, bilha.
Cantata *s* cantata, serenata.
Cantera *s* cantaria, pedreira.
Cantero *s* canteiro, pessoa que trabalha em cantaria.
Cántico *s* cântico, hino, canto.
Cantidad *s* quantidade, quantia, porção.
Cantiga *s* cantiga.
Cantina *s* cantina, adega.
Canto *s* canto, cantoria, hino.
Cantón *s* cantão, distrito, esquina.
Cantor *s* cantor.
Canuto *s* canudo, tubo.
Caña *s* cana, talo, pé (de milho, pé de cana), junco, vara de pescar, tíbia, canela.
Cañada *s* canhada, planície, vale, estreito.
Cáñamo *s* cânhamo, corda.
Cañaveral *s* canavial.
Cañería *s* encanamento, aqueduto.
Cañero *s* encanador.
Cañizo *s* caniço.
Caño *s* cano, canudo, tubo, esgoto.
Cañón *s* canhão, tubo, cilindro, tronco de árvore.
Caoba *s* caoba, acaju.
Caos *s* caos, desordem, confusão.
Caótico *adj* caótico.
Capa *s* capa, cobertura.
Capacidad *s* capacidade, extensão, espaço.

CAPACITACIÓN — CARGA

Capacitación s capacitação, qualificação.
Capacitado adj capacitado, qualificado, habilitado.
Capacitar v capacitar, qualificar, habilitar.
Capar v capar, castrar.
Caparazón s caparazão, carcaça.
Capataz s capataz, feitor, caseiro.
Capaz adj capaz, apto, digno, inteligente.
Capcioso adj capcioso, enganoso.
Capellán s capelão.
Caperuza s carapuça, capuz.
Capilar s capilar; adj capilar.
Capital adj capital, principal, metrópole; s dinheiro, patrimônio.
Capitalismo s capitalismo.
Capitalista s capitalista.
Capitalización s capitalização.
Capitalizar v capitalizar.
Capitán s capitão.
Capitanía s capitania.
Capitel s capitel.
Capitulación s capitulação.
Capitular v capitular, render-se.
Capítulo s capítulo.
Capó s capô de automóvel.
Capón s capão, castrado.
Capotar v capotar.
Capote s capote, capa grande.
Capricho s capricho, fantasia.
Capricornio s capricórnio.
Cápsula s cápsula.
Captación s captação, conquista.
Captar v captar, atrair, interceptar.
Capturar v capturar, prender.
Capucha s capuz.
Capuchino s capuchinho, religioso.
Capullo s casulo, botão de flor, prepúcio, glande.
Caqui adj cáqui.
Cara s cara, rosto.
Carabela s caravela.
Carabina s carabina, espingarda.
Caracol s caracol.
Caracola s búzio.
Carácter s caráter, marca, dignidade, firmeza.

Característico adj característico.
Caracterizar v caracterizar.
Caradura s cara-de-pau, sem-vergonha.
Caramba interj caramba!, puxa!
Carambola s carambola, jogo de bilhar, carambola, fruta da caramboleira.
Caramelo s caramelo, bala, confeito.
Caramujo s caramujo.
Caravana s caravana.
Caray interj caramba!, puxa!
Carbón s carvão, brasa apagada.
Carbonero adj carbonífero.
Carbonero s carvoeiro.
Carbonífero adj carbonífero.
Carbonización s carbonização.
Carbonizar v carbonizar.
Carbono s carbono.
Carbúnculo s carbúnculo.
Carburación s carburação.
Carburador s carburador.
Carburante s carburante.
Carburar v carburar.
Carburo s carboneto.
Carcajada s gargalhada, risada.
Cárcel s cárcere, prisão, cadeia.
Carcelero s carcereiro.
Carcinoma s carcinoma.
Carcoma s carcoma, caruncho.
Carcomer v carcomer, roer.
Cardar v cardar, pentear a lã.
Cardenal s cardeal.
Cárdeno adj azul-violáceo.
Cardíaco adj cardíaco.
Cardinal adj cardinal, cardeal.
Cardiología s cardiologia.
Cardiólogo s cardiologista.
Cardo s cardo.
Carear v acarear, confrontar.
Carecer v carecer, falhar.
Carencia s carência, necessidade.
Carente adj carente, necessitado.
Careo s acareação, confronto.
Carestía s carestia, escassez, falta.
Careta s máscara.
Carey s tartaruga marinha.
Carga s carga, carregamento, peso, imposto.

CARGADOR — CASCA

Cargador s carregador.
Cargamento s carregamento, carga.
Cargar v carregar, embarcar mercadorias.
Cargo s carga, carregamento, cargo, emprego, responsabilidade.
Carguero s cargueiro.
Cariar v cariar, criar cárie.
Caricatura s caricatura.
Caricia s carícia, carinho, afago.
Caridad s caridade, benevolência, benefício, socorro, auxílio.
Caries s cárie.
Cariño s carinho, amor, ternura.
Cariñoso adj carinhoso, afetuoso.
Carisma s carisma.
Carismático adj carismático.
Cariz s aparência, semblante.
Carmesí adj carmesim, vermelho.
Carmín s carmin.
Carnada s isca de carne para pescar ou caçar.
Carnal adj carnal.
Carnaval s carnaval.
Carnavalesco adj carnavalesco.
Carnaza s sebo.
Carne s carne, tecido muscular, polpa dos frutos.
Carnero s carneiro, ossário, jazigo familiar.
Carnicería s açougue, matadouro.
Carnicero s açougueiro.
Carnívoro adj carnívoro.
Carnoso adj carnudo, cheio.
Caro adj caro, de preço elevado, querido, estimado; adv por preço alto.
Carótida s carótida.
Carozo s caroço de azeitona, caroço de fruta.
Carpa s carpa, toldo de feira.
Carpeta s pasta para guardar papéis.
Carpintería s carpintaria.
Carpintero s carpinteiro.
Carpir v carpir, chorar, lamentar.
Carraca s matraca.
Carraspear v pigarrear.
Carraspera s rouquidão, pigarro.

Carrera s carreira, corrida, carreira profissional, risca do cabelo.
Carreta s carreta.
Carrete s carretel.
Carretera s estrada.
Carretilla s carretilha, carrinho de mão.
Carril s sulco, pista, trilho.
Carrillo s bochecha.
Carro s carro, automóvel.
Carrocería s carroceria, oficina mecânica.
Carroña s carniça.
Carroza s carroça.
Carruaje s carruagem.
Carta s carta, missiva, carta do baralho, cardápio, mapa.
Cartabón s esquadro.
Cartapacio s pasta escolar, caderno de apontamentos.
Cartel s cartaz, anúncio.
Cártel s cartel, consórcio de empresas.
Cartelera s armação para cartazes; FIG anúncios de cinema e teatro no jornal.
Cartera s carteira.
Cartería s repartição dos correios.
Carterista s ladrão de carteiras, batedor de carteira.
Cartero s carteiro.
Cartilaginoso adj cartilaginoso.
Cartílago s cartilagem.
Cartilla s cartilha, breviário.
Cartografía s cartografia.
Cartógrafo s cartógrafo.
Cartomancia s cartomancia.
Cartón s cartão, papelão.
Cartucho s cartucho.
Cartujo s cartuxo, ordem religiosa.
Cartulina s cartolina.
Casa s casa, moradia, habitação, edifício.
Casaca s casaca.
Casación s cassação.
Casado adj casado.
Casal s parelha (de animais).
Casamiento s casamento, enlace, matrimônio, união.
Casar v casar, contrair matrimônio, unir.
Casca s casca.

CASCABEL — CAUTIVAR

Cascabel s cascavel, guizo.
Cascada s cascata, cachoeira.
Cascajo s cascalho, fragmento.
Cascanueces s quebra-nozes.
Cascar v quebrar, partir, rachar.
Cáscara s casca, revestimento externo.
Cascarón s casca de ovo.
Casco s casco, vasilha, capacete.
Cascote s cascalho, entulho.
Caserío s casaria, casario.
Casero adj caseiro, familiar.
Caserón s casarão.
Casi adv quase, por pouco.
Casilla s casinha, bilheteria, compartimento, latrina, caixa postal.
Casino s cassino, clube.
Caso s caso, acontecimento, acaso, circunstância.
Casorio s casório, casamento sem consideração.
Caspa s caspa.
Casta s casta, linhagem, qualidade.
Castaña s castanha.
Castañar s castanhedo.
Castaño adj castanho.
Castañuela s castanholas.
Castellano adj castelhano.
Castidad s castidade, pureza.
Castigar v castigar, punir, fazer sofrer.
Castigo s castigo, punição.
Castillo s castelo, fortaleza.
Castizo adj castiço, de boa raça.
Casto adj casto, puro.
Castor s castor.
Castración s castração.
Castrar v castrar, capar.
Casual adj casual, eventual, fortuito.
Casualidad s casualidade, eventualidade, acaso.
Cata s prova, degustação.
Cataclismo s cataclismo, desastre.
Catacumba s catacumba.
Catadura s catadura, aspecto, aparência, semblante.
Catalán adj catalão.
Catalejo s binóculo.
Catalepsia s catalepsia.

Catálisis s catálise.
Catalizador adj catalisador.
Catalogación s catalogação, indexação.
Catalogar v catalogar, apontar, registrar, inscrever.
Catálogo s catálogo, minuta, inventário.
Cataplasma s cataplasma.
Catapulta s catapulta.
Catar v catar, provar, ensaiar, ver, examinar, buscar, pesquisar.
Catarata s catarata.
Catarro s catarro.
Catástrofe s catástrofe, grande desgraça.
Catecismo s catecismo.
Cátedra s cátedra, cadeira, classe.
Catedral s catedral.
Catedrático adj catedrático, professor universitário.
Categoría s categoria, classe, ordem.
Categórico adj categórico, taxativo.
Catequizar v catequizar.
Caterva s caterva, multidão.
Catéter s cateter.
Cateterismo s cateterismo.
Cateto s cateto.
Catinga s catinga, cheiro desagradável.
Catolicismo s catolicismo.
Católico adj católico.
Cauce s leito (de rio ou riacho).
Caucho s caucho, borracha.
Caución s caução, precaução, cautela.
Caudal adj caudaloso, torrencial; s caudal, torrente.
Caudaloso adj caudaloso.
Caudillo s caudilho, chefe militar.
Causa s causa, origem, razão.
Causal adj causal.
Causalidad s causalidade, origem.
Causar v causar, acarretar, originar, produzir.
Cáustico adj cáustico.
Cautela s cautela, precaução, prevenção.
Cauteloso adj cauteloso.
Cauterio adj cautério.
Cauterización s cauterização.
Cautivar v cativar, seduzir, enamorar, encantar.

CAUTIVEIRO — CENTRALIZACIÓN

Cautiveiro s cativeiro, prisão, cárcere.
Cautivo adj cativo, prisioneiro.
Cava s cava, fosso.
Cavar v cavar, escavar, aprofundar.
Caverna s caverna, gruta, antro.
Cavernoso adj cavernoso, cavo, profundo.
Caviar s caviar.
Cavidad s cavidade, depressão, cova.
Cavilar v matutar, pensar, cismar.
Cayado s cajado, bordão, bastão de apoio.
Caza s caça, caçada, animais caçados.
Cazador s caçador.
Cazar v caçar, procurar, perseguir.
Cazo s caçarola, frigideira, concha.
Cazuela s caçarola, guisado.
Cazurro adj casmurro, carrancudo.
Cebada s cevada.
Cebar v cevar, fazer engordar, nutrir.
Cebo s ceva, isca, engodo.
Cebolla s cebola.
Cebolleta s cebolinha.
Cebra s zebra.
Cebú s zebu.
Cecina s carne defumada, seca e salgada.
Cedazo s peneira, crivo.
Ceder v ceder, transferir, renunciar, deixar.
Cedilla s cedilha.
Cedro s cedro.
Cédula s cédula.
Cefálico adj cefálico.
Cegar v cegar, tirar a visão.
Ceguera s cegueira.
Ceja s sobrancelha, supercílio.
Cejar v retroceder, recuar.
Celador s zelador, vigilante.
Celar v zelar, cuidar, vigiar.
Celda s cela, célula, cavidade pequena, cubículo.
Celdilla s célula, nicho.
Celebrar v celebrar, louvar, festejar, comemorar.
Célebre adj célebre, famoso.
Celebridad s celebridade, fama.
Celeridad s celeridade, rapidez.
Celeste adj celeste, azul-celeste.
Celestial adj celestial.

Celibato s celibato.
Célibe adj celibatário, solteiro.
Celo s zelo, cuidado, cio, anseio, ciúmes.
Celofán s celofane.
Celosía s gelosia.
Celoso adj zeloso, ciumento.
Celta adj celta.
Célula s célula.
Celular adj celular.
Celulitis s celulite.
Celuloide s celuloide.
Celulosa s celulose.
Cementerio s cemitério.
Cemento s cimento.
Cena s ceia, jantar.
Cenagal s atoleiro, lamaçal.
Cenagoso adj lamacento.
Cenar v cear, jantar.
Cencerro s chocalho.
Cenefa s sanefa, grinalda.
Cenicero s cinzeiro.
Ceniza s cinza, pó.
Cenizo adj cinzento.
Censar v recensear.
Censo s censo, recenseamento.
Censor s censor, crítico.
Censura s censura, crítica.
Censurar v censurar, examinar, repreender.
Centauro s centauro.
Centella s centelha, faísca, raio.
Centelleante adj cintilante.
Centena s centena.
Centenario s centenário, século; adj centenário.
Centeno s centeio.
Centígrado s centígrado.
Centímetro s centímetro.
Céntimo s cêntimo; adj centésimo.
Centinela s sentinela, vigia.
Centolla s santola.
Centrado adj centrado.
Central adj central, médio; s repartição pública.
Centralismo s centralismo.
Centralita s posto telefônico.
Centralización s centralização.

CENTRALIZAR — CHANCLA

Centralizar v centralizar, centrar.
Centrar v centrar, determinar o centro, concentrar-se.
Centrifugar v centrifugar.
Centrífugo adj centrífugo.
Centrípeto adj centrípeto.
Centro s centro, meio.
Centuplicar v centuplicar.
Ceñir v cingir, rodear, abraçar-se.
Ceño s cenho, semblante severo, enfado.
Cepa s cepa, tronco.
Cepillar v alisar, polir.
Cepillo s escova de cabelo, escova de dente.
Cepo s cepo, tronco cortado.
Cera s cera, secreção das abelhas.
Cerámica s cerâmica.
Cerca s cerca, muro; adv quase, perto, próximo, em torno.
Cercanía s cercania, proximidade.
Cercano adj próximo, vizinho.
Cercar v cercar, sitiar, rodear.
Cercenar v cercear, cortar rente.
Cerciorar v certificar, afirmar, afiançar, assegurar.
Cerco s cerco, sítio, circuito, recinto.
Cerda s cerda, pelo.
Cerdo s porco, suíno.
Cereal s cereal.
Cerealista s cerealista.
Cerebelo s cerebelo.
Cerebral adj cerebral.
Cerebro s cérebro.
Ceremonia s cerimônia, formalidade, etiqueta, ritual.
Ceremonial s cerimonial; adj cerimonioso.
Cereza s cereja.
Cerilla s fósforo, pavio, cérumen.
Cerner v peneirar, crivar, examinar.
Cero s zero, nulidade.
Cerrado adj fechado, oculto.
Cerradura s fechadura.
Cerrajero s serralheiro.
Cerrar v cerrar, fechar, encerrar, saldar, vedar.
Cerrazón s cerração, nevoeiro.

Cerro s cerro, colina, outeiro.
Cerrojo s ferrolho.
Certamen s desafio, duelo, competição.
Certero adj certeiro, seguro.
Certeza s certeza, segurança, convicção.
Certificado s certificado, atestado.
Certificar v certificar, assegurar, afirmar.
Cerumen s cerume, cera de ouvido.
Cervecería s cervejaria.
Cerveza s cerveja.
Cervical adj cervical.
Cerviz s cerviz, nuca.
Cesante adj cessante, parado.
Cesar v cessar, parar, acabar, suspender, deixar.
Cesárea s cesárea, operação cesariana.
Cese s cessação, suspensão.
Cesión s cessão, transferência, abandono.
Césped s gramado, relva.
Cesta s cesta.
Cesto s cesto.
Cetáceo adj cetáceo.
Cetro s cetro, bastão.
Ch quarta letra do alfabeto espanhol.
Chabacanería s grosseria, indecência.
Chabacano adj grosseiro, tosco, sem arte, de mau gosto.
Chabola s favela.
Chacal s chacal.
Chacarero s caseiro de chácara, camponês, colono.
Chacota s bulha, zombaria, caçoada.
Chacra s chácara, granja.
Chal s xale.
Chalado adj tonto, bobo, enamorado.
Chalar v endoidecer, enamorar, apaixonar-se.
Chaleco s jaleco, colete.
Chalet s chalé.
Chamaco s menino, rapaz, moço.
Champán s champanhe.
Champiñón s cogumelo.
Champú s xampu.
Chamuscar v chamuscar, crestar.
Chanchullo s negócio ilícito, sujo, tramoia, trapaça.
Chancla s chinela, sapato velho.

CHANCLO — CHUNGA

Chanclo s galocha, tamanco.
Chancro s cancro, úlcera de origem venérea.
Chantaje s chantagem.
Chantajear v chantagear.
Chanza s gracejo, brincadeira.
Chapa s chapa, folha, lâmina.
Chapado adj chapado.
Chapar v chapar.
Chaparrón s chuva forte de pouca duração, aguaceiro.
Chapotear v umedecer, molhar.
Chapucería s obra, serviço mal feito, mentira.
Chapucero adj incompetente, grosseiro.
Chapuzar v mergulhar.
Chaqué s fraque.
Chaqueta s jaqueta, casaco curto para homem, blusão.
Chaquetón s jaquetão.
Charada s charada, enigma.
Charanga s charanga.
Charca s açude.
Charco s charco, lodaçal, atoleiro.
Charla s conversa à toa, falatório.
Charlatán s charlatão, tagarela.
Charol s verniz.
Chascarrillo s anedota ligeira, picante, jocoso.
Chasco s decepção, engano, contratempo, zombaria.
Chasis s chassis.
Chasquido s estalo.
Chatarra s sucata.
Chatarrero s sucateiro.
Chauvinismo s chauvinismo.
Chaval s garoto, rapaz, jovem.
Checoslovaco adj checoslovaco.
Chepa s corcova, corcunda.
Cheque s cheque.
Chequear v checar, examinar.
Chic adj chique, elegância.
Chicharra s cigarra.
Chicharrón s torresmo.
Chico adj pequeno; s menino.
Chifla s silvo, apito, assobio.
Chiflado adj louco, demente.

Chileno adj chileno.
Chillar v chiar, guinchar.
Chillido s chiado, guincho, berro.
Chimenea s chaminé.
Chimpancé s chimpanzé.
China s pedra pequena, seixo, porcelana.
Chinchar v importunar, molestar, incomodar.
Chinche s percevejo.
Chinchilla s chinchila.
Chinela s chinela, chinelo.
Chino adj chinês.
Chipirón s lula.
Chipriota s cipriota.
Chiquillería s criançada.
Chiquillo s criança, menino, garoto.
Chirriar v chiar, guinchar.
Chisme s intriga, mexerico, boato, fofoca.
Chispa s chispa, faísca.
Chispear v chispar, faiscar, reluzir.
Chisporrotear v chispar, crepitar.
Chistar v assobiar.
Chiste s piada, gracejo, brincadeira.
Chivar v denunciar, delatar.
Chivato s delator.
Chivo s cabrito.
Chocante adj chocante, surpreendente.
Chocar v chocar, bater, ofender.
Chochear v caducar, envelhecer.
Choclo s tamanco, milho verde.
Chocolate s chocolate.
Chocolatera s chocolateira.
Chófer s chofer, motorista.
Chopo s choupo.
Choque s choque, embate, briga.
Chorizo s chouriço.
Chorrear v jorrar, gotejar, pingar.
Chorro s jorro, esguicho, jato.
Choza s choça, palhoça.
Chubasco s aguaceiro, chuvarada.
Chubasquero s impermeável, capa de chuva.
Chuchería s coisa sem importância.
Chulear v zombar.
Chuleta s chuleta, costela assada.
Chulo adj chulo, grosseiro; s rufião.
Chunga s algazarra, barulho.

CHUPADO — CIRUJANO

Chupado *adj* chupado, extenuado.
Chupar *v* chupar, sugar, absorver.
Chupatintas *s* empregado de escritório.
Chupeta *s* chupeta.
Chupetear *v* chupar aos poucos.
Chupinazo *s* disparo de morteiro, fogos de artifício.
Chupón *adj* chupão, chupim, parasita, explorador.
Churrasco *s* churrasco.
Churro *s* churro.
Chusma *s* plebe.
Chutar *v* chutar, dar pontapés.
Cianuro *s* cianureto.
Ciática *s* ciática, dor no nervo ciático.
Cibernética *s* cibernética.
Cicatería *s* mesquinharia, avareza.
Cicatero *adj* avaro, sovina, mesquinho.
Cicatriz *s* cicatriz.
Cicatrizar *v* cicatrizar.
Cicerone *s* cicerone.
Cíclico *adj* cíclico.
Ciclismo *s* ciclismo.
Ciclista *s* ciclista.
Ciclo *s* ciclo, período cronológico.
Ciclón *s* ciclone.
Cicuta *s* cicuta, veneno.
Ciego *adj* cego.
Cielo *s* céu, firmamento, atmosfera, paraíso.
Ciempiés *s* centopeia.
Cien *num* cem.
Ciencia *s* ciência, conhecimento, sabedoria.
Cieno *s* lodo, lama, barro.
Científico *adj* científico.
Cierne *s* imaturo.
Cierre *s* fecho, fechamento.
Cierto *adj* certo, verdadeiro.
Ciervo *s* cervo, veado.
Cifra *s* cifra, zero, algarismo sem valor.
Cifrar *v* cifrar, escrever em cifra.
Cigarra *s* cigarra.
Cigarrería *s* charutaria, tabacaria.
Cigarrillo *s* cigarro, cigarrilha.
Cigarro *s* charuto.
Cigüeña *s* cegonha.

Cilindrada *s* cilindrada.
Cilíndrico *adj* cilíndrico.
Cilla *s* celeiro.
Cima *s* cimo, cume, topo.
Cimentar *v* cimentar, alicerçar.
Cimiento *s* cimento, alicerce.
Cinc *s* zinco.
Cincel *s* cinzel.
Cincha *s* tento, tira de couro.
Cincuentenario *s* cinquentenário.
Cine *s* cine, cinema.
Cineasta *s* cineasta.
Cineclub *s* cineclube.
Cíngaro *adj* zíngaro, cigano.
Cínico *adj* cínico, falacioso.
Cinismo *s* cinismo.
Cinta *s* cinta, faixa, tira, cinto.
Cinto *s* cinto, cinturão.
Cintura *s* cintura.
Cinturón *s* cinturão, cinto largo.
Ciprés *s* cipreste.
Circo *s* circo, anfiteatro.
Circuito *s* circuito, contorno.
Circulación *s* circulação, giro, trânsito.
Circular *adj* circular, redondo; *v* circular.
Círculo *s* círculo, circuito, distrito, clube, grêmio.
Circuncidar *v* circuncidar.
Circuncisión *s* circuncisão.
Circunciso *adj* circuncidado.
Circunferencia *s* circunferência.
Circunflejo *adj* circunflexo.
Circunloquio *s* circunlóquio, perífrase.
Circunscribir *v* circunscrever, marcar limites.
Circunspección *s* circunspecção, atenção.
Circunspecto *adj* circunspecto, prudente.
Circunstancia *s* circunstância, qualidade, requisito, valor.
Circunstante *adj* circunstante, que está perto.
Cirio *s* círio, vela grande de cera.
Cirro *s* cirro, nuvem branca e muito alta.
Cirrosis *s* cirrose.
Ciruela *s* ameixa.
Cirugía *s* cirurgia.
Cirujano *s* cirurgião.

Cisco s cisco, pó de carvão.
Cisma s cisma, discórdia, desavença.
Cisne s cisne.
Cisterna s cisterna, poço.
Cisura s fissura, fenda.
Cita s entrevista, encontro, citação, epígrafe.
Citación s citação.
Citar v citar, apontar, avisar, referir, mencionar.
Cítara s cítara.
Citología s citologia.
Citoplasma s citoplasma.
Cítrico adj cítrico.
Citrón s limão.
Ciudad s cidade, povoação urbana.
Ciudadanía s cidadania.
Ciudadano s cidadão.
Cívico adj cívico.
Civil adj civil, sociável, delicado, urbano.
Civilización s civilização, progresso, cultura.
Civilizar v civilizar, ilustrar.
Civismo s civismo, patriotismo.
Cizalla s tesoura mecânica.
Cizaña s joio; FIG cizânia, discórdia.
Clamar v clamar, vociferar, bradar.
Clamor s clamor, brado.
Clan s clã, tribo, família.
Clandestinidad s clandestinidade.
Clandestino adj clandestino.
Clara s clara (de ovo).
Claraboya s claraboia.
Clarear v clarear, aclarar, abrir clareiras, amanhecer.
Claridad s claridade, luz, transparência.
Clarificar v clarificar, esclarecer, iluminar.
Clarín s clarim.
Clarinete s clarinete.
Clarividencia s clarividência, perspicácia.
Claro adj claro, luminoso.
Clase s classe, ordem, categoria, sala de aula, grupo.
Clasicismo s classicismo.
Clásico adj clássico.
Clasificar v classificar, ordenar.
Claudicar v claudicar, mancar.

Claustro s claustro.
Claustrofobia s claustrofobia.
Cláusula s cláusula.
Clausura s clausura.
Clavar v cravar, pregar, firmar, fixar, encravar-se.
Clave s clave, chave, explicação.
Clavel s cravo.
Clavícula s clavícula.
Clavija s cavilha, cravelha.
Clavo s cravo, prego, cravo-da-índia.
Claxon s buzina.
Clemencia s clemência, bondade, indulgência.
Cleptomanía s cleptomania.
Clérigo s presbítero, sacerdote.
Clero s clero.
Cliché s clichê, matriz.
Cliente s cliente, freguês.
Clientela s clientela, freguesia.
Clima s clima, temperatura.
Climaterio s climatério.
Climático adj climático.
Climatizado adj climatizado, refrigerado.
Climatología s climatologia.
Clímax s clímax, auge.
Clínica s clínica.
Clínico adj clínico.
Clip s clipe, grampo.
Clítoris s clitóris.
Cloaca s fossa.
Cloro s cloro.
Clorofila s clorofila.
Cloroformo s clorofórmio.
Club s clube, grêmio, associação.
Coacción s coação, imposição.
Coaccionar v coagir, obrigar.
Coadyuvar v coadjuvar, ajudar, auxiliar, colaborar.
Coagulación s coagulação.
Coagulante adj coagulante.
Coagular v coagular, coalhar, solidificar.
Coágulo s coágulo.
Coalición s coalizão, liga.
Coartar v restringir, limitar, reduzir.
Coba s adulação, fingida, engodo, molestar, incomodar.

COBALTO — COLEGA

Cobalto s cobalto.
Cobarde adj covarde, medroso, fraco.
Cobardía s covardia, medo, indignidade, fraqueza.
Cobayo s cobaia, porquinho-da-índia, preá.
Cobertura s cobertura.
Cobijar v cobrir, tapar, ocultar.
Cobra s cobra, serpente venenosa.
Cobrador s cobrador.
Cobrar v cobrar, receber.
Cobre s cobre, dinheiro miúdo.
Coca s coca, planta narcótica.
Cocaína s cocaína.
Cocción s cocção, cozimento.
Cóccix s cóccix.
Cocer v cozer, cozinhar, ferver um líquido.
Cochambre s sujeira, porcaria, imundície.
Cochambroso adj sujo, porco, imundo.
Coche s coche, carro, vagão de trem.
Cochinería s porcaria, sujeira.
Cochinillo s leitão novo.
Cochino s porco.
Cocido adj cozido.
Cociente s quociente.
Cocina s cozinha.
Cocinar v cozinar, condimentar, temperar.
Cocinero s cozinheiro, mestre-cuca.
Coco s coco.
Cocodrilo s crocodilo.
Cóctel s coquetel.
Codear v acotovelar.
Codicia s cobiça, avidez.
Codiciar v cobiçar, desejar.
Codicioso adj ambicioso, ávido.
Codificar v codificar.
Código s código, conjunto de leis, regras.
Codo s cotovelo.
Codorniz s codorniz, perdiz.
Coeficiente s coeficiente.
Coercitivo adj coercitivo.
Coexistir v coexistir.
Cofia s coifa, touca para cabelo.
Cofradía s confraria.

Cofre s cofre, baú, arca.
Coger v colher, agarrar, pegar, recolher.
Cognoscitivo adj cognitivo, cognoscitivo.
Cohabitar v coabitar, viver em comum.
Cohecho s suborno.
Coherencia s coerência, lógica.
Cohesión s coesão, aderência.
Cohete s foguete.
Cohibir v coibir, reprimir, privar-se.
Coincidencia s coincidência.
Coincidir v coincidir, concordar.
Coito s coito, cópula, relação sexual.
Cojear v coxear, mancar.
Cojín s coxim, almofadão.
Cojinete s almofada.
Cojo adj coxo, manco.
Cojonudo adj excelente, incrível.
Col s couve.
Cola s cauda, rabo, fila, cola, grude.
Colaboración s colaboração, cooperação, ajuda.
Colaborador s colaborador, ajudante.
Colaborar v colaborar, cooperar, ajudar.
Colación s colação, nomeação, cotejo, refeição leve.
Colada s filtragem, ação de coar, colagem, desfiladeiro.
Coladero s corredor, passagem estreita, filtro.
Colador s coador, filtro.
Coladora s lavadeira.
Colapso s colapso, queda, paralisação repentina.
Colar v colar, coar, filtrar.
Colateral adj colateral.
Colcha s colcha.
Colchón s colchão.
Colección s coleção, conjunto, série.
Coleccionar v colecionar, juntar, compilar.
Coleccionista s colecionador.
Colecta s coleta, contribuição.
Colectividad s coletividade, sociedade, conjunto.
Colectivo adj coletivo; s micro ônibus.
Colector adj coletor.
Colega s colega, companheiro.

COLEGIADO — COMBINACIÓN

Colegiado s colegiado.
Colegial adj colegial, estudante, escolar.
Colegiarse v agremiar-se, reunir-se em colégio.
Colegio s colégio, escola, corporação, associação.
Colegir v coligir, juntar, compilar.
Cólera s cólera, ira, zanga.
Colérico adj colérico, irado, encolerizado.
Colesterol s colesterol.
Coleta s coleta, rabo-de-cavalo.
Coletazo s rabanada, pancada com a cauda.
Colgador s varal.
Colgadura s tapeçaria pendurada em paredes ou janelas.
Colgar v pendurar, dependurar, suspender.
Colibrí s colibri, beija-flor.
Cólica s cólica, dor abdominal.
Coliflor s couve-flor.
Coligar v coligar, unir-se.
Colilla s toco de cigarro, bagana, bituca.
Colina s colina, morro.
Colindar v limitar, ser vizinho.
Colirio s colírio.
Coliseo s coliseu, anfiteatro.
Colisión s colisão, choque.
Colisionar v colidir, chocar.
Colitis s colite.
Collar s colar, gola, coleira.
Collarín s colarinho, gola estreita.
Colmar v cumular, abarrotar.
Colmena s colmeia.
Colmillo s presa, dente canino.
Colmo s cúmulo, demasia, excesso; adj cheio, abarrotado.
Colocación s colocacão, situação, emprego.
Colocar v colocar, acomodar, situar, arranjar.
Colofón s anotação final.
Colombiano adj colombiano.
Colon s cólon (do intestino).
Colonia s colônia, povoação, água-de-colônia, perfume.
Colonial adj colonial.

Colonialismo s colonialismo.
Colonialista adj colonialista.
Colonización s colonização.
Colonizar v colonizar.
Colono s colono, colonizador.
Coloquial adj coloquial, próximo.
Coloquio s colóquio, palestra.
Color s cor, coloração.
Coloración s coloração.
Colorado adj colorido, corado, vermelho.
Colorante adj corante.
Colorear v colorir.
Colorete s ruge.
Colorido adj colorido, corado.
Colosal adj colossal, enorme.
Coloso s colosso, estátua enorme.
Columbrar v vislumbrar, descobrir, divisar.
Columna s coluna, pilar, apoio, coluna vertebral.
Columnista s colunista (de jornal).
Columpiar v balançar.
Columpio s balanço.
Coma s vírgula, sinal gráfico, coma, sono profundo.
Comadre s comadre, madrinha de batismo, parteira.
Comadreja s doninha.
Comandante s comandante, chefe.
Comandar v comandar, chefiar, dirigir.
Comando s comando, chefia.
Comarca s comarca, região.
Comatoso adj comatoso, em estado de coma.
Comba s curva, pular-corda.
Combar s curvar, empenar.
Combate s combate, luta, batalha, ação de guerra.
Combatible adj combatível.
Combatiente adj combatente.
Combatir v combater, lutar, batalhar, arremeter, atacar.
Combatividad s combatividade.
Combativo adj combativo, belicoso.
Combinable adj combinável.
Combinación s combinação, ajuste, pacto.

COMBINACIÓN — COMPENETRACIÓN

Combinación s combinação, peça do vestuário feminino, composto.
Combinar v combinar, agrupar, unir, dispor.
Combustibilidad s combustividade.
Combustible adj combustível; s combustível, lenha, gás, álcool.
Combustión s combustão.
Comedero adj comestível, comível.
Comedia s comédia, farsa.
Comediante s comediante, ator.
Comedido adj comedido, discreto, modesto.
Comedimiento s comedimento, modéstia, sobriedade.
Comedir v comedir, moderar, conter-se.
Comedor adj comilão; s sala de jantar.
Comendador s comendador.
Comensal s comensal.
Comentar v comentar, explicar, esclarecer.
Comentario s comentário, análise, crítica.
Comenzar v começar, iniciar, principiar, abrir, estrear.
Comer v comer, alimentar-se, almoçar, jantar.
Comercial adj comercial, mercantil.
Comercialización s comercialização.
Comercializar v comercializar.
Comerciante s comerciante, negociante.
Comerciar v comerciar, negociar.
Comercio s comércio, mercado, conjunto de estabelecimentos comerciais.
Comestible adj comestível.
Cometa s cometa, astro, papagaio, pipa.
Cometer v cometer, praticar.
Cometido s encargo, incumbência.
Comezón s comichão, coceira.
Cómic s história em quadrinhos, gibi.
Comicios s comícios, eleições.
Cómico adj cômico, ridículo.
Comida s comida, alimento, refeição.
Comidilla s fofoca, assunto para comentários.
Comienzo s começo, início, princípio, origem.

Comilla s aspa.
Comilona s refeição abundante, regabofe.
Comisaría s comissariado.
Comisario s comissário.
Comisión s comissão, incumbência, encargo.
Comisionar v comissionar, encarregar, delegar.
Comité s comitê, junta.
Comitiva s comitiva, acompanhamento, séquito.
Como adv como, assim, de que maneira, já que.
Cómoda s cômoda, gaveteiro para roupas.
Comodidad s comodidade, bem-estar, conforto.
Cómodo adj cômodo, conveniente, oportuno.
Compacto adj compacto, denso, espesso.
Compadecer v compadecer, tolerar.
Compadre s compadre, padrinho de batismo.
Compaginar v compor, ligar intimamente.
Compañerismo s companheirismo.
Compañero s companheiro, camarada, parceiro, colega.
Compañía s companhia, acompanhante, sociedade, associação, grupo teatral.
Comparación s comparação, paralelo.
Comparar v comparar, cotejar, confrontar.
Comparecencia s comparecimento.
Comparecer v comparecer, apresentar-se.
Compartimento s compartimento, quarto, aposento, departamento.
Compartir v partilhar, dividir, participar.
Compás s compasso, regra, princípio, ritmo.
Compasión s compaixão, piedade, dó.
Compasivo adj compassivo, bondoso.
Compatibilidad s compatibilidade.
Compatible adj compatível.
Compatriota s compatriota.
Compendio s compêndio, resumo, sumário, síntese.
Compenetración s compenetração.

COMPENETRARSE — COMUNICADO

Compenetrarse *v* compenetrar-se.
Compensación *s* compensação.
Compensar *v* compensar, contrabalançar, remunerar, equilibrar.
Competencia *s* competência, disputa, incumbência.
Competente *adj* competente, adequado, apto, devido.
Competer *v* competir, pertencer.
Competición *s* competição, rivalidade, concorrência.
Competidor *adj* competidor, adversário.
Competir *v* competir, concorrer, rivalizar.
Compilación *s* compilação, coleção.
Compilador *s* compilador.
Compilar *v* compilar, coligir.
Complacencia *s* complacência, benevolência.
Complacer *v* comprazer, contentar, agradar.
Complaciente *adj* complacente.
Complejidad *s* complexidade.
Complejo *s* complexo; *adj* complexo, complicado.
Complementar *v* complementar.
Complemento *s* complemento, acréscimo.
Completar *v* completar, integrar, concluir, acabar, preencher.
Completo *adj* completo, total, perfeito, inteiro.
Complexión *s* compleição, constituição fisiológica.
Complicación *s* complicação, concorrência, dificuldade.
Complicado *adj* complicado, difícil, confuso.
Complicar *v* complicar, confundir, embaraçar, agravar.
Cómplice *s* cúmplice, conivente.
Complicidad *s* cumplicidade, conivência.
Complot *s* complô, conspiração, intriga.
Componente *adj* componente, elemento.
Componer *v* compor, constituir, formar, restaurar, consertar, enfeitar.
Comportamiento *s* comportamento.

Comportar *v* comportar, suportar, permitir.
Composición *s* composição, arranjo, acordo.
Compositor *s* compositor, autor.
Compostura *s* compostura, arranjo.
Compota *s* compota.
Compra *s* compra, aquisição.
Comprar *v* comprar, adquirir.
Compraventa *s* compra e venda, contrato.
Comprender *v* compreender, abranger, incluir, entender.
Comprensión *s* compreensão, percepção.
Comprensivo *adj* compreensivo.
Compresa *s* compressa.
Compresor *s* compressor.
Comprimido *adj* comprimido, apertado.
Comprimir *v* comprimir, apertar, reduzir.
Comprobación *s* comprovação, prova.
Comprobante *adj* comprovante.
Comprobar *v* comprovar, confirmar, verificar, constatar.
Comprometer *v* comprometer, arriscar, assumir compromisso ou responsabilidade.
Compromiso *s* compromisso, obrigação, acordo.
Compuerta *s* comporta, eclusa.
Compuesto *s* composto.
Compulsar *v* compulsar, constatar, apurar.
Compulsión *s* compulsão.
Compunción *s* compunção.
Compungir *v* compungir, afligir.
Computable *adj* computável, calculável.
Computador *s* computador, ordenador.
Computar *v* computar, contar, calcular.
Cómputo *s* cômputo, cálculo, conta.
Comulgar *v* comungar.
Común *adj* comum, geral, vulgar, usual, trivial, habitual.
Comunicación *s* comunicação, informação, aviso.
Comunicado *s* comunicado, aviso, informação.

COMUNICAR — CONDICIONAMIENTO

Comunicar *v* comunicar, informar, participar, ligar.
Comunicativo *adj* comunicativo, contagioso.
Comunidad *s* comunidade.
Comunión *s* comunhão, harmonia.
Comunismo *s* comunismo.
Comunista *adj* comunista.
Comunitario *adj* comunitário.
Con *prep* com, em, sobre, de.
Conato *s* esforço, empenho.
Concatenar *v* concatenar, encadear, ligar.
Cóncavo *s* concavidade; *adj* côncavo.
Concebir *v* conceber, gerar, inventar, elaborar.
Conceder *v* conceder, dar, ceder, permitir, deferir.
Concejo *s* conselho, Distrito Municipal.
Concentración *s* concentração, meditação, reunião.
Concentrado *adj* concentrado.
Concentrar *v* concentrar, centralizar.
Concéntrico *adj* concêntrico.
Concepción *s* concepção, geração.
Concepto *s* conceito, opinião, pensamento.
Conceptuar *v* conceituar, pensar, avaliar.
Concernir *v* concernir.
Concertar *v* consertar, ajustar, combinar, concordar.
Concertista *s* concertista, solista.
Concesión *s* concessão, permissão, licença.
Concha *s* concha.
Conchabar *v* conchavar, unir, ajuntar, ligar.
Conciencia *s* consciência, convicção, justiça.
Concierto *s* concerto, acordo.
Conciliábulo *s* conciliábulo.
Conciliación *s* conciliação, acordo, acomodação.
Conciliar *v* conciliar, harmonizar, combinar.
Concilio *s* concílio.
Concisión *s* concisão, brevidade, síntese.

Conciso *adj* conciso, compacto, resumido.
Cónclave *s* conclave, junta, reunião.
Concluir *v* concluir, terminar, acabar, arrematar.
Conclusión *s* conclusão, consequência, fim, dedução.
Concomitancia *s* concomitância, simultaneidade.
Concordancia *s* concordância, conformidade, consonância.
Concordar *v* concordar, conciliar, acertar, condizer.
Concordia *s* concórdia, paz, harmonia.
Concretar *v* concretizar, combinar, determinar.
Concreto *adj* concreto, determinado.
Concubina *s* concubina.
Concupiscencia *s* concupiscência, sensualidade.
Concurrencia *s* concorrência, afluência.
Concurrente *adj* concorrente, rival.
Concurrido *adj* concorrido.
Concurrir *v* concorrer, cooperar, ajudar.
Concursar *v* concursar, participar de concurso.
Concurso *s* concurso, assistência, afluência.
Conde *s* conde.
Condecoración *s* condecoração.
Condecorar *v* condecorar, agraciar.
Condenación *s* condenação, sentença, censura, reprovação.
Condenado *adj* condenado.
Condenar *v* condenar, castigar, reprovar.
Condensación *s* condensação, resumo.
Condensador *adj* condensador.
Condensar *v* condensar, reduzir.
Condesa *s* condessa.
Condescendencia *s* condescendência, consentimento.
Condescender *v* condescender, consentir.
Condescendiente *adj* condescendente.
Condición *s* condição, categoria, índole, caráter.
Condicional *adj* condicional.
Condicionamiento *s* condicionamento.

88 CONDICIONAR — CONGELADOR

Condicionar v condicionar, regular, acondicionar.

Condigno adj condigno, adequado.

Condimentación s condimentação, tempero.

Condimentar v condimentar, temperar.

Condimento s condimento, tempero.

Condiscípulo s condiscípulo.

Condolencia s condolência, pêsames.

Condolerse v condoer-se, compadecer-se.

Condominio s condomínio.

Cóndor s condor.

Conducción s condução, transporte, transmissão, guia.

Conducir v conduzir, dirigir, levar, transportar, orientar.

Conducta s conduta, procedimento.

Conductividad s condutividade.

Conductivo adj condutor.

Conducto s conduto, cano, tubo, via, canal.

Conductor adj condutor, chefe, guia, motorista.

Conectar v acionar, ligar aparelho.

Conejillo s coelhinho, cobaia, porquinho-da-índia.

Conejo s coelho.

Conexión s conexão, nexo, ligação.

Conexo adj conexo, ligado.

Confabulación s confabulação, trama.

Confabular v confabular, tramar.

Confección s confecção, acabamento.

Confeccionar v confeccionar, fabricar, produzir roupas.

Confederación s confederação, liga, coligação, pacto.

Confederar v confederar, coligar.

Conferencia s conferência, palestra, discurso, entrevista.

Conferenciar v conferenciar, discursar.

Conferir v conferir, administrar, examinar, conceder.

Confesar v confessar, revelar.

Confesión s confissão, declaração, revelação.

Confesor s confessor.

Confeti s confete.

Confianza s confiança, segurança, firmeza, crédito.

Confiar v confiar, crer, revelar, depositar.

Confidencia s confidência.

Configurar v configurar.

Confín s confim.

Confinado adj confinado, desterrado.

Confinar v confinar, limitar, desterrar.

Confirmación s confirmação, certeza, aprovação.

Confirmar v confirmar, certificar, aprovar.

Confiscación s confisco.

Confiscar v confiscar, expropriar.

Confitado adj confeitado.

Confitar v confeitar.

Confite s confeito.

Confitería s confeitaria.

Conflagración s conflagração.

Conflagrar v conflagrar, guerrear.

Conflicto adj conflito, luta, embate, desordem.

Confluencia s confluência, concorrência, convergência.

Confluir v concluir, convergir.

Conformación s conformação, configuração.

Conformar v conformar, ajustar, convir, resignar-se.

Conformidad s conformidade, semelhança.

Conformismo s conformismo.

Confort s conforto, comodidade.

Confortable adj confortável, cômodo.

Confortador adj confortador, reconfortante.

Confraternizar v confraternizar.

Confrontación s confrontação.

Confrontar v confrontar, enfrentar.

Confundir v confundir, enganar, equivocar, atrapalhar, errar.

Confusión s confusão, alteração, transtorno.

Confuso adj confuso, desordenado, misturado.

Congelación s congelamento.

Congelador s congelador, frigorífico.

CONGELAR — CONSISTENCIA

Congelar v congelar, gelar.
Congénere adj congênere.
Congeniar v simpatizar, harmonizar.
Congénito adj congênito, inato.
Congestión s congestão.
Congestionar v congestionar.
Conglomerado s conglomerado.
Conglomerar v conglomerar, juntar-se, reunir.
Congoja s desmaio, fadiga, angústia.
Congraciar v congraciar, reconciliar, adular.
Congratulación s congratulação.
Congratular v congratular, felicitar.
Congregación s congregação, assembleia.
Congregar v congregar, reunir, unir, juntar.
Congresista s congressista.
Congreso s congresso, assembleia.
Congruencia s congruência.
Congruente adj congruente, harmonioso.
Conjetura s conjetura, hipótese.
Conjeturar v conjeturar.
Conjugación s conjugação.
Conjugar v conjugar.
Conjunción s conjunção.
Conjuntivitis s conjutivite.
Conjuntivo adj conjuntivo.
Conjunto s conjunto, equipe, coleção; adj conjunto, unido, ligado, próximo.
Conjura s conjuração, conspiração.
Conjurar v conjurar, conspirar.
Conllevar v ajudar, tolerar.
Conmemoración s comemoração, recordação.
Conmemorar v comemorar, festejar, lembrar.
Conmigo pron comigo.
Conminar v ameaçar, exigir.
Conmiseración s comiseração, dó, pena, compaixão.
Conmoción s comoção, abalo.
Conmover v comover, perturbar, emocionar-se.
Conmutación s comutação.
Conmutar v comutar, trocar, permutar.

Connivencia s conivência, cumplicidade.
Connivente adj conivente, cúmplice.
Connotación s conotação.
Cono s cone; FIG cone de luz.
Conocedor adj conhecedor.
Conocer v conhecer, saber, perceber, entender.
Conocido adj conhecido.
Conocimiento s conhecimento.
Con que conj com que, de modo que.
Conquista s conquista.
Conquistador adj conquistador.
Conquistar v conquistar, dominar, subjugar.
Consagración s consagração, devoção.
Consagrar v consagrar, sagrar, devotar, dedicar-se.
Consanguíneo adj consaguíneo.
Consciente adj consciente.
Consecución s consecução, obtenção.
Consecuencia s consequência, resultado.
Consecuente adj consequente, coerente.
Consecutivo adj consecutivo, imediato.
Conseguir v conseguir, obter, alcançar, adquirir.
Consejo s conselho, advertência.
Consenso s consenso.
Consentido adj consentido, mimado.
Consentimiento s consentimento, permissão.
Consentir v consentir, permitir, condescender.
Conserje s zelador.
Conserva s conserva.
Conservador adj conservador.
Conservar v conservar, guardar.
Conservatorio s conservatório.
Considerable adj considerável, estimável.
Consideración s consideração, estima.
Considerar v considerar, apreciar, estimar.
Consignación s consignação.
Consignar v consignar, confiar, depositar.
Consigo pron consigo.
Consiguiente adj conseguinte.
Consistencia s consistência.

CONSISTENTE — CONTINGENCIA

Consistente *adj* consistente, estável, duradouro.

Consistir *v* consistir, fundar-se, basear-se.

Consola *s* console, móvel de sala.

Consolación *s* consolação, consolo, alívio, conforto.

Consolar *v* consolar, aliviar, reanimar.

Consolidar *v* consolidar, fortalecer, estabilizar.

Consonancia *s* consonância, concordância.

Consonante *adj* consoante.

Consonar *v* consoar, concordar, rimar.

Consorcio *s* consórcio, associação.

Consorte *s* consorte, cônjuge.

Conspicuo *adj* conspícuo, ilustre, notável.

Conspiración *s* conspiração, conjuração, trama.

Conspirador *adj* conspirador, conjurado.

Conspirar *v* conspirar, tramar, conjurar.

Constancia *s* constância, firmeza, empenho.

Constante *adj* constante, firme, assíduo.

Constar *v* constar, consistir.

Constatación *s* constatação.

Constatar *v* constatar, comprovar.

Constelación *s* constelação.

Consternación *s* consternação, tristeza, desolação.

Consternar *v* consternar, desolar, entristecer.

Constipado *adj* constipado, resfriado.

Constitución *s* constituição, composição.

Constitucional *adj* constitucional.

Constituir *v* constituir, estabelecer, organizar, compor.

Constituyente *adj* constituinte.

Constreñimiento *s* constrangimento.

Constreñir *v* constranger.

Construcción *s* construção, edificação.

Constructor *adj* construtor.

Construir *v* construir, erigir.

Consuelo *s* consolo, alívio.

Cónsul *s* cônsul.

Consulado *s* consulado.

Consulta *s* consulta.

Consultar *v* consultar, deliberar.

Consultor *s* consultor.

Consultorio *s* consultório.

Consumación *s* consumação, conclusão, fim.

Consumar *v* consumar, completar, terminar, acabar.

Consumidor *adj* consumidor.

Consumir *v* consumir, acabar, desgastar.

Consumo *s* consumo, gasto.

Contabilidad *s* contabilidade, cálculos, contas comerciais.

Contable *adj* contável; *s* contador.

Contacto *s* contato.

Contado *adj* contado, escasso, narrado.

Contagiar *v* contagiar, propagar, transmitir doença.

Contaminación *s* contaminação, contágio, infecção.

Contaminar *v* contaminar, contagiar, infeccionar.

Contar *v* contar, calcular, computar, narrar, dizer.

Contemplación *s* contemplação.

Contemplar *v* contemplar, admirar, examinar.

Contemplativo *adj* contemplativo.

Contemporáneo *adj* contemporâneo.

Contemporizar *v* contemporizar, transigir.

Contención *s* contenção, litígio.

Contender *v* contender, disputar.

Contener *v* conter, encerrar, incluir, abranger, coagir.

Contenido *adj* contido, moderado; *s* conteúdo, assunto.

Contentar *v* contentar, satisfazer, agradar.

Contento *adj* contente, satisfeito, alegre; *s* contentamento, alegria.

Contestar *v* contestar, responder, convir.

Contexto *s* contexto.

Contienda *s* debate, luta, disputa.

Contigo *pron* contigo.

Contiguo *adj* contíguo, vizinho, próximo.

Continente *s* continente; *adj* moderado.

Contingencia *s* contingência.

CONTINUAR — CONVIVIR

Continuar *v* continuar, prosseguir, prolongar, durar.
Continuidad *s* continuidade.
Contorcerse *v* contorcer-se, dobrar-se.
Contornar *v* contornar.
Contorno *s* contorno, perímetro, redor, circuito.
Contorsión *s* contorsão.
Contra *prep* contra, diante de, em oposição a.
Contrabajo *s* contrabaixo.
Contrabandista *s* contrabandista.
Contrabando *s* contrabando, fraude.
Contracción *s* contração.
Contráctil *adj* contrátil.
Contradecir *v* contradizer, desmentir, contrariar.
Contradicción *s* contradição, objeção.
Contradictorio *adj* contraditório.
Contraer *v* contrair, apertar, encolher, restringir.
Contraespionaje *s* contraespionagem.
Contrahecho *adj* contrafeito, contrariado, aleijado.
Contraindicar *v* contraindicar.
Contramaestre *s* contramestre.
Contramarcha *s* contramarcha, retrocesso, marcha-à-ré.
Contraofensiva *s* contraofensiva.
Contraorden *s* contraordem.
Contrapartida *s* contrapartida.
Contrapeso *s* contrapeso, compensação.
Contraponer *v* contrapor, confrontar, opor.
Contraposición *s* contraposição, confronto.
Contraproducente *adj* contraproducente.
Contrapunto *s* contraponto.
Contrariar *v* contrariar, contradizer.
Contrariedad *s* contrariedade, desgosto, adversidade.
Contrario *adj* contrário, oposto, adverso.
Contrarrevolución *s* contrarrevolução.
Contrasentido *s* contrassenso, absurdo.
Contraseña *s* contrassenha.
Contrastar *v* contrastar, afrontar, opor.
Contraste *s* contraste, oposição.

Contrata *s* contrato, ajuste.
Contratar *v* contratar, negociar, estipular.
Contratiempo *s* contratempo, acidente, contrariedade.
Contrato *s* contrato, ajuste, convenção.
Contravenir *v* contravir.
Contribución *s* contribuição, tributo, imposto.
Contribuir *v* contribuir, cooperar, ajudar.
Contribuyente *adj* contribuinte.
Contrición *s* contrição, arrependimento.
Control *s* controle.
Controlar *v* controlar, fiscalizar.
Controvertir *v* controverter, rebater, contestar.
Contubernio *s* convivência.
Contumaz *adj* contumaz, rebelde.
Contundente *adj* contundente.
Contundir *v* contundir, bater, moer.
Conturbar *v* conturbar, perturbar.
Contusión *s* contusão.
Convalecer *v* convalescer, restabelecer-se.
Convalidar *v* convalidar, revalidar.
Convencer *v* convencer, persuadir.
Convencimiento *s* convencimento, convicção.
Convención *s* convenção, acordo, ajuste, congresso.
Convencional *adj* convencional.
Conveniente *adj* conveniente.
Convenio *s* convênio, ajuste, arranjo.
Convenir *v* convir, concordar, condizer.
Conventillo *s* cortiço.
Convento *s* convento, mosteiro.
Converger *v* convergir, convir, concordar.
Conversar *v* conversar, falar.
Convertir *v* converter, mudar, transformar.
Convexo *adj* convexo, abaulado.
Convicción *s* convicção, certeza.
Convicto *adj* convicto, convencido.
Convidado *adj* convidado.
Convidar *v* convidar, oferecer.
Convincente *adj* convincente, eloquente.
Convite *s* convite.
Convivencia *s* convivência, convívio.
Convivir *v* conviver.

CONVOCAR — CORTACIRCUITOS

Convocar v convocar, citar.
Convulsión s convulsão.
Conyugal adj conjugal.
Cónyuge s cônjuge.
Coñac s conhaque.
Cooperar v cooperar, colaborar.
Cooperativa s cooperativa.
Coordinación s coordenação.
Coordinar v coordenar, ajustar, classificar.
Copa s copa, taça, cálice, troféu.
Copetín s drinque, aperitivo.
Copia s cópia, reprodução, imitação, plágio, fraude.
Copiar v copiar, reproduzir, imitar, transcrever.
Copioso adj copioso, abundante, farto.
Copla s copla, estrofe, quadra.
Copo s floco de neve, porção de fio (lã, algodão).
Coproducción s coprodução.
Cópula s cópula, coito, união sexual.
Coqueluche s coqueluche.
Coquetería s galanteria.
Coraje s coragem, ânimo.
Coral s coral, cobra coral.
Coraza s couraça.
Corazón s coração; FIG sensibilidade.
Corbata s gravata.
Corbeta s corveta.
Corchete s colchete (gancho de metal), sinal ortográfico.
Corcho s casca, cortiça de árvore, rolha.
Corcova s corcova, corcunda.
Cordel s cordel, barbante.
Cordero s cordeiro; FIG pessoa bondosa.
Cordial adj cordial, afetuoso, sincero.
Cordialidad adj cordialidade.
Cordillera s cordilheira.
Cordón s cordão, cabo.
Cordura s juízo, prudência.
Coreano adj coreano.
Coreografía s coreografia.
Coreógrafo s coreógrafo.
Córnea s córnea.
Corneta s corneta.
Coro s coro, canto de muitas vozes.

Corola s corola.
Corona s coroa, auréola, grinalda.
Coronación s coroação.
Coronar v coroar, premiar.
Coronario adj coronário.
Coronel s coronel.
Corpiño s corpinho, sutiã, espartilho.
Corporación s corporação, comunidade, associação.
Corporal adj corporal, material físico.
Corporativo adj corporativo.
Corpóreo adj corpóreo, material.
Corpulencia s corpulência.
Corpulento adj corpulento, encorpado.
Corpúsculo s corpúsculo.
Corral s curral.
Correa s correia.
Corrección s correção, retificação, emenda, revisão.
Correctivo adj corretivo.
Correcto adj correto, alinhado, fino.
Corredor s corredor, pessoa que corre.
Corregir v corrigir, emendar, melhorar.
Correlación s correlação.
Correo s correio, carteiro.
Correr v correr, passar.
Correspondencia s correspondência.
Corresponder v corresponder, retribuir, equivaler.
Corretear v vadiar.
Corrida s corrida, tourada.
Corriente s corrente, correnteza; adj corrente, habitual, usual.
Corroborar v corroborar, fortalecer, fortificar.
Corroer v corroer, roer, desgastar.
Corromper v corromper, subornar, depravar, apodrecer.
Corrosión s corrosão.
Corrosivo adj corrosivo.
Corrupción s corrupção, putrefação, degeneração.
Corrupto adj corrupto, corrompido.
Corruptor s corruptor.
Corsario s corsário, pirata.
Corsé s espartilho, corpete.
Cortacircuitos s corta-circuitos, fusível.

CON / COR

CORTADERA — CRIADA

Cortadera s talhadeira.
Cortado adj cortado, talhado, interrompido.
Cortadura s corte, incisão, retalhos.
Cortafrío s cinzel.
Cortante adj cortante, afiado.
Cortapapeles s corta-papel.
Cortar v cortar, talhar.
Corte s corte, talho.
Cortejar v cortejar.
Cortejo s cortejo, acompanhamento.
Cortés adj cortês, atencioso, educado.
Cortesano adj cortesão.
Cortesía s cortesia, educação, polidez.
Corteza s cortiça, casca.
Cortijo s granja, construção rústica.
Cortina s cortina.
Corto adj curto, breve, escasso, deficitário.
Cortocircuito s curto-circuito.
Cortometraje s curtametragem.
Corva s curva, a dobra do joelho.
Corvo adj curvo, curvado, arqueado.
Corzo s veado, corça.
Cosa s coisa, objeto, elemento.
Cosecha s colheita, safra.
Cosechadora s colheitadeira.
Cosechar v colher.
Coseno s cosseno, cosseno.
Coser v coser, costurar, juntar, prender.
Cosmético adj cosmético.
Cósmico adj cósmico.
Cosmonauta s cosmonauta.
Cosmonave s cosmonave.
Cosmopolita s cosmopolita.
Cosmos s cosmos, universo.
Cosquillas s cócegas.
Costa s custo, preço, despesa, margem, litoral.
Costado s costado, flanco.
Costanera s ladeira, encosta.
Costar v custar, valer.
Costarriqueño adj costa-riquenho.
Coste s custo, preço.
Costear v custear, costear.
Costilla s costela, costeleta.
Costo s custo.

Costoso adj custoso, caro, trabalhoso.
Costumbre s costume, hábito.
Costura s costura.
Costurero s costureiro.
Cotidiano adj cotidiano.
Cotizar v cotar, taxar, cotizar.
Coto s limite, cerrado.
Cotorra s periquito.
Coxis s cóccix.
Coyote s coiote.
Coyuntura s conjuntura, junta, articulação.
Coz s coice; FIG grosseria.
Cráneo s crânio.
Crápula s crápula.
Cráter s cratera, boca.
Creación s criação, invenção.
Creador s criador, inventor.
Crear v criar, gerar, produzir, compor.
Crecer v crescer, prosperar, subir, aumentar.
Crecida s enchente (de rio).
Crecimiento s crescimento, aumento, desenvolvimento.
Credencial adj credencial, alvará.
Crédito s crédito, consideração.
Credo s credo.
Crédulo adj crédulo, ingênuo.
Creencia s crença, fé.
Creer v crer, acreditar.
Crema s creme, nata.
Cremación s cremação, incineração.
Cremallera s cremalheira, zíper, fecho ecler.
Crematorio s crematório.
Cremoso adj cremoso.
Crepitar v crepitar.
Crepúsculo s crepúsculo, ocaso.
Crespo adj crespo, franzido.
Cresta s crista (de aves), cume (de montanhas), crista (de onda).
Cretino adj cretino, idiota, estúpido.
Cretona s cretone.
Creyente adj crente.
Cría s cria, criação, criança pequena, ninhada.
Criada s criada, empregada doméstica.

CRIADO — CUCHARADA

Criado *adj* educado.
Crianza *s* criação, educação.
Criar *v* criar, produzir, gerar.
Criatura *s* criatura, ser, indivíduo.
Criba *s* crivo, peneira grande.
Crimen *s* crime, delito grave.
Criminoso *adj* criminoso, réu.
Crin *s* crina.
Crío *s* criança pequena.
Criollo *adj* crioulo, mestiço.
Cripta *s* cripta, gruta, caverna.
Crisálida *s* crisálida.
Crisantemo *s* crisântemo.
Crisis *s* crise.
Crisma *s* crisma.
Crispar *v* crispar, enrugar, franzir.
Cristal *s* cristal, vidro.
Cristiandad *s* cristandade.
Cristianizar *v* cristianizar.
Cristiano *adj* cristão.
Criterio *s* critério.
Crítica *s* crítica, apreciação.
Criticar *v* criticar, apreciar, julgar.
Cromar *v* cromear.
Cromosoma *s* cromossoma.
Crónica *s* crônica, narração.
Crónico *adj* crônico, permanente.
Cronista *s* cronista.
Cronología *s* cronologia.
Cronometrar *v* cronometrar.
Cronómetro *s* cronômetro.
Croqueta *s* croquete, almôndega, bolinho de carne.
Croquis *s* esboço, croqui.
Cruce *s* cruzamento, encruzilhada.
Crucial *adj* crucial, decisivo.
Crucificar *v* crucificar, torturar.
Crucifijo *s* crucifixo.
Crudeza *s* crueza, crueldade.
Crujido *s* rangido, estalo.
Crujir *v* ranger.
Crustáceo *s* crustáceo.
Cruz *s* cruz.
Cruzar *v* cruzar, atravessar.
Cuaderno *s* caderno, caderneta.
Cuadra *s* quadra, quarteirão.
Cuadrado *adj* quadrado.

Cuadrante *s* quadrante.
Cuadrar *v* quadrar, quadricular.
Cuadrilátero *adj* quadrilátero.
Cuadrilla *s* quadrilha.
Cuadro *s* quadro, painel.
Cuadrúpedo *adj* quadrúpede.
Cuadruplicar *v* quadruplicar.
Cuajada *s* coalhada.
Cuajado *adj* coalhado.
Cuajar *v* coalhar, coagular.
Cuajo *s* coalho, coágulo.
Cual *pron* qual.
Cualesquier *pron* quaisquer.
Cualidad *s* qualidade, índole, natureza.
Cualquier *pron* qualquer.
Cuán *adv* quão, quanto.
Cuando *adv* quando, no tempo em que, depois que.
Cuantía *s* quantia, quantidade.
Cuantitativo *adj* quantitativo.
Cuanto *adv* quanto.
Cuarentena *s* quarentena.
Cuaresma *s* quaresma.
Cuartear *v* esquartejar, dividir.
Cuartel *s* quartel, quarta parte.
Cuarteto *s* quarteto.
Cuarto *adj* quarto.
Cuarzo *s* quartzo.
Cuaternario *adj* quaternário.
Cuatrimestre *s* quadrimestre.
Cuatro *num* quatro.
Cuba *s* cuba, tina, tonel.
Cubano *adj* cubano.
Cubículo *s* cubículo.
Cubierta *s* coberta, cobertor, colcha, tampa, telhado.
Cubierto *adj* coberto; *s* talheres, serviço de mesa.
Cubil *s* covil, antro.
Cubismo *s* cubismo.
Cúbito *s* cúbito.
Cubo *s* cubo, balde.
Cubrir *v* cobrir, tapar, ocultar, encobrir, abrigar, fecundar.
Cucaracha *s* barata.
Cuchara *s* colher.
Cucharada *s* colherada.

CUCHARILLA — CZAR

Cucharilla s colherzinha, colherinha.
Cuchichear v cochichar.
Cuchilla s cutelo, machadinha.
Cuchillo s faca.
Cuchitril s pocilga.
Cuclillas adv cócoras.
Cuello s pescoço, colo, gargalo.
Cuenca s concha, órbita (dos olhos), vale (entre montanhas), bacia (de rio).
Cuenco s tigela.
Cuenta s conta, cálculo.
Cuentagotas s conta-gotas.
Cuento s conto, narração, fábula.
Cuerda s corda.
Cuerno s corno, chifre.
Cuero s couro.
Cuerpo s corpo, tronco.
Cuervo s corvo.
Cuesta s costa, ladeira, declive.
Cuestión s questão, pergunta.
Cuestionario s questionário.
Cueva s cova, gruta, antro.
Cuidado s cuidado.
Cuidadoso adj cuidadoso, solícito, atencioso.
Cuidar v cuidar, conservar, guardar.
Culata s culatra, anca, traseiro.
Culebra s cobra.
Culinario adj culinário.
Culminante adj culminante.
Culminar v culminar.
Culpa s culpa, falta, delito.
Culpado adj culpado.
Culpar v culpar, recriminar.
Cultivar v cultivar, lavrar (a terra), aperfeiçoar.
Cultivo s cultivo.
Culto adj culto, cultivado; s culto, cerimônia religiosa.
Cultura s cultura, cultivo.

Cultural adj cultural.
Cumbre s cúmulo, auge.
Cumpleaños s aniversário.
Cumplido adj completo, longo, abundante, polido.
Cumplimentar v cumprimentar.
Cumplir v cumprir, observar, completar.
Cúmulo s cúmulo, multidão.
Cuna s berço; FIG Pátria.
Cundir v estender, ocupar, propagar-se.
Cuña s cunha.
Cuñado s cunhado.
Cuño s cunho, marca.
Cuota s quota.
Cupo s quota.
Cupón s cupom.
Cúpula s cúpula, abóbada.
Cura s cura, sacerdote, pároco, padre.
Curandero s curandeiro.
Curar v curar, sanar, sarar.
Curia s cúria.
Curiosear v xeretar, bisbilhotar.
Curiosidad s curiosidade.
Curioso adj curioso, indiscreto.
Cursar v cursar, frequentar, estudar.
Cursi adj ridículo.
Curso s curso, direção, carreira.
Curtir v curtir, preparar as peles, bronzear.
Curva s curva.
Curvar v curvar.
Curvatura s curvatura, arqueamento.
Cúspide s cúspide.
Custodia s custódia, guarda.
Custodiar v custodiar, guardar, vigiar.
Cutáneo adj cutâneo.
Cutis s cútis.
Cuyo pron cujo, do qual.
Czar s czar.

d D

D quinta letra do alfabeto espanhol; D 500 em algarismos romanos.

Dable *adj* possível, praticável.

Dactilografía *s* datilografia.

Dactilógrafo *s* datilógrafo.

Dádiva *s* dádiva, donativo, presente.

Dado *s* dado, cubo.

Daga *s* adaga, punhal.

Dalia *s* dália.

Dálmata *adj* dálmata.

Daltonismo *s* daltonismo.

Dama *s* dama, senhora.

Damasco *s* damasco.

Damnificado *adj* danificado.

Damnificar *v* danificar, avariar.

Danés *adj* dinamarquês.

Dantesco *adj* dantesco.

Danza *s* dança.

Danzar *v* dançar, bailar.

Danzarín *adj* dançarino, bailarino.

Dañar *v* danificar, estragar, avariar.

Dañino *adj* daninho, prejudicial.

Daño *adj* dano, prejuízo.

Dañoso *adj* danoso, pernicioso, nocivo.

Dar *v* dar, confiar, entregar, conferir, outorgar.

Dardo *s* dardo.

Dársena *s* doca, dique.

Data *s* data.

Datar *v* datar, debitar.

Dátil *s* tâmara.

Dato *s* dado, indicação, antecedente, base, documento.

De *s* nome da letra d, *prep* indica procedência.

Deán *s* deão.

Debacle *s* desastre, caos.

Debajo *adv* debaixo, embaixo, sob.

Debate *s* debate, discussão.

Debatir *v* debater, discutir, altercar, contestar.

Debelar *v* debelar, vencer, conter.

Deber *s* dever, obrigação, incumbência.

Debido *adj* devido, merecido.

Débil *adj* débil, fraco.

Debilidad *s* debilidade, fraqueza.

Debilitar *v* debilitar, enfraquecer.

Débito *s* débito, dívida.

Debut *s* estreia.

Debutante *adj* debutante, principiante.

Debutar *v* debutar, estrear.

Década *s* década.

Decadencia *s* decadência, declínio, atraso.

Decadente *adj* decadente.

Decaer *v* decair, diminuir, declinar, abater-se.

Decálogo *s* decálogo.

Decanato *s* decanato.

Decano *s* decano.

Decantación *s* decantação.

Decapitar *v* decapitar.

Decasílabo *s* decassílabo.

Decena *s* dezena.

Decencia *s* decência, honestidade, decoro, modéstia.

Decenio *s* decênio.

Decente *adj* decente, honesto, conveniente.

Decepción *s* decepção, desilusão.

Decepcionar *v* decepcionar, desiludir.

Decibelio *s* decibel.

Decidido *adj* decidido, resoluto.

Decidir *v* decidir, resolver, determinar.

Decimal *adj* decimal.

Décimo *num* décimo.

DECIR — DELATOR

Decir *v* dizer, enunciar, falar, assegurar, narrar.

Decisión *s* decisão, sentença, resolução, coragem.

Declamación *s* declamação, discurso.

Declamar *v* declamar, recitar.

Declaración *s* declaração, manifestação, confissão.

Declarar *v* declarar, manifestar.

Declinación *s* declinação, inclinação, declive.

Declinar *v* declinar, decair, pender.

Declive *s* declive, descida.

Decolorante *adj* descolorante.

Decolorar *v* descorar, desbotar.

Decomisar *v* confiscar.

Decorado *adj* decorado, ornamentado.

Decorador *s* decorador.

Decorar *v* decorar, enfeitar, condecorar.

Decorativo *adj* decorativo.

Decoro *s* decoro, dignidade, decência.

Decrecer *v* decrescer, diminuir, baixar.

Decrépito *adj* decrépito, senil.

Decretar *v* decretar, deliberar, resolver, ordenar.

Decreto *s* decreto, decisão, resolução.

Decurso *s* decurso, duração.

Dedicación *s* dedicação, devoção, consagração.

Dedicar *v* dedicar, consagrar, oferecer, aplicar-se.

Dedicatoria *s* dedicatória.

Dedillo *s* dedinho.

Dedo *s* dedo.

Deducción *s* dedução, conclusão, abatimento, diminuição.

Deducir *v* deduzir, concluir, diminuir, abater.

Defecación *s* defecação, dejeção.

Defecar *v* defecar, evacuar.

Defectivo *adj* defectivo, defeituoso, imperfeito.

Defecto *s* defeito, imperfeição, erro, vício, mancha.

Defectuoso *adj* defeituoso, imperfeito.

Defender *v* defender, proteger, socorrer, amparar.

Defensa *s* defesa, amparo, abrigo, auxílio.

Defensiva *s* defensiva.

Defensor *adj* defensor, protetor.

Deferencia *s* deferência, atenção.

Deferente *adj* deferente, respeitoso.

Deferir *v* deferir, conceder, acatar.

Deficiencia *s* deficiência, falta.

Deficiente *adj* deficiente.

Déficit *s* déficit.

Deficitario *adj* deficitário.

Definición *s* definição, decisão.

Definir *v* definir, determinar, enunciar, decidir.

Definitivo *adj* definitivo.

Deflación *s* deflação.

Deflagrar *v* deflagrar, desencadear.

Deforestación *s* deflorestamento, desmatamento.

Deforestar *v* deflorestar, desmatar.

Deformación *s* deformação.

Deformar *v* deformar, alterar.

Deformidad *s* deformidade.

Defraudar *v* defraudar, furtar, despojar.

Defunción *s* falecimento, morte.

Degeneración *s* degeneração, decadência, aviltamento.

Degenerar *v* degenerar, decair, declinar.

Deglución *s* deglutição, ingestão.

Deglutir *v* deglutir, ingerir, engolir.

Degollación *s* degolação.

Degollar *v* degolar, decapitar.

Degradable *adj* degradável.

Degradante *adj* degradante, humilhante.

Degradar *v* degradar, humilhar, aviltar.

Degustación *s* degustação.

Dehesa *s* devesa, pastagem.

Deidad *s* deidade, divindade.

Dejadez *s* preguiça, negligência, desleixo.

Dejar *v* deixar, abandonar, omitir, tolerar.

Delación *s* delação, denúncia, acusação.

Delantal *s* avental.

Delante *adv* diante, em frente, defronte, frente a.

Delantera *s* dianteira, fachada.

Delantero *adj* dianteiro.

Delatar *v* delatar, enunciar, acusar.

Delator *s* delator, denunciante, acusador.

DELEGACIÓN — DEPLORAR

Delegación s delegação, missão.
Delegado adj delegado, enviado, encarregado.
Delegar v delegar, incumbir.
Deleitar v deleitar, deleitar-se.
Deleite s deleite, encanto, prazer sensual.
Deletrear v soletrar.
Delfín s delfim.
Delgadez s magreza.
Delgado adj delgado, magro, fino, tênuo, delicado.
Deliberación s deliberação, decisão.
Deliberar v deliberar, decidir.
Delicadeza s delicadeza, suavidade, cortesia, fragilidade.
Delicado adj delicado, suave, meigo, amável.
Delicia s delícia, deleite, encanto.
Delicioso adj delicioso, excelente.
Delimitar v delimitar, demarcar.
Delincuencia s delinquência.
Delincuente adj delinquente.
Delineante s delineador, projetista.
Delinear v delinear, delimitar, esboçar.
Delinquir v delinquir.
Delirar v delirar, devanear.
Delirio s delírio, devaneio, desordem.
Delito s delito, crime.
Delta s delta.
Demacrarse v consumir-se, extenuar-se.
Demagogia s demagogia.
Demagógico adj demagógico.
Demagogo adj demagogo.
Demanda s demanda, petição, requerimento.
Demandar v demandar, pedir, rogar, exigir.
Demarcar v demarcar, delimitar, assinalar.
Demás adj demais, outro; adv além disso.
Demasía s demasia, excesso.
Demasiado adj demasiado, excessivo.
Demencia s demência, loucura.
Demente adj demente, louco, imbecil.
Demiurgo s demiurgo.
Democracia s democracia.
Demócrata adj democrata.

Democrático adj democrático.
Democratizar v democratizar.
Demografía s demografia.
Demoler v demolir, derrubar, desmantelar, destruir.
Demoníaco adj demoníaco.
Demonio s demônio, diabo.
Demora s demora, atraso.
Demorar v demorar, retardar.
Demostrar v demonstrar, manifestar.
Denegación s denegação, recusa.
Denegar v denegar, negar, recusar.
Denigrar v denegrir.
Denodado adj impetuoso, ousado.
Denominar v denominar, nomear, chamar, distinguir.
Denotar v denotar, anunciar, indicar.
Densidad s densidade, espessura.
Denso adj denso, espesso, compacto.
Dentado adj dentado.
Dentadura s dentadura, dentadura postiça.
Dentar v dentar, dentear.
Dentición s dentição.
Dentífrico s dentifrício.
Dentista s dentista.
Dentro adv dentro.
Denuesto s afronta, insulto.
Denuncia s denúncia, delação, acusação.
Denunciar v denunciar, acusar, noticiar, declarar.
Deparar v deparar, proporcionar, conceder.
Departamento s departamento, apartamento.
Depauperar v depauperar, debilitar.
Dependencia s dependência, subordinação.
Depender v depender, subordinar-se.
Dependiente adj dependente, empregado, subordinado.
Depilación s depilação.
Depilar v depilar.
Depilatorio adj depilatório.
Deplorable adj deplorável, lamentável.
Deplorar v deplorar, lamentar, lastimar.

DEL / DEP

DEPONER — DESALENTAR

Deponer v depor, destituir, separar, evacuar, defecar.
Deportación s deportação, exílio.
Deportar v deportar, exilar, banir.
Deporte s esporte, recreação.
Deportista adj esportista.
Deportivo adj esportivo.
Deposición s deposição, destituição, exoneração, evacuação.
Depositar v depositar, entregar, confiar, colocar.
Depósito s depósito.
Depravación s depravação, perversão.
Depravado adj depravado, viciado, corrompido.
Depreciar v depreciar, desvalorizar.
Depredación s depredação.
Depredar v depredar, saquear.
Depresión s depressão.
Depresivo adj depressivo, deprimente.
Deprimir v deprimir, humilhar, rebaixar.
Deprisa adv depressa, rapidamente.
Depurar v depurar, limpar, purificar.
Derecha s direita, destra, mão direita.
Derecho adj reto, igual, justo, legítimo.
Deriva s deriva.
Derivar v derivar.
Dermatitis s dermatite.
Dermatología s dermatologia.
Dermatólogo s dermatologista.
Dérmico adj dérmico.
Dermis s derme.
Derogar v derrogar, anular, destruir.
Derramar v derramar, verter, entornar, transbordar.
Derrame s derramamento.
Derredor s derredor, contorno.
Derretir v derreter, descongelar.
Derribar v derrubar, desmantelar.
Derrochar v esbanjar, desperdiçar, dissipar.
Derroche s esbanjamento, desperdício.
Derrotar v derrotar, arruinar, destruir.
Derrotero s roteiro, caminho, via, rumo.
Derrotismo s derrotismo, pessimismo.
Derruir v derruir, destruir, desmoronar, arruinar.

Derrumbar v derrubar, despencar.
Derrumbe s despenhadeiro, precipício, derrubada.
Desabastecer v desabastecer, desprover.
Desabotonar v desabotoar, desabrochar.
Desabrido adj desabrido, tempestuoso, áspero, severo.
Desabrir v desaminar, temperar mal.
Desabrochar v desabrochar, abrir.
Desacatar v desacatar, desobedecer, afrontar.
Desacato s desacato, desobediência, escândalo.
Desacelerar v desacelerar.
Desaconsejar v desaconselhar, dissuadir.
Desacoplar v separar, desajustar.
Desacordar v desacordar, desafinar, destoar.
Desacostumbrar v desacostumar.
Desacreditar v desacostumar.
Desacuerdo s desacordo, discórdia, desarranjo.
Desafiar v desafiar, provocar.
Desafinar v desafinar, destoar.
Desafío s desafio, provocação.
Desafortunado adj desafortunado, desventurado, infeliz.
Desafuero s desaforo, atrevimento.
Desagradar v desagradar, desgostar.
Desagradecer v não agradecer.
Desagradecido adj ingrato, mal-agradecido.
Desagrado s desagrado, desgosto, descontentamento.
Desagraviar v desagravar, vingar.
Desagravio s desagravo, reparação.
Desaguar v desaguar.
Desagüe s desaguamento.
Desahogar v desafogar, aliviar, desabafar.
Desahogo s desafogo, alívio.
Desahuciar v desesperançar.
Desahucio s despejo (de inquilino).
Desairar v desprezar, humilhar.
Desajustar v desajustar, desnivelar, desconcertar.
Desalentar v desalentar, desanimar, desconsolar.

DESALIÑAR — DESCOMPOSICIÓN

Desaliñar *v* desalinhar, desarranjar.
Desalmado *adj* desalmado, malvado, cruel.
Desalojar *v* desalojar, expulsar.
Desamarrar *v* desamarrar, soltar.
Desamparar *v* desamparar, abandonar.
Desangrar *v* tirar o sangue.
Desanimar *v* desanimar, desencorajar.
Desánimo *s* desânimo, desalento, abatimento.
Desapacible *adj* desagradável.
Desaparecer *v* desaparecer, sumir.
Desapegar *v* desapegar.
Desaprobrar *v* desaprovar.
Desaprovechar *v* desperdiçar.
Desarmar *v* desarmar, desmantelar.
Desarraigar *v* desarraigar, desenraizar.
Desarreglar *v* desregrar, desordenar.
Desarrollar *v* desenvolver, estender.
Desarrollo *s* desenvolvimento, progresso.
Desarticular *v* desarticular, deslocar.
Desasear *v* encardir, sujar.
Desasir *v* soltar, largar, desprender.
Desasosegar *v* desassossegar, inquietar.
Desastre *s* desastre, fatalidade.
Desatar *v* desatar, soltar, desamarrar.
Desatascar *v* desentupir, desatolar.
Desatender *v* desatender, desconsiderar.
Desatinar *v* desatinar.
Desatino *s* desatino, loucura.
Desautorizar *v* desautorizar.
Desavenir *v* discordar, indispor.
Desayunar *v* desjejum, tomar o café da manhã.
Desbancar *v* desbancar, despejar.
Desbandar *v* debandar.
Desbarajuste *s* desordem, desarranjo.
Desbaratar *v* desbaratar, arruinar.
Desbarrar *v* esbarrar, descarrilar.
Desbastar *v* desbastar, diminuir.
Desbloquear *v* desbloquear.
Desbordar *v* transbordar.
Desbravar *v* desbravar.
Descabellar *v* descabelar, despentear.
Descabezar *v* decapitar.
Descalabro *s* descalabro, dano.
Descalificar *v* desqualificar, desclassificar.

Descalzar *v* descalçar.
Descaminar *v* desencaminhar, extraviar.
Descampado *adj* descampado, despovoado.
Descansar *v* descansar, tranquilizar, repousar, sossegar.
Descanso *s* descanso, repouso, quietude, sossego, alívio.
Descarado *adj* descarado, atrevido, insolente.
Descargar *v* descarregar, esvaziar.
Descarnar *v* descarnar.
Descaro *s* descaramento, insolência, atrevimento.
Descarriar *v* descarrilar, desencaminhar.
Descarrilar *v* descarrilar, sair do trilho.
Descartar *v* descartar, excluir.
Descasar *v* descasar, separar-se.
Descascarar *v* descascar.
Descendencia *s* descendência, linhagem.
Descender *v* descender, descer.
Descendiente *adj* descendente, sucessor.
Descenso *s* descenso, descensão.
Descentralización *s* descentralização.
Descentralizar *v* descentralizar, descentrar.
Descentrar *v* descentrar, descentralizar.
Descerrar *v* descerrar, abrir.
Descifrar *v* decifrar, interpretar.
Desclavar *v* desencravar, despregar.
Descocado *adj* descarado, atrevido, ousado.
Descoco *s* descaramento, atrevimento, desplante.
Descodificar *v* decodificar.
Descolgar *v* desprender, arriar.
Descollar *v* sobressair.
Descolonizar *v* descolonizar.
Descolorido *adj* descolorido, desbotado.
Descombrar *v* desentulhar, desobstruir.
Descomedido *adj* descomedido, desproporcional.
Descompasado *adj* descompassado.
Descomponer *v* decompor, desordenar, apodrecer.
Descomposición *s* decomposição, putrefação.

DESCOMPOSTURA — DESENLAZAR

Descompostura s descompostura, desalinho.
Descompuesto adj descomposto, desarranjado.
Descomunal adj descomunal, enorme, colossal.
Desconcertar v desconcertar, perturbar, embaraçar.
Desconcierto s desconcerto, desarranjo.
Desconectar v desligar, desvincular.
Desconfiado adj desconfiado, receoso.
Desconfianza s desconfiança, suspeita.
Desconfiar v desconfiar, suspeitar, recear.
Descongelar v descongelar.
Descongestionar v descongestionar.
Desconocer v desconhecer, ignorar.
Desconsideración s desconsideração.
Desconsolar v desconsolar, desolar.
Desconsuelo s desconsolo.
Descontaminar v descontaminar.
Descontar v descontar, abater, deduzir.
Descontento adj descontente, descontentamento.
Descorazonar v desacorçoar, desalentar, desencorajar.
Descorchar v tirar a rolha, abrir (garrafa).
Descorrer v retroceder, retornar.
Descortés adj descortês, grosseiro.
Descortesía s descortesia, grosseria.
Descoser v descosturar.
Descote s decote.
Descoyuntar v desconjuntar.
Descrédito s descrédito, desonra.
Descreído adj descrente, incrédulo.
Describir v descrever, narrar, explicar.
Descuartizar v esquartejar, despedaçar.
Descubierta s descoberta, descobrimento, revelação.
Descubierto adj descoberto, destampado.
Descubrir v descobrir, achar.
Descuento s desconto, abatimento.
Descuidar v descuidar.
Descuido s descuido, negligência.
Desde prep desde, a partir de.
Desdecir v desdizer, negar.
Desdén s desdém, indiferença.

Desdeñar v desdenhar, descuidar, desprezar.
Desdicha s desdita, infortúnio.
Desdichado adj desventurado, infeliz.
Desdoblar v desdobrar.
Deseable adj desejável.
Desear v desejar, querer, aspirar.
Desechar v desprezar, excluir.
Desembarazar v desembaraçar, desocupar, livrar.
Desembarazo s desembaraço, desenvoltura, agilidade.
Desembarcar v desembarcar.
Desembocar v desembocar, entrar, desaguar.
Desembolsar v desembolsar.
Desembrollar v desembrulhar.
Desempacar v desempacotar.
Desempaquetar v desembrulhar.
Desempatar v desempatar.
Desempeñar v desempenhar, executar, exercitar.
Desempeño s desempenho, interpretação.
Desempleado adj desempregado.
Desempleo s desemprego.
Desempolvar s desempoeirar.
Desencadenar v desencadear, desprender.
Desencajar v desencaixar.
Desencajonar v desencaixotar, desembalar.
Desencaminar v desencaminhar.
Desencantar v desencantar, desiludir.
Desencanto s desencanto, desilusão.
Desenchufar v desligar, desconectar.
Desencuadernar v desencadernar.
Desenfadar v desenfadar, distrair, alegrar.
Desenfado s desenfado, distração.
Desenfrenar v desenfrear.
Desenganchar v desenganchar, desprender, soltar.
Desengañar v desenganar, desiludir.
Desengaño s desengano, desilusão.
Desenlace s desenlace.
Desenlazar v desenlaçar.

DESENREDAR — DESINTERESARSE

Desenredar v desenredar, desembaraçar.
Desenrollar v desenrolar.
Desenroscar v desenroscar.
Desentenderse v desentender-se, desinteressar-se.
Desenterrar v desenterrar.
Desentonar v desentoar, desafinar.
Desentrañar v desentranhar.
Desentumecer v desentorpecer.
Desenvoltura s desenvoltura, desembaraço.
Desenvolver v desembrulhar, esclarecer.
Desenvolvimiento s desenvolvimento, desenvolver.
Desenvuelto adj desenvolto, desembaraçado.
Deseo s desejo, vontade, apetite.
Desequilibrar v desequilibrar.
Desequilibrio s desequilíbrio.
Desertar v desertar, abandonar.
Desertor adj desertor.
Desesperar v desesperar.
Desestimar v desprezar, menosprezar, desconsiderar.
Desfachatez s desfaçatez, descaramento.
Desfalcar v desfalcar, reduzir.
Desfallecer v desfalecer, desmaiar.
Desfasar v defasar.
Desfavorable adj desfavorável.
Desfigurar v desfigurar.
Desfiladero s desfiladeiro.
Desfilar v desfilar.
Desfile s desfile.
Desfloración s defloramento.
Desflorar v deflorar; FIG desonrar.
Desgajar v escachar, desgalhar, despedaçar.
Desgana s inapetência; FIG tédio.
Desganar v aborrecer, perder o apetite.
Desgarrar v rasgar, dilacerar, esfarrapar.
Desgarro s rompimento, ruptura, dilaceração.
Desgastar v desgastar.
Desglosar v separar, suprimir folhas de um impresso.
Desgobernar v desgovernar.

Desgracia s desgraça, infelicidade, desventura, azar.
Desgraciado adj desgraçado, infeliz, desventurado.
Desgraciar v desgraçar, desagradar, estragar.
Desgranar v debulhar, descaroçar.
Desgrasar v desengordurar, desensebar, desengraxar.
Desgreñar v desgrenhar, despentear, descabelar-se.
Desguace s desmantelamento.
Desguarnecer v desguarnecer.
Deshabitar v desabitar, despovoar.
Deshacer v desfazer, desmanchar.
Desharrapado adj esfarrapado.
Deshecho adj desfeito.
Deshelar v degelar, descongelar.
Desheredar v deserdar.
Deshidratar v desidratar.
Deshielo s degelo, descongelamento.
Deshilachar v desfiar.
Deshilar v desfiar, desfibrar.
Deshinchar v arrancar.
Deshojar v desfolhar.
Deshonestidad adj desonestidade.
Deshonra s desonra.
Deshuesar v desossar, descaroçar.
Deshumanizar v desumanizar.
Desidia s indolência.
Desierto adj deserto, desabitado, despovoado.
Designar v designar, apontar.
Desigual adj desigual, diferente, variável.
Desigualar v desigualar.
Desigualdad s desigualdade, diferença.
Desilusión s desilusão, desengano, desencanto.
Desilusionar v desiludir, desenganar, desencantar.
Desinencia s desinência.
Desinfectar v desinfetar, sanear.
Desinflar v desinflar.
Desintegrar v desintegrar, decompor.
Desinterés s desinteresse, indiferença.
Desinteresarse v desinteressar-se.

DESISTIR — DESPIADADO 103

Desistir v desistir, ceder, abandonar, deixar.
Desleal adj desleal, infiel, traidor.
Deslenguado adj desbocado.
Desligar v desligar, desamarrar.
Deslindar v deslindar.
Desliz s deslize, escorregão; FIG erro.
Deslizar v deslizar, escorregar.
Deslucido adj opaco, fosco, sem brilho.
Deslumbrar v deslumbrar, ofuscar, estontear.
Desmán s desmando, abuso.
Desmandar v desmandar, debandar.
Desmantelamiento s desmantelamento.
Desmantelar v desmantelar, desbaratar.
Desmayar v desmaiar, desfalecer.
Desmayo s desmaio.
Desmedido adj desmedido, desmesurado.
Desmejorar v piorar.
Desmembrar v desmembrar.
Desmentir v desmentir; FIG dividir.
Desmenuzar v esmiuçar, esmigalhar.
Desmerecer v desmerecer.
Desmesurado adj desmesurado, excessivo.
Desmilitarizar v desmilitarizar.
Desmontar v desmontar, desbravar, apear.
Desmoralizar v desmoralizar.
Desmoronar v desmoronar, derrubar, demolir.
Desnatar v desnatar.
Desnaturalizar v desnaturalizar.
Desnivel s desnível, desigualdade.
Desnuclearizar v desnuclearizar.
Desnudar v desnudar, despir, despojar.
Desnudez s nudez.
Desnudo adj nu, desnudo, despido.
Desnutrición s desnutrição.
Desnutrir v desnutrir.
Desobedecer v desobedecer, desrespeitar.
Desobediencia s desobediência, indisciplina.
Desocupar v desocupar, deixar, abandonar.
Desodorante adj desodorante.
Desoír v não ouvir, não entender.

Desolación s desolação.
Desollar v esfolar.
Desorbitar v exorbitar, exagerar.
Desorden s desordem, confusão.
Desordenar v desordenar, desarranjar, desarrumar.
Desorganizar v desorganizar, perturbar, desordenar.
Desorientar v desorientar, desnortear.
Desovar v desovar.
Despabilar v espevitar, avivar.
Despachar v despachar, expedir.
Despacho s despacho, decisão, escritório.
Despachurrar v esmagar.
Despacio adv devagar, lentamente, silenciosamente.
Despacito adv devagarinho.
Despampanante adj espantoso, deslumbrante.
Desparejo s desigual, díspar.
Desparramar v esparramar, espalhar, desperdiçar.
Despavorido adj apavorado.
Despechado adj despeitado.
Despecho s despeito, irritação.
Despedazar v despedaçar, partir.
Despedida s despedida.
Despedir v despedir, lançar, expulsar.
Despegar v separar, decolar.
Despeinar v despentear.
Despejar v despejar, esvaziar, desocupar; FIG esclarecer.
Despellejar v esfolar, pelar.
Despensa s despensa.
Despeñadero s despenhadeiro, precipício.
Despeñar v despenhar, precipitar, atirar.
Desperdiciar v desperdiçar, esbanjar.
Desperdicio s desperdício, esbanjamento.
Desperdigar v separar, esparramar.
Desperezarse v espreguiçar-se.
Desperfecto s defeito leve, imperfeição.
Despersonalizar v despersonalizar.
Despertador s despertador.
Despertar v despertar, acordar.
Despiadado adj desumano, despiedado, despiedoso.

DES / DES

DESPILFARRAR — DETENIDO

Despilfarrar *v* esbanjar, desperdiçar.
Despilfarro *s* esbanjamento, dissipação, desordem.
Despistar *v* despistar, desorientar, desinformar.
Desplante *s* desplante, descaramento.
Desplazar *v* descolar, mudar.
Desplegar *v* despregar, desenrolar, estender.
Desplomar *v* desaprumar, desabar.
Despoblar *v* despovoar.
Despojar *v* despojar, espoliar, expropriar.
Despojo *s* despojo, espólio.
Desportillar *v* lascar, fender.
Desposar *v* desposar, casar.
Desposeer *v* desempossar, expropriar.
Desposorio *s* esponsais.
Déspota *s* déspota, tirano.
Despotismo *s* despotismo, tirania.
Despreciable *adj* desprezível, vergonhoso.
Despreciar *v* desprezar, menosprezar.
Despreciativo *adj* depreciativo, ofensivo.
Desprecio *s* desprezo, menosprezo, desdém.
Desprender *v* desprender, desengatar.
Despreocuparse *v* despreocupar-se.
Desprestigiar *v* desprestigiar, desacreditar.
Desprevenido *s* desprevenido, descuidado.
Desproporción *s* desproporção.
Despropósito *s* despropósito, disparate.
Desproveer *v* desprover, despojar.
Después *adv* depois, após, atrás.
Despuntar *v* despontar, aparecer, sobressair.
Desquiciar *v* desengonçar, alterar, desordenar.
Desquitar *v* desforrar, vingar-se.
Desquite *s* desforra, vingança.
Destacar *v* destacar, separar.
Destajo *s* empreitada.
Destapar *v* destapar, descobrir.
Destartalado *adj* desarranjado, descomposto, desproporcionado.
Destellar *v* cintilar, faiscar.
Destemplar *v* destemperar, perturbar.

Desteñir *v* desbotar.
Desterrar *v* desterrar, degredar, exilar.
Destetar *v* desmamar.
Destiempo *adv* fora de tempo.
Destierro *s* desterro, exílio.
Destilar *v* destilar, filtrar, gotejar.
Destilería *s* destilaria.
Destinar *v* destinar, designar, dedicar.
Destino *s* destino, fatalidade.
Destituir *v* destituir.
Destornillador *s* chave de fenda.
Destornillar *v* desaparafusar.
Destreza *s* destreza, habilidade, jeito.
Destripar *v* estripar.
Destronar *v* destronar, depor.
Destrozar *v* destroçar, despedaçar, destruir.
Destructor *adj* destruidor.
Destruir *v* destruir, arruinar, desfazer.
Desunión *s* desunião.
Desunir *v* desunir, separar, desatar.
Desuso *adj* desuso.
Desvaído *adj* desbotado.
Desvalido *adj* desvalido, desamparado.
Desvalijar *v* roubar.
Desvalorizar *v* desvalorizar.
Desván *s* desvão.
Desvanecer *v* desvanecer, apagar, desmaiar.
Desvariar *v* desvairar, delirar.
Desvelar *v* desvelar, tirar o sono.
Desvelo *s* desvelo, cuidado, zelo.
Desvencijar *v* desvencilhar, separar.
Desventaja *s* desvantagem.
Desventura *s* desventura, infelicidade.
Desvergüenza *s* sem vergonhice.
Desvestir *v* despir.
Desviar *v* desviar, afastar, apartar.
Desvincular *v* desvincular.
Desvirtuar *v* desvirtuar, deturpar.
Detall *loc adv* a varejo.
Detallar *v* detalhar, esmiuçar.
Detalle *s* detalhe, minúcia, pormenor.
Detectar *v* detectar, descobrir.
Detective *s* detetive.
Detener *v* deter, prender, impedir, reter.
Detenido *adj* detido, preso.

DETERGENTE — DIGNARSE

Detergente s detergente.
Deteriorar v deteriorar, apodrecer, estragar.
Deterioro s deterioração, estrago.
Determinación s determinação.
Determinar v determinar, estabelecer, assentar, decidir.
Detestable adj detestável, abominável.
Detestar v detestar, condenar, repelir.
Detonar v detonar, estourar, explodir.
Detractor v detrator.
Detrás adv detrás, atrás.
Detrimento s detrimento, prejuízo, dano.
Detrito s detrito, resíduo.
Deuda s dívida, débito.
Deudo s parente, parentesco.
Deudor s devedor.
Devaluar v desvalorizar, depreciar.
Devaneo s devaneio, sonho.
Devastar v devastar, arruinar, assolar, destruir.
Devenir v suceder, acontecer.
Devoción s devoção, dedicação, zelo.
Devolver v devolver, restituir.
Devorar v devorar, consumir, comer.
Devoto adj devoto, afeiçoado.
Deyección s dejeção, defecação.
Día s dia.
Diabetes s diabete.
Diablo s diabo, demônio.
Diabólico adj diabólico.
Diácono s diácono.
Diadema s diadema, tiara.
Diáfano adj diáfano, transparente.
Diafragma s diafragma.
Diagnosticar v diagnosticar.
Diagrama s diagrama, esquema.
Dialecto s dialeto.
Dialético adj dialético.
Dialogar v dialogar, conversar.
Diálogo s diálogo, conversa, colóquio.
Diamante s diamante.
Diámetro s diâmetro.
Diapositiva s diapositivo, *slide*.
Diario adj diário; s jornal, periódico.
Diarrea s diarreia.
Diáspora s diáspora, dispersão.

Diástole s diástole.
Dibujante adj desenhista.
Dibujar v desenhar.
Dibujo s desenho.
Dicción s dicção.
Diccionario s dicionário.
Dicha s fortuna, felicidade, sorte.
Dicho s dito, sentença.
Dichoso adj ditoso, feliz, bem-aventurado.
Diciembre s dezembro.
Dictado s ditado.
Dictador s ditador, déspota.
Dictadura s ditadura.
Dictamen s ditame.
Dictar v ditar, ordenar, mandar.
Didáctica s didática.
Diente s dente.
Diéresis s diérese.
Diésel s diesel.
Diestro adj destro, direito, hábil.
Dieta s dieta, regime alimentar.
Dietario s agenda.
Dietético adj dietético.
Diez num dez.
Diezmar v pagar dízimo.
Difamar v difamar, caluniar.
Diferencia s diferença, diversidade.
Diferencial adj diferencial.
Diferenciar v diferenciar, distinguir, discordar.
Diferente adj diferente, desigual, diverso.
Diferir v diferir, demorar, adiar.
Difícil adj difícil, custoso, trabalhoso, arriscado.
Dificultad s dificuldade, embaraço, transtorno.
Dificultar v dificultar.
Difteria s difteria.
Difundir v difundir, espalhar, propagar.
Difunto s defunto, falecido, morto.
Difusión s difusão, divulgação.
Digerir v digerir, engolir.
Digestión s digestão.
Digital adj digital.
Dígito s dígito.
Dignarse v dignar-se, condescender.

DIGNIDAD — DISLOCAR

Dignidad s dignidade.
Dignificar v dignificar, honrar, enobrecer.
Digno adj digno, merecedor, honesto.
Digresión s digressão.
Dilación s demora, atraso.
Dilapidar v dilapidar, esbanjar, desperdiçar.
Dilatación s dilatação, ampliação.
Dilatar v dilatar, estender, alongar, demorar, retardar.
Dilema s dilema.
Diletante s diletante.
Diligencia s diligência, prontidão, agilidade, pressa, carruagem.
Dilucidar v elucidar, esclarecer.
Diluir v diluir, dissolver.
Diluvio s dilúvio.
Dimensión s dimensão, medida, tamanho.
Diminutivo adj diminutivo.
Diminuto adj diminuto, pequeno, minúsculo.
Dimisión s demissão, renúncia, exoneração.
Dimitir v demitir, exonerar.
Dinamarqués adj dinamarquês.
Dinámica s dinâmica.
Dinamita s dinamite.
Dínamo s dínamo.
Dinastía s dinastia.
Dinero s dinheiro.
Dinosaurio s dinossauro.
Dios s Deus.
Diosa s deusa.
Diploma s diploma.
Diplomacia s diplomacia.
Diptongo s ditongo.
Diputado s deputado.
Dique s dique, açude, doca.
Dirección s direção, rumo.
Directo adj direto, reto.
Director s diretor.
Directriz s diretriz.
Dirigir v dirigir, guiar, conduzir, governar.
Discente adj discente.
Discernimiento s discernimento.
Disciplina s disciplina, obediência.

Discípulo s discípulo, aluno.
Disco s disco.
Díscolo adj rebelde, indócil.
Disconforme adj desconforme, inconformado.
Discontinuo adj descontínuo, interrompido.
Discordancia s discordância, divergência.
Discoteca s discoteca.
Discreción s discrição, reserva.
Discrepar v discrepar, divergir.
Discreto adj discreto, reservado.
Discriminar v discriminar, distinguir, separar.
Disculpa s desculpa.
Disculpar v desculpar, perdoar.
Discurrir v discorrer.
Discurso s discurso.
Discusión s discussão, debate, polêmica.
Discutir v discutir, debater.
Disecar v dissecar.
Diseminar v disseminar, semear, espalhar.
Disensión s dissensão, oposição, contradição.
Disentería s disenteria, diarreia.
Disentir v dissentir, discrepar, discordar.
Diseñar v desenhar.
Diseño s desenho.
Disertar v dissertar, discorrer.
Disfraz s disfarce, fantasia.
Disfrazar v disfarçar, encobrir, mentir, fantasiar.
Disfrutar v desfrutar, aproveitar.
Disgregar v desagregar, dispersar.
Disgustar v desgostar, aborrecer, magoar.
Disgusto s desgosto, aborrecimento.
Disidencia s dissidência.
Disimular v dissimular, esconder, encobrir, ocultar.
Disimulo s dissimulação, encobrimento.
Disipar v dissipar, consumir, devorar, esbanjar.
Dislate s dislate, disparate.
Dislexia s dislexia.
Dislocar v deslocar, mexer.

DISMINUIR — DOGMA

Disminuir *v* diminuir, reduzir, abater, minguar.

Disociar *v* dissociar, separar, desagregar.

Disolución *s* dissolução, desagregação.

Disolvente *adj* solvente.

Disolver *v* dissolver, diluir.

Disonancia *s* dissonância, desarmonia.

Disonar *v* destoar, discrepar.

Dispar *adj* díspar, desigual.

Disparada *s* disparada, correria, fuga precipitada.

Disparar *v* disparar, atirar (com arma de fogo).

Disparatar *v* desatinar, desvairar.

Disparate *s* disparate, despropósito, desatino, absurdo.

Disparidad *s* disparidade, desigualdade.

Disparo *s* disparo, tiro.

Dispendio *s* dispêndio, consumo, despesa.

Dispensar *v* dispensar, dar, desculpar.

Dispensario *s* dispensário.

Dispepsia *s* dispepsia.

Dispersar *v* dispersar, separar, espalhar.

Displicencia *s* displicência.

Disponer *v* dispor, arrumar, coordenar, preparar.

Dispuesto *adj* disposto, hábil, apto, animado.

Disputa *s* disputa, luta, debate, controvérsia.

Disputar *v* disputar, lutar, debater.

Distancia *s* distância.

Distanciar *v* distanciar, afastar.

Distender *v* distender, afastar.

Distinguir *v* distinguir, honrar, avistar.

Distinto *adj* distinto, diferente.

Distorsión *s* distorsão.

Distorsionar *v* distorcer.

Distracción *s* distração, recreação.

Distraer *v* distrair, divertir.

Distribuir *v* distribuir, dividir.

Distrito *s* distrito, circunscrição.

Disturbio *s* distúrbio, desordem, tumulto.

Disuadir *v* dissuadir, desviar.

Disyuntor *s* disjuntor, interruptor.

Diurético *adj* diurético.

Diurno *adj* diurno.

Divagar *v* divagar.

Diván *s* divã, sofá.

Divergencia *s* divergência, discórdia.

Divergir *v* divergir, discordar.

Diversidad *s* diversidade, diferença, variedade.

Diversificar *v* diversificar, variar.

Diversión *s* diversão, distração, passatempo.

Diverso *adj* diverso, diferente.

Divertir *v* divertir, recrear, alegrar, entreter.

Dividir *v* dividir, partir, cortar.

Divindad *s* divindade.

Divino *adj* divino, maravilhoso.

Divisa *s* divisa, lema.

Divisar *v* divisar, perceber, entrever.

División *s* divisão.

Divisor *s* divisor.

Divorciar *v* divorciar.

Divulgar *v* divulgar, expandir.

Do *s* dó, primeira nota da escala.

Dobladillo *s* prega, bainha, franzido (em roupa).

Doblado *adj* dobrado, duplicado, amarrotado.

Doblaje *s* dublagem.

Doblar *v* dobrar, duplicar, dublar, mudar de direção, inclinar.

Doble *adj* dobro, duplo, falso, fingido.

Doblegar *v* dobrar, torcer, amolecer.

Doblez *s* dobra, vinco; FIG falsidade.

Docena *s* dúzia.

Docente *s* docente.

Dócil *adj* dócil, suave, submisso.

Docto *s* douto, sábio, ilustrado.

Doctor *s* doutor, médico.

Doctrina *s* doutrina, norma, disciplina.

Documentación *s* documentação.

Documental *adj* documental; *s* documentário.

Documentar *v* documentar, fundamentar, comprovar.

Documento *s* documento, prova, confirmação.

Dogma *s* dogma.

DÓLAR — DURO

Dólar s dólar.
Dolencia s doença, indisposição, mal, achaque.
Doler v doer, padecer.
Dolo s dolo, fraude, engano.
Dolor s dor, mágoa, pesar.
Doloroso adj doloroso, lamentável.
Doloso adj doloso, fraudulento.
Domador s domador.
Domar v domar, domesticar.
Domeñar v dominar, submeter, reprimir.
Domesticar v domesticar, amansar.
Doméstico adj doméstico.
Domiciliar v domiciliar.
Domicilio s domicílio, residência.
Dominar v dominar, sujeitar, subjugar, conquistar.
Domingo s domingo.
Dominguero adj domingueiro.
Dominicano adj dominicano.
Dominio s domínio, posse, propriedade.
Dominó s dominó.
Don s dom, dádiva, qualidade.
Donación s doação.
Donaire s elegância, graça, gentileza.
Donar v doar, presentear.
Donativo s donativo, doação, oferta, esmola.
Doncella s donzela.
Donde adv onde.
Dondequiera adv onde quer que seja.
Doña s dona, senhora, proprietária.
Dorado adj dourado.
Dorar v dourar.
Dormilón adj dorminhoco, preguiçoso.
Dormir v dormir, repousar, pernoitar.
Dormitar v cochilar.
Dorso s dorso, costas.
Dos num dois.
Dosificar v dosar.
Dosis s dose, dosagem.

Dotación s dotação.
Dotar v dotar, prover.
Dote s dote.
Draga s draga.
Dragar v dragar.
Dragón s dragão.
Drama s drama.
Dramático adj dramático.
Dramaturgia s dramaturgia.
Drástico adj drástico, violento.
Drenaje s drenagem.
Droga s droga.
Drogadicto adj drogado, viciado.
Droguería s drogaria.
Dromedario s dromedário.
Dualidad s dualidade.
Ducha s ducha, chuveiro.
Dúctil adj dúctil, flexível.
Duda s dúvida, incerteza, suspeita.
Dudar v duvidar, desconfiar, suspeitar.
Dudoso adj duvidoso, incerto.
Duelo s duelo, dó, lastima, pena.
Duende s duende.
Dueño s dono, proprietário.
Dulce adj doce, brando, grato; s doce.
Dulcificar v adoçar.
Dulzón adj adocicado, enjoativo.
Dulzura s doçura.
Duna s duna.
Dúo s duo.
Duodeno s duodeno.
Duplicar v duplicar, copiar, dobrar.
Duplo adj duplo, dobro.
Duque s duque.
Durabilidad s durabilidade.
Duradero adj duradouro, resistente.
Durante adv durante; conj enquanto.
Durar v durar, persistir, viver.
Durazno s pêssego.
Dureza s dureza, solidez.
Duro adj duro, sólido, consistente, forte.

e E

E sexta letra do alfabeto espanhol; *conj* e (usada diante de palavras iniciadas com i ou hi).

Ebanista *s* ebanista, marceneiro, entalhador.

Ébano *s* ébano.

Ebrio *adj* ébrio, embriagado, bêbado.

Ebullición *s* ebulição, efervescência.

Eccema *s* eczema.

Echar *v* jogar, lançar, atirar, arremessar, jogar fora, exalar, expulsar, projetar (filme), seguir (carreira), calcular, entregar, repartir.

Ecléctico *adj* eclético, versátil.

Eclesiástico *adj* eclesiástico.

Eclipsar *v* eclipsar.

Eclipse *s* eclipse.

Eclosión *s* eclosão, explosão.

Eco *s* eco.

Ecografía *s* ecografia.

Ecología *s* ecologia.

Ecológico *adj* ecológico.

Economato *s* cooperativa de consumo, varejão.

Economía *s* economia, moderação, conjunto de bens.

Economizar *v* economizar, poupar, acumular, juntar, guardar.

Ecosistema *s* ecossistema.

Ecuación *s* equação.

Ecuador *s* equador.

Ecuánime *adj* equânime, imparcial.

Ecuatorial *adj* equatorial.

Ecuatoriano *adj* equatoriano.

Ecuestre *adj* equestre.

Ecuménico *adj* ecumênico.

Edad *s* idade, período, era.

Edema *s* edema, inchaço.

Edén *s* éden, paraíso.

Edición *s* edição, impressão, publicação.

Edicto *s* édito, edital, ordem, decreto.

Edificación *s* edificação, construção.

Edificante *adj* edificante, instrutivo.

Edificar *v* edificar, construir.

Edificio *s* edifício, prédio, construção.

Editar *v* editar, publicar, divulgar.

Editor *s* editor.

Editorial *adj* editorial, artigo em jornal; *s* editora.

Edredón *s* edredom, acolchoado.

Educación *s* educação, instrução, ensino, delicadeza, polidez.

Educar *v* educar, instruir, dirigir, ensinar.

Edulcorante *adj* adoçante.

Efectivamente *adv* efetivamente.

Efectivo *adj* efetivo, real, verdadeiro; *s* dinheiro.

Efecto *s* efeito, resultado.

Efectuar *v* efetuar, realizar, concretizar.

Efemérides *s* efeméride, almanaque.

Efervescencia *s* efervescência, ebulição.

Eficacia *s* eficácia, energia, eficiência.

Efigie *s* efígie, imagem, figura.

Efímero *adj* efêmero, passageiro.

Efluvio *s* eflúvio, emanação, fragrância.

Efusión *s* efusão, desafogo.

Egipcio *adj* egípcio.

Egocéntrico *adj* egocêntrico.

Egoísta *s* egoísta, individualista.

Eje *s* eixo.

Ejecución *s* execução, realização, aplicação.

Ejecutar *v* executar, empreender, realizar, cumprir pena de morte.

Ejemplar *adj* exemplar.

Ejemplo s exemplo, modelo, demonstração.

Ejercer v exercer, praticar, exercitar.

Ejercitar v exercitar, treinar, exercer.

Ejército s exército.

Ejido s exido, baldio.

El art o, artigo definido do gênero masculino e singular.

Él pron ele, pronome pessoal da terceira pessoa, masculino singular.

Elaborar v elaborar, preparar, criar.

Elasticidad s elasticidade, maleabilidade, flexibilidade.

Elección s eleição, votação, escolha.

Elector adj eleitor.

Electoral adj eleitoral.

Electricidad s eletricidade.

Electrificar v eletrificar.

Electrizante adj eletrizante.

Electrocardiograma s eletrocardiograma.

Electrochoque s eletrochoque.

Electrocutar v eletrocutar.

Electrodo s eletrodo.

Electrodoméstico adj eletrodoméstico.

Electrógeno adj eletrógeno.

Electrólisis s eletrólise.

Electrón s elétron.

Electrostática s eletrostática.

Elefante s elefante.

Elefantíasis s elefantíase.

Elegancia s elegância, distinção, nobreza.

Elegante adj elegante, distinto, nobre.

Elegía s elegia.

Elegido adj eleito, escolhido.

Elegir v eleger, escolher, nomear.

Elemental adj elementar, necessário, principal, óbvio.

Elemento s elemento, essência, fundamento, matéria.

Elenco s elenco.

Elevador adj elevador.

Elevar v elevar, exaltar, aumentar, erguer.

Eliminar v eliminar, suprimir, tirar, separar, excluir.

Elipse s elipse, curva.

Elite s elite.

Elixir s elixir.

Ella pron ela, feminino de ele.

Ello pron neutro isso, isto.

Ellos, ellas pron eles, elas.

Elocución s elocução.

Elocuencia s eloquência.

Elocuente adj eloquente, expressivo.

Elogiar v elogiar, louvar, aclamar.

Elogio s elogio, louvor, aplauso.

Eludir v iludir, enganar.

Emanar v emanar, gerar, proceder.

Emancipar v emancipar, libertar, livrar.

Embadurnar v lambuzar, besuntar, untar, sujar.

Embajada s embaixada.

Embajador s embaixador.

Embalaje s embalagem, empacotamento, encaixotamento.

Embalar v embalar, empacotar, embrulhar.

Embaldosar v ladrilhar, pavimentar.

Embalsamar v embalsamar, mumificar.

Embalse s estagnação, represa, açude.

Embarazar v embaraçar, impedir, atrapalhar, entravar, engravidar.

Embarcación s embarcação, embarque.

Embarcar v embarcar.

Embargar v embargar, impedir, reter.

Embarque s embarque.

Embarrancar v atolar, encalhar.

Embarrar v embarreirar, barrar.

Embarullar v embaralhar, atrapalhar, confundir, desordenar.

Embate s embate, choque, golpe.

Embaucar v embromar, enganar, iludir.

Embeber v embeber, empapar, encharcar.

Embelesar v embelezar, encantar.

Embellecer v embelezar, ornamentar, enfeitar.

Embestir v investir, avançar.

Embetunar v betumar.

Emblema s emblema, símbolo, insígnia.

Embobar v embevecer, distrair, enlevar.

Embocadura s embocadura, foz (de rio), bocal (de instrumento).

Embocar v embocar.

Embolia s embolia, coagulação (do sangue).

ÉMBOLO — EMPEINE

Émbolo s êmbolo.
Embolsar v embolsar, guardar.
Emborrachar v embriagar, embebedar.
Emborronar v borrar, rabiscar.
Emboscada s emboscada, cilada, armadilha.
Emboscar v emboscar, esconder.
Embotamiento s embotamento, entorpecimento.
Embotar v embotar, entorpecer.
Embotellado adj engarrafado.
Embotellar v engarrafar, encurralar, congestionar o trânsito.
Embozar v embuçar.
Embozo s embuço.
Embragar v engrenar, embrear, atar.
Embrague s embreagem.
Embravecer v enfurecer, irritar.
Embriagador adj embriagador, inebriante.
Embriagar v embriagar, embebedar.
Embriaguez s embriaguez, bebedeira.
Embrión s embrião.
Embrionario adj embrionário.
Embrollar v embrulhar, confudir, emaranhar, desnortear.
Embrollo s embrulho, confusão, rolo.
Embromar v embromar, enganar, gracejar, zombar, caçoar, troçar.
Embrujar v encantar, enfeitiçar.
Embrutecer v embrutecer, entorpecer.
Embuchado s embutido, chouriço.
Embudo s funil.
Embuste s embuste, engano, mentira.
Embutido s embutido, chouriço; adj encaixado, incrustado.
Emerger v emergir, subir.
Emigrar v emigrar.
Eminencia s eminência, superioridade, excelência.
Eminente adj eminente, elevado, excelente.
Emisario s emissário, mensageiro.
Emisión s emissão, emanação, ejaculação.
Emisor adj emissor.
Emisora s emissora, estação de rádio.

Emitir v emitir, lançar.
Emocional adj emocional.
Emocionante adj emocionante, impressionante, comovente.
Emocionar v emocionar, comover, abalar, impressionar.
Emotividad s emotividade, emoção.
Emotivo adj emotivo, comovente, emocionante.
Empachar v fartar.
Empacho s embaraço, vergonha.
Empadronamiento s recenseamento, alistamento.
Empajar v empalhar.
Empalagar v enjoar, cansar.
Empalagoso adj enjoativo, fastidioso.
Empalizar v estacar.
Empanada s empanada, empada, pastel.
Empanar v empanar.
Empantanar v alagar.
Empañar v enfaixar (criança), trocar fraldas, empanar.
Empapar v empapar, embeber, encharcar.
Empapelar v empapelar, embrulhar, forrar, revestir (com papel).
Empaque s empacotamento.
Empaquetador s empacotador.
Empaquetar v empacotar.
Emparedado adj preso; s sanduíche de presunto.
Emparedar v emparedar, enclausurar, prender, isolar.
Emparejar v emparelhar, nivelar, igualar.
Emparentar v aparentar, contrair parentesco.
Empastar v empastar, encadernar, obturar (dentes).
Empatar v empatar, igualar.
Empate s empate, igualdade, equilíbrio.
Empecinarse v obstinar-se, teimar.
Empedernido adj empedernido, insensível.
Empedrado s pavimento de pedras, piso; adj empedrado, empelotado.
Empedrar v calçar, pavimentar.
Empeine s baixo-ventre, púbis, peito do pé.

EMPELLÓN — ENCASILLAR

Empellón s empurrão.
Empeñar v empenhar, endividar.
Empeño s empenho, constância, tenacidade.
Empeorar v piorar, agravar.
Empequeñecer v diminuir, reduzir, minguar, encolher.
Emperador s imperador, monarca.
Empero conj mas, porém, todavia.
Emperrarse v obstinar-se, teimar.
Empezar v começar, principiar, iniciar.
Empinar v empinar, empertigar.
Empírico adj empírico, prático.
Empirismo s empirismo.
Emplastar v emplastar, lambuzar.
Emplasto s emplastro, unguento.
Emplazar v marcar prazo, marcar um lugar.
Empleado s empregado, funcionário.
Emplear v empregar, ocupar, destinar.
Empleo s emprego, cargo, colocação.
Emplomar v chumbar, soldar.
Emplumar v emplumar.
Empobrecer v empobrecer.
Empollar v empolhar, chocar (ovos), incubar.
Emponzañador adj envenenador, daninho.
Emponzoñar v envenenar.
Emporio s empório, entreposto, centro comercial.
Empotrar v embutir, encravar.
Emprendedor adj empreendedor.
Emprender v empreender.
Empresa s empresa, empreendimento.
Empresarial adj empresarial.
Empréstito s empréstimo.
Empujar v empurrar, impelir, pressionar.
Empujón v empurrão, embate.
Empuñar v empunhar, obter, conseguir.
Emular v emular, rivalizar, competir.
Émulo s êmulo, rival, competidor.
Emulsión s emulsão.
En prep em, indica lugar, tempo, modo.
Enagua s anágua, combinação.
Enajenar v alienar, alhear, enlouquecer, transferir.

Enaltecer v enaltecer, exaltar.
Enamorado adj enamorado, apaixonado.
Enamorar v enamorar, apaixonar, encantar, cortejar.
Enanismo s nanismo.
Enano s anão.
Enarbolar v arvorar, içar, hastear.
Enardecer v avivar, excitar, inflamar.
Encabezar v encabeçar, liderar.
Encadenar v encadear, acorrentar, prender.
Encajar v encaixar, ajustar.
Encaje s encaixe, junta.
Encajonar v encaixotar.
Encalar v caiar, branquear.
Encallar v encalhar, encruar.
Encalmarse v acalmar-se, amainar.
Encamar v acamar, deitar, estender.
Encaminar v encaminhar, dirigir, endereçar, enveredar.
Encandilar v deslumbrar, ofuscar, alucinar.
Encanecer v encanecer.
Encanijar v definhar, enfraquecer.
Encantador adj encantador, amável, aprazível.
Encantar v encantar, seduzir, cativar.
Encanto s encanto, atrativo, agrado, encantamento.
Encapotarse v encapotar-se, ocultar.
Encapricharse v obstinar-se, teimar.
Encaramar v encarapitar.
Encarar v encarar, enfrentar.
Encarcelar v encarcerar, prender, aprisionar.
Encarecer v encarecer, exagerar.
Encargado adj encarregado, gerente.
Encargar v encarregar, pedir, recomendar.
Encargo s encargo, obrigação.
Encariñarse v afeiçoar-se.
Encarnado adj encarnado, vermelho.
Encarnar v encarnar.
Encarnizar v encarniçar, enfurecer.
Encarrilar v encarrilhar, pôr nos trilhos.
Encartar v proscrever, banir.
Encasillar v enquadrar, classificar.

EMP / ENC

ENCASQUETAR — ENERGÍA

Encasquetar v encasquetar, obstinar, teimar.

Encastillar v encastelar, fortificar com castelos.

Encausar v processar.

Encefálico adj encefálico.

Encefalitis s encefalite.

Encéfalo s encéfalo.

Encelar v enciumar.

Encendedor s acendedor.

Encender v acender, incendiar.

Encendido adj aceso, inflamado, afogueado, ruborizado.

Encerado s encerado, oleado, quadro-negro.

Enceradora s enceradeira.

Encerar v encerar.

Encerrar v encerrar, fechar, prender, incluir.

Encerrona s retiro, armadilha.

Enchapado adj chapeado, revestido com chapas.

Encharcar v encharcar, empapar.

Enchufado adj ligado, conectado.

Enchufar v conectar, ligar na eletricidade.

Enchufe s tomada elétrica, ligação, conexão.

Encía s gengiva.

Encíclica s encíclica, carta papal.

Enciclopedia s enciclopédia.

Encierro s clausura, prisão.

Encima adv em cima, demais, além disso.

Encina s azinheiro.

Encinta adj grávida.

Enclaustrar v enclausurar, prender.

Enclavar v cravar, pregar, encravar.

Enclenque adj adoentado, doentio.

Encoger v encolher, contrair, diminuir, reduzir.

Encolar v colar, grudar.

Encolerizar v encolerizar, irritar, enfurecer, indignar.

Encomendar v encomendar, incumbir, confiar.

Encomiar v louvar, elogiar, gabar.

Encomienda s encomenda, encargo.

Encomio s encômio, louvor, grande elogio.

Enconar v inflamar, irritar, exasperar.

Encono s aversão, ódio, rancor.

Encontrar v encontrar, achar.

Encontronazo s encontrão, choque, empurrão.

Encopetado adj presunçoso, esnobe.

Encorchar v arrolhar, tapar com rolha.

Encorvar v encurvar, curvar.

Encrespar v encrespar, arrepiar (cabelos e penas).

Encrucijada s encruzilhada.

Encrudecer v encruar, encruecer.

Encuadernación s encadernação.

Encuadernar v encadenar.

Encuadrar v enquadrar, limitar, emoldurar.

Encuartelar v aquartelar.

Encubrir v encobrir, ocultar, dissimular.

Encuentro s encontro, choque, embate, rixa, oposição.

Encuesta s enquete, pesquisa, averiguação.

Encuestador s pesquisador.

Encumbrar v elevar, louvar, enaltecer.

Endeble adj débil, fraco, frágil.

Endemia s endemia.

Endémico adj endêmico, frequente.

Endemoniado adj endiabrado, infernal.

Enderezar v endereçar, dirigir, endireitar.

Endeudarse v endividar-se.

Endibia s escarola.

Endiosar v endeusar, divinizar.

Endocardio s endocárdio.

Endocrino adj endócrino.

Endocrinólogo s endocrinologista.

Endosar v endossar.

Endulzar v adoçar, suavizar.

Endurecer v endurecer.

Enebro s zimbro.

Enemigo adj inimigo, contrário, adversário.

Enemistad s inimizade.

Enemistar v indispor, brigar.

Energético adj energético, revigorante.

Energía s energia, vigor.

ENÉRGICO — ENRAIZAR

Enérgico *adj* enérgico, forte.
Energúmeno *s* energúmeno, imbecil.
Enero *s* janeiro.
Enervar *v* enervar, debilitar, enfraquecer.
Enfadar *v* enfadar, incomodar, aborrecer, irritar.
Enfado *s* enfado, aborrecimento.
Enfangar *v* enlamear, sujar de lama.
Énfasis *s* ênfase.
Enfático *adj* enfático.
Enfermar *v* adoecer.
Enfermedad *s* enfermidade, doença.
Enfermería *s* enfermaria.
Enfermero *s* enfermeiro.
Enfermo *adj* enfermo, doente.
Enfilar *v* enfiar, enfileirar.
Enflaquecer *v* enfraquecer, debilitar, minguar.
Enfocar *v* enfocar, focalizar.
Enfrascar *v* enfrascar, engarrafar.
Enfrentar *v* enfrentar, defrontar.
Enfrente *adv* em frente, diante, defronte.
Enfriar *v* esfriar, arrefecer.
Enfurecer *v* enfurecer, irritar.
Engalanar *v* ornamentar, enfeitar.
Enganchar *v* enganchar, engatar.
Enganche *s* engate.
Engañar *v* enganar, iludir, distrair, ludibriar, mentir.
Engaño *s* engano, fraude, farsa, mentira.
Engarce *s* engrenagem.
Engarzar *v* engastar, encadear, eriçar.
Engastar *v* engastar, encravar.
Engatusar *v* bajular, adular, seduzir.
Engendrar *v* engendrar, gerar, produzir.
Engendro *s* feto, aborto, embrião.
Englobar *v* englobar.
Engomar *v* engomar.
Engordar *v* engordar, encorpar, cevar.
Engorde *s* engorda.
Engorro *s* embaraço, impedimento.
Engranaje *s* engrenagem.
Engranar *v* engrenar, entrosar, encadear.
Engrandecer *v* engrandecer, elevar, exagerar.
Engrasar *v* engordurar, engraxar, lubrificar.

Engreír *v* envaidecer, elevar-se, afeiçoar, inflar-se.
Engrescar *v* incitar, atiçar.
Engrillar *v* algemar, agrilhoar.
Engrosar *v* engrossar, engordar.
Engrudo *s* grude, cola.
Engullir *v* engolir, deglutir, devorar.
Enhebrar *v* enfiar a linha na agulha.
Enhorabuena *s* felicitação, parabéns.
Enigma *s* enigma, charada.
Enjabonar *v* ensaboar.
Enjalbegar *v* caiar, branquear.
Enjambre *s* enxame.
Enjaular *v* enjaular, engaiolar.
Enjuagar *v* enxaguar, bochechar.
Enjugar *v* enxugar, secar.
Enjuiciar *v* julgar, ajuizar.
Enjuto *adj* enxuto, seco, magro, delgado.
Enlace *s* enlace, união, ligação, conexão.
Enladrillar *v* ladrilhar, pavimentar.
Enlatar *v* enlatar.
Enlazar *v* enlaçar, laçar (animais).
Enloquecer *v* enlouquecer, endoidar.
Enlosar *v* lajear.
Enlucir *v* revestir com gesso, estucar.
Enlutar *v* enlutar.
Enmaderar *v* emadeirar, madeirar.
Enmarañar *v* emaranhar, enredar.
Enmarcar *v* emoldurar.
Enmascarado *adj* mascarado.
Enmascarar *v* mascarar, disfarçar, encobrir.
Enmendar *v* emendar, corrigir.
Enmienda *s* emenda, correção.
Enmohecer *v* embolorar, mofar.
Enmudecer *v* emudecer, calar.
Ennegrecer *v* enegrecer, denegrir.
Ennoblecer *v* enobrecer, elevar, realçar, dignificar.
Enojar *v* enojar, desgostar, indignar, incomodar, aborrecer.
Enojo *s* nojo, ofensa, injúria, cólera.
Enología *s* enologia.
Enorgullecer *v* orgulhar.
Enormidad *s* enormidade, grandeza.
Enrabiar *v* irritar, enfurecer, encolerizar.
Enraizar *v* enraizar, arraigar.

ENRAMADA — ENTRELÍNEA

Enramada s ramada.
Enrarecer v rarear, escassear.
Enrasar v nivelar, igualar.
Enredadera s trepadeira.
Enredar v enredar, entrelaçar, emaranhar.
Enredo s enredo, entrelaçamento.
Enrejado s grade, gradeado.
Enrejar v gradear.
Enrevesado adj arrevesado.
Enriquecer v enriquecer, prosperar.
Enrojecer v incandescer, avermelhar.
Enrolar v arrolar, alistar.
Enrollar v enrolar, envolver.
Enroscar v enroscar, torcer.
Ensalada s salada.
Ensalivar v salivar.
Ensalzar v elogiar, louvar.
Ensamblar v encaixar, embutir, entalhar.
Ensanchar v alargar, dilatar, ampliar, inchar.
Ensanche s alargamento, dilatação.
Ensangrentar v ensanguentar.
Ensartar v espetar, enfiar (numa agulha), trespassar.
Ensayar v ensaiar, treinar, experimentar, exercitar, preparar.
Ensayo s ensaio, exame, dissertação, treinamento.
Enseguida adv em seguida, logo depois.
Ensenada s enseada, angra.
Enseña s insígnia, divisa.
Enseñanza s ensino, doutrina.
Enseñar v ensinar, educar, instruir, adestrar.
Enseres s móveis, utensílios.
Ensimismarse v ensimesmar-se, abstrair-se, concentrar-se.
Ensombrecer v escurecer, sombrear.
Ensopar v ensopar, embeber, encharcar.
Ensordecer v ensurdecer.
Ensortijado adj cacheado, encaracolado, crespo.
Ensortijar v encrespar, frisar.
Ensuciar v sujar, emporcalhar, manchar.
Ensueño s sonho, fantasia, ilusão.
Entablar v entabular, dispor, preparar.

Entallar v entalhar, esculpir, gravar.
Entarimado s soalho de tábua.
Entarimar s assoalhar.
Ente s ente, ser.
Entender v entender, compreender.
Entendido s entendido, perito.
Enterado adj inteirado, informado.
Enterar v inteirar, informar.
Enteritis s enterite.
Enternecer v enternecer, comover.
Entero adj inteiro.
Enterrar v enterrar, sepultar.
Entibar v escorar.
Entibiar v enfraquecer, amornar.
Entierro s enterro, sepulcro, túmulo.
Entoldar v toldar.
Entonación s entonação, tom.
Entonar v entoar, cantar, harmonizar.
Entonces adv então.
Entontecer v estontear, desvairar.
Entornar v entornar, inclinar.
Entorpecer v entorpecer, paralisar.
Entrada s entrada, ingresso, introdução.
Entrambos adj ambos, os dois.
Entrante adj entrante.
Entraña s entranha, víscera.
Entrañable adj profundo, íntimo, afetuoso.
Entrañar v entranhar, penetrar, dedicar-se, unir-se.
Entrar v entrar, introduzir, ingressar, invadir, ocupar.
Entre prep entre, no meio.
Entreabrir v entreabrir.
Entreacto s entreato, intervalo.
Entrecano adj grisalho.
Entrecomillar v aspar, aspear.
Entrecortado adj entrecortado.
Entrecruzar v entrecruzar, cruzar.
Entredicho s interdição, proibição, dificuldade.
Entrega s entrega, restituição, dedicação.
Entregar v entregar, restituir, dar, depositar.
Entrelazar v entrelaçar, entrançar.
Entrelínea s entrelinha.

ENTREMEDIAS — EQUIVOCAR

Entremedias *adv* entrementes, entretanto.

Entremés *s* aperitivo, peça teatral em um ato.

Entremeter *v* intrometer.

Entremezclar *v* misturar, mesclar.

Entrenador *s* treinador, preparador.

Entrenar *v* treinar, preparar, ensaiar.

Entreoír *v* entreouvir, ouvir de relance.

Entrepaño *s* entrepano, prateleira.

Entresacar *v* escolher, desbastar, podar.

Entresuelo *s* sobreloja.

Entretanto *adv* entretanto.

Entretener *v* entreter, divertir.

Entrevista *s* entrevista.

Entristecer *v* entristecer, causar tristeza.

Entrometer *v* intrometer-se.

Entrometido *adj* intrometido.

Entroncar *v* entroncar.

Entronizar *v* entronizar, colocar no trono.

Entubar *v* entubar.

Entuerto *s* torto, agravo, injúria, ofensa.

Entumecer *v* impedir, entorpecer, embaraçar.

Entupir *v* entupir, tapar, obstruir.

Enturbiar *v* tornar turvo, turvar.

Entusiasmar *v* entusiasmar.

Entusiasmo *s* entusiasmo, arrebatamento.

Enumeración *s* enumeração, cômputo, descrição, exposição.

Enumerar *v* enumerar, contar.

Enunciación *s* enunciação.

Enunciado *adj* enunciado, definição.

Enunciar *v* enunciar, declarar, expressar.

Envainar *v* embainhar.

Envalentonar *v* alentar, encorajar.

Envanecer *v* envaidecer.

Envasar *v* envasilhar, envasar, engarrafar.

Envase *s* vasilha, vasilhame, invólucro, envoltório.

Envejecer *v* envelhecer.

Envenenar *v* envenenar.

Envergadura *s* envergadura.

Envés *s* invés, avesso, revés.

Enviado *s* enviado, mensageiro.

Enviar *v* enviar, mandar, expedir.

Enviciar *v* viciar, corromper.

Envidia *s* inveja, ciúme.

Envidiar *v* invejar, cobiçar, desejar.

Envilecer *v* envilecer, aviltar.

Envío *s* envio, remessa.

Enviudar *s* enviuvar.

Envoltorio *s* envoltório, invólucro.

Envolver *v* envolver, embrulhar, enrolar.

Enzarzar *v* enredar, discordar, discutir, brigar.

Enzima *s* enzima.

Epicentro *s* epicentro.

Epidemia *s* epidemia.

Epidémico *adj* epidêmico, contagioso.

Epidermis *s* epiderme.

Epígrafe *s* epígrafe, inscrição.

Epilepsia *s* epilepsia.

Epílogo *s* epílogo, conclusão, final.

Episcopal *adj* episcopal.

Episódico *adj* episódico, secundário.

Episodio *s* episódio.

Epístola *s* epístola, carta.

Epitafio *s* epitáfio, inscrição tumular.

Epitelio *s* epitélio.

Época *s* época, era, período.

Epopeya *s* epopeia.

Equidad *s* equidade, retidão.

Equidistante *adj* equidistante.

Equilátero *adj* equilátero.

Equilibrado *adj* equilibrado.

Equilibrar *v* equilibrar, harmonizar, compensar, contrabalançar.

Equilibrio *s* equilíbrio.

Equimosis *s* equimose, contusão.

Equino *s* equino.

Equipaje *s* equipagem, bagagem, tripulação.

Equipar *v* equipar, prover.

Equiparable *adj* equiparável, comparável.

Equiparar *v* equiparar, igualar.

Equipo *s* equipe.

Equitación *s* equitação.

Equitativo *adj* equitativo.

Equivalencia *s* equivalência.

Equivaler *v* equivaler, corresponder.

Equivocar *v* equivocar, errar, confundir.

EQUÍVOCO — ESCOGER

Equívoco *adj* equívoco, confusão, engano, trocadilho.
Era *s* era, época, eira, canteiro.
Erario *s* erário, tesouro público.
Erección *s* ereção, tensão.
Erecto *adj* ereto; rígido, teso, levantado.
Eremita *s* eremita, ermitão.
Erguir *v* erguer, levantar, endireitar.
Erigir *v* erigir, erguer.
Erisipela *s* erisipela.
Erizar *v* eriçar, arrepiar, encrespar.
Erizo *s* ouriço.
Ermita *s* ermida, capela.
Erosión *s* erosão, corrosão.
Erótico *adj* erótico, sensual.
Erradicación *s* erradicação.
Errante *adj* errante, nômade.
Errar *v* errar, faltar, equivocar, vaguear.
Errata *s* errata.
Erróneo *adj* errôneo, equivocado.
Error *s* erro, engano, equívoco.
Eructar *v* arrotar.
Eructo *s* arroto.
Erudición *s* erudição, saber.
Erupción *s* erupção, explosão.
Esbelto *adj* esbelto, elegante.
Esbozar *v* esboçar, delinear.
Esbozo *s* esboço, ensaio, anteprojeto, resumo.
Escabeche *s* escabeche, conserva de vinagre.
Escabroso *adj* escabroso, acidentado, de difícil resolução.
Escabullirse *v* escapar, escapulir.
Escala *s* escala, escada de mão.
Escalar *v* escalar, subir.
Escaldar *v* escaldar.
Escalera *s* escada.
Escalofrío *s* calafrio, arrepio.
Escalón *s* degrau, escalão, grau, categoria.
Escalonar *v* escalonar, distribuir.
Escama *s* escama.
Escamar *v* escamar.
Escamotear *v* escamotear, esconder.
Escampar *v* abrir (um espaço), desanuviar (o céu).
Escanciar *v* servir vinho.

Escandalizar *v* escandalizar.
Escándalo *s* escândalo, tumulto, alvoroço.
Escapada *s* escapada.
Escapar *v* escapar, fugir, omitir.
Escaparate *s* vitrine.
Escapatoria *s* escapatória, escapadela.
Escarabajo *s* escaravelho.
Escaramujo *s* caramujo.
Escarbar *s* escavar, palitar os dentes.
Escarcha *s* orvalho da noite, neve.
Escarlata *s* escarlate, cor vermelha muito viva.
Escarmentar *v* escarmentar, castigar, punir.
Escarnio *s* escárnio, menosprezo, zombaria.
Escarola *s* escarola.
Escarpa *s* escarpa, ladeira.
Escarpado *adj* escarpado, íngreme.
Escasear *v* escassear, faltar.
Escasez *s* escassez, falta.
Escaso *adj* escasso, raro, limitado.
Escatimar *v* regatear, pechinchar.
Escayola *s* estuque.
Escena *s* cena, palco.
Escenario *s* cenário, palco.
Escenografía *s* cenografia.
Escepticismo *s* ceticismo.
Escéptico *adj* cético, incrédulo, indiferente.
Escisión *s* cisão, rompimento, separação, dissidência.
Esclarecer *v* esclarecer.
Esclavitud *s* escravidão, servidão.
Esclavizar *v* escravizar.
Esclavo *s* escravo, cativo.
Esclerosis *s* esclerose.
Esclusa *s* eclusa, comporta.
Escoba *s* vassoura.
Escobar *v* varrer.
Escobón *s* escovão.
Escocedura *s* coceira, comichão, ardência.
Escocer *v* arder, queimar.
Escocés *adj* escocês.
Escoger *v* escolher, preferir.

ESCOLAR — ESPELEÓLOGO

Escolar *adj* escolar.
Escollo *s* escolho, obstáculo, perigo, risco.
Escolta *s* escolta, acompanhamento.
Escoltar *v* escoltar, acompanhar, proteger.
Escombro *s* escombro, entulho.
Esconder *v* esconder, ocultar, encobrir.
Escondite *s* esconderijo.
Escoria *s* escória, restos.
Escorpión *s* escorpião.
Escote *s* decote.
Escotilla *s* escotilha.
Escozor *s* ardência.
Escribano *s* escrivão, tabelião, escriturário.
Escribir *v* escrever, redigir.
Escritor *s* escritor, autor, redator.
Escritorio *s* escrivaninha, escritório.
Escrúpulo *s* escrúpulo, zelo.
Escrupuloso *adj* escrupuloso, cuidadoso, rigoroso.
Escrutinio *s* escrutínio, apuração de votos.
Escuadra *s* esquadra, esquadro.
Escuadrón *s* esquadrão.
Escuálido *adj* esquálido, fraco, magro.
Escuchar *v* escutar, ouvir, atender.
Escudar *v* amparar, defender.
Escudo *s* escudo.
Escudriñar *v* esquadrinhar.
Escuela *s* escola.
Escueto *adj* descoberto, livre.
Esculpir *v* esculpir.
Escultura *s* escultura.
Escupidera *s* escarradeira, penico.
Escupir *v* cuspir, escarrar.
Escurridor *s* escorredor.
Escurrir *v* escorrer, coar.
Esdrújulo *adj* esdrúxulo, proparoxítono.
Ese *pron* esse.
Esencia *s* essência.
Esencial *adj* essencial, fundamental.
Esfera *s* esfera, bola, âmbito, círculo, órbita.
Esférico *adj* esférico, redondo.
Esfinge *s* esfinge.
Esfínter *s* esfíncter.
Esforzar *v* esforçar, reforçar.

Esfumar *v* esfumar, atenuar a cor.
Esgrima *s* esgrima.
Eslabón *s* elo.
Eslavo *adj* eslavo.
Esmaltar *v* esmaltar.
Esmalte *s* esmalte.
Esmeralda *s* esmeralda.
Esmerar *v* esmerar.
Esmero *s* esmero, cuidado, zelo.
Esnob *adj* esnobe.
Eso *pron neutro* isso.
Esófago *s* esôfago.
Esotérico *adj* esotérico.
Espabilar *v* espertar, avivar.
Espaciar *v* espaçar, espacejar.
Espacio *s* espaço, extensão, demora.
Espacioso *adj* espaçoso, amplo, dilatado, vasto.
Espada *s* espada.
Espaldas *s* costas.
Espantajo *s* espantalho.
Espantar *v* espantar, assustar, amedrontar.
Espanto *s* espanto, susto, pavor, fantasma.
Español *adj* espanhol.
Esparadrapo *s* esparadrapo.
Esparcir *v* esparzir, derramar, espairecer.
Espárrago *s* aspargo.
Espasmo *s* espasmo.
Espátula *s* espátula.
Especia *s* especiaria.
Especial *adj* especial.
Especialidad *s* especialidade, particularidade.
Especialista *s* especialista.
Especie *s* espécie, classe, qualidade.
Especificar *v* especificar, explicar, declarar.
Espectáculo *s* espetáculo, diversão, representação teatral.
Espectador *adj* espectador, observador.
Espectro *s* espectro, sombra, imagem.
Especular *s* especular.
Espejismo *s* miragem.
Espejo *s* espelho.
Espeleólogo *s* espeleólogo.

ESPELUZNANTE — ESTANQUE

Espeluznante *adj* horrível, horripilante.
Espera *s* espera, calma, paciência.
Esperanza *s* esperança, confiança, expectativa.
Esperar *v* esperar, aguardar.
Esperma *s* esperma, sêmen.
Espermatozoide *s* espermatozoide.
Esperpento *s* espantalho, desatino, absurdo.
Espesar *v* espessar, engrossar, condensar.
Espeso *adj* espesso, grosso, denso.
Espesor *s* espessura, grossura, densidade.
Espesura *s* espessura, solidez.
Espetar *v* espetar, cravar.
Espía *s* espião.
Espiar *v* espiar, espreitar.
Espiga *s* espiga.
Espigón *s* espigão, ferrão.
Espina *s* espinho, espinha (de peixe).
Espinaca *s* espinafre.
Espinazo *s* espinha dorsal, coluna vertebral.
Espinoso *adj* espinhoso.
Espionaje *s* espionagem.
Espiral *s* espiral.
Espirar *v* expirar, respirar.
Espíritu *s* espírito.
Espléndido *adj* esplêndido, magnífico, brilhante.
Esplendor *s* esplendor, nobreza, brilho.
Espliego *s* alfazema.
Espolear *v* esporear.
Esponja *s* esponja.
Esponjoso *adj* esponjoso.
Esponsales *s* esponsais, noivado.
Espontáneo *adj* espontâneo, natural, voluntário.
Esporádico *adj* esporádico, ocasional.
Esposado *adj* casado, algemado.
Esposas *s* algemas.
Esposo *s* esposo, cônjuge.
Espuela *s* espora.
Espuma *s* espuma.
Espumadera *s* espumadeira, escumadeira.
Espumoso *adj* espumoso.
Espúreo *adj* espúrio, ilegítimo.

Esqueje *s* galho, muda (de planta).
Esqueleto *s* esqueleto.
Esquema *s* esquema, projeto, plano.
Esquí *s* esqui.
Esquiador *s* esquiador.
Esquife *s* esquife, ataúde, caixão.
Esquila *s* sineta, chocalho.
Esquilar *v* tosquiar.
Esquimal *adj* esquimó.
Esquina *s* esquina.
Esquirol *s* esquilo.
Esquivar *v* esquivar, evitar, fugir.
Esquivo *adj* esquivo, arisco, arredio.
Estabilidad *s* estabilidade, segurança.
Estabilizar *v* estabilizar.
Estable *adj* estável, firme.
Establecer *v* estabelecer, ordenar, decretar, fundar.
Establo *s* estábulo.
Estaca *s* estaca.
Estacada *s* estacada.
Estación *s* estação, período, temporada, posto policial.
Estacionar *v* estacionar, parar.
Estadio *s* estádio.
Estadista *s* estadista.
Estadístico *adj* estatístico.
Estado *s* estado, situação, classe, governo.
Estafa *s* logro, fraude.
Estafar *v* lograr, roubar.
Estafeta *s* estafeta, carteiro, mensageiro.
Estallar *v* estalar, fender, estourar, estralar, explodir.
Estallido *s* estalido, estouro.
Estampa *s* estampa.
Estampado *adj* estampado, impresso.
Estampar *v* estampar, imprimir.
Estampido *s* estampido, detonação.
Estancar *v* estancar, deter, vedar.
Estancia *s* habitação, estância, fazenda, casa de campo.
Estanciero *s* fazendeiro.
Estanco *adj* estanque; *s* tabacaria, depósito.
Estandarte *s* estandarte, bandeira.
Estanque *s* tanque, reservatório de água, lago artificial.

120   ESTANTE — ESTUDIAR

Estante *adj* parado, fixo.
Estaño *s* estanho.
Estar *v* estar.
Estatal *adj* estatal, estadual.
Estático *adj* estático, imóvel.
Estatua *s* estátua.
Estatura *s* estatura, altura.
Estatuto *s* estatuto.
Este *pron* este; *s* este, leste, oriente.
Estelar *adj* estelar, sideral.
Estenografía *s* estenografia.
Estepa *s* estepe.
Estera *s* esteira (de junco ou vime).
Estereofónico *adj* estereofônico.
Estereoscopio *s* estereoscópio.
Estéril *adj* estéril, árido, impotente, inútil.
Esterilizar *v* esterilizar, tornar estéril.
Esternón *s* esterno.
Estertor *s* estertor.
Esteta *s* esteta.
Estético *adj* estético, belo.
Estiaje *s* estiagem, estio, seca.
Estibador *s* estivador, carregador (de navio).
Estiércol *s* esterco, estrume.
Estigma *s* estigma, marca, sinal.
Estilar *v* usar, costumar, praticar.
Estilete *s* estilete.
Estilizar *v* estilizar.
Estilo *s* estilo, modo, maneira, fórmula.
Estima *s* estima, apreço, consideração.
Estimado *adj* estimado, considerado, bem-visto.
Estimular *v* estimular, incitar, excitar, avivar.
Estímulo *s* estímulo, incentivo, excitação.
Estío *s* estio, verão.
Estipendio *s* estipêndio, soldo, remuneração, pagamento.
Estipular *v* estipular, ajustar, convir, combinar.
Estirado *adj* estirado, esticado.
Estirar *v* estirar, esticar, estender, crescer (crianças).
Estirpe *s* estirpe, linhagem, descendência.
Estival *adj* estival.

Estofado *adj* estofado, alinhado; *s* guisado (de carne ou peixe).
Estofar *v* estofar, acolchoar.
Estómago *s* estômago.
Estopa *s* estopa, tecido grosseiro.
Estorbar *v* estorvar, dificultar, atravancar, embaraçar, molestar.
Estorbo *s* estorvo, embaraço, dificuldade.
Estornudar *v* espirrar.
Estornudo *s* espirro.
Estrábico *adj* estrábico, vesgo.
Estrado *s* estrado, sala de visitas, palanque.
Estrafalario *adj* extravagante.
Estrago *s* estrago, dano, prejuízo, ruína, deterioração.
Estrangular *v* estrangular, sufocar.
Estraperlista *s* atravessador, intermediário.
Estratagema *s* estratagema.
Estrategia *s* estratégia.
Estrato *s* estrato, camada, classe social.
Estrechar *v* estreitar, apertar, diminuir, reduzir.
Estrella *s* estrela.
Estremecer *v* estremecer, abalar, sacudir.
Estrenar *v* estrear, debutar, inaugurar.
Estreñimiento *s* obstrução, prisão de ventre.
Estrépito *s* estrépito, estrondo.
Estría *s* estria, sulco.
Estribar *v* estribar, apoiar.
Estribo *s* estribo, apoio, fundamento.
Estridente *adj* estridente, agudo.
Estrofa *s* estrofe.
Estropajo *s* bucha, esfregão.
Estropear *v* estropiar, estragar, deformar, deteriorar.
Estructura *s* estrutura, composição.
Estruendo *s* estrondo, estrépito.
Estrujar *v* espremer, tirar o sumo, apertar, esmagar.
Estuche *s* estojo, caixa.
Estuco *s* estuque.
Estudiante *adj* estudante, escolar; *s* aluno.
Estudiar *v* estudar, aprender, examinar.

EST / EST

ESTUDIO — EXCITABLE

Estudio s estúdio, gabinete.

Estufa s estufa, fogão, braseiro, aquecedor.

Estupefacto adj estupefato, espantado, assombrado.

Estupendo adj estupendo, admirável, extraordinário.

Estupidez s estupidez.

Estúpido adj estúpido, burro, bruto.

Estupor estupor.

Estuprar v estuprar, deflorar, violentar.

Etapa s etapa, período.

Éter s éter.

Eternizar v eternizar, prolongar, perpetuar, imortalizar.

Eterno adj eterno, indestrutível, infinito, interminável.

Ético adj ético, moral.

Etimología s etimologia.

Etíope adj etíope.

Etiqueta s etiqueta, rótulo, marca, formalidade, cerimonial.

Etnia s etnia, raça, nação.

Eucalipto s eucalipto.

Eucaristía s eucaristia.

Eufemismo s eufemismo.

Eufonía s eufonia.

Euforia s euforia, bem-estar, alegria, otimismo.

Eunuco adj castrado.

Europeo adj europeu.

Eutanasia s eutanásia.

Evacuación s evacuação, saída, retirada, ejeção, excreção.

Evacuar v evacuar, abandonar, despejar, esvaziar, defecar, excretar.

Evadir v evadir, escapar, fugir.

Evaluar v avaliar, valorizar, medir, estimar.

Evangelio s evangelho.

Evangelista s evangelista, catequista.

Evaporar v evaporar, dissipar.

Evasión s evasão, fuga.

Evasivo adj evasivo, vago, ambíguo.

Evasor adj evasor, fugitivo.

Evento s evento, acontecimento, imprevisto, fato, episódio.

Eventual adj eventual, casual, ocasional.

Evidencia s evidência, certeza, clareza.

Evidente adj evidente, claro, indiscutível.

Evitar v evitar, impedir.

Evocar v evocar, chamar, lembrar, recordar.

Evolucionar v evolucionar, evoluir, avançar.

Exacerbar v exacerbar, agravar, irritar.

Exacitud s exatidão, perfeição, pontualidade.

Exacto adj exato, perfeito, correto, pontual, rigoroso.

Exagerado adj exagerado, excessivo, fabuloso, descomunal.

Exagerar v exagerar, ampliar, agravar, exorbitar.

Exaltado adj exaltado, frenético, desvairado.

Exaltar v exaltar, engrandecer, elevar, realçar.

Examen s exame, análise, controle.

Examinar v examinar, interrogar, observar, investigar.

Exangüe adj exangue, débil, pálido.

Exánime adj exânime, desfalecido, desmaiado.

Exasperar v exasperar, irritar, excitar.

Excavación s escavação.

Excavar v escavar, cavar.

Excedencia s excedência, excesso, sobra.

Exceder v exceder, ultrapassar.

Excelencia s excelência, perfeição.

Excelente adj excelente, magnífico.

Excelso adj excelso, ilustre, sublime.

Excéntrico adj excêntrico, extravagante, original, esquisito.

Excepción s exceção, privilégio, desvio.

Excepcional adj excepcional, extraordinário, excêntrico.

Excepto adv exceto, com exceção de, menos, fora, salvo.

Excesivo adj excessivo, demasiado, desmedido.

Exceso s excesso, o que sai dos limites.

Excipiente s excipiente.

Excitable adj excitável.

EXCITACIÓN — EXPLICACIÓN

Excitación s excitação, exaltação, agitação, alvoroço.

Excitar v excitar, estimular, agitar, animar.

Exclamación s exclamação, brado de prazer, raiva ou ódio.

Exclamar v exclamar, gritar, bradar.

Excluir v excluir, expulsar, dispensar, demitir.

Exclusive adv exclusive, exclusivamente.

Exclusividad s exclusividade.

Exclusivo adj exclusivo, restrito.

Excomulgar v excomungar, amaldiçoar.

Excrecencia s excrescência, saliência.

Excreción s excreção, eliminação.

Excremento s excremento, fezes.

Excretar v excretar, evacuar, dejetar, expelir.

Exculpación s desculpa, escusa.

Exculpar v desculpar, escusar.

Excursión s excursão, passeio.

Excusa s escusa, desculpa, pretexto.

Excusable adj desculpável.

Excusar v escusar, desculpar, evitar, eximir-se.

Execrable adj execrável, detestável, odioso, abominável.

Exención s isenção, franquia.

Exento adj isento, livre, imune, desobrigado.

Exequias s exéquias, funerais.

Exhalación s exalação, cheiro, odor.

Exhalar v exalar, expelir, emanar, evaporar-se.

Exhaustivo adj exaustivo, cansativo.

Exhausto adj exausto, cansado, esgotado.

Exhibir v exibir, mostrar, apresentar, expor.

Exhortación s exortação, discurso, reprimenda.

Exhortar v exortar, induzir.

Exhumación s exumação.

Exhumar v exumar, desenterrar.

Exigencia s exigência.

Exigente adj exigente, rigoroso.

Exigir v exigir, reclamar.

Exiguo adj exíguo, escasso, pequeno.

Exilado adj exilado, banido, expulso, desterrado.

Exilio s exílio, desterro.

Eximio adj exímio, excelente, ótimo.

Eximir v eximir, isentar, franquear, excusar.

Existencia s existência.

Existir v existir, viver, ser.

Éxito s êxito, sucesso, final, resultado.

Éxodo s êxodo, saída, emigração de um povo.

Exoneración s exoneração, demissão, dispensa, saída.

Exonerar v exonerar, demitir, dispensar.

Exorbitante adj exorbitante, excessivo, astronômico.

Exorcismo s exorcismo.

Exotérico adj esotérico.

Exótico adj exótico, estranho, diferente.

Expandir v expandir, dilatar, espalhar, divulgar.

Expansión s expansão.

Expansionarse v expandir-se, desabafar.

Expansivo adj expansivo, comunicativo, extrovertido.

Expatriar v expatriar, desterrar, exilar, emigrar.

Expectativa s expectativa.

Expectorar v expectorar, escarrar.

Expediente s expediente, despacho, iniciativa.

Expedir v expedir, enviar, despachar.

Expeler v expelir, expulsar.

Expender v vender a varejo, gastar.

Expendio s venda a varejo.

Expensas s expensas, gastos.

Experiencia s experiência, prática, conhecimento.

Experimento s experimento, ensaio, pesquisa.

Experto adj experimentado, perito.

Expiar v expiar, reparar, remir.

Expiración s expiração.

Expirar v expirar, morrer.

Explanada s esplanada.

Explayar v espraiar, estender.

Explicación s explicação, esclarecimento.

EXPLICAR — EYACULAR

Explicar v explicar, esclarecer.
Explícito adj explícito, evidente, claro, expresso.
Exploración s exploração, pesquisa, investigação.
Explorar v explorar, investigar, registrar.
Explosión s explosão, detonação, eclosão.
Expoliar v espoliar, depredar, expropriar.
Exponer v expor, explicar, narrar, exibir.
Exportar v exportar.
Exposición s exposição.
Expresar v expressar, exprimir, manifestar.
Expresión s expressão, fisionomia, gesto.
Exprimir v espremer, apertar, exprimir, expressar, manifestar.
Expropiar v expropriar, desapropriar.
Expuesto adj exposto, descoberto.
Expulsar v expulsar, banir, expelir.
Expurgar v expurgar, purificar, limpar.
Exquisito adj excelente, delicioso, muito agradável.
Extasiarse v extasiar-se.
Extender v estender, dilatar, esticar, aumentar.
Extensión s extensão, ampliação, aumento, alcance.
Extenuar v estenuar, debilitar, enfraquecer.
Exterior adj exterior, externo, aparente.
Exteriorizar v exteriorizar, expor, manifestar.
Exterminar v exterminar, eliminar, destruir, arruinar.

Exterminio s extermínio, destruição, eliminação.
Externar v externar, manifestar.
Externo adj externo.
Extinción s extinção, extermínio.
Extinguir v extinguir, acabar, consumir, liquidar.
Extirpar v extirpar, arrancar, extrair.
Extorsionar v extorquir, usurpar, chantagear.
Extracción s extração, origem.
Extracto s extrato, resumo.
Extralimitarse v exceder-se, exagerar.
Extranjero adj estrangeiro.
Extrañar v estranhar, exilar, deportar.
Extraño adj estranho, diferente, esquisito.
Extraordinario adj extraordinário, inacreditável, fantástico.
Extraterrestre adj extraterrestre.
Extravagante adj extravagante, singular, raro.
Extravasarse v extravasar, transbordar.
Extraviado adj extraviado, perdido.
Extraviar v extraviar, desencaminhar; FIG perverter-se.
Extremar v extremar, esmerar-se.
Extremidad s extremidade, extremo, limite.
Extremo adj extremo, último, excessivo.
Exuberancia s exuberância, abundância, fartura, vigor.
Eyacular v ejacular, expelir.

f F

F sétima letra do alfabeto espanhol.
Fa *s* fá, quarta nota da escala musical.
Fabada *s* guisado com feijão e carne de porco.
Fábrica *s* fábrica, edifício.
Fabricación *s* fabricação.
Fabricar *v* fabricar, produzir, construir, inventar.
Fábula *s* fábula, ficção, boato, rumor, mexerico.
Fabuloso *adj* fabuloso, falso.
Faca *s* facão, punhal.
Facción *s* facção, partido, feição.
Faceta *s* faceta, face, superfície.
Facial *adj* facial.
Fácil *adj* fácil, simples, dócil, volúvel.
Facilitar *v* facilitar, auxiliar, entregar, favorecer, fornecer.
Facineroso *adj* facinoroso, delinquente, malvado.
Factor *s* fator, feitor, administrador.
Factoría *s* feitoria, oficina.
Factura *s* fatura, nota fiscal, relação de mercadorias.
Facultad *s* faculdade, capacidade, aptidão, escola superior.
Facultar *v* facultar, facilitar, permitir, conceder.
Fada *s* fada, maga, feiticeira.
Fado *s* fado, canção popular portuguesa.
Faena *s* faina, tarefa, atividade.
Faisán *s* faisão.
Faja *s* faixa, cinta, tira.
Fajo *s* feixe, molho.
Falacia *s* falácia, engano, mentira.
Falange *s* falange.
Falda *s* saia, fralda, sopé (de montanha).
Fallar *v* falhar, faltar.

Fallecer *v* falecer, acabar, morrer.
Fallido *adj* falido, fracassado, frustrado.
Fallo *s* falha.
Falo *s* falo, pênis.
Falsear *v* falsear, falsificar, deturpar, adulterar.
Falsedad *s* falsidade, deslealdade, engano, mentira.
Falso *adj* falso, fingido, dissimulado, adulterado, artificial.
Falta *s* falta, ausência, defeito, culpa leve.
Faltar *v* faltar, falhar, acabar.
Fama *s* fama, reputação, notoriedade.
Famélico *adj* famélico, faminto, esfomeado.
Familia *s* família, raça, prole.
Familiar *adj* familiar, habitual, comum, íntimo.
Familiarizar *v* familiarizar, habituar.
Famoso *adj* famoso, célebre, notável.
Fan *s* fã, admirador.
Fanático *adj* fanático, entusiasta, apaixonado.
Fanfarronear *v* fanfarronear, contar vantagem.
Fango *s* lodo, lama.
Fantasear *v* fantasiar, inventar, delirar, devanear.
Fantasía *s* fantasia, imaginação, capricho.
Fantasma *s* fantasma, visão.
Fantoche *s* fantoche, títere.
Faraón *s* faraó.
Fardel *s* saco de provisões.
Fardo *s* fardo, pacote, embrulho, trouxa.
Faringe *s* faringe.
Fariseo *adj* fariseu.
Farmacia *s* farmácia, drogaria.

FARO — FIMOSIS

Faro s farol (de torre).
Farol s farol, lanterna.
Farsa s farsa, burla, trapaça.
Fascículo s fascículo.
Fascinar v fascinar, encantar, atrair, seduzir.
Fase s fase, ciclo, etapa, mudança.
Fastidiar v fastidiar, aborrecer, chatear.
Fastidio s fastio, tédio, repugnância.
Fatal adj fatal, trágico, inevitável.
Fatiga s fadiga, cansaço, debilidade.
Fatigar v fatigar, cansar, incomodar.
Fatuo adj fátuo, fantasioso, vão.
Fauna s fauna.
Favor s favor, ajuda, socorro, proteção.
Favorecer v favorecer, ajudar, auxiliar.
Faz s face, rosto, cara, lado.
Fe s fé, confiança, certeza.
Fealdad s fealdade, feiura.
Febrero s fevereiro.
Fecha s data, dia.
Fechar v datar.
Fécula s fécula.
Fecundar v fecundar, gerar, fertilizar.
Fecundizar v fecundar, fertilizar.
Federación s federação.
Felicidad s felicidade, satisfação, contentamento, alegria.
Felicitar v felicitar, cumprimentar, saudar.
Feliz adj feliz, satisfeito, contente.
Femenino adj feminino.
Fémur s fêmur.
Fenecer v fenecer, concluir, falecer, morrer.
Fenómeno s fenômeno, sucesso extraordinário.
Feo adj feio, desagradável.
Féretro s féretro, ataúde, caixão.
Feria s feira, folga, féria, descanso.
Fermentar v fermentar, azedar.
Ferocidad s ferocidade, crueldade.
Férreo adj férreo, tenaz, duro, inflexível.
Ferrocarril s ferrovia, estrada-de-ferro.
Fertilizante adj fertilizante, adubo.
Fertilizar v fertilizar, adubar, fecundar.

Fervor adj fervor, ardor, ebulição, fervura, dedicação.
Festejar v festejar, homenagear.
Festejo s festejo.
Festín s festim.
Festival s festival.
Festividad s festividade, festa, solenidade.
Fetidez s fetidez, mau cheiro, empestamento.
Feto s feto, embrião.
Feudalismo s feudalismo.
Fiambre s fiambre, frios.
Fianza s fiança, abono, penhor, garantia.
Fiar v fiar, aliançar, abonar, confiar.
Fibra s fibra, filamento.
Ficción s ficção, fábula, simulação, invenção.
Ficha s ficha.
Fidedigno adj fidedigno, confiável.
Fidelidad s fidelidade, lealdade, firmeza.
Fiebre s febre.
Fiel adj fiel, leal, seguro.
Fiera s fera, bicho, animal selvagem.
Fiero adj feroz, terrível, violento.
Fiesta s festa, comemoração.
Figura s figura, cara, rosto estátua, aparência.
Figurar v figurar, fingir, aparentar, simbolizar.
Fijeza s fixidez, segurança.
Fijo adj fixo, firme, pregado.
Fila s fila, fileira, ordem.
Filamento s filamento.
Filantropía s filantropia, beneficência.
Filatelia s filatelia.
Filete s filé (de carne ou peixe), filete, fio delgado, friso.
Filiación s filiação, origem.
Filigrana s filigrana.
Film s filme, película.
Filo s fio, corte, gume.
Filología s filologia.
Filón s filão, veio, fonte.
Filosofía s filosofia.
Filtrar v filtrar, coar.
Filtro s filtro, coador, poção.
Fimosis s fimose.

FIN — FORMALIDAD

Fin *adv* último, dar fim, acabar.

Finado *adj* finado, defunto, morto.

Final *s* final, fim, desfecho; *adj* definitivo, último.

Finalidad *s* finalidade.

Finalizar *v* finalizar, concluir, terminar.

Financiar *v* financiar.

Financiero *adj* financeiro.

Finanzas *s* finanças.

Finca *s* propriedade rural, granja.

Fingir *v* fingir, simular, mentir, falsear.

Finlandés *adj* finlandês.

Fino *adj* fino, delicado, elegante, delgado, hábil.

Finura *s* finura, astúcia, delicadeza.

Firma *s* firma, assinatura, empresa comercial.

Firmamento *s* firmamento, céu.

Firmar *v* firmar, assinar.

Firme *adj* firme, estável, constante.

Fiscal *adj* fiscal, interventor eleitoral.

Fiscalizar *v* fiscalizar, vigiar, controlar.

Fisiología *s* fisiologia.

Fisioterapeuta *s* fisioterapeuta.

Fisonomía *s* fisionomia, aspecto, aparência.

Fístula *s* fístula, úlcera.

Fisura *s* fissura, fenda, ulceração.

Flácido *adj* flácido, fraco, débil, mole.

Flaco *adj* fraco, débil, frouxo, magro.

Flagelar *v* flagelar, castigar.

Flagelo *s* flagelo, castigo, chicote.

Flamante *adj* flamejante, reluzente, resplandecente, novo.

Flamear *v* flamejar, brilhar, reluzir.

Flan *s* flã, pudim de caramelo.

Flanco *s* flanco, costado.

Flaquear *v* fraquejar, enfraquecer, decair.

Flaqueza *s* fraqueza, debilidade, fragilidade.

Flauta *s* flauta.

Flebitis *s* flebite.

Flecha *s* flecha, seta.

Fleco *s* franja (de tecido).

Flema *s* escarro; FIG lentidão, indiferença.

Flequillo *s* franja (de cabelo).

Fletar *v* fretar, alugar um veículo ou embarcação.

Flexibilidad *s* flexibilidade, elasticidade, maleabilidade.

Flexible *adj* flexível, elástico, maleável.

Flojo *adj* frouxo, mole, fraco, débil, indolente.

Flor *s* flor.

Flora *s* flora.

Floración *s* floração.

Florecer *v* florescer.

Floresta *s* floresta, mata.

Flota *s* frota.

Flotar *v* flutuar, boiar.

Fluctuar *v* oscilar, ondular, duvidar, hesitar.

Fluir *v* fluir, derivar, brotar.

Flujo *s* fluxo, influxo, corrente, corrimento, preamar.

Fluvial *adj* fluvial.

Fobia *s* fobia.

Foca *s* foca.

Foco *s* foco, centro, ponto de irradiação.

Fofo *adj* fofo, macio, brando.

Fogón *s* fogão, lareira, fornalha.

Fogoso *adj* fogoso, ardente, impetuoso.

Folio *s* fólio, folha (de livro, caderno).

Folklore *s* folclore.

Folleto *s* folheto, impresso.

Follón *adj* frouxo, mole, preguiçoso, confusão.

Fomentar *v* fomentar, promover.

Fonda *s* hospedaria, estalagem, taberna.

Fondo *s* fundo, profundidade.

Fonética *s* fonética.

Fontanería *s* encanamento, canalização.

Fontanero *s* encanador.

Forajido *s* foragido, fugitivo.

Forastero *adj* forasteiro, estranho.

Forcejear *v* resistir, contradizer.

Forestal *adj* florestal.

Forjar *s* forja, ferraria.

Forma *s* forma, figura, feitio, aparência, molde.

Formación *s* formação, composição.

Formalidad *adj* formalidade, seriedade, compostura.

FORMALIZAR — FRUNCIR

Formalizar v formalizar, concretizar.
Formar v formar, construir, ordenar, criar.
Formato s formato, feito.
Formidable adj formidável, espantoso.
Fórmula s fórmula, regra, praxe.
Foro s foro, fórum.
Forraje s forragem, pasto.
Forrar v forrar, poupar (dinheiro).
Forro s forro, revestimento.
Fortalecer v fortalecer, consolidar.
Fortaleza s fortaleza.
Fortificar v fortificar, fortalecer.
Fortuito adj fortuito, casual.
Fortuna s fortuna, sorte, destino.
Forzar v forçar, violentar, violar, obrigar.
Forzudo adj vigoroso, forçudo.
Fosa s fossa, cova, cavidade.
Fósforo s fósforo, palito ou pavio.
Fósil adj fóssil.
Foso s fosso, escavação, vala, alçapão (no teatro).
Fotografía s fotografia.
Fotografiar v fotografar.
Fracasar v fracassar, falhar, malograr.
Fracaso s fracasso, frustração, infortúnio.
Fracción s fração, parte, porção.
Fraccionar v fracionar, dividir, fragmentar, repartir.
Fractura s fratura, quebra, ruptura.
Fragancia s fragrância, aroma suave, perfume.
Fragante adj fragrante, perfumado, cheiroso.
Frágil adj frágil, inconsistente.
Fragilidad s fragilidade, delicadeza.
Fragmento s fragmento, parte, porção.
Fragor s fragor, estrondo, estrépito.
Fraile s frade.
Frambuesa s framboesa.
Francés adj francês.
Franciscano adj franciscano.
Franco adj franco, generoso, livre, expansivo.
Franela s flanela.
Franja s franja, galão.

Franquear v franquear, libertar, livrar, desimpedir.
Franqueo s franquia, alforria.
Franqueza s franqueza, privilégio, sinceridade.
Frasco s frasco, recipiente.
Frase s frase.
Fraternidad s fraternidade, irmandade, harmonia.
Fraternizar v confraternizar.
Fraude s fraude, engano.
Fray s frei, frade.
Freático adj freático.
Frecuencia s frequência.
Frecuentar v frequentar, repetir, conviver, conversar.
Frecuente adj frequente, repetido, assíduo, usual, comum.
Fregar v esfregar, friccionar.
Freír v fritar, frigir.
Frenar v frear, brecar.
Frenesí s frenesi, exaltação.
Freno s freio, breque.
Frente s testa, rosto, semblante; adv em frente, de frente.
Fresa s morango.
Fresco adj fresco, arejado, viçoso.
Frescura s frescura, desembaraço.
Frialdad s frieza, frigidez.
Frígido adj frígido, frio.
Frigorífico s frigorífico.
Frijol s feijão.
Frío adj frio, gélido, frígido.
Frisar v frisar, esfregar, calhar.
Friso s friso, faixa, filete, barra.
Fritada s fritada, fritura.
Fritar v fritar, frigir.
Frito s fritura; adj frito.
Frívolo adj frívolo, fútil, superficial.
Frondosidad s frondosidade.
Frontal adj frontal.
Frontera s fronteira.
Frotar v esfregar, friccionar.
Fructificar v frutificar.
Frugal adj frugal, moderado, sóbrio, modesto.
Fruncir v franzir, enrugar, preguear.

Fruta s fruta, fruto.
Fuego s fogo, lume, labareda.
Fuelle s fole.
Fuente s fonte, manancial, chafariz, travessa (para servir comida).
Fuera adv fora, além de, exteriormente.
Fuerte adj forte, resistente, enérgico, violento.
Fuerza s força, resistência, energia, solidez.
Fuga s fuga, escape, saída.
Fugar v fugir, esquivar-se.
Fulano s fulano, uma pessoa qualquer.
Fulgor s fulgor, esplendor, brilho.
Fulminar v fulminar, bombardear, aniquilar.
Fumar v fumar, fumegar.
Función s função, exercício, cargo, solenidade.
Funcionar v funcionar, trabalhar, estar em exercício, estar aberto.
Funcionario s funcionário público.
Funda s capa, invólucro, bolsa.
Fundamental adj fundamental, principal, essencial.
Fundamento s fundamento, princípio, base.
Fundar v fundar, edificar, erigir, inaugurar.
Fundición s fundição.
Fundir v fundir, derreter, desfazer, arruinar.
Fúnebre adj fúnebre, triste.
Funeral s funeral, velório.
Funesto adj desventura, tristeza, nocivo.
Furgón s furgão.
Furia s fúria, ira, cólera.
Furor s furor, fúria, cólera, ira.
Furtivo adj furtivo, clandestino.
Fusil s fuzil, espingarda.
Fusión s fusão, fundição, liga, mistura.
Fustigar v fustigar, açoitar.
Fútbol s futebol.
Futilidad s futilidade, leviandade, vaidade.
Futuro s futuro, porvir; adj vindouro, próximo.

g G

G s oitava letra do alfabeto espanhol.
Gabán s capote, sobretudo.
Gabardina s gabardina, sobretudo, capa de chuva.
Gabinete s gabinete, camarim, escritório, ministério.
Gacela s gazela.
Gaceta s gazeta, jornal, periódico.
Gafas s óculos.
Gaita s gaita.
Gajo s galho, ramo, chifre.
Gala s gala, festa, ornamento.
Galán s galã, ator principal.
Galante adj galante, bonito, gentil.
Galanteo s galanteio, corte.
Galápago s cágado, tartaruga.
Galardón s galardão.
Galardonar v galardoar.
Galaxia s galáxia.
Galería s galeria (em edifício, mina, teatro), corredor.
Galgo s galgo.
Galicismo s galicismo, francesismo.
Gallardía s galardia, elegância, gentileza.
Gallego adj galego.
Galleta s biscoito, bolacha.
Gallina s galinha.
Gallinero s galinheiro.
Gallo s galo.
Galo adj gaulês.
Galopar v galopar.
Galope s galope.
Galvanizar v galvanizar.
Gama s gama, escala musical.
Gamberro adj libertino, grosseiro.
Gameto s gameta.
Gamo s gamo, veado.
Gamuza s camurça (animal, pele).

Gana s gana, vontade, desejo.
Ganadería s rebanho, gado.
Ganado s gado.
Ganancia s ganância, ganho, lucro.
Ganar v ganhar, conquistar, vencer, adquirir.
Ganchillo s crochê, agulha de crochê.
Gancho s gancho, engate.
Gandul adj vagabundo.
Ganga s escória.
Gangrena s gangrena.
Gansada s asneira, besteira.
Ganso s ganso.
Ganzúa s gazua.
Gañir v ganir, grasnar (aves).
Garabato s gancho de ferro, rabisco.
Garaje s garagem, estacionamento.
Garantía s garantia, penhor, fiança, aval.
Garantizar v garantir, assegurar, abonar.
Garbanzo s grão-de-bico.
Garbo s garbo, graça, elegância.
Garboso adj garboso, elegante.
Garfio s gancho de ferro.
Gargajo s escarro.
Garganta s garganta, desfiladeiro.
Gárgaras s gargarejo.
Gárgola s gárgula, cano.
Garita s guarita.
Garito s casa de jogo clandestino.
Garra s garra.
Garrafa s garrafão.
Garrapata s carrapato.
Garrote s garrote.
Gárrulo adj falador, tagarela.
Gas s gás.
Gasa s gaze.
Gaseosa s gasosa, refrigerante; adj gasosa.
Gasoil s gasóleo.

GASOLINA — GLICERINA

Gasolina s gasolina.
Gasolinera s posto de gasolina.
Gasómetro s gasômetro.
Gastar v gastar, usar, consumir.
Gasto s gasto, consumo, despesa.
Gástrico s gástrico.
Gastritis s gastrite.
Gastronomía s gastronomia.
Gata s gata.
Gatear v engatinhar, trepar, subir.
Gatillo s gatilho.
Gato s gato, macaco (para levantar peso, de carro).
Gaucho s gaúcho.
Gaveta s gaveta.
Gavilán s gavião.
Gavilla s feixe (de cana, ervas).
Gaviota s gaivota.
Gazpacho s gaspacho, sopa fria.
Géiser s gêiser.
Geisha s gueixa.
Gel s gel.
Gelatina s gelatina.
Gélido adj gelado, gélido.
Gema s gema.
Gemelo adj gêmeo; s binóculos, abotoaduras.
Gemido s gemido, lamentação.
Géminis s gêmeos.
Gemir v gemer, suspirar.
Gendarme s gendarme, guarda, policial.
Genealogía s genealogia, estirpe, linhagem.
Generación s geração, sucessão.
General adj geral.
Generalidad s generalidade, maioria.
Generalizar v generalizar, difundir, divulgar, propagar.
Generar v gerar, engendrar.
Género s gênero, ordem, classe, mercadorias.
Generoso adj generoso, desprendido, nobre.
Génesis s gênese, origem.
Genético adj genético.
Genialidad s genialidade.
Genio s gênio, índole, caráter, talento.

Genital adj genital.
Genocidio s genocídio.
Gente s gente, população, povo.
Gentileza s gentileza, amabilidade.
Gentío s multidão.
Gentuza s gentinha, plebe, ralé.
Genuino adj genuíno, puro, natural, legítimo.
Geografía s geografia.
Geología s geologia.
Geometría s geometria.
Geranio s gerânio.
Gerente s gerente, administrador.
Geriatra s geriatra.
Germánico adj germânico.
Germen s germe, embrião.
Germinar v germinar, brotar.
Gerundio s gerúndio.
Gestación s gestação, gravidez.
Gesticular v gesticular.
Gestión s gestão, administração, gerência.
Gestionar v administrar, negociar.
Gesto s gesto, fisionomia, expressão, careta.
Giba s corcova, corcunda.
Gigante adj gigante, enorme, descomunal.
Gigantesco adj gigantesco.
Gimnasia s ginástica.
Gimnasio s ginásio, centro de esportes.
Ginebra s genebra (bebida alcoólica).
Gineceo s gineceu.
Ginecología s ginecologia.
Ginecólogo s ginecologista.
Gira s excursão, passeio, viagem de lazer.
Girar v girar, circular, percorrer.
Girasol s girassol.
Giro s giro, rotação, rodeio.
Gis s giz.
Gitano adj cigano.
Glacial adj glacial, gelado.
Glaciar s glaciar, geleira.
Glande s glande.
Glándula s glândula.
Glandular adj glandular.
Glicerina s glicerina.

GLOBAL — GRATUITO

Global *adj* global, total.
Globo *s* globo, esfera, bola, balão.
Glóbulo *s* glóbulo.
Gloria *s* glória, fama, renome.
Glorieta *s* pracinha, caramanchão.
Glorificar *v* glorificar, enaltecer, exaltar, honrar.
Glosa *s* glosa, comentário, crítica.
Glotón *adj* glutão, comilão.
Glotonería *s* voracidade.
Glucosa *s* glicose.
Gluten *s* glúten.
Glúteo *adj* glúteo.
Gobernador *s* governador.
Gobernar *v* governar, dirigir, administrar.
Gobierno *s* governo, ordem, regra, autoridade, regime.
Goce *s* gozo, prazer, proveito.
Gol *s* gol.
Goleada *s* goleada.
Golf *s* golfe.
Golfo *adj* vadio, vagabundo; *s* golfo.
Golondrina *s* andorinha.
Golosina *s* guloseima, gulodice.
Goloso *adj* guloso, glutão, voraz.
Golpe *s* golpe, pancada, choque.
Golpear *v* golpear, bater, espancar.
Goma *s* borracha.
Gomería *s* borracharia.
Gomoso *adj* gomoso, borrachento.
Góndola *s* gôndola.
Gonorrea *s* gonorreia, blenorragia.
Gordo *adj* gordo, obeso, corpulento.
Gordura *s* gordura, adiposidade.
Gorgorito *s* trinado.
Gorila *s* gorila.
Gorjeo *s* gorjeio, trinado.
Gorra *s* gorra, barrete.
Gorro *s* gorro.
Gorrón *adj* parasita, aproveitador.
Gota *s* gota, pingo.
Gotear *v* gotejar, pingar, destilar.
Gotera *s* goteira.
Gótico *adj* gótico.
Gozar *v* gozar, possuir.
Gozne *s* dobradiça, gonzo.
Gozo *s* gozo, prazer.

Grabado *s* imagem, gravura.
Grabar *v* gravar (imagem ou som).
Gracejo *s* gracejo, graça, brincadeira.
Gracia *s* graça, atrativo, benefício, favor.
Grada *s* degrau, banco, arquibancada.
Gradación *s* gradação.
Grado *s* grau.
Graduar *v* graduar, classificar, colar grau.
Gráfico *adj* gráfico.
Grafología *s* grafologia.
Gragea *s* drágea.
Gramática *s* gramática.
Gramo *s* grama.
Gramófono *s* gramofone, fonógrafo.
Gran *adj* grão, principal.
Grana *s* grão, semente, escarlate (cor).
Granada *s* romã, granada.
Granate *s* grená, vinho (cor), granada.
Grande *adj* grande, vasto, extenso.
Grandeza *s* grandeza, extensão, importância, fortuna.
Grandiosidad *s* grandiosidade, suntuosidade.
Granear *v* semear, granular.
Granero *s* celeiro, tulha.
Granito *s* granito.
Granizar *v* chover granizo.
Granizo *s* granizo.
Granja *s* granja, sítio.
Granjear *v* granjear, adquirir, obter.
Granjero *s* granjeiro, agricultor.
Grano *s* grão, semente.
Granuja *s* uva desbagoada.
Grapa *s* grampo, gancho.
Grapadora *s* grampeador.
Grapar *v* grampear, prender, fixar (com grampos).
Grasa *s* gordura, sebo.
Graso *adj* gordurento.
Gratificación *s* gratificação, retribuição.
Gratificar *v* gratificar, recompensar, retribuir.
Gratinar *v* gratinar, dourar.
Gratis *adv* grátis, gratuitamente.
Grato *adj* grato, agradecido, reconhecido, agradável.
Gratuito *adj* gratuito, arbitrário.

GRAVA — GUISADO

Grava s cascalho, areia grossa.

Gravamen s encargo, carga, ônus.

Gravar v agravar, oprimir, sobrecarregar, onerar, pesar.

Grave adj grave, pesado, sério, difícil, solene, perigoso.

Gravedad s gravidade, importância, intensidade.

Gravidez s gravidez, gestação.

Gravitación s gravitação, atração.

Gravitar v gravitar, mover-se, descansar um corpo sobre outro.

Gravoso adj oneroso, pesado, incômodo.

Graznido s grasnido.

Gregario adj gregário, agregado.

Gremio s grêmio, associação.

Greña s grenha, cabelos desgrenhados.

Gresca s barulho, algazarra, briga, rixa.

Grey s grei, rebanho.

Griego adj grego.

Grieta s greta, fenda.

Grifo s grifo, torneira.

Grillo s grilo.

Gripe s gripe.

Gris adj cor cinza.

Grisáceo adj cinzento, acinzentado.

Grisú s gás metano.

Gritar v gritar, bradar, berrar.

Gritería s gritaria, algazarra.

Grito s grito, brado, berro.

Grosería s grosseria, vulgaridade.

Grosor s grossura, espessura.

Grotesco adj grotesco, ridículo, extravagante.

Grúa s guincho, guindaste.

Grueso adj grosso, encorpado, rude, denso, estúpido, grosseiro.

Gruñido s grunhido, rosnado.

Gruñir v grunhir, rosnar.

Grupa s garupa.

Grupo s grupo, conjunto de pessoas ou coisas.

Gruta s gruta, caverna.

Guadaña s foice.

Guajiro s camponês cubano.

Gualdo adj amarelo, de cor de ouro.

Guanaco s guanaco.

Guano s adubo para a terra.

Guantazo s bofetada.

Guante s luva.

Guapo adj guapo, valente, elegante.

Guaraní adj guarani.

Guarapo s garapa.

Guarda s guarda, proteção, tutela.

Guardacoches s guardador de carros.

Guardaespaldas s guarda-costas.

Guardameta s goleiro.

Guardapolvo s guarda-pó, avental.

Guardar v guardar, proteger, defender, vigiar.

Guardarropa s guarda-roupa, armário.

Guardia s guarda, custódia.

Guardián s guardião.

Guarecer v amparar, acolher, socorrer.

Guarida s guarida, esconderijo.

Guarismo s algarismo, número.

Guarnecer v guarnecer, enfeitar, ornar, equipar.

Guarnición s guarnição.

Guarro s porco, suíno.

Guasa s brincadeira sem graça, zombaria.

Guatemalteco adj guatemalteco.

Guayaba s goiaba.

Guayabo s goiabeira.

Guedeja s juba, cabeleira.

Guerra s guerra, luta.

Guerrear v guerrear, lutar, combater.

Guerrilla s guerrilha.

Guía s guia, líder, cicerone.

Guiar v guiar, conduzir, dirigir, encaminhar, orientar.

Guija s seixo, pedrinha, pedregulho.

Guijarro s calhau, pedra.

Guijo s cascalho.

Guillotina s guilhotina.

Guinda s altura dos mastros (barco).

Guindilla s pimenta-malagueta.

Guiñapo s farrapo, trapo.

Guiñar v piscar os olhos.

Guiño s piscada.

Guión s guia, estandarte, roteiro.

Guipar v ver, notar, bater os olhos.

Guirnalda s guirlanda.

Guisado s guisado, refogado.

GUISANTE — GUTURAL

Guisante *s* ervilha.
Guisar *v* guisar, refogar, cozinhar.
Guiso *s* guisado.
Guitarra *s* violão, guitarra elétrica.
Gula *s* gula, gulodice.
Gurú *s* guru.

Gusano *s* verme, lombriga.
Gustar *v* gostar, saborear, degustar, agradar.
Gusto *s* gosto, sabor, paladar, prazer, satisfação, simpatia.
Gutural *adj* gutural.

h H

H s nona letra do alfabeto espanhol.
Haba s fava.
Habanera s habanera ou havanera, dança originária de Havana.
Habano adj havano, havanês, pertencente a Havana, diz-se do tabaco.
Haber s bens, riqueza; v auxiliar, ter, possuir, existir, acontecer, ocorrer.
Habichuela s feijão, planta.
Hábil adj hábil, apto, capaz.
Habilidad s habilidade, capacidade, talento.
Habilitar v habilitar, prover, proporcionar.
Habitable adj habitável.
Habitación s habitação, residência, moradia, aposento.
Habitante adj habitante.
Habitar v habitar, morar, viver, residir.
Hábito s hábito, maneira de ser, costume, traje, vestimenta.
Habitual adj habitual, frequente.
Habituar v habituar, acostumar.
Habla s fala, língua, idioma.
Hablador adj falador, conversador, tagarela.
Habladuría s falatório, mexerico.
Hablar v falar, dizer, declarar, contar.
Hacendado adj rico, abastado.
Hacendoso adj trabalhador, solícito.
Hacer v fazer, criar, produzir, realizar, preparar, executar.
Hacha s tocha, machado.
Hacia prep para, em direção a.
Hacienda s fazenda, capital, bens.
Hacinamiento s aglomeração, ajuntamento.
Hacinar v amontoar, empilhar.

Hada s fada.
Hado s fado, destino.
Hagiografía s hagiografia (vida dos santos).
Haitiano adj haitiano.
Halagador adj adulador, bajulador.
Halagar v afagar, acariciar, adular, agradar.
Halago s afago, carinho, adulação.
Halcón s falcão.
Hálito s hálito, bafo, alento, fôlego.
Hall s hall, vestíbulo.
Hallar v achar, encontrar.
Hallazgo s achado, descobrimento.
Halo s halo, auréola.
Hamaca s maca, rede.
Hambre s fome.
Hambriento adj faminto, esfomeado.
Hangar s hangar, abrigo (para aviões).
Haragán adj folgazão, preguiçoso.
Harapiento adj esfarrapado, maltrapilho.
Harapo s farrapo, trapo, andrajo.
Harem s harém.
Harina s farinha.
Harinero adj farináceo.
Harinoso adj farinhento.
Hartar v fartar, satisfazer um desejo.
Harto adj farto, saciado, abundante.
Hasta prep até; conj até, mesmo.
Hastiar v aborrecer, enfastiar.
Hastío s fastio, tédio.
Hatajo s atalho, pequeno rebanho.
Hato s roupa de uso diário, rebanho, manada.
Haya s faia.
Haz s feixe (de cana, palha, de raios luminosos).
Haz s face, cara.

HAZAÑA — HERRAMIENTA

Hazaña s façanha, proeza.
Hebilla s fivela.
Hebra s fibra, fio, filamento.
Hebreo adj hebreu, israelita, judeu.
Hecatombe s hecatombe, matança, carnificina, catástrofe.
Hechicería s feitiçaria, magia, bruxaria.
Hechicero s feiticeiro, mago, bruxo.
Hechizar v enfeitiçar, encantar.
Hechizo s feitiço, encantamento; adj fingido, artificial, postiço.
Hecho s feito, fato, ação; adj acostumado, habituado, maduro.
Hectárea s hectare.
Heder v feder, exalar.
Hediondo adj hediondo, repugnante, nojento.
Hedonismo s hedonismo.
Hedor s fedor, mau cheiro.
Hegemonía s hegemonia, supremacia.
Helada s geada.
Heladera s geladeira.
Heladería s sorveteria.
Helado adj gelado, congelado; s sorvete.
Helar v gelar, congelar.
Hélice s hélice.
Helicóptero s helicóptero.
Helipuerto s heliporto.
Hematíe s hemácia, glóbulo vermelho.
Hematoma s hematoma, tumor.
Hembra s fêmea, mulher.
Hemeroteca s hemeroteca, biblioteca de periódicos.
Hemiciclo s semicírculo.
Hemiplejía s hemiplegia.
Hemisferio s hemisfério.
Hemofilia s hemofilia.
Hemoglobina s hemoglobina.
Hemorragia s hemorragia.
Hemorroide s hemorroidas.
Henchido adj cheio, preenchido, satisfeito.
Henchir v encher, preencher, inchar, estofar.
Hendedura s fenda, rachadura, incisão.
Hendir v fender, rachar, abrir.
Henil s palheiro, depósito de feno.

Heno s feno, erva ceifada.
Hepático adj hepático.
Hepatitis s hepatite, inflamação no fígado.
Heráldico adj heráldico, relativo a brasão.
Heraldo s arauto, mensageiro.
Herbario adj herbário.
Herbicida s herbicida.
Herbívoro s herbívoro.
Hercúleo adj hercúleo, forte.
Heredad s herdade, propriedade rúral, bens.
Heredado adj herdado, abastado, rico.
Heredar v herdar, receber, suceder, constituir como herdeiro.
Heredero adj herdeiro, sucessor.
Hereditario adj hereditário.
Hereje s herege, herético.
Herejía s heresia.
Herencia s herança, legado, sucessão de bens.
Herida s ferida, chaga.
Herido adj ferido.
Herir v ferir, atacar, golpear.
Hermafrodita s hermafrodita, bissexual.
Hermanar v irmanar, igualar, uniformizar.
Hermanastro s meio irmão.
Hermandad s irmandade, fraternidade, grande amizade.
Hermano s irmão, leigo.
Hermético adj hermético, fechado.
Hermosear v embelezar.
Hermoso adj formoso, belo, bonito, esplêndido.
Hermosura s formosura, beleza.
Hernia s hérnia.
Héroe s herói, protagonista.
Heroico adj heroico, ousado.
Heroína s heroína (substância química), droga, personagem feminina de destaque.
Heroísmo s heroísmo.
Herpes s herpes.
Herradura s ferradura.
Herramienta s ferramenta.

HERRAR — HISTERISMO

Herrar *v* ferrar, marcar com ferro, pôr ferradura.

Herrería *s* ferraria (ofício e estabelecimento de ferreiro).

Herrero *s* ferreiro.

Herrumbrar *v* enferrujar.

Herrumbre *s* ferrugem.

Hervido *adj* fervido, cozido.

Hervir *v* ferver, fervilhar, borbulhar.

Hervor *s* fervor, fervura.

Heterodoxia *s* heterodoxia.

Heterogéneo *adj* heterogêneo, misturado.

Heterosexual *adj* heterossexual.

Hexagonal *adj* hexagonal.

Hez *s* fezes, sedimento, borra, excremento.

Hiato *s* hiato.

Hibernación *s* hibernação.

Hibernar *v* hibernar.

Híbrido *adj* híbrido.

Hidalgo *s* fidalgo, nobre, aristocrata.

Hidalguía *s* fidalguia, nobreza, aristocracia.

Hidratación *s* hidratação.

Hidratar *v* hidratar.

Hidráulico *adj* hidráulico.

Hidroavión *s* hidroavião.

Hidrofobia *s* hidrofobia, raiva.

Hidrógeno *s* hidrogênio.

Hidrografía *s* hidrografia.

Hidromiel *s* hidromel.

Hidrosfera *s* hidrosfera.

Hidroterapia *s* hidroterapia.

Hiedra *s* hera, trepadeira.

Hiel *s* fel, bílis, adversidades.

Hielo *s* gelo.

Hiena *s* hiena.

Hierba *s* erva, pasto, pastagens.

Hierbabuena *s* hortelã, menta.

Hierro *s* ferro.

Higa *s* figa.

Hígado *s* fígado.

Higiene *s* higiene, limpeza, asseio.

Higiénico *adj* higiênico, limpo, asseado.

Higo *s* figo.

Higrometría *s* higrometria.

Higuera *s* figueira.

Hijastro *s* enteado.

Hijo *s* filho.

Hijuela *s* valeta, canalete, tira, pedaço.

Hila *s* fileira, alinhamento, fila.

Hilacha *s* fiapo.

Hilado *adj* fiado.

Hilar *v* fiar, tecer.

Hilaridad *s* hilaridade, graça, algazarra.

Hilera *s* fileira, fila, alinhamento, ordem.

Hilo *s* fio, fibra, filamento.

Hilván *s* alinhavo.

Hilvanado *adj* alinhavado.

Himen *s* hímen.

Himno *s* hino, cântico.

Hincapié *s* insistência.

Hincar *v* fincar, cravar.

Hinchar *v* inchar, encher, inflar, estufar, avolumar.

Hinchazón *s* inchaço.

Hinojo *s* funcho, joelho, erva-doce.

Hipérbole *s* hipérbole, exagero.

Hipermercado *s* supermercado.

Hipersensible *adj* hipersensível.

Hipertensión *s* hipertensão, pressão alta.

Hipertrofia *s* hipertrofia.

Hípico *adj* hípico, equino.

Hipnosis *s* hipnose.

Hipnotizar *v* hipnotizar, produzir a hipnose.

Hipo *s* soluço.

Hipocondria *s* hipocondria, melancolia.

Hipocresía *s* hipocrisia, deslealdade, fingimento, falsidade.

Hipodérmico *adj* hipodérmico.

Hipódromo *s* hipódromo.

Hipopótamo *s* hipopótamo.

Hipoteca *s* hipoteca, penhora.

Hipotecar *v* hipotecar, penhorar.

Hipótesis *s* hipótese.

Hirviente *adj* fervente.

Hispánico *adj* hispânico.

Hispano *adj* hispano.

Hispanoamericano *adj* hispano-americano.

Histérico *adj* histérico.

Histerismo *s* histerismo.

HISTORIA — HOSQUEDAD

Historia s história, narração.
Historiador s historiador.
Histórico adj histórico.
Hocico s focinho.
Hogar s lareira, fogueira.
Hogaza s fogaça, (pão italiano).
Hoguera s fogueira, labareda.
Hoja s folha, pétala, lâmina.
Hojalata s lata, folha-de-flandres.
Hojalatero s funileiro.
Hojaldre s folhado, massa folhada.
Hojear v folhear.
Hola! interj olá!, alô!, olé!
Holandés adj holandês.
Holgado adj folgado, desocupado, abonado.
Holganza s folga, descanso, repouso.
Holgar v folgar, descansar, divertir-se.
Holgura s folga, diversão, largura, desaperto.
Hollar v pisar, calçar.
Hollín s fuligem.
Holocausto s holocausto, genocídio.
Hombre s homem, varão, indivíduo.
Hombrera s ombreira.
Hombro s ombro, espádua.
Homenaje s homenagem.
Homeopatía s homeopatia.
Homeopático adj homeopático.
Homicida adj homicida, assassino.
Homicidio s homicídio, assassinato.
Homogéneo adj homogêneo, idêntico.
Homólogo adj homólogo, similar.
Homónimo adj homônimo, pessoas ou coisas que têm o mesmo nome.
Homosexual adj homossexual.
Honda s funda, estilingue.
Hondo adj fundo, profundo.
Hondonada s depressão, terreno baixo.
Hondura s profundidade.
Hondureño adj hondurenho.
Honestidad s honestidade, decoro, decência.
Hongo s fungo, cogumelo.
Honor s honra, dignidade, fama, reputação.
Honorable adj respeitável, honrado.

Honorario adj honorário, remuneração.
Honorífico adj honorífico.
Honra s honra, dignidade, respeito.
Honradez s honradez, probidade, integridade.
Honrado adj honrado, honesto, íntegro.
Hora s hora, momento.
Horario s horário.
Horca s forca, forquilha.
Horchata s orchata.
Horizonte s horizonte.
Horma s fôrma, molde.
Hormiga s formiga.
Hormigón s concreto.
Hormigonera s betoneira.
Hormigueo s formigamento, comichão.
Hormiguero s formigueiro.
Hormona s hormônio.
Hormonal adj hormonal.
Hornada s fornada.
Hornalla s fornalha, forno de fábrica.
Hornear v assar (no forno).
Hornillo s fogareiro, fogão pequeno.
Horno s forno, fornalha.
Horóscopo s horóscopo.
Horquilla s forquilha, grampo (de cabelo), bifurcação.
Horrendo adj horrendo, medonho.
Hórreo s celeiro.
Horrible adj horrível, medonho, atroz.
Horror s horror, aversão.
Horrorizar v horrorizar, apavorar, horrorizar.
Horroroso adj horroroso, medonho, pavoroso.
Hortaliza s hortaliça, verdura.
Hortensia s hortênsia.
Horticultor s horticultor.
Horticultura s horticultura.
Hosco adj áspero, intratável, fosco.
Hospedaje s hospedagem, alojamento.
Hospedar v hospedar, alojar.
Hospedería s hospedaria.
Hospicio s asilo.
Hospital s hospital.
Hospitalario adj hospitalar, hospitaleiro.
Hosquedad s aspereza.

HOSTAL — HUY

Hostal *s* hospedaria, hotel.
Hostelería *s* hotelaria.
Hostelero *s* hoteleiro.
Hostería *s* hospedaria, estalagem, pensão.
Hostia *s* hóstia.
Hostigar *v* fustigar, açoitar.
Hostil *adj* hostil, inimigo, contrário.
Hostilidad *adj* hostilidade.
Hostilizar *v* hostilizar, maltratar, agredir.
Hotel *s* hotel.
Hotelero *adj* hoteleiro.
Hoy *adv* hoje.
Hoya *s* fossa, cova, sepultura.
Hoyo *s* cova, fossa, escavação.
Hoz *s* foice, garganta (entre montanhas), foz (de rio).
Hozar *v* fuçar, fossar.
Hucha *s* arca, baú, cofre.
Hueco *adj* oco, côncavo, vazio.
Huelga *s* greve, folga, férias.
Huelguista *s* grevista.
Huella *s* pegada, pisada, sinal, vestígio.
Huérfano *adj* órfão, desamparado.
Huero *adj* gorado, vazio, oco, insignificante.
Huerta *s* horta.
Hueso *s* osso.
Huésped *s* hóspede, anfitrião.
Hueste *s* hoste, tropa.
Huesudo *adj* ossudo.
Huevo *s* ovo, ova (de peixe).
Huido *s* fuga.
Huir *v* fugir, escapar, retirar-se.

Hulla *s* hulha, carvão.
Humanidad *s* humanidade, caridade, compaixão, humanidades, ciências humanas.
Humanismo *s* humanismo.
Humanitario *adj* humanitário, filantropo.
Humano *adj* humano, afável, benigno.
Humareda *s* fumarada, fumaça.
Humeante *adj* fumegante.
Humear *v* fumegar, fumar.
Humedad *s* umidade.
Humedecer *v* umedecer.
Húmedo *adj* úmido.
Húmero *s* úmero.
Humildad *s* humildade, modéstia.
Humillación *s* humilhação, vexame.
Humillar *v* humilhar, degradar.
Humo *s* fumo.
Humor *s* humor, disposição, jovialidade.
Humus *s* húmus, terra vegetal.
Hundimiento *s* afundamento, submersão, demolição.
Hundir *v* afundar, submergir.
Húngaro *adj* húngaro.
Huracán *s* furacão, tufão.
Huraño *adj* antissocial, intratável.
Hurgar *v* remexer, remover.
Hurgón *s* atiçador.
Hurtar *v* furtar, roubar.
Hurto *s* furto, coisa roubada.
Husmear *v* farejar, cheirar.
Huso *s* fuso.
Huy *interj* ui!, ai!.

I

I s décima letra do alfabeto espanhol; I um em algarismos romanos.
Ibérico adj ibérico.
Ibero adj ibero, ibérico.
Iberoamericano adj ibero-americano.
Iceberg s icebergue.
Iconoclasta adj iconoclasta.
Iconografía s iconografia, descrição de imagens.
Ictericia s icterícia, cor amarela da pele produzida pela bílis.
Ida s ida, partida.
Idea s ideia, representação, fantasia.
Ideal adj ideal, imaginário, perfeito.
Idealismo s idealismo.
Idealizar v idealizar, fantasiar.
Idear v idealizar, projetar, engendrar, conceber.
Ídem pron idem, o mesmo.
Idéntico adj idêntico, igual.
Identidad s identidade, semelhança.
Identificar v identificar.
Ideología s ideologia.
Idilio s idílio.
Idioma s idioma, língua.
Idiomático adj idiomático.
Idiosincrasia s idiossincrasia, caráter.
Idiota adj idiota, ignorante.
Idiotez s idiotice, estupidez.
Idolatrar v idolatrar, adorar, venerar.
Ídolo s ídolo.
Idóneo adj idôneo, apto, capaz.
Iglesia s igreja (conjunto de fiéis, templo).
Iglú s iglu, casa de esquimó.
Ígneo adj ígneo, ardente.
Ignición s ignição, combustão.
Ignominia s ignomínia, afronta.

Ignorancia s ignorância, desconhecimento, incompetência.
Ignorante adj ignorante, inculto.
Ignorar v ignorar, desconhecer.
Igual adj igual, idêntico, equivalente.
Igualar v igualar, adequar, ajustar, combinar.
Igualdad s igualdade, paridade, equivalência.
Ilegal adj ilegal, ilícito.
Ilegalidad s ilegalidade.
Ilegible adj ilegível.
Ilegítimo adj ilegítimo, injusto.
Ileso adj ileso, intacto.
Iletrado adj iletrado, analfabeto.
Ilícito adj ilícito, ilegal.
Ilimitado adj ilimitado, infinito, incalculável.
Ilógico adj ilógico, absurdo.
Iluminar v iluminar, aclarar, esclarecer.
Ilusión s ilusão, engano, fantasia.
Ilusionar v iludir, enganar.
Ilusionista adj ilusionista.
Iluso adj iludido, enganado.
Ilusorio adj ilusório, enganoso, falso.
Ilustrar v ilustrar, esclarecer, educar, colocar gravuras.
Ilustre adj ilustre, célebre, notável.
Imagen s imagem, figura, representação.
Imaginación s imaginação, representação, fantasia.
Imaginar v imaginar, fantasiar, representar.
Imaginario adj imaginário, irreal.
Imán s ímã.
Imantar v imantar, magnetizar.
Imbécil adj imbecil, idiota, tonto.
Imbecilidad s imbecilidade.

IMBORRABLE — IMPOSTOR

Imborrable *adj* indelével.
Imbuir *v* imbuir, infundir, persuadir.
Imitación *s* imitação, cópia, arremedo, plágio.
Imitar *v* imitar, copiar, plagiar.
Impaciencia *s* impaciência, ansiedade, inquietação.
Impacientar *v* impacientar.
Impaciente *adj* impaciente, ansioso, nervoso, irritado.
Impactar *v* causar impacto, impressionar, chocar.
Impacto *s* impacto, choque, impressão intensa.
Impalpable *adj* impalpável.
Impar *adj* ímpar, único.
Imparcial *adj* imparcial.
Imparcialidad *s* imparcialidade, neutralidade.
Impartir *v* repartir, distribuir.
Impasible *adj* impassível, inalterado.
Impecable *adj* impecável, perfeito.
Impedido *adj* impedido, tolhido, vedado.
Impedimento *s* impedimento, obstáculo, empecilho.
Impedir *v* impedir, impossibilitar, obstruir, barrar.
Impeler *v* impelir, empurrar.
Impenetrable *adj* impenetrável, hermético.
Impensado *adj* impensado, imprevisto, súbito.
Imperar *v* imperar, dominar, governar.
Imperativo *adj* imperativo.
Imperceptible *adj* imperceptível.
Imperdible *v* imperdível.
Imperdonable *adj* imperdoável, condenável.
Imperecedero *adj* imorredouro, imperecível.
Imperfección *s* imperfeição, falha, deformação.
Imperfecto *adj* imperfeito, defeituoso.
Imperial *adj* Imperial, arrogante.
Imperialismo *s* imperialismo.
Imperialista *adj* imperialista.
Impericia *s* imperícia.

Imperio *s* império, poder, potência.
Imperioso *adj* imperioso, urgente, indispensável.
Impermeabilizar *v* impermeabilizar.
Impermeable *adj* impermeável; *s* capa de chuva.
Impersonal *adj* impessoal.
Impertinencia *s* impertinência, inconveniência, atrevimento.
Impertinente *adj* impertinente, audacioso.
Imperturbable *adj* imperturbável, impassível.
Ímpetu *s* ímpeto, violência, força.
Impetuoso *adj* impetuoso, violento, precipitado.
Impío *adj* ímpio, cruel, ateu.
Implacable *adj* implacável, imperdoável.
Implantación *s* implantação.
Implantar *v* implantar, estabelecer, inserir.
Implicación *s* implicação, cumplicidade.
Implicancia *s* implicância, impossibilidade, impedimento legal.
Implicar *v* implicar, comprometer, envolver, incluir.
Implícito *adj* implícito, subentendido.
Implorar *v* implorar, suplicar, rogar.
Imponente *adj* imponente, majestoso.
Imponer *v* impor, atribuir, doutrinar, obrigar.
Impopular *adj* impopular.
Importación *s* importação.
Importancia *s* importância, utilidade, valor.
Importante *adj* importante, considerável.
Importar *v* importar, interessar.
Importe *s* importância, custo, preço, valor.
Importunar *v* importunar, incomodar.
Importuno *adj* importuno, chato.
Imposibilidad *s* impossibilidade.
Imposibilitar *v* impossibilitar.
Imposible *adj* impossível, impraticável, incrível, insuportável.
Imposición *s* imposição, obrigação.
Impostor *adj* impostor.

IMPOSTURA — INCESTO

Impostura s impostura.

Impotencia s impotência, incapacidade de fecundar ou conceber.

Impotente adj impotente, incapaz.

Impracticable adj impraticável, intransitável (rua e caminho).

Imprecación s imprecação, praga.

Imprecisión s imprecisão, indefinição.

Impreciso adj impreciso, confuso, vago, indeterminado.

Impregnar v impregnar, embeber, banhar.

Imprenta s imprensa, arte de imprimir, tipografia.

Imprescindible adj imprescindível.

Impresión s impressão, efeito, marca.

Impresionar v impressionar, comover, abalar.

Impreso adj impresso.

Impresor s impressor, tipógrafo.

Impresora s impressora.

Imprevisto adj imprevisto, repentino.

Imprimir v imprimir, gravar, editar, publicar, estampar.

Improbable adj improvável, incerto.

Ímprobo adj ímprobo, árduo, penoso, trabalhoso.

Improcedente adj improcedente, inadequado, ilógico.

Improductivo adj improdutivo, estéril.

Improperio s impropério, injúria.

Impropio adj impróprio, inoportuno, inadequado.

Improvisar v improvisar.

Improviso adj improvisado, repentino, súbito.

Imprudencia s imprudência, imprevisão.

Imprudente adj imprudente, imprevidente.

Impúdico adj impudico.

Impuesto s imposto, tributo, taxa.

Impugnación s impugnação, resistência.

Impugnar v impugnar, combater, contestar.

Impulsar v impulsionar, impelir, empurrar.

Impulsivo adj impulsivo, impetuoso.

Impulso s impulso, ímpeto, estímulo.

Impune adj impune.

Impunidad s impunidade, impureza.

Impureza s impureza, contaminação.

Impuro adj impuro, adulterado, contaminado.

Imputar v imputar delito ou ação.

Inaccesible adj inacessível.

Inaceptable adj inaceitável.

Inactividad s inatividade.

Inactivo adj inativo, ocioso, desocupado.

Inadecuado adj inadequado.

Inadmisible adj inadmissível.

Inagotable adj inesgotável, infinito.

Inaguantable adj insuportável, intolerável, insofrível.

Inalterable adj inalterável, impassível.

Inanición s inanição, debilidade, fome.

Inanimado adj inanimado, morto.

Inapetencia s inapetência, fastio, falta de apetite.

Inapreciable adj inapreciável, inestimável.

Inasequible adj inexequível, inatingível.

Inaudito adj inaudito, nunca ouvido.

Inauguración s inauguração, abertura.

Inaugurar v inaugurar, abrir, estrear.

Inca adj inca.

Incalculable adj incalculável.

Incandescente adj incandescente, ardente.

Incansable adj incansável.

Incapacidad s incapacidade.

Incapacitar v incapacitar, degradar.

Incapaz adj incapaz, inapto, incompetente.

Incautarse v expropriar, tomar posse de algo (o governo).

Incauto adj incauto, desprevenido.

Incendiar v incendiar, acender.

Incendio s incêndio, fogo.

Incensario s incensário, turíbulo.

Incertidumbre s incerteza, hesitação, dúvida.

Incesante adj incessante, contínuo, ininterrupto.

Incesto s incesto.

INCIDENTE — INCUMPLIDO

Incidente *adj* incidente; *s* incidente, episódio, ocorrência.
Incidir *v* incidir, sobrevir, acontecer.
Incienso *s* incenso.
Incierto *adj* incerto, duvidoso, dúbio.
Incineración *s* incineração.
Incinerar *v* incinerar, queimar.
Incisión *s* incisão, corte.
Incisivo *adj* incisivo, cortante.
Inciso *s* inciso.
Incitar *v* incitar, estimular, instigar.
Inclemencia *s* inclemência, rigor.
Inclinación *s* inclinação, reverência, propensão, declive.
Inclinar *v* inclinar, pender, curvar.
Incluir *v* incluir, abranger, conter, inserir.
Inclusa *s* orfanato, asilo (para crianças abandonadas).
Inclusion *s* inclusão.
Incógnito *adj* incógnito, desconhecido, anônimo.
Incoherencia *s* incoerência, desordem, discrepância.
Incoloro *adj* incolor.
Incólume *adj* incólume, ileso.
Incomodar *v* incomodar, importunar.
Incómodo *adj* incômodo, embaraçoso, importuno.
Incomparable *adj* incomparável, único.
Incompatible *adj* incompatível, contraditório.
Incompetencia *s* incompetência, incapacidade.
Incompleto *adj* incompleto, parcial.
Incomprensible *adj* incompreensível.
Incomunicar *v* incomunicar.
Inconcebible *adj* inconcebível, incrível, inexplicável.
Incondicional *adj* incondicional, absoluto, sem restrições.
Inconexo *adj* desconexo.
Inconfesable *adj* inconfessável.
Incongruente *adj* incongruente, impróprio.
Inconsciencia *s* inconsciência.
Inconsciente *adj* inconsciente.
Inconsecuente *adj* inconsequente.

Inconsistencia *s* inconsistência, inconstância, incerteza.
Inconsistente *adj* inconsistente, inconstante, volúvel.
Inconsolable *adj* inconsolável.
Inconstante *adj* inconstante, variável, incerto, volúvel.
Incontable *adj* incontável, numeroso, incalculável.
Incontestable *adj* incontestável, indiscutível, irrefutável.
Incontinencia *s* incontinência, excesso.
Inconveniencia *s* inconveniência, indelicadeza, grosseria.
Inconveniente *adj* inconveniente, impróprio, inoportuno, indelicado.
Incorporar *v* incorporar, unir, reunir, pôr em pé, tomar corpo.
Incorpóreo *adj* incorpóreo, imaterial, impalpável.
Incorrección *s* incorreção, defeito.
Incorrecto *adj* incorreto, imperfeito.
Incorregible *adj* incorrigível, indisciplinado, indócil, rebelde.
Incredulidad *s* incredulidade, descrença, desconfiança.
Incrédulo *adj* incrédulo, desconfiado, descrente.
Increíble *adj* incrível, fantástico, inacreditável.
Incrementar *v* incrementar, adicionar, acrescentar.
Increpar *v* insultar, repreender, acusar.
Incriminar *v* incriminar, acusar, recriminar, inculpar.
Incruento *adj* incruento, que não derramou sangue.
Incrustar *v* incrustar, encravar, inserir.
Incubadora *s* incubadora, chocadeira.
Incubar *v* incubar, chocar (ovos).
Inculcar *v* inculcar, encaixar.
Inculpar *v* inculpar, acusar, culpar.
Inculto *adj* inculto, agreste, ignorante, rude.
Incumbencia *s* incumbência, obrigação.
Incumbir *v* incumbir, encarregar.
Incumplido *adj* incumprido.

INCURABLE — INEFICACIA

Incurable *adj* incurável.
Incurrir *v* incorrer, incidir.
Incursión *s* incursão, penetração.
Indagación *s* indagação, averiguação, investigação.
Indagar *v* indagar, perguntar, pesquisar.
Indebido *adj* indevido, inoportuno.
Indecencia *s* indecência, inconveniência, safadeza.
Indecente *adj* indecente, indecoroso, vergonhoso.
Indecible *adj* indizível, inefável, inexplicável.
Indeciso *adj* indeciso, hesitante, duvidoso, dúbio, indeterminado.
Indecoroso *adj* indecoroso, indecente.
Indefenso *adj* indefeso, desarmado.
Indefinido *adj* indefinido, vago.
Indeleble *adj* indelével, indestrutível.
Indelicadeza *s* indelicadeza, grosseria, inconveniência.
Indemne *adj* indene, ileso, incólume.
Indemnizar *v* indenizar, compensar, ressarcir, pagar.
Independencia *s* independência, autonomia, liberdade, emancipação.
Independiente *adj* independente, livre, autônomo, emancipado.
Indescifrable *adj* indecifrável.
Indescriptible *adj* indescritível.
Indeterminado *adj* indeterminado, irresoluto, indeciso.
Indiano *adj* indiano.
Indicar *v* indicar, sinalizar, esclarecer, demonstrar.
Indicativo *adj* indicativo, indicador.
Índice *s* índice, sinal, lista, catálogo.
Indicio *s* indício, sinal, vestígio.
Indiferencia *s* indiferença, negligência, frieza.
Indígena *adj* indígena, autóctone.
Indigencia *s* indigência, miséria, pobreza.
Indigente *adj* indigente, pobre, mendigo.
Indigestarse *v* não digerir.
Indigestión *s* indigestão.
Indignación *s* indignação, revolta, raiva.
Indignar *v* indignar, irritar, revoltar.

Indigno *adj* indigno, desprezível, indecoroso, desonesto.
Indio *s* índio.
Indirecto *adj* indireto.
Indisciplina *s* indisciplina, desordem, desobediência.
Indiscreción *s* indiscrição, imprudência, inconfidência.
Indiscreto *adj* indiscreto, imprudente.
Indiscutible *adj* indiscutível, incontestável.
Indisoluble *adj* indissolúvel.
Indispensable *adj* indispensável, necessário.
Indisponer *v* indispor, incomodar, irritar.
Indispuesto *adj* indisposto, adoentado.
Indistinto *adj* indistinto, confuso, vago, indefinido.
Individual *adj* individual, particular.
Individualizar *v* individualizar, particularizar.
Individuo *s* indivíduo, pessoa, membro (de sociedade ou corporação).
Indivisible *adj* indivisível.
Indócil *adj* indócil, rebelde.
Índole *s* índole, temperamento, natureza.
Indolente *adj* indolente, preguiçoso.
Indoloro *adj* indolor.
Indomable *adj* indomável.
Indómito *adj* indômito, indomável.
Inducir *v* induzir, instigar, incitar.
Indudable *adj* indubitável, incontestável, evidente.
Indulgencia *s* indulgência, clemência, piedade, benevolência.
Indultar *v* indultar, perdoar, absolver, anistiar.
Indulto *s* indulto, perdão, absolvição, anistia.
Indumentaria *s* indumentária, traje, roupa, vestuário.
Industria *s* indústria, habilidade, empresa.
Inédito *adj* inédito, original.
Inefable *adj* inefável, indizível.
Ineficacia *s* ineficácia, inutilidade, insuficiência.

INEFICAZ — INGENIAR

Ineficaz *adj* ineficaz, inútil, insuficiente.

Ineludible *adj* ineludível.

Inepto *adj* inepto, incapaz, incompetente, tolo.

Inequívoco *adj* inequívoco, evidente, óbvio.

Inercia *s* inércia, falta de energia.

Inerte *adj* inerte, inativo, mole.

Inesperado *adj* inesperado, imprevisto.

Inestable *adj* instável, inconstante, variável.

Inestimable *adj* inestimável, incalculável.

Inevitable *adj* inevitável, infalível.

Inexactitud *s* inexatidão.

Inexacto *adj* inexato.

Inexcusable *adj* indescupável, imperdoável.

Inexistencia *s* inexistência.

Inexorable *adj* inexorável, implacável.

Inexperiencia *s* inexperiência.

Inexplicable *adj* inexplicável, obscuro.

Inexpresivo *adj* inexpressivo.

Infalible *adj* infalível, seguro, certo.

Infamar *v* difamar, desacreditar, denegrir.

Infame *adj* infame, vil, asqueroso.

Infamia *s* infâmia, desonra, maldade, baixeza.

Infancia *s* infância.

Infantil *adj* infantil.

Infarto *s* infarto, enfarte.

Infatigable *adj* infatigável, incansável.

Infatuar *v* enfatuar, inflar, envaidecer.

Infección *s* infecção, contaminação, contágio.

Infeccioso *adj* infeccioso, contagioso.

Infectar *v* infectar, contaminar.

Infecto *adj* infecto, infeccionado, contaminado.

Infelicidad *s* infelicidade, desgraça.

Infeliz *adj* infeliz, infausto, desventurado.

Inferior *adj* inferior, ordinário, comum.

Inferioridad *s* inferioridade.

Inferir *v* inferir.

Infernal *adj* infernal, horrível, medonho.

Infestar *v* infestar, assolar, empestar, contaminar.

Infidelidad *s* infidelidade, deslealdade, traição, adultério.

Infiel *adj* infiel, desleal, traidor, adúltero.

Infernillo *s* espiriteira, pequeno fogareiro (a álcool).

Infierno *s* inferno.

Infiltración *s* infiltração, penetração.

Infiltrar *v* infiltrar, penetrar.

Ínfimo *adj* ínfimo, último.

Infinidad *adj* infinidade, imensidade.

Infinito *adj* infinito, ilimitado.

Inflación *s* inflação.

Inflamable *adj* inflamável, de fácil combustão.

Inflamación *s* inflamação, ardor intenso.

Inflamar *v* inflamar, acender, incendiar, afoguear.

Inflar *v* inflar, inchar.

Inflexible *adj* inflexível, rígido, firme, obstinado.

Infligir *v* infligir, castigar.

Influencia *s* influência, poder.

Influir *v* influir, atuar, estimular, incutir.

Influjo *s* influxo.

Influyente *adj* influente, ascendente.

Información *s* informação, esclarecimento.

Informal *adj* informal, inconveniente, impontual.

Informalidad *s* informalidade, inconveniência.

Informar *v* informar, avisar, esclarecer.

Informativo *adj* informativo.

Informe *adj* disforme, irregular.

Infortunio *s* infortúnio, infelicidade, adversidade.

Infracción *s* infração, transgressão.

Infractor *s* infrator, contraventor.

Infraestructura *s* infraestrutura.

Infringir *v* infringir, transgredir.

Infundado *adj* infundado, improcedente.

Infundio *s* mentira, notícia falsa.

Infundir *v* infundir, incutir, inspirar (sentimentos).

Infusión *s* infusão, chá.

Infuso *adj* infuso.

Ingeniar *v* engenhar, maquinar.

INGENIERÍA — INNEGABLE

Ingeniería s engenharia.
Ingeniero s engenheiro.
Ingenio s engenho, máquina, talento, habilidade.
Ingenioso adj engenhoso, criativo, inventivo.
Ingenuidad s ingenuidade, inexperiência, inocência.
Ingenuo adj ingênuo, inocente, sincero, franco.
Ingerir v injerir.
Ingestión s ingestão, deglutição.
Ingle s virilha.
Inglés adj inglês.
Ingobernable adj ingovernável.
Ingratitud s ingratidão.
Ingrato adj ingrato, desagradável.
Ingrediente s ingrediente, componente.
Ingresar v ingressar, entrar, internar-se (em hospital), alistar-se.
Ingreso s ingresso, entrada, admissão.
Inhábil adj inábil, inapto, incapaz.
Inhabilitar v desabilitar, desqualificar.
Inhabitable adj inabitável.
Inhalar v inalar, aspirar, absorver, cheirar.
Inherente adj inerente, inseparável.
Inhibición s inibição, impedimento.
Inhibir v inibir, suspender, bloquear.
Inhumación s inumação, enterramento, sepultamento.
Inhumar v inumar, enterrar, sepultar.
Iniciación s iniciação, admissão, introdução.
Inicial adj inicial, inaugural.
Iniciar v iniciar, começar, inaugurar, estrear, fundar, empreender.
Iniciativa s iniciativa, expediente.
Inicio s início, começo, princípio.
Inicuo adj iníquo, injusto, perverso.
Inimaginable adj inimaginável.
Ininteligible adj ininteligível, incompreensível.
Iniquidad s iniquidade, maldade, grande injustiça.
Injerencia s ingerência, intervenção.
Injertar v enxertar.
Injerto s enxerto.

Injuria s injúria, ultraje, ofensa.
Injuriar v injuriar, ultrajar, ofender.
Injusticia s injustiça, iniquidade.
Injusto adj injusto.
Inmaculado adj imaculado, puro, sagrado.
Inmanente adj imanente, inseparável.
Inmaterial adj imaterial, incorpóreo.
Inmaturo adj imaturo, infantil.
Inmediación s imediação, vizinhança, proximidade.
Inmediato adj imediato, vizinho, instantâneo.
Inmejorable adj que não se pode melhorar.
Inmensidad s imensidade, imensidão, vastidão, amplidão.
Inmenso adj imenso, vasto, ilimitado.
Inmersión s imersão, mergulho.
Inmerso adj imerso, submerso.
Inmigración s imigração.
Inmigrar v imigrar.
Inminente adj iminente, pendente.
Inmiscuir v imiscuir, misturar, intrometer.
Inmobiliaria s imobiliária.
Inmodesto adj vaidoso.
Inmolar v imolar, sacrificar.
Inmoral adj imoral, indecente, desonesto.
Inmortal adj imortal, eterno.
Inmortalizar v imortalizar.
Inmóvil adj imóvel, fixo, parado.
Inmovilismo s imobilismo.
Inmovilizado s imobilizado.
Inmovilizar v imobilizar, paralisar.
Inmueble s imóvel, propriedade, bens de raiz.
Inmundicia s imundície, sujeira, lixo.
Inmundo adj imundo, sujo, asqueroso.
Inmune adj imune, isento.
Inmunidad s imunidade, privilégio.
Inmunizar v imunizar.
Inmutable adj imutável, firme, inalterável.
Inmutar v transmudar, imutar.
Innato adj inato, inerente, congênito.
Innegable adj inegável, indiscutível.

146 INNOBLE — INSPECCIÓN

Innoble *adj* ignóbil, vil, desprezível.
Innocuo *adj* inócuo.
Innovación *s* inovação, renovação.
Innovador *adj* inovador, renovador.
Innovar *v* inovar, renovar.
Innumerable *adj* inumerável, incontável, infinito.
Inocencia *s* inocência, pureza, ingenuidade, simplicidade.
Inocentada *s* ingenuidade, trote.
Inocente *adj* inocente, ingênuo.
Inocular *v* inocular, contagiar.
Inocuo *adj* inócuo, inofensivo.
Inodoro *adj* inodoro; *s* sanitário.
Inofensivo *adj* inofensivo, inocente.
Inolvidable *adj* inolvidável, inesquecível.
Inoperante *adj* inoperante, incompetente.
Inopia *s* pobreza, indigência.
Inopinado *adj* inopinado.
Inoportuno *adj* inoportuno, inconveniente.
Inorgánico *adj* inorgânico.
Inoxidable *adj* inoxidável.
Inquebrantable *adj* inquebrantável.
Inquietar *v* inquietar, perturbar, abalar.
Inquieto *adj* inquieto, excitado.
Inquietud *s* inquietação, preocupação, agitação.
Inquilino *adj* inquilino, arrendatário, locatário.
Inquina *s* aversão, má-vontade.
Inquirir *v* inquirir, perguntar, indagar, investigar.
Inquisición *s* inquisição, averiguação.
Inquisidor *s* inquisidor.
Insaciable *adj* insaciável, ávido.
Insalivación *s* insalivação.
Insalivar *v* insalivar.
Insalubre *adj* insalubre, doentio.
Insano *adj* insano, louco, demente.
Insatisfecho *adj* insatisfeito.
Inscribir *v* inscrever, gravar, registrar, filiar.
Inscripción *s* inscrição (letreiro, gravação), registro.
Inscrito *adj* inscrito, gravado, registrado.

Insecticida *s* inseticida.
Insecto *s* inseto.
Inseguro *adj* inseguro, instável, vacilante.
Inseminación *s* inseminação, fecundação.
Inseminar *v* inseminar, fecundar.
Insensatez *s* insensatez, loucura.
Insensato *adj* insensato.
Insensibilidad *adj* insensibilidade.
Insensibilizar *v* insensibilizar.
Insensible *adj* insensível, indiferente.
Inseparable *adj* inseparável, indivisível.
Inserción *s* inserção, introdução, inclusão.
Insertar *v* inserir, incluir, entremear.
Inservible *adj* inservível.
Insidia *s* insídia, cilada.
Insigne *adj* insigne, notável, famoso.
Insignia *s* insígnia, sinal, emblema.
Insignificancia *s* insignificância, ninharia, inutilidade.
Insignificante *adj* insignificante, medíocre.
Insinuación *s* insinuação, sugestão.
Insinuar *v* insinuar.
Insípido *adj* insípido.
Insistencia *s* insistência, perseverança, persistência.
Insistir *v* insistir, persistir, prosseguir.
Insociable *adj* insociável, esquivo.
Insolación *s* insolação.
Insolencia *s* insolência, atrevimento, audácia.
Insolente *adj* insolente, atrevido, grosseiro.
Insólito *adj* insólito, extraordinário, estranho.
Insoluble *adj* insolúvel.
Insolvencia *s* insolvência, falência.
Insolvente *adj* insolvente, falido.
Insomnio *s* insônia.
Insondable *adj* insondável, impenetrável.
Insoportable *adj* insuportável, intolerável.
Insostenible *adj* insustentável.
Inspección *s* inspeção, exame, vistoria.

INSPECCIONAR — INTERFERENCIA

Inspeccionar *v* inspecionar, examinar, vistoriar.
Inspector *adj* inspetor, fiscal.
Inspiración *s* inspiração.
Inspirar *v* inspirar.
Instalación *s* instalação.
Instalar *v* instalar, acomodar.
Instancia *s* instância.
Instantáneo *adj* instantâneo, súbito.
Instante *s* instante, momento.
Instar *v* instar, insistir, teimar.
Instauración *s* instauração.
Instaurar *v* instaurar, estabelecer, fundar.
Instigación *s* instigação.
Instigar *v* instigar.
Instilar *v* instilar.
Instintivo *adj* instintivo, espontâneo.
Instinto *s* instinto, impulso.
Institución *s* instituição, fundação, organização.
Institucional *adj* institucional.
Instituir *v* instituir, fundar, criar, estabelecer, constituir.
Instituto *s* instituto.
Instrucción *s* instrução, ensino, educação.
Instructor *s* instrutor.
Instruir *v* instruir, ensinar, orientar.
Instrumental *adj* instrumental.
Instrumental *s* conjunto de instrumentos.
Instrumento *s* instrumento.
Insubordinación *s* insubordinação, desacato, rebeldia, indisciplina.
Insubordinar *v* insubordinar, desacatar, rebelar-se.
Insuficiencia *s* insuficiência, escassez, deficiência, incapacidade.
Insuficiente *adj* insuficiente, incapaz, deficitário.
Insuflar *v* insuflar.
Insufrible *adj* insofrível.
Insulso *adj* insulso, insípido.
Insultar *v* insultar, ultrajar, ofender.
Insulto *s* insulto, ultraje, injúria, afronta.
Insuperable *adj* insuperável, invencível.
Insurgente *adj* rebelde.

Insurrección *s* insurreição, rebelião.
Insurrecto *adj* insurreto.
Insustituible *adj* insubstituível.
Intachable *adj* irrepreensível, perfeito.
Intacto *adj* intacto, ileso, inteiro.
Intangible *adj* intangível.
Integración *s* integração.
Integral *adj* integral, total.
Íntegramente *adv* integralmente, totalmente.
Integrar *v* integrar, participar.
Integridad *s* integridade, retidão, austeridade.
Íntegro *adj* íntegro, completo.
Intelecto *s* intelecto, inteligência.
Intelectual *adj* intelectual.
Inteligencia *s* inteligência.
Inteligente *adj* inteligente, esperto, sábio, culto.
Intemperancia *s* intemperança.
Intemperie *s* intempérie, tempestade.
Intempestivo *adj* intempestivo, inoportuno.
Intención *s* intenção, propósito.
Intencionado *adj* intencionado, deliberado.
Intendencia *s* intendência.
Intendente *s* intendente, administrador.
Intensidad *s* intensidade.
Intensificar *v* intensificar.
Intensivo *adj* intensivo, intenso.
Intenso *adj* intenso, enérgico.
Intentar *v* intentar, projetar.
Interacción *s* interação.
Intercalar *v* intercalar, interpor.
Intercambio *s* intercâmbio, troca.
Interceder *v* interceder, intervir, intermediar.
Interceptar *v* interceptar, interromper.
Interdición *s* interdição, proibição.
Interdicto *adj* interditado, interdito.
Interés *s* interesse, proveito, vantagem, atenção.
Interesado *adj* interessado.
Interesante *adj* interessante, atraente.
Interesar *v* interessar, atrair.
Interferencia *s* interferência.

INTERFERIR — INTUBACIÓN

Interferir v interferir, intervir.
Interino adj interino, temporário.
Interior adj interior, interno, íntimo.
Interjección s interjeição, exclamação.
Interlocutor s interlocutor.
Interludio s interlúdio.
Intermediar v intermediar, intervir.
Intermediario adj intermediário, mediador.
Intermedio adj mediano; s intermédio, intervalo.
Interminable adj interminável, infindável.
Internacional adj internacional.
Internado adj internado, hospitalizado.
Internar v internar.
Interno adj interno; s aluno interno, pessoa que vive em instituição.
Interpelar v interpelar.
Interplanetario adj interplanetário.
Interpolar v interpolar, alternar, intercalar.
Interponer v interpor, intervir, mediar.
Interpretación s interpretação.
Interpretar v interpretar, traduzir, esclarecer.
Intérprete s intérprete, tradutor.
Interrogación s interrogação, pergunta.
Interrogar v interrogar, perguntar, inquirir.
Interrogatorio s interrogatório, questionário.
Interrumpir v interromper, deter, impedir.
Interrupción s interrupção, suspensão.
Interruptor s interruptor (de luz, de aparelhos elétricos).
Intersección s intersecção.
Intertropical adj intertropical.
Interurbano adj interurbano.
Intervalo s intervalo, espaço.
Intervención s intervenção, intromissão.
Intervenir v intervir, examinar contas.
Interventor s interventor.
Intestino s intestino.
Intimación s intimação, notificação.

Intimar v intimar, notificar, tornar-se íntimo, familiarizar-se.
Intimidad s intimidade, familiaridade.
Intimidar v intimidar, atemorizar, assustar.
Íntimo adj íntimo, interior, cordial, amigo.
Intocable adj intocável, inacessível.
Intolerable adj intolerável.
Intolerancia s intolerância.
Intoxicación s intoxicação, envenenamento.
Intoxicar v intoxicar.
Intraducible adj intraduzível.
Intranquilidad s intranquilidade, inquietação.
Intranquilizar v intranquilizar, desassossegar, inquietar.
Intranquilo adj intranquilo, inquieto.
Intransferible adj intransferível, inalienável.
Intransigente adj intransigente, intolerante.
Intransitable adj intransitável.
Intransitivo adj intransitivo.
Intratable adj intratável, impraticável, rude, áspero.
Intrepidez s intrepidez, arrojo.
Intrépido adj intrépido, ousado.
Intriga s intriga, enredo, mexerico, fofoca.
Intrigante adj intrigante, bisbilhoteiro.
Intrigar v intrigar.
Intrincado adj intrincado, complicado, obscuro.
Intrínseco adj intrínseco, essencial.
Introducción s introdução, apresentação, admissão.
Introducir v introduzir, iniciar.
Intromisión s intromissão, ingerência.
Introspectivo adj introspectivo, introvertido.
Introversión s introversão, recolhimento.
Introvertido adj introvertido, introspectivo, fechado, absorto.
Intrusión s intrusão, intromissão.
Intruso adj intruso, intrometido.
Intubación s entubagem.

INTUICIÓN — IZQUIERDO

Intuición s intuição, pressentimento, percepção.
Intuir v intuir, pressentir.
Inundación s inundação, alagamento.
Inundar v inundar, alagar.
Inusitado adj inusitado, extraordinário.
Inútil adj inútil, desnecessário, ineficaz.
Inutilidad s inutilidade, incapacidade.
Inutilizar v inutilizar, anular, invalidar.
Invadir v invadir, ocupar.
Invalidar v invalidar, inutilizar.
Inválido adj inválido, doente, nulo.
Invariable adj invariável, constante, firme.
Invasión s invasão, incursão, propagação.
Invasor s invasor.
Invectiva s invectiva.
Invencible adj invencível, imbatível.
Invención s invenção.
Inventar v inventar, criar, descobrir.
Inventario s inventário.
Inventiva s inventiva, imaginação.
Invento s invento, invenção.
Inventor s inventor.
Invernada s invernada.
Invernar v hibernar.
Inverosímil adj inverossímil, inacreditável.
Inversión s inversão.
Inverso adj invertido, inverso, contrário.
Invertebrado adj invertebrado.
Invertir v inverter, investir (dinheiro, tempo).
Investigación s investigação, averiguação, pesquisa.
Investigar v investigar, averiguar.
Investir v investir, aplicar.
Inveterado adj inveterado, arraigado, muito antigo.
Invicto adj invicto, invencível, vitorioso.
Invierno s inverno.
Inviolable adj inviolável.
Invisible adj invisível.
Invitación s convite.
Invitado s convidado.
Invitar v convidar, pedir gentilmente, solicitar.
Invocar v invocar, chamar.

Involucrar v envolver, rechear.
Invulnerable adj invulnerável.
Inyección s injeção.
Inyectar v injetar.
Ir v ir, andar, passar.
Ira s ira, cólera, raiva, rancor.
Iris s íris.
Irisar v irisar, iriar.
Irlandés adj irlandês.
Ironía adj ironia, sarcasmo, zombaria.
Irónico adj irônico, gozador.
Irracional adj irracional.
Irradiar v irradiar, propagar.
Irreal adj irreal, imaginário.
Irrebatible adj irrebatível.
Irreconciliable adj irreconciliável.
Irrecusable adj irrecusável.
Irreductible adj irredutível.
Irreflexivo adj irreflexivo.
Irregular adj irregular, desigual.
Irremediable adj irremediável, inevitável.
Irreparable adj irreparável.
Irreprochable adj irrepreensível, impecável.
Irresistible adj irresistível.
Irrespetuoso adj desrespeitador, irreverente.
Irrespirable adj irrespirável.
Irresponsabilidad s irresponsabilidade.
Irresponsable adj irresponsável.
Irreverencia s irreverência.
Irrevocable adj irrevogável, irrevocável.
Irrigación s irrigação.
Irrisorio adj irrisório.
Irritar v irritar, encolerizar.
Irrumpir v irromper, invadir.
Irrupción s irrupção.
Isla s ilha.
Islámico adj islâmico.
Islamismo s islamismo.
Islandés adj islandês.
Isleño adj ilhéu.
Israelí adj israelita, hebreu, judeu.
Italiano adj italiano.
Itinerario s itinerário, caminho, roteiro.
Izar v içar, levantar, erguer.
Izquierdo adj esquerdo, canhoto, mão esquerda.

jJ

J s décima primeira letra do alfabeto espanhol.

Jabalí s javali.

Jabalina s azagaia, fêmea do javali.

Jabardillo s enxame; FIG multidão de insetos ou pássaros.

Jabato s javalizinho, porquinho-montês.

Jabón s sabão.

Jabonar v ensaboar.

Jaboncillo s sabonete, giz de alfaiate.

Jabonera s saboneteira.

Jabonoso adj saponáceo.

Jaca s faca, pônei.

Jacinto s jacinto.

Jacobino adj jacobino.

Jactancia s vaidade, arrogância.

Jactancioso adj vaidoso, arrogante.

Jactarse v jactar-se, vangloriar-se, gabar-se, ufanar-se.

Jaculatoria s jaculatória.

Jade s jade.

Jadeante adj ofegante, arquejante.

Jadear v arquejar, ofegar.

Jadeo s arquejo.

Jaez s jaez.

Jaguar s jaguar, onça pintada.

Jaguey s lago, tanque, poça.

Jalea s geleia.

Jalear v animar, aplaudir, incitar, açular (cães).

Jaleco s jaleco, jaqueta turca.

Jaleo s animação, algazarra.

Jalón s baliza.

Jalonar v limitar, alinhar.

Jamaiquino adj jamaicano.

Jamás adv jamais, nunca, em tempo algum.

Jamba s ombreira (de porta ou de janela).

Jamelgo s sendeiro, matungo.

Jamón s presunto, pernil defumado.

Japonés adj japonês.

Jaque s xeque, xeque-mate.

Jaqueca s enxaqueca.

Jarabe s xarope.

Jarana s algazarra, gritaria.

Jaranear v brigar, tumultuar.

Jardín s jardim.

Jardinera s jardineira, suporte para vasos e plantas.

Jardinería s jardinagem.

Jardinero s jardineiro.

Jarifo adj vistoso, bonito, enfeitado.

Jarra s jarra.

Jarrete s jarreta.

Jarro s jarro.

Jaspe s jaspe.

Jaula s jaula, gaiola; FIG prisão.

Jauría s matilha.

Javanés adj javanês.

Jazmín s jasmim.

Jefatura s chefatura.

Jefe s chefe, superior, líder.

Jeito s rede para pesca (de anchova e sardinha).

Jengibre s gengibre.

Jeque s xeque, governador muçulmano.

Jerarquía s hierarquia, classe, ordem.

Jerárquico adj hierárquico.

Jerga s jargão, linguagem difícil de se entender.

Jerigonza s gíria, linguagem difícil e confusa.

Jeringa s seringa.

Jeroglífico s hieróglifo.

JERSEY — JUZGAR

castelhano

Jersey s casaquinho de malha, jérsei.
Jesuita adj jesuíta.
Jeta s beiços salientes, focinho de porco.
Jíbaro adj índio, camponês, rústico.
Jibia s siba.
Jícara s xícara, chávena.
Jilguero s pintassilgo.
Jinete s cavaleiro.
Jira s piquenique.
Jirafa s girafa.
Jirón s barra, debrum (de roupa), farrapo.
Jockey s jóquei.
Jocoso adj jocoso, engraçado, divertido.
Jocoyote s caçula, filho mimado.
Jopo s topete.
Jornada s jornada, caminho percorrido em um dia, viagem por terra.
Jornal s salário.
Jornalero s diarista, horista.
Joroba s corcunda, corcova.
Jorobar v importunar, molestar.
Jota s nome da letra jota, dança popular espanhola.
Joven adj jovem, moço.
Jovial adj jovial, alegre, brincalhão.
Jovialidad s jovialidade, alegria.
Joya s joia, prêmio.
Joyería s joalheria.
Joyero s joalheiro.
Juanete s joanete.
Jubilación s aposentadoria.
Jubilado adj aposentado.
Jubilar v aposentar.
Jubileo s jubileu.
Júbilo s júbilo, alegria.
Jubiloso adj jubiloso.
Jubón s gibão.
Judaísmo s judaísmo.
Judas s judas, traidor.
Judería s judiaria, bairro de judeus.
Judía s judia, feijão.
Judicatura s judicatura, exercício de julgar.
Judicial adj judicial, forense, legal.
Judío adj judeu, hebreu, semita.

Juego s jogo, diversão.
Juerga s diversão, brincadeira.
Jueves s quinta-feira.
Juez s juiz, árbitro.
Jugada s jogada.
Jugar v jogar.
Jugarreta s jogada mal feita.
Jugo s suco, sumo, seiva.
Jugoso adj suculento.
Juguete s brinquedo.
Juguetear v brincar.
Jugueteo s brincadeira, brinquedo.
Juguetería s loja de brinquedos.
Juguetón adj brincalhão, jovial.
Juicio s juízo, prudência, sensatez.
Julio s julho.
Jumento s jumento, asno.
Junco s junco, bengala.
Junio s junho.
Junior adj júnior.
Junta s junta, articulação, reunião, assembleia, congresso.
Juntar v juntar, unir, reunir.
Junto adj junto, unido, próximo.
Juntura s juntura, junção.
Jura s jura, juramento.
Jurado s jurado, júri, tribunal.
Juramentar v juramentar.
Juramento s juramento.
Jurar v jurar, declarar solenemente.
Jurídico adj jurídico, legal.
Jurisdicción s jurisdição, competência.
Jurisprudencia s jurisprudência.
Jurista s jurista.
Justicia s justiça, direito, equidade.
Justiciero s justiceiro.
Justificación s justificação, desculpa, defesa, álibi.
Justificar v justificar, provar.
Justipreciar v avaliar, fixar um preço justo.
Justo adj justo, imparcial.
Juvenil adj juvenil.
Juventud s juventude, mocidade.
Juzgado s juízo, tribunal.
Juzgar v julgar, deliberar, sentenciar, arbitrar.

k K

K s décima segunda letra do alfabeto espanhol.

Kan s cã (chefe supremo em certos países asiáticos).

Kantiano adj relativo a Kant, filósofo alemão, séc. XVIII.

Kéfir s leite fermentado artificialmente.

Kermess s quermesse.

Kerosén s querosene.

Kilo s quilo, quilograma.

Kilogramo s quilograma, quilo.

Kilometraje s quilometragem.

Kilométrico adj quilométrico.

Kilómetro s quilômetro.

Kilovatio s quilovate ou quilovátio.

Kimono s quimono.

Kiosco s quiosque.

Kirie s kirie (parte da missa); FIG chorar as pitangas.

Kurdo adj curdo.

Kuvaití adj quaitiano.

L

L *s* décima terceira letra do alfabeto espanhol; L 50 (em algarismo romano).
La *art* lá, sexta nota musical.
Lábaro *s* lábaro, estandarte, bandeira.
Laberíntico *adj* labiríntico; FIG confuso.
Laberinto *s* labirinto.
Labia *s* lábia, astúcia.
Labio *s* lábio.
Labor *s* lavor, trabalho, bordado, lavoura.
Laborar *v* trabalhar, lavrar, cultivar, bordar, costurar.
Laboratorio *s* laboratório.
Laborear *v* trabalhar, lavrar, escavar.
Laboreo *s* lavra, cultivo de terra, lavoura.
Laboriosidad *s* laboriosidade, afinco, apego ao trabalho.
Laborioso *adj* laborioso, trabalhoso, penoso, árduo, difícil.
Labra *s* lavra, lavoura.
Labrador *s* lavrador, agricultor.
Labranza *s* trabalho, lavoura, agricultura.
Labrar *v* lavrar (madeiras, metais), cultivar, roçar, arar (a terra), bordar, costurar.
Labriego *s* labrego, lavrador rústico.
Laca *s* laca, verniz duro, laquê, fixador (para cabelo), spray.
Lacayo *s* criado.
Lacerar *v* padecer, sofrer.
Lacio *adj* murcho, desbotado, liso (cabelo).
Lacón *s* presunto, pernil defumado.
Lacónico *adj* lacônico, conciso, breve.
Lacra *s* marca, cicatriz, sinal, vestígio.
Lacrar *v* contagiar, causar lesão, lacrar.
Lacre *s* lacre.
Lacrimal *adj* lacrimal.
Lacrimógeno *adj* lacrimogêneo.

Lacrimoso *adj* lacrimoso, choroso.
Lactación *s* lactação, amamentação.
Lactancia *s* lactação.
Lactante *adj* lactante.
Lactar *v* amamentar.
Lácteo *adj* lácteo, leitoso.
Lactosa *s* lactose, açúcar de leite.
Lacustre *adj* lacustre.
Ladeado *adj* inclinado, torcido, desviado.
Ladear *v* inclinar, desviar, inclinar-se.
Ladera *s* ladeira, encosta, declive.
Ladilla *s* piolho, chato.
Ladino *adj* ladino, esperto, astuto.
Lado *s* lado, costado, banda, face.
Ladrar *v* ladrar, latir.
Ladrido *s* latido.
Ladrillo *s* tijolo.
Ladrón *s* ladrão, gatuno, assaltante.
Lagar *s* lagar, onde se pisa a uva.
Lagarta *s* lagarta.
Lagartija *s* lagartixa.
Lagarto *s* lagarto.
Lago *s* lago.
Lágrima *s* lágrima, gota, pingo.
Lagrimoso *adj* lacrimoso, choroso.
Laguna *s* laguna, lacuna, vazio.
Laja *s* laje, banco de pedra.
Lama *s* lama, lodo, areia miúda, lhama (tecido), lama (sacerdote tibetano).
Lamaísmo *s* lamaísmo, seita do budismo tibetano.
Lamentable *adj* lamentável, deplorável.
Lamentación *s* lamentação.
Lamentar *v* lamentar, lastimar.
Lamento *s* lamento, queixa.
Lamer *v* lamber.
Lamido *adj* gasto, usado.

LÁMINA — LAVA

Lámina s lâmina, chapa, estampa, prancha gravada.
Laminado adj laminado, chapeado.
Laminar v laminar, chapear.
Lámpara s lâmpada, luminária, luz.
Lamparilla s lamparina.
Lampiño adj imberbe.
Lampión s lampião, lanterna grande.
Lana s lã.
Lance s lance, lançamento.
Lanceta s lanceta.
Lancha s lancha, barco, bote.
Landa s terreno baldio.
Langosta s gafanhoto, lagosta.
Langostin s lagostim.
Languidecer v enlanguescer, adoecer.
Languidez s languidez, apatia, abatimento, cansaço.
Lánguido adj lânguido, fraco, débil, cansado, abatido.
Lanilla s felpa, lã fina, penugem.
Lanolina s lanolina.
Lanudo adj lanoso, lanudo.
Lanza s lança.
Lanzacohetes s lança-foguetes.
Lanzallamas s lança-chamas.
Lanzamiento s lançamento.
Lanzar v lançar, arremessar, atirar.
Lapicero s lapiseira.
Lapidar v lapidar, talhar, facetar (pedras preciosas), matar a pedradas.
Lapidario adj lapidário.
Lápide s lápide, pedra com inscrição.
Lapislázuli s lápis-lazúli.
Lápiz s lápis.
Lapso s lapso, deslize.
Laqueado adj laqueado, envernizado com laca.
Lar s lareira, lar, casa própria.
Lardo s toucinho, banha, gordura animal.
Larga s calço.
Largar v largar, soltar, deixar, livrar.
Largo adj comprido, longo, extenso.
Largometraje s filme de longametragem.
Larguero s trave lateral (em construção).
Largueza s largueza.

Largura s comprimento.
Laringe s laringe.
Laringitis s laringite.
Larva s larva.
Lasca s lasca, fragmento, estilhaço.
Lascivia s lascívia, lúbrico.
Lascivo adj lascivo, voluptuoso, sensual, erótico.
Láser s laser.
Laso adj lasso, fatigado, cansado.
Lástima s lástima, lamento, compaixão.
Lastimar v lastimar, ferir, danificar.
Lastimero adj lastimoso, deplorável.
Lastimoso adj lastimoso, lamentável, deplorável.
Lastre s lastro.
Lata s lata (folha-de-flandres, vasilha), ripa (para telhado).
Latente adj latente, oculto, escondido.
Lateral adj lateral.
Látex s látex.
Latido s batimento do coração, batida, pulsação.
Latifundio s latifúndio.
Látigo s látego, chicote, açoite.
Latín s latim.
Latinidad s latinidade.
Latinizar v latinizar.
Latino adj latino.
Latinoamericano adj latinoamericano.
Latir v pulsar, bater, ganir, latejar.
Latitud s latitude, largura, extensão.
Lato adj extenso, amplo, dilatado.
Latón s latão.
Latoso adj chato, aborrecido, maçante.
Latrocinio s latrocínio, roubo, furto.
Laúd s alaúde.
Láudano s láudano, extrato de ópio.
Laudar v decidir, sentenciar, julgar.
Laudatorio adj laudatório.
Laudo s laudo, parecer.
Laureado adj laureado, premiado, homenageado.
Laurear v laurear, premiar, homenagear.
Laurel v louro.
Lava s lavagem, banho que se dá aos metais.

LAVABLE — LEPROSERÍA

Lavable *adj* lavável.
Lavabo *s* lavabo, pia (de banheiro), lavatório.
Lavacoches *s* lavador de carros.
Lavadero *s* lavadouro, tanque.
Lavadora *s* lavadora, máquina de lavar roupa.
Lavanda *s* alfazema.
Lavandería *s* lavanderia.
Lavandero *s* lavadeiro.
Lavar *v* lavar, banhar, limpar, assear.
Lavativa *s* clister, seringa.
Lavavajillas *s* lava-louça, máquina de lavar pratos.
Laxante *adj* laxante, laxativo; *s* purgante.
Laxitud *s* lassitude, frouxeza.
Laxo *adj* laxo, lasso.
Lazada *s* laçada, laço (de fitas), nó corrediço.
Lazareto *s* hospital de isolamento, de quarentena.
Lazarillo *s* guia de cegos.
Lazo *s* laço, nó, armadilha.
Le *pron* O, ele.
Leal *adj* leal, fiel.
Lealdad *s* lealdade, sinceridade.
Lección *s* lição, aula, exposição.
Lechada *s* argamassa, emulsão.
Leche *s* leite, seiva (de vegetais).
Lechería *s* leiteria.
Lechero *adj* leiteiro, lácteo; *s* leiteiro.
Lecho *s* leito, cama, leito de rio.
Lechón *s* leitão.
Lechoso *adj* leitoso, lácteo.
Lechuga *s* alface.
Lechuza *s* coruja.
Lectivo *adj* letivo.
Lector *adj* leitor.
Lectura *s* leitura.
Leer *v* ler.
Legación *s* legação, missão diplomática.
Legado *s* legado.
Legajo *s* maço de papéis atados.
Legal *adj* legal, conforme a lei.
Legalizar *v* legalizar, legitimar, validar, autenticar.
Legaña *s* remela.

Legar *v* legar, deixar (de herança).
Legendario *adj* legendário.
Legible *adj* legível.
Legión *s* legião, multidão.
Legionario *adj* legionário.
Legislación *s* legislação.
Legislador *adj* legislador.
Legislar *v* legislar.
Legislatura *s* legislatura.
Legista *s* legista, jurista.
Legítima *s* legítima.
Legitimar *v* legitimar, reconhecer.
Legitimidad *s* legitimidade.
Legítimo *adj* legítimo, autêntico, verdadeiro.
Lego *adj* leigo, laico.
Legua *s* légua.
Legumbre *s* legume, hortaliça.
Leguminoso *adj* leguminoso.
Leíble *adj* legível.
Leído *adj* lido, erudito.
Lejanía *s* lonjura, distância.
Lejano *adj* longínquo, distante.
Lejía *s* lixívia.
Lejos *adv* longe, distante, remoto.
Lema *s* lema, divisa.
Lencería *s* roupa branca.
Lengua *s* língua, idioma, linguagem.
Lenguado *s* linguado.
Lenguaje *s* linguagem, língua, idioma.
Lengüeta *s* lingueta.
Lenitivo *adj* lenitivo, calmante.
Lente *s* lente, óculos.
Lenteja *s* lentilha, lente pequena.
Lentejuela *s* lantejoula.
Lentilla *s* lente de contato.
Lentitud *s* lentidão.
Lento *adj* lento, lerdo, vagaroso, demorado.
Leña *s* lenha.
Leñador *s* lenhador.
Leño *s* lenho, tronco de árvore cortado.
León *s* leão.
Leonino *adj* leonino.
Leopardo *s* leopardo.
Lepra *s* lepra.
Leprosería *s* leprosário.

LEPROSO — LICORERA

Leproso *adj* leproso, lazarento.
Lerdo *adj* lerdo, lento.
Les *pron* lhes, a eles, a elas.
Lesbianismo *s* lesbianismo, homossexualismo feminino.
Lesbiano *adj* lésbico.
Lesión *s* lesão, dano.
Lesionar *v* lesar, prejudicar.
Letal *adj* letal, mortal, mortífero.
Letanía *s* litania.
Letárgico *adj* letárgico.
Letargo *s* letargia, torpor, indolência.
Letificar *v* causar alegria, júbilo, animação.
Letra *s* letra (forma de escrever, composição para música).
Letrado *adj* letrado, instruído, erudito, sábio, perito em leis.
Letrero *s* letreiro, inscrição, rótulo.
Letrilla *s* letrinha.
Letrina *s* latrina, privada, mictório.
Leucemia *s* leucemia.
Leucocito *s* leucócito, glóbulo branco do sangue.
Leudar *v* levedar, fermentar.
Leva *s* leva, saída, recrutamento, alistamento.
Levadizo *adj* levadiço.
Levadura *s* levedura.
Levantamiento *s* levantamento, revolta.
Levantar *v* levantar, alçar, erguer.
Levante *s* levante, nascente, oriente, leste, este.
Levantisco *adj* levantino.
Levar *v* levantar, fazer-se à vela, largar.
Leve *adj* leve, ligeiro, ágil.
Levita *s* sobrecasaca.
Levitación *s* levitação.
Léxico *s* léxico, dicionário, glossário, vocabulário.
Lexicografía *s* lexicografia.
Lexicología *s* lexicologia.
Ley *s* lei, decreto, norma, doutrina.
Leyenda *s* legenda, inscrição, fábula, novela, epígrafe.
Lía *s* fezes, borra.
Liar *v* ligar, amarrar, atar.

Libanés *adj* libanês.
Libar *v* libar, beber, provar um licor.
Libelo *s* libelo.
Libélula *s* libélula.
Liberación *s* liberação, quitação (dívida), libertação.
Liberal *adj* liberal, generoso, franco.
Liberalidade *s* liberalidade.
Liberalismo *s* liberalismo.
Liberalizar *v* liberalizar.
Liberar *v* liberar, libertar, desobrigar, emancipar.
Libertad *s* liberdade.
Libertar *v* libertar, livrar, soltar, eximir.
Libertinaje *s* libertinagem, devassidão, licenciosidade.
Libertino *adj* libertino.
Libidinoso *adj* libidinoso, erótico, lascivo.
Libido *s* libido.
Libio *adj* líbio.
Libra *s* libra (peso, moeda), signo do zodíaco.
Libranza *s* ordem de pagamento.
Librar *v* liberar, salvar, desembaraçar.
Libre *adj* livre, isento, solteiro, independente.
Librea *s* libré.
Librería *s* livraria, biblioteca.
Librero *s* livreiro.
Libreta *s* livrete, livro para apontamentos.
Libro *s* livro.
Licencia *s* licença, autorização, permissão.
Licenciado *adj* licenciado.
Licenciar *v* licenciar, liberar.
Licenciatura *s* licenciatura, grau de licenciado.
Licencioso *adj* licencioso.
Liceo *s* liceu, escola.
Licitación *s* licitação.
Licitar *v* licitar.
Lícito *adj* lícito, permitido por lei, justo, legal.
Licor *s* licor.
Licorera *s* licoreira, jarro (de cristal) para licores.

LICUABLE — LISTÓN

Licuable adj liquidificável.
Licuadora s liquidificador.
Licuar v liquidificar, tornar líquido.
Lid s lide, lida, luta, peleja.
Liebre s lebre.
Liendre s lêndea.
Lienzo s lenço, tecido pintado, fachada.
Liga s liga, faixa, cinta, coligação (de países, grupos).
Ligadura s ligadura.
Ligamento s ligamento, atadura.
Ligar v ligar, prender, misturar.
Ligereza s ligeireza, rapidez, prontidão.
Ligero adj ligeiro, veloz, rápido, ágil.
Lija s lixa.
Lijar v lixar, desbastar, raspar ou polir com lixa.
Lila s lilás (arbusto, flor e cor).
Liliáceo adj liliáceo.
Lima s lima (lima, ferramenta).
Limar v limar, desbastar ou polir com a lima.
Limbo s limbo.
Limitación s limitação, termo, fronteira, limites.
Limitar v limitar, demarcar, estreitar, encurtar, diminuir, reduzir.
Límite s limite, termo, fim, linha de demarcação.
Limítrofe adj limítrofe, contíguo.
Limo s limo, lodo.
Limón s limão.
Limonada s limonada, refresco de limão.
Limonero adj limoeiro.
Limosna s esmola.
Limosnear v esmolar, mendigar.
Limpiabotas s engraxate.
Limpiador adj limpador.
Limpiaparabrisas s limpador de para-brisas.
Limpiar v limpiar, tornar limpo.
Limpidez s limpidez, clareza.
Límpido adj limpo, claro, diáfano.
Limpieza s limpeza, esmero, perfeição.
Limpio adj limpo, asseado.
Linaje s linhagem, estirpe, ascendência.
Linaza s linhaça.

Lince s lince.
Linchamiento s linchamento.
Linchar v linchar, justiçar e executar sumariamente.
Lindar v confinar, demarcar, limitar.
Linde s limite, fronteira, divisa.
Lindero adj confinante, limítrofe, vizinho.
Lindo adj lindo, belo, formoso.
Línea s linha, regra, raia, faixa, fio de linho.
Linfa s linfa.
Lingote s lingote, barra de metal.
Lingüística s linguística.
Linimento s linimento, unguento, pomada para fricções.
Lino v linho (planta, fibra, tecido).
Linóleo s linóleo.
Linotipia s linotipo.
Linterna s lanterna, lampião, farol.
Lío s pacote, embrulho, maço.
Lipotimia s lipotimia.
Liquen s líquen.
Liquidación s liquidação, venda a preços baixos.
Liquidar v liquidar, vender barato, pagar, quitar.
Liquidez s liquidez, disponibilidade.
Líquido s líquido.
Lira s lira, moeda italiana.
Lírico adj lírico; s poesia lírica.
Lirio s lírio, açucena.
Lirismo s lirismo, poesia.
Lirondo adj limpo, puro, sem mistura.
Lis s flor de lis, planta irídea.
Lisiado adj aleijado, inválido.
Lisiar v aleijar, mutilar, ferir.
Liso adj liso, plano, macio, franco, sincero.
Lisonja s lisonja, adulação.
Lisonjear v lisonjear, adular.
Lista s listra, risca, tira, faixa, relação de nomes, catálogo.
Listado adj listrado, riscado.
Listo adj rápido, pronto, ágil, ligeiro, disposto, inteligente.
Listón s fita de seda, listel, sarrafo.

158 LISURA — LOGIA

Lisura s lisura.
Litera s liteira, bicama, beliche.
Literal adj literal, textual.
Literario adj literário.
Literato adj literato.
Literatura s literatura, conjunto de obras.
Litigante adj litigante, contestador.
Litigar v demandar, entrar em litígio.
Litigio s litígio, disputa.
Litografía s litografia.
Litografiar v litogravar.
Litoral s litoral, costa.
Litosfera s litosfera.
Litro s litro.
Liturgia s liturgia, ritual.
Liviandad v leviandade.
Liviano adj leviano, leve, volúvel.
Lividez s lividez, palidez.
Lívido adj lívido.
Liza s liça, campo de batalha.
Ll s décima quarta letra do alfabeto espanhol.
Llaga s chaga, úlcera.
Llagar v ulcerar.
Llama v chama, labareda.
Llamada s chamada, telefonema.
Llamado adj chamado, denominado.
Llamador s chamador, botão da campainha.
Llamamiento s chamamento, chamada, convocação.
Llamar v chamar, convocar, invocar, nomear, denominar.
Llamarada s labareda, lampejo.
Llamativo adj chamativo, atraente.
Llameante adj chamejante, flamejante.
Llamear v flamejar, arder.
Llana s trolha, pá (de pedreiro).
Llanada s planície, planalto.
Llanero s habitante das planícies.
Llaneza s simplicidade, naturalidade.
Llano adj plano, raso.
Llanta s aro (de roda), couve de todo o ano.
Llantería s choradeira.
Llanto s choro, pranto, lágrimas.
Llanura s planície, lisura.

Llave s chave (de porta, de aparelhos, de enigmas).
Llavero s chaveiro, carcereiro.
Llegada s chegada, vinda.
Llegar v chegar, vir.
Llenar v encher, fartar, satisfazer.
Lleno adj cheio.
Llevadero adj suportável, tolerável.
Llevar v levar, conduzir, transportar, dirigir, usar, vestir, suportar, conseguir.
Llorar v chorar.
Lloriquear v choramingar, gemer.
Lloriqueo s choradeira.
Llorón adj chorão.
Lloroso adj choroso.
Llover v chover.
Llovizna s chuvisco, chuvisqueiro.
Lloviznar v chuviscar.
Lluvia s chuva.
Lluvioso adj chuvoso.
Lo pron o.
Loa s loa, elogio, louvor.
Lobato s lobo pequeno.
Lobo s lobo.
Lóbrego adj sombrio, tenebroso, escuro.
Lóbulo s lóbulo.
Locación s locação, aluguel.
Local adj local; s lugar, sítio.
Localidad s localidade, povoação, bilhete, entrada para um espetáculo.
Localismo s bairrismo.
Localizar v localizar, fixar, situar.
Locatario s locatário, arrendatário.
Loción s loção, lavagem, fricção.
Loco adj louco, demente, doido.
Locomoción s locomoção.
Locomotor adj locomotor; s locomotiva.
Locomotriz s locomotriz.
Locuacidad s loquacidade.
Locuaz adj loquaz, falador.
Locución s locução.
Locura s loucura, insensatez, disparate.
Locutor s locutor.
Lodazal s lodaçal, lamaçal, atoleiro.
Lodo s lodo, lama.
Logaritmo s logaritmo.
Logia s loja maçônica.

LIS / LOG

LÓGICO — LUZ

Lógico *adj* lógico, racional.
Logotipo *s* logotipo, marca.
Logrado *adj* obtido, conseguido.
Lograr *v* lograr, obter, conseguir.
Logrero *s* usurário, agiota.
Logro *s* lucro, ganho.
Loma *s* encosta, lombada.
Lombriz *s* lombriga, parasita, minhoca.
Lomo *s* lombo, dorso, espinhaço, lombada (de livro).
Lona *s* lona.
Longaniza *s* linguiça.
Longevidad *s* longevidade.
Longitud *s* longitude, comprimento, extensão.
Longitudinal *adj* longitudinal.
Lonja *s* fatia, talhada, pedaço, mercado municipal.
Loor *s* louvor, elogio.
Loro *s* louro, papagaio.
Los *pron* eles.
Losa *s* laje, pedra.
Lote *s* lote, porção, parte, conjunto de objetos similares.
Lotería *s* loteria, jogo de azar, loto, casa lotérica.
Loto *s* loto, planta, flor e fruto.
Loza *s* louça.
Lozanía *s* viço, frescor.
Lozano *adj* fresco, viçoso, frondoso.
Lubina *s* robalo, peixe.
Lubricante *adj* lubrificante.
Lubricar *v* lubrificar, untar.
Lúbrico *adj* lúbrico.
Lubrificar *v* lubrificar.
Lucero *s* luzeiro, astro brilhante.
Lucha *s* luta, combate.
Luchar *v* lutar, combater.
Lucidez *s* lucidez, clareza.
Lúcido *adj* lúcido, claro.
Lucido *adj* brilhante, vistoso, luzido.
Luciente *adj* reluzente, brilhante.
Luciérnaga *s* vagalume, pirilampo.
Lucimiento *s* luzimento, aplauso.
Lucir *s* luzir, reluzir, brilhar, iluminar.
Lucrarse *v* lucrar, ganhar.

Lucrativo *adj* lucrativo, vantajoso.
Lucro *s* lucro, ganho, proveito.
Luctuoso *adj* lutuoso.
Lucubración *s* lucubração, meditação.
Lucubrar *v* lucubrar, meditar.
Ludibrio *s* ludíbrio, zombaria.
Luego *adj* logo, em seguida; *conj* portanto.
Lugar *s* lugar, vila, aldeia, posto, povoado.
Lugarteniente *s* lugar-tenente.
Lúgubre *adj* lúgubre, triste, sombrio, melancólico.
Lujo *s* luxo, pompa.
Lujoso *adj* luxuoso.
Lujuria *s* luxúria, sensualidade, excesso.
Lujurioso *adj* luxurioso.
Lumbago *s* lumbago.
Lumbar *s* lombar.
Lumbrada *s* fogueira, labareda.
Lumbre *s* lume, luz, chama.
Lumbrera *s* fogaréu, corpo luminoso.
Luminaria *s* luminária.
Luminosidad *s* luminosidade.
Luminoso *adj* luminoso, brilhante, resplandecente.
Luna *s* lua.
Lunar *s* lunar; *adj* lunar.
Lunático *adj* lunático, louco.
Lunes *s* segunda-feira, segundo dia da semana.
Lunfardo *s* gíria argentina (na Argentina).
Lupa *s* lupa, lente de aumento.
Lúpulo *s* lúpulo.
Lusitano *adj* lusitano, português.
Luso *adj* luso, lusitano.
Lustrar *v* lustrar, polir, dar brilho.
Lustre *s* lustro, brilho.
Lustro *s* lustro, período de cinco anos.
Lustroso *adj* ilustre, reluzente.
Luterano *adj* luterano.
Luto *s* luto, pesar.
Luxación *s* luxação, deslocamento (de osso).
Luz *s* luz, claridade.

m M

M s décima quinta letra do alfabeto espanhol; M 1.000 em algarismos romanos.

Maca s machucado em fruta, nódoa, mancha, falha.

Macabro adj macabro, fúnebre.

Macaco s macaco, mono, símio, primata.

Macadán s macadame, paralelepípedo.

Macana s macana (arma ofensiva dos índios peruanos).

Macarrón s macarrão, massa.

Macarrónico adj macarrônico; FIG latim (ou outra língua) mal falado.

Macarse v apodrecer, macerar-se (frutas machucadas).

Macedonia s salada de frutas.

Macerar v macerar, amolecer.

Maceta s vaso de barro (para plantas), maceta (martelo), cabo de ferramentas.

Macetero s suporte de vasos.

Machacar v machucar, moer, esmagar, pisar.

Machacón adj maçador.

Machete s machete, sabre, facão.

Machihembrar v entalhar, embutir.

Machismo s machismo.

Machista adj machista.

Macho adj macho, masculino.

Machorra adj mulher estéril.

Machote s maço, malho.

Machucar v machucar, pisar, esmagar.

Macilento adj macilento, triste.

Macizo adj maciço.

Macrobiótico adj macrobiótico.

Macrocosmo s macrocosmo.

Mácula s mácula, nódoa.

Macuto s mochila de soldado.

Madeja s meada.

Madera s madeira, casco de cavalo.

Maderaje s madeirame, madeiramento.

Maderería s madeireira.

Maderero s madeireiro.

Madero s madeiro, viga, tronco.

Madrastra s madrasta.

Madre s mãe.

Madreperla s madrepérola.

Madreselva s madressilva.

Madrigal s madrigal, composição poética.

Madriguera s madrigueira, esconderijo.

Madrina s madrinha, protetora.

Madrugada s madrugada, aurora.

Madrugador adj madrugador.

Madrugar v madrugar.

Madurar v amadurecer.

Madurez s maturidade.

Maduro adj maduro.

Maestranza s oficina de artilharia.

Maestrazgo s mestrado.

Maestresala s mestre-sala.

Maestría s mestria, habilidade, professor.

Maestro s mestre, professor, educador.

Mafia s máfia.

Mafioso adj mafioso.

Magazine s magazine, revista ilustrada.

Magdalena s madalena (doce).

Magia s magia, encantamento.

Mágico adj mágico, maravilhoso, encantado, enfeitiçado.

Magisterio s magistério, cargo de professor.

Magistrado s magistrado, juiz.

Magistral adj magistral, perfeito.

Magistratura s magistratura.

Magnánimo adj magnânimo, generoso.

Magnate s magnata.

Magnesio s magnésio.

MAGNÉTICO — MALVERSAR

Magnético *adj* magnético.
Magnetismo *s* magnetismo.
Magnetizar *v* magnetizar.
Magneto *s* gerador de eletricidade.
Magnetofón *s* gravador.
Magnificar *v* magnificar, engrandecer, louvar, glorificar.
Magnificencia *s* magnificência, engrandecimento, glorificação.
Magnífico *adj* magnífico, esplêndido, excelente.
Magnitud *s* magnitude, grandeza, importância.
Magno *adj* magno, grande.
Magnolia *s* magnólia.
Mago *s* mago, feiticeiro.
Magro *adj* magro, delgado, enxuto.
Magulladura *s* machucado, contusão, ferida.
Magullamiento *s* machucado, ferimento.
Magullar *v* machucar, pisar, contundir.
Mahometano *adj* maometano.
Maíz *s* milho.
Majada *s* curral, esterco, manjedoura.
Majadería *s* tolice, baboseira, bobagem.
Majadero *adj* pateta, tolo, inoportuno; *s* maça, socador, pilão.
Majar *v* malhar, pisar, maçar.
Majestad *s* majestade, nobreza.
Majestuoso *adj* majestoso.
Majo *adj* vistoso, bem vestido, garrido.
Majuelo *s* espinheiro alvar, cardo branco.
Mal *adj* mau; *s* mal, desgraça, calamidade, doença; *adv* pouco, insuficiente.
Malabarismo *s* malabarismo.
Malacostumbrado *adj* mal-acostumado, mimado.
Malagradecido *adj* mal agradecido, ingrato.
Malaventura *s* desgraça, adversidade.
Malayo *adj* malaio.
Malbaratar *v* esbanjar, desperdiçar, dilapidar.
Malcomer *v* comer pouco e mal.
Malcriado *adj* malcriado.
Malcriar *v* malcriar, educar mal.
Maldad *s* maldade, ruindade.

Maldecir *v* maldizer, amaldiçoar.
Maldición *s* maldição.
Maldito *adj* maldito, mau.
Maleable *adj* maleável, flexível.
Maleante *adj* malfeitor, marginal.
Malear *v* estragar, danificar.
Maledicencia *s* maledicência, difamação.
Maleficio *s* malefício, prejuízo, feitiço.
Maléfico *adj* maléfico.
Malentendido *s* mal entendido.
Malestar *v* mal-estar, indisposição.
Maleta *s* mala.
Maletero *s* porta-malas.
Maletín *s* maleta, valise.
Malevolencia *s* malevolência.
Maleza *s* maleza, moita.
Malformación *s* má formação, defeito congênito.
Malgastar *v* desperdiçar, esbanjar.
Malhablado *adj* desbocado, atrevido.
Malhechor *adj* malfeitor.
Malherir *v* ferir gravemente.
Malhumorado *s* mal-humorado.
Malícia *s* malícia, maldade.
Malicioso *adj* malicioso, mau.
Maligno *s* maligno, maldoso, malicioso.
Malintecionado *adj* mal-intencionado.
Malla *s* malha (rede, roupa de ginástica).
Mallo *s* malho, martelo, malha (jogo).
Malo *adj* mau, nocivo, perverso, indisposto, doente, inferior, difícil, negativo.
Malograr *v* malograr, fracassar.
Malogro *s* malogro.
Maloliente *adj* fedorento, fétido.
Malparado *adj* maltratado.
Malquistar *v* indispor, antipatizar.
Malsano *adj* doentio, insalubre.
Malsonante *adj* que soa mal.
Malta *s* malte.
Maltratar *v* maltratar.
Maltrecho *adj* maltratado.
Malva *s* malva (planta, flor, cor).
Malvado *adj* malvado, perverso.
Malvender *v* vender a baixo preço.
Malversar *v* malversar, esbanjar, dilapidar.

MAMA — MANTELERIA

Mama s mama, teta.
Mamá s mamãe, mãe.
Mamada s mamada.
Mamadera s mamadeira.
Mamar v mamar, chupar.
Mamarracho s figura defeituosa e ridícula, adorno mal feito.
Mamífero s mamífero.
Mampara s anteparo, biombo.
Mampostería s alvenaria (obra, ofício).
Mampostero s pedreiro.
Mamut s mamute, bebedeira.
Maná s maná, alimento milagroso.
Manada s manada.
Manantial s manancial, nascente, mina (d'água).
Manar v emanar (um líquido), brotar.
Mancar v mutilar, estropiar.
Mancebo adj mancebo, moço, jovem.
Mancha s mancha, nódoa, sinal, mácula.
Manchar v manchar, sujar, denegrir.
Mancilla s mancha, desonra.
Manco adj maneta.
Mancomunar v mancomunar, pactuar.
Manda s oferta, promessa, legado.
Mandado s mandado, ordem, recado.
Mandamiento s mandamento, preceito, ordem.
Mandar v mandar, ordenar.
Mandarín s mandarim.
Mandatario s mandatário.
Mandato s mandato, ordem, encargo.
Mandíbula s mandíbula, queixada.
Mandil s avental resistente.
Mandioca s mandioca.
Mando s mando, autoridade, chefia.
Mandolina s bandolim.
Mandril s mandril.
Manducar v manducar, comer.
Manecilla s ponteiro (de relógio ou de instrumento).
Manejar v manejar, governar, conduzir, dirigir.
Manejo s manejo, gerência.
Manera s maneira, modo, forma.
Manga s manga (de roupa, tubo, parte do eixo).

Manganesa s manganês.
Manglar s mangue.
Mango s manga (fruta), cabo, asa (de objetos).
Mangonear v vadiar.
Manguera s mangueira (de borracha).
Manía s mania, ideia fixa, birra.
Maníaco adj maníaco, louco.
Maniatar v manietar, algemar.
Maniático adj maníaco, louco.
Manicomio s manicômio, hospício.
Manicuro s manicure.
Manido adj murcho, passado.
Manifestación s manifestação.
Manifestar v manifestar.
Manifiesto s manifesto; adj expresso, visível.
Manija s cabo, punho (de objetos).
Manilargo adj mão aberta, generoso.
Manilla s bracelete, pulseira, algema.
Maniobra s manobra, operação manual.
Maniobrar v manobrar, movimentar.
Manipulación s manipulação.
Manipular v manipular.
Maniqueísmo s maniqueísmo.
Maniquí s manequim.
Manirroto adj esbanjador, perdulário.
Manivela s manivela.
Manjar s manjar.
Mano s mão, direção (no trânsito), pata dianteira, poder, mando.
Manojo s molho, feixe, maço (de flores).
Manómetro s manômetro.
Manosear v manusear, apalpar, tatear.
Manoseo s manuseio.
Manotazo s palmada.
Manotear v gesticular, dar palmadas.
Mansedumbre s mansidão, paciência.
Mansión s mansão, morada.
Manso adj manso, dócil, paciente, pacífico.
Manta s manta, cobertor.
Manteca s banha (de porco), gordura.
Mantecado s sorvete, bolo.
Mantel s toalha (de mesa, de altar).
Manteleria s jogo de toalhas de mesa e guardanapos.

MANTENER — MARQUÉS

Mantener v manter, prover, conservar.
Mantenimiento s manutenção, conservação, mantimento.
Manteo s mantel, capa usada pelos eclesiásticos.
Mantequilla s manteiga.
Mantilla s mantilha.
Manto s manto, capa.
Mantón s mantô, casaco, xale grande.
Manual s manual, compêndio; adj manual, caseiro, artesanal.
Manubrio s manivela, cabo, guidão.
Manufactura s manufatura.
Manuscrito s manuscrito.
Manutención s manutenção, conservação, sustento.
Manzana s maçã, pomo, casas geminadas.
Manzanilla s camomila, macela.
Maña s manha, destreza, habilidade, astúcia, mau costume.
Mañana s manhã; adv amanhã.
Mañoso adj manhoso.
Mapa s mapa.
Maqueta s maquete, modelo.
Maquiavélico adj maquiavélico.
Maquillador s maquiador.
Maquillaje s maquiagem, pintura.
Maquillar v maquiar, pintar, aplicar cosméticos.
Máquina s máquina.
Maquinar v maquinar, tramar.
Maquinaria s maquinaria, mecanismo.
Maquinista s maquinista.
Mar s mar.
Maraña s maranha, fios enredados.
Marasmo s marasmo, estagnação, apatia.
Maratón s maratona.
Maravilla s maravilha.
Maravillar v maravilhar, admirar, deslumbrar.
Maravilloso adj maravilhoso, admirável, extraordinário.
Marca s marca, sinal.
Marcado adj marcado, determinado.
Marcador adj marcador.
Marcaje s marcação.

Marcapasos s marcapasso.
Marcha s marcha, velocidade.
Marchante adj mercantil, traficante.
Marchar v marchar, andar, caminhar, funcionar.
Marchitar v murchar, enfraquecer.
Marchito adj murcho, pálido.
Marcial adj marcial, guerreiro.
Marco s marco (moeda, peso, medida), quadro, moldura, caixilho.
Marea s maré.
Marear v marear, governar.
Marear v dirigir (embarcação), enjoar, ficar mareado.
Marejada s marejada.
Maremoto s maremoto.
Mareo s enjoo, náusea.
Marfil s marfim, dentina.
Margarina s margarina.
Margarita s margarida.
Margen s margem, borda.
Marginado adj marginalizado, excluído.
Marginal adj marginal.
Marginar v deixar margens (ao escrever), escrever à margem, excluir-se.
Marido s marido, cônjuge, esposo.
Marihuana s marijuana, maconha.
Marimorena s tumulto, zona.
Marina s marinha, beira-mar.
Marinero s marinheiro, marujo.
Marino adj marinho, marinheiro.
Marioneta s marionete, fantoche.
Mariposa s mariposa, borboleta.
Mariquita s joaninha.
Mariscal s marechal.
Marisco s marisco (crustáceo ou molusco comestível).
Marisma s restinga.
Marital adj marital.
Marítimo adj marítimo.
Marjal s brejo, pântano, terreno pantanoso.
Marmita s marmita.
Mármol s mármore.
Marmota s marmota.
Maroma s corda grossa.
Marqués s marquês.

MARQUESINA — MAULLAR

Marquesina s marquise, toldo.
Marquetería s marchetaria, incrustação.
Marranada s sujeira, porcaria.
Marrano s porco.
Marrar v errar, faltar.
Marrón adj marrom, cor castanha.
Marta s marta (animal, pele).
Martes s terça-feira, terceiro dia da semana.
Martillo s martelo, malho.
Martinar v martelar, bater com martelo.
Mártir s mártir, vítima.
Martirio s martírio, tortura, aflição, sacrifício.
Martirizar v martirizar, torturar, atormentar.
Marxismo s marxismo.
Marzo s março.
Mas conj mas, porém.
Más adv mais; s mais (sinal matemático).
Masa s massa, mistura, volume.
Masacrar v massacrar, matar, chacinar.
Masacre s massacre, matança, chacina, carnificina.
Masaje s massagem.
Masajista s massagista.
Mascar v mascar, mastigar.
Máscara s máscara, disfarce.
Mascota s mascote, amuleto.
Masculinidad s masculinidade, virilidade.
Masculino adj masculino, viril.
Mascullar v resmungar, falar entre-dentes.
Masificación s massificação.
Masificar v massificar.
Masilla s massa (de vidraceiro, para vedação).
Masivo adj, s massivo.
Masón adj maçom.
Masonería s maçonaria.
Masónico adj maçônico.
Masoquismo s masoquismo.
Masticación s mastigação.
Masticar v mastigar, mascar.
Mástil s mastro, haste.
Mastín s mastim, cão de guarda.
Mastodonte s mastodonte, trambolho.

Mastuerzo s mastruço.
Masturbación s masturbação.
Masturbar v masturbar.
Mata s mata, arvoredo.
Matadero s matadouro, abatedouro (de animais).
Matador adj toureiro; adj, s matador, assassino.
Matamoscas s mata-moscas.
Matanza s matança.
Matar v matar, eliminar, aniquilar, assassinar.
Matarratas s mata-rato.
Mate adj apagado, sem brilho; s mate, arbusto do Paraguai.
Matemáticas s matemática.
Matemático adj, s matemático, adj rigoroso, preciso.
Materia s matéria, substância.
Material adj material.
Materialismo s materialismo.
Materializar v materializar, tornar concreto.
Maternal adj maternal, materno.
Maternidad s maternidade (condição de mãe, hospital para parturientes).
Materno adj materno.
Matinal adj matinal, matutino.
Matiz s matiz, gradação (de cor), nuance.
Matizar v matizar, combinar (cores), colorir, realçar.
Matón adj valentão.
Matorral s mato, matorral.
Matraz s retorta, balão de vidro.
Matriarca s matriarca.
Matriarcado s matriarcado.
Matrícula s matrícula, inscrição, lista, identificação, placa.
Matricular v matricular, registrar, inscrever.
Matrimonio s matrimônio, casamento, união.
Matriz s matriz, madre, útero.
Matrona s matrona, mãe de família, parteira, comadre.
Matutino adj matutino, matinal.
Maullar v miar.

MAULLIDO — MEJOR

Maullido *s* miado.
Mausoleo *s* mausoléu, túmulo, sepulcro, tumba.
Maxilar *s* maxilar, mandíbula.
Máxime *adv* principalmente.
Máximo *adj* máximo, maior, melhor, superior.
Maya *adj* maia.
Mayar *v* miar.
Mayo *s* maio.
Mayonesa *s* maionese.
Mayor *adj* maior, superior (em qualidade, tamanho e número).
Mayoral *s* maioral, capataz.
Mayordomo *s* mordomo, administrador.
Mayoría *s* maioria, maior parte.
Mayoridad *s* maioridade.
Mayorista *s* atacadista.
Mayúsculo *adj* maiúsculo.
Maza *s* maça, clava, bate estacas.
Mazapán *s* maçapão, marzipã.
Mazmorra *s* masmorra, prisão subterrânea.
Mazo *s* maço, martelo de madeira, marreta, molho, feixe.
Mazorca *s* maçaroca (de milho).
Me *pron* me, mim.
Meada *s* mijada.
Meado *s* mijado.
Meandro *s* meandro.
Mear *v* mijar, urinar.
Mecánica *s* mecânica.
Mecánico *adj* mecânico, automático.
Mecanismo *s* mecanismo.
Mecanizar *v* mecanizar, automatizar.
Mecanografía *s* mecanografia, datilografia.
Mecanografiar *v* datilografar.
Mecanógrafo *adj* datilógrafo.
Mecedora *s* cadeira de balanço.
Mecenas *s* mecenas, protetor, patrocinador.
Mecer *v* mexer, agitar, balançar.
Mecha *s* mecha, pavio.
Mechero *s* isqueiro, acendedor.
Mechón *s* mecha, tufo (de lã, fios, de cabelos).

Medalla *s* medalha, insígnia.
Medallón *s* medalhão.
Media *s* média, metade, meia hora, meia comprida.
Mediación *s* mediação, intervenção.
Mediador *adj* mediador, interventor.
Medianero *adj* medianeiro, mediador.
Medianía *s* mediania.
Mediano *adj* mediano, medíocre, médio.
Medianoche *s* meia-noite.
Mediante *adj* mediante, que intermedia; *adv* mediante, por meio de.
Mediar *v* mediar, intermediar, advogar.
Mediato *adj* imediato, próximo.
Medicación *s* medicação.
Medicamento *s* medicamento, remédio.
Medicar *v* medicar, tratar.
Medicina *s* medicina.
Medicinal *adj* medicinal.
Medición *s* medição, medida.
Médico *s* médico.
Medida *s* medida.
Medieval *adj* medieval.
Medio *adj* médio, metade.
Mediocre *adj* medíocre.
Mediocridad *s* mediocridade.
Mediodía *s* meio-dia.
Medir *s* medir, avaliar, regular.
Meditabundo *adj* meditabundo, pensativo.
Meditación *s* meditação, reflexão.
Meditar *v* meditar, refletir.
Mediterráneo *adj* mediterrâneo.
Médium *s* médium, espírita.
Medrar *v* crescer (plantas).
Medroso *adj* medroso, receoso.
Médula *s* medula.
Medusa *s* medusa.
Megalítico *s* megalítico.
Megalomanía *s* megalomania, mania de grandeza.
Mejicano *adj* mexicano.
Mejilla *s* bochecha, maça do rosto.
Mejillón *s* mexilhão.
Mejor *adj* melhor, superior (em qualidade).

MEJORA — MENTAR

Mejora s melhora, aproveitamento, benefício.

Mejorana s mangerona.

Mejorar v melhorar, aperfeiçoar.

Mejoria s melhoria, alívio.

Mejunje s mistura (cosmético ou medicamento).

Melado s melado, cor do mel, xarope da cana-de-açúcar.

Melancolía s melancolia, tristeza, nostalgia.

Melar v melar, fabricar mel (a abelha).

Melaza s melaço.

Melena s melena, cabelo comprido, juba.

Melífluo adj melífluo, suave, doce demais.

Melindre s melindre (doce).

Melindres s melindres, modos afetados, trejeitos.

Melindroso adj melindroso, dengoso, delicado.

Melisa s melissa.

Mella s falha, mossa (no fio de instrumentos cortantes).

Mellizo adj gêmeo.

Melocotón s pêssego.

Melodía s melodia, composição, suavidade.

Melódico adj melódico, suave.

Melodioso adj melodioso, harmonioso.

Melodrama s melodrama, dramalhão.

Melómano adj melomaníaco, melômano.

Melón s melão.

Meloso adj meloso, melado, adoçicado.

Membrana s membrana.

Membranoso adj membranoso.

Membrete s lembrete, anotação.

Membrillo s marmelo, doce de marmelada.

Memo adj estúpido, tonto, bobo, burro.

Memorable adj memorável, inesquecível.

Memorándum s memorando.

Memoria s memória, lembrança, recordação.

Memorial s memorial.

Memorización s memorização, recordação.

Menaje s utensílios e objetos (de uma casa).

Mención s menção, referência.

Mencionar v mencionar, aludir, indicar.

Mendicante adj mendicante, pedinte, mendigo.

Mendigar v mendigar, pedir esmola.

Mendigo s mendigo, pedinte.

Mendrugo s pedaço de pão duro.

Menear v menear, mover (de um lado para o outro).

Meneo s meneio.

Menester s mister, necessidade.

Menestra s minestra (carne com legumes cozidos).

Mengano s beltrano.

Mengua s míngua, diminuição.

Menguado adj minguado.

Menguante adj minguante, lua minguante.

Menguar v minguar, diminuir.

Menhir s menir.

Meninge s meninge.

Meningitis s meningite.

Menisco s menisco.

Menopausia s menopausa.

Menor adj menor (em tamanho, número), mínimo, mais novo (em idade).

Menos adv menos, exceto, salvo.

Menoscabar v menosprezar, diminuir.

Menoscabo s menoscabo.

Menospreciable adj desprezível.

Menospreciar v menosprezar, desprezar.

Menosprecio s menosprezo, desprezo, desdém.

Mensaje s mensagem, recado, notícia.

Mensajero s mensageiro.

Menstruación s menstruação.

Menstruar v menstruar.

Mensualidad s mensalidade, mesada, salário mensal.

Mensurable adj mensurável.

Menta s menta (planta, essência).

Mental adj mental, intelectual.

Mentalidad s mentalidade.

Mentar v memorar, lembrar.

MENTE — MÍ

Mente s mente, inteligência, vontade, pensamento.
Mentecato adj mentecapto.
Mentir v mentir, enganar.
Mentira s mentira, engano.
Mentiroso adj mentiroso.
Mentón s queixo, maxilar.
Mentor s mentor, guia, conselheiro.
Menú s menu, cardápio, minuta.
Menudear v amiudar, repetir.
Menudencia s minúcia, pequenez, ninharia.
Menudo adj miúdo, delgado, pequeno.
Meñique s dedo mindinho.
Meollo s miolo, migalha.
Mequetrefe s mequetrefe, homem metido.
Mercader s mercador, comerciante, negociante.
Mercadería s mercadoria.
Mercado s mercado, praça, comércio.
Mercancía s mercadoria.
Mercantil adj mercantil, comercial.
Merced s mercê, graça, favor, perdão.
Mercenario adj mercenário.
Mercería s armazém, armarinho.
Mercurio s mercúrio (substância, astro).
Merecedor adj merecedor.
Merecer v merecer.
Merecido adj merecido, devido.
Merecimiento s merecimento, mérito.
Merendar v merendar, lanchar.
Merendero s lugar onde se merenda.
Merengue s merengue, doce.
Meretriz s meretriz, prostituta.
Meridiano adj meridiano.
Meridional adj meridional, austral.
Merienda s merenda, lanche (da tarde), piquenique.
Merino adj merino (raça de carneiros).
Mérito s mérito, merecimento, valor.
Meritorio adj meritório, louvável.
Merluza s merluza, pescada.
Merma s diminuição, perda, descréscimo.
Mermar v diminuir, minguar.
Mermelada s marmelada, doce de fruta cozida.

Mero adj mero, puro, simples.
Merodear s vaguear, andar pelo campo, saquear.
Mes s mês, mensalidade, menstruação.
Mesa s mesa.
Mesar v arrepelar-se.
Meseta s metamar, meseta, planalto.
Mesiánico adj messiânico.
Mesnada s mesnada (leva de gente de guerra).
Mesón s estalagem, hospedaria, pousada.
Mestizaje s mestiçagem.
Mestizo adj mestiço.
Mesura s mesura, gravidade e compostura no rosto e porte, cortesia.
Meta s meta, limite.
Metabolismo s metabolismo.
Metafísica s metafísica.
Metáfora s metáfora, alegoria.
Metal s metal, latão.
Metálico adj metálico.
Metalúrgico adj metalúrgico.
Metamorfosis s metaformose.
Metano s metano, gás metano.
Meteorito s meteorito, aerólito.
Meteoro s meteoro.
Meteorología s meteorologia.
Meteorológico adj meteorológico.
Meter v meter, pôr, introduzir.
Meticuloso adj meticuloso, minucioso.
Metido adj metido, intrometido.
Metódico adj metódico.
Método s método, ordem, processo.
Metodología s metodologia.
Metraje s metragem (de um filme).
Metralla s metralha, estilhaços de bala.
Metralleta s metralhadora.
Métrico adj métrico.
Metro s metro.
Metrópoli s metrópole.
Metropolitano adj metropolitano.
Mezcla s mescla, mistura.
Mezclar v mesclar, misturar.
Mezquindad s mesquinharia.
Mezquino adj mesquinho.
Mezquita s mesquita.
Mí pron mim.

MI — MIRLO

Mi s mi, terceira nota musical.
Mi, mis *pron* meu, minha, meus, minhas.
Miasma s miasma, emanação de mau cheiro.
Micción s micção, urina.
Mico s mico.
Microbiano *adj* microbiano.
Microbio s micróbio.
Microbiología s microbiologia.
Microfilme s microfilme.
Micrófono s microfone.
Microorganismo s micro-organismo.
Microscópico *adj* microscópico.
Microscopio s microscópio.
Miedo s medo, terror, receio, temor.
Miedoso *adj* medroso.
Miel s mel.
Miembro s membro.
Mientras *adv* enquanto, entretanto, durante.
Miércoles s quarta-feira, quarto dia da semana.
Mierda s merda, excremento, fezes, bosta.
Mies s messe, cereal maduro.
Miga s miolo (de pão), migalha.
Migaja s migalha, fragmento, restos, sobras.
Migar *v* esfarelar, esmigalhar (o pão).
Migración s migração.
Migraña s dor de cabeça.
Migratorio *adj* migratório.
Mijo s espécie de milho.
Mil *adj* mil.
Milagro s milagre.
Milenario *adj* milenário.
Milenio s milênio.
Milésimo s milésimo.
Milicia s milícia.
Miliciano *adj* miliciano.
Miligramo s miligrama.
Milímetro s milímetro.
Militante *adj* militante.
Militar *adj* militar.
Milla s milha.
Millar s milhar.
Millón *num* milhão.
Millonario *adj* milionário, muito rico.

Mimar *v* mimar, amimar, afagar, acariciar.
Mimbre s vime.
Mimbrera s vimeiro, vime.
Mimetismo s mimetismo.
Mímica s mímica, pantomima.
Mimo s mimo, carinho, ternura.
Mimoso *adj* mimoso, delicado, melindroso.
Mina s mina, olho-d'água, nascente.
Minar *v* minar (escavar, colocar explosivos).
Mineral *adj* mineral.
Mineralogía s mineralogia.
Minería s mineração, exploração de minérios.
Minero *adj* mineiro.
Miniatura s miniatura.
Minifalda s minissaia.
Minifundio s minifúndio.
Minimizar *v* minimizar.
Mínimo *adj* mínimo, o menor.
Ministerial *adj* ministerial.
Ministerio s ministério (cargo, organismo, edifício).
Ministro s ministro.
Minorar *v* minorar, diminuir, reduzir.
Minoría s minoria.
Minoridad s menoridade.
Minoritario *adj* minoritário.
Minucia s minúcia, ninharia, bagatela.
Minucioso *adj* minucioso.
Minúsculo *adj* minúsculo, miúdo.
Minusválido *adj* deficiente, inválido.
Minuta s minuta, rascunho, apontamento.
Minuto s minuto.
Miocardio s miocárdio.
Miope *adj* míope.
Miopía s miopia.
Mira s mira.
Mirada s olhada.
Mirador s mirante, varanda envidraçada.
Miramiento s concentração, olhada.
Mirar *v* mirar, olhar.
Mirilla s vigia, abertura na porta.
Mirlo s melro.

MIRÓN — MOLDE

Mirón *adj* observador curioso, espectador (de jogo).
Misa *s* missa.
Misal *s* missal.
Misantropía *s* misantropia.
Misántropo *adj* misantropo.
Miscelánea *s* miscelânea, mistura.
Miserable *adj* miserável, desgraçado, infame.
Miseria *s* miséria, pobreza extrema, sordidez.
Misericordia *s* misericórdia, compaixão.
Mísero *adj* mísero.
Misil *s* míssil.
Misión *s* missão, encargo.
Misionero *s* missionário, evangelizador.
Misiva *s* missiva, carta, mensagem.
Mismo *adj* mesmo, semelhante, igual.
Misterio *s* mistério, enigma.
Misterioso *adj* misterioso.
Misticismo *s* misticismo.
Místico *adj* místico.
Mistificación *s* mistificação.
Mistificar *v* mistificar.
Mitad *s* metade, meio.
Mítico *adj* mítico.
Mitigar *v* mitigar, moderar.
Mitin *s* comício.
Mito *s* mito.
Mitología *s* mitologia.
Mitológico *adj* mitológico.
Mitomanía *s* mitomania.
Mitra *s* mitra.
Mixto *adj* misto, misturado, composto.
Mixtura *s* mistura, mescla.
Mobiliario *s* mobiliário, mobília.
Mocasín *s* mocassim.
Mocedad *s* mocidade, juventude.
Mochila *s* mochila.
Mochilero *s* mochileiro, que viaja com mochila.
Mocho *adj* mocho, sem ponta.
Moción *s* moção.
Moco *s* muco, ranho (de nariz).
Mocoso *adj* mucoso, ranhento.
Moda *s* moda, maneira de vestir, uso, costume, voga.

Modales *s* maneira de ser.
Modalidad *s* modalidade, modo de ser.
Modelado *adj* modelado, moldado.
Modelar *v* modelar, moldar, contornar.
Modelo *s* modelo, exemplo, imagem, molde, norma, regra, representação.
Moderación *s* moderação.
Moderado *adj* moderado, comedido.
Moderar *v* moderar, regular, regrar.
Modernismo *s* modernismo.
Modernista *adj* modernista.
Modernizar *v* modernizar, atualizar.
Moderno *adj* moderno, recente, atual.
Modestia *s* modéstia, humildade, simplicidade.
Modesto *adj* modesto, humilde, simples.
Módico *adj* módico, moderado.
Modificar *v* modificar, alterar.
Modismo *s* modismo (no falar), idiotismo.
Modisto *s* modista, costureiro.
Modo *s* modo, maneira de ser, método.
Modorra *s* modorra, sonolência, apatia, indolência.
Modoso *adj* moderado, de boas maneiras, cortês, respeitoso.
Modular *v* modular, passar de um tom a outro.
Módulo *s* módulo, medida, parte.
Mofa *s* mofa, zombaria, escárnio, gozação.
Mofar *v* mofar, zombar, escarnecer.
Moflete *s* bochecha grande e carnuda.
Mogollón *s* intrometido; FIG grande quantidade, montão.
Mohín *s* gesto, trejeito, careta.
Mohíno *adj* mofino, triste, desgostoso.
Moho *s* mofo, bolor, ferrugem, azinhavre.
Mohoso *adj* bolorento, mofado, mofento.
Mojadura *s* molhadura.
Mojama *s* atum seco salgado.
Mojar *v* molhar, umedecer.
Moje *s* molho, tempero.
Mojigato *adj* hipócrita, fingido, dissimulado, falso beato.
Mojón *s* baliza, marco.
Molde *s* molde, matriz, modelo, forma.

MOLDEABLE — MONTAÑOSO

Moldeable *adj* moldável, flexível, maleável.
Moldear *v* moldar.
Moldura *s* moldura, caixilho.
Mole *s* mole, corpo maciço e de grandes dimensões.
Molécula *s* molécula.
Molecular *adj* molecular.
Moler *v* moer, triturar, espremer, reduzir a pó.
Molestar *v* molestar, incomodar, ofender.
Molestia *s* moléstia, incômodo, fadiga.
Molicie *s* moleza, brandura.
Molienda *s* moenda, moinho.
Molinero *adj* moleiro.
Molinete *s* molinete, catavento.
Molino *s* moinho.
Molleja *s* moela.
Mollera *s* moleira, parte superior do crânio.
Mollete *s* pãozinho mole.
Molusco *s* molusco.
Momentáneo *adj* momentâneo, instantâneo.
Momento *s* momento, instante.
Momia *s* múmia.
Momificar *v* mumificar, embalsamar.
Monacal *adj* monacal, monástico.
Monacato *s* monacato.
Monada *s* macacada, macaquice.
Monaguillo *s* coroinha.
Monarca *s* monarca, rei.
Monarquía *s* monarquia, coroa, reino.
Monárquico *adj* monárquico.
Monastério *s* mosteiro, convento.
Monda *s* exumação.
Mondadientes *s* palito de dentes.
Mondar *v* limpar, purificar, podar, descascar, cortar o cabelo.
Mondo *adj* limpo, livre de coisas supérfluas.
Mondongo *s* mondongo.
Moneda *s* moeda.
Monedero *s* moedeiro, carteira.
Monería *s* macaquice.
Monetario *adj* monetário.
Monigote *s* fantoche.

Monitor *s* monitor.
Monja *s* monja, freira.
Monje *s* monge, frade, frei.
Mono *adj* bonito, gracioso, delicado; *s* mono, macaco.
Monobloque *adj* monobloco.
Monocorde *s* monocórdio, de uma só corda.
Monócromo *adj* monocromo, que tem uma só cor.
Monóculo *s* monóculo.
Monocultivo *s* monocultura.
Monogamia *s* monogamia.
Monógamo *adj* monógamo, casado com uma só mulher.
Monografía *s* monografia.
Monográfico *adj* monográfico.
Monograma *s* monograma.
Monolítico *adj* monolítico, feito de uma só peça.
Monólogo *s* monólogo, solilóquio.
Monomanía *s* monomania, ideia fixa.
Monomio *s* monómio.
Monopétalo *s* monopétalo, que tem uma só pétala.
Monopolio *s* monopólio, exclusividade.
Monopolizar *v* monopolizar, açambarcar.
Monosílabo *adj* monossílabo.
Monoteísmo *s* monoteísmo.
Monotonía *s* monotonia.
Monótono *adj* monótono.
Monserga *s* algaravia, linguagem confusa.
Monstruo *s* monstro.
Monstruosidad *s* monstruosidade.
Monstruoso *adj* monstruoso, disforme, exagerado.
Monta *s* montante, total, importância, valor.
Montacargas *s* elevador de carga.
Montaje *s* montagem.
Montante *s* suporte, reforço.
Montaña *s* montanha.
Montañés *adj* montanhês.
Montañismo *s* montanhismo, alpinismo.
Montañoso *adj* montanhoso.

MONTAR — MOVIBLE

Montar *v* montar, subir, armar (aparelho), encenar (espetáculo).
Monte *s* monte, montanha.
Montería *s* montaria, caça.
Montés *adj* montês.
Montón *s* montão, acumulação desordenada.
Montuoso *adj* montanhoso.
Montura *s* cavalgadura, arreios.
Monumental *adj* monumental, grandioso.
Monumento *s* monumento, estátua, obra arquitetônica.
Monzón *s* monção.
Moño *s* rolo de cabelo, laço de fitas.
Moquear *s* segregar muco ou ranho.
Moquero *s* lenço para assoar o nariz.
Moqueta *s* carpete.
Mora *s* amora, demora, atraso.
Morada *s* morada, habitação, residência.
Morado *adj* arroxeado.
Moral *adj* moral.
Moraleja *s* moral da história, lição.
Moralidad *s* moralidade, moral.
Moralista *s* moralista, puritano.
Moralizar *v* moralizar, corrigir.
Morar *v* morar, habitar, residir.
Morbidez *s* morbidez, languidez.
Mórbido *adj* mórbido, doentio.
Morbo *s* morbo, doença.
Morboso *adj* morboso.
Morcilla *s* morcela, espécie de chouriço.
Mordacidad *s* mordacidade.
Mordaz *adj* mordaz.
Mordaza *s* mordaça.
Mordedura *s* mordedura, dentada.
Morder *v* morder, dar dentadas.
Mordisco *s* dentada, mordida leve.
Mordisquear *v* morder levemente, mordiscar.
Moreno *adj* moreno, escuro.
Morfina *s* morfina.
Morfinómano *adj* morfinômano, viciado em morfina.
Morfología *s* morfologia.
Moribundo *adj* moribundo.
Morir *v* morrer, falecer.

Moro *adj* mouro, muçulmano.
Morondo *adj* pelado, sem pêlos.
Moroso *adj* moroso, lento, vagaroso.
Morral *s* embornal, mochila para provisões.
Morrillo *s* cachaço (dos animais), seixo.
Morriña *s* tristeza, melancolia.
Morro *s* morro, monte, rochedo.
Morsa *s* morsa, leão marinho.
Mortadela *s* mortadela.
Mortaja *s* mortalha.
Mortal *adj* mortal, fatal, perigoso.
Mortalidad *s* mortalidade.
Mortandad *s* mortandade.
Mortecino *adj* mortiço, apagado.
Mortero *s* morteiro, concreto (para construção).
Mortífero *adj* mortífero.
Mortificar *v* mortificar, castigar.
Mortuorio *adj* mortuário.
Mosaico *s* mosaico (pavimento feito de ladrilho colorido).
Mosca *s* mosca.
Moscatel *adj* moscatel (uva, vinho).
Moscovita *adj* moscovita.
Mosquitera *s* mosquiteiro, cortinado.
Mosquito *s* mosquito.
Mostaza *s* mostarda.
Mosto *s* mosto, suco das uvas.
Mostrador *s* mesa, prateleira, balcão.
Mostrar *v* mostrar, expor, exibir.
Mostrenco *adj* bens sem dono conhecido.
Mote *s* mote, apelido.
Motejar *v* apelidar, zombar.
Motel *s* motel, hotel (de estrada).
Motín *s* motim, tumulto, arruaça.
Motivar *v* motivar, originar, causar, determinar.
Motivo *s* motivo, origem, causa.
Motocicleta *s* motocicleta, moto.
Motor *s* motor.
Motorizar *v* motorizar, mecanizar.
Motriz *s* motriz, motora.
Movedizo *adj* movediço.
Mover *v* mover, movimentar, agitar, mexer.
Movible *adj* móvel, mutável.

MÓVIL — MUTILAR

Móvil adj móvel, instável, removível.
Movilizar v mobilizar.
Movimiento s movimento.
Mozo adj moço, jovem, garçom; s criada, empregada doméstica.
Muchacho s rapaz, moço ou moça que servem como criados.
Muchedumbre s multidão.
Mucho adj muito, numeroso, abundante.
Mucosidad s mucosidade.
Mucoso adj mucoso.
Muda s muda, mudança.
Mudar v mudar, deslocar, transferir, renovar, variar, converter.
Mudez s mudez, mutismo.
Mudo adj mudo, calado, silencioso.
Mueble s móvel, mobília.
Mueca s trejeito.
Muela s mó, pedra (de moinho, de amolar), molar (dente).
Muelle adj mole, brando, delicado, suave; s mola (de metal).
Muerte s morte, falecimento.
Muerto adj morto, falecido, extinto.
Muesca s entalhe, encaixe.
Muestra s amostra, modelo, exemplo.
Muestrario s mostruário.
Muestreo s amostragem.
Mugido s mugido.
Mugir v mugir.
Mugre s imundície, sujeira.
Mugriento adj sujo, ensebado, imundo.
Mujer s mulher, senhora, esposa, cônjuge.
Mujeriego adj mulherengo.
Muladar s muladar.
Mulato adj mulato, moreno.
Muleta s muleta.
Mullir v abrandar, amaciar.
Mulo s mulo.
Multa s multa.
Multar v multar.
Multicolor adj multicor, colorido.
Multicopista s máquina para tirar cópias.
Multiforme adj multiforme.
Multinacional adj multinacional.
Múltiple adj múltiplo, complexo, variado.

Multiplicación s multiplicação.
Multiplicador s multiplicador.
Multiplicar v multiplicar.
Multiplicidad s multiplicidade.
Múltiplo adj múltiplo.
Multitud s multidão.
Mundano adj mundano.
Mundial adj mundial.
Mundo s mundo, globo terrestre.
Munición s munição.
Municipal adj municipal.
Municipalidad s municipalidade, câmara municipal, município.
Município s município.
Muñeco s fantoche, boneco, munheca, pulso.
Muñón s coto.
Mural adj mural.
Muralla s muralha, muro que protege uma fortaleza.
Murciélago s morcego.
Murga s banda de músicos ambulantes.
Murmullo s murmúrio, sussurro.
Murmuración s murmúrio, falação, maledicência.
Murmurar v murmurar, sussurrar.
Muro s muro, parede.
Musa s musa.
Muscular adj muscular.
Musculatura s musculatura.
Músculo s músculo.
Musculoso adj musculoso, robusto, forte.
Muselina s musselina.
Museo s museu.
Musgo s musgo, limo.
Música s música.
Musical adj musical.
Musitar v mussitar.
Muslo s coxa.
Mustio adj melancólico, triste, murcho.
Musulmán adj muçulmano.
Mutable adj mutável.
Mutación s mutação, mudança.
Mutilación s mutilação.
Mutilar v mutilar, cortar uma parte do corpo.

MUTISMO — MUTUAMENTE

Mutismo s mutismo.
Mutualidad s mutualidade.
Mutuamente adv mutuamente.

Mutuo adj mútuo.
Muy adv muito, bastante.
Muzárabe adj moçárabe.

n N

N *s* décima sexta letra do alfabeto espanhol; MAT n, expoente indeterminado.

Nabo *s* nabo.

Nácar *s* nácar, madrepérola.

Nacarado *adj* nacarado.

Nacer *v* nascer, sair (dente, pelo, pena), aparecer (astro), brotar (folhas, flores).

Nacido *adj* nascido.

Naciente *adj* nascente; *s* oriente, este, leste.

Nacimiento *s* nascimento.

Nación *s* nação.

Nacional *adj* nacional.

Nacionalidad *s* nacionalidade.

Nacionalismo *s* nacionalismo.

Nacionalizar *v* nacionalizar.

Nada *s* nada, a não existência, coisa nula; *pron* nada, coisa nenhuma, não.

Nadar *v* nadar, flutuar.

Nadería *s* bagatela, nada.

Nadie *pron* ninguém.

Nafta *s* nafta, gasolina.

Naftalina *s* naftalina.

Nailon *s* náilon.

Naipe *s* carta (de baralho).

Nalga *s* nádega, traseiro.

Nana *s* nana, acalanto.

Nao *s* nau, nave, navio.

Napa *s* napa, pele de cabra curtida.

Napalm *s* napalm.

Naranja *s* laranja; *adj* alaranjado.

Naranjada *s* laranjada, suco de laranja.

Naranjado *adj* alaranjado.

Narcisismo *s* narcisismo.

Narcótico *adj* narcótico.

Narcotizar *v* narcotizar, entorpecer, anestesiar.

Nardo *s* nardo, planta amarilídea.

Nariz *s* nariz, narina.

Narración *s* narração, narrativa.

Narrar *v* narrar, contar, referir.

Narrativo *adj* narrativo.

Nasa *s* cesto, samburá.

Nasal *adj* nasal.

Nasalización *s* nasalização.

Nata *s* nata, creme.

Natación *s* natação.

Natal *adj* natal, referente ao nascimento.

Natalicio *adj* natalício; *s* aniversário.

Natalidad *s* natalidade.

Natividad *s* Natal.

Nativo *adj* nativo, natural.

Natural *adj* natural.

Naturaleza *s* natureza.

Naturalidad *s* naturalidade, normalidade.

Naturalismo *s* naturalismo.

Naturalizar *v* naturalizar.

Naufragar *v* naufragar, soçobrar, ir a pique.

Naufragio *s* naufrágio.

Náufrago *adj* náufrago.

Náusea *s* náusea, enjoo, ânsia.

Nauseabundo *adj* nauseabundo, nojento, repugnante.

Náutico *adj* náutico.

Navaja *s* navalha.

Navajada *s* navalhada.

Naval *adj* naval.

Nave *s* nave, navio, nau.

Navegable *adj* navegável.

Navegante *adj* navegante, navegador.

Navegar *v* navegar.

Navidad *s* Natal, dia de Natal, nascimento de Jesus.

Naviero *s* barqueiro, armador; *adj* naval.

NAVÍO — NIVEL

Navío s navio, embarcação grande.
Nazi adj nazista.
Nazismo s nazismo.
Neblina s neblina, nevoeiro, cerração.
Nebulosa s nebulosa.
Necedad s necedade.
Necesario adj necessário.
Necesidad s necessidade.
Necesitar v necessitar, precisar, carecer.
Necio adj néscio, estúpido.
Necrofilia s necrofilia.
Necrología s necrologia.
Necrópolis s necrópole, cemitério.
Necropsia s necrópsia, autópsia.
Necrosis s necrose, gangrena.
Néctar s néctar.
Nefando adj nefando, abominável.
Nefasto adj nefasto, funesto.
Nefrítico adj nefrítico.
Negación s negação.
Negado adj negado.
Negar v negar, recusar.
Negativo adj negativo.
Negligencia s negligência, abandono, desmazelo.
Negociar v negociar, comerciar.
Negocio s negócio, transação comercial.
Negro adj negro, preto, escuro.
Negrura s negrura, negritude.
Nene s nenê, bebê, criancinha.
Nenúfar s nenúfar.
Neoclasicismo s neoclassicismo.
Neófito adj neófito.
Neolatino adj neolatino.
Neolítico adj neolítico.
Neologismo s neologismo.
Neón s neón.
Neonato adj recém-nascido.
Nepotismo s nepotismo, favoritismo.
Nervio s nervo, fibra.
Nerviosismo s nervosismo.
Nervioso adj nervoso.
Neto adj claro, límpido, líquido.
Neumático adj pneumático, pneu.
Neumonía s pneumonia.
Neuralgia s nevralgia.
Neurálgico adj nevrálgico.

Neurastenia s neurastenia, nervosismo.
Neurología s neurologia.
Neurólogo s neurologista.
Neurona s neurônio, célula nervosa.
Neurosis s neurose.
Neurótico adj neurótico.
Neutral adj neutro, imparcial.
Neutralidad s neutralidade, imparcialidade.
Neutralizar v neutralizar.
Neutro adj neutro.
Neutrón s nêutron.
Nevada s nevada.
Nevado adj nevado.
Nevar v nevar, alvejar.
Nevera s geladeira, frigorífico.
Neviscar v neviscar, cair pouca neve.
Nexo s nexo, ligação, vínculo, elo.
Ni conj nem, também não.
Nicaragüense adj nicaraguense.
Nicho s nicho, vão, pequena cavidade.
Nicotina s nicotina.
Nidada s ninhada.
Nido s ninho.
Niebla s névoa, nevoeiro.
Nieto s neto.
Nieve s neve.
Nihilismo s niilismo.
Ninfa s ninfa.
Ninfómana s ninfomaníaca.
Ningún pron nenhum.
Ninguno pron, adj nenhum, nulo, ninguém.
Niñez s infância, meninice.
Niño s menino, criança.
Níquel s níquel.
Niquelado adj niquelado.
Nirvana s nirvana.
Nitidez s nitidez, clareza, limpidez.
Nítido adj nítido, claro, límpido.
Nitrato s nitrato.
Nitrogenado adj nitrogenado.
Nitrógeno s nitrogênio.
Nitroglicerina s nitroglicerina, dinamite.
Nivel s nível, instrumento para verificar a altura, prumo.

NIVELAR — NUMERAR

Nivelar v nivelar, medir, aplainar, aprumar.
Níveo adj níveo, branco, alvo.
No adv não.
Nobiliario adj nobiliário.
Noble adj nobre, elevado.
Nobleza s nobreza.
Noche s noite.
Nochebuena s véspera de Natal.
Noción s noção, ideia, conhecimento.
Nocivo adj nocivo, prejudicial, pernicioso.
Nocturno adj noturno.
Nodriza s nutriz, ama-de-leite.
Nogal s nogueira.
Nómada adj nômade, andarilho.
Nombradía s renome, reputação.
Nombramiento s nomeação.
Nombrar v nomear.
Nombre s nome.
Nomenclatura s nomenclatura, lista, catálogo, terminologia.
Nómina s lista de nomes, relação de funcionários.
Nonagenario adj nonagenário.
Nono adj nono.
Nordeste s nordeste.
Nórdico adj nórdico.
Norma s norma, regra, princípio.
Normal adj normal, regular, ordinário.
Normalizar v normalizar.
Noroeste s noroeste.
Norte s norte.
Nos pron nos, nós.
Nosotros pron nós.
Nostalgia s nostalgia, tristeza, saudade.
Nostálgico adj nostálgico, saudoso, triste, melancólico.
Nota s nota, marca, sinal, anotação, apontamento.
Notable adj notável.
Notar v notar, perceber, observar, reparar.
Notaría s cartório.
Notario s notário, escriturário, tabelião.
Noticia s notícia, informação, informe.
Noticiar v noticiar, dar notícia de, comunicar.

Noticiario s noticiário.
Notificar v notificar, intimar, informar.
Notorio adj notório, conhecido, público.
Novatada s trote, recepção aos calouros.
Novato adj novato, calouro, principiante, recém-chegado.
Novecientos num novecentos.
Novedad s novidade, notícia, mudança, fato recente.
Novel adj novel, noviço.
Novela s novela, fantasia, enredo, romance.
Novelar v compor ou escrever novelas.
Novelista s novelista, autor de novelas e romances.
Novena s novena, rezas durante nove dias.
Noveno adj nono.
Noventa num noventa.
Noviazgo s noivado.
Noviciado s noviciado.
Noviembre s novembro.
Novillo s novilho, bezerro.
Novio s noivo.
Nubarrón s nuvem grande e densa, separada das outras.
Nube s nuvem.
Nublado adj nublado.
Nublar v nublar.
Nuca s nuca.
Nuclear adj nuclear.
Núcleo s núcleo.
Nudillo s nódulo, articulação (dos dedos).
Nudismo s nudismo.
Nudista s nudista.
Nudo s nó, laço, laçada.
Nuera s nora.
Nuestro pron nosso.
Nueva s nova, novidade, notícia.
Nueve num nove.
Nuevo adj novo, recente, moderno.
Nuez s noz.
Nulidad s nulidade.
Nulo adj nulo, sem valor, incapaz.
Numerar v numerar.

NÚMERO — ÑUDO

Número s número, quantidade, algarismo, cifra.
Numeroso adj numeroso, abundante, em grande quantidade.
Numismática s numismática.
Nunca adv nunca, jamais.
Nuncio s núncio, mensageiro.
Nupcias s núpcias, bodas, casamento.
Nutria s lontra.
Nutrición s nutrição, alimentação, sustento.
Nutrido adj nutrido, alimentado.
Nutrir v nutrir, alimentar.
Nutritivo adj nutritivo, alimentício.
Ñ s décima sétima letra do alfabeto espanhol.
Ñaco s biscoito doce de farinha de milho.

Ñame s inhame.
Ñandú s ema, avestruz.
Ñandutí s tecido finíssimo feito pelas mulheres do Paraguai.
Ñaña s ama-seca, babá.
Ñañigo adj negros cubanos filiados a uma sociedade secreta.
Ñaque s montão ou conjunto de coisas inúteis e ridículas.
Ñeque adj valente, forte.
Ñiquiñaque s pessoa ou coisa desprezível, bagulho.
Ñoñería s bobeira, tolice.
Ñoño adj tonto, bobo.
Ñu s nhu (espécie de antílope).
Ñudo s nu, despido, pelado.

O

O *s* décima oitava letra do alfabeto espanhol.

Oasis *s* oásis.

Obcecación *s* obsessão, teimosia.

Obcecar *v* obcecar, teimar.

Obedecer *v* obedecer, cumprir ordens, acatar.

Obediencia *s* obediência.

Obelisco *s* obelisco, monumento.

Obertura *s* abertura, introdução musical.

Obesidad *s* obesidade, gordura excessiva.

Obeso *adj* obeso, muito gordo.

Óbice *s* óbice, obstáculo.

Obispado *s* bispado, diocese.

Obispo *s* bispo.

Óbito *s* óbito, falecimento.

Objeción *s* objeção, contestação.

Objetar *v* objetar, opor, contestar.

Objetivo *adj* objetivo.

Objeto *s* objeto.

Oblea *s* obreia.

Oblicuo *adj* oblíquo, inclinado, torto.

Obligación *s* obrigação, dever.

Obligar *v* obrigar, exigir, determinar.

Obra *s* obra, ato, ação.

Obrar *v* realizar, fazer, construir.

Obrero *s* operário, trabalhador.

Obsceno *adj* obsceno, indecente, indecoroso.

Obscurecer *v* obscurecer, escurecer.

Obscuridad *s* escuridão.

Obsequiar *v* obsequiar, presentear.

Obsequio *s* obséquio, presente, dádiva.

Observación *s* observação, atenção.

Observar *v* observar, estudar, examinar, olhar, reparar.

Observatorio *s* observatório.

Obsesión *s* obsessão.

Obsoleto *adj* obsoleto, antiquado, arcaico.

Obstáculo *s* obstáculo, empecilho.

Obstante *adj* obstante.

Obstar *v* obstar, impedir.

Obstinación *s* obstinação.

Obstinarse *v* obstinar-se, teimar, persistir.

Obstruir *v* obstruir, impedir, tapar.

Obviar *v* evitar, afastar.

Ocasional *adj* ocasional, inesperado, imprevisto, eventual.

Ocasionar *v* ocasionar, causar, motivar.

Ocaso *s* ocaso, pôr-do-sol.

Occidental *adj* ocidental.

Occidente *s* ocidente, oeste.

Oceánico *adj* oceânico.

Océano *s* oceano, mar.

Ocho *num* oito.

Ocio *s* ócio, preguiça, tempo livre.

Ocioso *adj* ocioso, inútil.

Ocluir *v* obstruir, fechar.

Ocre *s* ocre.

Octavilla *s* folha pequena (de papel).

Octogenario *adj* octogenário.

Octubre *s* outubro.

Ocular *adj* ocular, ótico.

Oculista *s* oculista, oftalmologista.

Ocultar *v* ocultar, esconder.

Ocultismo *s* ocultismo.

Oculto *adj* oculto, escondido, misterioso.

Ocupación *s* ocupação, emprego.

Ocupante *adj* ocupante.

Ocupar *v* ocupar (cargo, emprego), utilizar, usar, empregar.

Ocurrencia *s* ocorrência.

Ocurrir *v* ocorrer, acontecer, suceder.

Oda *s* ode.

ODIAR — OPERACIÓN

Odiar *v* odiar, abominar, detestar.
Odio *s* ódio, ira, aversão, rancor.
Odioso *adj* odioso, detestável.
Odisea *s* odisseia.
Odontología *s* odontologia.
Odontólogo *s* dentista.
Odre *s* odre.
Oeste *s* oeste, ocidente, poente, ocaso.
Ofender *v* ofender, injuriar.
Ofensa *s* ofensa, agravo, afronta, injúria.
Ofensivo *adj* ofensivo, agressivo, abusivo.
Oferta *s* oferta, oferecimento, donativo, proposta.
Oficial *adj* oficial.
Oficina *s* escritório, departamento.
Oficinista *s* funcionário público, empregado.
Ofidio *s* ofídio.
Ofrecer *v* oferecer, ofertar, dar, presentear.
Ofrecimiento *s* oferecimento.
Ofrenda *s* oferenda, presente, dádiva.
Oftalmología *s* oftalmologia.
Oftalmólogo *s* oftalmologista.
Ofuscación *s* ofuscação, ofuscamento.
Ofuscar *v* ofuscar, escurecer, obscurecer.
Oíble *adj* audível.
Oído *s* ouvido, audição.
Oír *v* ouvir, escutar.
Ojal *s* casa (de botão), furo, buraco.
Ojalá *interj* oxalá!, Deus permita!
Ojeada *s* olhada.
Ojear *v* olhar por alto, dar uma olhada.
Ojera *s* olheiras.
Ojeriza *s* ojeriza, antipatia, aversão, má-vontade.
Ojete *s* ilhós.
Ojiva *s* ogiva.
Ojo *s* olho, órgão da visão.
Ola *s* onda (do mar, de frio), vaga.
Olé *interj* olé!, viva!.
Oleada *s* onda grande, vagalhão.
Oleaginoso *adj* oleaginoso, oleoso.
Óleo *s* óleo, azeite.
Oleoducto *s* oleoduto.
Oler *v* cheirar, farejar, exalar.
Olfatear *v* farejar.

Olfativo *adj* olfativo.
Olfato *s* olfato, cheiro, faro.
Oligarquía *s* oligarquia.
Oligofrenia *s* oligofrenia.
Olimpíada *s* olimpíada.
Olímpico *adj* olímpico.
Olimpo *s* olimpo, morada dos deuses gregos.
Oliva *s* azeitona.
Olivo *s* oliveira, oliva.
Olla *s* panela, caldeirada, cozido.
Olmo *s* olmeiro, olmo, ulmeiro.
Olor *s* olor, aroma, cheiro.
Oloroso *adj* oloroso, perfumado.
Olvidar *v* olvidar, esquecer.
Olvido *s* olvido, esquecimento.
Ombligo *s* umbigo.
Ombú *s* umbuzeiro, árvore do norte do Brasil.
Omisión *s* omissão, falta.
Omiso *adj* omisso, descuidado.
Omitir *v* omitir, excluir, esconder.
Ómnibus *s* ônibus.
Omnipotencia *s* onipotência.
Omnipresencia *s* onipresença.
Omnisciencia *s* onisciência.
Omnívoro *adj* onívoro.
Omóplato *s* omoplata.
Once *num* onze.
Oncología *s* oncologia.
Oncólogo *s* oncologista.
Onda *s* onda, ondulação.
Ondear *v* ondear, ondular, fazer ondas.
Ondulación *s* ondulação.
Ondulado *adj* ondulado, frisado, crespo.
Ondular *v* ondular, frisar, encrespar.
Oneroso *adj* oneroso, dispendioso, pesado.
Onírico *adj* onírico.
Onomástico *adj* onomástico.
Onomatopeya *s* onomatopeia.
Ontología *s* ontologia.
Onza *s* onça (antiga moeda, animal).
Opacidad *s* opacidade.
Opción *s* opção, escolha.
Ópera *s* ópera.
Operación *s* operação.

OPERAR — ORNAMENTO

Operar v operar.
Operario s operário, trabalhador.
Operatorio adj operatório.
Opinar v opinar, entender, considerar.
Opinión s opinião, juízo, julgamento.
Opio s ópio.
Oponente adj oponente, opositor.
Oponer v opor, contrapor, impedir, obstar.
Oportunidad s oportunidade, ocasião, conjuntura.
Oportunismo s oportunismo.
Oportunista adj oportunista.
Oportuno adj oportuno, conveniente, adequado.
Oposición s oposição, resistência, obstáculo.
Opositor s opositor.
Opresión s opressão.
Oprimir v oprimir, reprimir.
Oprobio s opróbrio, ignomínia, afronta.
Optar v optar, escolher, preferir.
Optativo optativo, facultativo.
Óptica s óptica.
Optimismo s otimismo.
Óptimo adj ótimo, excelente.
Opuesto adj oposto, contrário.
Opugnar v opugnar.
Opulencia s opulência, abundância, riqueza.
Opulento adj opulento, farto, abundante.
Opúsculo s opúsculo, folheto.
Oración s oração, reza.
Orador s orador, pregador.
Oral adj oral, verbal.
Orangután s orangotango.
Orar v orar, falar em público.
Oratorio adj oratório, eloquente.
Orbe s mundo, universo.
Órbita s órbita, trajetória.
Orden s ordem, regra, norma.
Ordenación s ordenação.
Ordenado adj ordenado, organizado, metódico.
Ordenador s ordenador, arrumador, computador.

Ordenamiento s ordem, coordenação, prescrição.
Ordenanza s ordenança, estatuto, lei.
Ordenar v ordenar, mandar, dispor.
Ordeñar v ordenhar, tirar leite.
Ordinal adj ordinal.
Ordinario adj ordinário, habitual, comum, rotineiro.
Orear v arejar, refrescar.
Orégano s orégano.
Oreja s orelha.
Orfanato s orfanato, asilo.
Orfandad s orfandade.
Orfebrería s ourivesaria.
Orfeón s orfeão.
Organigrama s organograma.
Organismo s organismo.
Organización s organização.
Organizar v organizar, coordenar, arrumar, dispor, ordenar.
Órgano s órgão (instrumento, parte de um ser vivo), peça, meio (para realizar algo).
Orgasmo s orgasmo, prazer.
Orgía s orgia, bacanal.
Orgullo s orgulho, arrogância, vaidade, desdém, satisfação.
Orgulloso adj orgulhoso, vaidoso, arrogante.
Oriental adj oriental.
Orientar v orientar, dirigir, guiar.
Oriente s oriente, este, leste, nascente.
Orificio s orifício, buraco, abertura.
Origen s origem, princípio, começo.
Original adj original.
Originar v originar, causar, provocar, motivar.
Originario adj originário, proveniente.
Orilla s borda, beira, orla, margem.
Orina s urina.
Orinal s urinol, penico.
Orinar v urinar.
Oriundo adj oriundo, originário, procedente, proveniente.
Ornamental adj ornamental.
Ornamento s ornamento, enfeite, adorno.

OPE / ORN

ORO — OZONO

Oro s ouro.
Orografía s orografia.
Orondo adj bojudo.
Orquesta s orquestra.
Orquestación s orquestração.
Ortiga s urtiga.
Ortodoxia s ortodoxia.
Ortodoxo adj ortodoxo, dogmático.
Ortografía s ortografia.
Ortopedia s ortopedia.
Ortopédico adj ortopédico.
Oruga s larva, lagarta.
Orujo s bagaço, resíduo (de frutas prensadas), aguardente.
Orvallar v orvalhar.
Orvallo s orvalho.
Orza s talha, vasilha de barro.
Orzuelo s terçol.
Os pron vós.
Osadía s ousadia, atrevimento, audácia.
Osado adj ousado, atrevido, decidido.
Osar v ousar, atrever-se, empreeender.
Osario s ossário.
Oscilar v oscilar, balançar.
Óseo adj ósseo, de osso.
Osificar v ossificar.
Ósmosis s osmose.
Oso s urso.
Ostensible adj ostensivo, manifesto, visível.
Ostensivo adj ostensivo.
Ostentación s ostentação, exibição, luxo.

Ostentar v ostentar, alardear, exibir.
Ostra s ostra.
Ostracismo s ostracismo, desterro.
Otear v observar, explorar, investigar.
Otomano adj otomano, turco.
Otoñal adj outonal.
Otoño s outono.
Otorgar v outorgar, dar, conceder, doar.
Otorrinolaringólogo s otorrinolaringologista.
Otro adj outro.
Otrosí adv outrossim, ademais, além disso.
Ovación s ovação.
Ovacionar v ovacionar, aplaudir.
Oval adj oval.
Óvalo s oval, curva geométrica.
Ovario s ovário.
Oveja s ovelha.
Ovillo s novelo.
Ovíparo adj ovíparo.
Ovulación s ovulação.
Ovular adj ovular.
Óvulo s óvulo.
Oxidable adj oxidável.
Oxigenación s oxigenação.
Oxigenado adj oxigenado.
Oxigenar v oxigenar.
Oxígeno s oxigênio.
Oyente adj ouvinte.
Ozono s ozônio.

p P

P *s* décima nona letra do alfabeto espanhol.

Pabellón *s* pavilhão, tenda ou barraca, edifício isolado.

Pabilo *s* pavio, mecha.

Paca *s* paca (roedor), fardo, pacote.

Pachorra *s* pachorra, fleuma, indolência.

Paciencia *s* paciência, calma.

Paciente *adj* paciente, doente, comedido, calmo.

Pacificar *v* pacificar, acalmar.

Pacífico *adj* pacífico, calmo, tranquilo.

Pacifismo *s* pacifismo.

Pactar *v* pactuar, combinar, negociar.

Pacto *s* pacto, acordo, convenção, contrato.

Padecer *v* padecer, suportar, tolerar, sofrer.

Padecimiento *s* padecimento, sofrimento.

Padrastro *s* padrasto.

Padre *s* pai.

Padrinazgo *s* apadrinhamento.

Padrino *s* padrinho.

Padrón *s* padrão, recenseamento.

Paella *s* paella (prato típico).

Paga *s* paga, pagamento.

Pagador *s* pagador, tesoureiro.

Pagaduría *s* pagadoria.

Paganismo *s* paganismo.

Pagano *adj* pagão, gentio.

Pagar *v* pagar, retribuir, remunerar.

Página *s* página.

Paginación *s* paginação, numeração (de páginas).

Paginar *v* paginar, enumerar as páginas.

Pago *s* pagamento, recompensa, prêmio; *loc adv* extensão determinada de terras ou herdades, em especial de vinhedos ou olivais.

Pagoda *s* pagode, templo de Oriente.

País *s* país, região.

Paisaje *s* paisagem, panorama.

Paisajista *s* paisagista.

Paisano *adj* patrício, compatriota, camponês.

Paja *s* palha, canudo.

Pajar *s* palheiro.

Pajarera *s* gaiola, viveiro de aves.

Pájaro *s* pássaro, passarinho.

Paje *s* pajem, criado, acompanhante.

Pajilla *s* canudo, canudinho.

Pajizo *adj* palhiço, feito de palha.

Pala *s* pá, raquete, pala.

Palabra *s* palavra, vocábulo.

Palacete *s* palacete, mansão.

Palaciego *adj* palaciano.

Palacio *s* palácio, residência real, solar.

Paladar *s* paladar, palato, céu da boca.

Paladear *v* saborear, degustar.

Paladín *s* paladino.

Paladino *adj* público, evidente, notório, comum.

Palafito *s* palafita.

Palanca *s* alavanca, barra.

Palangana *s* bacia, tina.

Palco *s* camarote, balcão (em teatro).

Palenque *s* palanque, terreno cercado (para festas e solenidades).

Paleografía *s* paleografia.

Paleolítico *adj* paleolítico.

Paleontología *s* paleontologia.

Palestino *adj* palestino.

Palestra *s* palestra.

PALETA — PARACAIDISMO

Paleta s paleta, colher (de pedreiro), pá (de hélice).

Paletó s paletó, sobretudo.

Paleto s homem grosseiro.

Paliar v paliar, atenuar, dissimular.

Paliativo adj paliativo.

Palidecer v empalidecer.

Palidez s palidez.

Pálido adj pálido, apagado, descorado.

Palillero s paliteiro.

Palillo s vareta, palito, baqueta.

Paliza s sova, surra, pancadaria.

Palma s palma, folha da palmeira, palma da mão.

Palmada s palmada, aplauso.

Palmario adj claro, evidente.

Palmatoria s palmatória, castiçal.

Palmear v aplaudir, bater palmas.

Palmera s palmeira.

Palmito s palmito.

Palmo s palmo (medida de comprimento).

Palo s pau, madeira, cajado.

Paloma s pomba.

Palomar s pombal.

Palpable adj palpável.

Palpar v apalpar, tatear.

Palpitar v palpitar, latejar, bater.

Paludismo s paludismo.

Pampa s pampa, planície sul-americana.

Pan s pão, massa.

Pana s veludo (tecido).

Panadería s padaria.

Panadero s padeiro.

Panal s panal, favo de mel.

Panameño adj panamenho.

Páncreas s pâncreas.

Panda s panda, urso panda.

Pandereta s tamborim, pandeiro pequeno.

Pandero s pandeiro.

Pandilla s bando, grupo, turma.

Panecillo s pãozinho.

Panegírico s panegírico, elogio.

Panel s painel.

Pánfilo adj lento, mole, vagaroso.

Panfleto s panfleto, folheto.

Pánico s pânico, pavor, medo.

Panorama s panorama, vista, paisagem.

Panorámico adj panorâmico.

Pantalón s calças.

Pantalla s tela (para projeção de imagens).

Pantano s pântano.

Pantanoso adj pantanoso.

Panteísmo s panteísmo.

Panteón s panteão.

Pantera s pantera.

Pantomima s pantomima.

Pantorrilla s pantorrilha, barriga da perna.

Pantuflo s pantufa, partufo.

Panza s pança, barriga, ventre, bojo (de vasilha).

Pañal s cueiro, fralda.

Paño s pano, tecido, tela.

Pañoleta s lenço, echarpe feminina.

Pañuelo s lenço (de nariz).

Papa s papa, Sumo Pontífice.

Papá s papai, pai.

Papada s papada, queixo duplo.

Papagayo s papagaio, arara.

Papel s papel, folha.

Papeleo s tramitação de papéis.

Papelera s cesto para papéis, fábrica de papel.

Papelería s papelaria.

Papeleta s papeleta, cédula.

Papelón s papelão, papel rídiculo.

Papera s papeira.

Papilla s mingau, sopa cremosa, papinha para crianças.

Papiro s papiro.

Papo s papo, papada, bócio.

Paquete s pacote, embrulho, maço (de papéis).

Paquetería s quinquilharia, miudeza.

Par adj par, igual, número par.

Para prep para.

Parabién s parabéns, felicitação.

Parábola s parábola.

Parabrisas s para-brisas.

Paracaídas s paraquedas.

Paracaidismo s paraquedismo.

PARACAIDISTA — PARTICIPIO

Paracaidista s paraquedista.
Parachoques s para-choques.
Parada s parada, paragem.
Paradero s parada, paradeiro, moradia.
Paradigma s paradigma, modelo, exemplo.
Parado adj parado, tímido, vagaroso, lento, desocupado, desempregado.
Paradoja s paradoxo.
Paradójico adj paradoxal.
Parador s estalagem, albergue.
Parafina s parafina.
Parafrasear v parafrasear.
Paraguas s guarda-chuva.
Paraguayo adj paraguaio.
Paraíso s paraíso, éden.
Paraje s paragem, parada.
Paralelo adj paralelo, similar.
Parálisis s paralisia.
Paralítico adj paralítico.
Paralizar v paralisar.
Parámetro s parâmetro.
Paramilitar adj paramilitar.
Páramo s terreno deserto, local ermo.
Parangón s comparação.
Paraninfo s paraninfo, padrinho, salão nobre.
Paranoia s paranoia, delírio, loucura.
Paranormal adj paranormal, fora do normal.
Parapeto s parapeito, proteção.
Parar v parar, deter, fixar.
Pararrayos s para-raios.
Parasicología s parapsicologia.
Parasitario adj parasitário.
Parásito s parasita.
Parasol s guarda-sol, sombrinha.
Parcela s parcela, porção pequena.
Parcelar v parcelar, dividir.
Parche s emplastro, emenda.
Parcial adj parcial, incompleto.
Parcialidad s parcialidade, partido.
Parco adj parco, moderado.
Pardo adj pardo, escuro, sombrio.
Parecer s parecer, opinião; v parecer, opinar, pensar.

Parecido adj parecido, semelhante, similar, análogo.
Pared s parede, muro, tabique.
Pareja s parelha, par, casal.
Parejo adj similar, semelhante.
Parentesco s parentesco, vínculo.
Paréntesis s parêntese.
Paridad s paridade, semelhança.
Pariente adj parente, parecido.
Parir v parir, dar à luz.
Parlamentar v parlamentar, falar, propor.
Parlamentario s parlamentário.
Parlamento s parlamento, assembleia.
Parlanchín adj falador, tagarela.
Parlar v falar, tagarelar, fofocar.
Parloteo s falatório, fofoca.
Paro s interrupção, parada, desemprego.
Parodia s paródia, imitação, gozação.
Parodiar v parodiar, imitar.
Paroxismo s paroxismo, excitação, acesso.
Parpadear v pestanejar, piscar.
Párpado s pálpebra.
Parque s parque, jardim.
Parqué s parquete, assoalho trabalhado, taco.
Parquedad s sobriedade, moderação, austeridade.
Parra s parreira, videira.
Párrafo s parágrafo, alínea.
Parranda s pândega, festa, folia.
Parricidio s parricídio.
Parrilla s grelha de ferro (para assar), botija.
Párroco s pároco, cura, sacerdote.
Parroquia s paróquia, freguesia, igreja.
Parroquiano s paroquiano.
Parsimonia s parcimônia, moderação.
Parsimonioso adj parcimonioso, moderado.
Parte s parte, porção, seção, pedaço.
Partero s parteiro, obstetra.
Partición s partição, partilha.
Participación s participação, aviso.
Participar v participar, comunicar, avisar, notificar.
Participio s particípio.

PARTÍCULA — PATROCINADOR

Partícula s partícula, fragmento.
Particular adj particular, próprio, peculiar, singular, individual.
Partida s partida, saída.
Partidario adj partidário, adepto.
Partido adj partido, repartido, dividido; s partido, agremiação, proveito, vantagem.
Partir v partir, dividir, repartir, desfazer, provir, sair.
Partitura s partitura.
Parto s parto.
Parturienta s parturiente.
Parvulario s jardim-de-infância.
Párvulo adj inocente, pequeno.
Pasa s passa, fruta seca.
Pasadizo s corredor, passagem estreita de casa.
Pasado adj passado, decorrido.
Pasaje s passagem (de trem, de avião).
Pasajero adj passageiro, transitório; s viajante.
Pasaporte s passaporte.
Pasar v passar, conduzir, mudar (de grupo, de opinião).
Pasarela s passarela, ponte pequena.
Pasatiempo s passatempo, diversão, entretenimento.
Pascua s páscoa.
Pase s passe, licença, permissão.
Pasear v passear.
Paseo s passeio, excursão.
Pasillo s corredor, passagem estreita.
Pasión s paixão, perturbação.
Pasional adj passional, exaltado.
Pasividad s passividade, inatividade.
Pasivo adj passivo, inativo.
Pasmado adj pasmado.
Pasmar v pasmar, espantar, admirar-se.
Paso s passo, passada.
Pasquín s pasquim, escrito anônimo, panfleto.
Pasta s pasta, massa, massa comestível, capa de livro.
Pastar v pastar.
Pastel s pastel, torta, empada, lápis (de tons claros).

Pastelería s pastelaria.
Pasteurización s pasteurização, esterilização do leite.
Pastilla s pastilha, pedaço, barra (de sabão, de chocolate).
Pasto s pasto, pastagem.
Pastor s pastor, guardador de rebanhos.
Pastorear v pastorear.
Pastosidad s pastosidade.
Pastoso adj pastoso, viscoso.
Pata s pata (perna de animal, fêmea do pato), pé (de móvel).
Patada s patada, pegada.
Patalear v espernear, bater o pé.
Patán adj caipira, homem rude.
Patata s batata.
Paté s patê, pasta (de fígado de animal).
Patear v chutar, bater o pé (em sinal de protesto).
Patentar v patentear, registrar.
Patente adj patente, evidente, claro, óbvio.
Paternalismo s paternalismo.
Paternidad s paternidade.
Paterno adj paterno, paternal.
Patético adj patético, comovente, tocante.
Patilla s costeletas, suíças.
Patín s patim.
Pátina s pátina, tom suave (dos quadros antigos).
Patinaje s patinação.
Patinar v patinar, deslizar com patins, derrapar, resvalar.
Patio s pátio, área, recinto descoberto de um edifício.
Pato s pato.
Patógeno adj patógeno, patogênico.
Patología s patologia.
Patraña s patranha, mentira, tapeação.
Patria s pátria.
Patriarca s patriarca, título eclesiástico.
Patrimonio s patrimônio, herança, bens de família.
Patriota s patriota.
Patriotismo s patriotismo.
Patrocinador adj patrocinador.

PATROCINAR — PELLEJO

Patrocinar *v* patrocinar, favorecer.
Patrón *s* patrono, protetor, amo, patrão.
Patrulla *s* patrulha, ronda, vigilância.
Patrullar *v* patrulhar, rondar, vigiar.
Paulatino *adj* paulatino, lento, gradual.
Pausa *s* pausa, intervalo, lentidão.
Pauta *s* pauta, guia, norma (de conduta), risco, linha (em papel).
Pautar *v* pautar, riscar linhas.
Pavesa *s* faísca, fagulha.
Pavimentar *v* pavimentar, calçar.
Pavimento *s* pavimento, piso, calçamento.
Pavo *s* peru.
Pavón *s* pavão.
Pavonear *v* pavonear-se.
Pavor *s* pavor, medo, terror.
Pavoroso *adj* pavoroso, terrível.
Payaso *s* palhaço, bobalhão.
Paz *s* paz, tranquilidade.
Peaje *s* pedágio, tarifa.
Peana *s* base, pedestal.
Peatón *s* pedestre.
Peca *s* sarda, pinta.
Pecado *s* pecado, falta.
Pecar *v* pecar, faltar, errar, ofender.
Pecera *s* aquário.
Pecho *s* peito, tórax, seio (de mulher).
Pechuga *s* peituga.
Pectoral *adj* peitoral.
Pecuario *adj* pecuário.
Peculiar *adj* peculiar, particular, privativo, especial.
Peculiaridad *s* peculiaridade, particularidade.
Peculio *s* pecúlio, fazenda, cabedal, bens.
Pedagogía *s* pedagogia, educação.
Pedagogo *s* pedagogo, educador, mestre, professor.
Pedal *s* pedal (de piano, de bicicleta, de máquina).
Pedalear *v* pedalar.
Pedante *adj* pedante.
Pedazo *s* pedaço, parte, porção.
Pederasta *s* pederasta, homossexual.
Pederastia *s* pederastia, abuso sexual contra crianças.

Pedestal *s* pedestal, suporte.
Pedestre *adj* pedestre, rasteiro, ordinário.
Pediatra *s* pediatra.
Pediatría *s* pediatria.
Pedido *s* pedido, encomenda, petição.
Pedigüeño *adj* pedinchão.
Pedir *v* pedir, rogar, desejar.
Pedo *s* peido, pum, gás (intestinal).
Pedrada *s* pedrada.
Pedregoso *adj* pedregoso, irregular, acidentado (terreno).
Pedrero *s* pedreiro, canteiro (de obras).
Pedrisco *s* pedra graúda, granizada.
Pega *s* colagem.
Pegajoso *adj* pegajoso, contagioso.
Pegamento *s* cola, grude.
Pegar *v* pegar, colar, grudar, unir, atar, agarrar, contagiar.
Peinado *adj* penteado.
Peinar *v* pentear.
Peine *s* pente (de cabelo, de tear), peito do pé.
Peineta *s* pente convexo (de enfeite).
Peladilla *s* amêndoa confeitada, pedrinha.
Pelado *adj* pelado, nu.
Pelagatos *s* pobre diabo, morto de fome.
Pelaje *s* pelagem, pelo ou lã (de animal).
Pelar *v* pelar, descascar, arrancar (cabelos, penas, casca), depenar.
Peldaño *s* degrau.
Pelea *s* peleja, luta, batalha, briga, combate.
Pelear *v* pelejar, combater, lutar (duas pessoas), brigar.
Pelele *s* boneco de pano.
Peletería *s* peleteria, comércio de peles finas.
Pelícano *s* pelicano.
Película *s* película, fita cinematográfica, filme.
Peligro *s* perigo, risco, insegurança.
Peligroso *adj* perigoso.
Pelirrojo *adj* ruivo.
Pellejo *s* pele (do ser humano, das frutas), couro.

PELLIZA — PEREJIL

Pelliza s jaqueta ou casaco (com forro de pele).
Pellizcar v beliscar, pinçar.
Pellizco s beliscão, pitada.
Pelo s pelo, cabelo, penugem.
Pelón adj pelado, raspado, careca.
Pelota s pelota, bola.
Pelotera s rixa, briga, confusão, bate-boca.
Pelotilla s bolinha, pelotinha.
Peluca s peruca, cabeleira postiça.
Peludo adj peludo, cabeludo.
Peluquería s cabeleireira, barbearia.
Peluquero s cabeleireiro, barbeiro.
Pelusa s penugem, lanugem.
Pelvis s pélvis, bacia.
Pena s pena, castigo, punição, tormento, dó, compaixão, aflição, desgosto.
Penacho s penacho, cocar.
Penal s penitenciária, prisão.
Penalista s advogado, criminalista.
Penalizar v penalizar, castigar.
Pendencia s pendência, divergência, desavença.
Pender v pender, dependurar-se.
Pendiente adj pendente, dependurado, suspenso; s brinco, pingente, ladeira, declive.
Pendón s pendão, bandeira, estandarte.
Péndulo s pêndulo.
Pene s pênis, falo, genital masculino.
Penetración s penetração.
Penetrante adj penetrante, profundo.
Penetrar v penetrar, entrar, invadir.
Península s península.
Penitencia s penitência, castigo, expiação.
Penitenciaría s penitenciária, prisão, presídio.
Penitenciario s penitenciário, presidiário.
Penoso adj penoso, árduo, trabalhoso, difícil.
Pensado adj pensado, refletido.
Pensador s pensador.
Pensamiento s pensamento.
Pensar v pensar, refletir, meditar.

Pensión s pensão, hospedaria, casa de hóspedes.
Pensionado s pensionato, internato, aposentado.
Pensionista s pensionista, hóspede, aluno interno (em colégio).
Pentágono s pentágono.
Pentagrama s pentagrama.
Pentecostés s pentecostes.
Penúltimo adj penúltimo.
Penumbra s penumbra, sombra, meia-luz.
Penuria s penúria, escassez.
Peña s penha, penedo, pedra, rocha.
Peñasco s penhasco, rocha, rochedo.
Peón s peão, trabalhador não especializado.
Peonza s piorra, pitorra.
Peor adj pior.
Pepinillo s pepino em conserva.
Pepino s pepino.
Pepita s semente (de fruta), pepita.
Pequeño adj pequeno.
Pera s pera.
Percal s percal, tecido de algodão.
Percance s percalço, contratempo.
Percatarse v precatar, prevenir.
Percebe s perceba, marisco marinho.
Percha s cabide, vara de madeira.
Percibir v perceber, receber, recolher.
Percusión s percussão.
Percutir v percutir.
Perder v perder, desperdiçar.
Perdición s perdição, perda.
Pérdida s perda, prejuízo, dano.
Perdido adj perdido.
Perdigón s perdigão.
Perdiz s perdiz.
Perdón s perdão.
Perdonar v perdoar, desculpar.
Perdulario adj perdulário, gastador.
Perdurar v perdurar, subsistir.
Perecer v perecer, morrer, acabar.
Peregrinación s peregrinação.
Peregrinar v peregrinar, viajar.
Peregrino s peregrino, viajante.
Perejil s salsa, salsinha.

PERENNE — PÉRTIGA

Perenne *adj* perene.
Pereza *s* preguiça, lentidão.
Perezoso *adj* preguiçoso.
Perfección *s* perfeição.
Perfeccionar *v* aperfeiçoar.
Perfecto *adj* perfeito.
Perfidia *s* perfídia.
Pérfido *adj* pérfido.
Perfil *s* perfil, contorno.
Perfilado *adj* afilado, perfeito.
Perfilar *v* perfilar.
Perforación *s* perfuração.
Perforar *v* perfurar, furar, abrir, esburacar.
Perfumar *v* perfumar, aromatizar.
Perfume *s* perfume, aroma, fragância, cheiro agradável.
Perfumería *s* perfumaria.
Pergamino *s* pergaminho.
Pericardio *s* pericárdio.
Pericia *s* perícia, habilidade, destreza.
Periferia *s* periferia, contorno.
Periférico *adj* periférico.
Perilla *s* barbicha.
Perímetro *s* perímetro, contorno.
Periódico *adj* periódico.
Periodismo *s* periodismo, jornalismo.
Periodista *s* jornalista.
Período *s* período, espaço de tempo, ciclo menstrual.
Peripecia *s* peripécia, imprevisto.
Periquito *s* periquito, louro.
Periscopio *s* periscópio.
Perito *s* perito, expert, conhecedor.
Perjudicar *v* prejudicar.
Perjuicio *s* prejuízo, dano, desvantagem, perda.
Perjurar *v* perjurar, abjurar.
Perla *s* pérola.
Permanecer *v* permanecer, ficar, continuar.
Permanencia *s* permanência, duração.
Permanente *adj* permanente, duradouro, estável.
Permeable *adj* permeável.
Permisivo *adj* permissivo, tolerante.
Permiso *s* permissão, licença.

Permitir *v* permitir, consentir.
Permuta *s* permuta, troca, intercâmbio.
Permutar *v* permutar, trocar, intercambiar.
Pernear *v* espernear.
Pernicioso *adj* pernicioso, nocivo.
Pernil *s* pernil, coxa (de animal).
Pernio *s* dobradiça, gonzo.
Pernoctar *v* pernoitar.
Pero *conj* porém, mas.
Perol *s* tacho, vasilha de metal.
Peroné *s* perônio.
Perorata *s* arenga, discurso enfadonho.
Perpendicular *adj* perpendicular.
Perpetrar *v* perpetrar, cometer, executar.
Perpetuar *v* perpetuar, imortalizar, eternizar.
Perpetuo *adj* perpétuo, eterno.
Perplejidad *s* perplexidade, incerteza, espanto.
Perplejo *adj* perplexo, surpreso, espantado.
Perro *s* cão, cachorro.
Persecución *s* perseguição.
Perseguir *v* perseguir, seguir.
Perseverante *adj* perseverante, persistente.
Perseverar *v* perseverar, persistir.
Persiana *s* persiana.
Persignar *v* persignar.
Persistencia *s* persistência, insistência.
Persistir *v* persistir, insistir.
Persona *s* pessoa, indivíduo.
Personaje *s* personagem, pessoa notável, figura de ficção.
Personal *adj* pessoal.
Personalidad *s* personalidade.
Personalizar *v* personalizar, personificar, indivualizar.
Personarse *v* apresentar-se pessoalmente.
Personificar *v* personificar, personalizar.
Perspectiva *s* perspectiva.
Perspicaz *adj* perspicaz.
Persuadir *v* persuadir, convencer, induzir.
Pertenecer *v* pertencer.
Pértiga *s* pértiga, vara comprida, varapau.

PERTINAZ — PIEL

Pertinaz *adj* pertinaz, obstinado, persistente.
Pertinente *adj* pertinente, concernente.
Pertrechar *v* prover.
Pertrechos *s* apetrechos.
Perturbación *s* perturbação, distúrbio.
Perturbar *v* perturbar, transtornar.
Perversión *s* perversão, corrupção.
Perverso *adj* perverso, depravado.
Pervertir *v* perverter, viciar, depravar, corromper.
Pesa *s* peso (peça de balança).
Pesadilla *s* pesadelo.
Pesado *adj* pesado, obeso.
Pesadumbre *s* peso.
Pésame *s* pêsame, condolência, pesar.
Pesar *s* pesar, dor, mágoa, desgosto; *v* pesar, ponderar, padecer.
Pesaroso *adj* pesaroso, arrependido.
Pesca *s* pesca, pescaria.
Pescadero *s* peixeiro.
Pescadilla *s* pescadinha.
Pescado *s* pescado, peixe.
Pescador *s* pescador.
Pescar *v* pescar.
Pescuezo *s* pescoço (dos animais).
Pesebre *s* curral, presépio, estrebaria, manjedoura.
Peseta *s* peseta, unidade monetária espanhola.
Pesimismo *s* pessimismo.
Pesimista *adj* pessimista.
Pésimo *adj* péssimo, horrível.
Peso *s* peso.
Pespuntear *v* pespontar.
Pesquería *s* pesca, pescaria.
Pesquero *adj* pescador.
Pesquisa *s* pesquisa, indagação, informação.
Pesquisar *v* pesquisa.
Pestaña *s* pestana.
Pestañear *v* pestanejar.
Peste *s* peste.
Pesticida *s* pesticida.
Pestilencia *s* pestilência.
Pestillo *s* fecho.
Petaca *s* charuteira, tabaqueira.

Pétalo *s* pétala.
Petardo *s* petardo.
Petición *s* pedido, petição, súplica, requerimento, demanda.
Petrificar *v* petrificar, empedernir.
Petróleo *s* petróleo.
Petrolero *s* petroleiro.
Petulancia *s* petulância, atrevimento.
Petulante *adj* petulante, descarado, insolente.
Peyorativo *adj* pejorativo, negativo.
Pez *s* peixe.
Pezón *s* mamilo, bico do seio.
Pezuña *s* úngula.
Piadoso *adj* piedoso, bondoso, devoto.
Pianista *s* pianista.
Piano *s* piano.
Piar *v* piar.
Pica *s* lança.
Picadero *s* picadeiro.
Picadillo *s* picadinho (de carne ou peixe).
Picado *adj* picado, furado.
Picador *s* picador, domador de cavalos, toureiro que atiça o touro.
Picadura *s* picada, mordida (de inseto).
Picaflor *s* beija-flor, colibri.
Picante *adj* picante, temperado, ardido.
Picaporte *s* trinco (de porta), maçaneta.
Picar *v* picar, ferir, furar, bicar, morder (inseto).
Picardía *s* picardia, baixeza, velhacaria, astúcia.
Pícaro *adj* pícaro, astuto, patife.
Pichón *s* pombinho implume.
Pico *s* pico, cume (de montanha), bico (de ave), picareta.
Picor *s* pico, piquete, sabor ácido.
Picota *s* pelourinho.
Picotada *s* picada, bicada.
Picotear *v* picar, bicar.
Picudo *adj* bicudo.
Pie *s* pé, pata, base, árvore, final (de página).
Piedad *s* piedade.
Piedra *s* pedra.
Piel *s* pele, derme, couro, casca (de frutas).

PIENSO — PLANETA

Pienso s penso.
Pierna s perna.
Pieza s peça.
Pigmentación s pigmentação.
Pigmentar v pigmentar, colorir.
Pigmeo adj pigmeu.
Pijama s pijama.
Pila s pilha, pia, monte, bateria.
Pilar s pilar, coluna, baliza.
Píldora s pílula, drágea.
Pillaje s pilhagem, saque, roubo.
Pillar v pilhar, saquear, roubar.
Pillo adj velhaco.
Pilón s pia grande, tanque, pilão.
Pilotaje s pilotagem.
Pilotar v pilotar, dirigir, conduzir.
Pilote s piloti, coluna de concreto, estaca.
Piloto s piloto.
Piltrafa s pelanca, frangalhos.
Pimienta s pimenta.
Pimiento s pimentão.
Pimpollo s pimpolho, talo novo (de planta), broto.
Pinacoteca s pinacoteca.
Pinar s pinhal.
Pincel s pincel.
Pinchar v picar, furar, estimular.
Pinchazo s picada, alfinetada.
Pinche s ajudante de cozinheiro.
Pincho s ponta aguda.
Pingajo s frangalho.
Pingüe adj gordo, gorduroso.
Pingüino s pinguim.
Pino s pinheiro.
Pinta s pinta, mancha, sinal.
Pintado adj pintado, colorido.
Pintar v pintar, desenhar, colorir.
Pintor s pintor.
Pintoresco adj pitoresco.
Pintura s pintura, desenho.
Pinzas s pinça, tenaz.
Piña s pinha, ananás.
Piñón s pinhão (semente do pinheiro), roda dentada de engrenagem.
Piojo s piolho.
Pionero adj pioneiro.
Pipa s pipa, tonel, cachimbo.

Pipeta s pipeta, tubo de vidro.
Piqueta s picareta.
Piquete s piquete, grupo de soldados.
Pira s pira, fogueira.
Pirámide s pirâmide.
Piraña s piranha, peixe voraz.
Pirata s pirata, corsário, clandestino.
Piratear v piratear, roubar.
Piratería s pirataria, saque.
Pirómano adj pirômano, piromaníaco.
Piropo s requebro, lisonja.
Pirueta s pirueta, salto.
Piscina s piscina.
Piso s piso, solo, pavimento.
Pisotear v calcar, pisotear, espezinhar.
Pisotón s pisão, pisada.
Pista s pista, rastro, sinal, vestigío.
Pistola s pistola, revólver.
Pistón s pistom, êmbolo.
Pita s piteira.
Pitar v apitar, assobiar.
Pitido s assobio, silvo.
Pitillo s cigarro.
Pito s apito, assobio.
Pivote s pivô, apoio.
Pizarra s ardósia, quadro-negro, lousa.
Pizca s pingo, pouquinho.
Placa s placa, lâmina, chapa de metal.
Pláceme s felicitações, parabéns, congratulações.
Placenta s placenta.
Placer s prazer, contentamento, satisfação, gozo; v aprazer, agradar.
Plácido adj plácido, sossegado, tranquilo.
Plaga s praga, calamidade.
Plagado adj ferido, castigado.
Plagiar v plagiar, copiar, piratear.
Plagio s plágio, cópia, pirataria.
Plan s plano, projeto, ideia.
Plana s plaina (de pedreiro), lauda, folha de papel.
Plancha s prancha, lâmina, chapa, ferro (de passar roupa).
Planchar v passar roupa.
Planeador s planador.
Planear v planejar, fazer planos.
Planeta s planeta.

PLANETARIO — POLEA

Planetario s planetário.
Planicie s planície.
Planificación s planificação, planejamento.
Planificar v planificar, planejar.
Planisférico s planisfério.
Plano adj plano, liso, raso.
Planta s planta, vegetal.
Plantación s plantação, cultivo.
Plantar v plantar, semear, fixar (num terreno).
Plantear v delinear, traçar, estabelecer.
Plantilla s palmilha, molde.
Plantón s plantão.
Plañidero adj chorão, queixoso.
Plañir v carpir, chorar.
Plaqueta s plaqueta, lajota (de cerâmica).
Plasma s plasma.
Plasmar v plasmar, criar, modelar.
Plástico adj plástico, elástico, moldável; s plástico.
Plata s prata.
Plataforma s plataforma.
Plátano s bananeira, banana, plátano.
Platea s plateia.
Plateado adj prateado.
Platear v pratear.
Plática s conversa, palestra.
Platillo s pires, prato pequeno.
Platino s platina.
Plato s prato.
Playa s praia.
Plaza s praça.
Plazo s prazo.
Plazoleta s pracinha, largo.
Plebe s plebe, gente humilde.
Plebeyo adj plebeu.
Plebiscito s plebiscito.
Plegar v pregar, preguear.
Plegaria s prece, rogo, súplica.
Pleitear v pleitear, demandar.
Pleito s pleito, disputa.
Plenario adj plenário, pleno, completo.
Plenilunio s plenilúnio, lua-cheia.
Plenitud s plenitude, totalidade.
Pleno adj pleno, cheio, inteiro, completo.
Pleonasmo s pleonasmo, redundância.

Pletórico adj pletórico, abundante, repleto.
Pleura s pleura.
Pliego s folha (de papel), carta, documento.
Pliegue s prega, dobra, vinco, ruga.
Plisar v preguear, plissar, franzir.
Plomada s prumo, sonda.
Plomo s chumbo.
Pluma s pluma, pena, plumagem.
Plumaje s plumagem.
Plúmbeo adj cor de chumbo, pesado.
Plumero s espanador, penacho.
Plural adj plural, múltiplo.
Pluralidad s pluraridade, multiplicidade.
Plusvalía s maior valor, mais-valia.
Pluvial adj pluvial.
Pluviómetro s pluviômetro.
Pluvioso adj pluvioso, chuvoso.
Población s povoação, população, povoado.
Poblado s povoado, povoação.
Poblador adj povoador, colono.
Poblar v povoar.
Pobre adj pobre, indigente, pedinte.
Pobreza s pobreza, indigência, necessidade, miséria.
Pocilga s pocilga, chiqueiro, curral.
Poción s poção, beberagem.
Poco adj pouco, escasso, limitado; adv breve, brevemente, em pequena quantidade.
Poda s poda, corte, desbastamento.
Podar v podar, cortar, desbastar.
Poder s poder, potência; v poder, ter autoridade, ter meios.
Poderío s poderio, domínio, vigor, bens.
Podredumbre s podridão, perversão.
Podrido adj podre, apodrecido, putrefato, estragado.
Poema s poema.
Poesía s poesia.
Poeta s poeta.
Poético adj poético.
Polar adj polar.
Polarizar v polarizar.
Polea s polia, roldana.

P

PLA / POL

POLÉMICO — PORTAEQUIPAJE

Polémico adj polêmico.
Polemizar v polemizar, discutir, debater.
Polen s pólen.
Policía s polícia.
Policial adj policial.
Policlínica s policlínica.
Policromo adj policromo.
Poliéster s poliéster.
Polifonía s polifonia.
Poligamia s poligamia.
Polígamo s polígamo.
Políglota s poliglota.
Polígono s polígono.
Polígrafo s polígrafo, multicopiador.
Polilla s traça.
Polimorfismo s polimorfismo, mudança de forma.
Polinización s polinização.
Polinizar s polinizar, fecundar (a flor).
Polinomio s polinômio.
Polisílabo adj polissílabo.
Politécnico adj politécnico.
Politeísmo s politeísmo.
Política s política.
Político adj político, cortês, astuto.
Polivalente adj polivalente.
Póliza s apólice, título (de contrato), documento.
Polizón s vagabundo, passageiro clandestino.
Polla s franga, galinha nova.
Pollada s ninhada, criação.
Pollería s avícola, comércio de aves.
Pollero s galinheiro, criador de aves.
Pollo s pinto, frango, galo.
Polo s polo, extremidade.
Polonés s polaco.
Polución s poluição, ejaculação.
Polvareda s poeirada, poeirão.
Polvo s pó, poeira.
Pólvora s pólvora.
Polvoriento adj poeirento, empoeirado.
Polvorín s polvorim, polvorinho.
Polvorizar v polvilhar, pulverizar.
Pomada s pomada.
Pomar s pomar, horto.
Pómez s pedra-pomes.

Pomo s pomo, frasco, vidro pequeno.
Pompa s pompa, aparato, ostentação, fausto.
Pomposo adj pomposo, solene, vaidoso.
Pómulo s maçã do rosto.
Poncho s poncho, manto.
Ponderación s ponderação, equilíbrio, reflexão.
Ponderar v ponderar, refletir.
Poner v pôr, colocar, dispor, estabelecer, atribuir, depositar, incluir, situar.
Poniente s poente, ocidente.
Pontificado s pontificado, papado.
Pontífice s pontífice, papa.
Ponzoña s peçonha, veneno.
Ponzoñoso adj peçonhento, venenoso.
Popa s popa, parte posterior do barco, ré.
Populacho s populacho.
Popular adj popular.
Popularizar v popularizar.
Populoso adj populoso, povoado.
Por prep por, indica causa, meio, estado, tempo.
Porcelana s porcelana, louça fina.
Porcentaje s porcentagem, percentagem.
Porche s alpendre, coberto (na entrada de edifícios).
Pordiosear v esmolar, mendigar.
Pordiosero adj mendigo, molambento.
Porfía s disputa, obstinação.
Porfiar s instar, insistir, teimar, disputar.
Pormenor s pormenor, detalhe.
Pormenorizar v pormenorizar, detalhar.
Pornografía s pornografia.
Pornográfico adj pornográfico.
Poro s poro.
Poroso adj poroso, permeável.
Porqué s porquê.
Porque conj porque.
Porquería s porcaria, lixo, sujeira.
Porra s porrete, bastão, cacete, martelo grande.
Porrón s moringa.
Portada s fachada, frontispício, página de rosto (de livro).
Portador s portador.
Portaequipaje s porta-malas, bagageiro.

PORTAESTANDARTE — PRACTICANTE

Portaestandarte s porta-estandarte, porta-bandeira.
Portafolio s pasta (para papéis).
Portal s portal, pórtico, saguão.
Portamonedas s porta-moedas (níqueis).
Portaplumas s porta-penas, caneta.
Portar v levar, trazer.
Portarretratos s porta-retratos.
Portátil adj portátil.
Portaviones s porta-aviões.
Portavoz s porta-voz.
Portazo s batida da porta.
Porte s porte, transporte, comportamento, atitude, franquia postal.
Portear v portar, levar, conduzir, transportar.
Portento s portento, prodígio.
Portentoso adj portentoso, singular, estranho.
Portería s portaria, saguão.
Portero s porteiro.
Pórtico pórtico, galeria com arcadas.
Portón s portão.
Portorriqueño adj porto-riquenho.
Portuario adj portuário.
Portugués adj português, lusitano.
Porvenir s porvir, futuro.
Posada s moradia, morada, casa, estalagem, pousada.
Posaderas s nádegas.
Posar v posar, descansar, repousar.
Posdata s pós-escrito.
Poseedor adj possuidor.
Poseer v possuir, ter, usufruir.
Posesión s possessão, posse, usufruto, gozo.
Posesivo adj possessivo.
Poseso adj possesso, endemoninhado.
Posibilidad s possibilidade, facilidade, eventualidade.
Posibilitar v possibilitar, tornar possível.
Posible adj possível.
Posición s posição, postura, categoria, condição social.
Positivismo s positivismo.
Positivo adj positivo, afirmativo.

Poso s sedimento (de um líquido).
Posología s posologia.
Posponer s pospor, pôr, depois.
Postal adj postal; s cartão postal.
Poste s poste.
Postergar v postergar, adiar.
Posteridad s posteridade.
Posterior adj posterior.
Postila s apostila.
Postín s vaidade, presunção.
Postizo adj postiço, artificial, falso.
Postoperatorio adj pós-operatório.
Postración s prostração, abatimento, enfraquecimento.
Postrar v prostrar, debilitar, enfraquecer.
Postre s sobremesa.
Postrero adj póstero, último, derradeiro.
Postrimería s último período, últimos anos da vida.
Postulación s postulação.
Postular v postular, pedir, solicitar.
Póstumo adj póstumo.
Postura s postura, atitude, posição.
Potable adj potável, bebível.
Potaje s caldo, sopa.
Potasio s potássio.
Pote s pote, vaso (de barro, metal).
Potencia s potência, vigor, força.
Potencial adj potencial.
Potencialidad s potencial, potencialidade.
Potenciar v potencializar.
Potentado s potentado.
Potente adj potente, forte, eficaz, vigoroso.
Potestad s potestade, potência.
Potingue s xarope (medicinal), creme, pomadas em geral.
Potranca s potranca, égua nova.
Potro s potro.
Poyo s banco fixo de pedra, madeira.
Pozo s poço.
Pozuelo s poço pequeno, pocinho.
Práctica s prática, experiência, costume.
Practicable adj praticável, fácil.
Practicante adj praticante, ajudante.

PRACTICAR — PREMONICIÓN

Practicar v praticar, exercitar, usar, exercer.
Pradera s pradaria.
Prado s prado, relva, pastagem.
Pragmático adj pragmático.
Preámbulo s preâmbulo, rodeio, cerimônia.
Prebenda s prebenda.
Precario adj precário, inseguro, incerto.
Precaución s precaução, cuidado, cautela.
Precaver v precaver, prevenir.
Precavido s precavido, previdente.
Precedente s precedente, antecedente.
Preceder v preceder, anteceder.
Precepto s preceito, mandato, ordem.
Preceptor s preceptor, mestre.
Preces s preces, orações.
Preciado adj prezado, estimado.
Preciar v apreciar, prezar, estimar.
Precintar v atar, cingir.
Precio s preço, valor.
Precioso adj precioso, valioso, magnífico.
Precipicio s precipício, despenhadeiro.
Precipitación s precipitação.
Precipitado adj precipitado.
Precipitar v precipitar, acelerar.
Precisar v precisar, determinar, fixar, obrigar, força, calcular.
Preciso adj preciso, necessário, indispensável, pontual, fixo, exato, determinado.
Preclaro adj preclaro, esclarecido, brilhante.
Precocidad s precocidade.
Preconcebir v preconceber.
Preconizar v preconizar, recomendar.
Precoz adj precoce, prematuro, antecipado.
Precursor adj precursor, antecessor.
Predecesor adj predecessor, precursor, antecessor.
Predecir v predizer, prognosticar.
Predestinar v predestinar.
Predeterminar v predeterminar.
Predicado s predicado.
Predicar v pregar, aconselhar.
Predicción s predição, prognóstico.

Predilección s predileção, preferência.
Predilecto adj predileto, preferido.
Predio s prédio, imóvel.
Predisponer v predispor, dispor, preparar.
Predisposición s predisposição.
Predispuesto adj predisposto.
Predominación s predominação.
Predominancia s predominância, predominação.
Predominante adj predominante.
Predominar v predominar, prevalecer, preponderar.
Predominio s predomínio, poder, superioridade.
Preelegir v eleger antecipadamente.
Preeminente adj preeminente, superior.
Preexistir v preexistir.
Prefacio s prefácio, prólogo.
Preferencia s preferência, prioridade.
Preferir v preferir.
Prefijar v prefixar, determinar, assinalar.
Prefijo adj prefixo.
Pregón s pregão, divulgação, proclamação.
Pregonar v apregoar, divulgar.
Pregonero adj pregoeiro.
Pregunta s pergunta, interrogação.
Preguntar v perguntar, interrogar, indagar, questionar.
Prehistoria s pré-história.
Prejuicio s prejuízo, prejulgamento.
Prejuzgar v prejulgar.
Prelación s prelação, preferência.
Prelado s prelado.
Preliminar adj preliminar.
Preludio s prelúdio, introdução, iniciação.
Prematuro adj prematuro, temporão.
Premeditación s premeditação.
Premeditado adj premeditado.
Premeditar v premeditar.
Premiar v premiar, remunerar.
Premio s prêmio, recompensa.
Premolar s pré-molar.
Premonición s premonição, pressentimento.

PREMURA — PRIMARIO

Premura s pressa, urgência, apuro, instância.

Prenatal adj pré-natal.

Prenda s prenda, penhor, objeto, joia, móvel, peça de vestuário.

Prendar v amar, cativar, gostar muito.

Prender v prender, pegar, agarrar, sujeitar.

Prensa s prensa, máquina de comprimir.

Prensar v prensar, comprimir, apertar.

Prenunciar v prenunciar.

Preñado adj prenhe, carregado.

Preñar v prenhar, fecundar, engravidar.

Preñez s prenhez, gravidez.

Preocupación s preocupação, inquietação, cuidado.

Preocupar v preocupar, inquietar.

Preparación s preparação, preparo, conhecimento.

Preparar v preparar, prevenir, dispor.

Preponderancia s preponderância, predomínio.

Preponderar v preponderar, predominar.

Preposición s preposição.

Prepotente adj prepotente, poderoso.

Prepucio s prepúcio.

Prerrogativa s prerrogativa, privilégio.

Presa s presa, objeto apreendido.

Presagiar v pressagiar, prever, pressentir.

Presagio s presságio, prevenção, pressentimento.

Prescindir v prescindir, renunciar.

Prescribir v prescrever.

Prescripción s prescrição.

Presencia v presença, existência.

Presenciar v presenciar, assistir.

Presentar v apresentar.

Presente adj presente, atual; s regalo, dádiva, tempo atual.

Presentimiento s pressentimento.

Presentir v pressentir, prever.

Preservar v preservar, cuidar, resguardar.

Preservativo s preservativo.

Presidencia s presidência, chefia.

Presidente s presidente, chefe de Estado, chefe, superior.

Presidio s presídio, prisão, penitenciária.

Presidir v presidir, dirigir, regular, superintender.

Presilla s presilha, laço, tira de tecido.

Presión s pressão.

Presionar v pressionar.

Preso adj preso, prisioneiro.

Prestación s préstimo.

Prestado adj emprestado.

Prestamista s pessoa que faz empréstimos.

Préstamo s empréstimo.

Prestar v emprestar, ajudar, auxiliar.

Presteza s presteza, rapidez, agilidade.

Prestigiar v prestigiar.

Prestigio s prestígio.

Presto adj pronto, disposto, rápido.

Presumido adj presumido, vaidoso.

Presumir v presumir, suspeitar.

Presuntuoso adj presumido, vaidoso.

Presuponer v pressupor.

Presupuesto s pressuposto, suposição, orçamento.

Presuroso adj pressuroso, pronto, ligeiro, veloz.

Pretender v pretender, desejar, aspirar.

Pretensión s pretensão, solicitação, direito invocado.

Preterir v preterir, excluir, omitir, pôr de lado.

Pretérito adj pretérito, passado.

Pretexto s pretexto, desculpa.

Pretil s mureta, parapeito.

Pretor s pretor, negrura das águas.

Prevalecer v prevalecer, predominar, sobressair, preponderar.

Prevaricar v prevaricar.

Prevenir v prevenir, prever, preparar.

Preventivo adj preventivo, previdente.

Prever v prever, pressupor, calcular.

Previo adj prévio, preliminar, antecipado.

Previsión s previsão, prever.

Previsor adj previdente, prudente.

Prima s prima, prêmio.

Primacía s primazia, excelência, superioridade.

Primario adj primário, principal, primitivo.

PRIMAVERA — PROPAGAR

Primavera s primavera.
Primaveral adj primaveril.
Primero adj primeiro.
Primigenio adj primitivo, originário.
Primitivo adj primitivo.
Primo adj primeiro; s primo.
Primogénito s primogênito, filho mais velho.
Primor s primor, habilidade, esmero, perfeição.
Primordial adj primordial.
Princesa s princesa.
Principal adj principal, essencial.
Príncipe s príncipe.
Principiante adj principiante, novato, aprendiz.
Principiar v principiar, começar, iniciar.
Principio s princípio, começo, origem.
Pringar v besuntar, untar, engordurar.
Pringoso adj gordurento, ensebado.
Prior s prior.
Prioridad s prioridade, primazia.
Prisa s pressa, rapidez, presteza.
Prisión s prisão, cárcere, cadeia.
Prisionero adj prisioneiro.
Prisma s prisma.
Privación s privação.
Privar v privar, proibir, vedar, tomar, tirar.
Privilegiar v privilegiar.
Privilegio s privilégio, direito, vantagem, prioridade.
Proa s proa, dianteira.
Probabilidad s probabilidade, possibilidade.
Probable adj provável, possível.
Probar v provar, demonstrar, justificar, experimentar.
Probeta s proveta.
Probidad s probidade, integridade.
Problema s problema, questão.
Procaz adj procaz, insolente.
Procedencia s procedência, origem, proveniência.
Proceder v proceder, executar, originar.
Prócer adj prócero, alto, eminente, elevado.
Procesal adj processual.

Procesar v processar.
Procesión s processão, procedência, procissão, cortejo religioso.
Proceso s processo, seguimento, decurso.
Proclamar v proclamar, declarar, afirmar.
Procrear v procriar, gerar, produzir.
Procurar v procurar, investigar, buscar.
Prodigar v prodigalizar, dissipar, esbanjar, desperdiçar.
Prodigio s prodígio, maravilha.
Pródigo adj pródigo, esbanjador.
Producción s produção, produto, realização.
Producir v produzir, engendrar.
Productivo adj produtivo.
Producto s produto, resultado.
Proeza s proeza, façanha.
Profanar v profanar, aviltar, desonrar, macular.
Profano adj profano, leigo, secular.
Profecía s profecia.
Proferir v proferir, dizer, pronunciar, falar.
Profesar v professar, exercer, praticar.
Profesión s profissão.
Profesor s professor, mestre, educador.
Profesorado s professorado, corpo docente.
Profeta s profeta.
Profetizar v profetizar, prever, adivinhar.
Profiláctico adj profilático, preventivo.
Profilaxis s profilaxia, prevenção.
Pronosticar v prognosticar, prever, adivinhar.
Pronóstico s prognóstico, previsão.
Prontitud s prontidão, presteza, brevidade.
Pronto adj pronto, veloz, acelerado, rápido.
Pronunciación s pronunciação, pronúncia.
Pronunciamiento s pronunciamento.
Pronunciar v pronunciar, proferir, resolver.
Propaganda s propaganda.
Propagar v propagar, espalhar, difundir, divulgar.

PROPALAR — PROYECTAR

Propalar v propalar, divulgar.
Propasar v ultrapassar.
Propensión s propensão, inclinação.
Propiciar v propiciar, proporcionar.
Propicio adj propício, favorável.
Propiedad s propriedade, direito.
Propietario s proprietário, dono, possuidor.
Propina s propina, gorjeta, gratificação.
Propinar v propinar.
Propio adj próprio, peculiar, exclusivo, conveniente.
Proponer v propor, oferecer.
Proporción s proporção, disposição.
Proporcional adj proporcional.
Proporcionar v proporcionar, facilitar, dispor, dar, fornecer.
Proposición s proposição.
Propósito s propósito, intenção, finalidade.
Propuesta s proposta.
Propuesto adj proposto, oferecido.
Propugnar v propugnar, defender.
Propulsar v propulsar, impelir.
Propulsión s propulsão, impulso.
Prórroga s prorrogação.
Prorrogable adj prorrogável, adiável.
Prorrogar s prorrogar, adiar, suspender.
Prorrumpir v prorromper, irromper.
Prosa s prosa.
Prosaico adj prosaico, trivial.
Proscribir v proscrever, banir, exilar, expulsar.
Proscrito adj proscrito, banido, expulso.
Proseguir v prosseguir, continuar.
Proselitismo s proselitismo.
Prosélito s prosélito, convertido a uma certa religião.
Prosodia s prosódia.
Prospecto s prospecto, programa.
Prosperar v prosperar, progredir.
Prosperidad s prosperidade, fortuna.
Próspero adj próspero, afortunado, venturoso.
Próstata s próstata.
Prosternarse v prostrar-se.
Prostíbulo s prostíbulo, bordel.

Prostitución s prostituição.
Prostituir v prostituir, corromper, degradar.
Prostituta s prostituta, rameira.
Protagonista s protagonista, personagem principal, astro, estrela.
Protección s proteção, amparo, ajuda, auxílio.
Proteccionismo s protecionismo.
Protector adj protetor, defensor.
Proteger v proteger, defender, guardar.
Proteína s proteína.
Prótesis s prótese.
Protestante adj protestante, luterano.
Protestantismo s protestantismo, calvinismo, luteranismo, anglicanismo.
Protestar v protestar.
Protesto s protesto.
Protocolo s protocolo, cerimonial diplomático.
Protoplasma s protoplasma.
Prototipo s protótipo, modelo, original.
Protuberancia s protuberância.
Provecho s proveito, utilidade, vantagem.
Provechoso adj proveitoso, útil.
Proveer v prover, abastecer.
Proveniente adj proveniente.
Provenir v provir, nascer, derivar, proceder.
Proverbial adj proverbial, notório.
Proverbio s provérbio, sentença, adágio.
Providencia s providência, prevenção.
Providencial adj providencial.
Provincia s província, divisão (territorial ou administrativa).
Provincial adj provincial.
Provinciano adj provinciano.
Provisional adj provisório.
Provisor s provedor, provisor.
Provocar v provocar, desafiar.
Proximidad s proximidade, vizinhança, cercania.
Próximo adj próximo, vizinho, contíguo, imediato.
Proyectar v projetar (imagens), lançar, arremessar, planejar, traçar.

PROYECTIL — PUNTUAR

Proyectil s projétil.

Proyectista s projetista.

Proyecto s projeto, plano, planta, desenhos e cálculos, intenção.

Prudencia s prudência, cautela, moderação.

Prudente adj prudente, cauteloso, moderado.

Prueba s prova, testemunho.

Psicoanálisis s psicanálise.

Psicología s psicologia.

Psicológico adj psicológico.

Psicópata s psicopata.

Psicosis s psicose.

Psicoterapia s psicoterapia.

Psique s psiquê, alma humana.

Psiquiatría s psiquiatria.

Psíquico adj psíquico.

Púa s puá, ponta de arame farpado, dente de pente, espinho.

Púber adj púbere.

Pubertad s puberdade, adolescência.

Pubis s púbis.

Publicación s publicação, edição.

Publicar v publicar, editar.

Publicidad s publicidade, divulgação.

Público adj público, notório, divulgado.

Puchero s panela, caçarola.

Pucho s ponta, resto, toco (de cigarro, de vela).

Púdico adj pudico, casto.

Pudiente adj poderoso, rico, abastado.

Pudor s pudor, recato, vergonha.

Pudrimiento s apodrecimento, podridão, putrefação.

Pudrir v apodrecer, corromper.

Pueblo s povo, povoação, vilarejo, plebe.

Puente s ponte.

Puerco s porco; adj sujo, imundo, vil.

Pueril adj pueril, infantil.

Puerro s porro, alho-porro.

Puerta s porta.

Puerto s porto, garganta, desfiladeiro.

Pues conj pois, já que, visto que.

Puesta s ocaso.

Puesto s posto, local, lugar, emprego, cargo.

Pugilista s pugilista, boxeador.

Pugna s pugna, luta, combate, briga.

Pugnar v pugnar, lutar, combater, brigar.

Pujanza s pujança, vigor, energia, força.

Pujar v puxar, aumentar o preço (em leilão).

Pulcro adj asseado, belo, elegante, limpo.

Pulga s pulga.

Pulgada s polegada.

Pulgar s polegar.

Pulidor s polidor, lustrador.

Pulimento s polimento.

Pulir v polir, lustrar, brunir.

Pulla s expressão obscena ou mordaz.

Pulmón s pulmão.

Pulmonía s pneumonia.

Pulpa s polpa.

Púlpito s púlpito, altar.

Pulpo s polvo.

Pulsación s pulsação.

Pulsar v pulsar, bater, palpitar, latejar.

Pulsera s pulseira, bracelete.

Pulso s pulso, força, vigor.

Pulular v pulular, brotar, abundar.

Pulverizar v pulverizar, reduzir a pó.

Punción s punção.

Punta s ponta, extremidade, princípio ou fim.

Puntada s ponto, furo de agulha.

Puntal s escora.

Puntapie s pontapé, chute.

Puntear v pontear, pontuar.

Puntera s ponteira, biqueira do calçado.

Puntería s pontaria.

Puntiagudo adj pontiagudo.

Puntillo s ninharia.

Puntilloso adj muito susceptível, exigente.

Punto s ponto, furo, sinal de pontuação, lugar determinado.

Puntuación s pontuação, conjunto de sinais ortográficos.

Puntual adj pontual, diligente, exato.

Puntualidad s pontualidade, exatidão, presteza.

Puntualizar v particularizar, aperfeiçoar.

Puntuar v pontuar, acentuar.

PUNZAR — PUZZLE

Punzar *v* punçar.
Puñado *s* punhado.
Puñal *s* punhal.
Puñalada *s* punhalada, golpe de punhal.
Puñetazo *s* porrada, murro, soco.
Puño *s* punho, mão fechada.
Pupila *s* pupila, órfã, menina do olho.
Pupilo *s* pupilo, hóspede, órfão.
Pupitre *s* carteira escolar.
Puposo *adj* que tem feridas nos lábios.
Puramente *adv* puramente, puro, com pureza.
Puré *s* purê, pasta.
Pureza *s* pureza.
Purga *s* purgação, purgativo.
Purgación *s* purgação, menstruação.
Purgante *adj* purgante, purgativo.
Purgar *v* purgar, limpar, purificar, expiar, pagar.
Purgatorio *s* purgatório.

Purificante *adj* purificante.
Purificar *v* purificar.
Purismo *s* purismo.
Puritanismo *s* puritanismo.
Puritano *adj* puritano.
Puro *adj* puro, sem mistura.
Púrpura *s* púrpura.
Purpurina *s* purpurina.
Purulencia *s* purulência.
Purulento *adj* purulento, que tem pus.
Pus *s* pus, secreção.
Pusilánime *adj* pusilânime, covarde.
Pústula *s* pústula.
Putrefacción *s* putrefação, apodrecimento.
Putrefacto *adj* putrefato, podre.
Putridez *s* podridão.
Puya *s* pua, ponta (de vara).
Puzzle *s* quebra-cabeças.

q Q

Q s vigésima letra do alfabeto espanhol.

Que *pron* que, o qual.

Quebrada s quebrada, passagem entre montanhas.

Quebradillo s salto de sapato, salto alto.

Quebradizo *adj* quebradiço, frágil.

Quebrado *adj* quebrado, falido, despedaçado, acidentado (terreno).

Quebradura s abertura, fenda, ruptura.

Quebrantar *v* quebrar, rachar, fender.

Quebranto s quebra, rompimento, fraqueza, debilidade.

Quebrar *v* quebrar, partir, violar, dobrar, torcer.

Quechua *adj* quíchua.

Queda s toque de recolher, hora de recolher.

Quedar *v* ficar, restar, subsistir, permanecer, restar, terminar.

Quedito *adv* pausadamente.

Quedo *adj* calmo, quieto.

Quehacer s ocupação, trabalho, afazeres.

Queja s queixa, lamento.

Quejarse *v* queixar-se, lamentar-se.

Quejido s queixume, queixa, lamento, gemido.

Quejoso *adj* queixoso.

Quejumbroso *adj* lamuriento.

Quema s queima, incêndio.

Quemada s queimada.

Quemadura s queimadura.

Quemar *v* queimar, abrasar.

Quena s flauta ameríndia.

Querella s querela, discórdia.

Querencia s afeto, inclinação.

Querer s querer, ter carinho, amar, afeto.

Querido *adj* querido.

Quermese s quermesse, feira, festa popular.

Querosén s querosene.

Querubín s querubim, anjo.

Quesadilla s queijadinha, pastel de queijo.

Quesera s queijeira.

Quesería s queijaria, laticínio.

Queso s queijo.

Quetzal s ave americana.

Quevedos s óculos que se segura no nariz.

Quicio s gonzo (de porta ou janela).

Quiebra s quebra, rompimento.

Quien *pron* quem, o qual.

Quienquiera *pron* qualquer um, seja quem for.

Quieto *adj* quieto, calmo.

Quietud s quietude, sossego, tranquilidade, paz.

Quijada s queixada, mandíbula.

Quilatar *v* aquilatar, avaliar.

Quilate s quilate, unidade de peso para pedras preciosas.

Quilla s quilha (de embarcação).

Quilombo s choça, cabana campestre.

Quimera s quimera, fantasia, utopia.

Quimérico *adj* quimérico, fictício, imaginário.

Química s química.

Químico *adj* químico.

Quimono s quimono, túnica japonesa.

Quina s quinino, bingo.

Quincalla s quinquilharia.

Quincena s quinzena.

Quinta s quinta, chácara, casa de campo.

Quintal s quintal.

Quinteto s quinteto.

QUINTUPLICAR — QUÓRUM

Quintuplicar *v* quintuplicar.
Quiñón *s* quinhão, porção.
Quiosco *s* quiosque.
Quirófano *s* sala de cirurgia, centro cirúrgico.
Quiromancia *s* quiromancia.
Quirúrgico *adj* cirúrgico.

Quisquilloso *adj* impertinente, rabugento, meticuloso.
Quiste *s* quisto, tumor.
Quitamanchas *s* tira manchas.
Quitar *v* tirar, resgatar, furtar, impedir, arrebatar, despojar.
Quizá *adv* quiçá, talvez, possivelmente.
Quórum *s* quorum.

r R

R *s* vigésima primeira letra do alfabeto espanhol.
Raba *s* isca de ovas de bacalhau.
Rabada *s* rabada, quarto traseiro dos animais abatidos.
Rabadán *s* rabadão, chefe dos pastores.
Rábano *s* rabanete.
Rabia *s* raiva, hidrofobia.
Rabiar *v* enraivecer, enfurecer-se.
Rabieta *s* raiva passageira.
Rabino *s* rabino.
Rabioso *adj* raivoso, irado, irritado, hidrófobo.
Rabo *s* rabo, cauda.
Racha *s* rajada, pé de vento, estilhaço de madeira.
Racial *adj* racial.
Racimo *s* cacho, penca.
Raciocinar *v* raciocinar, pensar.
Raciocinio *s* raciocínio.
Ración *s* ração, porção de alimento.
Racional *adj* racional.
Racionalidad *s* racionalidade.
Racionalismo *s* racionalismo.
Racionalización *s* racionalização.
Racionalizar *v* racionalizar.
Racionamiento *s* racionamento.
Racionar *v* racionar, limitar.
Racismo *s* racismo.
Racista *s* racista.
Rada *s* enseada, baía, porto abrigado.
Radar *s* radar.
Radiación *s* radiação, irradiação.
Radiactividad *s* radiatividade.
Radiactivo *adj* radiativo.
Radiador *s* radiador, aquecedor.
Radial *adj* radial.

Radiante *adj* radiante, brilhante, esplêndido.
Radiar *v* irradiar, brilhar, difundir, emitir por rádio.
Radical *adj* radical.
Radicalización *s* radicalização.
Radicalizar *v* radicalizar.
Radicar *v* radicar, enraizar, firmar, fixar.
Radio *s* raio (de círculo, de roda), osso do antebraço, rádio (aparelho), radiofusão.
Radío *adj* errante.
Radiodifusión *s* rádio-difusão.
Radioescucha *s* rádio-ouvinte.
Radiofonía *s* radiofonia.
Radiografía *s* radiografia.
Radiología *s* radiologia.
Radiólogo *s* radiologista.
Radioscopia *s* radioscopia.
Radioso *adj* radioso, esplendoroso.
Radioterapia *s* radioterapia.
Raedera *s* raspadeira, raspador.
Raer *v* raspar, rapar, cortar rente.
Ráfaga *s* rajada, lufada, pé de vento.
Raído *adj* raspado, puído, gasto, esgarçado.
Raíl *s* trilho de via férrea.
Raíz *s* raiz.
Raja *s* racha, fenda, greta, lasca.
Rajá *s* rajá, marajá.
Rajar *v* rachar, fender, abrir.
Ralea *s* espécie, gênero, qualidade.
Rallador *s* ralador (de cozinha).
Rallar *v* ralar.
Ralo *adj* ralo, pouco espesso.
Rama *s* ramo, galho.
Ramaje *s* ramagem.

RAMAL — REALISMO

Ramal s ramal, cabo, parte do principal (corda, linha, escada).

Rambla s leito natural das águas de chuva.

Ramera s rameira, prostituta.

Ramificación s ramificação.

Ramificar v ramificar, dividir.

Ramillete s ramalhete, buquê, pequeno ramo de flores.

Ramo s ramo, conjunto de flores, ramalhete.

Rampa s rampa, ladeira, plano inclinado.

Rana s rã.

Ranchero s rancheiro, fazendeiro.

Rancho s rancho, barracão, sítio, chácara, comida que se faz para muitos.

Rancio adj rançoso, velho.

Rango s classe, categoria, dignidade.

Ranura s ranhura, sulco, entalhe, encaixe.

Rapar v rapar, tosar rente.

Rapaz adj que rouba, de rapina; s rapaz, jovem.

Rapé s rapé.

Rapidez s rapidez, velocidade.

Rápido adj rápido, veloz, ligeiro.

Rapiña s rapina.

Raposa s raposa.

Raptar v raptar, sequestrar, roubar.

Rapto s rapto, roubo, sequestro.

Raqueta s raquete, palheta.

Raquítico s raquítico, débil, atrofiado.

Raro adj raro, incomum, extravagante.

Rasante adj rasante.

Rasar v rasar, roçar, raspar, igualar.

Rascacielos s arranha-céu.

Rascar v coçar, esfregar, arranhar.

Rasgado adj rasgado.

Rasgar v rasgar, romper, lacerar, arrancar.

Rasgo s rasgo, risco.

Rasguñar v arranhar.

Rasguño s arranhão.

Raso adj raso, plano, liso.

Raspa s pelo, fiado, espinha (de peixe).

Raspador s raspador, raspadeira.

Raspar v raspar, rapar, furtar.

Rasposo adj áspero.

Rastrear v rastrear, rastejar, indagar.

Rastreo s rastreamento.

Rastrero adj rasteiro.

Rastrillo s ancinho.

Rastro s rastro, pista, pegada.

Rastrojo s restolho.

Rasurar v barbear-se.

Rata s rato, ratazana.

Raticida s raticida, veneno para ratos.

Ratificación s ratificação, confirmação.

Ratificar v ratificar, confirmar.

Rato s momento, espaço curto de tempo.

Ratón s rato.

Ratonera s ratoeira.

Raudal s caudal, torrente.

Raudo adj impetuoso, violento, rápido, precipitado.

Raya s raia, risco, arraia, fronteira, risca (de cabelo).

Rayado adj rajado, riscado.

Rayar v raiar, riscar, confinar, limitar.

Rayo s raio, raio (de roda), faísca.

Raza s raça.

Razón s razão, raciocínio, motivo.

Razonable adj razoável, moderado, justo, aceitável.

Razonar v raciocinar, arrazoar, falar, discorrer.

Reacción s reação, resposta.

Reaccionar v reagir, resistir.

Reaccionario adj reacionário, conservador.

Reacio adj resistente, teimoso, desobediente.

Reactivar v reativar, reagir.

Reactivo adj reativo.

Reactor s reator.

Readaptación s readaptação.

Readaptar v readaptar.

Reajustar v reajustar.

Reajuste s reajuste.

Real adj real, existente, verdadeiro.

Realce s realce, destaque.

Realeza s realeza, majestade, soberania.

Realidad s realidade, verdade, veracidade, existência.

Realismo s realismo, monarquia.

REALISTA — RECIPROCIDAD

Realista *adj* realista, monarquista.
Realizable *adj* realizável, factível.
Realizador *s* realizador, produtor (de cinema ou tevê).
Realizar *v* realizar, criar, fazer, produzir.
Realzar *v* realçar, salientar.
Reanimar *v* reanimar, reavivar, confortar.
Reanudar *v* retomar, continuar, reiniciar.
Reaparecer *v* reaparecer, retornar.
Rebajar *v* rebaixar, diminuir.
Rebanada *s* rabanada, fatia de pão.
Rebañar *v* recolher, arrebanhar.
Rebaño *s* rebanho, gado.
Rebasar *v* transbordar, ultrapassar.
Rebatir *v* rebater, repelir, rechaçar, redobrar, reforçar, deduzir, refutar.
Rebato *s* rebate, alarme, alerta.
Rebelarse *v* rebelar-se, sublevar-se, resistir.
Rebelde *adj* rebelde, desobediente, indócil.
Rebelión *s* rebelião, sublevação, insurreição.
Reblandecer *v* abrandar.
Rebobinar *v* rebobinar.
Rebosar *v* transbordar.
Rebotar *v* pular (várias vezes), rebater, ricochetear.
Rebozar *v* rebuçar.
Rebullir *v* reanimar-se, mover-se, bulir.
Rebuscar *v* rebuscar, florear.
Rebuzno *s* zurro.
Recadero *s* mensageiro, enviado, boy.
Recado *s* recado, mensagem, lembrança.
Recaer *v* recair, acontecer de novo.
Recaída *s* recaída.
Recalcar *v* recalcar, ajustar, sublinhar, encher.
Recalcitrante *adj* recalcitrante, teimoso.
Recalentar *v* reaquecer, esquentar demais, escaldar, excitar.
Recámara *s* antecâmara.
Recambio *s* recâmbio, troca.
Recapacitar *v* recapacitar, meditar, ponderar.
Recapitular *v* recapitular, repetir.
Recarga *s* recarga, sobrecarga.

Recargado *adj* recarregado, sobrecarregado.
Recargar *v* recarregar, sobrecarregar.
Recatado *adj* recatado, discreto.
Recatar *v* recatar, esconder, ocultar.
Recato *s* recato, cautela, reserva, honestidade, pudor.
Recaudación *s* arrecadação, recebimento.
Recaudar *v* arrecadar, cobrar (impostos, etc), assegurar.
Recaudo *s* cobrança, precaução, cuidado.
Recelar *v* recear, desconfiar, suspeitar, temer.
Recelo *s* receio, suspeita, desconfiança, dúvida.
Receloso *adj* receoso, desconfiado, medroso.
Recepción *s* recepção, admissão (em emprego, sociedade), festa.
Recepcionista *s* recepcionista.
Receptividad *s* receptividade, vulnerabilidade (a doenças).
Receptor *adj* receptor, aparelho de rádio.
Recesión *s* recessão.
Receta *s* receita, fórmula, prescrição médica.
Recetar *v* receitar, prescrever, ordenar, indicar, medicar.
Recetario *s* receituário, formulário.
Rechazar *v* rechaçar, repelir.
Rechazo *s* rechaço, repulsa, ressalto.
Rechifla *s* escárnio, mofa, zombaria.
Rechinar *v* chiar, ranger.
Rechoncho *adj* rechonchudo, gorducho.
Recibir *v* receber, cobrar, acolher, hospedar, aceitar, admitir.
Recibo *s* recibo, recebimento, quitação.
Reciclaje *s* reciclagem, reaproveitamento.
Recién *adj* recém, recente.
Reciente *adj* recente, novo, fresco.
Recinto *s* recinto, espaço limitado, âmbito.
Recio *adj* forte, vigoroso, duro (de gênio).
Recipiente *s* recipiente, vasilha, receptáculo.
Reciprocidad *s* reciprocidade, correspondência.

RECÍPROCO — RED

Recíproco *adj* recíproco, mútuo.
Recital *s* recital, concerto.
Recitar *v* recitar, declamar, narrar.
Reclamación *s* reclamação, protesto.
Reclamar *v* reclamar, exigir, reivindicar.
Reclame *s* propaganda comercial.
Reclamo *s* anúncio, propaganda, comercial, voz da ave (chamando outra).
Reclinar *v* reclinar, inclinar, encostar.
Recluir *v* encerrar, pôr em reclusão, isolar.
Recluso *adj* recluso, preso, prisioneiro.
Recluta *s* recruta.
Reclutar *v* recrutar, convocar, alistar.
Recobrar *v* recobrar, recuperar.
Recodo *s* ângulo, cotovelo, volta (de rio, estrada).
Recogedor *s* recolhedor, máquina de recolher, pá de lixo; *adj* acolhedor.
Recoger *v* recolher, apanhar, guardar, compilar.
Recogido *adj* recolhido, retirado.
Recogimiento *s* recolhimento.
Recolección *s* colheita, compilação, arrecadação.
Recolectar *v* colher, cobrar, arrecadar.
Recomendable *adj* recomendável.
Recomendar *v* recomendar, avisar, solicitar.
Recompensa *s* recompensa, indenização, prêmio.
Recompensar *v* recompensar, premiar, indenizar.
Recomponer *v* recompor, compor, reparar.
Reconcentrar *v* reconcentrar.
Reconciliar *v* reconciliar, congraçar.
Recóndito *adj* recôndito.
Reconfortante *adj* reconfortante, confortador.
Reconfortar *v* reconfortar, animar.
Reconocer *v* reconhecer, examinar, registrar, verificar.
Reconocimiento *s* reconhecimento, declaração.
Reconquista *s* reconquista.

Reconquistar *v* reconquistar, recuperar.
Reconstitución *s* reconstituição.
Reconstituir *v* reconstituir, recompor.
Reconstrucción *s* reconstrução.
Reconstruir *v* reconstruir.
Reconvenir *v* repreender, recriminar.
Recopilar *v* recopilar, coligir, recolher.
Recordar *v* recordar, lembrar, memorizar.
Recorrer *v* recorrer, percorrer.
Recorrido *s* trajeto, percurso, itinerário, caminho.
Recortable *adj* recortável.
Recortar *v* recortar, cortar, aparar.
Recorte *s* recorte (de livro, de jornal).
Recostar *v* recostar, reclinar, inclinar.
Recoveco *s* reviravolta, voltas (de rua, rio, etc).
Recrear *v* recriar, recrear, divertir, alegrar.
Recreativo *adj* recreativo, divertido.
Recreo *s* recreio, recreação, entretenimento, área de lazer.
Recriminar *v* recriminar, incriminar, repreender.
Recrudecer *v* recrudescer, aumentar, agravar-se.
Recrudecimiento *s* recrudescimento, aumento.
Rectángulo *s* retângulo.
Rectificar *v* retificar, corrigir.
Rectitud *s* retidão, integridade.
Recto *adj* reto, direito, aprumado, exato.
Rector *s* reitor, governante.
Recua *s* récua.
Recubrimiento *s* recobrimento.
Recubrir *v* recobrir, cobrir.
Recuento *s* reconto, contagem.
Recuerdo *s* recordação, lembrança.
Recular *v* recuar, retroceder.
Recuperable *adj* recuperável, restituível.
Recuperar *v* recuperar, reaver.
Recurrir *v* recorrer, recuperar.
Recurso *s* recurso, volta, retorno, meio, expediente.
Recusar *v* recusar, rejeitar, opor-se.
Red *s* rede (para pesca, caça, etc), malha, grade, entrelaçamento.

REDACCIÓN — REGAZO

Redacción s redação (texto escrito, local onde se redige, conjunto de redatores).
Redactar v redigir, escrever, lavrar.
Redactor s redator.
Rededor adv redor.
Redención s redenção.
Redil s redil.
Redimir v redimir, remir, resgatar.
Rédito s renda, rendimento, juro.
Redoblar v redobrar, duplicar, rufar (tambor).
Redoma s redoma.
Redomado adj astuto, cauteloso.
Redondear v arredondar, libertar.
Redondilla s redondilha.
Redondo adj redondo, esférico, curvo.
Reducción s redução, diminuição.
Reducido adj reduzido, diminuído.
Reducir v reduzir, diminuir, retrair, restringir.
Reducto s reduto.
Reductor s redutor.
Redundancia s redundância, repetição.
Redundar v redundar, transbordar, sobrar.
Reduplicar v reduplicar, duplicar.
Reeducar v reeducar, readaptar.
Reelección s reeleição.
Reelegir v reeleger.
Reembolsar v reembolsar.
Reembolso s reembolso.
Reemplazar v substituir.
Reemplazo s substituição.
Reencarnar v reencarnar.
Reestructurar v reestruturar.
Refectorio s refeitório.
Referencia s referência, informação.
Referente adj referente, alusivo.
Referir v referir, relatar, narrar, contar, atribuir.
Refinado adj refinado, esmerado, requintado.
Refinar v refinar, depurar.
Refinería s refinaria.
Reflectar v refletir (a luz, o calor, etc).
Reflector s refletor.
Reflejar v refletir, repercutir.

Reflejo adj refletido, ponderado.
Reflexionar v refletir, pensar, ponderar.
Reflexivo adj reflexivo.
Refluir v refluir, voltar, retroceder.
Reflujo s refluxo, mudança, movimento da maré.
Reforma s reforma, conserto, reparação.
Reformar v reformar, modificar, melhorar, consertar, reparar.
Reformatorio s reformatório.
Reformista s reformista.
Reforzado adj reforçado, fortalecido, fortificado.
Reforzar v reforçar, fortalecer, fortificar.
Refractario adj refratário, oposto.
Refrán s refrão, provérbio.
Refregar v esfregar, roçar, friccionar.
Refrenar v refrear, reprimir, corrigir.
Refrendar v referendar, autorizar, avalizar.
Refrescante adj refrescante.
Refrescar v refrescar, refrigerar.
Refresco s refresco, bebida fria.
Refriega s refrega, batalha, disputa.
Refrigerador s refrigerador.
Refrigerar v refrigerar, refrescar.
Refuerzo s reforço, socorro, auxílio, ajuda.
Refugiado adj refugiado, protegido.
Refugiar v refugiar, abrigar, esconder.
Refugio s refúgio, abrigo, amparo, albergue.
Refulgir v refulgir, brilhar, resplandecer.
Refundir v refundir, refazer.
Refutar v refutar, contestar, rebater.
Regadera s regador, aguador.
Regalado adj agradável, suave, dado, muito barato.
Regalar v presentear, dar.
Regalía s regalia, privilégio.
Regalo s presente, dádiva, cortesia, convite, comodidade, descanso.
Regañar v repreender, rosnar (o cão), ralhar.
Regar v regar, molhar, aguar.
Regatear v regatear.
Regazo s regaço, seio.

REGENCIA — RELEVANTE

Regencia s regência.
Regeneración s regeneração, reabilitação.
Regenerar v regenerar, reabilitar.
Regentar v reger.
Régimen s regime, modo de governo, dieta alimentar.
Regimiento s regimento, unidade militar.
Regio adj régio, real.
Región s região, território, lugar.
Regional adj regional, local.
Regir v reger, governar, dirigir.
Registrar v registrar, verificar, assinalar, anotar.
Registro s registro, análise, exame, livro de dados, escritura.
Regla s régua, regra, norma, modelo, menstruação, método.
Reglaje s regulagem.
Reglamentación s regulamentação.
Reglamentar v regulamentar, normatizar, instituir.
Reglamentario adj regulamentar, institucional.
Reglamento s regulamento, estatuto.
Reglar v regrar, regular, pautar, alinhar.
Regocijar v regozijar, festejar, alegrar.
Regocijo s regozijo, gozo.
Regodearse v deleitar-se, gracejar.
Regordete adj gorducho.
Regresar v regressar, retornar, voltar, retroceder.
Regresión s regressão.
Regresivo adj regressivo.
Regreso s regresso, chegada, volta.
Reguero s corrente de água, rastro.
Regulación s regulamento, ajustamento.
Regular v regular, ajustar.
Regularidad s regularidade.
Regularizar v regularizar, regulamentar, ajustar.
Regurgitar v regurgitar.
Rehabilitación s reabilitação.
Rehabilitar v reabilitar, reparar, regenerar.
Rehacer v refazer, corrigir, consertar, repor.
Rehén s refém.

Rehogar v refogar, cozinhar em fogo lento.
Rehuir v retirar, afastar, evitar.
Rehusar v recusar, rejeitar.
Reimprimir v reimprimir, reeditar.
Reina s rainha, soberana.
Reinado s reinado.
Reinar v reinar.
Reincidencia s reincidência.
Reincidir v reincidir, repetir (erro ou delito).
Reino s reino.
Reintegrar v reintegrar.
Reintegro s reintegração, reabilitação.
Reinvindicar v reivindicar, reclamar (um direito).
Reír v rir, gracejar.
Reiteración s reiteração, confirmação.
Reiterar v reiterar, confirmar.
Reiterativo adj reiterativo.
Reja s grade, rótula.
Rejilla s ralo (de pia, tanque), grelha.
Rejo s ferrão, aguilhão.
Rejuvenecer v rejuvenescer, remoçar.
Relación s relação, conexão, correspondência, comunicação, narração, descrição.
Relacionar v relacionar, encadear, corresponder, aproximar.
Relajante adj relaxante.
Relajar v relaxar, descontrair, distrair, depravar.
Relamer v lamber, babar-se.
Relámpago s relâmpago.
Relampaguear v relampejar.
Relanzamiento s relançamento.
Relanzar v relançar, rejeitar.
Relatar v relatar, contar, narrar, referir, mencionar.
Relatividad s relatividade.
Relativo adj relativo, condicional.
Relato s relato, narração, descrição, conto.
Relegar v relegar, separar, afastar.
Relevante adj relevante, importante, excelente, saliente.

Relevar v relevar, exonerar, remediar, substituir (uma pessoa por outra).
Relevo s rendição (de guarda, de sentinela), substituição.
Relicario s relicário, caixa de relíquias.
Relieve s relevo, destaque, realce.
Religión s religião.
Religioso adj religioso, crente, pio, devoto.
Relinchar v relinchar, rinchar.
Reliquia s relíquia.
Rellano s patamar, descanso (de escada).
Rellenar v inflar, encher-se, rechear.
Relleno adj recheio, cheio, recheado.
Reloj s relógio.
Relojería s relojoaria.
Relojero s relojoeiro.
Reluciente adj reluzente, brilhante, resplandecente.
Relucir v reluzir, brilhar, resplandecer.
Relumbrar s brilhar, reluzir, resplandecer.
Remachar v arrebitar, rebitar pregos.
Remanente adj remanescente, resíduo.
Remangar v arregaçar (as mangas, a roupa).
Remanso s remanso, água parada.
Remar v remar.
Rematado adj rematado, inteiro, completo.
Rematar v rematar, arrematar, finalizar, concluir.
Remate s arremate, conclusão, fim.
Remedar v arremedar, imitar.
Remediar v remediar, consertar, socorrer, prevenir.
Remedio s remédio, recurso, auxílio, solução.
Rememorar v rememorar, relembrar, lembrar.
Remendar v remendar, consertar, reforçar, corrigir, emendar.
Remero s remador.
Remesa s remessa, expedição, despacho, envio.
Remiendo s remendo, conserto.
Remilgo s afetação, melindre.

Reminiscencia s reminiscência, lembrança, recordação.
Remisión s remissão, relaxamento, perdão.
Remitente s remetente, expedidor.
Remitir v remeter, mandar, expedir.
Remo s remo, asa (das aves), patas (dos quadrúpedes).
Remojar v molhar, embeber, empapar.
Remojo s molho.
Remolacha s beterraba.
Remolcador adj rebocador.
Remolcar v rebocar.
Remolino s redemoinho.
Remolón adj preguiçoso, lento, vadio.
Remolque s reboque.
Remontar v remontar, encavalar.
Remordimiento s remorso, arrependimento.
Remoto adj remoto, distante, afastado.
Remover v remover, mover, mudar de lugar.
Remozar v remoçar, rejuvenescer.
Remuneración s remuneração, salário.
Remunerar v remunerar, pagar, compensar.
Renacentista adj renascentista.
Renacer v renascer, reviver.
Renacimiento s renascimento.
Renacuajo s girino de rã.
Renal adj renal.
Rencilla s rixa.
Rencor s rancor.
Rencoroso adj rancoroso.
Rendición s rendição.
Rendido adj rendido.
Rendija s fenda, rachadura, fresta.
Rendimiento s rendimento, submissão, sujeição.
Rendir v render, sujeitar, prestar contas.
Renegado adj renegado, descrente.
Renegar v renegar, negar, abominar.
Reno s rena.
Renombrado adj renomado, famoso, célebre.
Renombre s renome, fama, celebridade.
Renovable adj renovável.

RENOVAR — REPULSIÓN

Renovar v renovar, reformar, mudar.
Renquear v coxear, claudicar.
Renta s renda, rendimento.
Rentabilidad s rentabilidade.
Rentable adj rentável, rendoso.
Renuncia s renúncia, abandono.
Renunciar v renunciar, abandonar, desistir.
Reñido adj renhido, disputado, oposto.
Reñir v renhir, disputar, lutar.
Reo s réu, criminoso, culpado.
Reorganizar v reorganizar, reestruturar.
Reparación s reparação, conserto.
Reparar v reparar, consertar, arrumar.
Reparo s reparo, conserto, restauração.
Repartir v repartir, dividir, distribuir.
Reparto s repartição, partilha, divisão, distribuição.
Repasar v repassar, examinar.
Repaso s repasse, estudo ligeiro, verificação.
Repatriación s repatriação, extradição.
Repatriar v repatriar, extraditar.
Repelente adj repelente, asqueroso, repulsivo.
Repeler v repelir, expulsar, recusar, rejeitar.
Repentino adj repentino, súbito, inesperado.
Repercusión s repercussão.
Repercutir v repercutir, ecoar.
Repertorio s repertório, conjunto.
Repetir s repetir, refletir.
Repicar v repicar, tanger, tocar (sino).
Repique s repique, toque dos sinos.
Repisa s suporte, estante.
Replantear v expor um assunto novamente.
Replegar s preguear novamente.
Repleto adj repleto, muito cheio, abarrotado.
Réplica s réplica, contestação, contra-argumentação.
Replicar v replicar, contestar contra-argumentar.
Repliegue s prega dupla.

Repoblación s repovoamento (de pessoas, animais).
Repoblar v repovoar, reflorestar.
Repollo s repolho.
Reponer v repor, restituir, substituir.
Reportaje s reportagem.
Reportar v refrear, reprimir, moderar.
Reportero s repórter, jornalista.
Reposar v repousar, descansar, sossegar, sedimentar, pousar (um líquido).
Reposición s reposição, restituição.
Reposo s repouso, descanso, serenidade, sossego.
Repostar v abastecer, reabastecer, repor.
Repostería s confeitaria (arte, ofício, estabelecimento).
Reprender v repreender, corrigir.
Reprensible adj repreensível.
Reprensión s repreensão.
Represa s represa, açude, comporta.
Represalia s represália, vingança.
Representación s representação, exposição, exibição.
Representar v representar, expor, exibir.
Represión s repressão, proibição.
Represivo adj repressivo, repressor.
Reprimir v reprimir, conter, moderar, frear.
Reprobable adj reprovável, censurável, condenável.
Reprobar v reprovar, censurar, condenar.
Reprochar v reprovar, desaprovar, censurar.
Reproducir v reproduzir, multiplicar.
Reptil s réptil.
República s república.
Republicano adj republicano.
Repudiar v repudiar, rechaçar, desamparar, enjeitar.
Repudio s repúdio, abandono.
Repuesto s reserva de provisões, reposição, peças de reposição.
Repugnancia s repugnância, aversão, repulsa, nojo, asco.
Repugnar v repugnar, contradizer.
Repulsa s repulsa, recusa, aversão.
Repulsión s repulsão, repulsa.

210 REPUTACIÓN — RESTITUIR

Reputación s reputação, fama, conceito, renome.
Requerimiento s requerimento.
Requerir v requerer, exigir.
Requesón s requeijão.
Requiebro s requebro.
Requisitar v requisitar.
Requisito s requisito, condição.
Res s rês, quadrúpede (doméstico ou selvagem).
Resabio s ressaibo, mau sabor.
Resaca s ressaca.
Resaltar v ressaltar, sobressair.
Resalte s saliência.
Resarcir v ressarcir, compensar, indenizar.
Resbalar v resvalar, deslizar, escorregar.
Rescatable adj resgatável, recuperável, reaproveitável.
Rescatar v resgatar, trocar.
Rescate s resgate, troca.
Rescindir v rescindir, invalidar, anular (um contrato).
Rescisión s rescisão, anulação.
Rescoldo s rescaldo.
Resecar v ressecar, secar.
Reseco adj ressecco.
Resentirse v ressentir-se.
Reseña s resenha, descrição.
Reserva s reserva, prevenção, guarda.
Reservado adj reservado, cauteloso, prudente, discreto.
Reservar v reservar, guardar, conservar.
Reservista s reservista.
Resfriado s resfriado, gripe.
Resfriarse v resfriar-se, esfriar-se, ficar resfriado, gripar-se.
Resguardar v resguardar, proteger, defender, amparar.
Resguardo s resguardo, segurança, precaução, cautela.
Residencia s residência, moradia, domicílio.
Residir v residir, morar, habitar.
Residual adj residual.
Residuo s resíduo, resto.
Resignar v resignar, renunciar, tolerar.

Resina s resina.
Resistencia s resistência, defesa, recusa.
Resistir v resistir, defender, contrariar, recusar.
Resolución s resolução, ânimo, decisão.
Resolver v resolver, solucionar, deliberar.
Resollar v resfolegar, ofegar.
Resonancia s ressonância, repercussão.
Resonar v ressonar, repercutir, ecoar.
Resoplar v soprar, assoprar, arfar.
Resoplido s assopro.
Resorte s mola.
Respaldar v respaldar, proteger, assentar, apoiar.
Respaldo s respaldo, espaldar, encosto.
Respecto loc adv a respeito de, respeito, razão, relação.
Respetable adj respeitável, digno, considerável.
Respetar v respeitar, considerar.
Respeto s respeito, consideração.
Respetuoso adj respeitoso, respeitador.
Respingar v respingar.
Respingo s respingo.
Respiración s respiração.
Respirar v respirar.
Resplandecer v resplandecer, brilhar.
Resplandor s resplendor, brilho, esplendor.
Responder v responder, contestar.
Responsabilidad s responsabilidade.
Responsable adj responsável.
Respuesta s resposta, réplica.
Resquebrajar v fender, rachar.
Resquicio s resquício, fenda.
Resta s subtração, diminuição, resto.
Restablecer v restabelecer, repor.
Restablecimiento s restabelecimento.
Restallar v estalar, estralar, ranger.
Restante adj restante, resto, resíduo.
Restar v restar, subtrair, diminuir, sobrar.
Restauración s restauração, reparação, conserto, restabelecimento.
Restaurante s restaurante.
Restaurar v restaurar, recuperar, recobrar.
Restitución s restituição, devolução.
Restituir v restituir, devolver.

RESTO — REVENTA

Resto s resto, resíduo.
Restregar v esfregar com força.
Restricción s restrição, limitação, redução.
Restrictivo adj restritivo.
Restringir v restringir, delimitar, reduzir.
Resucitado adj ressuscitado.
Resucitar v ressuscitar, reviver.
Resuelto adj resoluto.
Resulta s resultado, efeito.
Resultado s resultado, consequência.
Resultar v resultar.
Resumen s resumo, recapitulação.
Resumir v resumir.
Resurgimiento s ressurgimento, reaparição.
Resurgir v ressurgir, reaparecer, ressuscitar.
Resurrección s ressurreição, ressurgimento.
Retablo s retábulo, painel.
Retaguardia s retaguarda.
Retahíla s fileira, série.
Retar v desafiar, provocar.
Retardado adj atrasado.
Retardar v retardar, atrasar, prolongar.
Retardo s retardamento, atraso.
Retazo s retalho, fragmento, pedaço.
Retemblar v estremecer, tremer.
Retén s provisão de coisas, reserva.
Retención s retenção, demora, detenção.
Retener v reter, demorar, guardar, conservar, deter.
Retentiva s memória, retentiva.
Reticencia s reticência.
Reticente adj reticente, omisso.
Retina s retina.
Retirada s retirada, retrocesso.
Retirado adj retirado, distante, reformado.
Retirar v retirar, aposentar.
Retiro s retiro, solidão, reforma.
Reto v desafio, reto.
Retocar v retocar, restaurar.
Retoñar v rebentar, abrolhar.
Retoque s retoque.
Retorcer v retorcer.

Retorcimiento s retorcimento, contorção.
Retórica s retórica.
Retornar v retornar, voltar, devolver, restituir.
Retorno s retorno, retrocesso, devolução.
Retorta s retorta.
Retozar v traquinar, saltar, brincar.
Retracción s retração, contração.
Retractar v retratar, desdizer.
Retraer v retrair, afastar, dissuadir, diminuir.
Retraído adj retraído, tímido.
Retransmisión s retransmissão.
Retransmitir v retransmitir.
Retrasar v atrasar, adiar, demorar.
Retraso s atraso, demora, adiamento.
Retratar v retratar, fotografar, descrever.
Retrato s retrato, cópia, fotografia.
Retrete s latrina, privada, banheiro.
Retribución s retribuição, pagamento, recompensa, salário.
Retribuir v retribuir, pagar, remunerar, recompensar.
Retroactivo adj retroativo.
Retroceder v retroceder, recuar, voltar atrás.
Retroceso s retrocesso, regressão.
Retrógrado adj retrógrado, reacionário.
Retrospectivo adj retrospectivo.
Retrovisor s retrovisor.
Retumbar v retumbar, rebombar.
Reumático adj reumático.
Reumatismo s reumatismo.
Reumatólogo s reumatologista.
Reunión s reunião, agrupamento.
Reunir v reunir, juntar, agrupar, congregar, convocar.
Reválida s revalidação.
Revalidar v revalidar, confirmar, ratificar.
Revalorizar v revalorizar.
Revancha s revanche, vingança.
Revelación s revelação.
Revelador adj revelador.
Revelar v revelar, descobrir, manifestar.
Revender v revender.
Reventa s revenda.

REVENTAR — RÍTMICO

Reventar v rebentar, arrebentar, explodir.

Reverberación s reverberação, reflexão (de luz ou calor).

Reverberar v reverberar.

Reverdecer v reverdecer, revigorar.

Reverencia s reverência, respeito, veneração.

Reverenciar v reverenciar.

Reverendo adj reverendo (forma de tratamento para religiosos).

Reversible adj reversível, com retorno.

Reverso s reverso, costas.

Revés s reverso, costas.

Revestimiento s revestimento, cobertura.

Revestir v revestir, cobrir.

Revisar v revisar, rever, reexaminar.

Revisión s revisão, reexame, releitura.

Revisor adj, s revisor, fiscal.

Revista s revista, exame, inspeção, publicação periódica, magazine, teatro de revista.

Revistar v revistar, inspecionar, passar revista.

Revivir v reviver, ressuscitar.

Revocar v revogar, anular, desfazer, invalidar.

Revólcar v derrubar, maltratar, revolver.

Revolotear v revolutear, revoltear, revoar, voejar.

Revoltijo s confusão, embrulhada.

Revoltoso adj revoltoso, revoltado, inquieto.

Revolución s revolução, mudança de governo.

Revolucionar v revolucionar.

Revolucionario adj revolucionário.

Revólver s revólver, pistola.

Revolver v revolver, agitar, mexer, remexer, misturar.

Revoque s reboco, armagassa, para rebocar.

Revuelo s revoada, revoo.

Revuelta s viravolta, revolta, rodeio.

Revuelto adj revolto, revolvido, revoltoso, travesso, inquieto.

Rey s rei, monarca.

Reyerta s rixa, contenda, briga, altercação.

Rezagar v atrasar, retardar, protelar, adiar.

Rezar v rezar, orar.

Rezo s reza, oração.

Rezongar v resmungar, rezingar.

Rezumar v verter, gotejar.

Ría s foz.

Riachuelo s regato, rio pequeno.

Riada s cheia, enchente.

Ribazo s ribanceira, encosta.

Ribera s ribeira, margem de rio.

Ribereño adj ribeirinho.

Ricamente adv comodamente, confortavelmente.

Ricino s rícino.

Rico adj rico, opulento, delicioso, precioso, valioso.

Ridiculizar v ridicularizar.

Ridículo adj ridículo.

Riego s rega, água para regar.

Riel s trilho (de via férrea), barra de metal.

Rienda s rédea, correia.

Riesgo s risco, azar, perigo.

Rifa s rifa, sorteio.

Rifar v rifar, sortear.

Rifle s rifle, espingarda.

Rigidez s rigidez.

Rígido adj rígido, austero, severo, áspero.

Rigor s rigor, severidade.

Riguroso adj rigoroso, severo.

Rima s rima, consonância.

Rímel s rímel, máscara para os cílios.

Rincón s rincão, canto, ângulo, domicílio.

Riña s rixa, briga, pendência, disputa.

Riñón s rim.

Río s rio.

Riqueza s riqueza, abundância, opulência.

Risa s riso, risada.

Risible adj risível, ridículo.

Ristra s réstia.

Risueño adj risonho, alegre, agradável.

Rítmico adj rítmico.

RITMO — RUGOSO

Ritmo s ritmo.
Rito s rito, cerimônia.
Ritual s ritual.
Rival adj rival, competidor, adversário.
Rivalidad s rivalidade, antagonismo, competição.
Rivalizar v rivalizar, competir, antagonizar.
Rizar v frisar, ondear, encaracolar-se (os cabelos).
Rizo adj crespo, ondeado, frisado, cacheado.
Róbalo s robalo, peixe.
Robar v roubar, furtar.
Roble s carvalho.
Robustecer v robustecer, fortalecer, revigorar.
Robusto adj robusto, forte, vigoroso.
Roca s roca, rocha, rochedo.
Rocalla s cascalho.
Roce s roçadura, fricção, atrito leve.
Rociar v orvalhar, borrifar.
Rocío s orvalho, chuvisco.
Rodaja s rodela.
Rodaje s rodagem (de veículos, de filmes).
Rodapié s rodapé, friso.
Rodar v rodar, girar, rolar, circular.
Rodear v rodear, cercar, circundar.
Rodeo s rodeio, desvio.
Rodilla s joelho, rótula.
Rodillo s cilindro, rolão.
Roedor adj roedor.
Rogar v rogar, pedir, suplicar.
Rogativa s rogativa.
Rojo adj vermelho.
Romántico adj romântico, sentimental.
Romería s romaria, peregrinação.
Romo adj rombo.
Rompecabezas v quebra-cabeças.
Rompeolas s quebra-mar.
Romper v romper, quebrar, despedaçar.
Rompimiento s rompimento.
Ron s rum.
Roncar v roncar, ressonar.
Ronco adj rouco.
Ronda s ronda, vigilância.

Rondar v rondar, vigiar.
Ronquera s rouquidão, afonia.
Ronquido s ronco.
Roña s sarna (do gado), cascão, sujeira.
Roñoso adj ronhoso, porco, sujo.
Ropa s roupa, vestimenta, veste.
Ropaje s roupagem, vestimenta.
Ropero s roupeiro, guarda-roupas.
Rosa s rosa, cor-de-rosa.
Rosal s roseira.
Rosario s rosário, enfiada.
Rosca s rosca, parafuso e porca, volta de espiral, bolo.
Rostro s rosto, face, fisionomia, bico (das aves).
Rotación s rotação, giro, rodizío (em plantação).
Rotativo adj rotativo.
Rotatorio adj rotatório.
Roto adj roto, rasgado esfarrapado, quebrado.
Rótula s rótula, osso do joelho.
Rotulador adj rotulador.
Rotular v rotular, epigrafar.
Rótulo s rótulo, etiqueta.
Rotundo adj rotundo, completo, preciso.
Rotura s ruptura, fratura, rompimento.
Rozamiento s roçamento, divergência.
Rozar v roçar, friccionar.
Rubí s rubi.
Rubio adj louro ou loiro, ruivo.
Rubor s rubor.
Ruborizar v ruborizar, corar.
Rúbrica s rubrica, assinatura abreviada.
Rubricar v rubricar, assinar.
Rucio adj ruço, pardo.
Rudeza s rudeza.
Rudimentario adj rudimentar, simples.
Rudimento s rudimento.
Rudo adj rude ou rudo.
Rueca s roca (instrumento para fiar).
Rueda s roda.
Ruedo s rodagem, contorno, orla, circuito.
Ruego s rogo, súplica.
Rugir v rugir, bramir, urrar.
Rugoso adj rugoso, enrugado.

RUIDO — RUTINARIO

Ruido s ruído, barulho, rumor.
Ruidoso adj ruidoso, barulhento.
Ruin adj ruim, desprezível, mesquinho.
Ruína s ruína, perda, destruição.
Ruindad s ruindade, mesquinharia.
Ruinoso adj ruinoso.
Ruiseñor s rouxinol.
Ruleta v roleta.
Rulo s rolo, cilindro (para nivelar a terra).
Rumbo s rumo, ostentação.

Rumboso adj faustoso, generoso.
Rumiante adj ruminante.
Rumiar v ruminar.
Rumor s rumor, sussurro.
Rupestre adj rupestre.
Ruptura s ruptura, fratura, rompimento.
Rural adj rural, rústico.
Rústico adj rústico, rural, primitivo.
Ruta s rota, rumo, itinerário, roteiro.
Rutina s rotina, hábito, costume.
Rutinario adj rotineiro, habitual.

S

S *s* vigésima segunda letra do alfabeto espanhol.

Sábado *s* sábado.

Sabana *s* savana, planície arenosa extensa.

Sábana *s* lençol.

Sabandija *s* réptil pequeno, inseto.

Sabañón *s* frieira, inflamação de frio.

Sabático *adj* sabático.

Sabedor *adj* sabedor, informado, instruído.

Sabelotodo *s* sabichão.

Saber *v* ter notícia, ter habilidade, conhecer, saber; *s* saber, ciência, conhecimento.

Sabiduría *s* sabedoria, conhecimento, prudência.

Sabihondo *adj* sabichão, presunçoso.

Sabio *adj* sábio, sensato, erudito.

Sable *s* sabre, adaga.

Sabor *s* sabor, gosto.

Saborear *v* saborear, degustar.

Sabotaje *s* sabotagem.

Sabroso *adj* saboroso.

Sabueso *adj* sabujo, cão de caça.

Sacacorchos *s* saca-rolhas.

Sacamuelas *s* mau dentista, charlatão.

Sacapuntas *s* apontador.

Sacar *v* tirar, extrair, separar, descobrir, tirar, ganhar (em sorteio).

Sacarina *s* sacarina, adoçante artificial.

Sacarosa *s* sacarose, açúcar.

Sacerdocio *s* sacerdócio.

Sacerdote *s* sacerdote, religioso.

Saciable *adj* saciável.

Saciar *v* saciar, fartar, matar (fome, sede).

Saciedad *s* saciedade, fartura.

Saco *s* saco (de papel, pano, couro), roupa folgada.

Sacralizar *v* sacralizar, tornar sagrado.

Sacramento *s* sacramento, sinal de Deus.

Sacrificar *v* sacrificar, imolar.

Sacrificio *s* sacrifício, oferenda.

Sacrilegio *s* sacrilégio, profanação, ultraje.

Sacrílego *adj* sacrílego, ultrajante, ímpio.

Sacristán *s* sacristão.

Sacristía *s* sacristia.

Sacro *adj* sacro, sagrado.

Sacrosanto *adj* sacrossanto, sagrado.

Sacudida *s* movimento brusco.

Sacudir *v* sacudir.

Sádico *adj* sádico.

Sadismo *s* sadismo.

Saeta *s* seta, flecha, ponteiro de relógio, bússola.

Safari *s* safári.

Saga *s* saga, lenda escandinava.

Sagacidad *s* sagacidade, astúcia.

Sagaz *adj* sagaz, perspicaz, arguto, astuto.

Sagrado *adj* sagrado, sacro.

Sagrario *s* sacrário.

Sagú *s* sagu, espécie de fécula.

Sahumar *v* defumador, fumegar, embalsamar.

Saín *s* banha, gordura, sebo animal.

Sainete *s* molho picante, peça teatral cômica.

Sajar *v* sarjar, escarificar.

Sajón *adj* saxão, saxônio.

Sal *s* sal.

Sala *s* sala, compartimento grande.

Salado *adj* salgado.

Salamandra *s* salamandra.

SALAME — SANGRIENTO

Salame s salame, embutido de carne de porco.

Salar s salgar, salgar demais, pôr em salmoura.

Salarial adj salarial.

Salario s salário, pagamento, ordenado.

Salazón s salagadura.

Salchicha s salsicha.

Salchichería s salsicharia.

Salchichón s salsichão, paio.

Saldar v saldar, liquidar, vender a preço baixo.

Saldo s saldo, pagamento, liquidação.

Salero s saleiro.

Saleroso adj gracioso, gostoso, safado.

Salida s saída (ocasião, lugar).

Salidizo s sacada, saliência.

Salido adj saído, saliente, animal que está no cio.

Saliente adj saliente, proeminente.

Salinidad s salinidade.

Salir v sair, partir, nascer, ressaltar.

Salitre s salitre, nitrato de potássio.

Salitroso adj salitroso.

Saliva s saliva, cuspe.

Salivación s salivação, baba.

Salivar v salivar, cuspir.

Salmo s salmo, cântico.

Salmón s salmão.

Salmuera s salmoura.

Salobre adj salobre, salobro.

Salón s salão, sala grande.

Salpicadero s painel de comando dos carros.

Salpicadura s salpicadura.

Salpicar v salpicar, borrifar.

Salpicón s salpicão, picado de carne, paio.

Salpimentar v temperar com sal e pimenta.

Salsa s molho, tempero, salsa.

Saltador adj saltador.

Saltamontes s gafanhoto.

Saltar s saltar, pular.

Salteador s salteador, ladrão, foragido.

Saltear v assaltar, roubar, atacar, dourar (alimentos).

Saltimbanqui s saltimbanco, acrobata.

Salto s salto, pulo, queda de água, cachoeira, omissão (em uma lista, leitura).

Salubre adj saudável, salutar.

Salubridad s salubridade.

Salud s saúde, bom estado.

Saludable adj saudável, bom.

Saludar v saudar, cumprimentar.

Saludo s saudação, cortesia, cumprimento.

Salutación s saudação, cumprimento.

Salva s salva (de artilharia), saudação, aplauso.

Salvación s salvação, salvamento.

Salvado adj salvo.

Salvadoreño adj salvadorenho.

Salvaguardar v salvaguardar, proteger, garantir.

Salvaguardia s salvaguarda, salvo-conduto.

Salvaje adj selvagem, inculto, agressivo.

Salvajismo s selvageria, brutalidade.

Salvamento s salvamento.

Salvar v salvar, livrar, libertar.

Salvavidas s salva-vidas, boia.

Salve interj salve!

Salvedad s escusa, desculpa, reserva.

Salvo adj salvo, ileso, liberto, ressalvado, omitido.

Salvoconducto s salvo-conduto.

Samurai s samurai.

Sanar v sanar, curar, sarar.

Sanatorio s sanatório, hospital.

Sanción s sanção, estatuto, lei.

Sancionar v sancionar, confirmar.

Sandalia s sandália.

Sándalo s sândalo.

Sandez s sandice, bobagem.

Sandía s melancia.

Sandwich s sanduíche.

Saneamiento s saneamento.

Sanear v sanear, reparar.

Sangrar v sangrar.

Sangre s sangue.

Sangría v sangria, frutas, limão.

Sangriento adj sangrento.

SANGUIJUELA — SECUENCIA

Sanguijuela *s* sanguessuga.
Sanguinario *adj* sanguinário.
Sanguíneo *adj* sanguíneo.
Sanguinolento *adj* sanguinolento.
Sanidad *s* sanidade, saúde, higiene.
Sanitario *s* sanitário.
Sano *s* são, saudável, inteiro.
Santiamén *s* num instante.
Santidad *s* santidade, pureza.
Santificación *s* santificação.
Santificar *v* santificar, tornar santo, abençoar.
Santiguar *v* benzer-se, santigar.
Santo *adj* santo, perfeito, canonizado.
Santuario *s* santuário, templo.
Saña *s* sanha, ira, furor.
Sapo *s* sapo, batráquio.
Saquear *v* saquear, depredar, pilhar.
Saqueo *s* saque, pilhagem, depredação.
Sarampión *s* sarampo.
Sarcasmo *s* sarcasmo, ironia, zombaria.
Sarcástico *adj* sarcástico, irônico.
Sarcófago *s* sarcófago, túmulo, ataúde.
Sardina *s* sardinha.
Sargento *s* sargento.
Sarmiento *s* haste flexível, broto de videira.
Sarna *s* sarna.
Sarro *s* sarro, sedimento, tártaro (nos dentes), ferrugem (nos cereais).
Sarta *s* enfiada, fileira, série.
Sartén *s* frigideira.
Sastre *s* alfaiate.
Sastrería *s* alfaiataria.
Satán *s* satã, satanás.
Satanismo *s* satanismo.
Satélite *s* satélite.
Satén *s* cetim.
Satinado *adj* acetinado, sedoso, brilhante.
Satinar *v* acetinar, amaciar, tornar sedoso.
Sátira *s* sátira, escrito ou dito que ridiculariza.
Satírico *adj* satírico, irônico.
Satirizar *v* satirizar, ridicularizar, criticar.

Satisfacción *s* satisfação, reparação, explicação.
Satisfacer *v* satisfazer, reparar, pagar, contentar, agradar, cumprir, saciar, tranquilizar.
Satisfactorio *adj* satisfatório, suficiente, aceitável.
Satisfecho *adj* satisfeito, farto, contente.
Saturación *s* saturação, fartura.
Saturar *v* saturar, fartar, saciar, impregnar.
Sauce *s* salgueiro, árvore.
Saúco *s* sabugueiro.
Sauna *s* sauna.
Savia *s* seiva.
Saxofón *s* sax, saxofone.
Saya *s* saia, espécie de túnica.
Sayal *s* burel.
Sayo *s* roupa folgada.
Sazón *s* maturação, ponto oportuno.
Sazonar *v* temperar, apimentar, amadurecer.
Se *pron* se.
Sebáceo *adj* sebáceo, sebento.
Sebo *s* sebo, gordura.
Secadero *s* local para secar.
Secador *s* secador de cabelos, estufa, secadora.
Secano *s* sequeiro.
Secante *adj* secante.
Secar *v* secar, enxugar, murchar, esgotar.
Sección *s* seção, parte, divisão, corte.
Seccionar *v* seccionar, cortar, dividir, fracionar.
Seco *adj* seco, enxuto, murcho, ressecado, magro.
Secreción *s* secreção.
Secretar *v* segregar, secretar.
Secretario *s* secretário.
Secreto *adj* secreto, oculto, escondido.
Secta *s* seita.
Sectario *s* sectário.
Sector *s* setor, ala, parte.
Secuaz *adj* sequaz.
Secuela *s* sequela, consequência, resultado.
Secuencia *s* sequência, sucessão.

SECUESTRADOR — SENSATEZ

Secuestrador s sequestrador, raptor.
Secuestrar v sequestrar, raptar, penhorar, executar judicialmente.
Secular adj secular.
Secularizar v secularizar.
Secundar v secundar.
Secundario adj secundário.
Sed s sede, secura, avidez.
Seda s seda (fibra, fio, tecido).
Sedante s sedativo, calmante, paliativo.
Sedar v sedar, acalmar.
Sede s sede, capital.
Sedentario adj sedentário, inativo, de pouco movimento.
Sedición s sedição, revolta, rebelião.
Sediento adj sedento, ansioso, sequioso.
Sedimentar v sedimentar, depositar-se.
Sedimento s sedimento, depósito.
Sedoso adj sedoso, macio, acetinado, lustroso.
Seducción s sedução.
Seducir v seduzir, atrair, encantar.
Seductor adj sedutor, cativante, tentador.
Segar v segar, ceifar.
Seglar adj secular, leigo.
Segmentación s segmentação, fragmentação.
Segmentar v segmentar, fragmentar.
Segmento v segmento, parte, fragmento.
Segregación s segregação, separação.
Segregar v segregar, separar, afastar.
Seguida adv em seguida.
Seguido adj contínuo, sucessivo, direto; adv em seguida.
Seguimiento s seguimento, prosseguimento, continuação.
Seguir v seguir, perseguir, prosseguir.
Según prep segundo, conforme.
Segundo adj segundo; s segundo (sexagésima parte do minuto).
Seguridad s segurança, confiança.
Seguro adj seguro, confiável, certo, garantido.
Seis num seis.
Selección s seleção, escolha, eleição.
Seleccionar v selecionar, escolher, eleger.
Selectivo adj seletivo.

Selecto adj seleto, selecionado, escolhido.
Selector s seletor, classificador.
Sellar v selar, carimbar.
Sello v selo, estampilha, carimbo.
Selva s selva, floresta.
Selvático adj selvático, selvagem.
Semáforo s semáforo, sinal para veículos.
Semana s semana.
Semanal adj semanal.
Semanario s semanário.
Semántica s semântica.
Semblante v semblante, fisionomia.
Semblanza s semelhança, esboço biográfico.
Sembrado adj semeado.
Sembrar v semear.
Semejante adj semelhante, parecido, similar.
Semejar v semelhar, parecer.
Semen s sêmen, esperma.
Sementera s sementeira.
Semestral adj semestral.
Semestre s semestre.
Semicircular adj semicircular.
Semicírculo s semicírculo.
Semilla s semente, grão.
Seminario s seminário.
Seminarista s seminarista.
Semiología s semiologia.
Semita adj semita.
Sémola s sêmola, farinha de cereal.
Senado s senado, assembleia.
Senador s senador.
Sencillez s simplicidade.
Sencillo adj simples, singelo, sincero, ingênuo, crédulo.
Senda s senda, caminho, vereda, atalho.
Sendero s senda, atalho.
Senil adj senil, idoso.
Senilidad v senilidade.
Seno s seio, mama, peito, enseada.
Sensación s sensação, impressão.
Sensacional adj sensacional, impressionante.
Sensacionalismo s sensacionalismo.
Sensatez s sensatez, prudência, juízo.

SENSATO — SESIÓN

Sensato *adj* sensato, prudente, ajuizado, maduro.
Sensibilidad *s* sensibilidade.
Sensibilizar *v* sensibilizar.
Sensible *adj* sensível.
Sensitivo *adj* sensitivo, sensível.
Sensual *adj* sensual.
Sensualidad *s* sensualidade.
Sentado *adj* sentado, assentado.
Sentar *v* sentar, assentar.
Sentencia *v* sentença, parecer, ditame, provérbio.
Sentenciar *v* sentenciar, decidir, arbitrar.
Sentido *adj* sentido, suscetível, sensível.
Sentimental *adj* sentimental, afetuoso.
Sentimentalismo *s* sentimentalismo.
Sentimiento *s* sentimento.
Sentir *v* sentir.
Seña *s* senha, sinal, indício.
Señal *s* sinal, marca.
Señalar *v* assinalar, indicar, marcar.
Señor *s* senhor, dono, amo, proprietário, chefe, patrão.
Señorear *v* assenhorear-se, dominar, mandar.
Señorío *s* senhorio.
Señuelo *s* chamariz.
Separable *adj* separável.
Separación *s* separação, desunião.
Separar *v* separar, apartar.
Separata *s* separata, impresso feito à parte.
Separatismo *s* separatismo.
Sepelio *s* enterro, sepultamento.
Septentrional *adj* setentrional, do norte.
Septicemia *s* septicemia, infecção generalizada.
Séptico *adj* séptico, infecto.
Septiembre *s* setembro.
Séptimo *num* sétimo.
Septuagenario *s* setuagenário, entre setenta e oitenta anos de idade.
Sepulcro *s* sepulcro, tumba, túmulo, jazigo.
Sepultar *v* sepultar, enterrar.
Sepultura *s* sepultura, sepulcro, jazigo.
Sepulturero *s* coveiro.

Sequedad *s* aridez, sequidão.
Sequía *s* seca, secura.
Séquito *s* séquito, cortejo.
Ser *v* ser, existir, haver, estar; *s* essência, natureza, ser, ente.
Serafín *s* serafim, anjo.
Serenar *v* serenar, sossegar, acalmar, pacificar.
Serenata *s* serenata, concerto musical noturno e ao ar livre.
Serenidad *s* serenidade, tranquilidade, calma, sossego.
Sereno *adj* sereno, calmo, tranquilo; *s* guarda-noturno.
Serial *s* série, novela (de rádio ou televisão).
Serie *s* série, conjunto, sucessão.
Seriedad *s* seriedade, gravidade, decoro.
Serigrafía *s* serigrafia.
Serio *adj* sério, grave, circunspecto, severo, sisudo, sincero, verdadeiro.
Sermón *s* sermão, pregação.
Sermonear *v* passar sermão, repreender, exortar.
Serpentear *v* serpentear.
Serpentina *s* serpentina.
Serpiente *s* serpente, cobra.
Serrallo *s* serralho.
Serranía *s* serrania, serra, cordilheira.
Serrano *adj* serrano.
Serrar *v* serrar, cortar com serra.
Serrín *s* serragem.
Serrucho *s* serrote.
Servicial *adj* serviçal, solícito, atencioso.
Servicio *s* serviço.
Servidor *s* servidor, criado, servente.
Servidumbre *s* servidão, criadagem, sujeição.
Servil *adj* servil, humilde, bajulador.
Servilismo *s* servilismo, subserviência, humildade.
Servilleta *s* guardanapo.
Servir *v* servir, ajudar, colaborar, desempenhar (emprego), valer, fazer uso, suprir.
Sesión *s* sessão, reunião (de assembleia, junta, tribunal).

SESO — SIMBOLIZAR

Seso s miolo, cérebro.
Sestear v cochilar, fazer a sesta.
Sesudo adj sisudo.
Seta s cogumelo.
Seudónimo s pseudônimo.
Severidad s severidade, rigor, gravidade, seriedade.
Severo adj severo, rigoroso, áspero, grave, sério.
Sexo s sexo, gênero.
Sexología s sexologia.
Sexólogo s sexólogo.
Sexteto s sexteto, grupo de seis.
Sexto num sexto; s sexta parte.
Sexuado adj sexuado.
Sexual adj sexual.
Sexualidad s sexualidade.
Sheriff s xerife.
Shock s choque.
Short v short.
Show s show, espetáculo.
Sí adv sim, certamente.
Si conj se, conforme, ainda que, contanto que; s si, nota musical.
Siamés s siamês.
Sibarita adj sibarita.
Siberiano adj siberiano.
Sibila s sibila.
Sibilante adj sibilante.
Sida s aids.
Sideral adj sideral.
Siderurgia s siderurgia.
Siderúrgico adj siderúrgico.
Sidra s cidra, bebida feita de maçã.
Siega s sega, ceifa.
Siembra s semeadura, sementeira.
Siempre adv sempre.
Sien s têmpora.
Sierpe s serpente, cobra.
Sierra s serra, serrote, cordilheira.
Siervo s servo, escravo.
Siesta s sesta, calor (depois do meio-dia), sono, descanso, cochilo (após o almoço).
Siete num sete.
Sífilis s sífilis (doença venérea).
Sifilítico adj sifilítico.

Sifilógrafo v sifilígrafo, médico especialista em sífilis.
Sifón s sifão.
Sigilo s sigilo, segredo.
Sigiloso adj sigiloso, secreto.
Sigla s sigla, abreviatura.
Siglo s século, cem anos.
Signar v assinar, persignar.
Signatario s signatário, quem assina.
Signatura s assinatura, firma.
Significación s significação, sentido, acepção.
Significado adj significado.
Significar v significar, representar.
Significativo adj significativo.
Signo v signo, indício, sinal, estigma, signo do Zodíaco.
Siguiente adj seguinte, posterior.
Sílaba s sílaba.
Silabear v silabar, dividir em sílabas.
Silábico adj silábico.
Silbar v assobiar.
Silbato s apito.
Silbido s assobio.
Silbo s assobio, som agudo, silvo.
Silencio s silêncio, pausa.
Silencioso adj silencioso, mudo, calado.
Silice s sílice.
Silicona s silicone.
Silla s cadeira, assento, sela.
Sillar s silhar, selandouro.
Sillería s conjunto de cadeiras.
Sillón s cadeira com braços, poltrona, sela grande.
Silo s silo.
Silogismo s silogismo.
Silueta s silhueta, perfil.
Silvestre adj silvestre, agreste.
Silvicultor s silvicultor.
Silvicultura s silvicultura, cultura dos bosques e dos montes.
Sima s abismo.
Simbiosis s simbiose.
Simbólico adj simbólico, alegórico.
Simbolismo s simbolismo.
Simbolista adj simbolista.
Simbolizar v simbolizar, representar.

SÍMBOLO — SITIAR

Símbolo *s* símbolo, representação.
Simbología *s* simbologia.
Simetría *s* simetria, harmonia, proporção.
Simétrico *adj* simétrico.
Simiente *s* semente.
Símil *s* símile, comparação.
Similar *adj* similar, análogo.
Similitud *s* similitude, semelhança, analogia.
Simio *s* símio, macaco.
Simonía *s* simonia.
Simpatía *s* simpatia, afinidade.
Simpático *adj* simpático.
Simpatizante *adj* simpatizante.
Simpatizar *v* simpatizar.
Simple *adj* simples, puro, singelo.
Simplicidad *s* simplicidade.
Simplificar *v* simplificar.
Simplista *adj* simplista.
Simplón *adj* simplório.
Simposio *s* simpósio.
Simulación *s* simulação, fingimento, dissimulação.
Simulacro *s* simulacro, aparência.
Simular *v* simular, fingir, aparentar.
Simultáneo *adj* simultâneo.
Sin *prep* sem.
Sinagoga *s* sinagoga.
Sincerar *v* inocentar, justificar, reabilitar.
Sinceridad *s* sinceridade, franqueza.
Sincero *adj* sincero, franco, simples, verdadeiro.
Síncopa *s* síncope.
Sincopar *v* sincopar.
Síncope *s* síncope, supressão de letra, ataque, desmaio.
Sincretismo *s* sincretismo.
Sincronía *s* sincronia, simultaneidade.
Sincrónico *adj* sincrônico, simultâneo.
Sincronizar *v* sincronizar.
Sindical *adj* sindical.
Sindicalismo *s* sindicalismo.
Sindicalista *s* sindicalista.
Sindicato *s* sindicato.
Síndico *s* síndico, procurador, representante de um grupo.

Síndrome *s* síndrome, conjunto de sintomas.
Sinfonía *s* sinfonia.
Sinfónico *adj* sinfônico.
Singular *adj* singular, único, individual.
Singularidad *s* singularidade, originalidade.
Singularizar *v* singularizar.
Siniestra *s* mão esquerda, esquerda.
Siniestro *adj* esquerdo, sinistro.
Sinnúmero *s* número incalculável, infinidade.
Sino *s* sina, destino, sorte, fado.
Sínodo *s* sínodo, assembleia regular de párocos convocada pelo bispo local.
Sinónimo *adj* sinônimo.
Sinopsis *s* sinopse, resumo.
Sinsabor *s* sensaboria, insipidez.
Sintáctico *adj* sintático.
Sintaxis *s* sintaxe.
Síntesis *s* síntese, resumo.
Sintético *adj* sintético, resumido.
Sintetizar *v* sintetizar, resumir.
Síntoma *s* sintoma.
Sintomático *adj* sintomático, característico.
Sintonía *s* sintonia.
Sintonizar *v* sintonizar.
Sinuosidad *s* sinuosidade, desvio.
Sinuoso *adj* sinuoso, curvo.
Sinvergüenza *adj* sem-vergonha.
Sionismo *s* sionismo.
Siquiera *conj* ainda que, se bem que, sequer.
Sirena *s* sereia, sirene (de navio, de ambulância).
Sirimiri *s* chuvisco, chuva miúda.
Sirviente *adj* servente, criado.
Sisa *s* cava (de blusa), pequenos furtos (em compras).
Sisar *v* diminuir, ajustar uma roupa.
Sísmico *adj* sísmico.
Sismógrafo *s* sismógrafo.
Sistema *s* sistema, método.
Sistemático *adj* sistemático, metódico.
Sístole *s* sistole.
Sitiar *v* sitiar, assediar, cercar.

SITIO — SOJUZGAR

Sitio s sítio, lugar, espaço.
Situación s situação, lugar, estado.
Situar v situar, pôr, colocar.
Slogan s slogan.
Snob adj esnobe.
Sobaco s sovaco, axila.
Sobar v sovar, amassar.
Soberanía s soberania.
Soberano adj soberano, supremo, excelente.
Soberbia s soberba.
Soberbio adj soberbo, arrogante, orgulhoso.
Sobón adj importuno, maçante, chato.
Sobornable adj subornável.
Sobornar v subornar, corromper, aliciar.
Soborno s suborno.
Sobra s sobra, excesso.
Sobrado adj atrevido, insolente, rico.
Sobrar v sobrar, exceder, restar, ultrapassar.
Sobre s envelope; prep sobre, por cima de, acerca de.
Sobreabundancia s superabundância, excesso, fartura.
Sobrealimentar v superalimentar.
Sobrecama s colcha, coberta.
Sobrecarga s sobrecarga.
Sobrecargar v sobrecarregar.
Sobrecargo s sobrecarga.
Sobrecoger v sobressaltar, surpreender.
Sobreexcitar v superexcitar.
Sobrehumano adj sobre humano.
Sobrellevar v aguentar, suportar.
Sobremanera adv sobremaneira, excessivamente.
Sobremesa s toalha de mesa, sobremesa, conversa após a refeição.
Sobrenatural adj sobrenatural, extraordinário.
Sobrenombre s sobrenome, apelido.
Sobrentender v subentender.
Sobreparto s pós-parto.
Sobrepasar v ultrapassar, superar.
Sobreponer v sobrepor.
Sobrepujar v sobrepujar, superar.
Sobresaliente adj sobressalente.

Sobresalir v sobressair, destacar.
Sobresaltar v sobressaltar.
Sobresalto s sobressalto.
Sobrestimar v superestimar.
Sobresueldo s retribuição além do ordenado, gratificação.
Sobretodo s sobretudo, paletó.
Sobrevenir v sobrevir, suceder, ocorrer, acontecer.
Sobrevolar v sobrevoar.
Sobriedad s sobriedade, moderação, austeridade.
Sobrino s sobrinho.
Sobrio adj sóbrio, moderado, simples.
Socarrón adj esperto, dissimulado.
Socavar v escavar, solapar, minar.
Socavón s cova, buraco escavado.
Sociable adj sociável.
Social adj social.
Socialismo s socialismo.
Socialista adj socialista.
Socializar v socializar, coletivizar.
Sociedad s sociedade, associação, agremiação, reunião.
Socio s sócio, associado.
Sociología s sociologia.
Sociólogo s sociólogo.
Socorrer v socorrer, ajudar, auxiliar.
Socorro s socorro, ajuda, auxílio.
Soda s soda, refrigerante.
Sodio s sódio.
Sodomía s sodomia.
Sofá s sofá, divã.
Sofisma s sofisma, argumento falso.
Sofisticación s sofisticação.
Sofisticar v sofisticar, adulterar, falsificar.
Soflama s chama, rubor.
Soflamar v fingir.
Sofocar v sufocar, asfixiar, abafar, extinguir.
Sofoco s sufoco, asfixia.
Sofreír v frigir, fritar (malpassado).
Sofrito s malpassado.
Soga s corda, medida agrária nas regiões de Espanha.
Soja s soja.
Sojuzgar v subjugar, submeter, dominar.

SOL — SONRISA

Sol *s* sol.

Solamente *adv* somente, unicamente, apenas.

Solapa *s* lapela.

Solapar *v* pôr lapelas nos casacos.

Solar *adj* solar; *s* solo, terreno; *v* assoalhar, pôr sola no calçado.

Solario *s* solário, terraço ensolarado.

Solaz *s* recreio, prazer.

Soldada *s* soldo, remuneração dos militares.

Soldado *s* militar, soldado.

Soldador *s* soldador.

Soldar *v* soldar, unir com solda.

Soledad *s* solidão.

Solemne *adj* solene, cerimonioso, grave.

Solemnidad *s* solenidade.

Soler *v* soer, costumar, ter por hábito.

Solera *s* soleira, chão.

Solfa *s* solfejo.

Solicitar *v* solicitar, pedir, requerer, pretender.

Solícito *adj* solícito, prestativo, cuidadoso.

Solicitud *s* solicitude, cuidado, petição, requerimento.

Solidaridad *s* solidariedade, cooperação.

Solidario *adj* solidário.

Solidarizar *v* solidarizar.

Solidez *s* solidez, resistência, firmeza.

Solidificación *s* solidificação, endurecimento.

Solidificar *v* solidificar, congelar, endurecer.

Sólido *adj* sólido, firme, denso, duro, forte.

Soliloquio *s* solilóquio, monólogo.

Solista *adj* solista.

Solitario *s* solitário, anel de um diamante, paciência; *adj* solitário, deserto, só, retirado.

Soliviantar *v* sublevar, incitar.

Soliviar *v* aliviar, soerguer.

Sollozar *v* soluçar, suspirar.

Sollozo *s* soluço, suspiro.

Solo *adj* só, único, isolado, sozinho, desacompanhado.

Solo *adv* só, somente.

Sollomillo *s* lombo, lombinho (de gado de corte).

Solsticio *s* solstício, época em que o sol está em um dos trópicos.

Soltar *v* soltar, desprender, desatar, libertar.

Soltería *s* celibato.

Soltero *adj* solteiro, celibatário.

Solterón *adj* solteirão.

Soltura *s* soltura, agilidade, destreza.

Soluble *adj* solúvel.

Solución *s* solução, dissolução, resolução.

Solucionar *v* solucionar, resolver.

Solvencia *s* solvência, solubilidade.

Solventar *v* solver, pagar.

Solvente *s* solvente (que paga, que dissolve).

Somático *adj* somático.

Somatología *s* somatologia.

Sombra *s* sombra, obscuridade.

Sombrear *v* sombrear.

Sombrero *s* chapéu.

Sombrilla *s* sombrinha, guarda-sol.

Sombrío *adj* sombrio, lúgubre.

Somero *adj* superficial, ligeiro, aparente.

Someter *v* submeter, subjugar, humilhar, dominar.

Sometimiento *s* submissão.

Somnífero *adj* sonífero.

Somnolencia *s* sonolência.

Son *s* som, ruído.

Sonado *adj* famoso, célebre.

Sonambulismo *s* sonambulismo.

Sonámbulo *adj* sonâmbulo.

Sonar *v* soar, ecoar.

Sonata *s* sonata.

Sonda *s* sonda.

Sondear *v* sondar, explorar, examinar.

Soneto *s* soneto.

Sonido *s* som, ruído.

Sonoridad *s* sonoridade.

Sonorizar *v* sonorizar, pôr som (em filme).

Sonoro *adj* sonoro, de som vibrante.

Sonreír *v* sorrir, rir.

Sonrisa *s* sorriso, riso.

SONROJAR — SUBLIMAR

Sonrojar v corar, ruborizar, enrubescer.
Sonrosar v ruborizar, rosar-se.
Sonsacar v furtar, surrupiar, subtrair.
Soñador adj sonhador, devaneador.
Soñar v sonhar, devanear, fantasiar.
Soñolencia s sonolência, soneira.
Soñoliento adj sonolento.
Sopa s sopa.
Sopapo s sopapo, bofetada, bofetão.
Sopera s sopeira.
Sopero adj prato fundo para sopa.
Sopesar v sopesar, verificar o peso.
Sopetón s bofetão, sopato.
Soplar v assoprar, soprar, bafejar, inflar, respirar, ventar.
Soplete s maçarico, aparelho para solda.
Soplo s sopro, ar, lufada.
Soplón adj delator.
Sopor s torpor, sonolência.
Soporífero adj soporífero, sonífero.
Soportar v suportar, sustentar, tolerar, aguentar.
Soporte s suporte, apoio, sustentação.
Soprano s soprano.
Sor s soror.
Sorber v sorver, absorver, aspirar.
Sorbete s sorvete, refresco gelado.
Sorbo s sorvo, trago, gole.
Sordera s surdez, perda da audição.
Sordidez s sordidez.
Sórdido adj sórdido, nojento, imundo, mesquinho.
Sordina s surdina.
Sordo adj surdo, que não ouve.
Sordomudo adj surdo-mudo.
Sorna s sorna.
Sorprendente adj surpreendente, raro.
Sorprender v surpreender, sobressaltar, maravilhar.
Sorpresa s surpresa, admiração, espanto.
Sortear v sortear, rifar.
Sorteo s sorteio.
Sortija s anel.
Sortilegio s sortilégio, bruxaria.
Sosa s soda.
Sosegado adj sossegado, tranquilo, quieto.

Sosegar v sossegar, tranquilizar, acalmar, aquietar, descansar.
Sosiego s sossego, calma, tranquilidade, paz, quietude, serenidade.
Soslayar v esguelhar.
Soslayo adj esguelhado.
Soso adj insosso, insípido.
Sospecha s suspeita, desconfiança, dúvida.
Sospechar v suspeitar, desconfiar, duvidar.
Sospechoso adj suspeitoso, suspeito, equívoco.
Sostén s sustento, apoio, arrimo, encosto, sutiã, porta-seios.
Sostener v sustentar, apoiar, suster.
Sostenido adj sustentado, apoiado, amparado, firme, seguro.
Sotana s batina de padre.
Sótano s porão.
Soterrar v soterrar, enterrar.
Soviético adj soviético.
Status s status.
Stress s stress, esgotamento.
Suástica s suástica.
Suave adj suave, liso, leve, delicado, melodioso.
Suavidad s suavidade.
Suavizar s suavizar.
Subalterno adj subalterno, subordinado.
Subasta s leilão.
Subastar v leiloar.
Subconsciente adj subconsciente.
Subcutáneo adj subcutâneo, sob a pele.
Subdesarrollo s subdesenvolvimento.
Súbdito adj súdito, vassalo.
Subdividir v subdividir, dividir.
Subestimar v subestimar.
Subida s subida, ladeira.
Subir v subir, elevar, levantar, crescer, aumentar.
Súbito s súbito, repentino, inesperado.
Subjetivismo s subjetivismo.
Subjetivo adj subjetivo.
Subjuntivo adj subjuntivo.
Sublevar v sublevar, amotinar.
Sublimar v sublimar, endeusar.

SUBLIME — SUITE

Sublime *adj* sublime, elevado, eminente.
Submarino *adj* submarino.
Subordinar *v* subordinar, sujeitar.
Subproducto *s* subproduto.
Subrayar *v* sublinhar.
Subrepticio *adj* sub-reptício, furtivo.
Subrogar *v* sub-rogar.
Subsanar *v* desculpar, excusar.
Subscribir *v* subscrever.
Subscripto *s* subscrito.
Subsidiario *adj* subsidiário, auxiliar.
Subsidio *s* subsídio, ajuda oficial.
Subsiguiente *adj* subsequente.
Subsistencia *s* subsistência, existência.
Subsistir *v* subsistir, existir.
Substancia *s* substância.
Substancial *adj* substancial, essencial.
Substancioso *adj* substancial, nutritivo.
Substantivo *s* substantivo.
Substitución *s* substituição, troca, permuta.
Substituir *v* substituir, permutar, trocar, repor.
Substituto *s* substituto, suplente.
Substracción *s* subtração, dedução.
Substraer *v* subtrair, deduzir.
Substrato *s* substrato, camada inferior.
Subsuelo *s* subsolo.
Subterfugio *s* subterfúgio, pretexto.
Subterráneo *adj* subterrâneo.
Suburbano *adj* suburbano.
Suburbio *s* subúrbio.
Subvención *s* subvenção, subsídio.
Subvencionar *v* subvencionar, subsidiar.
Subvenir *v* auxiliar, ajudar.
Subversión *s* subversão.
Subvertir *v* subverter.
Subyacente *adj* subjacente.
Subyugar *v* subjugar, dominar.
Succión *s* sucção.
Sucedáneo *adj* sucedâneo, similar.
Suceder *v* suceder, seguir, substituir, descender, herdar.
Sucesión *s* sucessão, continuação.
Sucesivo *adj* sucessivo, consecutivo.
Suceso *s* sucesso, êxito, acontecimento, fato, evento.

Sucesor *s* sucessor, descendente, herdeiro.
Suciedad *s* sujeira, imundície.
Sucinto *adj* sucinto, resumido, breve.
Sucio *adj* sujo, imundo.
Suculento *adj* suculento.
Sucumbir *v* sucumbir, render.
Sucursal *s* sucursal, filial.
Sudamericano *adj* sul-americano.
Sudar *v* suar, transpirar.
Sudario *s* sudário.
Sudeste *s* sudeste.
Sudoeste *s* sudoeste.
Sudor *s* suor, transpiração.
Suegro *s* sogro.
Suela *s* sola (de calçado, planta do pé), linguado (peixe).
Sueldo *s* soldo (de militar), pagamento, remuneração, honorários.
Suelo *s* solo, chão, terreno, terra, território.
Suelto *adj* solto, livre, desembaraçado, desprendido.
Sueño *s* sonho, descanso.
Suero *s* soro.
Suerte *s* sorte, destino.
Suéter *s* suéter, malha, blusa.
Suficiencia *s* suficiência, capacidade.
Suficiente *adj* suficiente, capaz, apto.
Sufijo *s* sufixo.
Sufragar *v* sufragar, ajudar, custear, satisfazer.
Sufragio *s* sufrágio, ajuda, voto.
Sufrido *adj* sofrido.
Sufrimiento *s* sofrimento, padecimento, dor, aflição.
Sufrir *v* sofrer, padecer.
Sugerencia *s* sugestão.
Sugerir *v* sugerir, insinuar, inspirar, lembrar, evocar.
Sugestión *s* sugestão, ideia.
Sugestionar *v* sugestionar, influir.
Sugestivo *adj* sugestivo.
Suicida *s* suicida.
Suicidarse *v* suicidar-se.
Suicidio *s* suicídio.
Suite *s* suíte.

SUJECIÓN — SUSPENDER

Sujeción s sujeição, submissão.
Sujetar v sujeitar, submeter.
Sujeto adj sujeito, submisso.
Sulfato s sulfato.
Sulfúrico adj sulfúrico.
Sulfuro s sulfureto.
Sultán s sultão.
Suma s soma, adição.
Sumar v somar, adicionar, juntar.
Sumario s sumário, resumo, síntese;
adj abreviado, reduzido.
Sumergible adj submersível.
Suministrar v subministrar, ministrar.
Suministro s provisão, abastecimento.
Sumir s sumir.
Sumisión s submissão, sujeição,
abatimento.
Sumiso adj submisso, obediente,
subordinado, subjugado.
Sumo adj supremo, máximo.
Suntuosidad s suntuosidade, luxo,
pompa.
Suntuoso adj suntuoso, magnífico,
pomposo, luxuoso.
Supeditar v sujeitar, submeter.
Superable adj superável.
Superación s superação.
Superar v superar, exceder, ultrapassar,
vencer.
Superchería s engano, fraude.
Superdotado adj superdotado.
Superestructura s superestrutura.
Superficial adj superficial.
Superficie s superfície.
Superfluo adj supérfluo, desnecessário,
inútil.
Superhombre s super-homem.
Superintendencia s superintendência.
Superior adj superior, excelente.
Superiora s superiora.
Superioridad s superioridade, mérito.
Superlativo adj superlativo, excelente.
Supermercado s supermercado.
Superpoblación s superpopulação.
Superponer v sobrepor.
Superposición s superposição.
Superproducción s superprodução.

Supersónico adj supersônico.
Superstición s superstição, crença.
Supersticioso adj supersticioso, crédulo.
Supervalorar v supervalorizar.
Supervisar v supervisionar, verificar,
examinar.
Supervisión s supervisão, verificação,
exame.
Supervivencia s sobrevivência.
Superviviente s sobrevivente.
Suplantar v suplantar.
Suplemento s suplemento,
complemento, acréscimo.
Suplencia s suplência, substituição.
Suplente adj suplente, substituto.
Súplica s súplica, pedido, prece.
Suplicar v suplicar, implorar, pedir.
Suplicio s suplício, tortura, tormento.
Suplir v suprir, completar, substituir.
Suponer v supor, imaginar, fingir,
presumir.
Suposición s suposição, hipótese.
Supositorio s supositório.
Supremacía s supremacia, grau máximo.
Supremo adj supremo, em grau máximo.
Supresión s supressão, eliminação.
Suprimir v suprimir, anular, eliminar.
Supuesto adj suposto, hipotético.
Supurar v supurar, inflamar.
Sur s sul.
Surcar v sulcar, riscar.
Surco s sulco, risco, ruga (na pele).
Sureño adj sulino.
Sureste s sudeste.
Surf s surfe.
Surgir v surgir, aparecer, emergir,
nascer, brotar.
Suroeste s sudoeste.
Surtido adj sortido, variado.
Surtir v sortir, prover, abastecer, fornecer.
Susceptibilidad s suscetibilidade,
sensibilidade, delicadeza.
Susceptible adj suscetível, sensível,
delicado.
Suscitar v suscitar, promover, levantar.
Suspender v suspender, pendurar,
suster, reprovar (na escola).

SUSPENSIÓN — SUYO

Suspensión s suspensão, demora.
Suspicacia s suspicácia.
Suspirar v suspirar.
Suspiro s suspiro.
Sustancia s substância, essência, parte nutritiva.
Sustancial adj substancial.
Sustancioso adj substancioso.
Sustantivo adj essencial.
Sustentar v sustentar, manter.
Sustento s sustento, manutenção.

Sustitución s substituição.
Sustituir v substituir.
Sustituto s substituto.
Susto s susto, sobressalto.
Sustraer v subtrair.
Susurrar v sussurrar, murmurar.
Susurro s sussurro, murmúrio.
Sutil adj sutil, fino, delicado.
Sutileza s sutileza.
Sutura s sutura, costura cirúrgica.
Suyo pron seu, dele.

t T

T s vigésima terceira letra do alfabeto espanhol.

Tabacal s tabacal.

Tabacalero adj tabaqueiro, tabacal.

Tabaco s tabaco (planta, folha).

Tabal s barrica.

Tabalear v mexer, agitar.

Tabaleo s agitação, movimento.

Tabanco s banca, barraca, tenda.

Tábano s mosquito grande.

Tabaquera s tabaqueira, caixa de rapé.

Tabaquería s tabacaria.

Tabaquismo s tabagismo.

Tabardo s abrigo, casaco de tecido grosso.

Taberna s taverna, bodega.

Tabernáculo s tabernáculo.

Tabernero s taverneiro.

Tabique s tabique, parede fina.

Tabla s tábua, tabela, mapa.

Tablado s tablado, estrado, andaime, palco.

Tablero s tabuleiro.

Tableta s tablete, pastilha.

Tablilla s tabuleta.

Tabloide s tabloide, jornal em tamanho reduzido.

Tabloza s paleta de pintor.

Tabú s tabu.

Tabuco s cubículo, quarto pequeno.

Tabular v tabular.

Taburete s tamborete.

Tacaño adj tacanho, avarento, mesquinho, miserável.

Tacha s tachinha, nódoa, mancha, defeito.

Tachar v tachar, notar, censurar, riscar.

Tacho s tacho, caldeirão.

Tachuela s tachinha, percevejo.

Tácito adj tácito, implícito, silencioso, subentendido.

Taciturno s taciturno, tristonho, melancólico, triste.

Taco s taco (de bilhar), cacete, torno de madeira.

Tacón s salto (de sapato).

Taconear v bater os calcanhares, pisar duro.

Táctica s tática.

Táctico adj tático.

Tacto s tato, toque.

Tafetán s tafetá, tecido fino.

Tahona s atafona, padaria.

Tajada s talhada, fatia.

Tajar v talhar, cortar.

Tajo s talho, corte profundo.

Tal adj tal, semelhante; adv tal, assim mesmo.

Tala s corte, poda (de árvores).

Taladrador s perfuradora.

Taladrar v perfurar, furar.

Taladro s broca, verruma.

Talar v destruir, assolar, devastar.

Talaya s carvalho novo.

Talco s talco, pó.

Talento s talento, capacidade, aptidão.

Talentoso adj talentoso.

Talismán s talismã, amuleto.

Talla s talha, porte, estatura.

Tallado adj talhado, cortado.

Tallar v talhar, cortar, esculpir, entalhar.

Tallarín s talharim, massa.

Talle s talhe, feitio, estatura.

Taller s oficina (de trabalho manual).

Tallista s entalhador, escultor.

Tallo s talo, haste, caule.

Talón s calcanhar, talão (parte do recibo).

TALONARIO — TECNOLOGÍA

Talonario s talonário.
Tamaño s tamanho.
Tambalearse v cambalear, oscilar.
Tambaleo s cambaleio, oscilação.
También adv também, inclusive, do mesmo modo.
Tambor s tambor (de revólver, de freio).
Tampoco adv também não, tampouco.
Tampón s tampão, absorvente feminino, almofada (de carimbo).
Tan adv tão.
Tanda s turno, vez.
Tanga s tanga.
Tangente adj tangente.
Tangible adj tangível.
Tango s tango.
Tanino s tanino.
Tanque s tanque.
Tantear v medir, comparar, calcular (aproximadamente peso, volume, número, tamanho).
Tanto adj tanto, tão grande, tamanho.
Tañer v tanger, tocar (instrumento musical, sino).
Tapa s tampa, capa.
Tapar s tapar, cobrir, esconder.
Taparrabo s tanga.
Tapera s tapera.
Tapete s toalha de mesa ou de móvel.
Tapia s taipa, muro, parede de barro, tapume.
Tapiar v tapiar, murar, fechar com taipas.
Tapicería s tapeçaria (arte, ofício, loja de tapeceiro).
Tapicero s tapeceiro.
Tapioca s tapioca, fécula de mandioca.
Tapiz s tapete, tapeçaria.
Tapón s tampão, tampa, rolha.
Taponar v tapar, fechar.
Tapujo s disfarce, dissimulação.
Taquicardia s taquicardia.
Taquigrafía s taquigrafia.
Taquígrafo s taquígrafo.
Taquilla s bilheteria (de cinema, metrô, etc).
Tara s tara, peso de mercadorias.

Tarabilla s taramela, fecho de portas e janelas.
Taracea s marchetaria, tatuagem.
Tarado adj tarado, degenerado.
Tarántula s tarântula, aranha venenosa.
Tararear v cantarolar.
Tardanza v tardança, demora.
Tardar v tardar, atrasar.
Tarde s tarde; adv tarde, fora de tempo.
Tardecer v entardecer.
Tardecica s tardinha, o anoitecer.
Tardíamente adv tardiamente.
Tardío adj tardio, demorado, atrasado.
Tarea s tarefa.
Tarifa s tarifa, tabela de preços.
Tarifar v tarifar, taxar.
Tarima s tarimba, estrado de madeira.
Tarjeta s tarjeta, cartão (de visita).
Tarro s tarro, boião.
Tarta s torta, pastel.
Tartamudear v gaguejar.
Tartamudo adj gago.
Tártaro adj tártaro (dos dentes), sarro.
Tartera s marmita.
Tarugo s tarugo, naco.
Tasa s taxa, preço legal, pauta.
Tasar v taxar, avaliar.
Tatarabuelo s tataravô.
Tatuaje s tatuagem.
Tatuar v tatuar, imprimir.
Tautología s tautologia, repetição.
Taxi s táxi.
Taxidermia s taxidermia.
Taxímetro s taxímetro.
Taxista s taxista.
Taza s xícara, taça.
Te s nome da letra t; pron te, ti.
Té s chá.
Tea s teia, facho, tocha.
Teatral adj teatral.
Teatro s teatro.
Techar v cobrir, construir o teto.
Techo s teto.
Tecla s tecla.
Técnico adj técnico.
Tecnicocracia s tecnocracia.
Tecnología s tecnologia.

TECNOLÓGICO — TENSIÓN

Tecnológico *adj* tecnológico.
Tedio *s* tédio, fastio, aborrecimento.
Teja *s* telha.
Tejado *s* telhado.
Tejar *v* telhar, cobrir.
Tejer *v* tecer.
Tejido *s* textura de um tecido.
Tela *s* tear, pano, tecido.
Telaraña *s* teia de aranha, teia.
Telecomunicación *s* telecomunicação.
Telediario *s* telejornal.
Teleférico *s* teleférico.
Telefonear *v* telefonar.
Telefonía *s* telefonia.
Telefonista *s* telefonista.
Teléfono *s* telefone.
Telegrafía *s* telegrafia.
Telegrafiar *v* telegrafar.
Telegráfico *adj* telegráfico.
Telégrafo *s* telégrafo.
Telegrama *s* telegrama.
Teleobjetivo *s* teleobjetiva.
Telepatía *s* telepatia.
Telescopio *s* telescópio.
Telespectador *s* telespectador.
Teletipo *s* teletipo.
Televidente *s* espectador (de televisão).
Televisar *v* televisionar.
Televisión *s* televisão.
Televisor *s* televisor.
Télex *s* telex.
Telón *s* pano de fundo (do teatro), cenário.
Tema *s* tema, assunto, argumento.
Temático *adj* temático.
Temblar *v* tremer, estremecer.
Temblor *s* tremor.
Temer *v* temer, recear, duvidar.
Temerario *adj* temerário, imprudente, ousado, arriscado.
Temeridad *s* temeridade, imprudência, ousadia.
Temeroso *adj* temeroso.
Temor *s* temor, medo, receio.
Temperamental *adj* temperamental.
Temperamento *s* temperamento, caráter, índole.

Temperatura *s* temperatura, clima, grau de frio ou calor.
Tempestad *s* tempestade, tormenta, temporal.
Tempestuoso *adj* tempestuoso.
Templado *adj* temperado, moderado, comedido.
Templanza *s* temperança, moderação.
Templar *v* temperar, moderar, amenizar.
Templario *s* templário.
Temple *s* têmpera, temperamento.
Templo *s* templo, edifício religioso.
Temporada *s* temporada, período, época, espaço de tempo.
Temporal *adj* temporal, transitório, temporário, passageiro, tempestade, tormenta.
Temporalmente *adv* temporariamente, temporalmente.
Temporero *adj* interino.
Tempranero *adj* prematuro.
Temprano *adj* temporão, antecipado, cedo.
Tenacidad *s* tenacidade.
Tenacillas *s* tenazes, pinças.
Tenaz *adj* tenaz, obstinado.
Tenaza *s* tenaz, torquês.
Tendel *s* cordel de pedreiro.
Tendencia *s* tendência, inclinação, propensão.
Tendencioso *adj* tendencioso.
Tender *v* tender, esticar, estender (roupa).
Tenderete *s* barraca para vender ao ar livre.
Tendero *s* comerciante, varejista.
Tendón *s* tendão.
Tenebroso *adj* tenebroso, escuro.
Tenedor *s* possuidor, dono, garfo (de mesa).
Tener *v* ter, possuir.
Tenia *s* tênia, solitária, verme.
Teniente *s* tenente.
Tenis *s* tênis, jogo de raquete.
Tenista *s* tenista.
Tenor *s* tenor, teor.
Tensión *s* tensão, pressão arterial.

TENSO — TIBETANO

Tenso *adj* tenso.
Tentación *s* tentação.
Tentáculo *s* tentáculo (de polvo).
Tentar *v* tatear, examinar, seduzir, tocar.
Tentativa *s* tentativa.
Tenue *adj* tênue, delicado, sutil, leve.
Teñir *v* tingir, mudar a cor.
Teología teologia.
Teólogo *s* teólogo.
Teorema *s* teorema.
Teoría *s* teoria.
Teorizar *v* teorizar, discutir teoria.
Tequila *s* tequila (bebida alcoólica).
Terapeuta *s* terapeuta, clínico.
Terapéutica *s* terapêutica, tratamento.
Terapia *s* terapia, tratamento.
Tercero *adj* terceiro.
Terceto *s* terceto, conjunto de três (vozes, instrumentos).
Terciar *v* atravessar, pôr em diagonal, cruzar.
Tercio *s* terço, terça parte.
Terciopelo *s* veludo.
Terco *adj* teimoso, obstinado, persistente.
Tergiversación *s* tergiversação, evasiva.
Tergiversar *v* tergiversar.
Termas *s* termas, banhos termais.
Térmico *adj* térmico, relativo a calor.
Terminación *s* término, fim.
Terminal *adj* terminal, final.
Terminar *v* terminar, acabar, concluir, limitar.
Término *s* término, fim, conclusão, limite.
Termo *s* recipiente térmico, garrafa térmica.
Termodinámica *s* termodinâmica.
Termómetro *s* termômetro.
Termonuclear *adj* termonuclear.
Termostato *s* termostato.
Terna *s* terno, trio.
Ternero *s* terneiro, bezerro, vitelo.
Ternura *s* ternura.
Terquedad *s* teimosia.
Terracota *s* terracota, barro cozido.
Terraplén *s* terraplenagem, aterro.
Terráqueo *adj* terráqueo.

Terrateniente *s* latifundiário, fazendeiro.
Terraza *s* terraço, varanda.
Terremoto *s* terremoto.
Terreno *s* terreno, solo, terra, campo, área de atuação; *adj* terreno, terrestre.
Terrestre *adj* terrestre.
Terrible *adj* terrível.
Territorio *s* território.
Terrón *s* torrão.
Terror *s* terror.
Terrorismo *s* terrorismo.
Terrorista *adj* terrorista.
Terso *adj* terso, limpo, polido.
Tertulia *s* tertúlia.
Tesar *v* entesar, tesar.
Tesis *s* tese.
Tesón *s* firmeza, constância, ímpeto.
Tesorería *s* tesouraria.
Tesorero *s* tesoureiro.
Tesoro *s* tesouro.
Test *s* teste, prova.
Testa *s* testa, cabeça, fronte.
Testaferro *s* testa-de-ferro.
Testamento *s* testamento.
Testar *v* testar, fazer testamento, legar.
Testarudo *adj* cabeçudo, teimoso.
Testículo *s* testículo.
Testificar *v* atestar, declarar, testemunhar.
Testigo *s* testemunha, testemunho, depoimento.
Testimonio *s* testemunho.
Teta *s* teta, mama, úbere, peito (feminino).
Tétano *s* tétano.
Tetera *s* chaleira, bule para chá.
Tétrico *adj* tétrico, grave, melancólico.
Textil *adj* têxtil.
Texto *s* texto.
Textual *adj* textual, conforme o texto.
Textura *s* textura, disposição dos fios no tecido.
Tez *s* tez, cútis.
Ti *pron* ti.
Tía *s* tia.
Tiara *s* tiara, milra.
Tibetano *adj* tibetano.

TIBIA — TODAVÍA

Tibia s tíbia, osso principal da perna; *adj* fraco, morno.
Tiburón s tubarão.
Tiempo s tempo, época, estação do ano.
Tienda s tenda, loja.
Tiento s habilidade, pulso, tato.
Tierno *adj* terno, mole, delicado, fresco.
Tierra s terra, planeta, solo, chão, área para cultivo, região, país.
Tieso *adj* teso, rígido, firme.
Tiesto s vaso de barro para plantas.
Tifón s tufão, furacão, redemoinho.
Tifus s tifo.
Tigre s tigre.
Tijera s tesoura.
Tila s flor da tília, chá de tília.
Tildar v pontuar.
Tilde s til.
Timar v enganar, iludir.
Timbrar v timbrar, selar, carimbar.
Timbre s timbre, selo, campanhia, marca, sinal.
Tímido *adj* tímido, acanhado.
Timo s vigarice.
Timón s timão, leme.
Timorato *adj* timorato.
Tímpano s tímpano.
Tina s tina, talha, cuba.
Tinaja s talha (vasilha), tina, cuba.
Tinglado s alpendre, coberto.
Tiniebla s treva, escuridão.
Tino s tino, juízo, tato, destreza.
Tinta s tinta, tintura.
Tinte s tintura.
Tintero s tinteiro.
Tinto *adj* tinto.
Tintorería s tinturaria.
Tintorero s tintureiro.
Tintura s tintura, pintura.
Tiña s traça, lagarta.
Tío s tio.
Tiovivo s carrossel.
Típico *adj* típico, característico, simbólico.
Tipo s tipo, modelo, exemplar, original.
Tipografía s tipografia.
Tipógrafo s tipógrafo.

Tira s tira, pedaço (de pano ou papel).
Tirada s tirada, arremesso.
Tirador s puxador.
Tiraje s tiragem, impressão.
Tiranía s tirania, opressão, despotismo.
Tiranizar v tiranizar, oprimir.
Tirano *adj* tirano, déspota, opressor.
Tirante s suspensório.
Tirar v atirar, arremessar, puxar, arrastar, traçar linhas.
Tiritar v tiritar, tremer de frio.
Tiro s tiro, disparo.
Tiroides s tiroide.
Tirolés *adj* tirolês.
Tirón s puxão, grande distância.
Tirotear v tirorear.
Tirria s birra, pirraça, teima, zanga, antipatia, ódio.
Tisis s tísica, tuberculose.
Titán s titã, gigante.
Títere s títere, fantoche, boneco.
Tití s mico.
Titilar v titilar, palpitar.
Titiritar v tremer de frio ou medo.
Titubear v titubear, vacilar, oscilar.
Titular *adj* titular, dar nome.
Título s título, epígrafe, inscrição, letreiro, denominação.
Tiza s giz.
Tizne s tisne, fuligem.
Tizón s tição, fungão.
Tizonear v atiçar (o lume).
Toalla s toalha (de banho).
Tobillo s tornozelo.
Tobogán s tobogã, escorregador.
Toca s touca.
Tocadisco s toca-discos.
Tocado s penteado das (mulheres).
Tocador s penteadeira, toucador.
Tocar v tocar, apalpar, atingir, fazer soar (instrumento musical, campanhia).
Tocayo s xará, homônimo.
Tocino s toucinho, carne gorda do porco.
Tocología s obstetrícia, ginecologia.
Tocólogo s obstetra, ginecologista.
Todavía *conj* ainda, todavia, contudo; *adv* ainda.

TODO — TOSTÓN

Todo *adj* todo, inteiro; *s* tudo; *adv* totalmente, inteiramente.

Todopoderoso *adj* todo-poderoso.

Toga *s* toga, traje de cerimônia.

Toldo *s* toldo, cobertura de lona.

Tolerancia *s* tolerância, indulgência, consentimento, paciência.

Tolerar *v* tolerar, suportar, consentir, resignar-se.

Tolvanera *s* torvelinho de pó.

Toma *s* tomada, conquista, porção.

Tomar *v* tomar, pegar, agarrar, aceitar, adquirir.

Tomate *s* tomate.

Tómbola *s* tômbola, rifa.

Tomillo *s* tomilho.

Tomo *s* tomo, volume.

Ton *s* tom.

Tonada *s* toada, composição musical.

Tonalidad *s* tonalidade.

Tonel *s* tonel, barrica, pipa.

Tonelada *s* tonelada.

Tonicidad *s* tonicidade.

Tónico *adj* tônico, fortificante.

Tonificar *v* tonificar, fortalecer, revigorar.

Tono *s* tom, som, modo, maneira, inflexão de voz, expressão, entonação.

Tonsura *s* tonsura.

Tontería *s* tolice, idiotice.

Topacio *s* topázio.

Topar *v* topar, encontrar, bater, tropeçar.

Tope *s* topo, tropeço, impedimento.

Tópico *adj* tópico.

Topo *s* toupeira.

Topografía *s* topografia.

Topógrafo *s* topógrafo.

Topónimo *s* topônimo.

Toque *s* toque, contato, sinal.

Toquetear *v* tocar repetidamente.

Toquilla *s* lenço que as mulheres usam na cabeça.

Tórax *s* tórax, peito.

Torbellino *s* torvelinho, redemoinho, pé-de-vento.

Torcer *v* torcer, dar voltas.

Toreador *s* toureiro.

Torear *v* tourear.

Torero *s* toureiro.

Tormenta *s* tormenta, tempestade, mau tempo.

Tormento *s* tormento, suplício.

Tornado *s* tornado, furacão.

Tornar *v* tornar, restituir, regressar, repetir.

Tornasol *s* girassol, tornassol, substância furta-cor.

Torneo *s* torneio, competição.

Tornero *s* torneiro, pessoa que trabalha com torno.

Tornillo *s* parafuso, torno pequeno.

Torniquete *s* torniquete, catraca.

Torno *s* torno, máquina de tornear.

Toro *s* touro (animal, signo, constelação).

Torpe *adj* torpe, trôpego, rude, grosseiro.

Torpedear *v* torpedear.

Torpedo *s* torpedo.

Torrar *v* torrar, tostar, queimar.

Torre *s* torre.

Torrefacción *s* torrefação.

Torrencial *adj* torrencial.

Torrente *s* torrente, correnteza.

Torreón *s* torreão.

Torrezno *s* torresmo, toicinho frito.

Tórrido *adj* tórrido, ardente, muito quente.

Torsión *s* torção.

Torso *s* tronco do corpo humano.

Torta *s* torta, pastel, pastelão.

Tortícolis *s* torcicolo.

Tortilla *s* omelete, fritada de ovos batidos.

Tortuga *s* tartaruga.

Tortuoso *adj* tortuoso, sinuoso.

Tortura *s* tortura.

Torturar *v* torturar.

Torva *s* turbilhão de neve ou chuva.

Torvo *adj* turvo, pavoroso, sinistro.

Tos *s* tosse.

Tosco *adj* tosco, grosseiro, bruto.

Toser *v* tossir.

Tostada *s* torrada, fatia de pão torrado.

Tostar *v* tostar, torrar, queimar.

Tostón *s* grão-de-bico torrado, moeda.

TOTAL — TRANSGRESIÓN

Total *adj* total, geral, universal; *adv* totalmente, inteiramente.
Totalidad *s* totalidade.
Totalitario *adj* totalitário.
Totalitarismo *s* totalitarismo.
Totalizar *v* totalizar, somar.
Tóxico *adj* tóxico.
Toxicología *s* toxicologia.
Toxicómano *s* toxicômano.
Toxina *s* toxina.
Tozudo *adj* teimoso, obstinado, cabeçudo.
Traba *s* trava, prisão, calço.
Trabajador *s* trabalhador.
Trabajar *v* trabalhar.
Trabajo *s* trabalho, ocupação, exercício, obra, emprego.
Trabar *v* travar, prender, pegar, fazer parar.
Trabazón *s* travamento, ligação.
Tracción *s* tração.
Tractor *s* trator, máquina agrícola.
Tradición *s* tradição, transmissão (de uma geração a outra).
Tradicional *adj* tradicional.
Traducción *s* tradução, interpretação.
Traducir *v* traduzir, interpretar.
Traductor *s* tradutor, intérprete.
Traer *v* trazer, trasladar, atrair.
Traficante *adj* traficante, negociante.
Traficar *v* traficar, negociar.
Tráfico *s* tráfico, comércio ilegal.
Tragaluz *s* claraboia.
Tragar *v* tragar, engolir, ingerir, absorver, tolerar, dissimular.
Tragedia *s* tragédia, drama, obra dramática.
Trágico *adj* trágico.
Trago *s* trago.
Traición *s* traição, deslealdade, perfídia.
Traicionar *v* falsear, enganar.
Traidor *adj* traidor, falso, desleal, infiel.
Traje *s* vestuário, terno.
Trajín *s* tráfego, transporte (de mercadorias).
Trajinar *v* transportar, carregar.
Tralla *s* corda, chicote.
Trama *s* trama, tecido, textura.

Tramar *v* tramar, tecer.
Tramitar *v* tramitar, andar.
Trámite *s* trâmite, andamento, expediente.
Tramo *s* trecho de escada ou caminho.
Tramoya *s* tramoia, ardil.
Trampa *s* armadilha, artifício, fraude.
Trampolín *s* trampolim.
Tramposo *adj* trapaceiro, caloteiro.
Tranca *s* tranca (de porta ou janela).
Trancar *v* trancar.
Trance *s* transe, momento crítico.
Tranquilidad *s* tranquilidade, sossego, serenidade, paz.
Tranquilizante *adj* tranquilizante.
Tranquilizar *v* tranquilizar, acalmar, sossegar.
Tranquilo *adj* tranquilo, calmo, sossegado, sereno.
Transacción *s* transação, negócio, ajuste, acordo.
Transatlántico *adj* transatlântico.
Transbordar *v* transbordar, baldear.
Transcendencia *s* transcendência.
Transcender *v* transcender.
Transcribir *v* transcrever, copiar, reproduzir.
Transcripción *s* transcrição, cópia, reprodução.
Transcurrir *v* transcorrer, decorrer, passar.
Transcurso *s* transcurso.
Transeúnte *adj* transeunte, passante.
Transexual *adj* transexual.
Transferencia *s* transferência.
Transferir *v* transferir, mudar.
Transfigurar *v* transfigurar, transformar.
Transformación *s* transformação, modificação, mudança, alteração.
Transformador *s* transformador.
Transformar *v* transformar, modificar, mudar, reformar.
Tránsfuga *s* trânsfuga, desertor.
Transfundir *v* transfundir.
Transfusión *s* transfusão.
Transgredir *v* transgredir.
Transgresión *s* transgressão, infração.

TRANSICIÓN — TRAVESURA

Transición s transição, mudança.
Transido adj transido, angustiado.
Transigencia s transigência, condescendência, tolerância.
Transigir v transigir, concordar, condescender.
Transistor s transístor, rádio.
Transitar v transitar, andar em via pública.
Tránsito s trânsito, circulação, trajeto.
Transitorio adj transitório, passageiro, efêmero.
Translúcido adj translúcido, diáfano.
Transmigrar v transmigrar.
Transmisión s transmissão, comunicação.
Transmitir v transmitir, transferir.
Transmudar v trasladar, mudar.
Transmutable adj transmutável.
Transmutar v transmutar.
Transoceánico adj transoceânico, além-mar, ultramarino.
Transpacífico adj transpacífico.
Transparencia s transparência.
Transparente adj transparente, claro.
Transpirable adj transpirável.
Transpiración s transpiração, suor.
Transpirar v transpirar, suar.
Transponer v transpor, ultrapassar.
Transportación s transportação.
Transportador adj transportador.
Transportar v transportar, levar.
Transporte s transporte.
Transposición s transposição.
Transubstanciación s transubstanciação.
Transvasar v transvasar.
Transversal adj transversal, atravessado.
Tranvía s bonde.
Trapacear v trapacear, fazer trapaça.
Trapaza s trapaça.
Trapecio s trapézio.
Trapero s trapeiro.
Trapichear v comerciar em pequena escala.
Trapo s trapo, farrapo.
Tráquea s traqueia.

Traqueotomia s traqueotomia, incisão da traqueia.
Traqueteo s estalo, estouro.
Tras prep atrás, detrás, após, depois de.
Trasalpinio adj transalpino.
Trasbocar v vomitar.
Trascendencia s transcendência.
Trascendental adj transcendental.
Trascender v transcender, transparecer.
Trasegar v trafegar.
Trasero adj traseiro.
Trasladar v trasladar.
Trasluz s luz que passa através de um corpo translúcido.
Trasnochar v tresnoitar, pernoitar.
Traspasar v transpassar, trespassar, atravessar.
Traspaso s transpasse.
Trasplantar v transplantar, mudar.
Trasplante s troca, transplante.
Trasponer v transpor.
Trasquilar v tosquiar, tosar.
Trastada s tratada, fraude.
Traste s saliência no braço de guitarra ou violão.
Trastero s quarto de despejo.
Trastienda s quarto ou sala que fica atrás da loja.
Trasto s traste, móvel, mobília da casa.
Trastornar v transtornar, destruir, desorientar.
Trastorno s transtorno, contrariedade.
Trasudar s suar.
Trata s tráfico.
Tratado s tratado, ajuste, convênio.
Tratamiento s tratamento.
Tratante s comerciante, negociante.
Tratar v tratar, cuidar.
Trato s trato, tratamento, comércio.
Traumatismo s traumatismo, lesão.
Través s viés, obliquidade, inclinação.
Travesaña s travessia.
Travesía s caminho, travessa, transversal.
Travesti s travesti.
Travestido adj disfarçado.
Travesura s travessura.

TRAVIESO — TROMBA

Travieso *adj* travesso, atravessado, transversal.

Trayecto *s* trajeto, percurso, caminho.

Trayectoria *s* trajetória, órbita.

Traza *v* traçado, desenho (de uma obra), planta, projeto.

Trazar *s* traçar, desenhar, projetar.

Trazo *s* traço, linha traçada, risco, linhas do rosto.

Trébol *s* trevo.

Trece *num* treze.

Trecilo *s* trecho.

Tregua *s* trégua, armistício, descanso.

Tremedal *s* tremedal, pântano, lodaçal.

Tremendo *adj* tremendo, terrível, extraordinário.

Trementina *s* trementina.

Tremer *v* tremer.

Tremolar *v* tremular, ondear (bandeiras).

Trémulo *adj* tremulo.

Tren *s* trem.

Trencilla *s* trancelim.

Trenza *s* trança.

Trenzado *adj* entrançado.

Trenzar *v* trançar.

Trepanación *s* trepanação.

Trepanar *v* trepanar.

Trepar *v* trepar, elevar, subir, galgar.

Trepidar *v* trepidar, estremecer.

Trépido *adj* trêmulo.

Tres *num* três.

Tresillo *s* conjunto de estofados (um sofá e duas poltronas), conjunto de três notas musicais.

Treta *s* mutreta, artimanha, ardil, estratagema.

Triángulo *s* triângulo.

Tribu *s* tribo, clã.

Tribulación *s* tribulação, aflição.

Tribuna *s* tribuna, palanque.

Tribunal *s* tribunal.

Tributar *v* tributar, contribuir, pagar impostos.

Tributo *s* tributo, imposto, ônus.

Triciclo *s* triciclo.

Tricotar *v* tricotar, tecer.

Trienio *s* triênio.

Trifulca *s* desordem, briga, rixa.

Trigal *s* trigal.

Trigo *s* trigo (planta, grão).

Trigonometría *s* trigonometria.

Trigueño *adj* trigueiro, triguenho, moreno.

Trillado *adj* trilhado.

Trillar *v* debulhar, separar o grão da palha.

Trillizo *adj* trigêmeos.

Trimestre *s* trimestre.

Trinar *v* trinar.

Trincar *v* trincar, partir, despedaçar, amarrar, atar.

Trinchar *v* trinchar, cortar em pedaços (a carne).

Trinchera *s* trincheira, barreira.

Trineo *s* trenó.

Trinidad *s* trindade.

Trino *s* trino, gorjeio.

Trío *s* trio, conjunto de três.

Tripa *s* tripa, instestino, ventre, barriga.

Triple *num* triplo, tríplice.

Trípode *s* tripé.

Triptongo *s* tritongo.

Tripulación *s* tripulação.

Tripulante *s* tripulante.

Tripular *v* tripular, dirigir.

Triquina *s* triquina.

Triquiñuela *s* rodeio, subterfúgio, evasiva.

Triste *adj* triste, melancólico, descontente, infeliz, amargo.

Tristeza *s* tristeza.

Triturar *v* triturar, esmagar, moer.

Triunfal *adj* triunfal, vitorioso.

Triunfar *v* triunfar, vencer.

Triunfo *s* triunfo, vitória, êxito, sucesso.

Trivial *adj* trivial, vulgar, comum, banal.

Triza *s* pedacinho, migalha.

Trocado *adj* trocado.

Trocar *v* trocar, permutar, confundir, equivocar.

Trochemoche *adv* sem ordem, envolta.

Trofeo *s* troféu.

Troglodita *adj* troglodita.

Trola *s* engano, mentira, falsidade.

Trolebús *s* trólebus, ônibus elétrico.

Tromba *s* tromba d'água.

TROMBO — TURNO

Trombo s trombo, coágulo de sangue.
Trombosis s trombose.
Trompa s trompa, trombeta, tromba de elefante.
Trompicar v tropicar, tropeçar.
Tronada s trovoada.
Tronado adj usado, desgastado.
Tronar v troar, trovejar.
Tronchar v truncar, quebrar com violência.
Troncho s talo (de hortaliça).
Tronco s tronco, caule.
Tronera s fresta, janelinha, caçapa (da mesa de bilhar).
Trono s trono, assento real.
Tropa s tropa, multidão, conjunto de soldados.
Tropel s tropel.
Tropelía s excesso.
Tropezar v tropeçar, esbarrar.
Tropezón s tropeção, tropeço, esbarrão, encontrão.
Tropical adj tropical.
Trópico s trópico.
Trotar v trotar, andar a trote, cavalgar.
Trote s trote, marcha apressada do cavalo.
Trova s trova, composição amorosa.
Trovador s trovador, jogral, menestrel.
Trozo s pedaço, parte, fragmento.
Trucaje s trucagem.
Truco s truque, ardil.
Truculento adj truculento.
Trucha s truta.
Trueno s trovão.
Trueque s troca, permuta, câmbio.
Trufa s trufa.
Truhán adj trapaceiro, impostor.
Truncar v truncar, cortar, decepar.
Truste s truste, cartel, consórcio de empresas.
Tú pron tu.
Tu adj apócope de tuyo, teu.
Tubérculo s tubérculo.
Tuberculosis s tuberculose, tísica.
Tuberculoso adj tuberculoso, tísico.
Tubería s conjunto de tubos.
Tubo s tubo, cano.

Tucán s tucano.
Tueco s toco.
Tuerca s porca do parafuso.
Tuerto adj vesgo, zarolho.
Tuétano s tutano, medula.
Tufo s vapor, exalação, cheiro desagradável.
Tugurio s túgurio.
Tul s tule.
Tulipán s tulipa.
Tullido adj tolhido, paralítico.
Tullir v tolher.
Tumba s tumba, túmulo, sepulcro.
Tumbar v tombar, derrubar.
Tumbo s tombo, queda, solavanco.
Tumefacto adj tumefato, inchado.
Túmido adj túmido, inchado.
Tumor s tumor, inchaço, abscesso.
Tumoroso adj tumores.
Túmulo s túmulo, sepulcro.
Tumulto s tumulto, confusão, alvoroço.
Tumultuar v tumultuar.
Tuna s tuna, vadiagem.
Tunante adj tunante.
Tunda s tunda, sova.
Túnel s túnel.
Túnica s túnica.
Tupé s topete.
Tupido adj espesso, apertado.
Turba s combustível de origem vegetal, turba, multidão.
Turbación s turbação.
Turbador adj turbação.
Turbante s turbante.
Turbar v turvar, conturbar, alterar.
Turbina s turbina.
Turbio adj turvo, revolto (líquido).
Turbulencia s turbulência, alvoroço.
Turbulento adj turbulento, agitado, desordenado.
Turco adj turco.
Turgencia s turgência.
Turgente adj turgente.
Turismo s turismo.
Turista s turista.
Turmalina s turmalina.
Turno s turno, ordem, vez.

238 TURQUESA — TUYO

Turquesa *adj* turquesa.
Turrón *s* doce de nozes, amêndoas ou
 pinhões misturados com mel.
Tutela *s* tutela, cargo de tutor.
Tutelar *v* tutelar, proteger, amparar.

Tuteo *s* tuteamento.
Tutor *s* tutor.
Tutoría *s* tutela.
Tuyo *pron* teu.

u U

U *s* vigésima quarta letra do alfabeto espanhol; *conj* ou (quando antecede O ou HO).

Ubérrimo *adj* ubérrimo, abundante.

Ubicar *v* ficar, situar-se.

Ubicuidad *s* ubiquidade.

Ubre *s* úbere, teta.

Ufanarse *v* ufanar-se, vangloriar-se, envaidecer-se.

Ufano *adj* ufano, vaidoso, arrogante.

Úlcera *s* úlcera, chaga.

Ulcerar *v* ulcerar.

Ulterior *adj* ulterior, que esta além.

Ultimar *v* ultimar, terminar, finalizar.

Ultimátum *s* ultimatum, condições irrevogáveis.

Ultimidad *s* extremidade, último.

Último *adj* último, derradeiro, final.

Ultra *adv* além, adiante, mais adiante.

Ultrajante *adj* ultrajante, infamante, ofensivo.

Ultrajar *v* ultrajar, injuriar, denegrir.

Ultraje *s* ultraje, injúria, desonra.

Ultramar *s* ultramar.

Ultramarino *adj* ultramarino.

Ultranza *adv* até à morte.

Ultrapasar *v* ultrapassar, exceder.

Ultrarrojo *adj* ultravermelho.

Ultratumba *adv* além-túmulo.

Ultravioleta *adj* ultravioleta.

Umbilical *adj* umbilical.

Umbral *s* umbral, soleira.

Umbrío *adj* sombrio.

Un *art* um.

Unánime *adj* unânime, geral.

Unanimidad *s* unanimidade.

Unción *s* unção, fervor.

Uncir *v* jungir.

Ungir *v* ungir, olear.

Ungüento *s* unguento, bálsamo.

Unicelular *adj* unicelular.

Unicidad *s* unicidade.

Único *adj* único, só.

Unicolor *s* unicolor.

Unicornio *s* unicórnio.

Unidad *s* unidade.

Unido *adj* unido, junto, ligado, atado.

Unificar *v* unificar, unir.

Uniforme *adj* uniforme, semelhante.

Uniformidad *s* uniformidade.

Uniformizar *v* uniformizar, padronizar.

Unilateral *adj* unilateral.

Unión *s* união, vínculo, ligação.

Unipersonal *adj* unipessoal.

Unir *v* unir, unificar.

Unisexual *adj* unissexual.

Unísono *adj* uníssono.

Unitario *adj* unitário.

Universal *adj* universal.

Universalizar *v* universalizar, generalizar.

Universidad *s* universidade.

Universitario *adj* universitário.

Universo *s* universo, cosmo.

Unívoco *adj* unívoco.

Uno *num* um.

Untar *v* untar, friccionar, engordurar.

Unto *s* banha, gordura.

Untuoso *adj* untuoso.

Uña *s* unha.

Uñada *s* unhada, arranhão.

Uranio *s* urânio.

Urbanidad *s* urbanidade.

Urbanismo *s* urbanismo.

Urbanístico *adj* urbanístico.

Urbanización *s* urbanização.

Urbanizar *v* urbanizar.

240   URBANO — UVA

Urbano *adj* urbano.
Urbe *s* urbe, cidade populosa.
Urdidura *s* urdidura, trama.
Urdimbre *s* urdume.
Urdir *v* urdir.
Urea *s* ureia.
Uremia *s* uremia.
Uréter *s* ureter.
Uretra *s* uretra.
Urgencia *s* urgência, necessidade.
Urgente *adj* urgente, necessário.
Urgir *v* urgir.
Urinario *adj* urinário; *s* mictório, urinol.
Urna *s* urna, vaso.
Urología *s* urologia.
Urólogo *s* urologista.
Urticaria *s* urticária.
Urubú *s* urubu, abutre americano.
Uruguayo *adj* uruguaio.
Usado *adj* usado, deteriorado, gasto.
Usanza *s* uso, costume.

Usar *v* usar, utilizar, empregar, praticar, vestir, desfrutar, gozar.
Uso *s* uso, exercício, prática, costume, jeito.
Usted *pron* senhor, senhora.
Usual *adj* usual, ordinário, habitual.
Usuario *adj* usuário.
Usufructo *s* usufruto, fruição, lucro, proveito.
Usura *s* usura, ágio, agiotagem.
Usurero *s* usurário, agiota.
Usurpar *v* usurpar.
Utensilio *s* utensílio.
Uterino *adj* uterino.
Útero *s* útero.
Útil *adj* útil, proveitoso, vantajoso.
Utilidad *s* utilidade, serventia.
Utilizar *v* utilizar, usar, empregar.
Utopía *s* utopia.
Utópico *adj* utópico.
Uva *s* uva.

V

V *s* vigésima quinta letra do alfabeto espanhol; 5, na numeração romana, símbolo da vitória.

Vaca *s* vaca, fêmea do touro.

Vacación *s* férias, descanso, folga.

Vacante *adj* vacante, vago, vazio.

Vaciar *v* esvaziar, vazar, despejar, verter.

Vacilación *s* vacilação, hesitação, indecisão, incerteza.

Vacilar *v* vacilar, oscilar, cambalear, hesitar, duvidar.

Vacío *adj* vazio, oco, ocioso, desabitado.

Vacuna *s* vacina.

Vacunar *v* vacinar.

Vacuno *adj* bovino.

Vacuo *s* vácuo, vazio.

Vadear *v* vadear.

Vado *s* vau.

Vagabundear *v* vagabundear, vadiar.

Vagabundo *s* vagabundo, vadio.

Vagancia *s* vacância, desocupação.

Vagar *v* vagar, andar ao acaso; *s* vagar, lentidão.

Vagina *s* vagina.

Vago *adj* vago, incerto, indefinido, indeterminado, inconstante, descuidado, desocupado, preguiçoso.

Vagón *s* vagão, comboio.

Vaguada *s* fundo de um vale.

Vaguear *v* vaguear, perambular.

Vaguedad *s* vaguidade.

Vaharada *s* baforada.

Vahído *s* vertigem, tontura.

Vaho *s* vapor, exalação.

Vaina *s* bainha (de arma), vagem.

Vainilla *s* baunilha.

Vaivén *s* vaivém, balanço, movimento, oscilação.

Vajilla *s* vasilha, baixela (de mesa).

Vale *s* vale, recibo.

Valentía *s* valentia, coragem, valor.

Valentón *adj* valentão, fanfarrão.

Valer *v* valer, amparar, proteger, custar, render.

Valeroso *adj* valoroso, valente.

Valía *s* valia, valor, preço.

Validación *s* validação, legitimidade.

Validar *v* validar, legalizar, legitimar, autorizar.

Validez *s* validade, legitimidade.

Válido *adj* válido, legal, legítimo.

Valiente *adj* valente, corajoso, destemido.

Valija *s* valise, maleta.

Valioso *adj* valioso, estimado, rico, opulento.

Valor *s* valor, preço, valia, estima, coragem, audácia, valentia.

Valoración *s* valoração, valorização.

Valorar *v* avaliar.

Valorizar *v* valorizar.

Valuación *s* avaliação.

Valuar *v* avaliar.

Válvula *s* válvula.

Vals *s* valsa.

Valla *s* vala, fosso, outdoor.

Vallar *v* valar.

Valle *s* vale, planície.

Vampiro *s* vampiro.

Vanagloriarse *v* vangloriar-se, jactar-se.

Vandalismo *s* vandalismo.

Vándalo *adj* vândalo, bárbaro.

Vanguardia *s* vanguarda.

Vanidad *s* vaidade, orgulho, pompa, futilidade.

Vanidoso *adj* vaidoso.

Vano *adj* vão, inexistente, inútil.

VAPOR — VENIR

Vapor s vapor, gás.
Vaporizador s vaporizador.
Vaporizar v vaporizar.
Vaporoso adj vaporoso.
Vapulear v açoitar.
Vaquero s vaqueiro.
Vara s vara, bastão.
Variable adj variável.
Variación s variação, mudança, modificação.
Variado adj variado, diversificado, mesclado.
Variante s variante.
Variar v variar, mudar, transformar.
Variedad s variedade.
Varilla s varinha, vareta.
Vario adj vário, variado, diverso, diferente.
Varón s varão, homem.
Varonil adj varonil.
Vasallo s vassalo, súdito.
Vaselina s vaselina.
Vasija s vasilha, recipiente para líquidos.
Vaso s copo, vaso, copa.
Vasto adj vasto, extenso, amplo.
Vaticano adj vaticano.
Vaticinar v vaticinar, profetizar, adivinhar, predizer.
Vaticinio s vatícinio, profecia, prognóstico.
Vatio s watt.
Vecinal adj vicinal.
Vecindario s vizinhança.
Vecino adj vizinho.
Veda s proibição.
Vedado adj vedado, proibido, interditado.
Vedar v vedar, proibir, interditar.
Vedette s vedete, atriz.
Vega s várzea.
Vegetación s vegetação.
Vegetal s vegetal.
Vegetar v vegetar, germinar.
Vegetariano adj vegetariano.
Vegetativo adj vegetativo.
Vehemencia s veemência, vigor, força.
Vehículo s veículo, carro.

Vejar v vexar, maltratar, humilhar, zombar.
Vejatorio adj vexatório.
Vejez s velhice, senilidade.
Vejiga s bexiga.
Vela s vela (de cera, de pano).
Velada s serão, veladura.
Velar v velar, vigiar.
Velatorio s velório.
Veleidad s veleidade, leviandade.
Velero s veleiro, barco a vela.
Velo s véu.
Velocidad s velocidade.
Velocímetro s velocímetro.
Velocípedo s velocípede.
Velódromo s velódromo.
Veloz adj veloz, rápido, ligeiro.
Vello s pelo, penugem.
Velludo adj peludo, aveludado.
Vena s veia, vaso sanguíneo, veio (de minério), lençol subterrâneo de água.
Venado s veado, cervo, gamo.
Venal adj venal, subornável.
Vencer v vencer, dominar, superar.
Vencido adj vencido, derrotado.
Venda s venda, tira, atadura, faixa.
Vendar v vendar.
Vendaval s vendaval, temporal.
Vendedor adj vendedor.
Vender v vender.
Vendimia s vindima, colheita de uvas.
Veneno s veneno.
Venenoso adj venenoso.
Veneración s veneração, culto, reverência.
Venerar v venerar, cultuar, adorar.
Venéreo adj venéreo.
Venezolano adj venezuelano.
Vengador s vingador.
Venganza s vingança, represália.
Vengar v vingar, desforrar.
Vengativo adj vingativo.
Venia s vênia, permissão, licença.
Venial adj venial.
Venida s vinda, chegada, enchente.
Venidero adj vindouro.
Venir v vir, voltar.

VENOSO — VESTIR

Venoso *adj* venoso.
Venta *s* venda, estalagem.
Ventaja *s* vantagem, superioridade, melhoria.
Ventajoso *adj* vantajoso.
Ventana *s* venta, narina, janela.
Ventanal *s* janela grande.
Ventanilla *s* guichê.
Ventear *v* ventar.
Ventilación *s* ventilação.
Ventilador *s* ventilador.
Ventilar *v* ventilar.
Ventisca *s* nevada acompanhada de vento.
Ventolera *s* lufada de vento.
Ventosa *s* ventosa.
Ventrílocuo *s* ventríloquo; *adj* ventríloquo.
Ventura *s* ventura, felicidade, sorte, fortuna.
Venturoso *adj* venturoso, feliz, afortunado.
Ver *v* ver, observar, examinar, avistar.
Vera *s* borda, beira, beirada.
Veracidad *s* veracidade, exatidão.
Veranda *s* varanda, balcão, sacada, terraço.
Veraneante *adj* veraneante.
Veranear *v* veranear, passar férias de verão.
Veraneo *s* veraneio, férias de verão.
Verano *s* verão.
Veras *s* veras, verídico, verdadeiro.
Verbal *adj* verbal, oral.
Verbigracia *adv* por exemplo.
Verbo *s* verbo, palavra, linguagem.
Verborragia *s* verbosidade.
Verdad *s* verdade, veracidade, exatidão, realidade.
Verdadero *adj* verdadeiro, verídico, real, exato.
Verde *adj* verde.
Verdear *v* verdejar.
Verdor *s* verdor, juventude.
Verdugo *s* verdugo, carrasco, algoz.
Verdulero *s* verdureiro, hortelão.
Verdura *s* verdura, hortaliça.

Vereda *s* vereda, caminho estreito.
Veredicto *s* veredicto, sentença.
Verga *s* verga, membro viril dos mamíferos.
Vergel *s* jardim, pomar.
Vergonzoso *adj* vergonhoso.
Vergüenza *s* vergonha, pudor, timidez.
Verídico *adj* verídico, verdadeiro.
Verificar *v* verificar, examinar.
Verja *s* grade, gradil.
Verme *s* verme.
Vermicida *adj* vermicida, vermífugo.
Vermut *s* vermute.
Vernáculo *adj* vernáculo, nacional, pátrio.
Verosímil *adj* verossímil, possível, provável.
Verruga *s* verruga.
Versado *adj* versado, entendido, conhecedor.
Versar *v* versar, estudar.
Versátil *adj* versátil, inconstante.
Versículo *s* versículo, divisão de capítulo.
Versificar *v* versificar, versejar.
Versión *s* versão, tradução, interpretação, explicação.
Verso *s* verso.
Vértebra *s* vértebra, osso da coluna vertebral.
Vertebrado *adj* vertebrado.
Vertedero *s* desaguadouro, depósito de lixo.
Verter *v* verter, desaguar, derramar, traduzir.
Vertical *adj* vertical.
Vértice *s* vértice.
Vertiente *s* vertente, ladeira, declive, encosta.
Vertiginoso *adj* vertiginoso, rápido.
Vértigo *s* vertigem.
Vesícula *s* vesícula.
Vespertino *adj* vespertino.
Vestíbulo *s* vestíbulo, átrio.
Vestido *s* vestido, indumentária.
Vestígio *s* vestígio, sinal, pegada.
Vestimenta *s* vestimenta, roupa.
Vestir *v* vestir, trajar.

VESTUARIO — VIRUETA

Vestuario s vestuário, traje, vestimenta.
Veta s beta.
Veterano adj veterano.
Veterinario s veterinário.
Veto s veto, recusa.
Vetuso adj vetuso.
Vez s vez, época, ocasião, tempo, turno.
Vía s via, caminho, estrada, rota, método, sistema.
Viable adj viável, possível.
Viaducto s viaduto.
Viajante adj viajante.
Viajar v viajar.
Viaje s viagem.
Vianda s vianda, comida.
Viandante s viandante, caminhante.
Viático s viático.
Víbora s víbora, cobra venenosa.
Vibración s vibração, oscilação.
Vibrar v vibrar, oscilar.
Vibratorio s vibratório.
Viceversa adv vice-versa.
Viciar v viciar, corromper, deteriorar, deformar.
Vicio s vício.
Vicisitud s vicissitude.
Víctima s vítima.
Victoria s vitória, triunfo.
Vicuña s vicunha.
Vid s vide.
Vidente adj vidente.
Vídeo s víodeocassete.
Vidriera s vidraça, vitral.
Vidrio s vidro, frasco, garrafa.
Viejo adj velho, idoso, ancião, antigo.
Viento s vento, corrente de ar, ar atmosférico.
Vientre s ventre, barriga.
Viernes s sexta-feira, sexto dia da semana.
Viga s viga, trave.
Vigía s vigia, sentinela.
Vigilancia s vigilância.
Vigilar v cuidar, observar.
Vigilia s vigília, serão, véspera.
Vigor s vigor, força, energia.

Vigorizar v revigorar, fortalecer, robustecer.
Vigoroso adj vigoroso, forte, robusto, enérgico.
Vil adj vil, infame.
Vilipendiar v vilipendiar, menosprezar, aviltar.
Vilipendio s vilipêndio, vileza.
Villa s vila, povoação.
Villancico s canção própria de Natal.
Villanía s vilania, vilão.
Villano adj vilão, rústico.
Vinagre s vinagre.
Vinagreta s molho vinagrete.
Vincular v vincular, unir.
Vínculo s vínculo, união.
Vindicar v vingar, reivindicar.
Vinícola adj vinícola.
Vinicultura s vinicultura.
Vino s vinho.
Viña s vinha.
Viñedo s vinhedo.
Viñeta s vinheta, estampa, desenho.
Viola s viola.
Violáceo adj violáceo, cor de violeta.
Violación s violação, estupro.
Violar v violar, violentar, estuprar.
Violencia s violência, agressão.
Violentar v violentar, violar.
Violento adj violento, impetuoso, irascível.
Violeta s violeta (planta, flor).
Violín s violino.
Violón s violão.
Viperino adj viperino, de víbora.
Virar v virar, dar voltas, mudar, trocar.
Virgen s virgem.
Virginal adj virginal, puro, imaculado.
Virginidad s virgindade, pureza, castidade.
Virgo s virgem, virgindade, hímen.
Viril adj viril, masculino.
Virilidad s virilidade.
Virrey s vice-rei.
Virtual adj virtual, implícito.
Virtud s virtude, vigor, valor, retidão.
Virueta s varíola.

VIRULENTO — VUELO

Virulento *adj* virulento.
Virus *s* vírus, germe.
Viruta *s* apara, fita de madeira.
Visado *s* visto.
Visar *v* visar, dar visto, mirar.
Víscera *s* víscera, entranhas.
Viscoso *adj* viscoso, pegajoso.
Visera *s* viseira.
Visible *adj* visível.
Visillo *s* cortina para janela.
Visión *s* visão, capacidade de ver, aparição, espectro.
Visionario *adj* visionário, sonhador.
Visita *s* visita.
Visitar *v* visitar, ir ver, conhecer um lugar.
Vislumbrar *v* vislumbrar, entrever, divisar.
Viso *s* reflexo, lampejo.
Visor *s* visor.
Víspera *s* véspera, dia anterior.
Vista *s* vista, sentido da visão, paisagem, panorama.
Vistazo *s* olhar rápido.
Visto *adj* visto, visado.
Vistoso *adj* vistoso, chamativo.
Visual *adj* visual.
Vital *adj* vital, essencial, fundamental.
Vitalicio *adj* vitalício.
Vitalidad *s* vitalidade, atividade.
Vitamina *s* vitamina.
Vitaminado *adj* vitaminado.
Vítreo *adj* vítreo.
Vitrificar *v* vitrificar.
Vitrina *s* vitrina, mostrador, cristaleira.
Vitualla *s* mantimento, provisão.
Vituperar *v* vituperar.
Viudez *s* viuvez.
Viudo *s* viúvo.
Vivacidad *s* vivacidade, esperteza.
Vivaz *adj* eficaz, vigoroso, forte.
Vivencia *s* vivência.
Víveres *s* víveres, comestíveis.
Vivero *s* viveiro.
Viveza *s* viveza, vivacidade.
Vivienda *s* vivenda, moradia.
Vivificar *v* vivificar, animar, reanimar, confortar.

Vivir *v* viver, existir, morar, habitar, durar.
Vivo *adj* vivo, intenso, forte.
Vizconde *s* visconde.
Vocablo *s* vocábulo, palavra.
Vocabulario *s* vocabulário, glossário, léxico.
Vocación *s* vocação, talento, inclinação.
Vocal *adj* vocal, da voz; *s* vogal, membro de um tribunal ou junta.
Vocalista *s* vocalista, cantor.
Vocear *v* gritar, apregoar.
Vocero *s* porta-voz.
Vociferar *v* vociferar, chamar, esbravejar, bradar.
Vodka *s* vodca.
Volante *s* volante, direção (de veículo); *adj* voador, móvel.
Volar *v* voar.
Volátil *adj* volátil.
Volatizar *v* volatizar.
Volcán *s* vulcão.
Volcar *v* tombar, entornar.
Voltaje *s* voltagem, tensão elétrica.
Voltear *v* voltar, dar voltas, virar.
Voltereta *s* cambalhota.
Voltímetro *s* voltímetro.
Voltio *s* volt.
Voluble *adj* volúvel, inconstante.
Volumen *s* volume, livro, espaço.
Voluminoso *s* volumoso.
Voluntad *s* vontade, desejo.
Voluntário *adj* voluntário.
Voluptuoso *adj* voluptuoso.
Volver *v* volver, voltar, restituir, inclinar.
Vomitar *v* vomitar.
Vómito *s* vômito.
Voracidad *s* voracidade, avidez.
Voraz *adj* voraz, ávido.
Vos *pron* vós.
Vosotros *pron* vós.
Votación *s* votação, sufrágio.
Votar *v* votar, jurar.
Voto *s* voto, sufrágio.
Voz *s* voz, palavra, opinião.
Vuelco *s* tombo, reviravolta.
Vuelo *s* voo.

VUELTA — VULVA

Vuelta s volta, giro, curva, regresso, devolução, troco.
Vuestro *pron* vosso.
Vulcanizar v vulcanizar, emborrachar.
Vulgar *adj* vulgar, baixo, comum.
Vulgaridad s vulgaridade, banalidade, mediocridade.
Vulgarizar v vulgarizar, difundir.
Vulgarmente *adv* vulgarmente.

Vulgo s vulgo, povo, plebe.
Vulnerable *adj* vulnerável.
Vulnerar v vulnerar; s ferir, prejudicar, ofender.
Vulpeja s nome que se costuma dar a raposa.
Vulturno s vento quente.
Vulva s vulva, parte externa do órgão sexual feminino.

W

W *s* letra que não pertence ao alfabeto espanhol, usada apenas em palavras estrangeiras.
Wat *s* watt, unidade de potência.
Water *s* WC, banheiro.
Week-end *s* fim de semana.

Western *s* faroeste, filme de bangue-bangue.
Whisky *s* uísque, bebida alcóolica de cereais fermentados.
Whist *s* jogo de cartas de origem inglesa.

X s vigésima sexta letra do alfabeto espanhol.
Xenofobia s xenofobia, aversão, repugnância aos estrangeiros.
Xenófobo adj xenófobo.
Xilografía s xiliografia, gravação em madeira.
Xilográfico adj xilográfico.

y Y

Y *s* vigésima sétima letra do alfabeto espanhol; *conj* e.
Ya *adv* já, logo, imediatamente.
Yaca *s* jaqueira, jaca.
Yacaré *s* jacaré, espécie de crocodilo.
Yacer *v* jazer, sepultado, existir, estar morto.
Yacija *s* leito, cama, jazida.
Yacimiento *s* jazido, jazida.
Yaguar *s* jaguar.
Yambo *s* jambeiro, jambo.
Yanqui *adj* ianque, pessoas da América do Norte.
Yantar *s* comida, manjar, iguarias.
Yarda *s* jarda, medida linear inglesa.
Yatay *s* iatai, espécie de palmeira.
Yate *s* iate, navio de recreio.
Yedra *s* hera, planta trepadeira.
Yegua *s* égua, fêmea do cavalo.
Yelmo *s* elmo, espécie de capacete.
Yema *s* gema; olho (dos vegetais), botão.
Yerba *s* erva, grama.
Yerbajo *s* erva daninha.

Yermo *adj* ermo, desabitado, baldio.
Yerno *s* genro.
Yerro *s* erro, delito, equívoco.
Yerto *adj* hirto, teso, rígido, frio.
Yesca *s* isca.
Yesería *s* fábrica de gesso, obra de gesso.
Yeso *s* gesso.
Yo *pron* eu; *s* sujeito pensante.
Yodado *adj* iodado.
Yodo *s* iodo.
Yoga *s* ioga.
Yogur *s* iogurte.
Yuca *s* mandioca.
Yudo *s* judô.
Yugo *s* jugo, canga.
Yugoeslavo *adj* iugoslavo.
Yugular *adj* jugular.
Yunta *s* junta, parelha.
Yute *s* juta (planta, tecido).
Yuxtaponer *v* justapor.
Yuxtaposición *s* justaposição.
Yuyo *s* joio (erva).

z Z

Z *s* vigésima oitava letra do alfabeto espanhol.

Zabullida *s* mergulho.

Zabullir *v* mergulhar.

Zafado *adj* safado, descarado, atrevido.

Zafar *v* safar, escapar, evadir-se.

Zafiro *s* safira, pedra preciosa azul.

Zafo *adj* livre, desembaraçado.

Zafra *s* safra, colheita.

Zaga *s* retaguarda.

Zagal *s* mancebo, adolescente, jovem, moço, forte.

Zaguán *s* saguão, vestíbulo.

Zaguero *adj* que vai em último lugar, que fica atrás.

Zaherir *v* censurar, repreender, humilhar.

Zahorí *s* vidente, adivinho.

Zalamería *s* salamaleque, lisonja, bajulação.

Zalamero *adj*, *s* lisonjeador, bajulador.

Zalea *s* tosão.

Zamarra *s* vestuário rústico, casaco de pele de cordeiro, pele de cordeiro.

Zambo *adj* cambaio, torto, cambado das pernas.

Zambomba *s* cuíca, ronca.

Zambullir *v* mergulhar com ímpeto.

Zampar *v* comer muito, comer depressa e sem compostura.

Zampón *adj* comilão, glutão.

Zampoña *s* flauta pastoril, instrumento rústico.

Zanahoria *s* cenoura.

Zanca *s* sanco, perna de ave.

Zancada *s* pernada, passos largos.

Zancadilla *s* rasteira.

Zancajo *s* calcanhar.

Zanco *s* pernas de pau.

Zancudo *adj* pernalto, pernilongo.

Zángano *s* zângão, macho da abelha.

Zanja *s* escavação para edificar, fundação, escoamento para água.

Zanjar *v* abrir valas.

Zapa *s* sapa, escavação, pá.

Zapapico *s* picareta.

Zapateado *s* sapateado.

Zapatear *v* sapatear, bater o pé.

Zapatero *s* sapateiro.

Zapatilla *s* sapatilha.

Zapato *s* sapato, calçado.

Zar *s* czar, soberano da Rússia.

Zarandear *v* sacudir, saracotear.

Zarpa *s* sapata, parte saliente dos alicerces.

Zarpar *v* sarpar, partir, levantar ferro, zarpar.

Zarza *s* sarça, planta espinhosa, silva.

Zarzamora *s* amora, fruto da silva e da amoreira.

Zarzaparrilla *s* salsaparrilha.

Zarzuela *s* zarzuela, opereta.

Zepelín *s* zepelim, dirigível.

Zigzag *s* ziguezague.

Zinc *s* zinco.

Zócalo *s* base, pedestal.

Zoclo *s* tamanco.

Zoco *s* mercado.

Zodíaco *s* zodíaco.

Zona *s* zona.

Zonote *s* depósito de água no centro de uma gruta.

Zonzo *adj* sensabor, insípido.

Zoología *s* zoologia.

Zoológico *s*, *adj* zoológico.

Zoospermo *s* espermatozoide.

Zoquete *s* toco, pedaço de madeira.

ZORRERÍA — ZUTANO

Zorrería *s* astúcia de raposa.
Zorrillo *s* raposinho.
Zorro *s* zorro, raposo.
Zozobra *s* soçobro, inquietação, aflição, angústia.
Zueco *s* tamanco, calçado de madeira.
Zumbar *v* zumbir.
Zumbido *s* zumbido.
Zumo *s* sumo, suco.
Zurcir *v* cerzir, costurar.

Zurdo *s, adj* canhoto.
Zurra *s* surra, sova, tunda, castigo.
Zurrar *v* surrar, castigar.
Zurriago *s* chicote, látego.
Zurrido *s* zoada, som rouco e confuso.
Zurrir *v* zunir, soar rouco e confusamente.
Zurumbático *adj* atordoado, pasmado, apatetado, apalermado.
Zutano *s* beltrano, fulano, sicrano.

Minidicionário Escolar

Português – Espanhol

Minidicionário Escolar

Português – Espanhol

a A

A *s* primera letra del alfabeto portugués.

A *art* la; *prep* a.

Aba *s* faldón, ala del sombrero, orilla.

Abacate *s* aguacate.

Abacaxi *s* ananás.

Abade *s* abad, párroco, cura.

Abadia *s* abadía.

Abafar *v* sofocar, asfixiar, amortiguar.

Abaixar *v* bajar, rebajar, abatir, descender.

Abaixo *adv* abajo.

Abalar *v* estremecer, conmover, sacudir.

Abanar *v* abanicar, soplar, abanar, sacudir.

Abandonar *v* abandonar, dejar, desamparar, desistir, renunciar.

Abarcar *v* abarcar, ceñir, comprender.

Abarrotar *v* abarrotar, llenar, cargar, colmar.

Abastado *adj* abundante, abastecido.

Abastecer *v* abastecer, proveer, repostar, suministrar.

Abater *v* abatir, bajar, desalentar, matar.

Abatido *adj* alicaído, cabizbajo, triste, desanimado.

Abatimento *s* abatimiento, deducción, descuento, postración, matanza de ganado.

Abaulado *adj* curvado, convexo.

Abdicar *v* abdicar, renunciar, desistir.

Abdômen *s* abdomen, barriga.

Abdominal *adj* abdominal.

Abecedário *s* alfabeto.

Abelha *s* abeja.

Abelhudo *adj* entremetido, curioso, diligente.

Abençoar *v* bendecir, amparar, favorecer.

Abertamente *adv* abiertamente.

Aberto *adj* abierto, desembarazado, franco, sincero.

Abertura *s* abertura, grieta, agujero, hendidura, quiebra.

Abismar *v* abismar, hundir en un abismo.

Abismo *s* abismo, precipicio.

Abjeto *adj* abyecto, infame.

Abjurar *v* abjurar, renunciar.

Ablação *s* ablación, corte.

Abnegado *adj* abnegado, desprendido.

Abóbada *s* bóveda, cúpula.

Abobadar *v* abovedar.

Abobado *adj* abobado, hecho un tonto, atontado.

Abóbora *s* calabaza.

Abocado *adj* abocado, aproximado.

Abocanhar *v* morder.

Abolir *v* abolir, anular, aniquilar.

Abominação *s* abominación, repulsión, odio, rencor.

Abonado *adj* abonado, acaudalado, rico.

Abonar *v* abonar, garantizar, afianzar.

Abono *s* abono, fianza, garantía.

Abordagem *s* abordaje.

Abordar *v* abordar, arribar, atracar, aportar.

Aborígene *adj* aborigen, nativo, indígena.

Aborrecer *v* aborrecer, aburrir, amohinar, fastidiar.

Aborrecido *adj* aburrido, fastidioso.

Aborrecimento *s* aborrecimiento, aburrimiento.

Abortar *v* abortar.

Abraçar *v* abrazar, ceñir.

Abraço *s* abrazo.

Abrandar *v* ablandar, suavizar, moderar.

Abranger *v* comprender, contener, incluir, abarcar.

ABRASADOR — ACENDEDOR

Abrasador *adj* abrasador, ardiente, inflamado.
Abrasar *v* abrasar, escaldar, quemar.
Abrasivo *adj* abrasivo.
Abreviado *adj* abreviado, resumido.
Abreviar *v* abreviar, cortar, resumir.
Abricó *s* albaricoque.
Abrigar *v* abrigar, defender, cubrir.
Abrigo *s* abrigo, resguardo, protección, cobertura, acogida, refugio.
Abril *s* abril.
Abrilhantar *v* abrillantar.
Abrir *v* abrir, descubrir, comenzar, inaugurar, desabrochar.
Ab-rogar *v* abrogar, anular.
Abrupto *adj* abrupto, escarpado.
Abrutalhado *adj* grosero, rudo.
Abscesso *s* absceso, tumor.
Absinto *s* ajenjo.
Absoluto *adj* absoluto, incondicional.
Absolver *v* absolver, indultar, perdonar.
Absolvição *s* absolución, indulto.
Absorto *adj* absorto.
Absorver *v* absorber, embeber, sorber, inhalar, consumir.
Abstenção *s* abstención, privación, renuncia.
Abster *v* privar, impedir.
Abstinência *s* abstinencia, ayuno, privación.
Abstrair *v* abstraer, separar, excluir.
Abstrato *adj* abstracto.
Absurdo *s* absurdo, contradictorio, disparate, esperpento.
Abulia *s* abulia.
Abundância *s* abundancia, exuberancia, opulencia, riqueza.
Abundante *adj* abundante, copioso, fecundo.
Abundar *v* abundar, bastar.
Aburguesar *v* aburguesar.
Abusador *adj* abusador.
Abuso *s* abuso, desmán, engaño.
Abutre *s* buitre.
Acabado *adj* acabado, envejecido, viejo, perfecto.

Acabamento *s* acabamiento, consumación, confección.
Acabar *v* acabar, poner término, rematar, dar fin.
Acabrunhar *v* agobiar, fastidiar, oprimir.
Acaçapado *adj* agazapado.
Acadêmico *adj* académico.
Açafrão *s* azafrán.
Acaju *s* nombre de varios árboles de distintas familias.
Acalentar *v* adormecer, arrullar.
Acalento *s* consuelo, caricia.
Acalmar *v* calmar, pacificar, serenar, sosegar.
Acalorado *adj* acalorado, caliente.
Acamar *v* abatirse, enfermar.
Acamaradar *v* hacerse camarada.
Açambarcar *v* acaparar, monopolizar.
Acampamento *s* acampamento, camping.
Acanhado *adj* tímido, estrecho, avergonzado.
Acanhar *v* apocar, estrechar, rendirse.
Ação *s* acción, acto, hecho.
Acaramelar *v* acaramelar.
Acareação *s* careo, acareamiento.
Acariciar *v* acariciar, halagar.
Acarretar *v* transportar, traer.
Acaso *s* acaso, eventualidad.
Acaso *adv* acaso, quizá, talvez.
Acastanhado *adj* acastañado, de color de castaña, marrón.
Acatamento *s* acatamiento, obediencia.
Acatar *v* acatar, deferir, cumplir.
Acaudilhar *v* acaudillar, dirigir.
Acautelar *v* acautelar, precaver.
Acavalado *adj* acaballado, cubierto.
Acebolado *adj* que sabe o tiene cebolla, en que entra cebolla.
Aceder *v* acceder.
Aceitação *s* aceptación, admisión.
Aceitar *v* aceptar, admitir, aprobar.
Aceitável *adj* aceptable.
Aceleração *s* aceleración.
Acelerar *v* acelerar, adelantar, apresurar.
Acenar *v* hacer ademanes, provocar.
Acendedor *s* encendedor.

ACENDER — ACOTOVELAR 257

Acender v encender, inflamar.
Aceno s ademán, gesto.
Acentuar v acentuar, atildar.
Acepção s acepción, significado.
Acéquia s acequia, zanja.
Acerbo adj acerbo, áspero, ácido.
Acercar v acercar, aproximar.
Acertar v acertar, concordar.
Acerto s acierto, ajuste, acaso, suerte.
Acervo s acervo, gran cantidad.
Aceso adj encendido.
Acessível adj accesible, fácil.
Acesso s acceso, llegada, ingreso.
Acessório adj accesorio.
Acético adj acético, realtivo al vinagre.
Acetinado adj satinado, sedoso, lustroso.
Acetinar v satinar, alisar, suavizar.
Acha s leño, astilla.
Achacar v achacar, enfermar.
Achado s hallazgo, descubrimiento.
Achado adj encontrado.
Achar v hallarse, descubrir, encontrar, notar.
Achatamento s achatamiento.
Achatar v achatar, aplastar, allanar.
Achegar v allegar, aproximar, unir.
Achego s añadidura.
Achincalhar v ridiculizar, mofar.
Achinesado adj chino.
Acidentado adj accidentado, modificado con accidentes.
Acidental adj accidental, casual, eventual.
Acidentar v accidentar.
Acidente s accidente, contratiempo, desgracia, desmayo.
Acidez s acidez.
Acima adv encima, arriba.
Acinte s terquedad.
Acinzentado adj ceniciento, gris, grisáceo.
Acionar v accionar, mover, poner en acción.
Acionista s accionista.
Acirrar v irritar, estimular.
Aclamar v aclamar, aprobar.
Aclarar v aclarar, clarear, iluminar.
Aclimatar v aclimatar, acostumbrarse.

Aclive s declive, ladera.
Acne s acné.
Aço s acero.
Acobertar v tapar con cubierta, enjaezar.
Acocorar-se v agacharse, acuclillarse.
Açoitar v azotar, fustigar, castigar.
Acolchetar v abrochar.
Acolchoado s edredón.
Acolchoar v acolchar, acolchonar, estofar.
Acolhedor adj acogedor, hospitalario.
Acolher v acoger, hospedar, proteger.
Acolhida s acogida, asilo, recepción.
Acometer v acometer, embestir, emprender.
Acometida s acometida, asalto, embestida.
Acomodação s acomodación.
Acompanhamento s acompañamiento, cortejo, séquito.
Acompanhante s acompañante, compañía.
Acompanhar v acompañar, seguir, escoltar.
Aconchegar v agasajar, halagar, aproximar.
Acondicionar v acondicionar, disponer.
Aconselhar v aconsejar, amonestar, advertir.
Aconselhável adj aconsejable.
Acontecer v acontecer, ocurrir, sobrevenir.
Acontecimento s acontecimiento, suceso, éxito.
Acorde adj concorde, armonioso; s acorde.
Acordo s acuerdo, conformidad, parecer, arreglo.
Açoriano adj azoreano, natural de las islas Azores.
Acorrentar v encadenar.
Acorrer v acorrer, acudir.
Acossar v acosar, perseguir, fatigar.
Acostar v acostar, arrimar, juntar.
Acostumado adj acostumbrado.
Acostumar v acostumbrar, habituar.
Acotovelar v codear, empujar.

ACE / ACO

AÇOUGUE — ADOLESCÊNCIA

Açougue s carnicería, matadero.
Açougueiro s carnicero.
Acovardar v acobardar, asustar.
Acre adj acre, agrio; s acre, medida agraria.
Acreditar v acreditar, creer.
Acrescentar v acrecentar, anãdir, incorporar, juntar.
Acrescer v acrecer, aumentar, agregar.
Acréscimo s añadidura, acrecimiento.
Acrobata s acróbata, saltimbanqui.
Acrópole s acrópolis.
Acuar v arrinconar.
Açúcar s azúcar.
Açucarar v azucarar, endulzar.
Açucareiro s azucarero.
Açucena s azucena.
Açude s dique, embalse, represa.
Acuidade s acuidad, agudeza.
Açular v azuzar, excitar.
Acumular v acumular, amontonar, juntar.
Acusação s acusación, censura, denuncia.
Acusado s acusado, notificado, reo.
Acusador adj acusador, el que acusa; s delator.
Acusar v acusar, delatar, denunciar, imputar, culpar.
Adaga s daga, sable.
Adágio s adagio, proverbio.
Adamascado adj adamascado.
Adaptação s adaptación, acomodación.
Adaptar v acomodar, adaptar, ajustar.
Adega s bodega, taberna.
Ademais adv además.
Adenda s apéndice, epílogo.
Adequar v adecuar, amoldar, apropiar, emparejar.
Aderecar v aderezar, adornar, componer, dedicar.
Aderência s adherencia, cohesión.
Aderente adj adherente, anexo.
Aderir v adherir, anuir, juntar.
Adernar v inclinarse el buque.
Adesão s adhesión, ligación, acuerdo.
Adestramento s adestramiento.

Adestrar v adiestrar, instruir, ejercitar, amaestrar.
Adeus s adiós, despedida; interj ¡hasta la vista!
Adiamento s prórroga, retraso.
Adiantado adj adelantado, temprano.
Adiantamento s adelanto, anticipo.
Adiantar v adelantar.
Adiante adv adelante.
Adiar v aplazar, diferir, postegar, retrasar.
Adiável adj aplazabe.
Adição s adición, apéndice, suma.
Adicionar v incrementar, añadir, agregar, sumar.
Adido s agregado.
Aditivo adj adictivo.
Adivinhação s adivinación.
Adivinhar v adivinar, descifrar, acertar.
Adivinho s adivino, zahorí.
Adjacente adj adyacente, cercano, inmediato, contiguo.
Adjudicar v adjudicar, conceder, otorgar.
Adjunto adj adjunto, agregado, compañero, socio.
Administração s administración, gestión.
Administrador s administrador, director, gerente, gestor.
Administrar v administrar, conducir, dirigir, governar.
Admiração s admiración, espanto, asombro, sorpresa.
Admirar v admirar, mirar, contemplar, maravillar, sorprender.
Admirável adj admirable, estupendo, maravilloso.
Admissão s admisión, entrada, ingreso, iniciación, introducción.
Admissível adj admisible.
Admitir v admitir, recibir, permitir, tolerar, aceptar, reconocer.
Admoestar v amonestar.
Adoção s adopción.
Adoçar v dulcificar, endulzar, enmelar.
Adoecer v adolecer, enfermar, languidecer.
Adoidado adj alocado, desatinado.
Adolescência s adolescencia, mocedad.

ADOLESCENTE — AFILHADO

Adolescente *adj* adolescente, púber.
Adônis *s* adonis, joven hermoso.
Adoração *s* adoración.
Adorar *v* adorar, venerar.
Adorável *adj* adorable.
Adormecer *v* adormecer.
Adormecimento *s* adormecimiento, somnolencia.
Adornar *v* adornar, ataviar, ornar.
Adotar *v* adoptar, aceptar.
Adotivo *adj* adoptivo.
Adquirir *v* adquirir, comprar, conseguir, granjear.
Adstringência *s* astringencia.
Adstringente *adj* astringente.
Aduaneiro *adj* aduanero.
Adubar *v* adobar, fertilizar.
Adubo *s* adobo, estiércol.
Adulação *s* adulación, halago, lisonja.
Adulador *adj* adulador, halagador.
Adular *v* adular, halagar, lisonjear.
Adulteração *s* adulteración, falsificación.
Adultério *s* adulterio, infidelidad.
Adúltero *adj* adúltero, infiel.
Adulto *adj* adulto.
Aduzir *v* aducir, alegar, traer.
Advento *s* advenimiento, venida, llegada, arribo.
Advérbio *s* adverbio.
Adversário *adj* adversario, oponente, enemigo.
Adversidade *s* adversidad, contrariedad, infortunio.
Adverso *adj* adverso, contrario, opuesto.
Advertência *s* advertencia, consejo, llamado.
Advertir *v* advertir, avisar, notar, reparar.
Advir *v* avenir, sobrevenir, resultar, emerger.
Advocacia *s* abogacía.
Advogado *s* abogado.
Advogar *v* abogar.
Aeração *s* aeración.
Aeródromo *s* aeródromo.
Aerograma *s* aerograma.
Aerólito *s* aerolito, meteorito.
Aeromoça *s* azafata.

Aeromodelismo *s* aeromodelismo.
Aeronauta *s* aeronauta.
Aeronaval *adj* aeronaval.
Aeronave *s* aeronave, avión.
Aeroplano *s* aeroplano.
Aeroporto *s* aeropuerto.
Aerotransportar *v* aerotransportar.
Aerovia *s* aerovía.
Afã *s* afán, esfuerzo, trabajo excesivo.
Afabilidade *s* afabilidad, llaneza, cortesía.
Afadigar *v* fatigar, cansar.
Afagador *adj* halagador.
Afago *s* caricia, halago.
Afanar *v* robar, gatear.
Afastado *adj* apartado, distante, retirado, remoto.
Afastamento *s* separación, apartamiento, desvío.
Afastar *v* alejar, apartar, desterrar, separar.
Afável *adj* afable, cortés, campechano.
Afazer *v* adiestrar, acostumbrar.
Afazeres *s* quehaceres, trabajos.
Afear *v* afear.
Afecção *s* afección.
Afegã *adj* afgano.
Afeição *s* afección, afecto, ternura.
Afeiçoar *v* aficionar, encariñar, enamorar.
Afeito *adj* acostumbrado, aclimatado.
Afeminado *adj* afeminado.
Aferir *v* aferir, valorar, comparar.
Aferro *s* aferramiento, obstinación.
Aferrolhar *v* acerrojar.
Aferventar *v* escaldar, hervir.
Afervorar *v* enfervorizar, estimular, encender.
Afetado *adj* afectado, presumido, rebuscado.
Afetar *v* afectar, fingir.
Afetivo *adj* afectivo, afectuoso.
Afeto *s* afecto, amor, cariño.
Afiado *adj* afilado.
Afiançar *v* abonar, afianzar, garantizar.
Afiar *v* afilar.
Aficionado *adj* aficionado, amador.
Afidalgado *adj* ahidalgado.
Afilhado *s* ahijado.

AFILIAÇÃO — AGRACIADO

Afiliação s afiliación.
Afiliar v afiliar.
Afim adj afín.
Afinal adv finalmente, por fin.
Afinar v afinar, perfeccionar.
Afinco s ahinco, persistencia, tenacidad.
Afirmação s afirmación, aseveración.
Afirmar v afirmar, asegurar, certificar, consolidar.
Afirmativo adj afirmativo, positivo.
Afivelar v sujetar con hebilla, prender.
Afixar v fijar, patentizar.
Afixo s afijo.
Aflautado adj aflautado.
Aflição s aflicción, dolor.
Afligir v afligir, angustiar, acongojar.
Aflitivo adj aflictivo.
Aflorar v aflorar, brotar.
Afluência s afluencia, abundancia, concurso.
Afluente adj afluente.
Afluxo s aflujo, afluencia.
Afobação s precipitación.
Afofar v ahuecar.
Afogado adj ahogado, asfixiado, sofocado.
Afogueado adj rojo.
Afoito adj atrevido, osado, valiente.
Afônico adj afónico.
Afora adv excepto, fuera de, además de.
Aforamento s aforamiento, foro.
Aformosear v hermosear, embellecer, adornar.
Afortunado adj afortunado, feliz.
Afrancesado adj afrancesado.
Afrodisíaco adj afrodisíaco.
Afronta s baldón, denuesto, vejación.
Afrontar v arrostrar, resistir, enfrentar.
Afrontoso adj afrentoso.
Afrouxamento s aflojamiento, enflaquecimiento.
Afrouxar v aflojar, amainar, debilitar.
Afugentar v ahuyentar, expulsar.
Afundamento s hundimiento, ahondamiento, sumergimiento.
Afundar v ahondar, afondar, sumergir.

Afunilado adj que tiene la forma de un embudo, abocardado.
Agachar v agachar.
Agalegado adj agallegado.
Agarrar v agarrar, agazapar, prender, tomar.
Agasalho s abrigo, prenda de vestir, buen acogimiento.
Agastar v enfadar, enojar, aburrir.
Ágata s ágata.
Agatanhar v arañar.
Agência s agencia, oficio y oficina de agente, sucursal, administración.
Agenda s agenda, dietario.
Agente s agente, procurador.
Agigantado adj agigantado, enorme, colosal.
Ágil adj ágil, leve, ligero, diestro, diligente.
Agilidade s agilidad, desembarazo, diligencia, presteza, soltura.
Ágio s agio, usura.
Agiota s agiotista, logrero, usurero.
Agiotagem s agiotaje, usura.
Agir v obrar, hacer, actuar.
Agitação s agitación, excitación, calentura.
Agitado adj agitado, turbulento.
Agitar v agitar, bullir, mecer.
Aglomeração s aglomeración, reunión, amontonamiento.
Aglomerar v aglomerar, amontonar.
Aglutinar v aglutinar, unir, juntar, pegar, encolar.
Agnóstico adj agnóstico.
Agonia s agonía, angustia, aflicción.
Agoniado adj ansioso.
Agoniar v agonizar, atormentar, mortificar, afligirse.
Agônico adj agónico.
Agonizante adj agonizante.
Agonizar v agonizar.
Agora adv ahora, en el presente, hoy en día.
Agosto s agosto.
Agourento adj agorero, de mal agüero.
Agouro s agüero, presagio.
Agraciado adj agraciado, condecorado.

AFI / AGR

AGRACIAR — ALARIDO

Agraciar *v* agraciar, condecorar.
Agradar *s* agradar, complacer, contentar, gustar, halagar, satisfacer.
Agradável *adj* agradable, apacible, bello.
Agradecer *v* agradecer.
Agrado *s* agrado, afabilidad, satisfacción, encanto.
Agrário *adj* agrario, rural.
Agravar *v* agravar, complicar, empeorar, exacerbar, exagerar.
Agravo *s* afrenta, agravio, entuerto, ofensa.
Agredir *v* agredir, atacar, asaltar.
Agregado *s* agregado, asociado.
Agregar *v* agregar, asociar, añadir.
Agressão *s* agresión, ataque, golpe.
Agressividade *s* agresividad.
Agressivo *adj* agresivo, belicoso, ofensivo.
Agressor *s* agresor, provocador, invasor.
Agreste *adj* agreste, silvestre.
Agrião *s* berro.
Agricultor *s* agricultor, granjero, labrador.
Agridoce *adj* agridulce.
Agrilhoar *v* agrillar.
Agronomia *s* agronomía.
Agropecuário *adj* agropecuario.
Agrupamento *s* agrupamiento, reunión.
Agrupar *v* agrupar, juntar en grupo, combinar, reunir.
Água *s* agua, líquido, lluvia, mar, río.
Aguaceiro *s* aguacero, lluvia.
Aguada *s* aguada.
Água-de-colônia *s* agua de colonia.
Aguador *s* regadera.
Água-forte *s* agua fuerte.
Água-furtada *s* guardilla.
Água-marinha *s* aguamarina.
Água-mel *s* aguamiel, agua con miel.
Aguar *v* aguar, regar.
Aguardar *v* aguardar, esperar.
Aguardente *s* aguardiente, cachaza.
Aguçar *v* aguzar, acuciar.
Agudo *adj* agudo, sutil, estridente, afilado.
Aguentar *v* aguantar, sufrir, tolerar, soportar.
Aguerrido *adj* aguerrido.

Águia *s* águila.
Aguilhada *s* aguijada.
Aguilhão *s* aguijón, rejo.
Aguilhoar *v* aguijonear.
Agulha *s* aguja.
Agulhada *s* agujeta.
Ah *interj* ¡ah!, expresa alegría, espanto o admiración.
Aí *adv* ahí, en ese lugar.
Aia *s* aya, criada, camarera.
Aids *s* sida.
Ainda *adv* aún, todavía.
Aipo *s* apio.
Airoso *adj* airoso, garboso, gallardo.
Ajardinar *v* ajardinar, dar forma o poner como un jardín.
Ajeitar *v* acomodar, adaptar, aplicar.
Ajoelhar *v* arrodillar.
Ajuda *s* auxilio, ayuda, socorro.
Ajudante *s* ayudante, auxiliar, asistente, subalterno.
Ajudar *v* auxiliar, ayudar, conllevar, socorrer.
Ajuizar *v* juzgar, apreciar.
Ajuntamento *s* agrupamiento, reunión, ayuntamiento.
Ajuntar *v* juntar, reunir.
Ajustar *v* ajustar, concertar, adaptar, reconciliar, completar, igualar.
Ajuste *s* ajuste, contrato, combinación, convenio, negociación.
Ala *s* hilera, fila.
Alabastro *s* alabastro.
Alado *adj* alado.
Alagadiço *adj* alagadizo, pantanoso.
Alagamento *s* inundación.
Alagar *v* empantanar, inundar.
Alambique *s* alambique.
Alameda *s* alameda, calle.
Alar *v* halar, izar, levantar.
Alaranjado *adj* anaranjado, color de naranja.
Alardear *v* alardear, ostentar.
Alargamento *s* alargamiento, ensanche.
Alargar *v* dilatar, aumentar, ensanchar, extender.
Alarido *s* alarido.

ALARMAR — ALGARAVIA

Alarmar v alarmar, sobresaltar.
Alarme s alarma, rebato, vocerio, tumulto.
Alarve s alarbe.
Alastrar v lastrar.
Alaúde s laúd.
Alavanca s barra, palanca.
Alavancar v apalancar.
Alazão adj alazán (caballo).
Alba s alba, aurora.
Albarda s albarda.
Albatroz s alcatraz.
Albergue s albergue, abrigo, parador.
Albino adj albino.
Álbum s álbum.
Albume s albumen.
Albumina s albúmina.
Alça s alza.
Alcachofra s alcachofa.
Alçado s alzado, trazado.
Alcaide s alcalde.
Alcalino adj alcalino.
Alcaloide s alcaloide.
Alçamento s alzamiento.
Alcançar v alcanzar, conseguir.
Alcandorado adj perchado, acantilado.
Alcantilado adj acantilado.
Alcanzia s alcancía.
Alçapão s trampa.
Alcaparra s alcaparra.
Alçar v alzar, levantar.
Alcateia s manada de lobos u otros animales salvages.
Alcatifa s alcatifa, alfombra o tapete.
Alcatrão s alquitrán.
Alcatraz s alcatraz, ave palmípeda.
Alce s alce, venado.
Álcool s alcohol.
Alcoólatra s alcohólico.
Alcoólico adj alcohólico.
Alcoolismo s alcoholismo.
Alcorão s alcorán.
Alcova s alcoba.
Alcovitar v alcahuetear, intrigar.
Alcunha s apodo.
Aldeão adj aldeano, lugareño, campesino.
Aldear v dividir en aldeas.

Aldeia s aldea.
Aleatório adj aleatorio.
Alecrim s romero.
Alegar v alegar, probar, exponer.
Alegórico adj alegórico, simbólico.
Alegrar v alegrar, desenfadar, divertir, recrear.
Alegre adj alegre, contento, jovial.
Alegria s alegría, animación, contento, euforia, felicidad.
Aleijado adj contrahecho, lisiado.
Aleijar v lisiar.
Aleitar v amamantar.
Aleivosia s alevosía, calumnia.
Aleluia s aleluya.
Além adv allá, más allá.
Alemão adj alemán.
Além-mar adv en ultramar.
Além-túmulo adv en la otra vida.
Alentar v alentar, animar.
Alento s aliento, vigor.
Alergia s alergia.
Alérgico adj alérgico.
Alertar v alertar.
Alfa s alfa.
Alfabético adj alfabético.
Alfabetização s alfabetización.
Alfabeto s abecedario.
Alface s lechuga.
Alfaia s arreo, adorno, vajilla.
Alfaiataria s sastrería.
Alfaiate s sastre.
Alfajor s alfajor.
Alfândega s aduana.
Alfandegário adj aduanero.
Alfange s alfanje.
Alfarroba s algarroba.
Alfavaca s albahaca.
Alfazema s espliego, lavanda.
Alferes s alférez.
Alfinete s alfiler.
Alfombra s alfombra, alcatifa.
Alforge s alforja.
Alforria s franqueo.
Alga s alga.
Algarada s algara.
Algaravia s algarabía.

ALGARISMO — ALTIPLANO

Algarismo s guarismo, número.
Algazarra s algazara, gritería.
Álgebra s álgebra.
Algema s esposas, manillas, grilletes.
Algemar v esposar, engrillar.
Algibeira s bolsillo, faltriquera.
Álgido adj álgido, helado.
Algo pron algo.
Algodoal s algodonal.
Algodoeiro s algodonero.
Algoz s verdugo.
Alguém pron alguien, alguna persona.
Algum pron alguno, algún.
Alhear v enajenar.
Alheio adj extraño, distraído.
Alho s ajo.
Alhures adv en otro lugar.
Ali adv allí.
Aliado adj aliado.
Aliança s alianza, pacto.
Aliar v aliar, unir, ligar.
Aliás adv por el contrario.
Álibi s alibi, justificación, coartada.
Alicate s alicates, sacabocados.
Alicerce s base, cimiento.
Aliciar v seducir, sobornar, provocar.
Alienar v alienar, enajenar.
Alienígena adj alienígena.
Aligeirar v aligerar.
Alijar v alijar.
Alimentação s alimentación, nutrición.
Alimentar v alimentar, nutrir.
Alimentício adj alimenticio, nutritivo.
Alimento s alimento, comida, sustento.
Alínea s párrafo, subdivisión de um artículo.
Alinhado adj correcto, estofado, alineado.
Alinhamento s hila, hilera.
Alinhar v alinear, aliñar, reglar.
Alinhavar v hilvanar.
Alinhavo s hilván, embaste.
Alíquota s alícuota.
Alisar v alisar, cepillar.
Alistar v alistar.
Aliviar v aligerar, aliviar, consolar, desahogar.

Alívio s alivio, consuelo, desahogo, descanso.
Alizar s alizar, adorno de madera o azulejos en puertas o ventanas.
Aljofarar v aljofarar, rociar.
Alma s alma, ánima.
Almanaque s almanaque, efemérides.
Almejar v anhelar.
Almirante s almirante.
Almíscar s almizcle.
Almoçar v almorzar, comer la comida del mediodía.
Almoço s almuerzo, comida del mediodía.
Almofada s almohada, cojinete.
Almofadão s cojín.
Almôndega s albóndiga, croqueta.
Almoxarifado s almacén.
Alô interj ¡hola!
Alojamento s alojamiento, hospedaje.
Alojar v alojar, aposentar, hospedar, abrigar.
Alongamento s alongamiento.
Alongar v alargar, dilatar, prolongar.
Alopata s alópata.
Alourar v teñir de rubio o blondo.
Alpaca s alpaca.
Alpargata s alpargata.
Alpendre s alpende, barracón, porche.
Alpinismo s alpinismo, montañismo.
Alpino adj alpino.
Alpiste s alpiste.
Alquebrar v quebrantar, debilitar.
Alquimia s alquimia.
Alta s alta, alza.
Altar s altar, ara..
Alteração s alteración, confusión, transformación.
Alterado adj alterado.
Alterar v alterar, cambiar, desquiciar, inmutar, modificar.
Altercar v altercar, discutir, debatir.
Alternador s alternador.
Alternar v alternar, interpolar.
Alteroso adj alteroso, alto.
Alteza s alteza, excelencia.
Altímetro s altímetro.
Altiplano s altiplanicie.

ALTÍSSIMO — ÂMBITO

Altíssimo *adj* altísimo, supremo.
Altitude *s* altitud.
Altivez *s* altanería, altivez, orgullo, soberbia.
Alto *adj* alto, elevado, profundo, hondo, célebre, audaz, excesivo, importante.
Alto-falante *s* altavoz, altoparlante.
Altruísta *adj* altruista, generoso, filántropo.
Altura *s* altura, elevación, cumbre, estatura.
Aluado *adj* alunado, lunático.
Alucinação *s* alucinación.
Alucinar *v* alucinar, ofuscar, seducir, encandilar.
Aludir *v* aludir, mencionar.
Alugar *v* alquilar, arrendar.
Aluguel *s* alquiler, locación.
Aluir *v* derrocar, abalar, derribar.
Alúmen *s* alumbre.
Alumiar *v* alumbrar.
Alumina *s* alúmina.
Alumínio *s* aluminio.
Aluno *s* alumno, discípulo.
Alusão *s* alusión.
Alusivo *adj* alusivo, referente.
Aluvião *s* aluvión.
Alva *s* alba.
Alvar *adj* albar, blanquecino.
Alvará *s* albalá, edicto, patente.
Alvejar *v* albear, blanquear.
Alvenaria *s* albañilería, mampostería.
Alveolar *adj* alveolar.
Alvéolo *s* alvéolo.
Alverca *s* alberca.
Alvião *s* alcotana.
Alvissaras *s* albricias, recompensa.
Alvitrar *v* arbitrar, aconsejar, sugerir.
Alvitre *s* arbitrio, propuesta.
Alvo *s* albo, blanco.
Alvorada *s* alborada, alba.
Alvorecer *v* alborear, amanecer.
Alvoroço *s* alboroto, alborozo, excitación, tumulto.
Alvura *s* blancor, candor.
Amabilidade *s* amabilidad, gentileza.
Amaciar *v* ablandar, suavizar.

Amada *s* amada, querida, novia.
Amador *s* amador, aficionado.
Amadurecer *v* madurar.
Âmago *s* medula, centro, alma, esencia.
Amainar *v* amainar, aflojar.
Amaldiçoado *adj* maldecido, maldito.
Amaldiçoar *v* maldecir.
Amálgama *s* amalgama.
Amamentar *v* amamantar, lactar.
Amancebar-se *v* amancebarse.
Amanhã *adv*, *s* mañana, el día siguiente.
Amanhar *v* amañar.
Amanhecer *v*, *s* amanecer, clarear.
Amansar *v* amansar, sosegar.
Amante *adj*, *s* amante.
Amanteigado *adj* mantecoso.
Amar *v* amar.
Amarelado *adj* amarillento, pálido.
Amarelar *v* amarillear.
Amarelento *adj* amarillento.
Amarelo *adj* amarillo.
Amarfanhar *v* arrugar, estrujar, maltratar.
Amargar *v* amargar.
Amargor *s* amargor.
Amargura *s* amargura, disgusto, tribulación.
Amargurar *v* amargar, acibarar.
Amarra *s* amarra.
Amarrar *v* amarrar, atar, trincar.
Amarrotar *v* aplastar, arrugar.
Amásia *s* amasia, manceba, concubina.
Amasiar-se *v* amancebarse.
Amassar *v* amasar, aplastar.
Amável *adj* amable, agradable, encantador.
Amazona *s* amazona.
Amazônico *adj* amazónico.
Âmbar *s* ámbar.
Ambição *s* ambición.
Ambicioso *adj* ambicioso, codicioso.
Ambidestro *adj* ambidextro.
Ambiental *adj* ambiental.
Ambientar *v* ambientar.
Ambiguidade *s* ambigüedad.
Ambíguo *adj* ambiguo, equívoco.
Âmbito *s* ámbito, recinto.

AMBIVALÊNCIA — ANACORETA 265

Ambivalência s ambivalencia.
Ambos adj ambos, entrambos.
Ambrosia s ambrosía.
Ambulância s ambulancia.
Ambulante adj ambulante.
Ambulatório adj ambulatorio.
Ameaça s amago, amenaza.
Ameaçador adj amenazador.
Ameaçar v amagar, amenazar, conminar.
Amealhar v economizar, ahorrar.
Ameba s ameba.
Amedrontar v amedrentar, atemorizar, espantar.
Ameigar v halagar, mimar.
Ameixa s ciruela.
Amém interj amén, así sea, acuerdo.
Amêndoa s almendra.
Amendoado adj almendrado.
Amendoim s cacahuete.
Amenidade s amenidad.
Ameno adj ameno, grato, plancentero, benigno.
Amercear-se v compadecerse, apiedarse.
Americanismo s americanismo.
Americanizar v americanizar.
Americano adj, s americano.
Ameríndio s amerindio.
Amesquinhar v despreciar, rebajar.
Amestrar v amaestrar.
Ametista s amatista.
Amianto s amianto.
Amido s almidón.
Amiga s amiga.
Amigar-se v amancebarse.
Amigável adj amigable.
Amígdala s amígdala.
Amigo adj amigo.
Amistoso adj amistoso, amigable.
Amiudar v reiterar, menudear.
Amizade s amistad.
Amnésia s amnesia.
Amo s amo, dueño, patrón.
Amoedar v amonedar.
Amofinar v amohinar, enojar, aburrir.
Amoitar v esconder.
Amolação s aburrimiento.
Amolador s afilador.

Amolar v afilar, amolar.
Amoldar v amoldar, moldar.
Amolecer v ablandar, doblegar.
Amolgar v abollar, amasar.
Amoníaco s amoníaco.
Amontoar v amontonar, acumular, hacinar.
Amontoar-se v acumularse.
Amor s afecto, amor, cariño.
Amora s mora.
Amoral adj amoral.
Amordaçar v amordazar.
Amorenado adj que tira a moreno.
Amorfo adj amorfo.
Amornar v templar.
Amoroso adj amoroso.
Amor-perfeito s trinitaria, pensamiento.
Amor-próprio s amor propio.
Amortalhar v amortajar.
Amortecedor adj, s amortiguador.
Amortecer v amortiguar.
Amortizar v amortizar.
Amortizável adj amortizable.
Amostra s muestra, prueba.
Amotinar v amotinar, sublevar.
Amparar v amparar, apoyar, defender.
Amparo s amparo, defensa, protección.
Ampere s amperio, var s ampère.
Amplexo s abrazo my apretado.
Ampliar v ampliar, aumentar, ensanchar, exagerar.
Amplidão s amplitud.
Amplificação s ampliación, amplificación.
Amplificar v amplificar, ampliar.
Amplitude s amplitud.
Amplo adj amplio, ancho, espacioso, lato, vasto.
Ampola s ampolla.
Ampulheta s ampolleta.
Amputar v amputar.
Amuar v amorrar, enfadar.
Amulatado adj amulatado.
Amuleto s amuleto, talismán.
Amuo s mohina, rabieta, enfado.
Amurada s amurada, muralla.
Anacoreta s anacoreta.

ANACRÔNICO — ANÔMALO

Anacrônico *adj* anacrónico.
Anáfora *s* anáfora.
Anagrama *s* anagrama.
Anágua *s* enagua.
Anais *s* anales.
Anal *adj* anal.
Analfabeto *adj* analfabeto, iletrado.
Analgésico *adj* analgésico.
Analisar *v* analizar.
Análise *s* análisis, comentario, examen.
Analista *adj*, *s* analista.
Análogo *adj* análogo, semejante, igual, idéntico.
Ananás *s* ananás, ananá, piña.
Anão *s* enano.
Anarquia *s* anarquía.
Anarquismo *s* anarquismo.
Anarquista *adj* anarquista.
Anátema *s* anatema.
Anatomia *s* anatomía.
Anca *s* anca, cuadril, nalga, cadera.
Ancestral *adj* ancestral, antiguo.
Anchova *s* anchoa, boquerón.
Ancião *adj*, *s* anciano, viejo.
Ancinho *s* rastrillo.
Âncora *s* ancla.
Ancoradouro *s* ancladero.
Ancorar *v* anclar, fondear.
Andaime *s* andamio.
Andaluz *adj* andaluz.
Andamento *s* andadura, trámite.
Andança *s* andanza.
Andar *s* piso, pavimento de una casa.
Andar *v* andar, ir, caminar, marchar.
Andarilho *s* andarín, callejero.
Andino *adj* andino.
Andorinha *s* golondrina.
Andrajo *s* andrajo, harapo.
Andrajoso *adj* andrajoso, harapiento.
Androide *s* androide.
Anedota *s* anécdota.
Anel *s* anillo.
Anelado *adj* anillado.
Anelar *v* anhelar, anillar.
Anelo *s* anhelo, deseo ardiente.
Anemia *s* anemia.
Anêmona *s* anémone.

Anestesiar *v* anestesiar, narcotizar.
Aneurisma *s* aneurisma.
Anexação *s* anexión, incorporación.
Anexo *adj* anexo, anejo, agregado, unido.
Anfíbio *adj*, *s* anfibio.
Anfiteatro *s* anfiteatro, circo.
Anfitrião *s* anfitrión.
Ânfora *s* ánfora.
Angariar *v* atraer, seducir, reclutar.
Angélica *s* angélica.
Angelical *adj* angelical, inocente.
Angina *s* angina.
Anglicanismo *s* anglicanismo.
Anglicismo *s* anglicismo.
Anglo *adj*, *s* anglo.
Anglo-saxão *adj* anglosajón.
Angorá *adj*, *s* Angora.
Angra *s* angra, ensenada.
Angu *s* masa hecha con harina de maíz.
Ângulo *s* ángulo, arista, esquina.
Anguloso *adj* anguloso.
Angústia *s* angustia, ansiedad, congoja.
Angustiado *adj* angustiado.
Angustiante *adj* angustiante.
Angustiar *v* angustiar, afligir, acongojar.
Anil *s* añil.
Anileira *s* añil.
Anilina *s* anilina.
Animação *s* animación, entusiasmo, jaleo.
Animar *v* animar, dar ánimo.
Anímico *adj* anímico.
Ânimo *s* ánimo, espíritu, coraje.
Animoso *adj* animoso, valiente, audaz.
Aninhar *v* anidar.
Aniquilar *v* aniquilar, destruir, arruinar, abatir.
Anis *s* anís.
Anistia *s* amnistía, indulto.
Anistiar *v* amnistiar, indultar.
Aniversariar *v* cumplir años.
Aniversário *s* aniversario, cumpleaños.
Anjo *s* ángel, querubín.
Ano *s* año.
Anoitecer *s* anochecer.
Anomalia *s* anomalía, anormalidad.
Anômalo *adj* anómalo, irregular.

ANÔNIMO — ANUAL

Anônimo *adj* anónimo, incógnito.
Ano-novo *s* año nuevo.
Anormal *adj* anormal, anómalo.
Anormalidade *s* anomalía, anormalidad.
Anotar *v* anotar, inscribir, registrar.
Anseio *s* ansiedad, ansia, angustia.
Ânsia *s* ansia, angustia.
Ansiar *v* ansiar, afligir acongojar, sentir ansias.
Ansiedade *s* angustia, ansiedad, impaciencia.
Antagônico *adj* antagónico, opuesto, contrario.
Antagonizar *v* oponer.
Antártico *adj* antártico.
Ante *prep* antes, delante de; *adv* antes.
Antebraço *s* antebrazo.
Antecâmara *s* antecámara.
Antecedência *s* antecedencia, antecedente.
Anteceder *v* anteceder, preceder.
Antecipação *s* anticipación.
Antecipadamente *adv* anticipadamente.
Antecipar *v* anticipar, adelantar.
Antediluviano *adj* antidiluviano.
Antelação *s* antelación, preferencia.
Antemão *adv* antemano, anticipadamente.
Antena *s* antena.
Anteontem *adv* anteayer.
Anteparo *s* abrigo, trinchera, defensa.
Antepassado *adj* antepasado, el tiempo pasado.
Antepasto *s* entremés.
Antepenúltimo *adj* antepenúltimo.
Antepor *v* anteponer.
Anteposição *s* anteposición, preferencia.
Anteprojeto *s* anteproyecto.
Anterior *adj* anterior, antecedente.
Anteriormente *adv* anteriormente, em tiempo anterior.
Antes *adv* antes, mejor, con preferencia.
Antessala *s* antesala, recibidor.
Antever *v* antever, prever.
Antevéspera *s* antevíspera.
Antiácido *adj* antiácido.
Antialcoolismo *s* antialcoholismo.

Antiatômico *adj* antiatómico.
Antibiótico *adj*, *s* antibiótico.
Anticlerical *adj* anticlerical.
Anticomunista *adj* anticomunista.
Anticoncepcional *adj*, *s* anticonceptivo.
Anticongelante *adj* anticongelante.
Anticorpo *s* anticuerpo.
Antidemocrático *adj* antidemocrático.
Antídoto *s* antídoto.
Antiestético *adj* antiestético.
Antigo *adj* antiguo, añejo, desusado, viejo.
Antiguidade *s* antigüedad.
Anti-higiênico *adj* antihigiénico.
Antílope *s* antílope.
Antimônio *s* antimonio.
Antipatia *s* antipatía, aversión.
Antipatizar *v* antipatizar.
Antipirético *adj* antipirético.
Antípoda *s* antípoda.
Antiquado *adj* anticuado, obsoleto.
Antiqualha *s* antigualla, antigüedad.
Antiquário *s* anticuario.
Antiquíssimo *adj* antiquísimo.
Antirrábico *adj* antirrábico.
Antirroubo *s* antirrobo.
Antissemita *adj* antisemita.
Antisepsia *s* antisepsia.
Antisséptico *adj* antiséptico.
Antissocial *adj* antisocial, insociable.
Antítese *s* antítesis.
Antitóxico *adj* antitóxico.
Antitoxina *s* antitoxina.
Antivenéreo *adj* antivenéreo.
Antologia *s* antología.
Antológico *adj* antológico.
Antônimo *s* antónimo.
Antonomásia *s* antonomasia.
Antraz *s* ántrax, tumor.
Antro *s* antro, caverna, cubil, cueva.
Antropofagia *s* antropofagia.
Antropófago *adj* antropófago.
Antropoide *adj* antropoide.
Antropologia *s* antropología.
Antropólogo *s* antropólogo.
Antropomorfo *adj* antropomorfo.
Anual *adj* anual.

ANUALIDADE — APIEDAR-SE

Anualidade s anualidad.
Anuário s anuario.
Anuência s anuencia, aquiescencia, consentimiento.
Anuidade s anualidad.
Anuir v consentir, asentir.
Anulação s anulación, supresión.
Anular v anular, destruir, eliminar.
Anular adj en forma de anillo.
Anunciação s anunciación.
Anunciar v anunciar, presagiar, avisar.
Anúncio s anuncio, aviso, cartel.
Ânus s ano.
Anuviar v anublar.
Anverso s anverso.
Anzol s anzuelo.
Aonde adv adonde, donde.
Aorta s aorta.
Apadrinhamento s padrinazgo.
Apadrinhar v apadrinar.
Apagado adj apagado, extinto.
Apagar v apagar (el fuego, la luz), cancelar, desvanecer.
Apaixonado adj apasionado, enamorado, fanático.
Apaixonar v apasionar, enamorar.
Apalavrar v apalabrar.
Apalermado adj estúpido, atontado.
Apalpadela s palpación.
Apalpar v manosear.
Apanhar v apañar, atrapar, recoger, agarrar, apoderarse, capturar, ser apaleado.
Apara s viruta.
Aparafusar v atornillar.
Aparar v aparar, recortar, cortar, alisar.
Aparecer v aparecer, surgir.
Aparelhador s aparejador, preparador.
Aparelhagem s apareamiento.
Aparelhar v aparejar, preparar, disponer.
Aparelho s aparejo, aparato, teléfono.
Aparência s apariencia, aspecto.
Aparentado adj aparentado, parecido.
Aparentar v emparentar, aparentar.
Aparentar-se v contraer parentesco.
Aparição s aparición.
Apartado adj apartado, separado.

Apartamento s apartamiento.
Apartar v apartar, desunir, separar.
Aparte s aparte.
Aparvalhado adj atontado, atolondrado.
Aparvoado adj idiota.
Apascentar v apacentar.
Apatetado adj atontado, imbécil.
Apatia s apatía, indolencia, dejadez.
Apático adj apático.
Apátrida s apátrida.
Apavorar v asustar, aterrorizar, amedrentar.
Apaziguar v apaciguar.
Apear v apear, desmontar.
Apedrejamento s apedreamiento.
Apedrejar v apedrear.
Apegado adj apegado.
Apego s apego, cariño, interés.
Apelar v apelar, llamar en socorro.
Apelável adj apelable, que admite apelación.
Apelidar v apellidar, nombrar, denominar.
Apelido s sobrenombre, apodo.
Apelo s apelación, llamamiento.
Apenas adv apenas, solamente.
Apendicite s apendicitis.
Aperceber v apercibir.
Aperfeiçoar v perfeccionar, mejorar.
Apergaminhado adj apergaminado, semejante al pergamino.
Aperitivo s aperitivo, entremés.
Aperrear v aperrear, molestar, oprimir.
Apertado adj apretado, estrecho, comprimido.
Apertar v apretar, comprimir, estrechar.
Aperto s aprieto, dificultad.
Apesar de loc adv a pesar de, no obstante, sin embargo, aunque.
Apetecer v apetecer, ambicionar, desear.
Apetite s apetito, deseo, ganas de comer.
Apetrechar v pertrechar.
Apiário s apiario.
Ápice s ápice, vértice.
Apicultor s apicultor.
Apiedar-se v apiadarse, condolerse, compadecerse.

APIMENTADO — APRONTAR

Apimentado *adj* condimentado con pimienta, picante.
Apimentar *v* sazonar con pimienta.
Apinhar *v* apiñar, apilar, unir estrechamente.
Apitar *v* pitar, chiflar, silbar.
Apito *s* chifla, pito.
Aplacar *v* aplacar, amansar, calmar, sosegar.
Aplainar *v* allanar, nivelar.
Aplanar *v* aplanar, allanar.
Aplaudir *v* aplaudir, ovacionar, palmear.
Aplicação *s* aplicación, empleo, destino, ejecución, uso, concentración en el estudio.
Aplicar *v* aplicar, poner en práctica, adaptar, emplear, dedicarse.
Aplicável *adj* aplicable.
Apocalipse *s* apocalipsis.
Apocalíptico *adj* apocalíptico.
Apócrifo *adj* apócrifo.
Apoderar-se *v* apoderarse.
Apodrecer *v* pudrir, corromper, descomponer.
Apodrecimento *s* pudrimiento.
Apófise *s* apófisis.
Apogeu *s* apogeo, auge.
Apoiar *v* apoyar, amparar, patrocinar, favorecer, confirmar.
Apoio *s* apoyo, base, soporte, auxilio.
Apólice *s* póliza.
Apolítico *adj* apolítico.
Apologia *s* apología.
Apontador *s* sacapuntas.
Apontamento *s* apuntamiento, apunte, minuta.
Apontar *v* apuntar, catalogar, citar, designar.
Apoplético *adj* apoplético.
Apoplexia *s* apoplejía.
Apoquentar *v* incomodar, molestar, importunar.
Aporrinhar *v* importunar, afligir.
Após *adv* después, más tarde, trás; *prep* después de, atrás de, en seguida a.
Aposentado *adj* jubilado.
Aposentar *v* jubilar.
Aposento *s* aposento, compartimento, cuarto, habitación, residencia.
Apósito *s* apuesto, adecuado.
Apossar-se *v* apoderarse.
Aposta *s* apuesta.
Apostar *v* apostar.
Apostasia *s* apostasía, abjuración.
Apóstata *s* apóstata.
Apostema *s* apostema, absceso.
Apostila *s* apostilla.
Aposto *adj* apuesto, acrecentado.
Apostolado *s* apostolado.
Apostólico *adj* apostólico.
Apóstolo *s* apóstol.
Apóstrofe *s* apóstrofe.
Apoteose *s* apoteosis.
Aprazamento *s* aplazamiento.
Aprazar *v* aplazar.
Aprazível *adj* apacible, agradable, ameno, encantador, grato.
Apreçar *v* apreciar, valuar.
Apreciar *v* apreciar, valuar, considerar.
Apreciável *adj* apreciable, considerable, admirable.
Apreço *s* aprecio, estima.
Apreender *v* aprehender, coger, prender, atrapar.
Apreensão *s* aprehensión, comprensión, recelo, sospecha.
Apreensivo *adj* aprehensivo, preocupado, tímido.
Apregoar *v* pregonar.
Aprender *v* aprender, estudiar.
Aprendizagem *s* aprendizaje.
Apresar *v* apresar, aprisionar, agarrar.
Apresentação *s* presentación, aspecto.
Apresentador *adj* presentador.
Apresentar *v* presentar, exhibir, personarse, comparecer.
Apressado *adj* apresurado, diligente.
Apressar *v* apresurar, acelerar.
Aprestar *v* aprestar, preparar, aprontar.
Aprimorar *v* perfeccionar, esmerar.
Aprisionar *v* aprisionar, apresar, capturar, prender.
Aprofundar *v* profundizar.
Aprontar *v* preparar, disponer.

APROPRIADO — ARES

Apropriado *adj* adecuado, apropiado.
Apropriar *v* apropiar, adecuar.
Aprovação *s* aprobación, beneplácito.
Aprovado *adj* aprobado.
Aprovar *v* aprobar, aplaudir.
Aproveitar *v* aprovechar, utilizar.
Aproveitável *adj* aprovechable.
Aprovisionamento *s* abastecimiento, aprovisionamiento.
Aproximação *s* aproximación.
Aproximado *adj* aproximado, cercano.
Aproximar *v* acercar, allegar, aproximar, arrimar.
Aproximativo *adj* aproximativo.
Aprumar *v* aplomar.
Aptidão *s* aptitud, facultad, talento.
Apto *adj* apto, capaz, hábil, idóneo.
Apunhalar *v* apuñalar.
Apupo *s* rechifa, mofa.
Apuração *s* apuración.
Apurar *v* apurar, purificar, averiguar.
Apuro *s* apuro, esmero.
Aquarela *s* acuarela.
Aquário *s* acuario, pecera.
Aquartelar *v* acuartelar.
Aquático *adj* acuático.
Aquecedor *s* calentador, estufa.
Aquecer *v* calentar.
Aquecimento *s* calentamiento.
Aqueduto *s* acueducto, cañería.
Aquele *pron* aquel, aquél, aquello.
Aquém *adv* de la parte de acá.
Aqui *adv* acá, aquí, en este lugar, en esta ocasión.
Aquiescer *v* aquiescer, consentir, aprobar.
Aquietar *v* aquietar, sosegar, apaciguar.
Aquilatar *v* aquilatar.
Aquilo *pron* aquello.
Aquinhoar *v* partir, repartir, dividir.
Aquisição *s* adquisición, adquirimiento.
Aquisitivo *adj* adquisitivo.
Aquoso *adj* acuoso.
Ar *s* aire, viento, clima o temperatura.
Ara *s* altar, ara.
Árabe *adj* árabe.
Arabesco *s* arabesco.
Araçaí *s* planta mirtácea del Brasil.

Arado *s* arado.
Arame *s* alambre.
Aranha *s* araña.
Aranzel *s* discurso fastidioso.
Arar *v* arar, labrar.
Arara *s* papagayo.
Arauto *s* heraldo.
Arbitragem *s* arbitraje.
Arbitrar *v* arbitrar, juzgar por árbitro.
Arbítrio *s* arbitrio, albedrio.
Árbitro *s* árbitro.
Arbóreo *adj* arbóreo.
Arborizar *v* plantar árboles, arborizar.
Arbusto *s* arbusto.
Arca *s* arca, baúl, cofre, hucha.
Arcabouço *s* andamio, esqueleto, armazón.
Arcada *s* arcada, serie de arcos.
Arcaico *adj* arcaico, anticuado.
Arcanjo *s* arcángel.
Arcano *s* arcano, secreto, misterioso.
Arcar *v* arcar, arquear, apretar.
Arcebispo *s* arzobispo.
Arcediago *s* arcediano.
Archote *s* antorcha, hacha.
Arco *s* arco, aro.
Arco-íris *s* arco iris.
Ar-condicionado *s* aire acondicionado.
Ardente *adj* abrasador, ardiente, fogoso, brillante.
Ardentia *s* ardentía.
Arder *v* arder, quemar.
Ardil *s* ardid, astucia, maña.
Ardor *s* ardor, calor.
Ardósia *s* pizarra.
Árduo *adj* arduo, trabajoso, penoso.
Área *s* área, medida de una superfície, patio.
Areal *s* arenal.
Arear *v* enarenar, limpiar con arena.
Areia *s* arena.
Arejar *v* airear, ventilar.
Arena *s* arena, anfiteatro.
Arengar *v* arengar.
Arenoso *adj* arenoso.
Arenque *s* arenque.
Ares *s* clima.

ARESTA — ARREBOL

Aresta s arista.
Aresto s caso juzgado, sentencia, fallo.
Arfar v jadear.
Argamassa s argamasa, lechada.
Argentário s argentario, gran capitalista.
Argênteo adj argénteo, de plata.
Argentino adj argentino.
Argila s arcilla, barro.
Argola s anilla, aldaba.
Argonauta s argonauta.
Argúcia s argucia, chiste.
Argueiro s arista.
Arguição s acusación, censura.
Argumentar v argumentar.
Argumento s argumento, asunto, prueba.
Arguto adj agudo.
Ária s aria.
Ariano adj ario.
Aridez s aridez, sequedad.
Árido adj árido, estéril, seco.
Arisco adj arenoso, seco.
Aristocracia s aristocracia, hidalguía.
Aritmético adj aritmético.
Arlequim s arlequín.
Arma s arma.
Armação s armazón, andamio.
Armada s armada, escuadra, flota.
Armadilha s trampa.
Armador s armador (de buques), naviero.
Armamento s armamento.
Armar v armar.
Armarinho s abacería, tienda pequeña.
Armário s armario.
Armazém s almacén, depósito, bodega.
Armazenagem s almacenaje.
Armazenar v almacenar, guardar, depositar.
Armeiro s armero.
Arminho s armiño.
Armistício s armisticio, tregua.
Arnica s árnica.
Aro s aro, anillo.
Aroma s aroma, olor, fragancia.
Aromatizar v aromatizar, perfumar.
Arpão s arpón.
Arpejar v arpegiar.
Arqueação s arqueo, curvatura.

Arquear v arquear, curvar, doblarse.
Arqueiro s arquero.
Arquejar v jadear.
Arqueologia s arqueología.
Arquibancada s grada.
Arquidiocese s archidiócesis.
Arquipélago s archipiélago.
Arquitetar v planear, idear, construir.
Arquiteto s arquitecto.
Arquitrave s arquitrabe.
Arquivar v archivar.
Arquivista s archivero, archivista.
Arquivo s archivo.
Arrabalde s arrabal, alrededores, suburbio.
Arraia s raya, pez, frontera.
Arraial s campamento de tropas, feria, aglomeración.
Arraigar v arraigar, fijar.
Arrais s arráez, patrón de embarcación.
Arrancada s arranque, primer impulso, ataque.
Arrancar v arrancar, separar, desunir, extraer.
Arranca-rabo s pelea.
Arranchar v dividir en ranchos, alojar.
Arranco s arranque, ímpulso.
Arranha-céu s rascacielos.
Arranhar v arañar, rayar.
Arranjar v arreglar, componer, disponer.
Arranque s arranque.
Arras s arras, dote.
Arrasar v arrasar, allanar, nivelar, destruir, arruinar.
Arrastão s empujón, red para pescar, tirón.
Arrastar v arrastrar, tirar, arruinar.
Arrazoado s razonado.
Arrazoar v razonar, alegar.
Arrear v arrear, aparejar.
Arrebanhar v rebañar, recoger.
Arrebatar v arrebatar, agarrar.
Arrebentar v reventar.
Arrebique s arrebol, cosmético.
Arrebitado adj arregazado.
Arrebitar v arregazar, alzar.
Arrebol s arrebol.

272 ARRECADAÇÃO — ARTIMANHA

Arrecadação s recaudación, recolección.
Arrecadar v recaudar, recolectar.
Arredar v separar, retirarse.
Arredio adj apartado, separado, esquivo.
Arredondar v redondear.
Arredores s alrededores, suburbios.
Arrefecer v enfriar.
Arregaçar v arregazar, remangar.
Arregalar v desencajar, abrir mucho los ojos.
Arreganhar v regañar, gruñir.
Arreio s arreo, montura.
Arreliar v enfadar, impacientar, fastidiar.
Arrematar v rematar, concluir, subastar.
Arremate s remate.
Arremedar v remedar, imitar.
Arremessão s impulso de arrojar o lanzar.
Arremessar v arrojar, lanzar.
Arremeter v arremeter, embestir, acometer.
Arremetida s arremetida, ataque.
Arrendar v alquilar, arrendar.
Arrenegar v renegar, enfadar.
Arrepender-se v arrepentirse.
Arrependimento s arrepentimiento, contrición, pesar, remordimiento.
Arrepiante adj escalofriante, pavoroso.
Arrepiar v encrespar, erizar, horripilar.
Arrestar v arrestar.
Arrevesado adj enrevesado.
Arriar v arriar, descolgar.
Arriba adv arriba, encima.
Arribar v arribar.
Arrimo s apoyo, arrimo, amparo.
Arriscado adj arriesgado, difícil, peligroso.
Arriscar v arriesgar, aventurar.
Arritmia s arritmia.
Arroba s arroba.
Arrochar v agarrotar, apretar mucho.
Arrogância s arrogancia, jactancia, orgullo, soberbia.
Arrogar-se v arrogarse, apropiarse.
Arroio s arroyo; regato.
Arrojar v arrojar, arremesar.
Arrolhar v encorchar, taponar.

Arrombamento s derrumbamiento, rotura.
Arrombar v romper, derrumbar, destrozar.
Arrostar v arrostrar, afrontar.
Arrotar v eructar.
Arroto s eructo.
Arroubamento s arrobamiento.
Arroxeado adj amoratado, morado, cárdeno.
Arroz s arroz.
Arrozal s arrozal.
Arroz-doce s arroz con leche.
Arruaça s alboroto, bullanga.
Arruamento s división por calles.
Arrufar v irritar, enfadar.
Arrufo s enfado.
Arruinado adj arruinado, destruido.
Arruinar v arruinar, destruir, perder la salud o el dinero.
Arrulhar v arrullar.
Arrumação s orden, aseo.
Arrumadeira adj hacendosa, criada.
Arrumador s arreglador.
Arrumar v arreglar, organizar, disponer.
Arsenal s arsenal, depósito de material de guerra.
Arsênico s arsénico.
Arte s arte.
Arteiro adj astuto, mañoso, artero.
Artelho s tobillo.
Artéria s arteria.
Arterial adj arterial.
Arteriosclerose s arteriosclerosis.
Artesanal adj artesanal, manual.
Artesanato s artesanía.
Artesão s artesano, artífice.
Artesiano adj artesiano, pozo perforados en el terreno.
Articulação s articulación, coyuntura, junta.
Articular v articular, pronunciar.
Artífice s artesano, artífice, obrero.
Artificial adj artificial, postizo.
Artigo s artículo.
Artilharia s artillería.
Artimanha s artimaña, astucia.

ARTISTA — ASSOLAR

Artista s artista, artífice.
Artístico adj artístico.
Artrite s artritis.
Artrose s artrosis.
Árvore s árbol.
Arvoredo s arbolado.
Asa s ala, asa.
Ascendência s ascendencia, predominio.
Ascendente adj influyente.
Ascensão s ascensión.
Ascensorista s ascensorista.
Asco s asco, repugnancia.
Asfalto s asfalto.
Asfixiar v asfixiar, sofocar.
Asiático adj asiático.
Asilo s asilo, hospicio, orfanato.
Asma s asma.
Asneira s burrada.
Asno s asno, burro, jumento.
Aspa s comillas, aspa.
Aspar v entrecomillar.
Aspargo s espárrago.
Aspear v entrecomillar.
Aspecto s apariencia, aspecto.
Aspergir v asperjar.
Áspero adj áspero.
Aspersão s aspersión.
Aspiração s aspiración, anhelo.
Aspirador adj aspirador.
Aspirar v aspirar, sorber, inhalar, desear.
Asqueroso adj asqueroso, inmundo, repelente.
Assadeira s asador.
Assado adj asado.
Assador s asador.
Assadura s asado.
Assalariado adj asalariado, pagado.
Assaltante s asaltante, ladrón.
Assalto s asalto, robo, embestida.
Assanhar v ensañar, enfurecer.
Assar v asar, tostar, quemar.
Assassinar v asesinar, matar.
Assassino s asesino, homicida.
Assaz adv asaz, bastante, suficiente.
Asseado adj aseado, limpio, decente.
Assediar v asediar, sitiar.

Assegurado adj asegurado, cierto, garantizado.
Asseio s aseo, higiene, limpieza.
Assembleia s asamblea, congregación, congreso.
Assemelhar-se v parecerse.
Assenso s asentimiento.
Assentado adj asentado.
Assentar v asentar.
Assente adj asentado, resuelto.
Assentimento s asentimiento.
Assentir v asentir, consentir.
Assento s asiento, banco, silla, base, estabilidad.
Assepsia s asepsia.
Asséptico adj aséptico.
Asserção s aserción, afirmación.
Assessor s asesor, auxiliar, adjunto.
Assessoramento s assessoramiento.
Assessorar v asesorar.
Assessoria s asesoría.
Assexuado adj asexuado.
Assíduo adj asiduo, constante, frecuente.
Assim adv así, de esta manera.
Assimetria s asimetría.
Assimilação s asimilación.
Assimilável adj asimilable.
Assinalar v demarcar, marcar, registrar, señalar.
Assinante s subscriptor, firmante.
Assinar v firmar, subscribir.
Assinatura s firma, signatura, subscripción.
Assistência s asistencia, amparo, auxilio.
Assistencial adj asistencial.
Assistir v asistir, hacer compañía, auxiliar, prestar socorro.
Assoalhar v entarimar.
Assoalho s entarimado.
Assoar v sonar, limpiar la nariz.
Assoberbar v tratar con soberbia.
Assobiar v abuchear, chistar, silbar.
Assobio s rechifla, silbo.
Associação s asociación, sociedad.
Associar v asociar, unir.
Assolar v asolar, arrasar, destruir.

ASSOMAR — ATRAENTE

Assomar v asomar, subir a la cumbre, llegar.
Assombração s asombracion.
Assombro s asombro, espanto.
Assomo s asomo, indicio, sospecha.
Assoprar v soplar.
Assopro s soplo.
Assumir v asumir.
Assunto s asunto, motivo, tema.
Assustado adj asustado.
Assustar v asustar, intimidar.
Asteca adj azteca.
Astenia s astenia.
Asterisco s asterisco.
Asteroide s asteroide.
Astigmatismo s astigmatismo.
Astral adj astral.
Astro s astro.
Astrofísica s astrofísica.
Astrolábio s astrolabio.
Astrologia s astrología.
Astronauta s astronauta.
Astronomia s astronomía.
Astúcia s astucia, sagacidad, maña.
Astuto adj astuto, mañoso.
Ata s acta.
Atabalhoar v atrabancar, embrollar.
Atacadista s almacenista, mayorista.
Atacar v acometer, atacar.
Atadura s atadura.
Atalaia s atalaya.
Atalho s atajo.
Atapetar v alfombrar, tapizar.
Ataque s ataque.
Atar v anudar, atar.
Atarantar v atarantar, aturdir, atolondrar.
Atarefado adj atareado, afanado.
Atarefar v atarear, darse prisa.
Atarracado adj bajo, grueso, achaparrado.
Atarraxar v atornillar.
Atascar-se v atascarse.
Ataúde s ataúd, féretro, tumba.
Ataviar v ataviar, adornar.
Atavismo s atavismo.
Atazanar v importunar.
Até adv aun, también, hasta; prep hasta.
Atear v atizar.

Ateísmo s ateísmo.
Ateliê s estudio de pintor o fotógrafo.
Atemorizar v amedrentar, atemorizar, intimidar.
Atenazar v atenazar.
Atenção s atención, interés, observación.
Atencioso adj amable, atento, cortés.
Atender v observar, atender, escuchar.
Atentado s atentado.
Atento adj aplicado, atento.
Atenuação s atenuación.
Atenuar v atenuar, paliar.
Aterrar v aterrar, aterrorizar, cubrir de tierra.
Aterrissar v aterrizar.
Aterro s terraplén.
Aterrorizar v aterrar, aterrorizar.
Ater-se v atenerse.
Atestar v atestar, llenar, abarrotarse.
Ateu adj ateo.
Atiçar v atizar, avivar.
Atilado adj atildado.
Atinar v atinar.
Atingir v alcanzar, conseguir.
Atípico adj atípico.
Atirar v tirar, lanzar.
Atitude s actitud, postura.
Atividade s actividad, dinamismo, trabajo.
Ativo adj activo, diligente, trabajador.
Atlântico adj atlántico.
Atlas s atlas.
Atleta s atleta.
Atmosfera s atmósfera.
Ato s acción, acto.
À toa loc adv al caso.
Atolar v atascar, atollar.
Atoleiro s atolladero, charco, lodazal.
Atômico adj atómico.
Atônito adj atónito, pasmado.
Ator s actor.
Atordoamento s atontamiento.
Atordoar v atolondrar, atontar, aturdir.
Atração s atracción.
Atracar v atracar.
Atraente adj atractivo, atrayente, agradable.

ASS / ATR

ATRAIÇOAR — AVAREZA

Atraiçoar v traicionar, engañar.
Atrair v atraer.
Atrapalhar v confundir, perturbar, desordenar.
Atrás adv atrás, detrás; prep tras.
Atrasado adj atrasado, retardado.
Atrasar v atrasar, retardar.
Atraso s atraso, retraso, mora, tardanza.
Atrativo adj atractivo.
Através adv transversalmente.
Atravessado adj atrevesado.
Atravessador s estraperlista.
Atravessar v atrevesar, cruzar, terciar, pasar.
Atrelar v engatar.
Atrever-se v atreverse, osar.
Atrevimento s atrevimiento, audacia.
Atribuir v atribuir.
Atribular v atribular.
Atributo s atributo.
Atriz s actriz.
Atrocidade s atrocidad, tortura.
Atrofia s atrofia.
Atropelar v atropellar.
Atropelo s atropello.
Atroz adj atroz, inhumano.
Atuação s actuación.
Atual adj actual, presente.
Atualidade s actualidad, oportunidad.
Atuar v actuar, insistir.
Atulhar v llenar de escombros, amontoar.
Atum s atún.
Aturar v soportar, tolerar.
Aturdido adj aturdido, maravillado.
Aturdir v aturdir.
Audácia s atrevimiento, audacia, osadía.
Audaz adj audaz, atrevido.
Audição s audición.
Audiência s audiencia.
Auditor s auditor.
Auditório s auditorio.
Audível adj audible, oíble.
Auge s apogeo, auge, aumento.
Augúrio s augurio.
Augusto adj augusto.
Aula s clase, lección.
Aumentar v ampliar, aumentar, crecer.

Aumento s ampliación, aumento, mejora.
Áureo adj áureo, dorado, brillante.
Aurícula s aurícula.
Aurora s alba, aurora, madrugada.
Auscultar v auscultar.
Ausente adj ausente.
Auspício s auspicio.
Austero adj austero.
Austral adj austral.
Autenticar v autenticar, legalizar.
Auto s auto, automóvil.
Autoadesivo adj autoadhesivo.
Autobiografia s autobiografía.
Autocrítica s autocrítica.
Autóctone adj autóctono, indígena.
Autodefesa s autodefensa.
Autodeterminação s autodeterminación.
Autodidata adj autodidacta.
Autoescola s autoescuela.
Autógeno adj autógeno.
Autógrafo s autógrafo.
Automático adj automático.
Autômato s autómata.
Automobilismo s automovilismo.
Automóvel s automóvil, carro.
Autonomia s autonomía, independencia.
Autônomo adj autónomo, independiente.
Autópsia s autopsia, necropsia.
Autor s autor, fundador, creador.
Autorretrato s autorretrato.
Autoria s autoría.
Autoridade s autoridad, gobierno, disciplina.
Autorização s autorización, permiso.
Autorizar v permitir, legalizar, autorizar.
Auxiliar v auxiliar, ayudar, socorrer.
Auxílio s auxilio, ayuda.
Avacalhar v desmoralizar.
Aval s aval.
Avalanche s alud.
Avaliar v avaluar, valuar.
Avançada s avance.
Avançar v avanzar, adelantar, acometer.
Avantajar v aventajar, mejorar.
Avarento adj avariento, avaro.
Avareza s avaricia.

AVARIA — AZULEJO

Avaria s avería.
Avariar v averiar, damnificar, dañar.
Ave s ave.
Aveia s avena.
Avelã s avellana.
Aveludado adj aterciopelado.
Avença s avenencia.
Avenida s alameda, avenida.
Avental s delantal, guardapolvo.
Aventar v aventar.
Aventura s aventura.
Aventurar v aventurar, arriesgar.
Averiguar v averiguar, investigar.
Avermelhar v enrojecer.
Aversão s antipatía, aversión, repugnancia.
Avesso adj contrario, opuesto.
Avesso s revés.
Avestruz s avestruz.
Aviação s aviación.
Aviamento s avío.
Avião s aeroplano, avión.
Avicultura s avicultura.
Avidez s ansia, avidez, codicia.
Ávido adj ávido, codicioso.
Aviltar v degradar, envilecer, vilipendiar.
Avisado adj avisado.
Aviso s aviso, comunicación, comunicado.

Avistar v avistar, distinguir, ver.
Avivar v avivar, estimular, animar.
Avizinhar v avecinar.
Avô s abuelo.
Avó s abuela.
Avocar v avocar, llamar a sí.
Avolumar v hinchar.
Avulso adj suelto, separado, a granel.
Avultado adj voluminoso.
Avultar v abultar.
Axadrezado adj ajedrezado.
Axila s axila, sobaco.
Axioma s axioma.
Azagaia s jabalina.
Azar s azar, mala suerte.
Azedar v agriar, fermentar.
Azedo adj agrio, ácido.
Azeitado adj aceitoso.
Azeite s aceite, óleo.
Azeitona s aceituna, oliva.
Azeitonado adj aceitunado.
Azeviche s azabache.
Azia s acedía.
Aziago adj aciago, funesto.
Azougue s azogue.
Azul adj azul.
Azulado adj azulado.
Azulejo s azulejo.

b B

B *s* segunda letra del alfabeto portugués.
Baba *s* baba, saliva.
Babá *s* niñera.
Babar *v* babear.
Babel *s* babel, grande confusión.
Babosa *s* áloe.
Bacalhau *s* bacalao.
Bacanal *s* bacanal, orgía.
Bacharel *s* estudante de 2° grau.
Bacharelato *s* 2° grau.
Bacia *s* bacía, palangana, pelvis.
Baço *adj* bazo, empañado, sin brillo.
Baço *s* bazo.
Bactéria *s* bacteria.
Bacteriologia *s* bacteriología.
Báculo *s* báculo, bastón.
Badalar *v* badajear.
Badalo *s* badajo.
Baderna *s* riña, contienda.
Bafejar *v* soplar suavemente, vahear.
Bafo *s* hálito, aliento, vaho.
Baforada *s* alentada, vaharada.
Baga *s* baya.
Bagaço *s* bagazo, orujo.
Bagageiro *s* portaequipaje.
Bagagem *s* bagaje, equipaje.
Bagatela *s* bagatela, baratija, niñería.
Bago *s* baya.
Bagulho *s* semilla de la uva, pepitas.
Bagunça *s* desorden, follón.
Bah *interj* ¡bah! expressa desdén.
Baía *s* bahía, golfo pequeño.
Bailar *v* bailar, oscilar.
Bailarino *adj* bailarín, danzarín.
Bainha *s* dobladillo, vaina.
Baioneta *s* bayoneta.
Bairro *s* barrio.
Baita *adj* muy grande.

Baixa *s* baja.
Baixada *s* pendiente, bajada.
Baixa-mar *s* bajamar.
Baixar *v* inclinar, bajar, humillarse.
Baixela *s* vajilla.
Baixeza *s* bajeza, picardía.
Baixo *adj* bajo.
Baixo-relevo *s* bajorrelieve.
Bajulação *s* adulación, zalamería.
Bajulador *adj* halagador, servil.
Bala *s* bala, caramelo.
Balaio *s* ciesto redondo.
Balança *s* balanza.
Balançar *v* balancear.
Balanço *s* balanceo, oscilación.
Balangandã *s* ornamento de metal usado por las mujeres.
Balão *s* balón, globo.
Balaústre *s* balaustre.
Balbuciar *v* balbucear.
Balbúrdia *s* ruido.
Balcão *s* balcón, mostrador.
Baldar *v* baldar.
Balde *s* balde, cubo.
Baldio *adj* baldío.
Balé *s* ballet.
Balear *v* balear.
Baleia *s* ballena.
Balir *v* balar.
Baliza *s* baliza, boya, mojón, estaca.
Balizar *v* balizar, limitar, jalonar.
Balneário *s* balneario.
Balsa *s* balsa.
Bálsamo *s* bálsamo, ungüento.
Baluarte *s* baluarte.
Bambo *adj* flojo.
Bambolear *v* bambolear.
Bambu *s* bambú.

Banal *adj* banal, trivial.
Bananeira *s* banano, plátano.
Banca *s* despacho de abogado, banca, juego.
Bancário *adj* bancario.
Banco *s* asiento, banco.
Banda *s* banda, lista, faja.
Bandeira *s* bandera.
Bandeirola *s* banderola.
Bandeja *s* bandeja.
Bandido *s* bandido, bandolero.
Bando *s* bando, facción, partido.
Bandolim *s* bandolín.
Bangalô *s* bungalow.
Banha *s* grasa animal, unto.
Banhar *v* bañar, mojar.
Banheira *s* bañera.
Banheiro *s* bañero.
Banho *s* baño.
Banido *adj* desterrado, proscrito.
Banir *v* desterrar, expulsar, prohibir.
Banqueiro *s* banquero.
Banqueta *s* banqueta.
Banquete *s* banquete, ágape.
Banquinho *s* banqueta.
Baqueta *s* baqueta.
Bar *s* bar.
Baralhar *v* barajar.
Baralho *s* baraja.
Barão *s* barón.
Barata *s* cucaracha.
Baratear *v* baratear.
Barba *s* barba.
Barbante *s* bramante, cordel.
Barbaridade *s* barbaridad.
Bárbaro *adj* bárbaro, grosero.
Barbeado *s* afeitado.
Barbear *v* afeitar.
Barbearia *s* barbería.
Barbear-se *v* rasurarse, afeitarse.
Barbeiro *s* barbero.
Barbicha *s* barbilla, barba de pelo corto y raro.
Barca *s* barca.
Barco *s* barco, cualquier embarcación.
Barítono *s* barítono.
Barômetro *s* barómetro.

Barqueiro *s* barquero, remador.
Barra *s* barra, friso.
Barraca *s* barraca, choza.
Barracão *s* barracón.
Barragem *s* barrera, estorbo.
Barranco *s* barranco, precipicio.
Barrar *v* embarrar, impedir.
Barreira *s* barrera, trinchera.
Barrento *adj* arcilloso.
Barrica *s* barrica, barril.
Barriga *s* barriga, panza, vientre.
Barril *s* barril, barrica, cuba.
Barro *s* barro, arcilla.
Barulhento *adj* ruidoso.
Barulho *s* barullo, confusión.
Basalto *s* basalto.
Base *s* apoyo, base.
Basear *v* basar.
Básico *adj* básico.
Basílica *s* basílica.
Basquetebol *s* baloncesto.
Bastante *adj* bastante.
Bastão *s* bastón, bordón.
Bastar *v* bastar.
Bastardo *s* bastardo.
Bastidor *s* bastidor.
Bata *s* bata.
Batalha *s* batalla, combate, pelea.
Batata *s* patata.
Batata-doce *s* batata, boniato, camote.
Bate-boca *s* dimes y diretes, discusión.
Batedeira *s* batidera.
Bate-estacas *s* maza para clavar estacas.
Batente *s* batiente, aldaba, tope.
Bater *v* batir, contundir, golpear.
Bateria *s* batería, pila.
Batida *s* batida, bebida hecha con aguardiente, limón y azúcar.
Batina *s* sotana.
Batismo *s* bautismo.
Batistério *s* bautisterio.
Batizar *v* bautizar.
Batom *s* barra de labios.
Batráquio *s* batracio.
Batucada *s* instrumentos de percusión.
Batuta *s* batuta.
Baú *s* arca, baúl, cofre.

BAUNILHA — BICHO-PAPÃO

Baunilha s vainilla.
Bauxita s bauxita.
Bazar s bazar.
Beatificar v beatificar.
Beato s beato.
Bêbado adj bebido, beodo, borracho, ebrio.
Bebê s bebé, nene.
Bebedeira s borrachera, embriaguez.
Beber v beber.
Beberrão s borrachón.
Bebida s bebida.
Bechamel s bechamel.
Beco s callejón.
Bedel s bedel.
Beduíno s beduíno.
Bege adj beige.
Beiço s bezo, labio.
Beija-flor s colibrí, pájaro.
Beijar v besar.
Beijo s beso, ósculo.
Beira s orilla, borde.
Beirar v costear, ladear.
Beisebol s béisbol.
Beladona s belladona.
Belas-artes s bellas artes.
Beleza s belleza, hermosura.
Beliche s litera.
Belicismo s belicismo.
Bélico adj bélico, belicoso.
Beligerância s beligerancia.
Beliscão s pellizco.
Beliscar v pellizcar.
Belo adj bello, hermoso, agradable.
Beltrano s mengano.
Bem adv bien, con salud, de manera correcta; interj ¡bien!; s bien.
Bem-amado adj querido.
Bem-aventurado adj bienaventurado, dichoso.
Bem-estar s bienestar, comodidad, confort.
Bem-feito adj bien terminado.
Bem-humorado adj de buen humor.
Bem-querer v bienquerer.
Bem-vindo adj bienvenido.
Bênção s bendición.

Bendito adj bendito.
Bendizer v bendecir.
Beneficiar v beneficiar, mejorar.
Beneficiência s beneficencia, caridad, filantropía.
Benefício s beneficio.
Benemérito adj benemérito.
Benevolência s benevolencia, afecto, estima.
Benfeitor adj benefactor, bienhechor.
Bengala s bastón, bengala.
Benignidade s benignidad, bondad.
Benigno adj benigno, afable.
Benquisto adj bienquisto, apreciado.
Bens s peculio.
Bento adj bendecido, bendito.
Benzer v bendecir.
Benzina s bencina.
Berbequim s berbiquí.
Berçário s maternidad.
Berço s cuna.
Berimbau s birimbao.
Berinjela s berenjena.
Bermuda s bermudas.
Berne s larva de unos insectos.
Berrar v berrear.
Besouro s abejorro.
Besta s animal, bestia.
Besteira s gansada, burrada.
Bestial adj bestial, brutal.
Besuntar v bisuntar, engrasar, untar.
Beterraba s remolacha, betarraga.
Betoneira s hormigonera.
Bétula s abedul.
Betume s betún.
Bexiga s ampolla, vejiga, viruela.
Bezerro s becerro, novillo.
Bíblico adj bíblico.
Bibliografia s bibliografía.
Biblioteca s biblioteca, librería.
Bicada s picotazo.
Bicama s litera, cama nido.
Bicar v picar, picotear.
Bicarbonato s bicarbonato.
Bíceps s bíceps.
Bicho s bicho, fiera, animal.
Bicho-papão s bu.

280 BICHOSO — BOCHECHO

Bichoso *adj* amariconado.
Bicicleta *s* bicicleta, velocípedo.
Bico *s* pico, punta.
Bicudo *adj* picudo.
Bidê *s* bidé.
Biênio *s* bienio.
Bife *s* bistec.
Bifurcação *s* bifurcación.
Bigamia *s* bigamia.
Bigode *s* bigote.
Bigorna *s* bigornia.
Bijuteria *s* bisutería.
Bilabial *adj* bilabial.
Bilateral *adj* bilateral.
Bilha *s* cántaro.
Bilhão *s* billón.
Bilhar *s* billar.
Bilhete *s* billete, tarjeta.
Bilheteiro *s* billetero.
Biliar *adj* biliar.
Bilíngue *adj* bilingüe.
Bílis *s* bilis.
Bimensal *adj* bimensual.
Bimestral *adj* bimestral.
Bimotor *adj* bimotor.
Binário *adj* binario.
Bingo *s* bingo.
Binóculo *s* binóculo, gemelos.
Binômio *s* binomio.
Biodegradável *adj* biodegradable.
Biografia *s* biografía.
Biologia *s* biología.
Biólogo *s* biólogo.
Biombo *s* antipara, biombo, cancel, mampara.
Biópsia *s* biopsia.
Biosfera *s* biosfera.
Bióxido *s* bióxido.
Bípede *adj* bípedo.
Bipolar *adj* bipolar.
Biquíni *s* biquini.
Birra *s* tirria, birria, obstinación.
Bis *adv* dos veces, otra vez.
Bisão *s* bisonte.
Bisavó *s* bisabuela.
Bisavô *s* bisabuelo.
Bisbilhotar *v* enredar, secretear.

Bisbilhoteiro *s* intrigante, chismoso.
Bisca *s* brisca.
Biscoito *s* bizcocho, galleta.
Bismuto *s* bismuto.
Bisnaga *s* tubo con substancias medicinales o aromaticas, biznaga.
Bisneto *s* bisnieto.
Bispado *s* obispado.
Bispo *s* obispo.
Bissetriz *s* bisectriz.
Bissexto *adj* bisiesto.
Bissexual *adj* bisexual.
Bisturi *s* bisturí.
Bitola *s* modelo, medida.
Bizarro *adj* bizarro, ostentoso, arrogante.
Blasfemar *v* blasfemar.
Blasfêmia *s* blasfemia, insulto, ultraje.
Blecaute *s* apagón.
Blenorragia *s* blenorragia, gonorrea.
Blindado *adj* blindado.
Blindar *v* blindar.
Bloco *s* bloque.
Bloquear *v* asediar, bloquear, sitiar.
Blusa *s* blusa.
Boa *s* boa, serpiente.
Boa-noite *s* buenas noches, saludo.
Boas-festas *s* felicitación por las navidades, deseos de felicidades.
Boas-vindas *s* bienvenida.
Boa-tarde *s* buenas tardes, saludo.
Boato *s* bulo, chisme, noticia.
Bobagem *s* tontería, bufonada.
Bobeira *s* ñoñería, bobera, tontería.
Bobina *s* bobina, canilla.
Bobo *adj* bobo, chalado, tonto.
Boca *s* boca, entrada, abertura.
Bocadinho *s* bocadito, pedazuelo.
Bocado *s* bocado, comida muy ligera, pedazo, rato.
Bocal *s* bocal, boquilla, embocadura.
Boçal *adj* grosero, idiota.
Bocejar *v* bostezar.
Bocejo *s* bostezo.
Boceta *s* cajita, cofrecito.
Bochecha *s* mejilla, carrillo, moflete.
Bochechar *v* enjuagar.
Bochecho *s* enjuague de la boca.

BIC / BOC

BOCÓ — BRACEJAR

Bocó adj tonto, bobo.
Bodas s casamiento.
Bode s bode.
Bodega s bodega, taberna.
Bodum s mal olor de una loza mal lavada, olor repugnante de sudor.
Boêmio s bohemio.
Bofetada s bofetada, bofetón, sopapo.
Boi s buey.
Boia s boya, flotador.
Boiada s boyada, manada de bueyes.
Boiadeiro s boyero.
Boiar v boyar, flotar, nadar.
Boicotar v boicotear.
Boina s boina.
Bojo s barriga, panza.
Bojudo adj barrigudo, panzudo.
Bola s bola, pelota.
Bolacha s galleta.
Bolada s gran suma de dinero.
Bolero s bolero.
Boletim s boletín.
Bolha s ampolla, burbuja.
Bolívar s bolívar.
Bolo s bollo, pastel.
Bolor s moho.
Bolorento adj enmohecido.
Bolota s bellota.
Bolsa s bolsa, saco, dinero.
Bolsista adj becario, bolsista.
Bolso s bolsillo, bolso.
Bom adj bueno.
Bomba s bomba, proyectil, máquina, aparato para llenar neumáticos.
Bombachas s bombachos, pantalones.
Bombardeio s bombardeo.
Bombear v bombardear, redondear.
Bombeiro s bombero.
Bombo s bombo.
Bombom s bombón.
Bombordo s babor.
Bonachão adj bonachón.
Bonança s bonanza.
Bondade s bondad, benevolencia.
Bonde s tranvía eléctrico.
Bondoso adj piadoso, bondadoso.
Boné s gorra con visera.

Boneca s muñeca.
Boneco s muñeco, títere.
Bonificação s bonificación.
Bonito adj bonito, hermoso, bello.
Bônus s bono.
Bonzo s bonzo, sacerdote budista.
Boqueirão s boquerón, abertura grande.
Boquinha s boquilla.
Borboleta s mariposa.
Borbotão s borbotón, chorro.
Borbulha s burbuja, grano.
Borbulhar v borbollar, burbujear, hervir.
Borda s borda, borde, orilla, playa.
Bordado s bordado, labor.
Bordel s burdel, prostíbulo.
Bordo s bordo.
Boreal adj boreal, septentrional.
Boricado adj boricado.
Borracha s caucho, goma.
Borracharia s gomería.
Borrão s borrón, mancha de tinta.
Borrar v ensuciar, manchar, rayar.
Borrasca s borrasca, tempestad.
Borrego s borrego.
Borrifar v rociar, aspergir.
Bosque s bosque.
Bosta s bosta, boñiga.
Bota s bota, calzado.
Bota-fora s botadura de un navío, despedida de una persona que se embarca.
Botânica s botánica.
Botão s botón.
Bote s bote, pequeña barca, cuchillada.
Botequim s bar, cafetería, taberna.
Botica s botica, farmacia.
Botija s botija.
Botina s calzado, botina.
Boto s boto.
Botulismo s botulismo.
Bovino adj bovino, vacuno.
Boxe s boxeo, pugilismo.
Boxeador s boxeador, pugilista.
Braça s braza.
Braçada s brazada.
Bracejar v bracear.

BRACELETE — BURIL

Bracelete s ajorca, brazalete, manilla, pulsera.
Braço s brazo.
Bradar v clamar, gritar, vociferar.
Brado s clamor, bramido.
Braguilha s bragueta.
Bramador adj bramador.
Brâmane s brahmán.
Bramanismo s brahmanismo.
Bramido s bramido, ruido.
Branco adj blanco, lívido, cándido.
Brancura s blancura.
Brandir v blandir.
Brandura s blandura, suavidad.
Branquear v blanquear, encanecer, limpiar.
Brasa s ascua, brasa.
Brasão s blasón.
Braseiro s brasero.
Bravata s bravata, fanfarronada.
Bravo adj bravo.
Brecar v frenar.
Brecha s brecha.
Brejo s matorral, pantano.
Brenha s breña.
Breu s brea.
Breve adj breve, corto, lacónico, reducido.
Brevidade s brevedad.
Briga s pelea, lucha, disputa, riña.
Brigadeiro s brigadier.
Brigar v luchar, pelear.
Brilhante adj brillante, luciente, luminoso, nítido.
Brilhar v brillar, lucir, relucir.
Brilho s brillo, resplandor.
Brim s brin, tela fuerte de hilo o algodón.
Brincadeira s juego, broma, burla, chanza.
Brincalhão adj juguetón, bromista, travieso.
Brincar v brincar, juguetear, divertirse, bromear.
Brinco s pendiente.
Brinde s brindis.
Brinquedo s juguete, jugueteo.
Brio s brío, pundonor, valor.
Brisa s brisa, viento blando.

Britadeira s trituradora de piedras.
Britar v partir, quebrar, machacar.
Broa s borona, pan de maíz, pastel de harina de maíz.
Broca s broca, barrena, taladro.
Brocado s brocado, tejido.
Brocha s clavo corto.
Broche s joya, broche.
Bronca s felpa.
Bronco adj bronco, tosco, rudo.
Brônquio s bronquio.
Bronquite s bronquitis.
Bronze s bronce.
Bronzeador adj bronceador.
Brotar v brotar, manar, irrumpir.
Broto s brote, yema.
Broxa s brocha, pincel para pintura.
Bruços s bruces, boca abajo.
Bruma s bruma, niebla.
Brunir v bruñir, pulir.
Brusco adj brusco, grosero.
Brutal adj salvaje, brutal.
Bruto adj tosco, bruto, grosero.
Bruxa s bruja, hechicera.
Bruxaria s brujería, hechicería.
Bruxulear v oscilar, brillar débilmente.
Bucal adj bucal.
Bucha s estropajo.
Bucho s buche, callos.
Buço s bozo.
Bucólico adj pastoril.
Budismo s budismo.
Búfalo s búfalo.
Bufar v bufar, soplar.
Bufo s soplo.
Bulbo s bulbo.
Bulevar s bulevar.
Bulha s bulla, confusión, desorden, gritería.
Bulício s bullicio, alboroto.
Buliçoso adj bullicioso, turbulento.
Bulir v bullir.
Bumerangue s boomerang.
Buquê s bouquet, ramillete.
Buraco s agujero, hoyo, orificio.
Burguês adj burgués.
Buril s buril.

BURLA — BÚZIO 283

Burla s burla, farsa, trapaza.
Burocracia s burocracia.
Burocrata s burócrata.
Burrico s borrico.
Burro s burro, asno.
Busca s busca, búsqueda, demanda.

Buscar v buscar, catar, pesquisar.
Bússola s aguja, brújula.
Busto s busto.
Buzina s bocina, claxon.
Búzio s caracol marino, concha univalva, bocina.

c C

C *s* tercera letra del alfabeto portugués; 100 en la numeración romana.
Cá *adv* acá, aquí, para este lugar.
Cã *s* cana, cabello blanco.
Cabaça *s* calabaza.
Cabala *s* cábala, intriga.
Cabana *s* cabaña, choza.
Cabaré *s* cabaret.
Cabeça *s* cabeza.
Cabeçalho *s* cabezal, título, encabezamiento de un escrito.
Cabecear *v* cabecear.
Cabeçudo *adj* cabezudo.
Cabedal *s* cuero, bienes, abundancia.
Cabeleira *s* cabellera.
Cabelereira *s* peluquera.
Cabelo *s* cabello.
Cabeludo *adj* cabelludo, peludo.
Caber *v* caber, contener, poder entrar.
Cabide *s* percha.
Cabimento *s* cabida.
Cabina *s* cabina, camarote.
Cabisbaixo *adj* cabizbajo.
Cabo *s* cabo, cola, jefe.
Caboclo *s* mestizo de un indio con un blanco.
Cabograma *s* cablegrama.
Cabotagem *s* cabotaje.
Cabra *s* cabra.
Cabresto *s* cabestro.
Cabrito *s* cabrito, chivo.
Caca *s* caca, porquería.
Caçada *s* caza.
Caçador *s* cazador.
Caçar *v* cazar, coger.
Cacareco *s* tarecos, trastos viejos.
Caçarola *s* cacerola, cazuela.
Cacau *s* cacao.

Cacete *s* bastón, bordón, garrote.
Cachaça *s* aguardiente, cachaza.
Cacheado *adj* ensortijado, rizado.
Cachear *v* cubrirse de racimos las viñas, aparear las aves.
Cachecol *s* bufanda.
Cachimbo *s* pipa.
Cacho *s* racimo.
Cachoeira *s* cascada.
Cachorro *s* perro.
Cachorro-quente *s* perrito caliente.
Caco *s* cachivache, pedazo de loza vieja, añicos, juicio.
Caçoada *s* chanza, broma.
Caçoar *v* mofarse, escarnecer, burlar.
Cacoete *s* tic, jeribeque.
Cacto *s* cacto, cactus.
Caçula *s* hijo más joven, benjamín.
Cadafalso *s* cadalso, patíbulo.
Cadarço *s* hiladillo, cordón.
Cadastro *s* catastro, censo, padrón.
Cadáver *s* cadáver, difunto.
Cadavérico *adj* cadavérico.
Cadeado *s* candado.
Cadeia *s* cadena, cárcel.
Cadeira *s* silla, asiento, asignatura, cátedra.
Cadela *s* perra.
Cadente *adj* cadente.
Caderneta *s* libreta, cuadernillo.
Caderno *s* cuaderno.
Cadete *s* cadete.
Caducar *v* caducar, envejecer.
Caduco *adj* caduco, nulo, gastado.
Cafajeste *adj* ordinario, bellaco.
Café *s* café.
Cafeína *s* cafeína.
Cafeteria *s* cafetería.

CAFONA — CAMISA

Cafona *adj* persona de mal gusto.
Cafuzo *s* cafuso, mestizo de negro con indio.
Cágado *s* tortuga pequeña.
Caiar *v* blanquear.
Caipira *adj* patán.
Cair *v* caer.
Cais *s* andén, muelle.
Caixa *s* caja.
Caixa-d'água *s* depósito de agua.
Caixão *s* cajón, esquife, féretro.
Caixeiro *s* cajero.
Cajado *s* báculo, cayado.
Caju *s* acajú, árbol.
Cal *s* cal.
Calabouço *s* calabozo, prisión.
Calada *s* callada, silencio absoluto.
Calafetar *v* calafatear.
Calafrio *s* escalofrío.
Calamidade *s* calamidad, gran desgracia.
Calão *s* caló.
Calar *v* callar, disimular.
Calça *s* pantalón.
Calçada *s* calzada, acera, orilla.
Calçado *s* calzado, zapato.
Calçar *v* empedrar, pavimentar.
Calcário *adj* calcáreo.
Calcificar *v* calcificar.
Calcinha *s* bragas.
Calço *s* cuña, calce.
Calcular *v* calcular, contar.
Calculável *adj* calculable.
Cálculo *s* cálculo.
Calda *s* jarabe.
Caldear *v* caldear, templar.
Caldeira *s* caldera, vasija grande y redonda.
Caldeirão *s* calderón.
Caldo *s* caldo, sopa, potaje.
Calefação *s* calefacción.
Caleidoscópio *s* caleidoscopio.
Calejar *v* encallecer, endurecer.
Calendário *s* calendario.
Calha *s* canalón, reguera.
Calhamaço *s* libro grande antiguo y sin valor.
Calhar *v* ser oportuno, encajar.

Calhau *s* guijarro.
Calhorda *s* persona despreciable.
Calibrar *v* calibrar.
Cálice *s* cáliz, copita para licores.
Cálido *adj* cálido, caliente.
Caligrafia *s* caligrafía.
Calma *s* calma, tranquilidad, bonanza.
Calmante *adj* calmante, sedante.
Calo *s* callo.
Colombo *s* chichón.
Calor *s* calor.
Calota *s* parte de la esfera o cilindro comprendida entre dos planos paralelos.
Caloteiro *s* estafador, timador.
Calouro *adj* aprendiz, novato.
Calúnia *s* calumnia, difamación.
Calvário *s* calvario.
Calvície *s* calvicie.
Cama *s* cama, lecho.
Camada *s* camada, capa.
Camafeu *s* camafeo.
Camaleão *s* camaleón.
Câmara *s* cámara.
Camarada *s* camarada, colega, compañero.
Camaradagem *s* camaradería.
Camarão *s* camarón, gamba.
Camareiro *s* camarero.
Camarim *s* camarín, gabinete.
Camarote *s* palco, camarote.
Cambada *s* sarta.
Cambalacho *s* cambalacho.
Cambalear *v* tambalearse, vacilar.
Cambalhota *s* voltereta.
Cambiante *adj* cambiante.
Cambiar *v* cambiar, trocar, permutar.
Câmbio *s* cambio.
Cambraia *s* cambray, tejido muy fino.
Camélia *s* camelia.
Camelo *s* camello.
Camelô *s* mercader de las calles.
Caminhada *s* caminata.
Caminhão *s* camión.
Caminho *s* camino, paso, dirección.
Caminhoneiro *s* camionero.
Camisa *s* camisa.

CAMISETA — CAPOTA

Camiseta s camiseta.
Campainha s campanilla, timbre.
Campanha s campaña.
Campeão s campeón.
Campeonato s campeonato.
Campestre adj rústico, campestre.
Camponês s campesino.
Camuflagem s camuflaje.
Camuflar v camuflar.
Camundongo s ratón.
Camurça s gamuza.
Cana s caña, tallo (del trigo, maíz).
Cana-de-açúcar s caña, planta gramínea.
Canal s canal, conducto.
Canalha s canalla, miserable.
Canalização s canalización, fontanería.
Canapé s canapé.
Canário s canario.
Canavial s cañaveral.
Canção s canción.
Cancelamento s cancelación.
Cancelar v anular, cancelar.
Câncer s cáncer.
Cancerígeno adj cancerígeno.
Cancha s cancha, pista de juego.
Candeia s candela, candil.
Candelabro s araña, candelabro.
Candente adj abrasador, candente.
Candidato s candidato.
Cândido adj cándido, inocente.
Candomblé s candomble, religión de muchos de los negros de Brasil.
Candura s candor.
Caneca s especie de vaso con asa.
Caneta s portaplumas.
Cânfora s alcanfor, cánfora.
Canga s yugo, canga.
Cangalhas s angarillas.
Canguru s canguro.
Cânhamo s cáñamo.
Canhão s cañón.
Canhoto adj izquierdo, zurdo.
Canibal s caníbal, antropófago.
Caniço s cañizo.
Canil s perrera.
Canino adj canino.
Canivete s navaja pequeña.

Canja s caldo de gallina.
Canjica s garbanzo cocido con azúcar.
Cano s caño, conducto, gárgola, tubo.
Cânon s canon, regla.
Canônico adj canónico.
Canonizar v canonizar.
Cansaço s cansancio, fatiga, languidez.
Cansar v aburrir, cansar, fatigar.
Cantão s cantón.
Cantaria s cantería.
Cântaro s cántaro.
Cantarolar v canturrear.
Cantata s cantata.
Canteiro s cantero.
Cântico s cántico, himno.
Cantina s bar, cantina.
Cantor s cantor, vocalista, cantante.
Cantoria adj canturía.
Canudinho s pajilla.
Canudo s cañuto, caño, tubo, paja.
Cão s perro.
Caolho adj tuerto.
Caos s caos, desorden.
Capa s capa, prenda de vestir.
Capacete s casco.
Capacho s esterilla.
Capacitado adj capacitado.
Capado adj capado, castrado.
Capão s capón.
Capataz s capataz, mayoral.
Capaz adj capaz, apto, idóneo, digno.
Capela s capilla, ermita.
Capeta s diablo.
Capilar adj capilar, fino como un cabello.
Capim s capín.
Capital adj capital, ciudad principal, dinero.
Capitanear v gobernar.
Capitania s capitanía.
Capitão s capitán.
Capitel s capitel.
Capitular v capitular.
Capivara s capibara, el mayor de los roedores.
Capoeira s salteador, lucha creada por los niegros.
Capota s capota.

CAPOTE — CARREGAR

Capote s capote, abrigo, gabán.
Caprichar v esmerar, obstinarse.
Capricho s antojo, capricho, fantasía.
Cápsula s cápsula.
Captação s captación.
Captura s captura, apresamiento.
Capuchinho s capuchino.
Capulho s capullo.
Capuz s capucho, cobertura para la cabeza.
Cáqui s caqui, color del barro.
Cara s cara, figura, rostro, semblante.
Cará s batata dulce de Angola.
Carabina s carabina.
Caracol s caracol.
Característico adj característico, propio, típico.
Caramba interj ¡caramba!, ¡caray!
Carambola s carambola, fruto.
Caramelizar v acaramelar.
Caramujo s caramujo, escaramujo.
Caranguejo s cangrejo.
Carapuça s antifaz, caperuza, capuz.
Caráter s carácter, condición, genio, temperamento.
Caravela s carabela.
Carboneto s carburo.
Carbonífero adj carbonífero.
Carbonização s carbonización.
Carbono s carbono.
Carbúnculo s carbúnco.
Carburação s carburación.
Carcaça s caparazón, esqueleto.
Cárcere s prisión, cárcel.
Carcinoma s carcinoma, cáncer.
Carcomer v carcomer, roer.
Cardápio s minuta, menu.
Cardar v cardar.
Cardeal adj cardinal, punto cardinal, cardenal.
Cardíaco adj cardíaco.
Cardinal adj cardinal.
Cardiologia s cardiología.
Cardiologista s cardiólogo.
Cardo s cardo.
Cardume s cardumen, cardume.
Careca s calva.

Carecer v carecer, necesitar.
Careiro adj carero, que vende caro.
Carência s carencia, necesidad.
Careta s careta, gesto, mohín.
Carga s carga, cargamento.
Cargo s cargo, empleo, oficio, obligación.
Cariar v cariar, cariarse.
Caricato adj caricato, ridículo.
Caricatura s caricatura, imitación cómica.
Carícia s caricia, halago, mimo.
Caridoso adj caridoso.
Cárie s caries.
Carimbar v sellar, timbrar.
Carimbo s timbre, sello.
Carinho s cariño, mimo, caricia.
Carisma s carisma.
Cariz s cariz, semblante, cara.
Carmelita s carmelita, monja de la Orden del Carmen.
Carmesim adj carmesí.
Carmim s carmín.
Carnaval s carnaval.
Carnaz s carnaza.
Carne s carne.
Carneiro s carnero, osario, sepultura.
Carniça s carroña.
Carniceiro adj carnicero, carnívoro.
Carnificina s carnicería, matanza, masacre.
Carnudo adj carnoso.
Caro adj caro, costoso.
Caroço s carozo, hueso de las frutas y aceituna.
Carona s autostop.
Carótida s carótida.
Carpa s carpa.
Carpete s moqueta.
Carpideira s plañidera.
Carpinteiro s carpintero.
Carpir v carpir, llorar.
Carrancudo adj malhumorado, triste.
Carrapato s garrapata.
Carrasco s verdugo.
Carregador s cargador.
Carregamento s carga, cargamento.
Carregar v cargar.

Carreira s carrera, camino.
Carreta s carreta, carro.
Carretilha s carretilla.
Carril s carril.
Carro s carro, coche, automóvil, carruaje.
Carroça s carroza, carro.
Carrossel s tiovivo.
Carruagem s carruaje.
Carta s carta, epístola, misiva.
Cartão s cartón.
Cartão-postal s tarjeta postal.
Cartaz s cartel, anuncio.
Carteira s bolsa, cartera, pupitre.
Carteiro s cartero, correo, estafeta.
Cartel s cártel, truste.
Cartilagem s cartílago.
Cartilaginoso adj cartilaginoso.
Cartilha s abecedario, cartilla.
Cartolina s cartulina.
Cartomancia s cartomancia.
Cartório s notaría.
Cartucho s cartucho.
Cartuxo s cartujo.
Caruncho s carcoma.
Carvalho s roble.
Carvão s carbón.
Carvoeiro s carbonero.
Casa s aposento, casa, posada.
Casaco s americana, chaqueta.
Casado adj casado.
Casal s pareja.
Casamento s casamiento, boda, matrimonio, nupcias.
Casarão s caserón.
Casca s corteza, cáscara.
Cascalho s cascajo, cascote, grava, rocalla.
Cascão s costra.
Cascata s cascada, salto de agua.
Cascavel s cascabel, sonajero.
Casebre s casucha, choza.
Caserna s caserna.
Casmurro adj cazurro.
Caso s caso, acontecimiento, suceso.
Casório s casorio, casamiento.
Cassação s casación, anulación.
Cassar v casar, anular.
Cassino s casino.

Casta s casta, raza.
Castanhal adj castañal.
Castanhola s castañuela.
Castelo s castillo.
Castiçal s bujía, candelabro, candelero.
Castiço adj castizo.
Castidade s castidad, virginidad.
Castigo s castigo, pena, penalidad, sanción.
Casto adj casto, puro, púdico.
Castor s castor.
Castrar v capar, castrar.
Casual adj casual, fortuito.
Casulo s alvéolo, capullo.
Cata s búsqueda.
Catacumba s catacumba.
Catalão adj catalán.
Catálise s catálisis.
Catalogar v catalogar, ordenar.
Cataplasma s cataplasma.
Catapora s varicela.
Catapulta s catapulta.
Catar v catar, buscar, procurar, examinar.
Catarata s catarata, opacidad del cristalino del ojo, salto grande de agua.
Catarro s catarro, coriza.
Catarse s catarsis.
Catástrofe s catástrofe, hecatombe.
Catecismo s catecismo.
Catedral s catedral.
Catedrático s catedrático.
Categoria s categoría, clase, condición, escalón, posición.
Catequizar v catequizar.
Caterva s caterva.
Cateter s catéter, algalia.
Cateto s cateto.
Catinga s catinga, mal olor.
Catingar v oler mal.
Cativante adj cautivante, atrayente.
Cativar v cautivar, encantar, seducir.
Cativo adj cautivo, prisionero, esclavo.
Católico adj católico.
Catorze num catorce.
Caução s fianza, caución.
Cauda s cola, rabo.
Caudaloso adj caudaloso, abundante.

CAUDILHO — CEREALISTA

Caudilho s caudillo.
Caule s tallo, tronco.
Causa s causa, motivo, razón.
Causalidade s causalidad, origem, principio.
Cáustico adj cáustico.
Cautela s cautela, precaución, cuidado, arte.
Cauterização s cauterización.
Cava s cava.
Cavação s cavadura.
Cavaco s astilla, viruta.
Cavala s caballa.
Cavalaria s caballería, proeza.
Cavaleiro s jinete, noble, caballero.
Cavalete s caballete.
Cavalgar v cabalgar.
Cavalheirismo s caballerosidad.
Cavalheiro s caballero.
Cavalo s caballo.
Cavalo-marinho s caballo marino.
Cavaquinho s pequeña guitarra.
Cavar v ahondar, cavar, excavar.
Caveira s calavera.
Caverna s caverna.
Caviar s caviar.
Cavidade s cavidad, cueva.
Cavilação s cavilación, ardid.
Cavilha s clavija.
Cavo adj hueco, cavo, cóncavo.
Cear v cenar.
Cebola s cebolla.
Cebolinha s cebolleta.
Ceder v ceder, conceder, rendirse.
Cedo adv temprano, de prisa, pronto.
Cédula s cédula, póliza.
Cefaleia s cefalea, jaqueca.
Cego adj ciego.
Cegonha s cigüeña.
Cegueira s ceguera.
Ceia s cena.
Ceifa s siega.
Cela s celda.
Célebre adj célebre, notable, ilustre, renombrado.
Celeiro adj cilla, granero, silo.
Celeste adj celeste.

Celeuma s gritería, algazara.
Celibatário adj célibe, solterón.
Celofane s celofán.
Celta adj celta.
Célula s célula.
Celulite s celulitis.
Celulose s celulosa.
Cem num cien.
Cemitério s camposanto, cementerio, necrópolis.
Cena s escena.
Cenário s escenario, tabla.
Cenografia s escenografía.
Cenoura s zanahoria.
Censo s censo, padrón.
Censurar v censurar, reprobar, reprochar, tachar, zaherir.
Centauro s centauro.
Centeio s centeno.
Centelha s centella, chispa.
Centena s centena.
Centenário s centenario, cien años.
Centésimo adj centésimo.
Centígrado adj centígrado.
Cêntimo s céntimo.
Cento s ciento, cien.
Centopeia s ciempiés.
Central adj central.
Centralização s centralización.
Centralizar v centralizar, concentrar.
Centrar v centrar.
Centrifugar v centrifugar.
Centro s centro, foco.
Cepo s cepo.
Cera s cera.
Cerâmica s cerámica.
Ceramista s alfarero.
Cerca s cerca, vallado, tapia.
Cercado adj rodeado, sitiado.
Cercadura s cerca.
Cercania s cercanía, alrededor.
Cercar v cercar, rodear, sitiar.
Cercear v cercenar.
Cerco s asedio, bloqueo, cerco.
Cerda s cerda.
Cereal s cereal.
Cerealista s cerealista.

CAU / CER

CÉREBRO — CHICOTE

Cérebro s cerebro.
Cereja s cereza.
Cerejeira s cerezo.
Cerimônia s ceremonia.
Cerimonioso adj ceremonioso.
Cerne s meollo de un tronco de árbol.
Ceroula s calzoncillos.
Cerração s cerrazón, niebla espesa.
Cerrar v cerrar, tapar, vedar.
Certa adj lo que es cierto.
Certame s certamen.
Certeza s certeza, convicción.
Certidão s certificado.
Certificar v afirmar, asegurar, atestiguar, cerciorar, certificar, confirmar.
Certo adj cierto, verdadero, exacto, ajustado, fijado.
Cerume s cerumen.
Cerveja s cerveza.
Cervejaria s cervecería.
Cervical adj cervical.
Cervo s ciervo, venado.
Cerzir v zurcir.
Cesariana s cesárea.
Cessação s cesación, cese.
Cessão s cesión, dejación.
Cesta s cesta.
Cetáceo adj cetáceo.
Cetim s satén.
Cetro s cetro.
Céu s cielo, firmamento.
Cevada s cebada.
Chá s té, infusión.
Chacal s chacal.
Chácara s quinta, sitio.
Chacina s masacre, matanza.
Chacota s chacota, burla, bruma.
Chafariz s chafariz, fuente.
Chaga s herida, llaga, plaga, llama.
Chalé s chalet.
Chaleira s tetera.
Chama s llama.
Chamada s llamada, llamamiento.
Chamar v llamar, invocar, citar.
Chamariz s reclamo, cebo.
Chá-mate s mate.
Chamativo adj llamativo, vistoso.

Chamejar v llamear, arder.
Chaminé s chimenea.
Champanhe s champán, champaña.
Chamuscar v chamuscar.
Chancela s sello, rúbrica, firma.
Chanceler s canciller.
Chanfradura s bisel, chaflanada.
Chantagear v chantajear, extorsionar.
Chão s pavimento, suelo, tierra.
Chapa s chapa, lámina, plancha, hoja.
Chapadão s altiplanicie extensa.
Chapar v chapar, firmar, marcar.
Chapeado adj laminado.
Chapear v laminar.
Chapelaria s sombrerería.
Chapéu s sombrero.
Chapinhar v chapotear, salpicar.
Charada s charada, enigma.
Charanga s charanga.
Charco s charco, lodazal.
Charlatão s charlatán, embaucador.
Charutaria s expendeduría.
Charuto s cigarro puro, caramelo.
Chassi s chasis.
Chata s chata, barcaza.
Chateação s aburrimiento.
Chato adj chato, achatado, plano, importuno, aburrido.
Chave s llave.
Chávena s taza, jícara.
Chefatura s jefatura.
Chefe s comandante, jefe, líder.
Chefia s comando.
Chefiar v comandar, dirigir, gobernar.
Chegada s aproximación, llegada, regreso, venida.
Chegar v llegar, venir, alcanzar.
Cheia s llena, inundación.
Cheio adj lleno, abarrotado, henchido, plenario.
Cheirar v husmear, inhalar, oler.
Cheiro s aroma, exhalación, olor.
Cheiroso adj fragante, oloroso.
Chiado s chillido, chillón.
Chiar v chillar, chirriar.
Chicória s achicoria.
Chicote s azote, látigo.

CHICOTEAR — CIPRESTE

Chicotear *v* azotar, flagelar.
Chifre *s* asta, cuerno, gajo.
Chilique *s* desmayo, síncope.
Chimarrão *s* mate sin azúcar.
Chimpanzé *s* chimpancé.
Chinelo *s* chinela, chancla, zapatilla, babucha.
Chinês *adj* chino.
Chique *s* hermoso, elegante.
Chiqueiro *s* pocilga, chiquero.
Chita *s* tejido de algodón estampado, percal.
Choça *s* choza, cabaña.
Chocadeira *s* incubadora.
Chocar *v* chocar, encobar, empollar.
Chocho *adj* seco, huero, vacío, insignificante.
Chocolate *s* chocolate.
Chofer *s* chófer, conductor.
Choque *s* choque, colisión, lucha.
Choradeira *s* llantera, lloriqueo.
Choro *s* lloro, lamentación.
Choupo *s* chopo.
Chouriço *s* chorizo, morcilla, embutido.
Chover *v* llover.
Chué *adj* ordinário.
Chulé *s* mal olor de pies sudados.
Chulear *v* sobrehilar.
Chulo *adj* chulo, grosero, soez, lascivo.
Chumaço *s* almohadilla, compresa, guata.
Chumbar *v* emplomar.
Chumbo *s* plomo.
Chupão *adj* chupón.
Chupar *v* chupar, absorber, empapar.
Chupeta *s* tetina, chupete.
Churrascaria *s* restaurante especializado en churrasco.
Churrasco *s* churrasco, carne asada en las brasas.
Chuva *s* lluvia.
Chuvada *s* aguacero, golpe fuerte de lluvia.
Chuveiro *s* ducha.
Chuviscar *v* lloviznar, orvallar.
Chuvoso *adj* lluvioso, pluvioso.
Cianureto *s* cianuro.
Cicatriz *s* cicatriz, lacra.

Cicatrizar *v* cicatrizar.
Cíclico *adj* cíclico.
Ciclismo *s* ciclismo.
Ciclo *s* ciclo, período.
Ciclone *s* ciclón, huracán.
Cicuta *s* cicuta.
Cidadania *s* ciudadanía.
Cidadão *s* ciudadano.
Cidade *s* ciudad.
Cidra *s* cidra.
Ciência *s* ciencia.
Cientificar *v* certificar.
Cifra *s* cifra, número.
Cifrão *s* señal ($) de unidades monetarias.
Cigano *s* gitano.
Cigarra *s* chicharra, cigarra.
Cigarro *s* cigarrillo, pitillo, tabaco.
Cilada *s* celada, emboscada, traición.
Cilício *s* cilicio.
Cilindrada *s* cilindrada.
Cilindro *s* cilindro, rollo, rulo.
Cílio *s* cilio, pestaña, ceja.
Cima *s* cima, cumbre.
Cimento *s* cemento, cimiento.
Cimo *s* cima, cumbre, alto.
Cinco *num* cinco.
Cine *s* cine.
Cinema *s* cinema, cine.
Cingir *v* abarcar, abrazar, ceñir.
Cinismo *s* cinismo.
Cinquenta *num* cincuenta.
Cinquentenário *s* cincuentenario.
Cinta *s* cinta, faja.
Cintilante *adj* centelleante, vivo.
Cintilar *v* cintilar, brillar, destellar, relucir.
Cinto *s* cinto, cinturón.
Cintura *s* cintura, talle.
Cinturão *s* cinturón.
Cinza *s*, *adj* ceniza.
Cinzeiro *s* cenicero.
Cinzel *s* cincel.
Cinzento *adj* ceniciento.
Cio *s* celo, brama.
Cipreste *s* ciprés.

CIRANDA — COBERTA

Ciranda s canción y danza popular infantil.
Circo s circo.
Circuito s circuito, circunferencia, rodeo.
Circulação s circulación, tránsito.
Circular adj circular.
Circuncidado adj circunciso.
Circuncisão s circuncisión.
Circunferência s circunferencia.
Circunflexo adj circunflejo.
Circunscrever v circunscribir.
Circunscrição s circunscripción.
Circunspeção s circunspección.
Circunstância s circunstancia.
Círio s cirio.
Cirro s cirro.
Cirrose s cirrosis.
Cirurgia s cirugía.
Cirurgião s cirujano.
Cirúrgico adj quirúrgico.
Cisão s cisión, incisión.
Cisco s cisco.
Cisma s cisma.
Cismar v reflexionar, meditar, cavilar.
Cisne s cisne.
Cisterna s cisterna.
Cistite s cistitis.
Citação s cita, citación.
Citar v aludir, citar, mencionar, convocar.
Cítara s cítara.
Citologia s citología.
Cítrico adj cítrico.
Ciúme s celo, envidia.
Ciumento adj celoso.
Civil adj civil.
Civilidade s civilidad, urbanidad.
Civilizar v civilizar.
Cizânia s cizaña.
Clã s clán, tribu.
Clamar v clamar, quejarse.
Clamor s queja, clamor.
Clandestino adj clandestino, secreto.
Clara s clara (del huevo).
Claraboia s claraboya.
Clarão s resplandor.
Clarear v clarear.
Clareira s claro en un bosque.

Clareza s claridad.
Claridade s claridad, brillo, albura.
Clarinete s clarinete.
Claro adj claro, evidente, obvio.
Classe s clase, aula, categoría.
Clássico adj clásico.
Classificador s clasificador, archivador.
Claudicar v claudicar, cojear.
Claustro s claustro.
Claustrofobia s claustrofobia.
Cláusula s cláusula.
Clausura s clausura, encierro.
Clava s maza, porra, cachiporra.
Clavícula s clavícula.
Clemência s benignidad, clemencia, indulgencia.
Cleptomania s cleptomanía.
Clérigo s clérigo.
Clichê s cliché.
Cliente s cliente.
Clima s clima.
Climático adj climático.
Climatizar v aclimatar.
Climatologia s climatología.
Clímax s clímax.
Clínica s clínica.
Clínico adj clínico.
Clipe s clip.
Clister s lavativa.
Clitóris s clítoris.
Cloaca s cloaca, letrina.
Cloro s cloro.
Clorofila s clorofila.
Clube s club, gremio.
Coabitar v cohabitar.
Coação s coladura.
Coadjuvar v coadyuvar.
Coador s colador, filtro.
Coagir v amenazar, coaccionar.
Coágulo s coágulo, cuajo, grumo.
Coalhado s cuajada.
Coalizão s coalición.
Coar v colar, filtrar.
Coaxar v croar, cantar como la rana.
Cobaia s cobaya.
Cobalto s cobalto.
Coberta s cubierta, cobertura.

COBERTOR — COLUNA

Cobertor s cubierta, manta.
Cobertura s capa, cobertura, tejado.
Cobiça s ambición, avidez, codicia.
Cobra s cobra, culebra, serpiente.
Cobrança s cobranza, recaudo.
Cobrar v cobrar, recibir.
Cobre s cobre.
Cobrir v cubrir, recubrir, tapar, techar.
Coca s coca.
Coça s acto de rascar, tunda, paliza.
Cocada s dulce de coco.
Cocaína s cocaína.
Coçar v rascar.
Cocção s cocción.
Cóccix s cóccix.
Cócegas s cosquillas.
Coceira s comezón, picazón, escocedura.
Coche s coche, carruaje antiguo, carroza.
Cochichar v cuchichear, susurrar.
Cochilar v dormitar, cabecear.
Cocô s coco.
Coco s coco (palmera y su fruto).
Cocuruto s coronilla, cima.
Codificar v codificar.
Coelhinho s conejillo.
Coelho s conejo.
Coercitivo adj coercitivo.
Coerência s coherencia.
Coerente adj coherente, consecuente.
Coesão s cohesión.
Coevo adj coetáneo, coevo.
Coexistir v coexistir.
Cofre s arca, baúl, cofre, hucha.
Cogitar v cogitar, meditar, pensar.
Cognitivo adj cognoscitivo.
Cognominar v apellidar.
Cogumelo s champiñón, hongo, seta.
Coibir v cohibir.
Coice s coz, patada.
Coifa s cofia.
Coincidir v concordar, coincidir.
Coiote s coyote.
Coisa s cosa, objeto.
Coitado adj cuitado, infeliz.
Coito s coito, cópula.
Cola s cola, pegamento, engrudo.
Colaborar v colaborar, cooperar.

Colação s colación.
Colapso s colapso.
Colar v coar, encolar, fijar.
Colarinho s collarín.
Colcha s colcha, sobrecama.
Colchão s colchón.
Colchete s corchete.
Coleção s colección, compilación, conjunto.
Colecionador s coleccionador.
Colega s amigo, colega, compañero.
Colegial s alumno de un colegio.
Coleira s collar de perro, collera.
Cólera s cólera, enojo, ira, hipo.
Colesterol s colesterol.
Coleta s colecta.
Coletânea s colectánea.
Colete s chaleco.
Coletividade s colectividad.
Coletor adj colector.
Colheita s cosecha.
Colher (é) s cuchara.
Colher (ê) v agarrar, coger, cosechar, sorprender.
Colherada s cucharada.
Colherzinha s cucharilla.
Colibri s colibrí.
Cólica s cólico.
Colidir v colidir, chocar.
Coligação s coligación, enlace, trampa.
Coligir v colegir, juntar, deducir.
Colina s colina, otero.
Colírio s colirio.
Coliseu s coliseo.
Colmeia s colmena.
Colo s cuello (parte del cuerpo), regazo.
Colocação s colocación, empleo.
Cólon s colon, porción del intestino.
Colônia s colonia.
Colonizar v colonizar.
Colono s colono, poblador.
Colóquio s coloquio, conferencia.
Coloração s coloración.
Colorir v colorear, matizar, colorir.
Colossal adj colosal, grandioso, inmenso.
Colostro s calostro.
Coluna s columna, pilar.

COM — COMPILAR

Com *prep* con.
Coma *s* coma, cabellera, crines del caballo, penacho.
Comadre *s* comadre, comadrona.
Comandante *s* comandante.
Comarca *s* comarca.
Combate *s* combate, lucha, pelea.
Combatente *adj* combatiente.
Combater *v* combatir, acometer, pelear.
Combatível *adj* combatible.
Combativo *adj* combativo.
Combinação *s* combinación; enagua, ropa interior de mujer.
Combinar *v* combinar, coordenar, coligarse.
Comboio *s* ferrocarril, convoy, tren.
Combustão *s* combustión.
Começar *v* comenzar, empezar.
Começo *s* comienzo, raíz, origen, principio.
Comédia *s* comedia.
Comedido *adj* comedido, moderado.
Comedimento *s* moderación, prudencia.
Comemoração *s* conmemoración, homenaje.
Comemorar *v* recordar, conmemorar.
Comenda *s* insignia.
Comensal *s* comensal.
Comentário *s* comentario, anotación.
Comer *v* comer, alimentarse.
Comercial *adj* comercial, mercantil.
Comercialização *s* comercialización.
Comerciante *s* comerciante, mercader, negociante, tendero, vendedor.
Comércio *s* comercio, mercado.
Comestível *s* comestible.
Cometa *s* cometa.
Cometer *v* cometer, practicar.
Comichão *s* comezón, picazón.
Comício *s* comicio.
Cômico *adj* cómico.
Comida *s* alimento, comida.
Comigo *pron* conmigo.
Comilão *adj* comilón, comedor.
Cominar *v* conminar, imponer pena.
Comiseração *s* conmiseración, compasión, piedad.

Comissão *s* comisión, gratificación.
Comissariado *s* comisaría.
Comissário *s* comisario.
Comissura *s* comisura, sutura.
Comitê *s* comité.
Comitiva *s* comitiva, séquito.
Comível *adj* comestible, comible.
Como *adv* como, así como, lo mismo que; *conj* como, del mismo modo que.
Comoção *s* conmoción, desorden, perturbación.
Cômoda *s* cómoda.
Comodidade *s* comodidad, bienestar.
Cômodo *adj* confortable, cómodo.
Comovente *adj* emocionante, emotivo.
Compacto *adj* compacto, conciso, denso.
Compadecer *v* compadecer.
Compadre *s* compadre, amigo íntimo.
Compaixão *s* compasión, conmiseración.
Companheirismo *s* compañerismo.
Companheiro *s* camarada, compañero.
Companhia *s* compañía, sociedad.
Comparar *v* comparar, confrontar, cotejar.
Comparecer *v* comparecer, presentarse.
Compartilhar *v* compartir, participar, repartir.
Compartimento *s* compartimiento, habitación, cuarto.
Compassar *v* compasar.
Compassivo *adj* compasivo.
Compasso *s* compás.
Compatriota *s* compatriota.
Compêndio *s* compendio, síntesis.
Compenetrar-se *v* compenetrarse.
Compensação *s* compensación.
Compensar *v* compensar, indemnizar, recompensar.
Competência *s* atribución, competencia, lucha.
Competente *adj* competente, apto, idóneo.
Competição *s* competición, rivalidad.
Competidor *adj* competidor, adversario.
Competir *v* competir, rivalizar.
Compilador *s* compilador.
Compilar *v* compilar, coleccionar.

COMPLACÊNCIA — CONCURSO

Complacência s complacencia, amabalidad.
Compleição s complexión.
Complemento s complemento.
Completar v completar, rematar.
Completo s completo, cabal, entero.
Complexidade s complejidad.
Complexo adj complejo.
Complicação s complicación.
Complicar v complicar, dificultar, enredar.
Componente adj componente.
Compor v componer, conciliar.
Comporta s compuerta, esclusa.
Comportamento s comportamiento, procedimiento.
Composição s composición, ajuste, arreglo.
Composto adj compuesto, ordenado, serio.
Compota s compota.
Compra s compra.
Comprar v adquirir, comprar.
Comprazer v complacer.
Compreender v comprender, entender.
Compreensão s comprensión.
Compressa s compresa.
Compressor s compresor.
Comprido adj largo.
Comprimento s largura, longitud.
Comprimido adj comprimido, oprimido, aplastado.
Comprimir v comprimir, apretar, reducir.
Comprometer v comprometer, responsabilizar.
Compromisso s compromiso.
Comprovação s comprobación.
Comprovar v comprobar, corroborar, verificar.
Compulsar v compulsar, examinar.
Compunção s compunción, contricción.
Computador s computadora, ordenador.
Computar v computar, calcular.
Cômputo s cómputo, cálculo.
Comum adj común, ordinario, vulgar.
Comungar v comulgar.

Comunicação s comunicación, transmisión.
Comunicar v comunicar, avisar, transmitir.
Comunicável adj comunicable.
Comunidade s comunidad.
Comunismo s comunismo.
Comunitário adj comunitario.
Comutar v conmutar.
Concatenar v concatenar, encadenar.
Concavidade s concavidad.
Côncavo adj cóncavo, excavado.
Conceber v concebir, inventar.
Conceder v conceder, otorgar, dar, ceder.
Conceito s concepto, opinión.
Conceituar v conceptuar.
Concentração s concentración.
Concêntrico adj concéntrico.
Concepção s concepción, percepción.
Concernente adj concerniente, relativo.
Concernir v concernir.
Concertar v concertar, comparar, ajustar.
Concerto s concierto, arreglo.
Concessão s concesión.
Concessionário adj concesionario.
Concha s concha.
Conchavo s conchabo.
Conciliar v conciliar, armonizar, captar.
Conciso adj conciso, breve, lacónico.
Conclave s conclave.
Concluir v concluir, deducir, acabar, terminar.
Conclusão s conclusión, deducción, término.
Concomitância s concordancia.
Concordar v concordar, pactar, ajustar.
Concórdia s concordia, paz.
Concorrência s concurrencia, competencia.
Concorrente adj concurrente.
Concorrer v concurrir, competir.
Concretizar v concretar, efectuar.
Concreto adj concreto; s hormigón.
Concubina s concubina, amante.
Concupiscência s concupiscencia, sensualidad.
Concurso s concurso.

CONDE — CONHECIDO

Conde s conde.
Condecorar v condecorar.
Condenado s condenado.
Condenar v condenar, castigar.
Condenável adj condenable, reprobable.
Condensação v condensación.
Condescender v condescender, consentir, permitir.
Condessa s condesa.
Condição s condición, categoria, situación.
Condicional adj condicional.
Condicionamento s condicionamiento.
Condicionar v condicionar.
Condigno adj condigno.
Condimentar v sazonar, condimentar.
Condimento s condimento.
Condizer v concordar, coincidir.
Condoer-se v condolerse.
Condolência s condolencia, pésames.
Condomínio s condominio.
Condor s cóndor.
Condução s conducción.
Conduta s conducta.
Condutividade s conductividad.
Conduto s conducto.
Condutor s guía.
Conduzir v conducir, guiar, transmitir.
Cone s cono.
Cônego s canónigo.
Conexão s conexión, enlace, analogia.
Conexo adj conexo.
Confabular v confabular, conversar.
Confecção s confección.
Confederação s confederación.
Confederar v confederar.
Confeitar v confitar.
Confeitaria s confitería, pastelería.
Conferência s conferencia, comparación.
Conferir v cotejar, verificar, conferir.
Confessor s confesor.
Confete s confeti.
Confiança s confianza, atrevimiento, familiaridad.
Confiável adj confiable.
Confidência s confidencia, secreto.

Configuração s configuración, figura, aspecto.
Confim adj confín, confinante.
Confinado adj confinado.
Confins s confines.
Confirmação s confirmación.
Confirmar v comprobar.
Confiscar v confiscar.
Confisco s confiscación.
Confissão s confesión.
Conflagrar v conflagrar, incendiar.
Conflito s conflicto.
Confluência s confluencia.
Confluir v confluir.
Conformação s conformación.
Conforme adj conforme, igual.
Conformidade s conformidad.
Confortar v confortar.
Conforto s comodidad, bienestar.
Confraria s confradía.
Confrontação s confrontación.
Confrontar v confrontar, confinar.
Confundir v confundir, mezclar, desordenar.
Confusão s confusión, pertubación, barullo, vergüenza.
Confuso adj confuso, desordenado, avergonzado.
Congelado adj congelado, frío como el hielo.
Congelador s congelador, nevera.
Congelar v congelar, helar.
Congênere adj congénere.
Congênito adj congénito, innato.
Congestão s congestión.
Conglomerado s conglomerado.
Congraçar v congraciar, reconciliar.
Congratulação s congratulación, felicitación.
Congregação s congregación.
Congresso s congreso.
Congruência s congruencia, armonía.
Congruente adj congruente, conveniente.
Conhaque s coñac.
Conhecedor adj conocedor, que conoce.
Conhecer v conocer, saber.
Conhecido adj conocido.

CONHECIMENTO — CONSTRUIR

Conhecimento s conocimiento.
Conivência s connivencia.
Conivente adj connivente.
Conjetura s conjetura.
Conjeturar v conjeturar.
Conjugação s conjugación.
Conjugal adj conyugal.
Conjugar v conjugar, unir.
Cônjuge s cónyuge, consorte.
Conjunção s conjución, unión, conjunción.
Conjuntivite s conjuntivitis.
Conjunto adj conjunto, unido, s colección, conjunto.
Conjuntura s coyuntura, ocasión.
Conjuração s conjuración, conspiración.
Conosco pron con nosotros.
Conotação s connotación.
Conquista s conquista, obtención, toma.
Conquistar v conquistar, dominar, ganar.
Consagração s consagración.
Consagrar v consagrar, inmortalizar, dedicar.
Consanguíneo adj consanguíneo, pariente.
Consciência s conciencia, sinceridad.
Consciente adj consciente.
Cônscio adj consciente.
Consecutivo adj consecutivo, sucesivo.
Conseguinte adj consiguiente.
Conseguir v conseguir, obtener.
Conselheiro s consejero, guía.
Conselho s consejo, opinión, parecer.
Consenso s consenso.
Consentir v consentir, aprobar, tolerar.
Consequência s consecuencia.
Consertar v concertar, componer, arreglar.
Conserto s concierto, arreglo, compostura, remiendo.
Conserva s conserva.
Conservação s conservación, manutención.
Conservador adj conservador, tradicional, reaccionario.
Conservar v almacenar, conservar, cuidar, preservar.

Consideração s importancia, consideración, estima.
Considerado adj considerado, importante, meditado.
Considerar v apreciar, considerar, respetar.
Considerável adj considerable, importante, notable.
Consignar v consignar.
Consigo pron consigo.
Consistência s consistencia, estabilidad.
Consistir v consistir, constar.
Consoar v consonar.
Consola s consola, mueble.
Consolar v aliviar, consolar.
Consolidado adj consolidado, firme.
Consolidar v consolidar, fortalecer.
Consolo s consuelo, alivio, placer.
Consonância s concordancia, consonancia, rima.
Consórcio s consorcio, asociación.
Conspícuo adj conspicuo, ilustre.
Conspiração s conjuración, conspiración.
Conspurcar v corromper, ensuciar, manchar.
Constância s constancia, duración.
Constante adj constante, persistente, perseverante.
Constar v constar, consistir.
Constatar v constatar, comprobar, compulsar, verificar.
Constelação s constelación.
Consternação s consternación, angustia, tristeza.
Constipação s constipación, estreñimiento.
Constitucional adj constitucional.
Constituição s constitución.
Constituinte adj constituyente.
Constituir v componer, constituir, organizar.
Constranger v constreñir, apretar, compeler.
Constrangimento s constreñimiento, coacción.
Construção s construcción, edificio.
Construir v construir, edificar, organizar.

298 CONSTRUTOR — CONTRAVIR

Construtor adj constructor.
Cônsul s cónsul.
Consulado s consulado.
Consultar v consultar, reflexionar, pedir consejo.
Consultor s consultor.
Consultório s consultorio.
Consumação s consumación.
Consumar v consumar, terminar, completar.
Consumir v consumir, destruir, gastar.
Consumo s consumo, pérdida, gasto.
Conta s cuenta, cálculo, cuidado, estima.
Contabilidade s contabilidad.
Contado adj contado, calculado.
Contador adj contador.
Contagem s cuenta.
Contagiar v contagiar.
Contágio s contagio.
Conta-gotas s cuentagotas.
Contaminação s contaminación, impureza.
Contaminar v contaminar, infectar, infestar.
Contar v contar, narrar, esperar, relatar.
Contato s contacto.
Contável adj contable.
Contemplar v meditar, contemplar.
Contemporâneo adj contemporáneo.
Contenção s contención.
Contender v contender, altercar, disputar.
Contentamento s contentamiento, alegría, agradar.
Contentar v agradar, contentar, satisfacer.
Contente adj alegre, contento, satisfecho.
Conter v contener, incluir, refrenar, reprimir.
Conterrâneo s conterráneo.
Contestação s contestación, negación.
Conteúdo s contenido.
Contexto s contexto.
Contigo pron contigo.
Contíguo adj contiguo, vecino, inmediato.
Continente s continente.

Contingente s contingente, cuota.
Continuação s continuación, duración.
Continuar v continuar, proseguir, prolongar.
Contínuo adj continuo.
Contista s persona autora de cuentos.
Conto s cuento, historieta, fábula.
Contorcer v contorcerse, doblarse.
Contornar v contornar, perfilar, contornear.
Contorno s contorno, perímetro.
Contra prep contra.
Contrabaixo s contrabajo.
Contrabalançar v contrabalancear, anularse, equilibrar.
Contrabando s contrabando.
Contração s contracción.
Contraceptivo adj anticonceptivo.
Contraditório adj contradictorio.
Contradizer v contradecir.
Contrafazer v contrahacer.
Contrafeito adj contrahecho.
Contragosto s oposición al gusto o a la voluntad.
Contrair v astringir, contraer, encoger.
Contramão s dirección contraria.
Contramestre s contramaestre.
Contraofensiva s contraofensiva.
Contrapartida s contrapartida.
Contrapeso s contrapeso.
Contraponto s contrapunto.
Contrapor v contraponer, oponer.
Contraproducente adj contraproducente.
Contrarregra s traspunte.
Contrariar v contrariar, impedir.
Contrariedade s contrariedad.
Contrário adj contrario, opuesto, desfavorable.
Contrassenso s contrasentido.
Contraste s contraste.
Contratar v contratar.
Contratempo s contratiempo.
Contrátil adj contráctil.
Contratual adj contractual.
Contraveneno s contraveneno.
Contraventor s contraventor.
Contravir s contravenir.

CONTRIBUIÇÃO — COROAR

Contribuição s contribución.
Contribuinte adj contribuyente.
Contribuir v contribuir, cooperar.
Contrição s arrepentimiento, contrición.
Contrito adj contrito.
Controle s control, examen, fiscalización.
Controvérsia s controversia, debate.
Controverter v controvertir, disputar, discutir.
Contudo conj todavía, con todo, no obstante.
Contumácia s contumacia, tenacidad.
Contundente adj contundente.
Contundir v contundir, magullar, golpear.
Conturbar v conturbar, alterar.
Contusão s contusión, equimosis.
Convalescer v convalecer.
Convalidar v convalidar.
Convenção s tratado, convención, pacto.
Convencer v convencer, persuadir.
Convencido adj convencido, persuadido.
Conveniente adj conveniente, oportuno, apto.
Convênio s acuerdo, convenio.
Convento s convento, monastério.
Convergir v afluir, converger, convergir.
Conversa s conversa, diálogo, plática.
Conversação s conversación, parrafada.
Conversar v conversar, charlar, dialogar.
Converso s converso, lego.
Converter v convertir, mudar, transformar.
Convés s combés.
Convexo adj convexo.
Convicção s convicción.
Convicto adj convicto.
Convidado s convidado, invitado.
Convir v convenir, pactar.
Convite s convite, invitación.
Conviver v convivir.
Convocação s convocación, anuncio.
Convocar v convocar, constituir.
Convulsão s convulsión.
Cooperar v cooperar, colaborar, contribuir.
Cooperativa s cooperativa.

Coordenar v coordinar, componer, organizar.
Copa s despensa, copa (del sombrero), copa (de árbol).
Copado adj acopado, frondoso.
Copeiro s despensero, copero.
Cópia s copia, imitación, plagio.
Copiar v copiar, reproducir, imitar.
Copioso adj abundante, copioso.
Copla s copla.
Copo s vaso.
Cópula s coito, cópula.
Coque s coque, hulla.
Coqueiral s cocotal.
Coqueiro s cocotero, coco.
Coqueluche s coqueluche, tosrerina.
Coquetel s cóctel.
Cor s color.
Coração s corazón.
Corado adj colorado, rosado.
Coragem s coraje, valor, osadía.
Coral s coral.
Corante adj colorante.
Corar v ruborizar, sonrojar, enrojecer.
Corbelha s canastillo para frutas, flores o dulces.
Corça s corza.
Corcunda s joroba.
Corda s cuerda.
Cordão s cordón.
Cordeiro s cordero.
Cordel s cordel, guita.
Cor-de-rosa adj color rojo desmayado.
Cordial adj afectuoso, cordial.
Cordilheira s cordillera, serranía, sierra.
Cordura s cordura.
Coreografia s coreografía.
Coreto s templete.
Corista s corista.
Corja s canalla, gentuza, chusma.
Córnea s cornea.
Corneta s corneta.
Corno s cuerno.
Coro s coro.
Coroa s corona.
Coroação s coronación.
Coroar v coronar.

COROINHA — COZIMENTO

Coroinha s monaguillo.
Coronel s coronel.
Corpete s corsé.
Corpinho s corpiño.
Corpo s cuerpo.
Corporação s corporación.
Corporal adj corporal.
Corpóreo adj corpóreo.
Corpulência s corpulencia, obesidad.
Corpúsculo s corpúsculo.
Correção s corrección, enmienda.
Corredeira s rápido.
Corredor s galería, corredor, pasillo.
Correia s correa.
Correio s correo.
Corrente adj corriente, normal, vulgar;
s curso de agua, cadena, viento.
Correnteza s corriente de agua.
Correr v correr, deslizar.
Correspondência s correspondencia,
simetría.
Correto adj correcto.
Corretor s corrector.
Corrida s carrera, corrida.
Corrigir v corregir, castigar, modificar,
suavizar.
Corrimão s pasamano.
Corrimento s corrimiento.
Corriqueiro adj corriente, vulgar.
Corroborar v corroborar.
Corroer v corroer, consumir.
Corromper v corromper, podrir, dañar.
Corrompido adj corrompido, depravado,
viciado.
Corrosão s corrosión.
Corrupção s corrupción.
Corruptível adj corruptible, venal.
Corsário s corsario, pirata.
Cortado adj cortado, interceptado.
Cortante adj cortante, incisivo.
Cortar v aparar, cortar, dividir, podar,
seccionar.
Corte s cortadura, corte, poda, sección.
Cortejar v cortejar, galantear.
Cortejo s cortejo, séquito.
Cortês adj cortés, afable, amable, atento.
Cortesã s cortesana, favorita.

Cortesão s cortesano, palaciego.
Cortiça s corcho.
Cortiço s colmena.
Cortina s cortina.
Coruja s lechuza.
Corveta s corbeta.
Corvo s cuervo.
Cós s pretina.
Coser v coser, zurcir.
Cosmético s cosmético, afeite.
Cósmico adj cósmico.
Cosmo s universo.
Cosmonave s cosmonave.
Cosmopolita adj cosmopolita.
Costa s cuesta, litoral.
Costado s bordo, flanco, lado.
Costas s espalda.
Costear v bordear, costear.
Costela s costilla.
Costeleta s costilla, costilleta.
Costumar v acostumbrar, habituar.
Costume s costumbre, moda, uso.
Costurar v coser, laborar, zurcir.
Cotação s cotización.
Cotar v cotar, acotar.
Cotejar v cotejar, comparar.
Cotidiano adj cotidiano.
Cotizar v cotizar.
Coto s muñón.
Cotovelo s codo, recodo.
Cotovia s alondra.
Couraça s coraza.
Couraçado adj blindado.
Couraçar v blindar.
Couro s cuero, pellejo, piel.
Couto s coto.
Couve s berza, col.
Couve-flor s coliflor.
Cova s cueva, caverna, sepultura.
Covarde adj cobarde, miedoso.
Coveiro s sepulturero.
Covil s antro, cubil.
Coxa s muslo.
Coxear v cojear.
Cozer v cocer.
Cozido adj cocido, hervido.
Cozimento s cocimiento, cocción.

COZINHA — CUBÍCULO

Cozinha s cocina.
Cozinhar v cocer, cocinar, guisar.
Cozinheiro s cocinero.
Crânio s cráneo.
Crápula s crápula.
Cratera s cráter.
Cravar v clavar, enclavar, clavetear, espetar, hincar.
Cravo s clavo.
Cravo-da-índia s clavo.
Creche s guardería infantil.
Creditar v abonar, acreditar.
Crédito s confianza, crédito.
Credor adj acreedor.
Crédulo adj crédulo, ingenuo, sencillo, supersticioso.
Cremação s cremación.
Cremalheira s cremallera.
Cremar v quemar, incinerar.
Creme s crema, nata, natilla.
Crença s creencia, fe.
Crendice s superstición.
Crente adj creyente, religioso.
Crepe s crespón.
Crepitar v chisporrotear, crepitar.
Crepúsculo s crepúsculo.
Crer v confiar, creer.
Crescer v aumentar, crecer, estirar, subir.
Crescido adj crecido, grande, aumentado.
Crescimento s crecimiento, desarrollo progresivo.
Crespo adj crespo, ensortijado, ondulado, rizo.
Crestar v achicharrar, chamuscar.
Cretino adj cretino.
Cria s lechigada.
Criação s creación, crianza; cría.
Criada s asistenta, criada.
Criadagem s servidumbre.
Criado s siervo, servidor.
Criador s autor, creador.
Criança s criatura, niño, chiquillo.
Criançada s crías, chiquillería.
Criar v crear, inventar, plasmar.
Criatura s criatura, individuo.
Crime s crimen, delito.
Criminoso s criminoso, delincuente.

Crina s crin, pelos y cerdas de animales.
Crioulo adj criollo, negro.
Cripta s cripta.
Crise s crisis.
Crispar v crispar, fruncir.
Crista s cresta.
Cristaleira s cristalera, especie de aparador.
Cristalino adj cristalino, transparente.
Cristão adj cristiano.
Cristianismo s cristianismo.
Critério s criterio.
Crítica s censura, crítica.
Crítico s crítico.
Crivar v cribar, agujerear.
Crível adj creíble.
Crivo s criba.
Crochê s ganchillo.
Crocodilo s cocodrilo, crocodilo.
Cromado adj cromado.
Cromático adj cromático.
Cromo s cromo.
Cromossoma s cromosoma.
Crônica s crónica, narración.
Crônico adj crónico, que dura mucho.
Cronologia s cronología.
Cronômetro s cronómetro.
Croquete s croqueta.
Croqui s croquis.
Crosta s costra, cáscara.
Cru adj crudo.
Crucial adj crucial.
Crucificar v crucificar.
Cruel adj cruel, doloroso.
Crueldade s crueldad.
Crueza s crudeza.
Crustáceo s crustáceo.
Cruzada s cruzada.
Cruzador s crucero, buque de guerra.
Cruzamento s cruzamiento, cruce, encrucijada.
Cruzar v atravesar, cruzar, entrecruzar, terciar.
Cruzeiro s crucero.
Cuba s cuba, tina.
Cubículo s celda, cubículo, cuarto pequeño.

CUBISMO — CZAR

Cubismo s cubismo.
Cuco s cuclillo.
Cuecas s calzoncillos.
Cueiro s pañal.
Cuidado s cuidado, precaución.
Cuidar v cuidar, imaginar, suponer.
Cujo pron cuyo, del cual, de quien.
Culatra s culata.
Culinário s culinario.
Culminar v culminar.
Culpa s culpa.
Culpado adj culpado, culpable.
Cultivador s cultivador, agricultor.
Cultivo s cultivo, cultura.
Culto adj culto, inteligente; s culto, respeto, veneración.
Cultuar v venerar.
Cultura s esmero, cultura.
Cultural adj cultural.
Cume s cumbre, pico, ápice.
Cumeeira s cumbre.
Cúmplice adj cómplice, connivente.
Cumplicidade s complicidad, connivencia, implicación.
Cumprimentar v cumplimentar, felicitar.
Cumprir v cumplir, mantener.
Cumular v colmar.
Cúmulo s colmo, cúmulo, montón.
Cunha s cuña.
Cunhado s cuñado.
Cunhar v acuñar.
Cunho s cuño.

Cúpido adj ávido, avaricioso, codicioso.
Cupim s esp. de hormiga blanca.
Cupom s cupón.
Cura s cura, párroco.
Curar v curar, sanar.
Cúria s curia.
Curioso adj curioso.
Curral s corral, majada, pocilga.
Cursar v cursar.
Curta-metragem s cortometraje.
Curtir v curtir.
Curto adj breve, corto.
Curto-circuito s cortocircuito.
Curtume s curtiembre.
Curva s corva, curva, elipse, vuelta.
Curvar v encorvar, arquear.
Curvo adj curvo, redondo, sinuoso.
Cuspe s saliva, esputo.
Cúspide s cúspide.
Cuspir v escupir, lanzar.
Custar v costar, valer.
Custear v costear.
Custo s precio, coste.
Custódia s custodia, guarda.
Custoso adj costoso, difícil.
Cutâneo adj cutáneo.
Cutelo s cuchillo.
Cutícula s cutícula.
Cútis s cutis, epidermis.
Cutucar v tocar levemente con el codo.
Czar s zar, czar.

CUB / CZA

dD

D s cuarta letra del alfabeto portugués. D 500 en la numeración romana.

Da s contracción de la prep. **de** y el artículo o *pron dem* **a**, de la.

Dádiva s dádiva, donativo, obsequio, regalo.

Dado s dado, cubo; *adj* gratuito, afable, permitido, propenso.

Dália s dalia.

Dálmata *adj* dálmata.

Daltônico *adj* daltónico.

Daltonismo s daltonismo.

Dama s dama, señora, dama de honor.

Damasco s albaricoque, damasco.

Danação s perjuieio, daño, rabia.

Dança s baile, danza.

Dançador s danzador, bailarín.

Dançarino s bailarín, danzarín.

Danificar v damnificar, dañar.

Daninho *adj* dañino, perjudicial.

Dano s daño, perjuicio.

Dar v dar, entregar, ceder, ceder, destinar.

Dardo s dardo, saeta.

Data s data, fecha.

Datar v datar, fechar.

Datilografar v mecanografiar.

Datilografia s dactilografía, mecanografía.

Deão s dignidad, deán.

Debaixo *adj* debajo.

Debalde *adj* en vano, inútil.

Debandar v desbandarse, desordenarse.

Debate s debate, discusión, disputa.

Debater v debatir, discutir, disputar.

Debelar v debelar, vencer, dominar.

Débil *adj* débil, flaco, diminuto.

Debilitar v debilitar, enflaquecer.

Debitar v debitar, adeudar.

Débito s deuda, débito.

Debochar v corromper, viciar.

Deboche s libertinaje, corrupción.

Debruçar v echar de bruces, inclinar, asomar.

Debulhar v desgranar.

Debutante *adj* debutante.

Debuxar v dibujar, esbozar.

Década s década, decena.

Decadência s decadencia, declinación.

Decair v decaer, declinar.

Decálogo s decálogo.

Decanato s decanato.

Decano s decano, deán.

Decantação s decantación.

Decapitar v decapitar, degollar.

Decência s decencia, recato, aseo.

Decênio s decenio.

Decente *adj* decente, honesto.

Decepar v mutilar, amputar.

Decepção s decepción, desilusión.

Decerto *adv* con certeza.

Decibel s decibelio.

Decidir v decidir, deliberar, determinar, sentenciar.

Decifrar v descifrar, interpretar, comprender.

Décima s décima, tributo.

Decimal *adj* decimal.

Decisão s decisión, sentencia, valor.

Declamação s declamación.

Declarar v declarar, manifestar, exponer.

Declinação s declinación.

Declive s declive, pendiente, rampa, costanera.

Decodificar v descodificar.

Decolar v despegar.

Decompor v descomponer.

304 DECOMPOSIÇÃO — DELITO

Decomposição s descomposición.
Decoração s adorno.
Decorado adj decorado.
Decorar v memorizar, decorar.
Decorativo adj decorativo.
Decoro s decoro, decencia, seriedad.
Decorrer v transcurrir.
Decotado adj escotado.
Decotar v escotar, podar.
Decote s descote, escote, poda.
Decrépito adj decrépito, chocho.
Decretar v decretar, ordenar, mandar, establecer.
Decreto s decreto, edicto, auto, ley.
Decurso s decurso, duración, proceso.
Dedal s dedal.
Dédalo s dédalo, laberinto.
Dedicação s dedicación, afecto, devoción.
Dedicar v dedicar, destinar, consagrar.
Dedicatória s dedicatoria.
Dedo s dedo.
Deduzir v deducir, descontar, disminuir.
Defasagem s desfase.
Defasar v desfasar.
Defecar v defecar, deponer, evacuar.
Defeito s defecto, falta, inconveniente.
Defender v defender, proteger, prohibir.
Defensivo adj defensivo.
Defensor adj defensor, abogado.
Deferência s deferencia.
Defesa s defensa, prohibición, resguardo.
Defeso adj prohibido.
Deficiência s deficiencia, insuficiencia.
Déficit s déficit.
Definhar v enflaquecer, debilitar, extenuar.
Definição s definición.
Definir v definir, determinar.
Deflação s deflación.
Deflagrar v deflagrar.
Deflorar v desflorar, deshonrar.
Defluxo s deflujo, constipado.
Deformação s deformación, modificación.
Deformidade s deformidad, fealdad.
Defraudar v defraudar.
Defrontar v confrontar.

Defronte adv de cara, enfrente de.
Defumado adj ahumado, sahumado.
Defumador s ahumador, perfumador.
Defumar v ahumar, sahumar.
Defunto adj difunto, muerto, fallecido.
Degelar v deshelar.
Degelo s deshielo.
Degeneração v degeneración, corrupción.
Deglutição s deglutición.
Degolação s degollación.
Degolar v degollar.
Degradar v degradar.
Degrau s escalón, peldaño.
Degredar v desterrar.
Degustar v degustar, gustar, saborear.
Deitar v echar, acostar, encamar.
Deixar v dejar, abandonar, tolerar, desistir, desocupar.
Dejeção s defecación, deyección.
Delação s delación, denuncia.
Delapidar v dilapidar, arruinar.
Delator s delator, denunciador.
Delegação s delegación, mandato.
Delegacia s comisaria de la policía.
Delegar v comisionar, delegar.
Deleite s deleite, delicia, placer, goce.
Deletério adj deletéreo, mortífero, venenoso.
Delfim s delfín.
Delgado adj delgado, suave, fino, magro.
Deliberação s deliberación, decisión, resolución.
Delicadeza s delicadeza, amabilidad, finura, fragilidad, susceptibilidad.
Delícia s delicia, deleite, encanto.
Delicioso adj delicioso, perfecto, rico.
Delimitar v delimitar, demarcar.
Delinear v delinear, plantear, trazar.
Delinquência s delincuencia.
Delinquente adj delincuente.
Delinquir v delinquir.
Delirante adj alucinante.
Delirar v delirar, desvairar, fantasear, alucinar.
Delírio s delirio, alucinación, desvarío.
Delito s delito, crimen, culpa.

DEC / DEL

DELONGA — DEPURAR

Delonga s tardanza.
Delongar v retardar.
Delta s delta, estuario.
Demagogia s demagogia.
Demais adv demás, además, demasiado, encima, en exceso.
Demanda s demanda, disputa, petición, acción.
Demarcar v demarcar, acotar, limitar, lindar.
Demasia s demasía, sobra, exceso.
Demência s demencia, locura, alienación.
Demissão s dimisión, exoneración.
Demitir v dimitir, echar, exonerar.
Demiurgo s demiurgo.
Demo s demonio.
Democracia s democracia.
Democratizar v democratizar.
Demografia s demografía.
Demolição s demolición, destrucción, hundimiento.
Demoníaco adj demoníaco, diabólico.
Demônio s demonio, diablo.
Demonstração s demostración, prueba, ejemplo, manifestación.
Demonstrar v demostrar, indicar, probar, manifestar.
Demora s demora, dilación, tardanza.
Demorar v atrasar, demorar, dilatar, retrasar, tardar.
Demover v disuadir.
Dendê s el fruto de una palmera de Brasil.
Denegar v denegar, rehusar.
Denegrir v denegrir, empañar, ennegrecer.
Dengoso adj dengoso, melindroso, relamido.
Dengue s dengue, melindre.
Denominação s denominación, nombre.
Denominar v denominar, designar, llamarse.
Denotar v denotar, indicar.
Densidade s densidad, espesura.
Denso adj denso, espeso, negro, oscuro, compacto.

Dentada s dentellada, mordedura.
Dentadura s dentadura.
Dentar v dentar, dentellear.
Dente s diente.
Dentição s dentición.
Dentista s dentista, odontólogo.
Dentro adv adentro, dentro.
Denúncia s denuncia, delación, revelación.
Denunciar v denunciar, delatar, avisar, traicionarse.
Deparar v deparar, proporcionar.
Departamento s departamento.
Depauperar v depauperar, debilitar, empobrecer.
Depenar v desplumar, descañonar.
Depender v depender, subordinarse.
Dependurar v pender, colgar.
Depilação s depilación.
Depilar v depilar, rapar, pelar.
Deplorar v deplorar, lastimar, lamentar.
Deplorável adj deplorable, lamentable, lastimoso.
Depoimento s declaración.
Depois adv después, enseguida.
Depor v deponer, dejar, separar, destituir, destronar.
Deportar v deportar.
Deposição s deposición.
Depositar v depositar, guardar, confiar, poner.
Depósito s depósito, almacén, sedimento.
Depravado adj depravado, licencioso.
Depravar v depravar, corromper, pervertir.
Depreciar v depreciar, devaluar.
Depredação s depredación, pillaje, robo, expoliación, saque.
Depredar v depredar, expoliar, saquear.
Depressa adv aprisa, rápidamente, en poco tiempo.
Depressão s depresión, hondonada, abatimiento.
Depressivo adj depresivo, deprimente.
Deprimir v deprimir, abatir, humillar.
Depurar v depurar, purificar, limpiar.

DEPUTADO — DESARMAR

Deputado s diputado.
Deriva s deriva.
Derivar v derivar, separar, fluir, provenir.
Dermatite s dermatitis.
Derme s dermis, piel.
Dérmico adj dérmico.
Derradeiro adj postrero, último.
Derramar v derramar, esparcir, vaciar, verter.
Derrame s derrame, pérdida.
Derrapar v derrapar, resbalar, patinar.
Derreter v derretir, liquidar, fundir.
Derrogar v derogar, anular.
Derrotado adj derrotado, vencido.
Derrotar v derrotar, destrozar.
Derrubada s derrumbe.
Derrubar v abatir, derribar, derrumbar, desmoronar, tumbar.
Derruir v derruir, derribar.
Desabafar v airear, desahogar, sincerar.
Desabafo s desahogo, expansión.
Desabar v caer, desmoronarse.
Desabastecer v desabastecer.
Desabilitar v inhabilitar, deshabilitar.
Desabitado adj deshabitado, desierto, vacío, yermo.
Desabituar v deshabituar.
Desabotoar v desabotonar.
Desabrigar v desabrigar, desamparar.
Desabrochar v entreabrir, desabrochar.
Desacatar v desacatar, insubordinar.
Desacato s desacato, insubordinación.
Desacelerar v desacelerar.
Desacerto s desacierto, error.
Desacomodar v desacomodar, incomodar.
Desacompanhado adj desacompañado.
Desacompanhar v desacompañar.
Desaconselhar v desaconsejar.
Desacorçoar v descorazonar.
Desacordar v desacordar.
Desacordo s desacuerdo.
Desacostumar v desacostumbrar.
Desacreditar v desacreditar, deshonrar, infamar.
Desafiar v desafiar, provocar, retar.
Desafinar v desafinar, desentonar.

Desafogar v desahogar, aliviar.
Desaforado adj desaforado, atrevido.
Desafortunado adj desafortunado.
Desagradar v desagradar, disgustar, desgraciar.
Desagradável adj desagradable, antipático, ingrato, feo.
Desagradecido adj desagradecido, ingrato.
Desagravo s desagravio, venganza.
Desagregar v desagregar, disgregar, disociar.
Desaguadouro s desaguadero, vertedero.
Desaguamento s desagüe.
Desaguar v desaguar, desembocar, verter.
Desajeitado adj desastrado, patán.
Desajustar v desajustar.
Desalentar v desalentar, desanimar.
Desalento s desaliento, abatimiento, desánimo.
Desalinho s desaliño, desaseo.
Desalmado adj desalmado.
Desalojar v desalojar, echar.
Desamarrar v desamarrar, desatar, desligar.
Desamor s desamor.
Desamparar v abandonar, desamparar, repudiar.
Desandar v desandar, retroceder.
Desanimado adj desanimado, alicaído.
Desanuviar v desanubiar, escampar.
Desapaixonado adj desapasionado.
Desaparecer v desaparecer, evaporar, extinguir.
Desaparecido adj desaparecido.
Desapego s desapego, despego.
Desapertar v desapretar.
Desaperto s holgura.
Desapiedado adj despiadado.
Desapontar v despuntar.
Desaprender v desaprender.
Desapropriar v expropiar.
Desaprovar v desaprobar, reprobar.
Desaproveitar v desaprovechar.
Desaprumar v desplomar.
Desarmador adj desarmador.
Desarmar v desarmar.

DESARMONIZAR — DESCORTINAR

Desarmonizar v desarmonizar.
Desarraigar v desarraigar.
Desarranjado adj desarreglado, desordenado, descuidado.
Desarranjar v desarreglar, desordenar, perturbar.
Desarrumar v desarreglar, desordenar.
Desarticular v desarticular.
Desassociar v desasociar.
Desassossegar v desasosegar, inquietar.
Desassossego s desasosiego, inquietud, recelo.
Desastrado adj desastrado.
Desastre s desastre.
Desatar v desatar, soltar.
Desatarraxar v destornillar.
Desatenção s descortesía.
Desatinar v desatinar, disparate.
Desativar v desactivar.
Desatolar v desatollar.
Desautorizar v desautorizar.
Desavença s desavenencia.
Desavisado adj desavisado.
Desbaratar v desbaratar, desmantelar.
Desbastar v desbastar, entresacar, podar.
Desbloquear v desbloquear.
Desbocado adj deslenguado.
Desbotado adj desvaído, desteñido.
Desbotar v descolorar, desteñir.
Desbravar v desbravar, limpiar.
Descabelar v descabellar.
Descalçar v descalzar.
Descampado s descampado.
Descansar v descansar, sosegar.
Descanso s descanso, holganza, reposo, trégua, vacación.
Descaramento s descaro, desfachatez.
Descarnado adj descarnado.
Descaroçar v desgranar, deshuesar.
Descarregar v descargar.
Descarrilar v desbarrar, descarriar.
Descartar v descartar, despreciar.
Descascar v descascarar, mondar.
Descendência s descendencia, estirpe, prole.
Descender v descender, suceder.
Descentralização v descentralización.

Descer v bajar.
Descerrar v descerrar.
Descida s descenso, bajada.
Desclassificar v descalificar.
Descoberta s descubrimiento.
Descoberto adj descubierto, expuesto.
Descobrir v descubrir, destapar, detectar, revelar, sacar.
Descolar v despegar.
Descolorar v descolorar, desteñir.
Descolorido adj descolorido.
Descomedir-se v descomedirse.
Descompassado adj descompasado.
Descompensar v descompensar.
Descompor v descomponer.
Descomunal adj descomunal, enorme, excesivo.
Desconcerto s desconcierto.
Desconectar v desconectar, desenchufar.
Desconfiado adj desconfiado, receloso.
Desconfiança s desconfianza, sospecha.
Desconforme adj disconforme, desigual.
Desconforto s desaliento.
Descongelar v deshelar, descongelar.
Descongestionar v descongestionar.
Desconhecer v desconocer, ignorar.
Desconhecimento s desconocimiento, ignorancia.
Desconjuntar s descoyuntar.
Desconsertar v descomponer, desconcertar.
Desconsiderar v desconsiderar.
Desconsolo s desconsuelo.
Descontaminar v descontaminar.
Descontar v descontar.
Descontente adj descontento, triste.
Descontínuo adj discontinuo.
Desconto s descuento, rebaja.
Descontrair v relajar.
Descontrolado adj sin control.
Desconversar v dejar de conversar, cambiar de asunto.
Desconvocar v desconvocar.
Descorado adj descolorido, pálido.
Descorar v descolorar.
Descortês adj descortés, grosero.
Descortinar v descortinar.

DESCOSTURAR — DESERTOR

Descosturar *v* descoser.
Descrédito *s* descrédito.
Descrença *s* descreencia, incredulidad.
Descrente *adj* descreído, incrédulo, renegado.
Descrever *v* describir.
Descrição *s* descripción.
Descuidado *adj* descuidado, desacordado, distraído.
Descuidar *v* descuidar, dejar.
Descuido *s* descuido, negligencia.
Desculpa *s* disculpa, excusa, justificación, pretexto.
Desculpar *v* disculpar, dispensar, excusar, perdonar, subsanar.
Desde *prep* desde, a partir de.
Desdém *s* desdén, desprecio, menosprecio.
Desdenhoso *adj* desdeñoso.
Desdita *s* desdicha, desventura.
Desdizer *v* desdecir, desmentir, retractar.
Desdobrar *v* desdoblar.
Desejar *v* desear, ambicionar, anhelar, apetecer, aspirar, querer.
Desejo *s* deseo, gana, voluntad, aspiración.
Deselegância *s* inelegancia.
Desembalar *v* desembalar, desempaquetar.
Desembaraço *s* desembarazo, desenredo.
Desembarcar *v* desembarcar.
Desembocar *v* desembocar.
Desembolsar *v* desembolsar.
Desembrulhar *v* desembalar.
Desembuchar *v* desembuchar, vomitar.
Desempacotar *v* desempacar, desempaquetar.
Desempatar *v* desempatar, ultimar.
Desempenhar *v* desempeñar, representar.
Desempenho *s* desempeño.
Desemperrar *v* desapretar.
Desempoeirar *v* desempolvar, quitar el polvo.
Desempossar *v* desposeer.
Desempregado *adj* desempleado, parado.
Desemprego *s* desempleo, paro.

Desencabeçar *v* disuadir, desencaminar.
Desencadear *v* desunir, desencadenar.
Desencaixar *v* desencajar.
Desencaminhar *v* desencaminar, pervertir.
Desencanto *s* desencanto.
Desencardir *v* blanquear, lavar.
Desencobrir *v* descubrir.
Desencontrado *adj* opuesto, disconforme.
Desencontrar *v* desconvenir.
Desencorajar *v* desanimar, desilusionar.
Desencravar *v* desclavar, desenclavar.
Desenfaixar *v* desatar.
Desenferrujar *v* desherrumbrar.
Desenfiar *v* desenhebrar.
Desenfreado *adj* desenfrenado.
Desenganar *v* desengañar, desilusionar.
Desengarrafar *v* desembotellar.
Desengatar *v* desprender.
Desengonçar *v* desengoznar, descoyuntar.
Desengordurar *v* desgrasar.
Desenhar *v* dibujar, diseñar, trazar.
Desenhista *s* dibujante.
Desenho *s* dibujo, diseño.
Desenlaçar *v* desenlazar.
Desenraizar *v* desarraigar.
Desenrolar *v* desenrollar, desplegar.
Desenroscar *v* desenroscar.
Desenrugar *v* desarrugar, alisar.
Desentender-se *v* desentenderse.
Desenterrar *v* desenterrar, exhumar.
Desentorpecer *v* desentorpecer, reanimar.
Desentortar *v* destorcer.
Desentoxicar *v* desintoxicar.
Desentupir *v* desatascar, desobstruir.
Desenvolto *adj* desenvuelto.
Desenvoltura *s* desenvoltura, desembarazo.
Desenvolver *v* desenvolver, desarrollar.
Desenxabido *adj* insípido, insulso, soso.
Desequilíbrio *s* desequilíbrio.
Deserdar *v* desheredar.
Deserto *s* desierto.
Desertor *s* desertor.

DESESPERAÇÃO — DESOBEDIENTE 309

Desesperação s desesperación.
Desesperançar v desesperanzar.
Desesperar v desesperar.
Desfaçatez s desfachatez.
Desfalcar s desfalcar.
Desfalecer v desfallecer, desmayar.
Desfavorável adj adverso, desfavorable.
Desfazer v deshacer, disolver, fundir, partir.
Desfeito adj deshecho, desfigurado.
Desfiar v deshilachar, deshilar.
Desfigurar v desfigurar.
Desfiladeiro s desfiladero.
Desfloramento s desfloramiento.
Desflorestamento s desflorestación.
Desfocar v desenfocar.
Desfolhar v deshojar.
Desforrar v desquitar, vengar.
Desfrutar v disfrutar, gustar, usar.
Desgalhar v desgajar, desramar.
Desgastar v desgastar, consumir, alisar.
Desgostar v disgustar, amargar, desagradar.
Desgostoso adj disgustoso, amargado, triste.
Desgoverno s desgobierno, despilfarro, anarquía.
Desgraça s desgracia, infelicidad, mal, malaventura.
Desgraçado adj desgraciado.
Desgrenhar v desgreñar, despeinar, descabellar.
Desidratar v deshidratar.
Designar v designar, destinar.
Desígnio s designio, idea.
Desigual adj desigual, diferente, dispar, irregular.
Desigualdade s desigualdad, disparidad.
Desiludir v desencantar, desengañar, desilusionar.
Desimpedir v desobstruir.
Desinchar v deshinchar.
Desinfetar v desinfectar.
Desinflamar v desinflamar.
Desinflar v desinflar.
Desintegrar v desintegrar.

Desinteressar-se v desentenderse, desinteresarse.
Desinteresse s desinterés, generosidad.
Desintoxicar v desintoxicar.
Desistir v desistir, renunciar.
Desjejum s desayuno.
Deslavado adj deslavado, descarado.
Desleal adj desleal, infiel.
Desleixo s descuido, abandono, indolencia.
Desligar v desatar, desligar.
Deslizar v deslizar, resbalar.
Deslocar v dislocar, transferir, desviar, deshacer.
Deslumbrante adj deslumbrante, fascinador.
Desmaiar v descolorir, desmayar, desanimar.
Desmaio s desmayo, desfallecimiento.
Desmamar v desmamar, dispensar.
Desmancha-prazeres s aguafiestas.
Desmanchar s deshacer.
Desmando s desmando.
Desmantelado adj desmantelado, desconcertado.
Desmantelar v desaparejar, desmantelar.
Desmarcar v desmarcar.
Desmatamento s deforestación.
Desmatar v deforestar.
Desmazelo s negligencia, descuido.
Desmedido adj desmedido, excesivo.
Desmembrar v desmembrar.
Desmentir v desmentir, negar, refrutar.
Desmerecer v desmerecer.
Desmesurado adj desmesurado, desmedido.
Desmoralizar v desmoralizar.
Desmoronar v desmoronar, derruir.
Desnatar v desnatar.
Desnaturalizar s desnaturalizar.
Desnecessário adj desnecesario, inútil.
Desnivelar v desnivelar, desajustar.
Desnortear v desnortear, desequilibrar.
Desnudar v desnudar.
Desobedecer v desobedecer, desacatar.
Desobediente adj desobediente, insumiso.

DESOBRIGAR — DESTEMOR

Desobrigar *v* desobligar, liberar.
Desobstruir *v* desobstruir, desatascar, desocupar.
Desocupado *adj* desocupado, ocioso, holgado, parado, vago.
Desocupar *v* desocupar, vaciar, despejar.
Desodorizar *v* desodorizar.
Desolar *v* desolar, desconsolar, devastar.
Desonestidade *s* deshonestidad.
Desonesto *adj* deshonesto.
Desonra *s* deshonra, infamia, vituperio.
Desonrar *v* deshonrar, profanar, vilipendiar.
Desopilar *v* desopilar.
Desordeiro *adj* vagabundo, turbulento.
Desordem *s* desorden, disturbio, perturbación, alteración.
Desordenar *v* desordenar, desarreglar, descomponer, desorganizar.
Desorganização *s* desorganización, confusión.
Desorganizar *v* desorganizar, desordenar, turbar.
Desorientar *v* desorientar, despistar, trastornar.
Desossar *v* deshuesar, descarnar.
Desovar *v* aovar, desovar.
Despachado *adj* diligente, activo.
Despacho *s* despacho, expediente, auto, sentencia, remesa.
Desparafusar *v* destornillar.
Despedaçar *v* despedazar.
Despedir *v* despedir, rechazar, partir, retirar, marcharse.
Despegar *v* despegar.
Despeitado *adj* despechado.
Despeito *s* despecho, rigor, resentimiento.
Despejar *v* despejar, vaciar, desocupar, desalojar una casa.
Despejo *s* despejo, vaciamiento.
Despencar *v* quitar el fruto de un racimo, caer de gran altura.
Despender *v* despender.
Despenhadeiro *s* abismo, despeñadero, precipicio.
Despensa *s* despensa.

Despentear *v* descabellar, desgreñar, despeinar.
Desperdiçar *v* desperdiciar, derrochar, desaprovechar, dilapidar.
Desperdício *s* desperdício, derroche.
Despersonalizar *v* despersonalizar.
Despertar *v* despertar, activar, avivar.
Despesa *s* costa, gasto.
Despido *adj* desnudo.
Despir *v* desnudar, desvestir.
Desplante *s* desplante.
Desplumar *v* desplumar.
Despojar *v* despojar, desproveer, quitar.
Despojo *s* despojo.
Despontar *v* despuntar, surgir, nacer.
Desposar *v* desposar, casar.
Déspota *s* déspota, tirano, dictador.
Despotismo *s* despotismo, autoritarismo, tiranía.
Despovoar *v* deshabitar, despoblar.
Despregar *v* desclavar, desplegar.
Desprendimento *s* desprendimiento.
Despreocupação *s* despreocupación.
Despreparo *s* desarreglo.
Desprestigiar *v* desprestigiar.
Desprevenido *adj* desprevenido, descuidado, incauto.
Desprezar *v* desairar, desdeñar, menospreciar.
Desprezível *adj* depreciable, abyecto, menospreciable.
Desprezo *s* desprecio, desaire, menosprecio.
Desproporcionado *adj* desproporcionado.
Desprover *v* despojar, desproveer.
Desqualificar *v* descalificar, inhabilitar.
Desquitar *v* divorciar, descasar, separar.
Desregrar *v* desreglar, desordenar.
Desrespeitar *v* desacatar, desobedecer, transgredir.
Destacamento *s* destacamento.
Destacar *v* destacar, sobresalir.
Destapar *v* destapar, descubrir.
Destaque *s* realce, relieve.
Destemido *adj* intrépido, valiente.
Destemor *s* intrepidez, audacia.

DESTEMPERAR — DEVOTAR

Destemperar v destemplar.
Destempero s destemple.
Desterrar s desterrar, exilar, expatriarse.
Desterro s destierro, exilio.
Destilar s destilar, gotear.
Destilaria s destilería.
Destinar v destinar, dar, emplear.
Destingir v desteñir.
Destino s destino, suerte.
Destituição s destitución, dimisión.
Destituir v exonerar, destituir.
Destoar v desentonar, desafinar.
Destorcer v destorcer.
Destra s la mano derecha, diestra.
Destrambelhado adj disparatado, descomedido.
Destrancar v desatrancar.
Destratar v tratar mal.
Destravar v desenfrenar, destrabar.
Destreza s destreza, habilidad.
Destro s diestro, ágil, astuto.
Destroço s destrozo, desolación.
Destruir v destruir, aniquilar.
Destrutivo adj destructivo.
Desumano adj deshumano, cruel, feroz.
Desunião s desunión, separación.
Desunir v desunir, separar, apartar.
Desusado adj desusado.
Desvairar v desvariar, enloquecer.
Desvalido adj desvalido, desamparado, desprotegido.
Desvalorizar v desvalorizar, devaluar, depreciar.
Desvantagem s desventaja, inferioridad, perjuicio.
Desvão s buhardilla, desván.
Desvario s desvarío, locura, desatino.
Desvelar v desvelar, descubrir.
Desvencilhar v desvencijar.
Desvendar v desvendar.
Desventura s desventura, adversidad, desgracia.
Desvergonhado adj desvergonzado.
Desviar v desviar, ladear.
Desvincular v desvincular, desligar.
Desvio s desvío, desviación, vuelta, rodeo.
Desvirar v desvirar.

Desvirginar v desvirgar, desflorar.
Desvirtuar v desvirtuar.
Detalhe s detalle, minucia, pormenor.
Detectar v detectar, revelar.
Detetive s detective.
Detenção s detención, aprehensión.
Deter v detener, apresar, arrestar, estancar, parar.
Detergente s detergente.
Deterioração s deterioro, perjuicio.
Deteriorar v deteriorar, empeorar, malear.
Determinado adj determinado, concreto, marcado, preciso.
Determinar v determinar, concretar, decidir, definir, prefijar.
Detestar v detestar, odiar, aborrecer.
Detetive s detective.
Detido adj detenido, preso.
Detonação s detonación, estampido, explosión.
Detração s detracción, murmuración.
Detrás adv atrás, detrás, trás, después.
Detrator adj detractor.
Detrimento s detrimento, daño.
Deturpar v deturpar, falsear.
Deus o deus s Dios, dios, divinidad.
Deusa s diosa.
Devagar adv despacio.
Devagarinho adv muy despacio.
Devaneador adj soñador.
Devanear v devanear, delirar, fantasear, soñar.
Devassar v invadir lo que está defendido, ver, corromper.
Devassidão s libertinaje, desenfreno.
Devastar v devastar, talar, aniquilar.
Devedor s deudor.
Dever s deber, obligación, incumbencia; v adeudar, deber, tener que.
Devoção s devoción, consagración, reverencia.
Devolução s devolución, restitución, reembolso, vuelta.
Devorar v devorar, consumir, engullir, tragar.
Devotar s dedicar, consagrar, destinar.

DEZ — DIRIGÍVEL

Dez *adj*, *num*, *s* diez, una decena.
Dezembro *s* diciembre.
Dezena *s* decena.
Dia *s* día.
Diabete *s* diabetes, diabetis.
Diabo *s* demonio, diablo, satán.
Diabólico *adj* diabólico.
Diácono *s* diácono.
Diáfano *adj* diáfano, límpido, translúcido.
Diafragma *s* diafragma.
Diagnosticar *v* diagnosticar.
Diagrama *s* diagrama.
Dialético *adj* dialéctico.
Dialeto *s* dialecto.
Dialogar *v* dialogar, hablar.
Diálogo *s* diálogo.
Diamante *s* diamante.
Diante *prep* enfrente.
Dianteira *s* proa, vanguardia.
Dianteiro *adj* delantero.
Diapositivo *s* diapositiva.
Diário *adj* diario, cotidiano, periódico que se publica todos los días.
Diarreia *s* diarrea, disentería.
Dicção *s* dicción, palabra.
Dicionário *s* diccionario, léxico.
Didática *s* didáctica.
Diérese *s* diéresis.
Diesel *s* diésel.
Dietético *adj* dietético.
Difamação *s* difamación, maledicencia, calumnia.
Diferença *s* diferencia, diversidad.
Diferençar *v* diferenciar, variar.
Diferente *adj* diferente, diverso, extraño, exótico, vario.
Diferir *v* diferir, aplazar, discordar.
Difícil *adj* difícil, arduo, laborioso, penoso.
Dificultar *v* dificultar, complicar, embarazar.
Difteria *s* difteria.
Difundir *v* difundir, divulgar, propagar, radiar.
Difusão *s* difusión, divulgación.
Digerir *v* digerir, tragar.

Digestão *s* digestión.
Digital *adj* digital.
Dígito *s* dígito.
Dignidade *s* dignidad, honor, nobleza, realeza.
Digno *adj* digno, apreciable, capaz, respetable.
Digressão *s* digresión, evasiva.
Dilaceração *s* dilaceración.
Dilacerar *v* dilacerar, desgarrar.
Dilapidar *v* dilapidar, disipar.
Dilatado *adj* dilatado, extenso, amplio.
Dilatar *v* dilatar, alargar, ampliar, ensanchar, expandir, extender.
Dilema *s* dilema.
Diletante *s* diletante.
Diligência *s* diligencia, agilidad, prontitud.
Diligente *adj* diligente, activo.
Diluir *v* diluir, desleír, disolver.
Dilúvio *s* diluvio.
Dimensão *s* dimensión, medida.
Diminuição *s* disminución, aminoración, deducción, reducción.
Diminuir *v* disminuir, achicar, decrecer, empequeñecer, encoger, menguar.
Dinamismo *s* dinamismo, energía, actividad.
Dinamitar *s* dinamitar.
Dinamite *s* dinamita.
Dínamo *s* dínamo.
Dinastia *s* dinastía.
Dinheiro *s* dinero, efectivo, tesoro.
Dinossauro *s* dinosaurio.
Diocese *s* diócesis.
Diploma *s* diploma.
Dique *s* dique.
Direção *s* dirección, administración, curso.
Direita *s* derecha, diestra.
Direito *adj* derecho, diestro, recto.
Direto *adj* directo.
Diretor *s* director, administrador.
Diretriz *s* directriz.
Dirigir *v* dirigir, comandar, educar, enderezar, gobernar, llevar, regir.
Dirigível *adj* dirigible.

DISCAR — DITONGO

Discar *v* marcar un número en el teléfono.

Discernimento *s* discernimiento, criterio.

Discípulo *s* alumno, discípulo.

Disco *s* disco.

Discordar *v* discordar, desavenir, diferenciar, disentir, divergir.

Discorrer *v* discurrir, disertar, explanar, razonar.

Discoteca *s* discoteca.

Discrepar *v* discrepar, divergir, disentir, disonar.

Discreto *adj* discreto, comedido, recatado, sensato.

Discrição *s* discrición, reserva.

Discriminar *v* discriminar, separar.

Discurso *s* discurso, declamación.

Discussão *s* debate, discusión, polémica.

Discutir *v* discutir, argumentar, debatir.

Disenteria *s* disentería.

Disfarçado *adj* disfrazado, disimulado.

Disfarçar *v* disfrazar, enmascarar, encubrir, simular.

Disforme *adj* disforme, amorfo, feo, monstruoso.

Disjuntor *s* disyuntor, interruptor automático.

Dislexia *s* dislexia.

Díspar *adj* dispar, desigual, desparejo.

Disparatado *adj* disparatado, desatinado, absurdo.

Disparatar *v* disparatar, desvariar.

Disparate *s* disparate, despropósito, dislate, locura.

Disparo *s* disparo, tiro.

Dispendioso *adj* dispendioso, costoso, caro.

Dispensa *s* dispensa, licencia, exoneración.

Dispensar *v* dispensar, otorgar, dar, exonerar.

Dispepsia *s* dispepsia.

Dispersão *s* dispersión.

Dispersar *v* dispersar.

Displicente *adj* displicente.

Dispor *v* disponer, acomodar, ordenar, organizar, preparar, proporcionar.

Disposição *s* disposición, ordenación, organización.

Disputa *s* disputa, contienda, pleito, riña.

Disputar *v* contender, disputar, altercar.

Dissabor *s* disgusto, sinsabor.

Dissecar *v* disecar, resecar.

Disseminar *v* diseminar, sembrar.

Dissentir *v* disentir, desavenir.

Dissertação *s* disertación, discurso, ensayo.

Dissidência *s* disidencia.

Dissílabo *adj* disílabo, bisílabo.

Dissimulado *adj* disimulado, falso, mojigato, socarrón.

Dissimular *v* disimular, encubrir, tapar.

Dissipação *s* disipación, desfilparro.

Dissipar *v* disipar, malgastar, prodigar.

Dissociar *v* disociar, separar.

Dissolução *s* disolución, solución.

Dissoluto *adj* disoluto, licencioso, vicioso.

Dissolver *v* diluir, disolver, derretir.

Dissuadir *v* desaconsejar, disuadir.

Distanciar *v* alejar, distanciar, retirar, separar.

Distante *adj* distante, apartado, lejano, remoto, retirado.

Distante *adj* lejos.

Distender *v* distender, dilatar.

Distinguir *v* distinguir, diferenciar.

Distinto *adj* distinto, diferente, noble, elegante.

Distorcer *v* distorsionar, falsear.

Distração *s* distracción, desenfado, diversión.

Distrair *v* distraer, desenfadar, engañar, relajar.

Distribuição *s* distribución, reparto.

Distribuir *v* distribuir, escalonar, repartir.

Distrito *s* demarcación, distrito.

Distúrbio *s* disturbio, perturbación.

Ditado *s* adagio, dictado.

Ditador *s* dictador.

Ditadura *s* dictadura.

Ditame *s* díctamen, sentencia.

Dito *s* dicho, cuento, relato.

Ditongo *s* diptongo.

DIS / DIT

DITOSO — DROGA

Ditoso *adj* afortunado, dichoso.
Divã *s* diván, sofá.
Divagar *s* divagar, vagar.
Divergência *s* discordancia, divergencia, discrepancia.
Divergir *v* discrepar, divergir.
Diversão *s* broma, diversión, placer, pasatiempo.
Diversidade *s* diferencia, diversidad.
Diverso *adj* diferente, diverso, vario.
Divertido *adj* recreativo, festivo.
Divertimento *s* divertimiento, entretenimiento, diversión.
Divertir *v* divertir, alegrar, distraer, entretener, recrear.
Dívida *s* deuda, responsabilidad.
Dividir *v* dividir, distribuir, fraccionar, parcelar.
Divindade *s* divinidad, deidad.
Divino *adj* divino, sublime.
Divisa *s* enseña, lema, linde.
Divisão *s* división, reparto, sección.
Divisar *v* observar, divisar, ver.
Divorciar *v* divorciar.
Divulgar *v* alardear, divulgar, editar, expandir, propagar.
Dizer *v* decir, contar, proferir.
Dó *s* compasión, piedad, duelo.
Doação *s* ofrecimiento, donativo.
Doar *v* donar, otorgar, legar.
Dobra *s* arruga, doblez, pliegue.
Dobradiça *s* bisagra, gozne.
Dobrar *v* doblar, doblegar, duplicar, quebrar.
Dobre *adj* doble, duplo.
Dobro *num* duplo, doble.
Doca *s* dique, dársena.
Doce *adj* azucarado, dulce.
Dócil *adj* dócil, fácil, manso.
Documentar *v* documentar, probar.
Documentário *s* documental.
Documento *s* pliego, documento, escrito.
Doçura *s* dulzura, benignidad, blandura, ternura.
Doença *s* enfermedad, achaque, dolencia, mal.
Doente *adj* enfermo, pocho, paciente.

Doentio *adj* enclenque, insalubre, malsano, mórbido.
Doer *v* doler, arrepentirse.
Dogmático *adj* dogmático, ortodoxo.
Doido *adj* loco, alienado.
Dois *num* dos.
Dólar *s* dólar.
Dolo *s* dolo, fraude.
Doloroso *adj* doloroso, sensible.
Dom *s* don.
Domar *v* domar, amansar.
Domesticar *v* amansar, domar, domesticar.
Domiciliar *v* domiciliar, habitar.
Dominador *adj* dominador, autoritario, avasallador.
Domingo *s* domingo.
Dominicano *adj* dominicano.
Domínio *s* autoridad, domínio, poderío.
Dominó *s* dominó.
Dona *s* doña, señora.
Dona-de-casa *s* ama.
Donativo *s* donativo, dádiva, oferta.
Doninha *s* comadreja.
Dono *s* señor, dueño.
Donzela *s* doncella, virgen.
Dor *s* dolor, pesar.
Dorminhoco *adj* dormilón.
Dormir *v* dormir.
Dorso *s* dorso, lomo.
Dosar *v* dosificar.
Dose *s* dosis, ración.
Dossiê *s* dossier.
Dotação *s* dotación.
Dotar *v* dotar, favorecer.
Dourado *adj* dorado, áureo.
Dourar *v* dorar, gratinar.
Doutor *s* doctor.
Doutrina *s* doctrina, enseñanza.
Draga *s* draga.
Dragão *s* dragón.
Drágea *s* grajea, píldora.
Drama *s* drama, teatro.
Dramalhão *s* dramón, melodrama.
Drástico *adj* drástico.
Drenagem *s* drenaje.
Droga *s* droga.

DROGADO — DÚZIA

Drogado *adj* drogadicto.
Drogaria *s* botiquín, farmacia.
Dromedário *s* dromedario.
Dualidade *s* dualidad.
Dúbio *adj* incierto, indeciso.
Dublar *v* doblar.
Ducha *s* ducha, chorro de agua.
Dúctil *adj* dúctil, elástico.
Duelo *s* combate, duelo.
Duende *s* duende.
Duna *s* duna.
Duo *s* dúo, dueto.
Duodeno *s* duodeno.

Duplicar *v* doblar, duplicar, geminar, reduplicar.
Duplo *adj* doble, duplo.
Duração *s* duración, decurso, permanencia, vigencia.
Duradouro *adj* duradero, consistente, permanente.
Durante *prep* durante, mientras.
Durar *v* continuar, vivir.
Duro *adj* duro, férreo, áspero.
Duvidoso *adj* ambiguo, dudoso, incierto, indeciso.
Dúzia *num* docena.

E

E *s* quinta letra del alfabeto portugués; conj y.
Ebanista *s* ebanista, ensamblador.
Ébano *s* ébano.
Ébrio *adj* ebrio, borracho, beodo.
Ebulição *s* ebullición, efervescencia.
Eclipse *s* eclipse.
Eclosão *s* eclosión, explosión.
Eclusa *s* dique, esclusa.
Ecoar *v* retumbar, hacer eco.
Ecologia *s* ecología.
Economizar *v* economizar, ahorrar.
Ecossistema *s* ecosistema.
Ecumênico *adj* ecuménico, universal.
Eczema *s* eczema.
Edema *s* edema.
Éden *s* edén.
Edição *s* edición, publicación.
Edificação *s* construcción, edificación.
Edificar *v* edificar, fundar.
Edital *s* edicto.
Editar *v* editar, imprimir, publicar.
Édito *s* edicto, ley, decreto, orden.
Editora *s* editora, editorial.
Edredom *s* edredón.
Educado *adj* educado, cortés, criado.
Educador *s* educador, maestro, pedagogo, profesor.
Educar *v* adoctrinar, enseñar, afinar, ilustrar.
Efeito *s* efecto, impresión, resulta.
Efemeridade *s* brevedad.
Efeméride *s* efemérides.
Efêmero *adj* efímero, transitorio.
Efeminado *adj* afeminado.
Efervescência *s* ebullición, efervescencia.
Efetivar *v* realizar.
Efetivo *adj* efectivo, práctico, útil, actual.

Efetuar *v* efectuar, realizar.
Eficácia *s* eficacia, eficiencia.
Eficaz *adj* eficaz, eficiente, potente, válido.
Eficiência *s* eficiencia, eficacia.
Efígie *s* efigie, figura de una persona.
Efusão *s* efusión.
Egocêntrico *adj* egocéntrico.
Egoísmo *s* egoísmo.
Égua *s* yegua.
Eixo *s* eje.
Ejaculação *s* eyaculación, emisión.
Ejeção *s* eyección, evacuación.
Ela *pron* ella.
Elaborar *v* concebir, elaborar.
Elástico *adj* elástico, flexible.
Ele *pron* él; *s* nombre de la letra l.
Elétron *s* electrón.
Elefante *s* elefante.
Elegância *s* donaire, elegancia, gallardía, garbo.
Eleger *v* elegir, optar, votar, seleccionar.
Eleição *s* elección, selección.
Eleito *adj* electo, elegido.
Elementar *adj* elemental, fácil.
Elemento *s* elemento, ingrediente.
Elenco *s* elenco, índice.
Eletricidade *s* electricidad.
Eletrificar *v* electrificar.
Eletrizar *v* electrizar.
Eletrocardiograma *s* electrocardiograma.
Eletrochoque *s* electrochoque.
Eletrocutar *v* electrocutar.
Eletrodo *s* electrodo.
Eletrógeno *adj* electrógeno.
Eletrólise *s* electrólisis.
Eletrostática *s* electrostática.
Elevado *adj* elevado, alto, eminente, sublime.

ELEVADOR — EMPACOTADOR

Elevador s elevador, ascensor.

Elevar v alzar, elevar, engrandecer, exaltar, subir.

Eliminar v eliminar, exterminar, matar, suprimir.

Elixir s elixir.

Elmo s yelmo.

Elo s eslabón, nexo, argolla.

Elocução s elocución, estilo.

Elogiar v elogiar, ensalzar.

Elogio s elogio, alabanza, apología, loa.

Eloquente adj elocuente, convincente, oratorio.

Elucidar s dilucidar, esclarecer.

Em prep en, indica lugar, tiempo, modo.

Ema s ñandú, avestruz.

Emagrecer v adelgazar.

Emanar v emanar, exhalar.

Emancipação s emancipación, independencia.

Emancipar v emancipar, liberar.

Emaranhar v enmarañar, embrollar, enredar.

Emascular v emascular.

Embaçado adj bazo, pálido.

Embaçar v empañar.

Embaixada s embajada, misión.

Embaixo adv abajo, debajo.

Embalagem s embalaje.

Embalar v embalar, acondicionar.

Embalde adv en vano.

Embalo s balanceo, cuneo.

Embalsamar v embalsamar, momificar.

Embaraçar v embarazar, desconcertar, estorbar.

Embaraço s embarazo, dificultad, estorbo.

Embaralhar v barajar, embarullar, confundir.

Embarcadouro s embarcadero.

Embarcar v embarcar.

Embargar v embargar.

Embarque s embarque.

Embasar v basar.

Embate s agresión, embate, empujón.

Embater v chocar.

Embebedar v emborrachar, embriagar.

Embeber v embeber, empapar, ensopar, impregnar, remojar.

Embelezar v adornar, ataviar, embellecer, hermosear.

Embevecer v embelesar, cautivar, extasiar.

Embirrar v obstinarse, provocar.

Emblema s emblema, insignia.

Embocadura s bocacalle, embocadura.

Embolia s embolia.

Embolorar v enmohecer.

Embolsar v embolsar, recebir.

Embonecar v adornar.

Embora conj aunque, no obstante; adv en buena hora, felizmente; interj ¡no importa!

Emboscada s emboscada.

Embotamento s embotamiento.

Embotar v embotar, debilitar.

Embreagem s embrague.

Embriagado adj embriagado, bebido, borracho, ebrio.

Embriagar v emborrachar, embriagar.

Embriaguez s borrachera, embriaguez.

Embrionário adj embrionario.

Embromar v embromar, embaucar.

Embrulhar v embalar, embrollar, empapelar, envolver.

Embrulho s fardo, lío, paquete.

Embrutecer v embrutecer, corromper.

Embuçar v embozar.

Embuste s trampa, trapacería, embuste.

Embutir v embutir, ensamblar.

Emendar v corregir, enmendar, modificar.

Emergir v manifestarse, emerger, asomar.

Emigrar v emigrar, expatriarse.

Eminente adj eminente, excelente, sublime.

Emissão s emisión.

Emissora s emisora.

Emoção s emoción, emotividad.

Emocionante adj emocionante, emotivo.

Emoldurar v encuadrar, encajar.

Emotividade s afectividad, emotividad.

Empachar v empachar, obstruir.

Empacotador s empaquetador.

EMPACOTAMENTO — ENCAVALAR

Empacotamento s empaque, embalaje.
Empacotar v empaquetar, embalar.
Empada s empanada.
Empalhar v empajar, embalsamar.
Empalidecer v palidecer, empalidecer.
Empanada s empanada.
Empanar v empañar, deslucir.
Empapar v embeber, empapar, encharcar, remojar.
Emparedar v emparedar, clausurar.
Emparelhar v aparear, emparejar, unir.
Empastar v empastar, encuadernar.
Empatar v empatar, estorbar.
Empate s empate.
Empecilho s impedimento, obstáculo, lastre.
Empedernido adj empedernido, pertinaz.
Empedrado s empedrado.
Empenar v alabear, torcer, combar.
Empenhar v empeñar, adeudarse.
Empenho s empeño, ahinco, deseo.
Emperrar v obstinarse.
Empertigar-se v empinarse.
Empestamento s fetidez, peste.
Empilhamento s apilamiento, amontonamiento.
Empilhar v apilar, amontonar, acumular.
Empirismo s empirismo.
Emplastrar v emplastar, revestir.
Emplastro s emplasto, parche, pegote.
Emplumar v emplumar.
Empobrecer v arruinar, empobrecer, decaer.
Empoeirado adj polvoriento.
Empolado adj ampuloso, hinchado.
Emporcalhar v ensuciar, emporcar.
Emprazar v emplazar.
Empredar v empredar, pavimentar.
Empreendedor adj arrojado, emprendedor, trabajador.
Empreender v ejecutar, emprender, iniciar.
Empregado s empleado, criado.
Emprego s colocación, empleo, lugar, ocupación, puesto.
Empreitada s destajo, tarea.
Empresa s empresa, compañía.

Emprestado adj prestado.
Emprestar v prestar, conceder.
Empréstimo s empréstimo, préstito, avío.
Empunhar v empuñar.
Empurrão s empujón, encontrón, empellón.
Empurrar v empujar, impeler, impulsar.
Emudecer v enmudecer.
Emulsão s emulsión, lechada.
Enaltecer v encumbrar, glorificar.
Enamorado adj apasionado, enamorado.
Encabulado adj avergonzado.
Encabular v avergonzar.
Encadear v encadenar, concatenar, eslabonar.
Encadernar v encuadernar.
Encaixado adj encajado.
Encaixamento s encajadura, encaje.
Encaixotar v encajonar.
Encalço s pista, rastro.
Encalhar v encallar.
Encaminhar v encaminar, dirigir, guiar.
Encanador s cañero, fontanero.
Encanamento s cañería, fontanería.
Encantado adj encantado, seducido, mágico.
Encantamento s encantamiento, encanto, hechizo, magia.
Encanto s encanto, deleite, delicia, seducción, aojo.
Encapotar-se v encapotarse.
Encaracolado adj ensortijado.
Encaracolar v enroscar.
Encarar v encarar, afrontar, analizar, arrostrar.
Encarcerar v encarcelar.
Encargo s encargo, cometido, encomienda, mandato, misión.
Encarnado adj encarnado, colorado, rojo.
Encarniçar v encarnizar, excitar.
Encarquilhado adj arrugado, marchito.
Encarregado adj encargado.
Encarregar v encargar, incumbir.
Encarrilhar v encarrilar, encaminar, dirigir.
Encastelar v encastillar, fortificar.
Encavalar v sobreponer.

ENCEFALITE — ENFIAR

Encefalite s encefalitis.
Enceradeira s enceradora.
Encerar v encerar.
Encerramento s encerramiento.
Encerrar v contener, encerrar, recluir, esconder.
Encestar v encestar.
Encharcar v encharcar, empapar, ensopar.
Enchente s inundación, henchimiento, abundancia.
Encher v llenar, anegar, henchir.
Enchimento s relleno.
Enchova s anchoa.
Enciclopédia s enciclopedia.
Enciumar v encelar.
Enclausurar v enclaustrar.
Encoberto adj encubierto, misterioso.
Encobrir v encubrir, cubrir, disfrazar, disimular, enmascarar.
Encolerizar v encolerizar, enrabiar, irritar.
Encolher v encoger, contraer.
Encomenda s encomienda, encargo.
Encomiar v encomiar, alabar, elogiar.
Encompridar v alargar.
Encontrão s encontrón, empujón.
Encontrar v encontrar, hallar, topar, acertar.
Encorajar v encorajar, envalentonar, alentar.
Encorpado adj corpulento, grueso.
Encorpar v engordar, engrosar, tomar cuerpo.
Encosta s costanera, ladera, repecho, vertiente.
Encostar v tocar, acostar, reclinar.
Encosto s espaldar, sostén, respaldo, apoyo.
Encravar v fijar, enclavar, engastar, incrustar.
Encrenca s lío, intriga, enredo.
Encrespar v encrespar, rizar, agitar.
Encruar v encallar, encrudecer, endurecer.
Encruzilhada s cruce, encrucijada.
Encurralar v acorralar, arrinconar, refugiarse.

Encurtar v acortar, abreviar, achicar, limitar.
Encurvar v torcer, encorvar.
Endemoninhado adj endemoniado, furioso, poseso.
Endereçar v encaminar, enderezar.
Endereço s dirección, enderezo.
Endeusar v endiosar, deificar.
Endiabrado adj endiablado, endemoniado, travieso, malo.
Endinheirado adj adinerado.
Endireitar v enderezar, erguir.
Endividar v adeudar.
Endoidar v enloquecer.
Endoidecer v enloquecer.
Endossar v endosar.
Endurecer v endurecer, solidificar.
Enegrecer v ennegrecer.
Energético adj energético.
Energia s energía, fuerza, vitalidad, vigor.
Energúmeno s energúmeno, desorientado.
Enevoado adj nublado, anubarrado.
Enevoar v anublar, cubrir de niebla.
Enfadar v enfadar, molestar.
Enfado s enfado, enojo, tedio, aburrimiento.
Enfaixar v fajar, vendar.
Enfarte s infarto.
Ênfase s énfasis.
Enfastiar v hastiar, aburrir.
Enfatizar v enfatizar, realzar.
Enfeitar v adornar, alinear, ataviar, engalanar, guarnecer.
Enfeitiçado adj hechizado.
Enfeitiçar v hechizar, encantar, cautivar.
Enfermagem s oficio de enfermeros.
Enfermar v enfermar.
Enfermaria s enfermería.
Enfermeiro s enfermero.
Enfermiço adj enfermizo, enclenque.
Enfermidade s enfermedad.
Enfermo adj enfermo.
Enferrujar v herrumbrar, oxidar.
Enfezado adj raquítico, canijo, enojado.
Enfiada s hilera, fila, sarta.
Enfiar v enfilar, meter.

320   ENFILEIRAR — ENTALHAR

Enfileirar v alinear, enfilar.
Enfim adj finalmente, por último, en fin.
Enfocar v enfocar, focar, destacar.
Enforcado adj ahorcado.
Enfraquecer v enflaquecer, aflojar, debilitar, extenuar.
Enfrascar v enfrascar, embotellar.
Enfrentar v enfrentar, afrontar, encarar.
Enfronhar v enfundar.
Enfumaçar v ahumar.
Enfurecer v enfurecer, encolerizar, enrabiar.
Engaiolar v enjaular.
Engalanar v engalanar, adornar.
Engambelar v engatusar.
Enganar v engañar, aparentar, confundir, ilusionar.
Enganchar v enganchar.
Engarrafado adj embotellado.
Engarrafar v embotellar, enfrascar, envasar.
Engasgar v atragantar.
Engastar v engarzar, engastar.
Engate s enganche, gancho.
Engatinhar v gatear.
Engendrar v engendrar, generar, idear, producir.
Engenhar v ingeniar, idear.
Engenharia s ingeniería.
Engenhoso adj hábil, ingenioso.
Engodo s cebo, engaño.
Engolir v engullir, tragar, callar.
Engomar v almidonar, engomar.
Engorda s engorde.
Engordar v engordar, engruesar.
Engordurar v engrasar, ensebar.
Engraçado adj gracioso, chusco, chistoso.
Engrandecer v realzar, engrandecer, exaltar, magnificar.
Engravatar-se v ponerse la corbata.
Engravidar v embarazar, preñar.
Engraxar v engrasar, limpiar, lustrar el calzado.
Engraxate s limpiabotas.
Engrenagem s engarce, engranaje.
Engrenar v endentar, engranar.
Engrossar v abultar, engrosar, espesar.

Enguia s anguila.
Enigma s enigma, acertijo, adivinanza, misterio.
Enjeitar v abandonar, recusar, despreciar.
Enjoar v nausear, marearse.
Enjoativo adj nauseativo, repugnante.
Enjoo s mareo, naúsea.
Enlaçar v enlazar, abrazar.
Enlace s casamiento, enlace.
Enlambuzar v untar, ensuciar.
Enlamear v enlodar, embarrar.
Enlanguescer v languidecer, debilitar.
Enlouquecer v desvariar, enloquecer.
Enlutar v enlutar, entristecer.
Enobrecer v dignificar, ennoblecer.
Enorme adj enorme, desmedido.
Enormidade s enormidad.
Enquadrar v encuadrar.
Enquanto conj mientras, entre que.
Enquete s encuesta.
Enrabichar v enamorar.
Enraivecer v enfurecer, enrabiar.
Enraizar v arraigar, enraizar.
Enrascada s emboscada, celada.
Enredo s intriga, enredo, revoltijo, urdidura.
Enregelar v helar, congelar.
Enriquecer v enriquecer.
Enrolar v enrollar, empaquetar.
Enroscar v enroscar, retorcer, enrollar.
Enrubescer v enrojecer, sonrojar.
Enrugar v arrugar, crispar, encrespar.
Ensaboar v enjabonar, jabonar.
Ensaiar v ensayar, entrenar.
Ensanguentar v ensangrentar, macular.
Enseada s ensenada, bahía.
Ensebado adj ensebado.
Ensebar v ensebar, manchar.
Ensimesmar-se v ensimesmarse.
Ensinar v enseñar, amaestrar, criar.
Ensino s enseñanza, instrucción.
Ensopar v ensopar, embeber, guisar.
Ensurdecer v ensordecer.
Entabular v entablar, entarimar.
Entalhador s entallador, tallista.
Entalhar v ensamblar, entallar, ensanchar.

ENTALHE — EPIDERME

Entalhe s escote, ranura, talla.
Então adv allí, entonces.
Entardecer v atardecer, hacerse tarde.
Enteado s hijastro.
Entediar v aburrir, atufar.
Entender v comprender, conocer, entender, opinar.
Enterrar v enterrar, inhumar, sepultar, soterrar.
Enterro s entierro, inhumación.
Entesourar v atesorar, acumular.
Entibiar v entibiar, suavizar.
Entidade s entidad, individualidad.
Entoar v entonar, cantar.
Entojar v repugnar, asquear.
Entonação s acento, entonación, tono.
Entornar v derramar, entornar, volcar.
Entorpecer v entorpecer, adormecer, entumecer, narcotizar.
Entortar v torcer, entortar.
Entrada s entrada, acceso, platos de entrada, apertura, ingreso.
Entrançado adj entrenzado.
Entrançar v entrenzar, trenzar.
Entranha s entraña, víscera.
Entranhar v entrañar, penetrar.
Entranhável adj entrañable.
Entrar v entrar, introducir, invadir.
Entravar v trabar, impedir, obstruir, embarazar.
Entreabrir v entreabrir.
Entreato s entreacto, intermedio.
Entrecruzar v entrecruzar, entrelazar.
Entregar v entregar, dar, depositar, facilitar, otorgar.
Entrelaçar v enredar, entrelazar, entrecruzar.
Entrelinha s entrelínea.
Entremear v insertar, intercalar, alternar.
Entremeio s intermedio, intervalo.
Entreouvir v entreoír.
Entreposto s almacén.
Entretanto adv entremedias, entretanto, mientras.
Entreter v entretener, distraer, divertir.
Entrevado adj minusválido, tullido.
Entrevista s entrevista, cita, conferencia.

Entristecer v entristecer, acongojar, angustiar, apesadumbrar.
Entroncar v entroncar, engrosar.
Entronizar v entronizar.
Entrouxar v empaquetar, envolver ropas.
Entubagem s intubación.
Entulho s desecho, escombro.
Entupir v obturar, entupir.
Entusiasmo s entusiasmo, admiración, animación.
Enumeração s enumeración.
Enunciação s enunciación, tesis.
Enunciar v enunciar, decir, definir, exponer.
Envaidecer v envanecer, engreír.
Envasilhar v envasar, embotellar.
Envelhecer v envejecer, avejentar.
Envelope s sobre, sobrecarta.
Envenenar v envenenar, intoxicar.
Enveredar v encaminar, encaminarse.
Envergadura s envergadura.
Envergonhado adj avergonzado, humillado.
Envergonhar v avergonzar, confundir.
Envernizar v barnizar, brunir.
Enviado s enviado, mandado.
Envidraçar v envidrar, ofuscarse.
Envio s envío, remesa.
Enviuvar v enviudar.
Envoltório s involucro, envoltorio.
Envolver v envolver, arrollar, implicar, involucrar.
Enxada s azada.
Enxadrista s ajedrecista.
Enxaguar v enjuagar, aclarar.
Enxame s enjambre, jabardillo.
Enxaqueca s jaqueca.
Enxergar v divisar.
Enxertar v injertar.
Enxofre s azufre.
Enxotar v ahuyentar, expulsar.
Enxoval s ajuar.
Enxugar v enjugar, secar.
Enxurrada s venida, torrente.
Enxuto adj enjuto, seco.
Epidêmico adj epidémico.
Epiderme s epidermis.

EPÍGRAFE — ESCARAVELHO

Epígrafe s epígrafe, inscripción.
Epílogo s epílogo.
Episódico adj episódico.
Episódio s episodio.
Epitélio s epitelio.
Época s época, período.
Epopeia s epopeya.
Equação s ecuación.
Equador s ecuador.
Equânime adj ecuánime.
Equatorial adj ecuatorial.
Equestre adj ecuestre.
Equidade s equidad, rectitud.
Equilibrar v compensar, equilibrar.
Equilíbrio s equilibrio, armonía.
Equimose s equimosis.
Equino adj equino; s équido.
Equipagem s equipaje.
Equipar v equipar, tripular.
Equiparar v equiparar.
Equipe s conjunto, equipo.
Equitação s equitación.
Equitativo adj equitativo.
Equivalência s equivalencia, igualdad de valor.
Equivalente adj equivalente, igual, correspondiente.
Equivocado adj equívoco, erróneo.
Equivocar v equivocar, confundir, errar.
Equívoco adj equívoco, ambiguo, sospechoso.
Era s era, época, período, fecha.
Erário s erario, tesoro.
Ereção s erección, rigidez.
Eremita s eremita.
Ereto adj erecto.
Erguer v erguir, erigir, izar, levantar.
Erigir v erigir, levantar, fundar.
Ermida s ermita, iglesia pequeña, capilla.
Ermitão s ermitaño, eremita.
Ermo adj yermo, sombrío.
Erosão s erosión, desgaste, corrosión.
Erótico adj erótico, sensual, lascivo.
Erradicar v erradicar, desarraigar.
Errado adj equivocado.
Errante adj errante, vagabundo.
Errar v errar, deambular, equivocarse.

Erro s error, yerro, defecto, desacierto.
Errôneo adj erróneo.
Erudição s erudición.
Erudito adj erudito, letrado, leído, sabio.
Erupção s erupción.
Erva s yerba.
Erva-cidreira s melisa.
Erva-doce s hinojo.
Erva-mate s yerba mate.
Ervilha s guisante.
Esbaforido adj jadeante.
Esbagaçar v despedazar.
Esbanjador adj gastador, derrochador.
Esbarrão s tropezón.
Esbarrar v desbarrar, tropezar.
Esbelto adj esbelto, elegante, garboso.
Esboçar v delinear, esbozar.
Esbofetear v abofetear, acachetar.
Esborrachar v aplastar, churrar.
Esbranquiçado adj blanquecino, pálido.
Esbravejar v embravecerse, vociferar.
Esburacar v agujerear, romperse.
Escabeche s escabeche.
Escabroso adj escabroso.
Escachar v hender, rajar, dividir.
Escada s escalera.
Escadaria s escalinata.
Escalar v escalar, trepar.
Escaldar v escaldar, escarmentar.
Escalonar v escalonar.
Escama s escama.
Escamotear v escamotear, robar.
Escancarar v abrirse.
Escândalo s escándalo, desenfreno, ofensa.
Escangalhar v destruir, estropear, descoyuntarse.
Escanhoar v afeitar, descañonar.
Escapadela s escapatoria.
Escapamento s escapamiento, escape.
Escapar v escapar, escabullirse, evadirse, huir, zafarse.
Escape s escape, fuga, evasión.
Escapulir v escabullirse, huir.
Escaramuça s escaramuza, combate, disputa.
Escaravelho s escarabajo.

ESCARCÉU — ESGARÇAR

Escarcéu s escarceo.
Escarlate s escarlata, rojo muy vivo.
Escarmentar v escarmentar, castigar.
Escarnecer v escarnecer, mofar, despreciar.
Escárnio s escarnio, mofa.
Escarpado adj abrupto, escarpado.
Escarradeira s escupidera.
Escarranchar v despatarrarse.
Escarrar v escupir, expectorar.
Escarro s gargajo, esputo.
Escassez s escasez, insuficiencia, falta.
Escasso adj escaso, insuficiente, raro.
Escavação s excavación.
Escavar v excavar, abrir, cavar.
Esclarecer v esclarecer, ilustrar, informarse.
Escoadouro s escurridero, sumidero.
Escoar v escurrir, colar.
Escola s escuela, liceo.
Escolar adj escolar, estudiante.
Escolha s alternativa, elección, opción, selección, voluntad.
Escolher v escoger, optar, seleccionar.
Escoltar v acompañar, escoltar.
Escombros s escombros, destrozos.
Esconder v esconder, agachar, agazapar, disimular, recatar, refugiar.
Esconderijo s escondrijo, refugio.
Esconjuro s esconjuro, exorcismo.
Escora s escora, apoyo, amparo.
Escorar v escorar, amparar, sostener.
Escória s escoria.
Escorpião s escorpión.
Escorredor s escurridor.
Escorregadio adj resbaladizo.
Escorregador s tobogán.
Escorregão s resbalón, desliz.
Escorregar v deslizar, resbalar.
Escorrer v escurrir, secar.
Escotilha s escotilla.
Escova s cepillo, escobilla.
Escovado adj cepillado.
Escovar v cepillar.
Escravidão s esclavitud.
Escravizar v esclavizar, cativar.
Escravo s siervo, esclavo.

Escrever v escribir, redactar.
Escritor s autor, escritor.
Escritório s escritorio, gabinete, oficina, despacho.
Escritura s escritura, registro.
Escrivaninha s bufete, escritorio.
Escroto s escroto, testículo.
Escrupuloso adj escrupuloso.
Escrutínio s escrutinio.
Escudar v escudar.
Esculpir v entallar, esculpir.
Escultor s escultor, tallista.
Escultura s escultura, talla.
Escuma s espuma.
Escumadeira s espumadera.
Escuna s escuna.
Escurecer v ensombrecer, obscurecer.
Escuridão s obscurecimiento, sombra, obscuridad.
Escuro adj obscuro, lóbrego, tenebroso.
Escusa s excusa, exculpación, disculpa.
Escusar v exculpar, excusar.
Escutar v escuchar, oír.
Esdrúxulo adj esdrújulo.
Esfacelar v deshacer, aplastar.
Esfalfar v cansar, extenuar.
Esfaquear v acuchillar, apuñalar.
Esfarelar v migar, majar.
Esfarrapar v desgarrar, rasgar.
Esfera s esfera, globo, ámbito, bola.
Esférico adj esférico, redondo.
Esfíncter s esfínter.
Esfolar v desollar, despellejar.
Esfomeado adj famélico, hambriento.
Esforço s esfuerzo, conato.
Esfrega s fregado, refriega.
Esfregão s estropajo, fregona.
Esfregar v fregar, frotar, refregarse.
Esfriar v enfriar, enfriarse.
Esfumar v esfumar.
Esfuziante adj silbante, barullento.
Esganado adj estrangulado, hambriento.
Esganar v estrangular, sofocar.
Esganiçar v desgañitarse, chillar.
Esgar s mueca.
Esgaravatar v escarbar.
Esgarçar v deshilar.

ESGOTADO — ESPIRITISMO

Esgotado *adj* agotado, exhausto.

Esgotamento *s* agotamiento, extenuación.

Esgoto *s* alcantarilla, sumidero, cloaca.

Esguelha *s* oblicuidad, sesgo.

Esguicho *s* chorro, jeringazo.

Esguio *adj* alto y delgado, tenue.

Esmaecer *v* enflaquecer, desmayar, perder el color.

Esmagar *v* aplastar, machucar, oprimir, vencer.

Esmalte *s* esmalte.

Esmerado *adj* esmerado, primoroso, perfecto.

Esmeralda *s* esmeralda.

Esmeril *s* esmeril.

Esmerilar *v* esmerilar, investigar.

Esmero *s* esmero, primor, cuidado.

Esmigalhar *v* desmigajar, aplastar.

Esmiuçar *v* desmenuzar.

Esmolar *v* limosnear, mendigar.

Esmoler *adj* caritativo.

Esmorecer *v* esmorecer, desalentar.

Esmurrar *v* abofetear.

Esnobar *adj* esnob, snob.

Esôfago *s* esófago.

Esotérico *adj* esotérico.

Espaçar *v* espaciar, dilatar, tardar.

Espaço *s* intervalo, espacio, área.

Espaçoso *adj* amplio, ancho, espacioso.

Espada *s* espada.

Espádua *s* espalda, omóplato.

Espaguete *s* espagueti.

Espairecer *v* distraer, divertir, recrearse.

Espaldar *s* espaldar, respaldo.

Espalhafato *s* aparato, confusión.

Espalhar *v* desparramar, diseminar, dispersar, expandir, propagar.

Espanador *s* plumero.

Espanar *v* desempolvar.

Espancar *v* apalear, cascar, golpear.

Espantado *adj* espantado, pasmado, estupefacto.

Espantar *v* espantar, ahuyentar, atemorizar, aturdir, pasmar, sorprender.

Esparadrapo *s* esparadrapo.

Esparramar *v* desparramar, desperdigar.

Espartilho *s* corpiño, corsé.

Esparzir *v* esparcir, derramar.

Espatifar *v* despedazar, hacer añicos.

Especialidade *s* especialidad.

Especialista *s* especialista.

Especiaria *s* especia.

Espécie *s* especie.

Especificar *v* especificar, determinar.

Espectador *s* espectador.

Espectro *s* espectro, sombra.

Especulação *s* especulación, operación, agio.

Especular *v* especular, observar, examinar.

Espedaçar *v* espedazar, despedazar.

Espeleólogo *s* espeleólogo.

Espelhar *v* limpiar, pulir, reflejarse.

Espelho *s* espejo.

Espera *s* espera.

Esperança *s* esperanza.

Esperar *v* aguardar, esperar.

Esperma *s* esperma, semen.

Espermatozoide *s* esparmatozoide.

Espernear *v* patalear, pernear.

Esperteza *s* vivacidad, destreza.

Esperto *adj* despierto, inteligente, vivo.

Espessar *v* espesar, apretar.

Espesso *adj* espeso, denso, frondoso.

Espessura *s* espesura, espesor.

Espetacular *adj* espectacular.

Espetar *v* espetar.

Espeto *s* espetón.

Espevitado *adj* despabilado.

Espevitar *v* animar, estimular.

Espezinhar *v* pisotear.

Espião *s* espía, investigador.

Espiar *v* achechar, espiar.

Espichar *v* estirar.

Espiga *s* espiga.

Espinafre *s* espinaca.

Espingarda *s* fusil, rifle.

Espinha *s* espina.

Espinhaço *s* espinazo, espina dorsal.

Espinhoso *adj* espinoso.

Espiral *s* espiral.

Espiriteira *s* infernillo.

Espiritismo *s* espiritismo.

ESPÍRITO — ESTELAR

Espírito s alma, espíritu, ánimo.
Espirrar v estornudar.
Espirro s estornudo.
Esplanada s explanada.
Esplêndido adj espléndido, harmonioso, magnífico, radiante.
Esplendor s esplendor, resplandor, fulgor, lustre.
Espoliar v despojar, expoliar.
Espólio s expolio, despojo.
Esponja s esponja.
Esponjoso adj esponjoso, leve.
Esponsal adj esponsal.
Espontâneo adj espontáneo, voluntario.
Espora s espuela.
Esporádico adj esporádico.
Esporear v espolear.
Esporte s deporte.
Esportista adj deportista.
Esportivo adj deportivo.
Esposa s esposa, mujer.
Esposo s esposo, marido.
Espraiar v explayar, lanzar.
Espreguiçar v desperezarse.
Espreitar v acechar, observar, espiar.
Espremer v estrujar, exprimir, moler.
Espumadeira s espumadera, rasero.
Espumoso adj espumoso.
Espúrio adj espúreo.
Esquadra s escuadra.
Esquadrinhar v escudriñar, escrutar.
Esquadro s cartabón, escuadra.
Esquartejar v descuartizar.
Esquecer v olvidar, descuidar.
Esquecimento s olvido, omisión.
Esqueleto s armazón, esqueleto.
Esquema s diagrama, esquema.
Esquentar v calentar, acalorar.
Esquerda s izquierda.
Esquerdo adj izquierdo, siniestro, zurdo.
Esqui s esquí.
Esquife s ataúd, esquife.
Esquilo s ardilla, esquirol.
Esquimó adj esquimal.
Esquina s esquina, ángulo de la calle.
Esquisito adj excéntrico, extraño, raro.
Esquivar v esquivar, eximirse.

Esquivo adj arisco, esquivo.
Esse pron dem ése; pron, adj dem ese.
Essência s esencia, ser, substancia.
Essencial adj esencial, básico, fundamental.
Estabelecer v establecer, constituir, implantar, instituir, situarse.
Estabelecimento s establecimiento, industria.
Estabilizar v fijar, estabilizar.
Estábulo s establo, majada.
Estacada s estacada.
Estação s estación, época.
Estacar v estacar, fijar, quedar.
Estacionamento s aparcamiento, garaje.
Estacionar v aparcar, estacionar.
Estádio s estadio.
Estado s estado, modo.
Estadual adj estatal.
Estafeta s estafeta, mensajero.
Estagiário s aprendiz.
Estagnação s estagnación, marasmo, inercia.
Estalagem s albergue, hostería, mesón, parador, venta.
Estalar v estallar, restallar.
Estaleiro s astillero.
Estalo s chasquido, crujido.
Estampado adj estampado, impreso.
Estampar v estampar, imprimir.
Estampido s estampido, tiro.
Estampilha s sello.
Estância s habitación.
Estandarte s estandarte, guión.
Estante s estante, repisa.
Estar v estar.
Estardalhaço s estruendo, ruido.
Estarrecer v aterrar, desmayarse.
Estátua s estatua, monumento.
Estatura s grandeza, estatura, valor.
Estatuto s estatuto, reglamento.
Estável adj estable, durable.
Este pron dem, éste; adj dem este.
Este s este, naciente, oriente, levante.
Esteira s estera, esterilla.
Esteiro s estero, estuario de un río.
Estelar adj estelar, estelario.

ESTENDER — ESTUPEFACTO

Estender *v* extender, estirar, desarrollar.
Estenografia *s* estenografía.
Estepe *s* estepa.
Esterco *s* boñiga, estiércol, majada.
Estereofônico *adj* estereofónico.
Estereoscópio *s* estereoscopio.
Estéril *adj* estéril, improductivo, árido.
Esterno *s* esternón.
Esterqueira *s* estercolero.
Estertor *s* estertor.
Estético *adj* estético.
Estiagem *s* estiaje, tiempo seco.
Estiar *v* serenar el tiempo, escampar.
Esticado *adj* estirado.
Esticar *v* estirar, retesar.
Estigma *s* estigma, marca.
Estilhaçar *v* astillar, destrozar.
Estilhaço *s* fragmento, astillazo, lasca.
Estilingue *s* honda.
Estilizar *v* estilizar.
Estima *s* estima, apreciación, aprecio, consideración, valor.
Estimar *v* estimar, bienquerer, considerar, valorar, preciar.
Estimativa *s* estimativa, evaluación.
Estimável *adj* estimable, adorable.
Estimular *v* estimular, excitar, incitar, aguzar.
Estímulo *s* estímulo, apetito, impulso, incentivo.
Estio *s* estío.
Estipêndio *s* estipendio, paga.
Estipular *v* estipular, convenir.
Estirado *adj* estirado.
Estirar *v* estirar, tenderse, dilatar.
Estirpe *s* estirpe, ascendencia.
Estivador *s* estibador.
Estofar *v* estofar, alcochonar.
Estofo *s* estofa, estofo, tejido, condición, laya.
Estola *s* estola.
Estontear *v* atontar, deslumbrar, atolondrar.
Estoque *s* estoque, arma blanca.
Estorvar *v* estorbar, embarazar, impedir.
Estouro *s* estallido, reventón.
Estouvado *adj* atolondrado, imprudente.

Estrábico *adj* estrábico, bizco.
Estrada *s* autopista, carretera.
Estrada de ferro *s* ferrocarril, ferrovía.
Estrado *s* estrado, tablado.
Estragado *adj* estragado, deteriorado, podrido.
Estragar *v* estragar, ajar, averiar, dañar, desgraciar, estropear.
Estralar *v* estallar, restallar.
Estrangeiro *adj* extranjero, gringo.
Estrangular *v* ahorcar, yugular, estrangular.
Estranhar *v* extrañar, desconocer, admirarse.
Estranho *adj* extraño, raro, singular.
Estratégia *s* estrategia.
Estrato *s* estrato.
Estratosfera *s* estratosfera.
Estrear *v* estrenar, inaugurar, debutar, iniciar.
Estrebaria *s* caballeriza.
Estreia *s* estreno, comienzo.
Estreito *adj* estrecho, angosto.
Estrela *s* estrella.
Estrela-do-mar *s* estrellamar.
Estrelar *v* estrellar, protagonizar, freír huevos.
Estremecer *v* estremecer, retemblar, temblar, trepidar.
Estremecimento *s* estremecimiento, amor.
Estrépito *s* estrépito, ruído, tumulto.
Estribar *adj* estribar.
Estridente *adj* estridente, agudo, áspero.
Estripar *v* destripar.
Estrofe *s* copla, estrofa.
Estrondo *s* estruendo, estrépito, fragor.
Estropiar *v* estropear, lastimar, desfigurar, mancar.
Estrume *s* estiércol.
Estrutura *s* estructura.
Estuário *s* estuário, estero.
Estudante *s* estudiante, alumno.
Estúdio *s* estudio.
Estufar *v* estufar, calentar, hinchar.
Estupefacto *adj* estupefacto, asombrado, pasmado.

ESTUPENDO — EXÍGUO

Estupendo adj estupendo.
Estupidez s estupidez, tontería.
Estúpido adj estúpido, torpe, grosero.
Estuprar v desflorar, estuprar.
Estupro s estupro, violación.
Estuque s estuque, estuco.
Esturricar v tostar mucho.
Esvaecer v desvanecer.
Esvair v esvaporar, disipar, desvanecer.
Esvaziar v vaciar, agotar.
Esvoaçar v revolotear.
Etapa s etapa, período.
Éter s éter.
Etéreo adj etéreo, delicado.
Eternizar v eternizar, perpetuar.
Eterno adj eterno, inmortal, invariable.
Etíope adj etíope.
Etiqueta s ceremonial, etiqueta, rótulo.
Etiquetar v rotular.
Etnia s etnia, raza.
Eu pron pess yo, sujeto pensante.
Eufemismo s eufemismo.
Eufonia s eufonía.
Eunuco s eunuco; adj estéril.
Eutanásia s eutanasia.
Evacuação s deposición, evacuación.
Evadir v evadir.
Evangelho s evangelio.
Evaporação s evaporación, vaporización.
Evasão s evasión.
Evasiva s evasiva, rodeo.
Evento s evento, suceso.
Eventual adj eventual, accidental, ocasional.
Evidente adj evidente, explícito, indudable, inequívoco, obvio, patente.
Evitar v evitar, esquivar, excusar, rehuir.
Evocar v evocar, invocar, sugerir.
Evoluir v evolucionar.
Exacerbar v exacerbar, irritar.
Exagerar v exagerar, desorbitar, encarecer, engrandecer, extralimitarse.
Exagero s exageración.
Exalação s exhalación, tufo, vaho.
Exalar v exhalar, heder.
Exaltação s exaltación, excitación, frenesí.

Exaltar v exaltar, glorificar.
Exame s examen, análisis, ensayo, inspección, registro, revista, supervisión.
Examinar v examinar, analizar, checar, conferir, observar, sondear.
Exangue adj exangüe, desangrando.
Exânime adj exánime, desfallecido.
Exasperar v irritar, exasperar.
Exatidão s exactitud.
Exaurir v agotar, disipar.
Exausto adj exhausto, agotado.
Exceção s excepción.
Excedente adj excedente, resto.
Exceder v exceder, sobrar.
Excelente adj excelente, delicioso, ótimo.
Excêntrico adj excéntrico.
Excepcional adj excepcional.
Excessivo adj exagerado, excesivo, exorbitante, extremo.
Excesso s excedencia, exceso, sobra.
Exceto prep excepto; adv a no ser.
Excipiente s excipiente.
Excitação s estímulo, excitación, agitación.
Excitável adj excitable.
Exclamação s exclamación, interjección.
Excluir v excluir, desechar, preterir.
Exclusivo adj exclusivo, propio, personal, privativo.
Excomungar v excomulgar.
Excreção s evacuación, excreción.
Excretar v evacuar, excretar.
Excursão s excursión, gira.
Execrável adj execrable, abominable.
Executar v ejecutar, ajusticiar, cumplir.
Exemplar s ejemplar, modelo, copia.
Exéquias s exequias.
Exercer v ejercer, practicar, profesar.
Exercício s ejercicio, adiestramiento, función, trabajo, uso.
Exibição s exhibición, ostentación, representación.
Exibir v exhibir, ostentar, representar.
Exigir v exigir, obligar, reclamar.
Exíguo adj exiguo.

EXILAR — EX-VOTO

Exilar v exilar, deportar, desterrar, expatriar.
Exímio adj eximio.
Eximir v eximir, libertar.
Existir v existir, haber, ser, vivir.
Êxito s éxito, triunfo.
Êxodo s éxodo, salida.
Exonerar v dimitir, exonerar.
Exorbitar v exorbitar, desorbitar, exagerar.
Exorcismo s exorcismo.
Exortação s exhortación.
Exótico adj exótico.
Expansão s expansión.
Expatriar v expatriar.
Expectativa s esperanza, expectativa.
Expectorar v expectorar.
Expedidor s expedidor, remitente.
Expediente s expediente, iniciativa, recurso, trámite.
Expedir v despachar, enviar, expedir, remitir.
Expelir v expeler, excretar, exhalar.
Expensas s expensas.
Experiência s experiencia, práctica.
Experimentar v experimentar, ensayar, notar, probar.
Experto s experto, perito.
Expiação s expiación, penitencia.
Expirar v espirar.
Explicar v explicar, aclarar, especificar.
Explodir v detonar, estallar, reventar.
Exploração s exploración, averiguación.
Explorar v explorar, sondear.
Expor v exponer, exhibir, exteriorizar, representar.
Exportar v exportar.
Expositor s expositor.
Exposto adj expuesto.
Expressar v expresar, enunciar.
Expresso adj expreso, antedicho, manifesto.
Exprimir v expresar, exprimir.

Expropriar v expropiar, confiscar, despojar, desposeer, incautarse.
Expulsar v expulsar, expeler, rechazar, repeler.
Expurgo s expurgo, expurgación, limpieza.
Êxtase s éxtasis, pasmo.
Extasiar v extasiar, encantar.
Extático adj extático, absorto, pasmado.
Extenso adj extenso, amplio, duradero.
Extenuador adj extenuador.
Extenuar v agotar, extenuar, debilitar.
Exterior adj exterior.
Exteriorizar v exteriorizar.
Exterminar v exterminar, aniquilar.
Externo adj exterior, externo.
Extinção s extinción, aniquilamiento.
Extinguir v extinguir, anular, matar.
Extirpação s extirpación, ablación, amputación.
Extirpar v amputar, extraer, extirpar.
Extorquir v extorsionar, arrancar.
Extraditar v repatriar.
Extrair v extraer, extirpar.
Extraordinário adj extraordinario, anormal, estupendo, excepcional, tremendo.
Extrato s extracto, substancia.
Extravagância s extravagancia, bizarría.
Extravasar v extravasar, verter.
Extraviar v descaminar, extraviar.
Extremar v extremar.
Extremidade s extremidad, borne, punta.
Extremo adj extremo.
Extrovertido adj expansivo.
Exuberância s exuberancia, vigor, intensidad.
Exultar v exultar, alegrarse.
Exumação s exhumación.
Exumar v exhumar, desenterrar.
Exundar v inundar, derramarse.
Ex-voto s exvoto, ofrenda en señal de un beneficio recibido.

f F

F *s* sexta letra del alfabeto portugués.
Fá *s* fa, amante.
Fabricação *s* fabricación, elaboración.
Fabricar *v* confeccionar, fabricar, forjar.
Fabril *adj* fabril.
Fábula *s* fábula, alegoría, cuento, ficción, leyenda.
Faca *s* cuchillo.
Façanha *s* hazaña.
Facão *s* machete, faca.
Facção *s* facción, partido.
Face *s* anverso, faceta, lado, haz, rostro.
Faceta *s* faceta.
Fachada *s* fachada, delantera, portada.
Facho *s* antorcha, hacho.
Fácil *adj* fácil, corriente, practicable.
Facilidade *s* posibilidad.
Facilitar *v* facilitar, facultar, proporcionar.
Facínora *s* facineroso, malhechor.
Fac-símile *s* facsímil, facsímile.
Factível *adj* factible, realizable.
Faculdade *s* facultad.
Facultar *v* facultar, permitir, conceder.
Facultativo *adj* facultativo, optativo, voluntario.
Fada *s* hada.
Fadiga *s* fatiga, cansancio, molestia.
Fagueiro *adj* acariciador, ameno, suave.
Fagulha *s* chispa, centella.
Faísca *s* rayo, chispa, centella.
Faíscar *v* chispear, deslumbrar.
Faixa *s* tira, faja, cinta.
Fala *s* habla, idioma.
Falácia *s* falacia, vocería.
Falange *s* falange.
Falar *v* hablar, conversar, declarar.
Falcão *s* halcón.

Falecer *s* fallecer, morir.
Falência *s* quiebra, insolvencia.
Falha *s* falla, rotura, raja.
Falido *adj* fallido, frustrado, quebrado.
Falo *s* falo, pene.
Falsear *v* falsear, falsificar, adulterar.
Falsificar *v* falsificar, adulterar.
Falso *adj* falso, pérfido, fingido, aparente.
Faltar *v* faltar, no comparecer, morir.
Fama *s* fama, gloria, reputación.
Família *s* família, raza, linaje.
Familiar *adj* familiar, doméstico, íntimo.
Faminto *adj* famélico, hambriento.
Famoso *adj* famoso, renombrado.
Fanatizar *v* fanatizar.
Fanfarrão *adj* fanfarrón, impostor.
Fanfarronar *v* fanfarronear.
Fanhoso *adj* gangoso.
Faniquito *s* berrinche, rabieta, desmayo.
Fantasia *s* fantasía, disfraz, ensueño, quimera.
Fantasiar *v* fantasear, disfrazar, idear, imaginar, soñar.
Fantasma *s* fantasma.
Fantástico *adj* fantástico, absurdo, extraordinario, increíble.
Fantoche *s* fantoche, marioneta, títere.
Faqueiro *s* estuche de cubiertos.
Faquir *s* faquir, asceta.
Faraó *s* faraón.
Farda *s* uniforme militar.
Fardo *s* fardo, farda, paca.
Farejar *v* husmear, olfatear.
Farelo *s* salvado, serrín.
Farináceo *s* harinero, farináceo.
Faringe *s* faringe.
Farinha *s* harina.
Farmácia *s* farmacia.

330 FARO — FEROCIDADE

Faro s olfato, olor.
Farofa s jactancia, bravata.
Farol s antorcha, farol, linterna.
Farpa s púa, farpa.
Farra s farra, juerga.
Farrapo s harapo, trapo.
Farsa s pantomima, farsa.
Fartar v hartar, saciar, cansar.
Farto adj harto, saciado, lleno, gordo, cansado.
Fascículo s fascículo.
Fascinação s fascinación, alucinación.
Fase s fase.
Fastidiar v fastidiar, asquear.
Fastidioso adj fastidioso, empalagoso.
Fatal adj fatal, funesto, inevitable.
Fatalidade s fatalidad, desastre, destino.
Fatia s loncha, lonja, raja.
Fatídico adj fatídico, infeliz, siniestro, trágico.
Fatigar v fatigar, agotar, cansar.
Fato s evento, hecho, suceso.
Fator s factor.
Fátuo adj fatuo, efímero.
Fatura s factura.
Fauna s fauna.
Faustoso adj lujoso.
Fava s haba.
Favela s chabola.
Favo s panal de miel, alvéolo.
Favor s favor, gracia, merced.
Favorável adj favorable, propicio.
Faxina s limpieza, fajina.
Fazenda s hacienda.
Fazendeiro s estanciero.
Fazer v hacer.
Fé s creencia, fe.
Fealdade s fealdad, deformidad.
Febre s fiebre, calentura.
Fecal adj fecal.
Fechado adj cerrado, hermético; FIG introvertido.
Fecho ecler s cremallera.
Fécula s almidón, fécula.
Fecundação s fecundación, fertilización, inseminación.

Fecundar v fecundar, fertilizar, inseminar, preñar.
Feder v heder.
Federação s federación.
Fedor s fetidez, hedor, peste.
Fedorento s fétido, maloliente.
Feição s facción, aparencia.
Feijão s fréjol, judía.
Feijoada s plato de judías.
Feio adj feo.
Feira s feria.
Feitiçaria s brujería, hechicería.
Feitiço s hechizo, brujería, maleficio, aojo.
Feitio s forma, hechura, talle.
Feito s hecho, acción, acto.
Feitor s administrador, factor.
Feiura s fealdad.
Feixe s fajo, haz, manojo, mazo.
Fel s hiel.
Felicidade s felicidad, bienaventuranza, dicha, ventura.
Felicitar v congratular, felicitar.
Felino s felino.
Feliz adj feliz, afortunado, dichoso, próspero.
Felizardo adj dichoso, afortunado.
Felpa s felpa, pello.
Felpudo adj felposo.
Feltro s fieltro.
Fêmea s hembra, mujer.
Fêmur s fémur.
Fenda s abertura, brecha, fisura.
Fenecer v fenecer, fallecer.
Feno s heno.
Fenômeno s fenómeno.
Fera s animal, fiera.
Féretro s ataúd, féretro.
Féria s feria.
Feriado adj día de fiesta, vacaciones.
Férias s vacaciones, descanso.
Ferida s herida, magulladura, pinchazo.
Ferido adj herido, plagado.
Ferimento s magullamiento, herida.
Ferino adj duro, feroz.
Fermentar v fermentar, leudar.
Ferocidade s ferocidad.

FEROZ — FISIOLOGIA

Feroz *adj* violento.
Ferradura *s* herradura.
Ferramenta *s* herramienta.
Ferrão *s* espigón, rejo.
Ferraria *s* herrería.
Ferro *s* hierro.
Ferrolho *s* cerrojo.
Ferro-velho *s* chatarrero.
Ferrovia *s* ferrocarril.
Ferrugem *s* herrumbre, moho.
Fértil *adj* fértil, fecundo.
Fervente *adj* hirviente.
Ferver *v* hervir.
Fervor *adj* fervor, hervor.
Fervura *adj* fervor, ebullición.
Festa *s* fiesta, festividad, gala, recepción.
Festejar *v* festejar, conmemorar, regocijar.
Festim *s* festín, fiesta, ágape.
Festividade *s* festividad.
Fetiche *s* fetiche.
Fétido *adj* fétido, apestoso, maloliente.
Feto *s* feto, enjendro.
Feudalismo *s* feudalismo.
Fevereiro *s* febrero.
Fezes *s* heces, excrementos.
Fiado *adj* fiado.
Fiador *s* fiador, garante.
Fiança *s* fianza, garantía.
Fiapo *s* brizna, hilacha.
Fiar *v* fiar, hilar.
Fibra *s* fibra, hebra, hilo.
Fibroso *adj* fibroso.
Ficar *v* quedar, estar, permanecer, detenerse.
Ficção *s* ficción.
Ficha *s* ficha.
Fichário *s* fichero.
Fidalgo *s* hidalgo, noble.
Fidelidade *s* fidelidad, lealtad.
Fiel *adj* fiel, leal.
Figa *s* higa.
Fígado *s* hígado.
Figo *s* higo.
Figueira *s* higuera.
Figura *s* figura, imagen, aspecto.
Figurado *adj* figurado, supuesto.

Fila *s* cola, fila, hilera.
Filamento *s* fibra, filamento, hebra, hilo.
Filantropia *s* filantropía.
Filão *s* filón.
Filatelia *s* filatelia.
Filé *s* filete, lonja de carne.
Fileira *s* fila, hila, hilera, retahíla, sarta.
Filete *s* friso, reguero.
Filho *s* hijo.
Filhó *s* buñuelo.
Filhote *s* cría, hijo pequeño.
Filiação *s* filiación.
Filial *adj* agencia, sucursal.
Filigrana *s* filigrana.
Filmar *v* filmar.
Filme *s* filme, película.
Filologia *s* filología.
Filosofia *s* filosofía.
Filtragem *s* filtración, colada.
Filtro *s* filtro, coladero, colador.
Fim *s* fin, final, cabo, conclusión, consumación, límite, remate, término.
Fimose *s* fimosis.
Finado *adj* finado.
Final *adj* terminal, último; *s* epílogo, final.
Finalizar *s* finalizar, terminar.
Finanças *s* finanzas.
Financeiro *adj* financiero.
Finca-pé *s* hincapié.
Fincar *v* hincar.
Findar *v* finalizar, concluir, acabar, terminar.
Fingido *adj* fingido, afectado.
Fingir *v* fingir, simular, afectar, aparentar.
Fino *adj* fino, sutil, delgado.
Fio *s* filo, hebra, hilo.
Firmamento *s* cielo, firmamento.
Firmar *v* afirmar, firmar, estacar, fijar.
Firme *adj* firme, constante, sostenido, sólido, tieso.
Fiscal *adj* fiscal, inspector.
Fiscalizar *v* controlar, fiscalizar.
Físico *s*, *adj* físico, corporal.
Fisiologia *s* fisiología.

FISIONOMIA — FORMATO

Fisionomia s expresión, fisonomía, gesto, rostro.
Fisioterapeuta s fisioterapeuta.
Fissura s cisura, fisura.
Fístula s fístula.
Fita s cinta, banda.
Fixar v fijar, clavar, marcar.
Fixo adj fijo, firme, estante.
Flã s flan.
Flácido adj flácido, flaco, lánguido, blando.
Flagelar s flagelar.
Flagrante adj flagrante.
Flamejante adj flamante, llameante.
Flamejar v flamear, llamear.
Flâmula s flámula.
Flanar v vagabundear.
Flanco s flanco, lado, costado.
Flanela s franela.
Flatulência s flatulencia.
Flauta s flauta.
Flecha s saeta, flecha.
Fleuma s flema, lentitud.
Flexível adj moldeable, maleable, flexible.
Floco s grumo (de nieve, algodón).
Flor s flor.
Floração s floración.
Florear v florear.
Floreira s floreto, jarra de flores.
Floresta s floresta, mata selva.
Florido adj florido.
Florir v florecer, cubrirse de flores.
Fluente adj fluente, fluyente.
Fluido adj fluido, fluyente; s fluido, líquido.
Fluir v fluir.
Flutuante adj flotante, flotador, boyante.
Flutuar v flotar, fluctuar, sobrenadar.
Fluvial adj fluvial.
Fobia s fobia.
Foca s foca.
Focalizar v enfocar.
Focinho s hocico.
Fofo adj fofo.
Fofoca s intriga, chisme, comidilla.
Fofocar v chismear, cotillear.
Fofoqueiro s alcahuete.

Fogaça s hogaza.
Fogão s estufa, fogón.
Fogareiro s brasero, hornillo.
Fogaréu s lumbrera.
Fogo s fuego.
Fogoso adj fogoso, ardoroso, arrebatado.
Fogueira s fogata, hoguera, pira.
Foguete s cohete.
Fogueteiro s pirotécnico.
Foice s guadaña, hoz.
Folclore s folklore.
Fole s fuelle.
Fôlego s aliento, hálito.
Folga s huelgo, vacación.
Folgado adj holgado.
Folgar adj holgar.
Folha s hoja.
Folha-de-flandres s hojalata, lata.
Folhado s hojaldre.
Folhagem s follaje, ramaje.
Folheto s folleto, opúsculo.
Folhinha s hojita, almanaque popular.
Folia s folía, juerga, farra.
Fólio s folio.
Fome s hambre.
Fomentar v fomentar.
Fonema s fonema.
Fonética s fonética.
Foniatria s foniatría.
Fonógrafo s gramófono.
Fonte s fuente, filón, mina.
Fora adv afuera, fuera.
Foragido s forajido.
Forca s horca.
Força s fuerza, potencia, pujanza, vigor.
Forçar v forzar, obligar, romper.
Forçoso adj forzoso.
Forense adj judicial.
Forja s forja.
Forjador s herrero.
Forma s forma, manera, figura.
Fôrma s horma, modelo, molde.
Formação s formación.
Formal adj formal, evidente.
Formalidade s formalidad, ceremonia.
Formar v componer, formar.
Formato s formato.

FORMIDÁVEL — FREQUÊNCIA

Formidável *adj* formidable, terríble.
Formiga *s* hormiga.
Formigamento *s* hormigueo.
Formigar *v* hormiguear.
Formigueiro *s* hormiguero.
Formol *s* formol.
Formoso *adj* hermoso, bello, bonito, lindo.
Formular *v* formular, recetar.
Formulário *s* formulario, recetario.
Fornada *s* hornada.
Fornalha *s* horno, fogón, hornillo.
Fornecer *v* abastecer, aprovisionar, avituallar, facilitar, proporcionar, surtir.
Forneiro *s* hornero.
Forno *s* horno.
Forquilha *s* horquilla, percha.
Forragem *s* forraje.
Forrar *s* forrar.
Forro *s* forro, revestimiento.
Fortalecer *v* fortalecer, consolidar, corroborar, reforzar, robustecer, tonificar.
Fortaleza *s* fortaleza, alcázar, fuerte.
Forte *adj* fuerte, duro, enérgico, potente, robusto, sólido, vigoroso.
Forte *s* castillo, fortaleza.
Fortificar *v* fortificar.
Fortuito *s* casual, fortuito.
Fortuna *s* fortuna, dicha, grandeza, prosperidad, ventura.
Fórum *s* foro.
Fosco *adj* hosco, empañado.
Fósforo *s* cerilla, fósforo.
Fossa *s* fosa, hoyo.
Fóssil *adj* fósil.
Fosso *s* cavidad, foso.
Foto *s* foto, fotografía.
Fotografar *v* fotografiar, retratar.
Foz *s* hoz, embocadura.
Fração *s* fracción.
Fracassar *v* fracasar, arruinar, fallir, malograr.
Fracionar *v* fraccionar, seccionar.
Fraco *adj* flaco, débil, anémico, blando, endeble, flácido, lánguido.
Frade *s* fraile, monje.

Fragilidade *s* delicadeza, flaqueza, fragilidad.
Fragmentação *s* fragmentación.
Fragmentar *v* fragmentar, fraccionar, segmentar.
Fragor *s* fragor, ruido.
Fragrância *s* fragancia, aroma, perfume.
Fralda *s* pañal.
Framboesa *s* frambuesa.
Franco *adj* franco, liberal, sincero.
Franga *s* polla, gallina joven.
Frangalho *s* harapo, trapo.
Frango *s* pollo.
Franja *s* franja, fleco, flequillo (del cabello).
Franquear *v* franquear, eximir, librar.
Franquia *s* franquía, franquicia, franqueo, exención.
Franzido *adj* crespo.
Franzino *adj* delgado.
Franzir *v* fruncir, crispar, plisar.
Fraque *s* frac, chaqué, esmoquin.
Fraquejar *v* flaquear, flojear.
Fraqueza *s* flaqueza, flojedad, abatimiento, anemia, cobardía, debilidad.
Frasco *s* frasco, vidrio.
Frasear *v* frasear, exponer.
Frasqueira *s* frasquera.
Fraternidade *s* fraternidad, hermandad, armonía.
Fraternizar *v* fraternizar.
Fraterno *adj* fraterno, fraternal.
Fratura *s* fractura, rotura, ruptura.
Fraturar *v* fracturar, romper.
Fraude *s* fraude, dolo, engaño, estafa.
Fraudulento *adj* fraudulento, doloso.
Freguês *s* cliente.
Frei *s* fray, monje.
Freio *s* freno.
Freira *s* monja.
Fremir *v* bramar, vibrar, estremecer.
Frêmito *s* frémito, bramido.
Frenesi *s* frenesí.
Frenético *adj* nervioso, frenético.
Frente *s* frente, anverso, haz.
Frequência *s* frecuencia, repetición.

FREQUENTAR — FUTEBOL

Frequentar v frecuentar, cursar.
Frequente adj frecuente, asiduo, endémico, habitual.
Fresco adj fresco, reciente, tierno, lozano.
Frescor s frescor, lozanía, verdor.
Fresta s tronera, rendija, grieta.
Fretar v fletar, alquilar.
Friagem s frialdad.
Fricção s fricción, roce, masaje, loción.
Friccionar v friccionar, fregar, frotar.
Frieira s sabañón.
Frieza s frialdad, indiferencia.
Frigideira s sartén.
Frigidez s frigidez.
Frigir v freír, fritar, sofreír.
Frigorífico s congelador, frigorífico, nevera.
Frio adj frío.
Frios s fiambre.
Frisa s frisa.
Frisado adj rizado.
Friso s friso, filete.
Fritada s fritada, frito.
Fritar v freír, fritar.
Frívolo adj frívolo, fútil.
Frondoso adj frondoso.
Fronha s funda de almohada.
Frontal adj frontal.
Fronte s frente, rostro, delantera.
Fronteira s frontera, confín, linde, raya.
Frontispício s frontispicio, portada.
Frota s flota.
Frouxidão s flojedad, debilidad.
Frouxo adj flojo, débil.
Frugal adj frugal, sobrio.
Fruir v fruir, gozar.
Frustração s frustración, fracaso.
Frustrar v frustrar, fracasar, malograr.
Frutificar v fructificar.
Fruto s fruto, fruta.
Fubá s harina de fuba.
Fuga s fuga, evasión, retirada.
Fugir v escapar, esquivar, evadir, fugarse, huir.
Fugitivo adj fugitivo, huidor.
Fulgor s fulgor, brillo.

Fulgurante adj fulgurante, brillante.
Fulgurar v fulgurar, fulgir, resplandecer.
Fuligem s hollín.
Fulminar v fulminar.
Fumaça s fumarada, humaza, humarada.
Fumar v fumar.
Fumegante adj humeante.
Fumegar v ahumar, humear.
Fumo s humo.
Função s función.
Funcionar v funcionar.
Funcionário s empleado, funcionario.
Funda adj honda.
Fundação s fundación, origen, institución, organización.
Fundamental adj esencial, fundamental.
Fundamentar v fundamentar, apoyar, documentar.
Fundar v fundar, erigir, iniciar, instituir.
Fundear v fondear, anclar.
Fundir v fundir.
Fundo adj hondo, profundo; s fondo.
Fúnebre adj fúnebre, macabro.
Fungo s hongo.
Funil s embudo.
Funilaria s hojalatería.
Furacão s huracán, tifón.
Furadeira s taladrador.
Furado adj picado.
Furador s taladrador, berbiquí.
Furar v agujerear, perforar, picar, pinchar, taladrar.
Furgão s furgón.
Fúria s furia, furor, ira.
Furna s caverna, cueva, subterráneo.
Furo s agujero, pinchazo, punto.
Furor s furor.
Furtar v hurtar, quitar, robar.
Furto s hurto, robo, latrocinio.
Furúnculo s furúnculo.
Fusão s fusión, alianza, reunión.
Fuselagem s fuselaje.
Fusível s fusible, cortacircuitos.
Fuso s huso.
Fustigar v azotar, fustigar, hostigar.
Futebol s balompié, fútbol.

FÚTIL — FUXICAR

Fútil *adj* fútil, frívolo.
Futuro *s* futuro, porvenir.
Fuxicar *v* charlartear.

Fuzil *s* fusil.
Fuzilar *v* fusilar, ametrallar, balear.
Fuzuê *s* espectáculo guirigay.

g G

G *s* séptima letra del alfabeto portugués.
Gabão *s* gabán, capote.
Gabar *v* alabar, elogiar.
Gabardina *s* gabardina.
Gabinete *s* gabinete.
Gado *s* casta, ganado.
Gafanhoto *s* langosta, saltamontes.
Gago *adj* tartamudo.
Gaguejar *v* balbucear, tartamudear.
Gaiato *s* muchacho travieso.
Gaio *adj* gayo, alegre.
Gaiola *s* jaula, prisión.
Gaita *s* gaita.
Gaivota *s* gaviota.
Galã *s* galán.
Galante *adj* galante.
Galão *s* galón.
Galardoar *v* galardonar, premiar.
Galáxia *s* galaxia.
Galeria *s* galería, barandilla.
Galgar *v* trepar.
Galgo *s* galgo.
Galhardia *s* gallardía.
Galho *s* esqueje, gajo, rama.
Galicismo *s* galicismo.
Galinha *s* gallina.
Galocha *s* galocha, chanclo.
Galopar *v* galopar.
Galpão *s* nave industrial, galpón.
Galvanizar *v* galvanizar.
Gamela *s* cuenco, escudilla.
Gameta *s* gameto.
Gamo *s* gamo, venado.
Gana *s* gana, apetito.
Ganância *s* ganancia, ambición, avidez.
Gancho *s* gancho, grapa.
Gangorra *s* columpio.
Ganha-pão *s* ganapán.

Ganhar *v* ganar, lucrar, recibir.
Ganir *s* gañir, latir.
Ganso *s* ganso, oca, ánsar.
Garagem *s* garaje.
Garantia *s* garantía, fianza, solvencia.
Garapa *s* guarapo.
Garbo *s* garbo, gallardía.
Garça *s* garza.
Garçom *s* muchacho, mozo, camarero.
Garfo *s* tenedor.
Gargalhada *s* carcajada.
Gargalo *s* cuello.
Gargantilha *s* gargantilla.
Gargarejo *s* gárgaras.
Gárgula *s* gárgola.
Gari *s* barrendero.
Garimpeiro *s* buscador de metales y piedras preciosas.
Garoa *s* lluvia fina.
Garoto *s* chico.
Garrafa *s* botella, vidrio.
Garrafão *s* garrafa.
Garrido *adj* garrido, galano, galante.
Garrote *s* garrote.
Garupa *s* grupa.
Gás *s* gas.
Gases *s* gases intestinales.
Gasóleo *s* gasoleo, gasoil.
Gasolina *s* gasolina, nafta.
Gasômetro *s* gasómetro.
Gasoso *adj* gaseoso.
Gastador *adj* perdulario.
Gastar *v* gastar, disipar, consumir.
Gasto *s* consumado, gasto.
Gastronomia *s* gastronomía.
Gata *s* gata.
Gatilho *s* gatillo.
Gatuno *s* ladrón.

GAVETA — GOLEIRO

Gaveta s cajón, gaveta.
Gavião s gavilán.
Gaze s gasa.
Gazela s gacela.
Gazeta s gaceta.
Gazua s ganzúa.
Geada s helada.
Gel s gel.
Geladeira s heladera, nevera.
Gelado adj helado; s sorbete.
Geleia s jalea.
Geleira s nevera.
Gelo s hielo.
Gelosia s celosía.
Gema s gema, yema.
Gêmeo adj, s gemelo, mellizo.
Gemer s gemir, lloriquear, suspirar.
Gemido s gemido, lamentación.
Genciana s genciana, planta medicinal.
Gene s gen, gene.
Genealogia s genealogía.
General s general.
Generalidade s generalidad.
Generalizar v generalizar, universalizar.
Genérico adj genérico, vago, indeterminado.
Gênero s género, clase.
Generosidade s generosidad.
Generoso adj generoso, noble.
Gênese s génesis.
Genético adj genético.
Gengibre s jengibre.
Gengiva s encía.
Genial adj genial.
Gênio s genio, talento.
Genital adj genital.
Genocídio s genocidio, holocausto.
Genro s yerno.
Gentalha s gentualla.
Gentil adj gentil, airoso.
Genuíno adj genuino, puro, natural.
Geografia s geografía.
Geometria s geometría.
Geração s generación, concepción.
Gerador s generador.
Geral adj común, general.
Gerânio s geranio.

Gerar v generar, engendrar.
Gerência s gerencia, administración.
Gerente adj encargado.
Gergelim s planta herbácea, ajonjolí.
Geriatra s geriatra.
Geringonça s chapucería.
Germânico adj alemán, germánico.
Germe s germen, simiente.
Germinar v germinar, vegetar.
Gerúndio s gerundio.
Gesso s yeso.
Gestação s gestación, gravidez, embarazo.
Gestão s gestión.
Gesticular v gesticular, manotear.
Gesto s gesto, ademán, expresión.
Gibão s jubón.
Gibi s cómic.
Gigante s gigante, descomunal.
Gigolô s gigoló.
Ginásio s gimnasio, liceo.
Ginástica s gimnasia.
Ginecologia s ginecología.
Ginete s jinete.
Girafa s jirafa.
Girar v girar, rodar, volver.
Girassol s girasol, tornasol.
Gíria s germanía.
Giz s tiza.
Glacial adj glacial.
Glande s glande.
Glândula s glándula.
Glicose s glucosa.
Global adj global.
Glóbulo s glóbulo.
Glória s gloria.
Glosa s glosa.
Glossário s glosario, léxico.
Glutão adj glotón, goloso.
Glúten s gluten.
Glúteo adj glúteo.
Gnomo s gnomo.
Goela s garganta.
Goiaba s guayaba.
Gol s gol.
Gola s cuello, collar.
Gole s bocanada, trago.
Goleiro s guardameta.

GOLFADA — GRINALDA

Golfada s borbotón.
Golfe s golf.
Golfinho s delfín.
Golfo s golfo.
Golpe s golpe, embate, porrazo.
Goma s goma, almidón.
Gomo s brote, retoño, gajo.
Gôndola s góndola.
Gonzo s gozne.
Gorar v malograr, engorar, abortar.
Gorducho adj gordiflón.
Gordura s gordura, grasa.
Gorila s gorila, mono.
Gorjear v gorjear, trinar.
Gorjeta s propina.
Gorro s gorro.
Gosma s pepita.
Gostar v gustar, saborear, simpatizar.
Gosto s gusto, sabor.
Gota s gota.
Goteira s gotera.
Gótico adj gótico.
Gotícula s gotita, gota pequeña.
Governador s governador.
Governanta s ama, aya, gobernanta.
Governar v gobernar, pilotar.
Governo s gobierno, timón.
Gozado adj disfrutado, raro.
Gozador adj burlón, irónico.
Gozar v gozar, divertirse.
Graça s gracia, elegancia, perdón.
Gracejar v gracejar, bromear, decir chistes.
Gracioso adj gracioso.
Gradação s gradación.
Grade s reja, verja.
Gradear v enrejar.
Graduar v graduar.
Grafia s grafía, ortografía.
Gráfico s gráfico.
Grafite s grafito.
Grafologia s grafología.
Gral s mortero.
Grama s gramo, yerba.
Gramado s césped.
Gramática s gramática.
Gramofone s gramófono, fonógrafo.

Grampear v grapar.
Grampo s clip, grapa.
Granada s granada.
Grande adj crecido, poderoso, magnífico.
Granel s granero.
Granfino s elegante, fino.
Granito s granito.
Granizo s granizo.
Granjear v granjear, atraer.
Granular v granular, granear.
Grão adj gran.
Grão s grana, grano.
Grão-de-bico s garbanzo.
Grasnar v graznar, gañir.
Grasnido s graznido.
Grassar v propagarse.
Gratidão s gratitud.
Gratificação s gratificación.
Gratinar v gratinar.
Grátis adj gratis.
Grato adj grato, agradable.
Gratuíto adj gratuito.
Grau s grado.
Graúdo adj grande, crecido.
Gravação s grabación.
Gravado adj grabado.
Gravador s grabador, magnetofón.
Gravar v grabar, entallar, imprimirse.
Gravata s corbata.
Grave adj grave, serio.
Graveto s chasca.
Gravidez s embarazo, preñez.
Gravitar v gravitar.
Gravura s grabado.
Graxa s engrase, betún.
Grego adj griego.
Grelha s parrillas.
Grêmio s gremio, club.
Grená adj granate.
Grenha s greña.
Greta s grieta, raja, hendidura.
Greve s huelga.
Grevista s huelguista.
Grifo s bastardilla, grifo.
Grilhão s brete, cadena metálica.
Grilo s grillo.
Grinalda s guirnalda, cenefa, festón.

GRINGO — GUTURAL

Gringo *s* gringo, extranjero.
Gripe *s* gripe.
Grisalho *adj* entrecano.
Gritar *v* exclamar, gritar, vocear.
Grito *s* grito, berrido.
Groselha *s* grosella.
Grosseiro *adj* grosero, grueso.
Grosso *adj* grueso, voluminoso.
Grossura *s* grosura.
Grua *s* grúa, cabria.
Grudar *v* engrudar.
Grunhido *s* gruñido.
Grunhir *v* gruñir.
Grupo *s* reunión.
Gruta *s* gruta, caverna, cueva.
Guano *s* guano.
Guapo *adj* guapo.
Guaraná *s* guaraná.
Guarda *s* guarda, guardia.
Guarda-chuva *s* paraguas.
Guarda-costas *s* guardaespaldas.
Guardanapo *s* servilleta.
Guarda-pó *s* guardapolvo.
Guardar *v* guardar, conservar.
Guarda-roupa *s* guardarropa, ropero.

Guarda-sol *s* parasol, sombrilla.
Guardião *s* guardián.
Guarida *s* guarida.
Guarnecer *v* guarnecer.
Gueixa *s* gueisha.
Guelra *s* agallas.
Guerra *s* guerra.
Guerrear *v* batallar, conflagrar, guerrear.
Guerreiro *adj* guerrero, belicoso.
Guia *s* guía, conductor, líder, mentor.
Guiar *v* guiar, aconsejar, dirigir.
Guichê *s* ventanilla.
Guilhotina *s* guillotina.
Guinchar *v* chillar, chirriar.
Guindaste *s* cabria, grúa.
Guirlanda *s* guirnalda.
Guisado *s* guisado, guiso.
Guisar *v* guisar.
Guizo *s* cascabel.
Gula *s* glotonería, gula.
Gume *s* filo.
Guri *s* niño.
Guru *s* gurú.
Gustação *s* gustación.
Gutural *adj* gutural.

h H

H *s* octava letra del alfabeto portugués.
Hábil *adj* hábil, diestro.
Habilidade *s* habilidad, maña.
Habilitar *v* habilitar.
Habitação *s* habitación, morada.
Habitante *adj* habitante.
Habitar *v* habitar, vivir.
Hábito *s* costumbre, hábito.
Habitual *adj* frecuente, habitual, usual.
Habituar *v* habituar, acostumbrar.
Hálito *s* hálito, soplo.
Hall *s* hall.
Halo *s* aura, halo.
Handebol *s* balonmano.
Hangar *s* hangar, abrigo.
Harém *s* harén, serrallo.
Harmonia *s* armonía, paz, acuerdo.
Harmônica *s* acordeón, armónica.
Harmonizar *v* armonizar, conciliar, concordar.
Harpa *s* arpa.
Hárpia *s* harpía, arpía.
Haste *s* asta, palo de bandera.
Hastear *v* izar, enarbolar.
Haurir *v* agotar.
Havana *adj* habana.
Haver *v* haber.
Haveres *s* bienes, riqueza, fortuna.
Hebdomadário *adj* hebdomadario, semanario.
Hebraico *adj* hebraico, hebreo.
Hecatombe *s* hecatomba.
Hectare *s* hectárea.
Hediondo *adj* hediondo.
Hedonismo *s* hedonismo.
Hegemonia *s* hegemonía.
Hélice *s* hélice.
Helicóptero *s* helicóptero.

Hematoma *s* hematoma.
Hematose *s* hematosis.
Hemiplegia *s* hemiplejía.
Hemisfério *s* hemisferio.
Hemofilia *s* hemofilia.
Hemoglobina *s* hemoglobina.
Hemorragia *s* hemorragia.
Hepatite *s* hepatitis.
Hera *s* hiedra.
Heráldico *adj* heráldico.
Herança *s* herencia.
Herbário *s* herbario.
Herbicida *s* herbicida.
Hercúleo *adj* hercúleo.
Herdade *s* heredad, hacienda de campo.
Herdar *v* heredar.
Herdeiro *adj* heredero, *s* sucesor.
Herege *s* hereje.
Heresia *s* herejía.
Herético *adj* herético, hereje.
Hermafrodita *adj*, *s* andrógino, hermafrodita.
Hermético *adj* hermético, cerrado.
Hérnia *s* hernia.
Herói *s* héroe.
Herpes *s* herpes.
Hesitação *s* hesitación, vacilación.
Hesitar *v* hesitar, vacilar.
Heterodoxia *s* heterodoxia.
Heterogêneo *adj* heterogéneo.
Heterossexual *adj* heterosexual.
Hexagonal *adj* hexagonal.
Hiato *s* hiato.
Hibernação *s* híbernación.
Hidratar *v* hidratar.
Hidrofobia *s* hidrofobia, rabia.
Hidrogênio *s* hidrógeno.
Hidrografia *s* hidrografía.

HIDROSFERA — HÚMUS

Hidrosfera s hidrosfera.
Hidroterapia s hidroterapia.
Hiena s hiena.
Hierarquia s jerarquía.
Hieróglifo s jeroglífico.
Higiene s higiene, aseo.
Higiênico adj higiénico.
Higrometria s higrometría.
Hilariante adj hilarante.
Hímen s hímen.
Hino s himno, canto, canción.
Hipérbole s hipérbole.
Hipersensível adj hipersensible.
Hipertensão s hipertensión.
Hipertrofia s hipertrofia.
Hípico adj hípico.
Hipnose s hipnosis.
Hipocondria s hipocondría.
Hipocrisia s hipocresía.
Hipodérmico adj hipodérmico.
Hipódromo s hipódromo.
Hipopótamo s hipopótamo.
Hipotecar v hipotecar.
Hipótese s hipótesis, condición.
Hipotético adj hipotético.
Hirto adj rígido, yerto.
Hispânico adj hispánico.
Histeria s histeria, histerismo.
História s historia.
Hoje adv hoy.
Holocausto s holocausto.
Holofote s proyector de luz, foco eléctrico.
Homem s hombre.
Homenagem s homenaje.
Homeopatia s homeopatía.
Homicida adj homicida.
Homogêneo adj homogéneo.
Homologar v homologar, confirmar.
Homônimo adj homónimo.
Homossexual adj homosexual.
Homúnculo s homúnculo.
Honestidade s honestidad, modestia, decoro.

Honesto adj honesto, decente, digno, honrado.
Honorário adj honorario; s paga.
Honra s honor, honra.
Honradez s honradez.
Honrar v honrar, dignificar, distinguir.
Hora s hora.
Horário s horario.
Horizontal adj horizontal.
Horizonte s horizonte.
Hormônio s hormona.
Horóscopo s horóscopo.
Horrendo adj horrendo.
Horripilar v horripilar.
Horrível adj horrible.
Horror s horror.
Horrorizar v amedrentar.
Horta s huerta.
Hortaliça s hortaliza.
Hortelã s menta.
Hortelã-pimenta s menta piperita.
Hortênsia s hortensia.
Horto s huerto.
Hospedagem s hospedaje.
Hospedar v hospedar, alojarse.
Hospício s hospicio.
Hospital s hospital.
Hospitalar adj hospitalar.
Hoste s hueste.
Hóstia s hostia.
Hostil adj hostil.
Hotel s hotel.
Hotelaria s hostelería.
Hulha s hulla.
Humanidade s humanidad.
Humanismo s humanismo.
Humano adj humano.
Humildade s humildad, modestia.
Humilde adj humilde, sumiso.
Humilhar v degradar, humillar.
Humor s humor.
Humorismo s humorismo.
Húmus s humus.

i I

I *s* novena letra del alfabeto portugués; I en la numeraciom romana.
Ianque *adj* yanqui, norteammericano.
Iate *s* yate. s.
Ibérico *adj* ibero, ibérico.
Ibero *adj* ibero.
Ibero-americano *adj* iberoamericano.
Içar *v* izar, levantar, alzar.
Ícone *s* icono.
Iconoclasta *adj* iconoclasta.
Iconografia *s* iconografía.
Ida *s* ida, jornada.
Idade *s* edad, época de la vida, época histórica, tiempo, duración, vejez.
Ideal *adj* ideal, perfección.
Idealismo *s* idealismo.
Ideia *s* idea, recuerdo.
Idem *adj* ídem.
Idêntico *adj* idéntico, igual.
Identidade *s* identidad.
Identificar *v* identificar, reconocer.
Ideologia *s* ideología.
Idílio *s* idilio.
Idioma *s* idioma, habla, lengua.
Idiossincrasia *s* idiosincrasia.
Idiota *adj* idiota, imbécil, cretino, tonto.
Idolatrar *v* idolatrar, adorar.
Ídolo *s* ídolo.
Idôneo *adj* idóneo, adecuado.
Idoso *adj* mayor, viejo.
Iglu *s* iglú.
Ígneo *adj* ígneo.
Ignição *s* ignición.
Ignóbil *s* innoble.
Ignorado *adj* ignorado, obscuro.
Ignorância *s* ignorancia.
Igreja *s* iglesia, templo cristiano.
Igual *adj* igual, idéntico.

Igualar *v* igualar.
Iguaria *s* iguaria.
Ilegal *adj* ilegal, ilícito.
Ilegítimo *adj* ilegítimo.
Ilegível *adj* ilegible.
Ileso *adj* ileso, intacto, salvo.
Iletrado *adj* analfabeto, iletrado.
Ilha *s* isla.
Ilhéu *adj* isleño, islote.
Ilhós *s* ojete.
Ilícito *adj* ilegal, ilícito.
Ilimitado *adj* ilimitado, infinito, indefinido.
Ilógico *adj* ilógico.
Iludir *v* iludir, engañar.
Iluminar *v* iluminar, alumbrar, ilustrar.
Ilusão *s* ilusión, ensueño, engaño.
Ilusório *adj* ilusorio.
Ilustração *s* ilustración.
Ilustrar *v* ilustrar, instruir.
Ímã *s* imán.
Imaculado *adj* inmaculado, puro, inocente.
Imagem *s* imagen.
Imaginar *v* idear, imaginar, suponer.
Imaginário *adj* imaginario, irreal, ficticio.
Imanar *v* magnetizar.
Imanente *adj* inmanente.
Imaterial *adj* incorpóreo, inmaterial.
Imaturo *adj* inmaduro.
Imbecil *adj* imbécil, idiota.
Imberbe *adj* imberbe.
Imbuir *v* imbuir, embeber, persuadir.
Imediação *s* inmediación.
Imediato *adj* inmediato, consecutivo, próximo, cercano.
Imemorável *adj* inmemorable.
Imensidão *s* inmensidad.

IMENSO — IMPRODUTIVO

Imenso *adj* inmenso.
Imergir *v* inmergir.
Imersão *s* inmersión.
Imerso *adj* inmergido.
Imigração *s* inmigración.
Imigrar *v* inmigrar.
Iminente *adj* inminente.
Imiscuir-se *v* inmiscuirse.
Imitar *v* imitar, copiar, plagiar.
Imobiliária *s* inmobiliaria.
Imobilidade *s* inmovilidad.
Imobilismo *s* inmovilismo.
Imobilizar *v* inmovilizar.
Imodesto *adj* inmodesto.
Imolar *v* inmolar.
Imoral *adj* inmoral.
Imortalizar *v* inmortalizar, eternizar, perpetuar.
Imóvel *adj* estático, inmóvil; *s* inmueble.
Impaciente *adj* impaciente.
Impacto *s* impacto.
Impagável *adj* impagable.
Impalpável *adj* impalpable.
Impaludismo *s* paludismo.
Ímpar *adj* impar, desigual.
Imparcial *adj* imparcial, ecuánime.
Impassível *adj* impasible.
Impecável *adj* impecable.
Impedido *adj* impedido, interrumpido.
Impedir *v* impedir, detener.
Impelir *v* impelir, empujar.
Impenetrável *adj* impenetrable, insondable.
Impensado *adj* impensado.
Imperar *v* imperar.
Imperativo *adj* imperativo.
Imperceptível *adj* imperceptible.
Imperdoável *adj* imperdonable.
Imperfeito *adj* defectuoso, imperfecto.
Imperial *adj* imperial.
Imperícia *s* impericia.
Império *s* imperio, poderío.
Impermeabilizar *v* impermeabilizar.
Impertinência *s* impertinencia.
Imperturbável *adj* imperturbable.
Impessoal *adj* impersonal.
Ímpeto *s* arranque, ímpetu.

Impetuoso *adj* impetuoso, fogoso.
Ímpio *adj* impío, hereje.
Implacável *adj* implacable, insensible.
Implantação *s* implantación.
Implantar *v* implantar.
Implicância *s* implicancia.
Implicar *v* implicar.
Implícito *adj* implícito, tácito.
Implorar *v* implorar, rogar, suplicar.
Imponente *adj* imponente, arrogante.
Impontual *adj* que no es puntual.
Impopular *adj* impopular.
Impor *v* imponer.
Importação *s* importación.
Importância *s* importancia, grandeza.
Importar *v* importar, originar, producir, convenir.
Importunar *v* importunar, aburrir.
Imposição *s* imposición.
Impossibilitar *v* imposibilitar, impedir.
Impossível *adj* imposible.
Imposto *adj* impuesto, contribución.
Impostor *adj* impostor, farsante.
Impostura *s* impostura, hipocresía.
Impotência *s* impotencia, imposibilidad.
Impraticável *adj* impracticable, intratable.
Imprecar *v* imprecar, pedir, suplicar, maldecir.
Imprecisão *s* imprecisión.
Impregnação *s* impregnación, absorción, fecundación.
Imprensa *s* imprenta.
Imprescindível *adj* imprescindible.
Impressão *s* edición, impresión, sensación.
Impressionar *v* impresionar, emocionar, impactar.
Impresso *adj* estampado, impreso; *s* folleto.
Imprestável *adj* imprestable.
Imprevidência *s* imprevisión.
Imprevisto *adj* imprevisto.
Imprimir *v* imprimir, grabar, estampar.
Ímprobo *adj* ímprobo.
Improcedente *adj* improcedente.
Improdutivo *adj* improductivo.

344 IMPROPÉRIO — INCONFIDÊNCIA

Impropério *s* improperio, insulto, injuria.

Impróprio *adj* impropio, inadecuado, inconveniente.

Improvável *adj* improbable.

Improvisar *v* improvisar, inventar.

Imprudência *s* imprudencia, indiscreción.

Impugnar *v* impugnar, oponer.

Impulsionar *v* impulsar.

Impulso *s* impulso, ímpetu.

Impune *adj* impune.

Impureza *s* impureza.

Imputar *v* imputar.

Imundície *s* inmundicia, porquería.

Imunidade *s* inmunidad.

Imunizar *v* inmunizar.

Imutável *adj* inmutable.

Inabalável *adj* inalterable.

Inábil *adj* inhábil.

Inabilitar *v* inhabilitar, incapacitar.

Inacabável *adj* inacabable.

Inação *s* inacción, inercia.

Inaceitável *adj* inaceptable.

Inacessível *adj* inaccesible.

Inacreditável *adj* increíble.

Inadequado *adj* inadecuado.

Inadiável *adj* improrrogable.

Inadmissível *adj* inadmisible.

Inalar *v* aspirar, inhalar.

Inalienável *adj* inalienable.

Inalterável *adj* inalterable.

Inanição *s* inanición.

Inapetência *s* desgana, inapetencia.

Inapto *adj* inepto, incapaz, inhábil.

Inatacável *adj* inatacable.

Inatingível *adj* inalcanzable.

Inativo *adj* inactivo, inerte, desocupado.

Inato *adj* congénito, innato.

Inaudito *adj* inaudito.

Inaugurar *v* inaugurar, empezar.

Inca *adj* inca.

Incalculável *adj* incalculable, ilimitado, incontable, inestimable.

Incandescente *adj* incandescente.

Incansável *adj* incansable, infatigable.

Incapacidade *s* incapacidad, incompetencia, insuficiencia, inutilidad.

Incauto *adj* incauto.

Incendiar *v* incendiar, abrasar, encender, inflamar.

Incensar *v* incensar.

Incentivar *v* estimular, incitar.

Incerteza *s* incertidumbre, duda.

Incerto *adj* incierto, ambiguo, dudoso, improbable, inconstante.

Incessante *adj* incesante, continuo.

Incesto *s* incesto.

Inchaço *s* hinchazón.

Inchar *v* hinchar.

Incidente *adj* incidente, accidente.

Incidir *v* incidir, incurrir.

Incineração *s* cremación, incineración.

Incisão *s* incisión, cortadura, hendidura.

Incisivo *adj* incisivo.

Inciso *s* inciso.

Incitar *v* incitar, estimular, instigar.

Inclemência *s* inclemencia, crueldad.

Inclinação *s* declinación, inclinación.

Incluir *v* incluir, implicar.

Inclusive *adj* inclusive, incluso.

Incluso *adj* incluido, comprendido.

Incoerência *s* incoherencia.

Incógnito *adj* anónimo, incógnito.

Incolor *adj* incoloro.

Incólume *adj* incólume.

Incomodar *v* incomodar, molestar.

Incômodo *adj* incómodo, molesto, nocivo; *s* enfermedad pasajera.

Incompatível *adj* incompatible.

Incompetência *s* incompetencia, inhabilidad.

Incompleto *adj* incompleto.

Incompreendido *adj* incomprendido.

Incompreensível *adj* incomprensible.

Incomunicável *adj* incomunicable.

Inconcebível *adj* inconcebible.

Inconciliável *adj* inconciliable, incompatible.

Incondicional *adj* incondicional.

Inconfessável *adj* inconfesable.

Inconfidência *s* inconfidencia.

IMP / INC

INCONFORMADO — INDUMENTÁRIA 345

Inconformado *adj* disconforme.
Inconfundível *adj* inconfundible.
Incongruente *adj* incongruente.
Inconsciência *s* inconsciencia.
Inconsistência *s* inconsistencia.
Inconsolável *adj* inconsolable.
Inconstância *s* inconstancia, inestabilidad.
Inconstitucional *adj* inconstitucional.
Incontestável *adj* incontestable, indudable.
Incontinência *s* incontinencia.
Inconveniência *s* inconveniencia, indelicadeza.
Incorporar *v* incorporar, incluir.
Incorrer *v* incurrir.
Incorreto *adj* incorrecto, errado.
Incorrigível *adj* incorregible.
Incorrupto *adj* incorrupto.
Incredulidade *adj* incredulidad.
Incrédulo *adj* incrédulo, descreído.
Incrementar *v* incrementar.
Incriminar *v* incriminar, acusar.
Incrível *adj* increíble, absurdo, inconcebible.
Incrustar *v* incrustar.
Incubar *v* incubar, empollar.
Inculcar *v* inculcar.
Inculto *adj* inculto, ignorante.
Incumbência *s* incumbencia, cometido, comisión, dever.
Incumbir *v* incumbir, delegar, encomendar.
Incurável *adj* incurable.
Incursão *s* incursión, invasión.
Incutir *v* influir.
Indagar *v* indagar, inquirir, pesquisar.
Indecência *s* indecencia.
Indecifrável *adj* indescifrable.
Indecisão *s* indecisión.
Indecoroso *adj* indecoroso.
Indefeso *adj* indefenso.
Indefinido *adj* indefinido.
Indelével *adj* imborrable, indeleble.
Indelicado *adj* indelicado, desatento, inconveniente.
Indenizar *v* indemnizar, compensar.

Independência *s* autonomía, independencia.
Indescritível *adj* indescriptible.
Indesejável *adj* indeseable.
Indestrutível *adj* indestructible.
Indeterminado *adj* indeterminado.
Indevido *adj* indebido.
Indexação *s* indexación.
Indicador *adj*, *s* indicador, índex, índice, dedo.
Indicativo *adj* indicativo, indicación, señal.
Índice *s* índice.
Indício *s* indicio, indicación, rastro.
Indiferença *s* indiferencia, apatía, desdén, desinterés.
Indiferente *adj* indiferente, apático, desinteresado, insensible.
Indígena *adj* indígena, autóctono.
Indigente *adj* indigente, pobre.
Indigestão *s* indigestión, embargo.
Indignar *v* indignar, encolerizar, enfadar, enojar.
Indigno *adj* indigno, improprio, abyecto.
Índio *adj* indio.
Indireto *adj* indirecto, alusivo.
Indisciplinado *adj* indisciplinado.
Indiscreto *adj* indiscreto, curioso.
Indiscutível *adj* indiscutible, innegable.
Indispensável *adj* indispensable, imperioso.
Indispor *v* indisponer.
Indistinto *adj* indistinto.
Individual *adj* individual, particular, singular.
Indivisível *adj* indivisible, inseparable.
Indócil *adj* indócil.
Índole *s* índole.
Indolência *s* indolencia, apatía, pereza, negligencia.
Indolor *adj* indoloro.
Indomável *adj* indomable.
Indubitável *adj* indubidable.
Indulgência *s* indulgencia, clemencia.
Indultar *v* indultar, absolver.
Indumentária *s* indumentaria, traje, vestuario.

INDÚSTRIA — ININTELIGÍVEL

Indústria s industria.
Industrial adj industrial.
Induzir v inducir.
Inebriante adj embriagador.
Inebriar v embriagar.
Inédito adj inédito, no publicado.
Inefável adj inefable.
Ineficaz adj ineficaz, inútil.
Ineficiente adj ineficaz.
Inegável adj innegable.
Inepto adj inepto, incapaz.
Inequívoco adj inequívoco, claro.
Inércia s inercia, flojedad.
Inerente adj inherente, innato.
Inescusável adj inexcusable.
Inesgotável adj inagotable.
Inesperado adj imprevisto, inesperado.
Inesquecível adj inolvidable.
Inestimável adj inestimable.
Inevitável adj inevitable, fatal.
Inexequível adj inasequible.
Inexistência s inexistencia.
Inexorável adj inexorable, implacable.
Inexperiente adj inexperto, ingenuo.
Inexplicável adj inexplicable.
Inexpressivo adj inexpresivo.
Inexpugnável adj inexpugnable, invencible.
Infalível adj infalible.
Infamar v infamar.
Infame adj infame.
Infância s infancia, niñez.
Infarto s infarto.
Infatigável adj infatigable.
Infausto adj infausto, funesto.
Infeccionar v infeccionar, contaminar.
Infeccioso adj infeccioso.
Infectar v infectar, contagiar.
Infelicidade s infelicidad, desventura, desdicha.
Infeliz adj infeliz, desgraciado.
Inferior adj inferior.
Inferir v inferir.
Infernal adj infernal, endemoniado, diabólico.
Infestar v infestar, horroroso.
Infiel s infiel, traidor.

Infiltrar v infiltrar.
Ínfimo adj ínfimo.
Infindável adj interminable.
Infinidade s infinidad.
Infinito adj infinito, excesivo.
Inflação s inflación.
Inflamar v inflamar, incendiar.
Inflamável adj inflamable.
Inflar v hinchar, inflar.
Inflexível adj inflexible.
Infligir v infligir.
Influência s influencia, autoridad.
Influir v influir.
Influxo s influjo.
Informação s información, comunicación.
Informal adj informal.
Informar v informar, comunicar, enterar.
Informe s informe, información, aviso; adj informe, irregular.
Infortúnio s infortunio, desdicha, fracaso, infelicidad.
Infração s infracción, transgresión.
Infraestrutura s infraestructura.
Infringir v infringir, transgredir.
Infundado adj infundado.
Infusão s infusión.
Ingenuidade s ingenuidad, inocencia.
Ingerência s injerencia, intromisión.
Ingestão s ingestión, deglutición.
Ingovernável adj ingobernable.
Ingrato adj ingrato, desagradecido.
Ingrediente s ingrediente.
Íngreme adj escarpado.
Ingressar v ingresar, entrar, afiliar.
Ingresso s ingreso, acceso, admisión, entrada.
Inibição s inhibición.
Inibir v inhibir.
Iniciação s iniciación.
Iniciar v iniciar, enseñar.
Início s inicio, comienzo.
Iniludível adj ineludible.
Inimaginável adj inimaginable.
Inimigo adj enemigo, adversario, hostil.
Inimizar v enemistar, indisponer.
Ininteligível adj ininteligible.

ININTERRUPTO — INSURRETO 347

Ininterrupto *adj* ininterrumpido, incesante.
Iniquidade *s* iniquidad, injusticia.
Injeção *adj* inyección.
Injetar *s* inyectar.
Injúria *s* injuria, afrenta, enojo, insulto.
Injustiça *s* injusticia.
Inocência *s* inocencia.
Inocente *adj* inocente, infantil, ingenuo.
Inocular *v* inocular.
Inócuo *adj* inocuo, inofensivo.
Inodoro *adj* inodoro.
Inofensivo *adj* inofensivo, anodino, inocuo.
Inolvidável *adj* inolvidable.
Inoperante *adj* inoperante.
Inopinado *adj* inopinado.
Inoportuno *adj* inoportuno, impropio, inconveniente.
Inorgânico *adj* inorgánico.
Inóspito *adj* inhospitalario.
Inovação *s* innovación.
Inovar *v* innovar.
Inoxidável *adj* inoxidable.
Inqualificável *adj* incalificable.
Inquebrantável *adj* inquebrantable.
Inquérito *s* inquisición.
Inquietação *s* inquietud.
Inquilino *s* inquilino.
Inquirir *v* inquirir, indagar.
Inquisidor *s* inquisidor.
Insaciável *adj* insaciable.
Insalivar *v* insalivar.
Insalubre *adj* insalubre, malsano.
Insano *adj* insano, loco, difícil.
Insatisfeito *adj* insatisfecho.
Inscrever *v* inscribir, esculpir.
Inseguro *adj* inseguro.
Inseminar *v* inseminar.
Insensatez *s* insensatez, locura.
Insensibilizar *v* insensibilizar.
Insensível *adj* insensible.
Inseparável *adj* inseparable.
Inserir *v* insertar.
Inseticida *s* insecticida.
Inseto *s* insecto.
Insídia *s* insidia, emboscada, traición.

Insigne *adj* insigne, célebre, famoso.
Insígnia *s* insignia, emblema.
Insignificância *s* insignificancia.
Insinuar *v* insinuar, persuadir.
Insípido *adj* insípido, insulso.
Insistência *s* insistencia, perseverancia.
Insistir *v* insistir.
Insociável *adj* insociable.
Insofrível *adj* insufrible, intolerable.
Insolação *s* insolación.
Insolente *adj* insolente, grosero.
Insólito *adj* insólito.
Insolúvel *adj* insoluble.
Insolvência *s* insolvencia.
Insondável *adj* insondable.
Insônia *s* insomnio.
Insosso *adj* soso.
Inspecionar *v* inspeccionar, revistar.
Inspetor *adj* inspector.
Inspirar *v* inspirar, sugerir.
Instalação *s* instalación.
Instalar *v* instalar.
Instância *s* instancia, solicitud.
Instantâneo *adj* instantáneo.
Instante *s* instante, momento, urgente.
Instável *adj* inestable, voluble.
Instigar *v* instigar, incitar.
Instintivo *adj* instintivo.
Instituição *s* institución.
Instituir *v* instituir.
Instituto *s* instituto.
Instrução *s* educación, instrucción.
Instruído *adj* instruido, culto.
Instrumental *adj* instrumental; *s* instrumental, orquesta.
Instrutivo *adj* instructivo.
Insubordinar *v* insubordinar.
Insubstituível *adj* insubstituible.
Insuficiência *s* insuficiencia.
Insuflar *v* insuflar.
Insulina *s* insulina.
Insultar *v* insultar, injuriar.
Insuperável *adj* insuperable.
Insuportável *adj* insoportable.
Insurgir *v* insurgir, sublevarse.
Insurreição *s* insurrección.
Insurreto *adj* insurrecto.

INSUSTENTÁVEL — INVADIR

Insustentável *adj* insustentable.
Intacto *adj* intacto.
Intangível *adj* intangible.
Íntegra *s* íntegra.
Integridade *s* integridad.
Inteirar *v* enterar.
Inteiro *adj* entero, completo, intacto.
Intelecto *s* intelecto.
Inteligência *s* inteligencia.
Inteligível *adj* inteligible, claro.
Intempérie *s* intemperie.
Intempestivo *adj* intempestivo.
Intenção *s* intención, propósito.
Intendente *s* intendente.
Intensidade *s* intensidad.
Intensificar *v* intensificar.
Intensivo *adj* intensivo.
Intentar *v* intentar.
Interação *s* interacción.
Intercalar *v* intercalar, interponer.
Intercâmbio *s* intercambio, permuta.
Interceder *v* interceder.
Interceptar *v* interceptar, interrumpir.
Interdição *s* interdicción.
Interessante *adj* interesante.
Interessar *v* interesar.
Interesse *s* interés, ganancia, ventaja.
Interferir *v* intervenir.
Interino *adj* interino, provisional.
Interior *adj* interior.
Interjeição *s* interjección.
Interlocutor *s* interlocutor.
Interlúdio *s* interludio.
Intermediar *v* intermediar.
Intermédio *s* intermedio, medianero.
Interminável *adj* interminable.
Intermitência *s* intermitencia.
Internacional *adj* internacional.
Internar *v* internar.
Internato *s* internado.
Interno *adj* interno.
Interplanetário *adj* interplanetario.
Interpolar *v* interpolar.
Interpor *v* interponer.
Interpretação *s* interpretación, versión.
Interpretar *v* interpretar, explicar.
Interrogação *s* interrogación.

Interromper *v* interrumpir.
Interrupção *s* interrupción.
Interruptor *s* interruptor.
Intersecção *s* intersección.
Intertropical *adj* intertropical.
Interurbano *adj* interurbano.
Intervalo *s* intervalo.
Interventor *adj* interventor.
Intervir *v* intervenir, interceder.
Intimar *v* intimar, notificar.
Intimidar *v* intimidar, asustar.
Íntimo *adj* íntimo, interno.
Intocável *adj* intocable.
Intolerância *s* intolerancia.
Intolerável *adj* intolerable, insoportable.
Intoxicar *v* intoxicar.
Intraduzível *adj* intraducible.
Intranquilidade *s* intranquilidad.
Intranquilizar *s* intranquilizar.
Intranquilo *adj* intranquilo.
Intransferível *adj* intransferible.
Intransigente *adj* intransigente.
Intransitável *adj* intransitable.
Intransitivo *adj* intransitivo.
Intratável *adj* intratable.
Intrepidez *s* intrepidez.
Intrépido *adj* intrépido.
Intriga *s* intriga.
Intrigar *v* intrigar.
Intrincado *adj* intrincado.
Intrínseco *adj* intrínseco.
Introduzir *v* introducir.
Intrometer *v* entrometer, entremediar.
Intrometido *adj* entrometido.
Introspectivo *adj* introspectivo.
Introvertido *adj* introvertido.
Intruso *adj* intruso.
Intuição *s* intuición.
Inumar *v* inhumar.
Inumerável *adj* innumerable.
Inundação *s* aluvión, avenida, inundación.
Inundar *v* anegar, inundar.
Inusitado *adj* inusitado.
Inútil *adj* inútil, baldío, estéril, ineficaz, vano.
Invadir *s* invadir.

INVALIDAR — ITINERÁRIO 349

Invalidar s invalidar, anular, inutilizar.
Invariável adj invariable.
Invasão s invasión.
Inveja s envidia.
Invejar v envidiar.
Invenção s invención.
Invencível adj invencible.
Inventar v inventar.
Inventário s catálogo, inventario.
Inventivo adj inventivo.
Invento s invento, invención.
Invernar v invernar.
Inverno s invierno.
Inverossímil adj inverosímil.
Inverso adj inverso.
Invertebrado s invertebrado.
Inverter v invertir.
Invés s envés.
Investida s embestida, asalto, ataque.
Investigação s investigación, averiguación, exploración, indagación.
Investir v investir, arremeter, avanzar.
Inveterado adj inveterado.
Invicto adj invicto.
Inviolável adj inviolable.
Invisível adj invisible.
Invocar v invocar, llamar.
Invólucro s envoltura, forro, cobertura.
Invulnerável adj invulnerable.
Iodado adj yodado.
Iodo s yodo.
Ioga s yoga.
Iogurte v yogur.
Ir v seguir, ir.
Ira s ira, cólera.
Iracundo adj iracundo.
Irar v airar.
Íris s iris.
Irlandês adj irlandés.
Irmã s hermana.
Irmão s hermano.

Irônico adj irónico, sarcástico.
Irracional adj irracional.
Irradiar v irradiar.
Irreal adj irreal, fantástico.
Irreconciliável adj irreconciliable.
Irrecusável adj irrecusable.
Irredutível adj irreductible.
Irreflexivo adj irreflexivo.
Irrefutável adj irrefutable.
Irregular adj irregular.
Irremediável adj irremediable.
Irrepreensível adj irreprensible.
Irresistível adj irresistible.
Irresoluto adj irresoluto, indeciso.
Irresolúvel adj insoluble, sin solución.
Irrespirável adj irrespirable.
Irresponsável adj irresponsable.
Irreverência s irreverencia.
Irrevocável adj irrevocable.
Irrevogável adj irrevocable, definitivo.
Irrigação s irrigación.
Irrisório adj irrisorio.
Irritado adj airado, impaciente, corajoso.
Irritar v irritar, agraviar, airar, encolerizar, enfadar.
Irromper v irrumpir, surgir, nacer, brotar.
Irrupção s irrupción, invasión.
Isca s cucharilla.
Isenção s exención, imunidad.
Isento adj exento, inmune.
Islamismo s islamismo.
Isolado adj aislado, solitario, solo.
Isolante s aislador.
Isolar v aislar, separar.
Isqueiro s mechero.
Israelita adj hebreo, israelí.
Isso pron dem eso, esa cosa.
Istmo s istmo.
Isto pron dem esto, esta cosa.
Itálico s itálico, bastardilla, letra cursiva.
Itinerário adj itinerario, ruta.

jJ

J *s* décima letra del alfabeto portugués.
Já *adj* ya.
Jacarandá *s* jacarandá, árbol, palo santo.
Jacaré *s* jacaré, caimán.
Jacinto *s* jacinto.
Jacobino *s* jacobino.
Jactância *s* jactancia, vanidad.
Jactar-se *v* jactarse.
Jacto *s* lanzamiento, salida impetuosa, golpe.
Jaculatória *s* jaculatoria.
Jade *s* jade.
Jaez *s* jaez.
Jaguar *s* jaguar.
Jaleco *s* jaleco, americana.
Jamais *adj* jamás, nunca.
Jamba *s* jamba.
Janeiro *s* enero.
Janela *s* ventana.
Jangada *s* armadía, balsa.
Jantar *s* cena, yantar.
Jaqueta *s* americana, chaqueta.
Jarda *s* yarda.
Jardim *s* jardín.
Jardim-de-infância *s* parvulario.
Jardinagem *s* jardinería.
Jardineiro *s* jardinero.
Jargão *s* argot, jerga.
Jarra *s* botija, jarra.
Jasmim *s* jazmín.
Jaspe *s* jaspe.
Jaula *s* jaula.
Javali *s* jabalí.
Jazer *v* yacer.
Jazida *s* fossa.
Jeito *s* modo, manera, costumbre.
Jeitoso *adj* hábil, diestro, mañoso, apto.
Jejuar *v* ayunar.

Jejum *s* ayuno.
Jesuíta *s* jesuita.
Joalheria *s* joyería.
Joaninha *s* mariquita.
Jocoso *adj* jocoso.
Joelho *s* rodilla.
Jogador *s* jugador.
Jogar *v* jugar.
Jogo *s* juego.
Jogral *s* trovador.
Joia *s* alhaja, pieza.
Joio *s* joyo, cizaña.
Jornada *s* jornada.
Jornal *s* gaceta, periódico, diario.
Jornaleiro *s* jornalero.
Jornalismo *s* periodismo.
Jorrar *v* chorrear.
Jovem *adj* joven, mancebo, mozo.
Jovial *adj* jovial, juguetón, festivo.
Juba *s* melena, juba.
Jubilar *v* alegrar.
Júbilo *s* júbilo, contentamiento.
Judaico *adj* judaico, hebraico.
Judaísmo *s* judaísmo.
Judicial *adj* judicial.
Judiciário *adj* judiciario.
Judô *s* yudo.
Jugular *adj* yugular.
Juiz *s* juez, magistrado, árbitro.
Juízo *s* juicio, juzgado, opinión.
Julgado *adj* juzgado.
Julgar *v* juzgar, apreciar, criticar.
Julho *s* julio.
Junção *s* reunión.
Juncar *v* cubrir de juncos.
Junco *s* junco.
Junho *s* junio.
Juntar *v* juntar, reunir, acumular.

JUNTO — JUVENTUDE

Junto *adj* junto.
Jura *s* jura, juramento.
Jurado *adj* jurado.
Jurar *v* jurar.
Júri *s* jurado, tribunal.
Jurídico *adj* jurídico.
Jurisdição *s* jurisdicción.
Juro *s* interés, ganancia.
Jururu *adj* triste, melancólico.
Justapor *v* yustaponer.

Justiça *s* justicia.
Justiçado *adj* ajusticiado.
Justiçar *v* ajusticiar.
Justificação *s* justificación.
Justificar justificar.
Justo *adj* justo.
Juta *s* yute.
Juvenil *adj* juvenil.
Juventude *s* juventud, mocedad.

k K

K *s* letra del alfabeto portugués usada solamente en nombres extranjeros y sus derivaciones.

Kantismo *s* kantismo.
Kirie *s* kirie.
Km *s* kilómetro.

L

L *s* undécima letra del alfabeto portugués, L cincuenta en la numeracion romana.

Lá *adv* allá, en otro lugar o tiempo.

Lã *s* lana.

Labareda *s* llama, llamarada.

Lábaro *s* lábaro.

Lábio *s* labio.

Labirinto *s* laberinto.

Labor *s* labor.

Laboratório *s* laboratorio, oficina.

Labrego *s* labriego, campesino grosero.

Labuta *s* oficio.

Laca *s* laca, barniz.

Lacaio *s* lacayo.

Laçar *v* lazar.

Lacerar *v* lacerar, raspar.

Laço *s* lazo.

Lacônico *adj* lacónico, breve, conciso.

Lacrar *v* lacrar.

Lacrimal *adj* lacrimal.

Lactação *s* lactación.

Lactante *adj* lactante.

Lactar *v* lactar, amamantar.

Lácteo *adj* lácteo, lechoso.

Lacuna *s* laguna, vacío.

Lacustre *adj* lacustre.

Ladainha *s* letanía.

Ladeira *s* ladera, subida.

Ladino *adj* ladino, astuto, sagaz.

Lado *s* lado.

Ladrão *s* ladrón, salteador.

Ladrilhar *v* enladrillar.

Lagar *s* lagar.

Lagarta *s* lagartija.

Lagartixa *s* lagartija.

Lago *s* lago.

Lagoa *s* laguna, lago pequeño, pantano.

Lagosta *s* langosta.

Lagostim *s* langostín.

Lágrima *s* lágrima.

Laguna *s* laguna.

Laico *adj* laico, lego.

Laje *s* laja, piedra plana.

Lajear *v* enlosar.

Lama *s* lama, barro, sacerdote budista.

Lamaçal *s* lamedal, lodazal.

Lambada *s* bofetada, porrazo con la mano, paliza.

Lambança *s* golosina.

Lamber *v* lamer, relamerse.

Lambiscar *v* pellizcar, malcomer.

Lambuzar *v* emporcar, ensuciarse, pringar.

Lamentar *v* lamentar, quejarse.

Lamentável *adj* lamentable, doloroso, triste.

Lâmina *s* lámina.

Laminar *v* laminar.

Lâmpada *s* lámpara, candil.

Lamparina *s* lamparilla.

Lampejar *v* centellear, relampaguear.

Lampião *s* lampión, farol.

Lampinho *adj* lampiño.

Lamuriante *adj* lamentoso, quejumbroso.

Lançamento *s* lanzamiento.

Lançar *v* lanzar, arrojar.

Lancear *v* lancear.

Lanceiro *s* lancero.

Lancha *s* lancha, bote.

Lanchar *v* merendar.

Lanche *s* merienda.

Lanchonete *s* donde se sirve comidas ligeras en la barra.

Lânguido *adj* lánguido, flaco.

Lanifício *s* lanificio.

Lanolina *s* lanolina.

LANOSO — LEITOR

Lanoso *adj* lanudo, lanoso.
Lantejoula *s* lentejuela.
Lanterna *s* farol, linterna.
Lanudo *adj* lanudo.
Lapa *s* gruta, cueva.
Lapela *s* solapa.
Lapidar *v* apedrear, lapidar.
Lápis *s* lápiz.
Lapiseira *s* lapicera.
Lápis-lazúli *s* lapislázuli.
Lapso *s* lapso.
Laquê *s* laca.
Laquear *v* laquear.
Lar *s* lar, hogar.
Laranja *s* naranja.
Laranjada *s* naranjada.
Lardo *s* lardo, tiras de tocino.
Lareira *s* chimenea, hogar, lar.
Larga *s* larga.
Largar *v* largar, desasir, dejar, aflojar, partir, zarpar.
Largo *adj* ancho, amplio.
Laringe *s* laringe.
Larva *s* larva.
Lasanha *s* pasta para sopa.
Lascar *v* desportillar, rajar, astillarse.
Lascívia *s* lascivia.
Laser *s* láser.
Lasso *adj* laso.
Lastimar *v* lastimar, compadecer, mancar.
Lastro *s* lastre.
Lata *s* lata, envase, hojalata.
Látego *s* látigo, azote.
Latejar *v* latir, palpitar, pulsar.
Látex *s* látex.
Latido *s* ladrido.
Latifúndio *s* latifundio.
Latim *s* latín.
Latinizar *v* latinizar.
Latir *v* ladrar.
Latitude *s* latitud.
Lato *adj* lato, dilatado, extendido.
Latrina *s* privada, letrina, retrete.
Latrocínio *s* latrocinio.
Lauda *s* página de un libro.
Láudano *s* láudano.

Laudatório *adj* laudatorio.
Laureado *adj* laureado, galardonado.
Laurear *v* laurear.
Lava *s* lava.
Lavabo *s* lavabo.
Lavagem *s* lavamiento, lavatina, lavaje, clister.
Lava-louça *s* lavavajillas.
Lavar *v* lavar.
Lavatório *s* lavabo, lavamanos, lavatorio.
Lavoura *s* labranza, labores, labra.
Lavra *s* labra, cultivo, cultura, fabricación.
Lavrador *s* labrador, agricultor.
Lavrar *v* laborar, labrar.
Laxante *adj* laxante.
Lazarento *adj* lazariento, leproso.
Lazareto *s* lazareto.
Lazer *s* ocio.
Leal *adv* sincero, leal.
Leão *s* león.
Lebre *s* liebre.
Lecionar *v* leccionar.
Legado *s* legado, herencia.
Legal *adj* legal, lícito, válido.
Legalizar *v* legalizar, autenticar, validar.
Legar *v* legar, transmitir por testamento.
Legenda *s* leyenda.
Legendário *adj* legendario.
Legião *s* legión.
Legionário *s* legionario.
Legislar *v* legislar.
Legista *s* legista.
Legitimar *v* legitimar, validar, legalizar.
Legítimo *adj* legítimo, auténtico, válido.
Legível *adj* legible, leible.
Légua *s* legua.
Legume *s* legumbre.
Lei *s* ley.
Leigo *adj* lego, laico, profano.
Leilão *s* subasta, almoneda.
Leiloar *v* subastar.
Leitão *s* lechón.
Leite *s* leche.
Leiteira *s* lechería.
Leito *s* cama, lecho.
Leitor *adj* lector.

LEITOSO — LIDERAR

Leitoso *adj* lechoso, lácteo.
Leitura *s* lectura.
Lema *s* lema, divisa.
Lembrança *s* recuerdo, memoria, reminiscencia.
Lembrar *v* recordar, conmemorar.
Leme *s* timón.
Lenço *s* lienzo.
Lençol *s* sábana.
Lenda *s* leyenda.
Lêndea *s* liendre.
Lenha *s* leña.
Lenhador *s* leñador.
Lenitivo *s* lenimento.
Lenocínio *s* lenocinio.
Lente *s* lente, anteojo.
Lentidão *s* lentitud, pausa.
Lentilha *s* lenteja.
Lento *adj* lento, lerdo, paulatino, remolón.
Leonino *adj* leonino.
Leopardo *s* leopardo.
Lépido *adj* risueño, jovial.
Lepra *s* lepra.
Leque *s* abanico.
Ler *v* leer.
Lerdo *adj* lento, lerdo.
Lesão *s* lesión, traumatismo.
Lesar *v* lesionar, perjudicar.
Lésbica *s* lesbiana.
Lesma *s* lesma, babosa.
Leste *s* este, levante, naciente, oriente.
Letal *adj* letal.
Letargia *s* letargo, sopor, apatía.
Letificar *v* letificar, alegrar, regocijar.
Letivo *adj* lectivo.
Letra *s* letra.
Letreiro *s* letrero, título.
Léu *s* vagabundaje, ocio.
Leucemia *s* leucemia.
Leucócito *s* leucocito.
Leva *s* leva.
Levadiço *adj* levadizo.
Levado *adj* travieso.
Levantar *v* levantar, alzar, erguir.
Levante *s* levante, rebelión, plante.
Levar *v* llevar, conducir, pasar, portear.

Leve *adj* leve, liviano, suave.
Levedar *v* leudar.
Lêvedo *s* leudo, levedura.
Leveza *s* ligereza, liviandad.
Leviano *adj* liviano, fútil, insensato.
Levitar *v* levantar.
Léxico *s* léxico, vocabulario de una lengua.
Lhama *s* llama.
Lhano *adj* llano, franco.
Lhe *pron* le, a él, a ella.
Libanês *adj* libanés.
Libar *v* libar, beber.
Libelo *s* libelo.
Libélula *s* libélula.
Liberação *s* liberación.
Liberal *adj* liberal.
Liberalidade *s* liberalidad.
Liberalismo *s* liberalismo.
Liberalizar *v* liberalizar.
Liberar *v* liberar, libertar.
Liberdade *s* libertad.
Libertação *s* libertación.
Libertar *v* libertar, soltar.
Libertinagem *s* libertinaje.
Libidinoso *adj* libidinoso, lujurioso.
Libido *s* libido.
Líbio *adj* libio.
Libra *s* libra.
Libré *s* librea.
Liça *s* liza.
Lição *s* lección.
Licença *s* licencia, autorización, permiso.
Licenciar *v* licenciar.
Licenciatura *s* licenciatura.
Licenciosidade *s* libertinaje.
Licencioso *adj* licencioso, libertino.
Liceu *s* liceo.
Licitar *v* licitar.
Lícito *adj* lícito.
Licor *s* licor.
Lida *s* lidia.
Lide *s* combate, duelo, toreo.
Líder *s* guía, líder.
Liderança *s* liderato, liderazgo.
Liderar *v* liderar, guiar.

LIGA — LOCAL

Liga s liga, alianza, coalición, mezcla, fusión.
Ligação s unión, relación.
Ligar v ligar, unir, vincular.
Ligeiro adj ligero, rápido, veloz, ágil.
Lilás adj lila.
Lima s lima.
Limão s limón, citrón.
Limar v limar, desgastar o pulir con lima, desbastar.
Limbo s limbo.
Limiar s liminar, umbral, entrada.
Limitado adj limitado, escaso, pequeño.
Limitar v limitar, balizar, coartar.
Limite s límite, confín, linde, frontera, fin, término.
Limo s limo, musgo.
Limoeiro s limonero.
Limonada s limonada.
Limpar v limpiar, asear, lavar, depurar.
Limpeza s limpieza, aseo, higiene.
Límpido adj límpido, nítido, limpio.
Limpo adj limpio, aseado, puro, mondo.
Lince s lince.
Linchar v linchar.
Lindeza s lindeza, hermosura, belleza.
Lindo adj lindo, bello, bonito.
Lineamento s lineamento.
Linear adj linear.
Linfa s linfa.
Lingote s lingote.
Língua s lengua, idioma.
Linguado s lenguado.
Linguagem s lenguaje, lengua.
Lingueta s lengüeta.
Linguiça s longaniza.
Linguística s lingüística.
Linha s línea, hilo.
Linhaça s linaza.
Linhagem s linaje, ascendencia, descendencia, estirpe.
Linho s lino.
Linóleo s linóleo.
Linotipista s linotipista.
Liquefazer v liquefacer, derretir.
Líquen s liquen.
Liquidação s liquidación, saldo.

Liquidar v liquidar, extinguir, saldar.
Liquidez s liquidez.
Liquidificador s licuadora.
Liquidificar v licuar.
Líquido s líquido.
Lira s lira.
Lírico adj lírico.
Lírio s lirio.
Liso adj liso, plano, raso, suave.
Lisonjeador adj lisonjeador, adulón.
Lisonjear v adular, lisonjear.
Lista s lista, elenco.
Listra s lista, raya, faja estrecha.
Listrado adj listado.
Lisura s lisura.
Liteira s litera, andas.
Literal adj literal.
Literario adj literario.
Literatura s literatura.
Litigar v litigar.
Litígio s litigio, contención, disputa, pleito.
Litografia s litografía.
Litoral s litoral, costa de un mar, zona marítima.
Litorâneo adj litoral.
Litosfera s litosfera.
Litro s litro.
Liturgia s liturgia.
Lívido adj lívido.
Livramento s libramiento.
Livrar v librar, libertar, salvar, largar, desembarazar.
Livraria s librería.
Livre adj libre, independiente, suelto.
Livro s libro.
Lixa s lija.
Lixar v lijar.
Lixeiro s basurero.
Lixívia s lejía.
Lixo s basura, imundicia.
Lobisomen s hombre lobo.
Lobo s lobo.
Lobrigar v vislumbrar.
Lóbulo s lóbulo.
Loca s escondrijo de pez, caverna marina.
Locador s locador, arrendador.
Local s local, paraje, puesto.

LOCALIZAÇÃO — LUZIR

Localização s localización, situación.
Localizar v localizar.
Loção s loción, ablución.
Locatário s locatario, inquilino, arrendatario.
Locomotiva s locomotriz, locomotora.
Locomotor adj locomotor.
Locomotriz adj locomotriz.
Locomover-se v trasladarse.
Locução s locución.
Lodaçal s lodazal, atolladero, barrizal.
Lodo s lodo, barro, cieno, fango, lama.
Logaritmo s logaritmo.
Lógico s lógico.
Logo adv luego.
Logotipo s logotipo.
Logradouro s lugar común a todos, terreno baldío.
Lograr v lograr, estafar, alcanzar.
Logro s logro, engaño, estafa.
Loja s bazar, tienda.
Lojista s tendero, comerciante.
Lombada s loma.
Lombar s lumbar.
Lombo s lomo, solomillo.
Lombriga s gusano.
Lona s lona.
Longe adv lejos; adj longicuo.
Longevidade s longevidad.
Longínquo adj lejano.
Longitudinal adj longitudinal.
Longo adj largo.
Lonjura s lejanía.
Lontra s nutria.
Loquaz adj locuaz.
Lorde s lord.
Lotação s cabida, presupuesto.
Lotear v lotear, dividir en lotes.
Loteria s loto.
Loto s lotería, rifa, sorteo.
Louça s loza, vajilla.
Louco adj demente, insano, maníaco.
Loucura s locura, demencia, desatino, paranoia.
Loureiro s laurel.
Louro s laurel.
Louro adj rubio.
Lousa s losa.

Louvar v alabar, aplaudir, bendecir, elogiar, encumbrar.
Louvável adj loable, laudable, meritorio.
Lua s luna.
Luar s resplandor de la luna.
Lúbrico adj lúbrico.
Lubrificar v engrasar, lubricar.
Lúcido adj lúcido.
Lúcifer s lucifer.
Lucrar v lucrar.
Lucro s lucro, ganacia, interés, provecho.
Lucubrar v lucubrar.
Ludibriar v engañar.
Ludíbrio s ludibrio.
Lufada s ráfaga, soplo.
Lugar s lugar, puesto, región, situación.
Lugarejo s aldehuela.
Lugar-tenente s lugarteniente.
Lúgubre adj lúgubre, sombrio.
Lula s chipirón.
Lume s fuego, lumbre.
Lumieira s lumbrera.
Luminária s luminaria, lamparilla.
Lunar adj lunar.
Luneta s luneta, anteojo.
Lupa s lupa.
Lupanar s lupanar, burdel.
Lúpulo s lúpulo.
Lusco-fusco s crepúsculo, el anochecer.
Lustrar v lustrar, barnizar, pulir.
Lustre s lustre, araña.
Lustro s lustro, espacio de cinco años, lustre.
Luta s lucha, pelea, combate, contienda, disputa.
Lutar v luchar, pelear, pugnar, combatir, disputar, guerrear, lidiar.
Luterano adj luterano, protestante.
Luto s luto.
Luva s guante.
Luxação s luxación.
Luxo s lujo, ostentación, suntuosidad.
Luxuoso adj lujoso, suntuoso.
Luxúria s lujuria.
Luz s luz.
Luzente adj luciente, luminoso.
Luzido adj lucido, brillante.
Luzir v lucir.

m M

M *s* duodécima letra del alfabeto portugués, 1000 en la numeracion romana.

Má *adj* mala.

Maca *s* camilla, hamaca.

Maça *s* clava, majadero, maza.

Maçã *s* manzana.

Macabro *adj* macabro, fúnebre, triste.

Macaco *s* macaco, mono.

Macadame *s* adoquín, macadán.

Maçador *adj* maceador.

Maçaneta *s* picaporte.

Maçante *adj* latoso, patoso, machacador.

Maçapão *s* mazapán.

Macaquice *s* monada, monerías.

Maçar *v* machacar, molestar, enfadar.

Maçarico *s* soplete.

Maçaroca *s* mazorca.

Macarronada *s* comida hecha con macarrón.

Macela *s* manzanilla.

Macerar *v* macerar.

Maceta *s* maceta, maza.

Machadinha *s* cuchilla.

Machado *s* hacha.

Macho *adj* macho.

Machucado *adj* magulladura, magullamiento.

Machucar *v* machacar, magullar, llagar.

Maciço *adj* macizo.

Macieira *s* manzano.

Maciez *s* blandura, suavidad.

Macilento *adj* macilento.

Macio *adj* blando, suave, ameno.

Maço *s* mazo, machote, manojo.

Maçom *adj* masón.

Maconha *s* mariguana, marihuana.

Maçônico *adj* masónico.

Macrobiótico *adj* macrobiótico.

Macrocosmo *s* macrocosmo.

Macular *v* macular, manchar, infamar, profanar.

Madalena *s* magdalena.

Madeira *s* madera, palo.

Madeireira *s* maderería.

Madeixa *s* madeja.

Madrasta *s* madrastra.

Madre *s* madre, monja.

Madrepérola *s* madreperla, nácar.

Madressilva *s* madreselva.

Madrigueira *s* madriguera.

Madrinha *s* madrina.

Madrugada *s* madrugada, alba, alborada.

Madrugar *v* madrugar.

Madurar *v* madurar.

Madureza *s* madurez, sazón de los frutos.

Maduro *adj* maduro.

Mãe *s* madre.

Maestro *s* maestro, director de orquesta.

Máfia *s* mafia.

Maga *s* maga, hechicera.

Magazine *s* magazine, revista.

Magia *s* magia, fascinación, encanto.

Mágico *adj* mágico, fascinante, encantador.

Mágico *s* hechicero, brujo.

Magistério *s* magisterio.

Magistrado *s* magistrado, juez.

Magistral *adj* magistral.

Magnânimo *adj* magnánimo, generoso.

Magnata *s* magnate.

Magnético *adj* magnético.

Magnetizar *v* magnetizar.

Magnificar *v* magnificar, engrandecer.

Magnífico *adj* magnífico, admirable, suntuoso.

MAGNITUDE — MANDO

Magnitude s magnitud.
Magno adj magno, grande.
Mago s mago, hechicero.
Mágoa s magulladura.
Magoar v magullar, hacer dano.
Magro adj magro, delgado, flaco.
Maio s mayo.
Maiô s bañador.
Maionese s mahonesa.
Maior adj mayor.
Maioral s mayoral.
Maioria s mayoría.
Mais adv más.
Maisena s maicena, fécula de maiz.
Maiúscula s mayúscula.
Majestade s majestad.
Majestoso adj majestuoso, suntuoso.
Mal s mal, desgracia, enfermedad.
Mala s maleta, valija.
Malabarismo s malabarismo.
Mal-acostumado adj malacostumbrado.
Mal-agradecido adj malagradecido.
Malagueta s malagueta, guindilla.
Malandro s ladrón, granuja, bellaco.
Malária s malaria, paludismo.
Mal-aventurado adj malaventurado.
Malbaratar v malbaratar, malvender.
Malcheiroso adj maloliente, hediondo.
Malcriado adj malcriado.
Maldade s maldad, tozudez.
Maldição s maldición.
Maldizer v maldecir.
Maldoso adj malicioso.
Maleável adj maleable, flexible.
Maledicência s maledicencia, difamación.
Mal-educado adj maleducado, descortés.
Malefício s maleficio.
Maléfico adj maléfico, perjudicial.
Mal-entendido s malentendido, equívoco.
Mal-estar s malestar, enfermedad.
Maleta s maletín, valija, maleta.
Malevolência s malevolencia, antipatia.
Malfalante adj maldiciente, detractor.
Malfazejo adj maléfico.
Malfeito adj mal hecho.

Malfeitor adj malhechor.
Malferir v malherir.
Malgastar v derrochar, malgastar.
Malha s malla, mancha, suéter.
Malhada s majadura, mallada.
Malhar v mallar, batir.
Mal-humorado adj malhumorado.
Malícia s malicia.
Maligno adj maligno.
Mal-intencionado adj malintencionado.
Maloca s habitación de indígenas.
Malograr v fracasar, malograr.
Malquistar v malquistar, enojarse.
Malsão adj malsano.
Malsoante adj malsonante.
Malte s malta.
Maltrapilho adj andrajoso.
Maltratar v maltratar.
Maluco adj loco, disparatado, maníaco.
Malva s malva.
Malvado adj malvado, perverso.
Malversar v malversar.
Mama s mama, teta.
Mamadeira s biberón, mamadera.
Mamãe s mamá.
Mamão s mamón.
Mamar v mamar.
Mameluco s mameluco, mestizo.
Mamífero s mamífero.
Mamilo s pezón.
Mamoeiro s mamón, árbol sapindáceo.
Mamute s mamut.
Maná s maná.
Manada s manada, rebaño de animales.
Manancial s manantial.
Mancar v cojear, mancar.
Mancebo adj mancebo, joven.
Manchar v manchar, ensuciar.
Manco adj manco, cojo.
Mancomunar v mancomunar, asociar.
Mandamento s mandamiento.
Mandar v mandar, ordenar, enviar.
Mandarim s mandarín.
Mandato v mandato, encarjo.
Mandíbula s mandíbula, quijada.
Mandioca s mandioca.
Mando s mando, orden.

MANDRIL — MARISCO

Mandril s mandril.
Manducar v manducar, comer.
Maneira s manera, método, estilo.
Manejar v manejar, dirigir, administrar.
Manejável adj manejable.
Manequim s maniquí.
Maneta adj manco.
Manga s manga, cencerro.
Manganês s manganeso.
Mangonar v holgazanear.
Mangue s mangle.
Mangueira s manguera, árbol del mango.
Manha s maña, habilidad.
Manhã s mañana.
Manhoso adj mañoso.
Mania s manía, extravagancia.
Maniatar v maniatar.
Manicômio s manicomio.
Manicura s manicura.
Manifestação s manifestación, anunciación, declaración.
Manifestar v manifestar, mostrar, abrirse.
Manifesto s manifiesto, notorio, declaración.
Manipulação s manipulación.
Manipular v manipular.
Maniqueísmo s maniqueísmo.
Manivela s manivela.
Manjar s manjar, comestible, gollería.
Manjedoura s pesebre.
Manjericão s albahaca.
Manjerona s mejorana.
Manobrar v maniobrar.
Mansão s mansión.
Mansidão s mansedumbre.
Manso adj manso, benigno, suave.
Manta s manta.
Manteiga s mantequilla.
Manter v mantener, sustentar.
Mantilha s mantilla.
Mantimento s mantenimiento, víveres.
Manto s manto.
Mantô s mantón.
Manual adj manual, portátil.
Manufatura s manufactura.
Manuscrito s manuscrito.
Manusear v manosear.

Manutenção s mantenimiento, manutención, sustento.
Mão s mano.
Mão-aberta s manilargo.
Mão-cheia s puñado.
Maometano adj mahometano.
Mapa s mapa.
Maquete s maqueta.
Maquiagem s maquillaje.
Maquiar v maquillar.
Maquiavélico adj maquiavélico.
Máquina s máquina.
Maquinar v ingeniar, maquinar.
Maquinaria s maquinaria.
Mar s mar.
Maracujá s pasionaria, planta pasiflórea.
Marajá s rajá.
Marasmo s marasmo, apatía.
Maratona s maratona, carrera pedestre.
Maravilha s maravilla, prodigio.
Maravilhoso adj divino, maravilloso.
Marca s marca, cuño, logotipo.
Marcado adj marcado.
Marcar v marcar, señalar.
Marceneiro s ebanista.
Marchar v marchar.
Marchetaria s marquetería, ebanistería.
Marcial adj marcial.
Marciano adj marciano.
Marco s marco, baliza, hito.
Março s marzo.
Maré s marea.
Marear v marear.
Marechal s mariscal.
Maremoto s maremoto.
Marfim s marfil.
Margarida s margarita.
Margem s margen, cercadura, orilla.
Marginal adj, s marginal.
Maricas adj maricas.
Marido s marido.
Marimbondo s avispa.
Marinha s marina.
Marinheiro s marinero.
Marionete s marioneta.
Mariposa s mariposa.
Marisco s marisco.

MARITAL — MÉDIA

Marital *adj* marital.
Marítimo *adj* marítimo.
Marmelada *s* dulce de membrillo.
Marmelo *s* membrillo.
Marmita *s* marmita.
Mármore *s* mármol.
Marmota *s* marmota.
Maroto *adj* bríbon, pícaro.
Marquês *s* marqués.
Marquise *s* marquesina.
Marreta *s* marra pequeña de hierro.
Marta *s* marta.
Martelar *v* martillar.
Martelo *s* martillo, martinete.
Mártir *s* mártir.
Martírio *s* martirio.
Martirológio *s* martirologio.
Marujo *s* marinero.
Marxismo *s* marxismo.
Marzipã *s* mazapán.
Mas *conj* pero, todavía.
Mascar *v* mascar, masticar.
Máscara *s* máscara, mascarilla.
Mascarar *v* enmascarar.
Mascate *s* vendedor ambulante en Brasil.
Mascavo *adj* azúcar mascavo.
Mascote *s* mascota.
Mascoto *s* mazo, martillo grande.
Masculino *adj* masculino, macho, viril.
Másculo *adj* masculino, varonil.
Masmorra *s* mazmorra.
Masoquismo *s* masoquismo.
Massa *s* masa, pasta alimenticia.
Massacre *s* carnificina.
Massagem *s* masaje.
Massagista *s* masajista.
Massificar *v* masificar.
Mastigação *s* masticación.
Mastim *s* mastín.
Mastodonte *s* mastodonte.
Mastro *s* mástil.
Mastruço *s* mastuerzo.
Masturbação *s* masturbación.
Masturbar-se *v* masturbarse.
Mata *s* mata, bosque, matorral.
Mata-borrão *s* papel secante.
Matadouro *s* matadero.

Matagal *s* matorral.
Matança *s* matanza.
Matar *v* matar.
Mate *adj* sin brillo, fosco; *s* mate.
Mateiro *s* guardabosques, leñador.
Matemática *s* matemáticas.
Matéria *s* materia, causa, motivo, asunto.
Material *adj* corpóreo, material.
Materializar *v* materializar.
Maternal *adj* maternal.
Maternidade *s* maternidad.
Matilha *s* jauría.
Matinal *adj* matinal, matutino.
Matinas *s* maitines.
Matiz *s* matiz.
Matizar *v* matizar, esmaltar, graduar.
Mato *s* mato, breña, matorral.
Matraca *s* matraca, carraca.
Matreiro *adj* matrero, astuto.
Matriarca *s* matriarca.
Matriarcado *s* matriarcado.
Matrícula *s* matrícula.
Matricular *v* matricular.
Matrimônio *s* casamiento, matrimonio.
Matriz *s* matriz, útero.
Matrona *s* matrona.
Maturação *s* maduración, sazón.
Matutar *v* cavilar.
Matutino *adj* matinal, matutino.
Matuto *adj* rústico, que vive en el campo.
Mau *adj* malo, imperfecto, nocivo.
Mausoléu *s* mausoleo.
Má-vontade *s* malagana, ojeriza.
Maxilar *s* maxilar, mandíbula.
Máxima *s* máxima, aforismo, axioma.
Meada *s* madeja.
Meandro *s* meandro.
Meão *adj* mediano.
Mear *v* dividir al medio, mediar.
Mecânica *s* mecánica.
Mecânico *adj* automático, mecánico.
Mecanismo *s* mecanismo, maquinaria.
Mecanizar *v* mecanizar, motorizar.
Mecenas *s* mecenas.
Mecha *s* mecha, rastrillo.
Medalha *s* medalla.
Média *s* media.

MEDIADOR — METAFÍSICA

Mediador *adj* mediador, medianero, intermediario.
Mediano *adj* mediano, intermedio.
Mediante *adj* mediante; *prep* por medio de.
Memorizar *v* memorizar, recordar.
Menção *s* alusión, mención.
Mencionar *v* mencionar, aludir, relatar, nombrar.
Mendicante *adj* mendicante.
Mendigar *v* mendigar, pedir limosna.
Mendigo *s* mendigo.
Menear *v* menear.
Meneio *s* meneo.
Menestrel *s* trovador.
Menina *s* niña.
Meninge *s* meninge.
Meninice *s* niñez.
Menino *s* niño.
Menir *s* menhir.
Menisco *s* menisco.
Menopausa *s* menopausia.
Menor *s* menor, más pequeño.
Menoridade *s* minoridad.
Menos *adv* excepto, menos.
Menoscabar *v* menoscabar.
Menoscabo *s* menoscabo, desdén.
Menosprezar *v* menospreciar.
Mensageiro *s* mensajero, portadior.
Mensagem *s* mensaje, misiva, recado.
Mensal *adj* mensual.
Mensalidade *s* mensualidad, mes.
Menstruação *s* menstruación, regla, achaque.
Mensurável *adj* mensurable.
Mental *adj* mental, psíquico.
Mente *s* mente, inteligencia, intelecto.
Mentecapto *adj* tonto, mentecato.
Mentir *v* engañar, fingir.
Mentira *s* mentira, engaño, falsedad, embuste.
Mentiroso *adj* mentiroso.
Mentol *s* mentol.
Mentor *s* mentor.
Menu *s* menú.
Mercado *s* comercio, mercado.
Mercador *s* mercader.

Mercadoria *s* mercancía, géneros.
Mercantil *adj* mercantil, comercial, marchante.
Mercê *s* merced, premio, indulto, recompensa.
Mercearia *s* tienda de comestibles.
Mercenário *adj* mercenario.
Mercúrio *s* azogue, mercurio.
Merda *s* mierda.
Merecedor *adj* merecedor, acreedor, digno.
Merecer *v* merecer, devengar.
Merecido *adj* merecido, debido.
Merenda *s* merienda.
Merendar *v* merendar.
Merengue *s* merengue.
Meretriz *s* meretriz.
Mergulhador *s* buzo, zambullidor.
Mergulhar *v* bucear, chapuzar, zabullir.
Meridiano *s* meridiano.
Meridional *adj* austral, meridional.
Merino *adj* merino.
Mérito *s* merecimiento, mérito.
Merluza *s* merluza.
Mês *s* mes.
Mesa *s* mesa.
Mesada *s* mesada, mensualidad.
Mescla *s* mezcla, mixtura.
Mesclar *v* mezclar, amalgamar.
Meseta *s* meseta.
Mesmo *pron* mismo; *conj* hasta; *adv* igualmente.
Mesnada *s* mesnada.
Mesquinhar *v* regatear.
Mesquinho *adj* mezquino, avaro.
Mesquita *s* mezquita.
Messe *s* siega, mies.
Messiânico *adj* mesiánico.
Mestiço *adj* mestizo, mulato.
Mestrado *s* maestrazgo.
Mestre *s* maestro, profesor, artista.
Mestria *s* maestría.
Mesura *s* mesura, reverencia.
Meta *s* meta, limite.
Metabolismo *s* metabolismo.
Metade *s* mitad, medio, centro.
Metafísica *s* metafísica, transcendencia.

METÁFORA — MIOPIA

Metáfora s metáfora.
Metal s metal.
Metálico adj metálico.
Metalúrgico adj metalúrgico.
Metamorfose s metamorfosis.
Metano s metano.
Metaplasmo s metaplasmo.
Meteoro s meteoro.
Meteorologia adj meteorología.
Meter v meter, poner dentro, incluir.
Meticuloso adj meticuloso, cuidadoso, quisquilloso.
Metido adj metido.
Método s método, sistema, práctica.
Metragem s metraje.
Metralha s metralla.
Metralhadora s ametralladora.
Metralhar v ametrallar.
Métrica s métrica.
Métrico adj métrico.
Metro s metro, medida.
Metrô s metro, metropolitano.
Metrópole s metrópoli.
Meu pron mío, el mío.
Mexer v mecer, mover, bullir, dislocar.
Mexerico s chisme, fábula, intriga.
Mexicano adj mejicano.
Mexilhão s mejillón.
Miado s maullido.
Miar v maullar.
Miasma s miasma.
Micção s micción.
Mico s mico.
Micróbio s microbio.
Microfilme s microfilm.
Microfone s micrófono.
Microscópio s microscopio.
Mictório s letrina, urinario.
Migalha s miga, migaja, triza.
Migração s migración.
Mijada s meada.
Mijar v mear, orinar.
Mil num mil.
Milagre s milagro.
Milênio s milenio.
Milésimo num milésimo.
Milha s milla.

Milhão num millón.
Milhar s millar.
Milho s maíz.
Milícia s milicia.
Miligrama s miligramo.
Milímetro s milímetro.
Milionário adj millonario.
Militar adj militar; s soldado.
Mim pron mí.
Mimado adj mimado, consentido, malacostumbrado.
Mimar v mimar, acariciar, halagar.
Mimetismo s mimetismo.
Mímica s mímica.
Mimo s mimo, regalo.
Mina s mina.
Minar v minar, excavar.
Minarete s minarete.
Mineiro adj minero.
Mineração s mineraje.
Mineral s mineral.
Minestra s menestra, caldo.
Mingau s gacha, papilla.
Míngua s mengua.
Minguado adj menguado.
Minguar v menguar, apocar, empequeñecer, enflaquecer.
Minhoca s miñoca.
Miniatura s miniatura.
Minifúndio s minifundio.
Mínimo adj mínimo, menor.
Ministério s ministerio, gabinete.
Ministrar v ministrar, suministrar, administrar.
Minoração s minoración.
Minorar v minorar, suavizar, aliviar.
Minoria s minoría.
Minoritário adj minoritario.
Minúcia adj minucia, detalle, pormenor.
Minucioso adj minucioso, meticuloso.
Minúsculo adj minúsculo.
Minuta s borrador, anotación, menú.
Minuto s minuto.
Miocárdio s miocardio.
Miolo s miga, medula, seso.
Míope adj miope.
Miopia s miopía.

MIRA — MOMENTO

Mira s mira, puntería.
Miragem s miraje, espejismo.
Mirante s mirador.
Mirar v mirar, visar.
Miríade s miríada.
Mirra s mirra.
Misantropia s misantropía.
Miscelânea s miscelánea.
Miserável adj miserable, mezquino, infeliz, granuja.
Miséria s miseria, necesidad, privación.
Misericórdia s misericordia, compasión, piedad.
Missa s misa.
Missal s misal.
Missão s misión, encargo, apostolado.
Míssil s misil.
Missionário s misionero, apóstol.
Missiva s misiva, carta.
Mister s menester.
Mistério s misterio.
Místico adj místico.
Mistificar v mistificar.
Misto adj mixto.
Mistura s mezcla, ensalada, fusión, pisto.
Misturar v mezclar, amasar, revolver.
Mitigar v mitigar, suavizar, ablandar.
Mito s mito.
Mitologia s mitología.
Mitra s mitra.
Miuçalha s conjunto de cosas pequeñas, fragmento.
Miudeza s menudencia, pequeñez.
Miúdo adj menudo, pequeño.
Mixórdia s desorden, confusión, mescolanza.
Mó s muela, piedra de molino.
Mobília s mobiliario, mueble.
Mobiliar v amueblar.
Mobiliário s mobiliario.
Moça s moza, jovem.
Moção s moción.
Mocassim s mocasín.
Mochila s mochila.
Mocho adj mocho, s búho.
Mocidade s mocedad, juventud.
Moço adj, s mozo, joven.

Moda s moda, costumbre.
Modalidade s modalidad.
Modelar v amoldar, modelar, plasmar.
Modelo s modelo, ejemplar, padrón.
Moderado adj moderado, blando, contenido.
Moderar v moderar, ablandar, aliviar.
Modernizar v actualizar, modernizar.
Moderno adj moderno, nuevo.
Modéstia s modestia, comedimiento, decencia.
Modesto adj modesto, comedido, recatado.
Módico adj módico.
Modificação s modificación, alteración.
Modificar v modificar, restringir, refrenar.
Modista s modista.
Modo s modo, manera, forma, estilo.
Modorra s modorra, somnolencia.
Modos s buenas maneras.
Módulo s módulo.
Moeda s moneda.
Moela s molleja.
Moenda s molienda.
Moer v moler, machacar, triturar.
Mofar v enmohecer, mofar, burlar.
Mofino adj mohíno, mezquino, avariento.
Mofo s moho.
Moinho s molino, aceña.
Moita s matorral, macizo.
Mola s muelle, resorte.
Moldar v moldear, adaptar, moldurar.
Moldura s moldura, marco.
Mole adj blando, flojo, mole, indolente.
Molécula adj molécula.
Moleira s mollera, molinera.
Moleiro adj molinero.
Molenga adj blando, indolente.
Molestar v molestar, maltratar, ofender.
Moléstia s molestia, enfermedad, enfado.
Moleza s flojedad, languidez, blandura.
Molhado adj mojado, humedecido.
Molhar v mojar, embeber, humedecer.
Molho s haz, manojo, brazada.
Molinete s molinete.
Molusco s molusco.
Momento s momento, instante, rato.

MONACAL — MOVEDIÇO 365

Monacal *adj* monacal.
Monarca *s* emperador, monarca, rey.
Monarquia *s* monarquía.
Monástico *adj* monacal.
Monção *s* monzón.
Monetário *adj* monetario.
Monge *s* monje.
Mono *adj* macaco, mono.
Monobloco *s* monobloque.
Monocórdio *s* monocorde.
Monóculo *s* monóculo.
Monocultura *s* monocultivo.
Monogamia *s* monogamia.
Monografia *s* monografía.
Monograma *s* monograma.
Monolítico *adj* monolítico.
Monólogo *s* monólogo, soliloquio.
Monomania *s* monomanía.
Monopétalo *s* monopétalo.
Monopolizar *v* monopolizar.
Monossílabo *s* monosílabo.
Monoteísmo *s* monoteísmo.
Monotonia *s* monotonía.
Monstro *s* monstruo.
Monstruoso *adj* monstruoso.
Montada *s* montadura.
Montador *adj* montador.
Montanha *s* montaña.
Montanhês *adj* montañés.
Montanhoso *adj* montañoso.
Montante *s* suma, montante, monta.
Montar *v* montar, cabalgar.
Montaria *s* montería.
Monte *s* monte, morro.
Montês *adj* montés.
Montículo *adj* montículo, monte pequeño.
Monturo *s* muladar, estercolero.
Monumental *adj* monumental.
Monumento *s* monumento, mausoleo.
Morada *s* morada, domicilio, mansión.
Moradia *adj* morada, aposento, residencia.
Moral *s* moral, ética.
Moralizar *v* moralizar.
Morango *s* fresa.
Morar *v* morar, habitar, residir, vivir.

Moratória *s* moratoria.
Mórbido *adj* mórbido.
Morcego *s* murciélago.
Morcela *s* morcilla.
Mordaça *s* mordaza.
Mordaz *adj* mordaz.
Morder *v* morder.
Mordida *s* mordedura.
Mordomo *s* mayordomo.
Moreno *adj* moreno.
Morfina *s* morfina.
Morfologia *s* morfología.
Moribundo *adj* moribundo, agonizante.
Moringa *s* botijo, porrón.
Morno *adj* templado, tibio.
Moroso *adj* moroso, lento.
Morrer *v* morir, expirar, fallecer.
Morro *s* morro, monte, otero.
Morsa *s* morsa.
Mortadela *s* mortadela.
Mortal *adj* mortal.
Mortalha *s* mortaja.
Mortalidade *s* mortalidad.
Morte *s* muerte.
Mortificar *v* mortificar, atormentar.
Morto *adj* muerto, difunto, fallecido.
Mortuário *adj* mortuario, fúnebre.
Mosaico *s* mosaico.
Mosca *s* mosca.
Moscatel *adj* moscatel.
Mosquito *s* mosquito.
Mostarda *s* mostaza.
Mosteiro *s* monasterio, convento.
Mostrador *adj* mostrador.
Mostruário *s* muestrario.
Mote *s* mote.
Motel *s* motel.
Motim *s* motín, revuelta.
Motivar *v* motivar, causar, originar.
Motivo *s* motivo, causa, razón, fundamento.
Motocicleta *s* motocicleta.
Motor *s* motor.
Motorista *s* motorista, chófer.
Motriz *adj* motriz.
Mouro *adj* arábico, moro.
Movediço *adj* movedizo.

MÓVEL — MÚTUO

Móvel *adj* movible, móvil; *s* mueble.
Mover *v* mover, agitar, menear.
Movimentar *v* movimentar.
Movível *adj* movible.
Muamba *s* alijo.
Muco *s* moco.
Mucoso *adj* mucoso.
Muçulmano *adj* musulmán.
Muda *s* muda, substitución, mudanza.
Mudar *v* mudar, trocar, variar, substituir.
Mudo *adj* mudo, callado, silencioso.
Mugido *s* berrido, mugido.
Mugir *v* mugir.
Muito *adj* mucho; *adv* muy.
Mulato *adj* mulato, mestizo.
Muleta *s* muleta.
Mulher *s* mujer.
Mulherengo *adj* mujeriego.
Mulo *s* mulo.
Multa *s* multa, penalidad.
Multicolor *adj* multicolor.
Multidão *s* multitud.
Multiforme *adj* multiforme.
Multinacional *adj* multinacional.
Multiplicação *s* multiplicación, reprodución.
Multiplicar *v* multiplicar, reproducirse.
Múltiplo *adj* múltiplo, múltiple, plural.

Múmia *s* momia.
Mumificar *v* embalsamar, momificar.
Mundano *adj* mundano, profano.
Mundo *s* mundo, universo.
Mungir *v* ordeñar.
Munição *s* munición.
Municipal *adj* municipal.
Município *s* municipio.
Munir *v* munir, municionar, fortificar.
Mural *s* mural.
Muralha *s* muralla.
Murar *v* murar, amurallar.
Murcho *adj* marchito, mustio, seco.
Murmurar *v* murmullar, murmujear.
Muro *s* muro, pared.
Murro *s* cachete, puñetazo.
Musa *s* musa.
Músculo *s* músculo.
Museu *s* museo.
Musgo *s* musgo.
Música *s* música.
Musselina *s* muselina.
Mutação *s* mutación.
Mutilação *s* mutilación.
Mutilar *v* mutilar, amputar, lisiar.
Mutismo *s* mudez, mutismo.
Mutualidade *s* mutualidad.
Mútuo *adj* mutuo, recíproco.

nN

N s décima tercera letra del alfabeto portugués.

Nabo s nabo.

Nação s nación, la Patria, naturaleza.

Nácar s nácar.

Nacional adj nacional.

Nacionalidade s nacionalidad.

Nacionalizar v nacionalizar, naturalizar.

Nada adv no; pron cosa ninguna; s nada.

Nadadeira s aleta de los peces.

Nadar v nadar.

Nádega s nalga, el trasero.

Nafta s nafta.

Náilon s nailon.

Naipe s naipe.

Namorado s novio, enamorado.

Namorar v enamorar, cortejar.

Namoro s acto de enamorar, galanteo.

Nana s nana, canto con que se arrulla a los niños.

Nanar v dormir (niños).

Nanquim s tinta negra de China.

Não adv no, negativa; s recusa.

Napa s napa.

Napalm s napalm.

Narciso s narciso, planta amarilídea y su flor.

Narcotizar v narcotizar.

Nardo s nardo.

Narina s nariz, ventana.

Nariz s nariz.

Narrador adj narrador.

Narrar v narrar, contar, referir.

Nasal adj nasal.

Nasalar v nasalizar.

Nasalização s nasalización.

Nascedouro s nacedero, lugar donde nace alguna cosa.

Nascimento s nacimiento, origen.

Nata s nata, crema.

Natação s natación.

Natal adj natal, navidad.

Natalício adj natalicio.

Nativo adj nativo, natural, vernáculo.

Nato adj nato, nacido.

Natural adj natural, sencillo.

Naturalidade s naturalidad, sencillez.

Naturalizar v naturalizar.

Natureza s naturaleza.

Nau s nao, nave.

Naufragar v naufragar.

Naufrágio s naufragio.

Náusea s náusea, mareo.

Nauseabundo adj nauseabundo, repugnante.

Nausear v nausear, marear.

Náutica s náutica, arte de navegar.

Náutico adj náutico.

Naval adj naval.

Navalha s navaja.

Nave s nave, navío.

Navegação s navegación.

Navegar v navegar.

Navio s navío, nave.

Nazismo s nazismo.

Nazista adj nazista.

Neblina s neblina.

Nebuloso adj nebuloso, sombrío, triste.

Necedade s necedad, estupidez, sandez.

Necessário adj necesario, preciso.

Necessidade s necesidad, miseria.

Necessitar v necesitar, carecer, precisar.

Necrologia s necrología.

Necrópole s necrópolis.

Necrópsia s necropsia, autopsia.

Necrosar v gangrenar.

NECROTÉRIO — NOMEADA

Necrotério s morgue.
Néctar s néctar.
Nefasto adj nefasto.
Negado adj negado, recusado.
Negar v negar, repudiar.
Negativa s negativa, negación.
Negativo adj negativo, nulo.
Negligência s negligencia, descuido, pereza.
Negociante s negociante, comerciante.
Negociar v negociar, comerciar.
Negociável adj negociabe.
Negócio s negocio, comercio, ajuste.
Negridão s negrura, obscuridad.
Negrito s negrilla.
Negro adj negro, oscuro, sombrío.
Nem adv no; conj tampoco.
Nenê s nene, bebé.
Nenhum pron, adj nulo, ningún.
Nenúfar s nenúfar.
Neoclassicismo s neoclasicismo.
Neófito s neófito, novicio.
Neolatino adj neolatino.
Neolítico adj neolítico.
Neologista adj neologista.
Neón s neón.
Nepotismo s nepotismo, favoritismo.
Nervo s nervio.
Nervosismo s nervosismo.
Nervoso adj nervioso, irritable.
Nervura s nervura.
Néscio adj necio, imbécil.
Nêspera s níspola, fruto del níspero.
Neto s nieto.
Neurastenia s neurastenia.
Neurologia s neurología.
Neurônio s neuroma.
Neurótico adj neurótico.
Neutralidade s neutralidad, imparcialidad.
Neutralizar v neutralizar, anular.
Neutro adj neutral, neutro.
Nêutron s neutrón.
Nevada s nevada.
Nevar v nevar, caer nieve.
Nevasca s nevasca, nevazo.
Neve s nieve.

Névoa s niebla.
Nevoento adj cubierto de niebla, obscuro, nebuloso.
Nevralgia s neuralgia.
Nevrálgico adj neurálgico.
Nexo s nexo, conexión.
Nicho s nicho.
Nicotina s nicotina.
Niilismo s nihilismo.
Nimbo s nimbo.
Ninar v dormir a los niños, calentar.
Ninfa s ninfa.
Ninguém pron nadie.
Ninhada s nidada.
Ninharia s niñería, bagatela.
Ninho s nido.
Nipônico adj nipónico, japonés.
Níquel s níquel.
Nirvana s nirvana.
Nitidez s nitidez.
Nítido adj nítido, límpio.
Nitrato s nitrato.
Nítrico adj nítrico.
Nitro s nitro.
Nitrogênio s nitrógeno.
Nitroglicerina s nitroglicerina.
Nível s nivel.
Nivelamento s nivelación.
Níveo adj níveo, blanco.
Nó s nudo.
Nobiliário adj nobiliario.
Nobre adj noble, con título nobiliario, majestuoso.
Noção s noción.
Nocivo adj nocivo, perjudicial.
Nódoa s mancha, mácula.
Nódulo s nódulo.
Nogueira s nogal.
Noite s noche.
Noivar v noviar.
Noivo s novio.
Nojo s asco, repugnancia.
Nômade adj nómada, ambulante, errante.
Nome s nombre.
Nomeação s nombramiento.
Nomeada s fama, celebridad.

NOMEAR — NUVEM

Nomear *v* nombrar, apellidar.
Nomenclatura *s* nomenclatura.
Nominal *adj* nominal.
Nonagésimo *s*, *num* nonagésimo.
Nono *s*, *num* nono, noveno.
Nora *s* nuera.
Nordeste *s* Nordeste.
Nórdico *adj* nórdico.
Norma *s* norma, modelo, regla.
Normal *adj* normal.
Noroeste *s* Noroeste.
Norte *s* Norte.
Nos *contr* de em y os, en los.
Nós *pron* nosotros.
Nosso *pron* nuestro.
Nostalgia *s* nostalgia, añoranza, tristeza.
Nota *s* nota.
Notabilidade *s* notabilidad.
Notação *s* notación.
Notar *s*, *v* notar, advertir.
Notável *adj* notable, admirable, importante.
Notícia *s* noticia, información, novedad.
Noticiar *v* noticiar, anunciar, participar.
Notificar *v* notificar, avisar.
Notório *adj* notorio, palpable, manifesto.
Noturno *adj* nocturno.
Nova *s* nueva, noticia, novedad.
Novato *adj* novato, novicio.
Nove *num* nueve.
Novecentos *num* novecientos, nonigentésimo.

Novel *adj* novel.
Novela *s* novela, enredo.
Novelista *s* novelista.
Novelo *s* ovillo.
Novembro *s* noviembre.
Noventa *num* noventa.
Novidade *s* novedad.
Novilho *s* novillo.
Novo *adj* nuevo, joven, novicio.
Noz *s* nuez.
Nu *adj* desnudo, descubierto.
Nuance *s* graduación de colores, matiz.
Nubente *adj* nubente.
Nublado *adj* nublado, oscuro, triste.
Nuca *s* nuca.
Núcleo *s* núcleo.
Nudez *s* desnudez.
Nudismo *s* nudismo.
Nulidade *s* nulidad.
Nulo *adj* nulo, inepto.
Numeração *s* numeración.
Numeral *adj* numeral.
Numerar *v* numerar.
Número *s* número, unidad, cantidad.
Numismática *s* numismática.
Nunca *adv* jamás, nunca.
Núncio *s* nuncio, representant del Papa.
Núpcias *s* nupcias.
Nutrição *s* alimentación, nutrición.
Nutrir *v* nutrir, sustentar, engordar.
Nutritivo *adj* nutritivo.
Nuvem *s* nube.

O

O s décimacuarta letra del alfabeto portugués; *artdef* el.

Oásis s oasis.

Obcecar v obcecar.

Obedecer v obedecer, cumplir.

Obediente adj obediente, humilde.

Obelisco s obelisco.

Obesidade s obesidad.

Obeso adj obeso, gordo.

Óbice s óbice, obstáculo, embarazo.

Óbito s óbito, defunción.

Objeção s objeción, contestación, obstáculo.

Objetar v objetar, impugnar.

Objetiva s objetivo, lente óptica.

Objetivar v objetivar.

Oblação s oblación, oblata.

Obliquidade s oblicuidad, astucia.

Oblíquo adj oblicuo.

Obliterar v obliterar, tapar, obstruir.

Oboé s oboe.

Obra s obra, trabajo, composición.

Obra-prima s obra prima, obra maestra.

Obrar v obrar, fabricar, trabajar.

Obrigação s obligación, deber, empleo.

Obrigar v obligar, cautivar, comprometerse.

Obrigatório adj obligatorio, que obliga.

Obscenidade s obscenidad, torpeza.

Obsceno adj obsceno, impúdico, indecoroso.

Obscurecer v obscurecer.

Obscuridade s obscuridad, sombra.

Obsequiar v obsequiar, regalar, galantear.

Obséquio s obsequio, regalo, agasajo.

Observação s observación, advertencia.

Observador adj observador, crítico.

Observar v observar, advertir, contemplar.

Obsessão s obsesión.

Obsessivo adj obsesivo.

Obsoleto adj obsoleto, cosa anticuada.

Obstáculo s obstáculo, embarazo.

Obstante adj obstante.

Obstetra s tocólogo, partero.

Obstetrícia s obstetricia, tocología.

Obstinação s obstinación, terquedad.

Obstinado adj obstinado, inflexible, tozudo.

Obstinar v obstinarse, persistir.

Obstruir v obstruir, cerrar el paso.

Obtenção s obtención, adquisición.

Obter v obtener, adquirir, conseguir.

Obturação s obturación, taponamiento.

Obturar v obturar, obstruir, tapar.

Obtuso adj obtuso, sin punta.

Óbvio adj obvio.

Oca s oca, cabaña de indígenas.

Ocasião s ocasión, oportunidad.

Ocasional adj ocasional, eventual.

Ocasionar v ocasionar, provocar.

Ocaso s ocaso, poniente.

Oceano s Océano.

Oceanografia s oceanografía.

Ocidental adj occidental.

Ocidente s occidente, punto cardinal.

Ócio s ocio, descanso, pereza.

Ocioso adj ocioso, vago.

Ocluso adj ocluso, tapado, obliterado.

Oco adj hueco, vacío.

Ocorrer v ocurrir, acontecer, acordar, suceder.

Ocre s ocre.

Octogenário adj octogenario, que tiene ochenta años.

OCULISTA — OPERATÓRIO

Oculista s oculista, oftalmólogo, óptico.
Óculos s gafas, anteojos.
Ocultar v ocultar, esconder, encubrir.
Oculto adj oculto, misterioso, secreto.
Ocupado adj ocupado, entretenido.
Ocupar v ocupar, emplear, obtener.
Ode s oda.
Odiar v odiar, detestar.
Ódio s odio, aversión, rencor.
Odioso adj odioso, repugnante.
Odisseia s odisea.
Odontologia s odontología.
Odor s olor, odor, perfume.
Odre s odre.
Oeste s oeste, occidente, poniente.
Ofegante adj jadeante.
Ofegar v jadear.
Ofender v ofender, molestar, herir.
Ofensa s ofensa, agravio.
Oferecer v ofrecer, regalar, exponerse.
Oferecimento s ofrecimiento.
Oferenda s ofrenda.
Oferta s oferta, ofrenda, regalo.
Ofertar v ofrecer, prometer.
Oficial adj oficial.
Oficiar v oficiar.
Oficina s taller, laboratorio.
Ofício s oficio, profesión, deber.
Oficioso adj oficioso, desinteresado.
Ofídio s ofidio.
Oftalmologia s oftalmología.
Ofuscar v ofuscar, oscurecer, ocultar.
Ogiva s ojiva.
Ogival adj ojival.
Oito num ocho.
Ojeriza s ojeriza.
Olá interj ¡hola!.
Olaria s alfarería.
Oleado s oleoso.
Oleiro s alfarero, ollero.
Óleo s óleo, aceite.
Oleoduto s oleoducto.
Oleoso adj aceitoso, oleoso, grasiento.
Olfato s olfato.
Olhada s ojeada, mirada.
Olhar v mirar, ver, contemplar.
Olheira s ojera.

Olho s ojo, vista.
Olho d'água s mina, nacente de agua.
Oligarquia s oligarquía.
Oligofrenia s oligofrenía.
Olimpíada s olimpíada.
Olímpico adj olímpico.
Oliva s olivo.
Oliveira s olivera, olivo.
Olmeiro s olmo.
Olmo s árbol ulmáceo.
Olor s olor.
Olvidar v olvidar.
Olvido s olvido.
Ombreira s hombrera, umbral, dintel.
Ombro s hombro.
Omelete s tortilla de huevos.
Omisso adj omiso, descuidado, negligente.
Omitir v omitir, olvidar, descuidar.
Omoplata s omóplato.
Onça s onza, medida.
Oncologia s oncología.
Onda s ola, onda.
Onde adv donde, en qué lugar, adonde.
Ondear v ondear, ondular, rizar el agua.
Ondulado adj ondulado, rizado.
Ondular v rizar, ondular.
Onduloso adj ondulado.
Oneroso adj oneroso, vejatorio, pesado.
Ônibus s autobús, ómnibus.
Onipotente adj omnipotente.
Onipresença s omnipresencia.
Onírico adj onírico.
Onisciente adj omnisciente.
Onívoro s omnívoro.
Onomatopeia s onomatopeya.
Ontem adv ayer, antiguamente.
Ontologia s ontología.
Ônus s peso, encargo, tributo.
Onze num once, décimo primero.
Opaco adj opaco, obscuro.
Opção s opción, alternativa.
Ópera s ópera.
Operação s operación.
Operar v operar.
Operário s operario, obrero.
Operatório adj operatorio.

OPINAR — OURO

Opinar *v* opinar, juzgar.
Opinião *s* opinión, parecer.
Ópio *s* opio.
Oponente *adj* oponente.
Opor *v* oponer, contrariar, recusar.
Oportunidade *s* oportunidad, ocasión.
Oportunista *adj* oportunista.
Oportuno *adj* oportuno, favorable.
Oposição *s* oposición, contrariedad.
Oposto *adj* opuesto, adversario.
Opressão *s* opresión, tiranía.
Opressor *adj* opresor, tirano.
Oprimir *v* oprimir, sobrecargar, tiranizar.
Optar *v* optar, escoger.
Optativo *adj* optativo.
Óptica *s* óptica.
Opulento *adj* opulento, abundante, rico.
Opúsculo *s* opúsculo.
Oração *s* oración, discurso.
Orações *s* preces.
Oráculo *s* oráculo.
Orador *s* orador.
Oral *adj* oral.
Orangotango *s* orangután.
Orar *v* rezar, rogar, suplicar.
Orbe *s* orbe, esfera.
Órbita *s* área, órbita.
Orçamento *s* presupuesto.
Orçar *v* presuponer, presupuestar.
Ordeiro *adj* amigo del orden, pacífico.
Ordem *s* orden, régimen.
Ordenado *adj* sueldo; *s* ordenado, mandado.
Ordenança *s* ordenanza.
Ordenar *v* ordenar, prevenir, ordenarse.
Ordenhar *v* ordeñar.
Ordinal *adj* ordinal.
Ordinário *adj* ordinario, regular, habitual.
Orégano *s* orégano.
Orelha *s* oreja.
Orfanato *s* orfanato.
Órfão *adj* huérfano.
Órfeão *s* orfeón.
Orgânico *adj* orgánico.
Organização *s* organización.
Organizar *v* organizar, constituir, disponer.

Organograma *s* organograma.
Órgão *s* órgano.
Orgasmo *s* orgasmo.
Orgia *s* bacanal, orgía.
Orgulhar *v* ensoberbecer, ufanar.
Orgulho *s* orgullo, vanidad.
Orientação *s* orientación, dirección.
Oriental *adj* oriental.
Orientar *v* orientar, guiar, dirigir.
Oriente *s* Oriente, naciente.
Orifício *s* orifício, agujero.
Origem *s* origen, principio, procedencia, causa.
Original *adj* original, primitivo; *s* original, modelo.
Originar *v* originar, determinar.
Oriundo *adj* originario, oriundo.
Orla *s* orla, tira, orilla.
Orlar *v* orlar, doblar, rodear.
Ornamentar *v* ornamentar, adornar.
Ornar *v* ornar, adornar.
Ornejo *s* rebuzno.
Orografia *s* orografía.
Orquestra *s* orquesta.
Ortodoxo *adj* ortodoxo.
Ortografia *s* ortografía.
Ortopedia *s* ortopedia.
Orvalho *s* llovizna, rocío.
Oscilar *v* oscilar, vacilar.
Ósculo *s* ósculo.
Osmose *s* ósmosis.
Ossário *s* osario.
Ósseo *adj* óseo.
Ossificar *v* osificar.
Osso *s* hueso.
Ostentar *v* ostentar.
Ostra *s* ostra.
Ostracismo *s* ostracismo.
Ótico *adj* ocular.
Otimismo *s* optimismo.
Ótimo *adj* óptimo.
Otomano *adj* otomano, turco.
Otorrino *s* otorrinolaringólogo.
Ourela *s* orilla, orla.
Ouriço *s* erizo.
Ourivesaria *s* orfebrería.
Ouro *s* oro.

OUSADIA — OZÔNIO

Ousadia *s* osadía, arrojo.
Ousado *adj* osado, audaz.
Ousar *v* osar, atreverse.
Outeiro *s* colina, otero.
Outonal *adj* otoñal.
Outono *s* otoño.
Outorgar *v* donar, otorgar.
Outro *pron* otro.
Outrora *adv* antiguamente.
Outrossim *adv* otrosí, además, también.
Outubro *s* octubre.
Ouvido *s* oído.
Ouvinte *s* oyente.
Ouvir *v* escuchar, oír.
Ovacionar *v* ovacionar.

Oval *adj* ovalado, oval; *s* óvalo, curva.
Ovalado *adj* ovalado.
Ovário *s* ovario.
Ovelha *s* oveja.
Ovino *adj* ovino.
Ovíparo *adj* ovíparo.
Ovo *s* huevo.
Ovular *adj* ovular.
Óvulo *s* óvulo.
Oxalá *interj* ¡ojalá!
Oxidar *v* oxidar.
Oxigenado *adj* oxigenado.
Oxigênio *s* oxígeno.
Ozônio *s* ozono.

p P

P s décimoquinta letra del alfabeto portugués.

Pá s pala.

Paca s paca.

Pacato adj pacato, sosegado.

Pachorra s pachorra.

Paciência s paciencia.

Paciente adj paciente; s paciente, enfermo.

Pacificar v pacificar, apaciguar, sosegar.

Pacífico adj pacífico, sosegado, quieto.

Pacote s paquete, bulto, fardo.

Pacto s pacto, convenio.

Pactuar v pactar, contratar.

Padaria s panadería.

Padecer v padecer, sufrir.

Padeiro s panadero.

Padiola s parihuela.

Padrão s padrón.

Padrasto s padrastro.

Padre s padre, cura, sacerdote.

Padrinho s padrino, protector.

Padroeiro adj patrón, protector, patrono.

Padronizar v uniformar.

Paga s paga, sueldo.

Pagador adj pagador, habilitado.

Pagamento s paga, pago, estipendio, salario, sueldo, remuneración.

Paganismo s paganismo.

Pagão adj pagano, gentil.

Pagar v pagar, remunerar, indemnizar, saldar.

Pagável adj pagadero.

Página s página.

Pago adj pago, pagado.

Pai s padre, progenitor.

Painel s panel, cuadro.

Paio s salchichón.

Paiol s pañol, polvorín.

Pairar v pairar, parar, sostener.

País s país, nación, territorio.

Paisagem s paisaje.

Paisano adj paisano.

Paixão s pasión, amor ardiente.

Palacete s palacete.

Palácio s palacio, pazo.

Paladar s paladar, gusto, sabor.

Paladino s paladín.

Palafita s palafito.

Palanque s templete, palanque.

Palavra s palabra, verbo, vocablo.

Palavrão s insultos, grosería.

Palavreado s palabrería, arenga.

Palco s escena, tablado.

Paleolítico s paleolítico.

Paleontologia s paleontología.

Palerma adj estúpido, tonto, idiota.

Palestino adj palestino.

Palestra s coloquio, conferencia, conversación.

Paleta s paleta.

Paletó s paletó, sobretodo.

Palha s paja.

Palhaço s payaso, histrión.

Palheiro s henil, pajar.

Palheta s púa, lengüeta.

Palhoça s choza cubierta de paja.

Paliar v paliar, atenuar, disimular.

Paliativo adj paliativo.

Paliçada s palizada, palenque.

Palidez s palidez.

Pálido adj pálido, demacrado, exangüe.

Paliteiro s palillero.

Palito s palillo.

Palma s palma.

Palmada s palmada.

PALMEIRA — PARDO

Palmeira s palmera.
Palmilha s palmilla, plantilla del zapato.
Palmito s palmito.
Palpar v palpar.
Pálpebra s párpado, pálpebra.
Palpitar v palpitar, conmoverse.
Palpite s palpitación.
Paludismo s paludismo.
Palustre adj palustre, palúdico.
Pampa s pampero.
Pan-americano adj panamericano.
Pança s panza, vientre.
Pancada s golpe, choque.
Pancadaria s paliza.
Pâncreas s páncreas.
Panda s panda.
Pândega s parranda, juerga.
Pandeiro s pandero.
Pandemônio s pandemonium.
Panela s olla, puchero, cacerola.
Panfleto s panfleto, pasquín, volante.
Pânico s pánico, terror, miedo excesivo.
Panificadora s panificadora, panadería.
Pano s paño, tela.
Panorama s panorama, vista, paisaje.
Pantanal s pantanal, atolladero.
Pântano s pantano, charco, lodazal.
Panteão s panteón.
Panteísmo s panteísmo.
Pantera s pantera.
Pantomima s mímica.
Panturrilha s pantorrilla, pantorra.
Pão s pan.
Pãozinho s panecillo.
Papa s papa, papada, pontífice.
Papada s papada.
Papado s pontificado.
Papagaio s loro, papagayo.
Papai s papá.
Papal s papal.
Papão s comilón, tragón, coco, fantasma imaginario.
Papável adj papable, comestible.
Papeira s paperas.
Papel s papel.
Papelada s papelada.
Papelão s cartón, papelón.

Papelaria s papelería.
Papeleira s papelera.
Papila s papila.
Papo s papo, buche.
Papoula s amapola, adormidera.
Par adj igual, semejante; s par, pareja.
Para prep hacia, para, en dirección a, a fin de.
Parabéns s parabién, felicitación.
Para-brisa s parabrisas.
Para-choques s parachoques, tope.
Parada s parada, paradero.
Paradigma s paradigma, norma, ejemplo.
Paradisíaco adj paradisíaco.
Paradoxo s paradoja.
Parafina s parafina.
Parafrasear v parafrasear, amplificar.
Parafusar v atornillar.
Parafuso s tornillo.
Parágrafo s párrafo.
Paraíso s paraíso, edén.
Para-lama s guardabarros.
Paralelepípedo s adoquín, macadán.
Paralelo adj paralelo.
Paralisar v paralizar, entorpecer, impedir.
Paralítico adj paralítico, tullido.
Parâmetro s parámetro.
Páramo s páramo.
Paraninfo s paraninfo, padrino.
Paranoia s paranoia.
Parapeito s antepecho, parapeto, pretil.
Paraquedas s paracaídas.
Paraquedismo s paracaidismo.
Paraquedista s paracaidista.
Parar v parar, permanecer, residir.
Para-raios s pararrayos.
Parasitar v hacer vida de parásito.
Parceiro s parcero, compañero, socio.
Parcela s parcela.
Parcelar v parcelar, dividir en parcelas.
Parcial adj parcial, partidario.
Parcimônia s parsimonia, templanza.
Parco adj parco, económico, frugal.
Pardal s gorrión.
Pardieiro s casa en ruinas, edificio viejo.
Pardo adj pardo.

PARECER — PATRIOTISMO

Parecer s parecer, opinión, laudo, voto; v parecer, asemejar, semejar.
Parecido adj parecido, semejante.
Parede s pared, muro.
Parelha s yunta, casal, pareja.
Parelho adj parejo, parecido.
Parente s pariente.
Parêntese s paréntesis.
Paridade s paridad, igualdad.
Parir v parir.
Parlamento s parlamento.
Parmesão s queso.
Pároco s párroco, abad, cura.
Paródia s parodia.
Paróquia s parroquia, iglesia.
Paroxismo s paroxismo.
Parque s parqué.
Parreira s parra.
Parricídio s parricidio.
Parte s parte, fracción, fragmento, porción, segmento.
Parteira s partera, comadrona.
Partição s partición.
Participar v participar, comunicar, informar.
Partícula s partícula.
Particular adj particular, especial, individual.
Particularizar v particularizar, distinguir.
Partida s partida.
Partidário adj adepto, partidario.
Partido s partido, bando, ventaja.
Partilha s repartición, dote.
Partir v partir, dividir, separar.
Partitura s partitura.
Parto s parto.
Parturiente s parturienta.
Parvo adj parvo, idiota, tonto.
Parvoíce s tontería, necedad, sandez.
Páscoa s Pascua.
Pasmaceira s embobamiento, pasmo.
Pasmado adj pasmado, embobado, espantado.
Pasmo s pasmo, admiración, asombro.
Pasquim s pasquín.
Passa s pasa, uva seca.
Passada s pasada, paso.

Passado s pasado.
Passageiro adj efímero, temporal, transitorio; s pasajero, transeúnte.
Passagem s pasaje, pasada, transición.
Passaporte s pasaporte.
Passar v pasar, andar, correr.
Passarada s pajarería.
Pássaro s pájaro.
Passatempo s pasatiempo, diversión.
Passe s pase, permiso, pasaporte.
Passear s pasear.
Passeio s paseo, acera.
Passional adj pasional.
Passivo adj pasivo, inerte.
Pasta s pasta.
Pastagem s pastaje, pasto.
Pastar v pastar, pacer.
Pastel s pastel, dulce.
Pastelão s pastelón.
Pasteurização s pasteurización.
Pastilha s pastilla, tableta.
Pasto s hierba, pasto.
Pastor s pastor.
Pastoso adj pastoso, viscoso.
Pata s pata, pie, pierna.
Patamar s descanso, rellano, patamar.
Patê s paté, puré.
Patente adj visible, manifesto, franco.
Paternidade s paternidad.
Paterno adj paterno.
Patético adj patético.
Patíbulo s patíbulo.
Patife s canalla, pícaro, tunante.
Patim s patín, patinillo.
Pátina s pátina, moho.
Patinação s patinaje.
Pátio s patio.
Pato s pato.
Patologia s patología.
Patranha s cuento, patraña.
Patrão s patrón, amo, señor, dueño.
Pátria s patria.
Patriarca s patriarca.
Patrício adj patricio.
Patrimônio s patrimonio.
Pátrio adj patrio.
Patriotismo s patriotismo.

PATROCINAR — PENHOR 377

Patrocinar v patrocinar, proteger.
Patrono s patrono, dueño, abogado defensor.
Patrulhar v patrullar.
Pau s palo, bastón.
Pau-brasil s palo brasil.
Paulada s paliza, garrotazo.
Paulatino adj paulatino, lento.
Pausa s pausa, lentitud.
Pausar v pausar, descansar.
Pauta s pauta, tarifa.
Pautar v pautar, rayar.
Pavão s pavón, pavo real.
Pavilhão s pabellón.
Pavimentar v pavimentar, solar.
Pavio s pabilo, mecha.
Pavonear v pavonear.
Pavor s pavor, miedo, terror.
Paz s paz, tranquilidad.
Pé s pie.
Peanha s peana.
Peão s peón.
Peça s pieza, pedazo.
Pecado s pecado, vicio.
Pechinchar v escatimar.
Peçonhento adj ponzoñoso.
Pecuária adj pecuaria.
Peculiar adj peculiar, particular, propio.
Pecúlio s peculio, patrimonio.
Pedaço s pedazo, parte, trozo.
Pedágio s peaje.
Pedagogia s pedagogía.
Pedal s pedal.
Pedalar v pedalar.
Pedante adj pedante, vanidoso.
Pederasta s pederasta.
Pedestal s pedestal, base.
Pedestre adj peatón.
Pé-de-vento s huracán.
Pediatria s pediatría.
Pedicuro s callista, pedicuro.
Pedido s pedido, petición, ruego.
Pedinte adj mendigo, pordiosero.
Pedir v pedir, rogar, solicitar.
Pedra s piedra, granizo, pizarra.
Pedra-pomes s piedra pómez.
Pedra-sabão s piedra de talco.

Pedra-ume s piedra alumbre.
Pedregulho s pedrejón.
Pedreira s cantera, pedrera.
Pedreiro s albañil, pedrero.
Pegada s huella del pie en el suelo, pisada, vestigio.
Pegar v pegar, arraigar, encolar, juntar, unir.
Peia s peal.
Peito s pecho, peto.
Peitoral adj pectoral, fortificante.
Peitoril s parapeto, pretil.
Peixaria s pescadería.
Peixe s pez.
Peixeiro s pescadero.
Pejorativo adj peyorativo.
Pelado adj ñudo, pelado, morondo.
Pelagem s pelaje.
Pelanca s piltrafa.
Pelar v despellejar, pelar.
Pele s piel, cuero.
Peleja s lucha, pelea.
Peleteria s peletería.
Pelica s cabritilla.
Pelicano s pelícano.
Película s película, piel muy delgada.
Pelo s pelo, cabello, vello.
Pelota s pelota.
Pelourinho s picota.
Peludo adj peludo.
Pélvis s pelvis.
Pena s pena, pluma.
Penacho s penacho, plumero.
Penal adj penal, punitivo.
Penalidade s penalidad, sanción, castigo.
Penca s racimo.
Pendão s pendón, bandera.
Pendência s pendencia, riña.
Pender v pender, colgar.
Pêndulo s péndulo.
Pendurar v colgar, fijar, suspender.
Penedo s peña, peñasco.
Peneira s cedazo, tamiz.
Peneirar v cerner, tamizar.
Penetração s penetración.
Penhasco s peña grande, peñasco.
Penhor s prenda.

PENHORA — PERMITIR

Penhora s embargo.
Penhorar v embargar, empeñar, secuestrar.
Penicilina s penicilina.
Penico s bacín, orinal.
Península s península.
Pênis s pene.
Penitência s penitencia.
Penitenciária s penitenciaría, presidio.
Penoso adj penoso, fatigante.
Pensamento s pensamiento, idea.
Pensão s pensión, casa de huéspedes.
Pensar v pensar, imaginar, discurrir.
Pensativo adj pensativo, meditabundo, preocupado.
Pensionato s pensionado.
Pensionista s pensionista.
Penso s aplicado, curativo.
Pentágono s pentágono.
Pente s peine.
Penteadeira s tocador.
Penteado s peinado.
Pentear v peinar.
Pentecostes s pentecostés.
Penugem s plumón, vello, pelusa de algunas plantas o frutos.
Penúltimo adj penúltimo.
Penumbra s penumbra, media luz.
Penúria s penuria, pobreza.
Pepino s pepino, fruto.
Pequeno adj pequeño, mezquino.
Pera s pera.
Perambular v deambular, vaguear.
Perante prep ante, delante de, en la presencia de.
Percalço s percance, ganancia.
Perceber v percibir, oir, ver, entender.
Percentagem s porcentaje, comisión.
Percepção s percepción, comprensión, intuición.
Percevejo s chincheta, tachuela.
Percorrer v recorrer, discurrir.
Percurso s recorrido, trayecto.
Percutir v percutir, golpear.
Perda s pérdida, perdición.
Perdão s perdón, amnistía, merced.
Perder v perder, destruir.

Perdido adj perdido, extraviado, olvidado.
Perdigão s perdigón.
Perdiz s perdiz.
Perdoar v perdonar, disculpar.
Perdulário adj perdulario, disipador.
Perdurável s perdurable.
Peregrinar v peregrinar.
Peregrino adj peregrino, extranjero.
Perene adj perenne, perpetuo.
Perfeição s perfección, bondad, primor.
Perfeito adj perfecto, acabado, completo, entero.
Perfídia s perfidia, traición.
Perfil s perfil, aspecto.
Perfilar v perfilar, enderezar.
Perfilhar v prohijar, atribuir.
Perfumaria s perfumería.
Perfume s perfume, olor.
Perfuração s perforación.
Perfuradora s perforadora.
Perfurar v perforar, agujerear, pinchar, taladrar.
Pergaminho s pergamino.
Pergunta s pregunta.
Perguntar v preguntar, inquirir.
Perícia s pericia, experiencia.
Periferia s periferia, circunferencia.
Perigo s peligro.
Perigoso adj peligroso, arriesgado.
Perímetro s perímetro, ámbito.
Periódico s periódico, gaceta.
Período s período, etapa, temporada, época.
Peripécia s peripecia, accidente.
Periquito s periquito, cotorra.
Perito s perito, técnico, experto, entendido.
Perjúrio s perjurio.
Permanecer v permanecer, quedar.
Permanente adj permanente, duradero.
Permeável adj permeable.
Permissão s permiso, autorización, licencia, libertad.
Permissível adj permisible.
Permitir v permitir, autorizar, consentir, tolerar.

PERMUTA — PICARETA

Permuta s permuta, cambio, transferencia.
Perna s pierna.
Pernada s pernada.
Perneta adj cojo.
Pernicioso adj pernicioso, peligroso, nocivo.
Pernil s pernil.
Pernoitar v pernoctar, trasnochar, dormir.
Pernóstico adj presumido, pedante.
Pérola s perla, rocío.
Perônio s peroné.
Perpendicular adj perpendicular.
Perpetrar v perpetrar, realizar.
Perpetuar v perpetuar, inmortilizar.
Perplexo adj perplejo.
Perseguição s persecución.
Perseguir v perseguir, molestar, importunar.
Perseverança s perseverancia, tenacidad.
Perseverar v perseverar, persistir, subsistir.
Persiana s persiana.
Persignar-se v persignarse.
Persistência s persistencia, perseverancia.
Persistir v persistir, perseverar.
Personagem s personaje.
Personalidade s personalidad.
Perspectiva s perspectiva.
Perspicácia s perspicacia, sagacidad.
Persuadir v persuadir, aconsejar.
Pertencer v pertenecer.
Pertinácia s pertinacia, obstinación.
Perto adv cerca, próximo.
Perturbação s perturbación, conmoción.
Perturbar v perturbar, conmover, desordenar.
Peru s pavo.
Peruca s peluca, cabellera postiza.
Perverso adj perverso, vicioso, malvado.
Perverter v pervertir, corromper.
Pesadelo s pesadilla.
Pesado adj pesado, molesto, muy lento, obeso, caro.
Pêsames s pésame.

Pesar s pesar, disgusto, arrependimiento; v pesar.
Pesca s pesca.
Pescado s pescado.
Pescador s pescador.
Pescar v pescar.
Pescaria s pesca, pesquería.
Pescoço s cuello, garganta, gollete.
Peso s peso, carga.
Pespontar v pespuntar, presumir.
Pesquisa s pesquisa, indagación.
Pesquisador s investigador, pesquisador.
Pesquisar v investigar, pesquisar.
Pêssego s melocotón.
Pessimismo s pesimismo.
Péssimo adj pésimo.
Pessoa s persona.
Pessoal adj personal.
Pestana s pestaña.
Pestanejar v pestañear.
Peste s peste, enfermedad.
Pétala s pétalo.
Petardo s petardo.
Petição s petición, súplica.
Petisco s bocado delicioso, tapas.
Petrechar v pertrechar.
Petrechos s pertrechos.
Petrificar v petrificar, pasmar.
Petroleiro s petrolero.
Petróleo s petróleo.
Petulante adj petulante.
Pia s pila.
Piada s chiste, piada.
Pianista s pianista.
Piano s piano, despacio.
Pião s peón.
Piar v piar.
Picada s picada, picotazo, aguijonazo.
Picadeiro s picadero.
Picadinho s picadillo, gigote.
Picado adj picado, picoso.
Picador s picador.
Picante adj irritante, picante.
Pica-pau s picaposte, pájaro carpintero.
Picar v picar, irritar, pinchar.
Picardia s picardía, bellaquería.
Picareta s pico.

PÍCARO — PLASTICIDADE

Pícaro *adj* pícaro, pérfido, malo.
Piçarra *s* pizarra.
Piche *s* pez.
Picles *s* escabeche.
Pico *s* montaña, pico.
Picolé *s* helado.
Piedade *s* piedad, compasión.
Piedoso *adj* piadoso.
Piegas *adj* persona dengosa, ridículo.
Pigarro *s* carraspera, ronquera.
Pigmentação *s* pigmentación.
Pigmentar *v* pigmentar.
Pigmeu *s* pigmeo.
Pijama *s* pijama.
Pilão *s* majadero.
Pilar *s* columna, pilar.
Pilha *s* pila.
Pilhar *v* pillar, robar.
Pilotagem *s* pilotaje.
Pilotar *v* pilotar.
Piloto *s* piloto.
Pílula *s* píldora.
Pimenta *s* pimienta.
Pimentão *s* pimentón.
Pimpolho *s* pimpollo.
Pinça *s* pinza, tenazuelas.
Pinçar *v* pinzar, arrancar con pinza.
Pincel *s* pincel, brocha.
Pinga *s* trago, vino, gota.
Pingar *v* pingar, gotear, lloviznar.
Pingente *s* pinjante.
Pingo *s* gota.
Pinguim *s* pingüino.
Pinha *s* piña, fruto del pino.
Pinhal *s* pinar.
Pinhão *s* piñón.
Pinote *s* respingo, salto.
Pinta *s* mancha, pinta.
Pintar *v* pintar.
Pintassilgo *s* jilguero.
Pinto *s* pollo, pollito.
Pintor *s* pintor.
Pintura *s* pintura.
Pio *adj* pío, generoso, misericordioso.
Piolho *s* piojo.
Pioneiro *s* pionero, explorador.
Pior *adj* peor.

Piorar *v* empeorar.
Pipa *s* pipa, tonel.
Piquenique *s* merienda.
Piquete *s* piquete.
Pira *s* pira, hoguera.
Pirâmide *s* pirámide.
Piranha *s* piraña.
Pirata *s* corsario, pirata.
Pires *s* platillo.
Pirilampo *s* luciérnaga.
Piromaníaco *s* pirómano.
Pirraça *s* broma, jugarreta.
Pirueta *s* pirueta, cabriola.
Pirulito *s* pirulí.
Pisar *v* pisar, calcar con los pies,
   machucar, magullar.
Piscadela *s* guiñada.
Piscar *v* guiñar, pestañear.
Piscina *s* piscina.
Piso *s* pavimento, piso.
Pista *s* vestigio, pista, rastro.
Pistola *s* pistola, arma de fuego.
Pistom *s* pistón.
Piteira *s* pita.
Pitoresco *adj* pintoresco.
Pivô *s* pivote.
Placa *s* placa, matrícula.
Placenta *s* placenta.
Plácido *adj* plácido, tranquilo.
Plágio *s* plagio, copia, imitación.
Plaina *s* plana, cepillo.
Planador *s* planeador.
Planalto *s* altiplanicie, planalto.
Planejar *v* planear, planificar, proyectar.
Planeta *s* planeta, astro.
Planetário *s* planetario.
Planície *s* planicie, llanura, rellano.
Planificar *v* planificar, planear.
Planisférío *s* planisferio.
Plano *adj* plano, liso, proyecto.
Planta *s* planta, vegetal, parte inferior del
   pie.
Plantação *s* plantación.
Plantão *s* plantón.
Plasma *s* plasma.
Plasmar *v* plasmar.
Plasticidade *s* plasticidad.

PLÁSTICO — PONDERAR

Plástico *adj* plástico.
Plataforma *s* plataforma.
Plátano *s* plátano.
Plateia *s* platea, patio de butacas.
Platina *s* platino.
Platônico *s* platónico.
Plebe *s* plebe, gentuza.
Plebeu *adj* plebeyo.
Plebiscito *s* plebiscito.
Pleitear *v* pleitear, litigar.
Pleito *s* pleito, disputa.
Plenário *adj* plenario.
Plenitude *s* plenitud.
Pleno *adj* pleno, lleno, completo.
Pleonasmo *s* pleonasmo.
Pletórico *adj* pletórico.
Pleura *s* pleura.
Plissado *s* plisado.
Pluma *s* pluma.
Plural *adj* plural.
Pluvial *adj* pluvial.
Pluviômetro *s* pluviómetro.
Pluviosidade *s* pluviosidad.
Pneu *s* neumático.
Pneumático *s* neumático.
Pneumonia *s* neumonía, pulmonía.
Pó *s* polvo.
Pobre *adj* pobre.
Pobreza *s* pobreza, necesidad.
Poça *s* poza, charco.
Poção *s* poción, pozo.
Pocilga *s* pocilga, establo.
Poço *s* pozo.
Podar *v* podar, desbastar.
Poder *v* poder, recurso.
Poderio *s* poderío, autoridad.
Poderoso *adj* poderoso, prepotente.
Podre *adj* podrido, putrefacto, corrupto.
Podridão *s* podredumbre.
Poeira *s* polvo.
Poeirada *s* polvareda.
Poema *s* poema.
Poente *s* poniente, occidente.
Poesia *s* poesía.
Poeta *s* poeta.
Pois *conj* pues, puesto que.
Polar *adj* polar.

Polarizar *v* polarizar.
Polegada *s* pulgada.
Polegar *s* pulgar.
Polêmico *adj* polémico, discutible.
Polemizar *v* polemizar, discutir.
Pólen *s* polen.
Polia *s* polea.
Policial *s* policía.
Policiar *v* vigilar.
Policlínica *s* policlínica.
Polido *adj* pulido, lamido, cortés.
Poliéster *s* poliéster.
Polifonia *s* polifonía.
Polígamo *s* polígamo.
Poliglota *s* políglota.
Polígono *s* polígono.
Polígrafo *s* polígrafo.
Polimento *s* pulimento.
Polinização *s* polinización.
Polinizar *v* polinizar.
Polinômio *s* polinomio.
Polir *v* pulir, barnizar, lustrar.
Polissílabo *s* polisílabo.
Politécnico *adj* politécnico.
Politeísmo *s* politeísmo.
Política *s* política.
Político *adj* político.
Polivalente *adj* polivalente.
Polo *s* polo.
Polpa *s* pulpa.
Poltrona *s* butaca, sillón.
Poluição *s* contaminación.
Poluir *v* contaminar, ensuciar, manchar.
Polvilhar *v* polvorear, empolvar.
Polvo *s* pulpo.
Pólvora *s* pólvora.
Pomada *s* pomada.
Pomar *s* pomar.
Pomba *s* paloma.
Pombal *s* palomar.
Pomo *s* pomo, manzana.
Pompa *s* pompa, aparato, lujo.
Pomposo *adj* pomposo, suntuoso.
Ponche *s* ponche, bebida.
Poncho *s* poncho.
Ponderação *s* ponderación, reflexión.
Ponderar *v* ponderar, pesar, reflexionar.

PONDERÁVEL — POSTURA

Ponderável *adj* ponderable.
Ponta *s* punta, extremidad.
Pontada *s* punzada.
Pontapé *s* puntapié.
Pontaria *s* puntería.
Ponte *s* puente.
Pontear *v* puntear.
Ponteiro *s* aguja de reloj, puntero.
Pontiagudo *adj* puntiagudo.
Pontífice *s* pontífice, supremo.
Ponto *s* punto, puntada.
Pontual *adj* puntual, exacto, brioso.
Pontualidade *s* puntualidad, exactitud.
Pontuar *v* puntuar, atildar, tildar.
Popa *s* popa.
População *s* población.
Popular *adj* popular.
Popularidade *s* popularidad.
Populoso *adj* populoso, muy poblado.
Por *prep* por, por causa de, en lugar de.
Pôr *v* poner, colocar.
Porão *s* bodega de un barco.
Porção *s* porción, cantidad.
Porcaria *s* porquería, chapucería.
Porcelana *s* porcelana, loza fina.
Porcentagem *s* porcentaje.
Porco *adj* marrano, inmundo, guarro; *s* cerdo, puerco, cochino.
Porém *conj* sin embargo, pero, empero.
Porfia *s* porfía, ahinco.
Pormenor *s* pormenor, detalle, particularidad.
Pornografia *s* pornografía, obscenidad.
Poroso *adj* poroso.
Porquanto *conj* por cuanto, visto que.
Porque *conj* porque, a fin de que, visto que.
Porquê *s* por qué, motivo.
Porquinho-da-índia *s* conejillo de Indias.
Porrete *s* porra, maza.
Porta *s* puerta.
Porta-aviões *s* porta-aviones.
Porta-bandeira *s* abanderado, portaestandarte.
Portada *s* portada, puerta grande.
Portador *s*, *adj* portador.
Porta-estandarte *s* portaestandarte.

Porta-joias *s* joyero, guardajoyas.
Porta-malas *s* maletero, portaequipaje.
Porta-moedas *s* monedero, portamonedas.
Portanto *conj* portanto, por consiguiente.
Portão *s* portón, portada.
Portar *v* portar, comportarse.
Porta-retratos *s* portarretratos.
Portaria *s* portería.
Porta-seios *s* sostén.
Portátil *adj* portátil.
Porta-voz *s* portavoz, vocero.
Porte *s* porte, transporte, franqueo.
Porteiro *s* portero.
Portentoso *adj* portentoso.
Pórtico *s* pórtico, portal.
Porto *s* puerto, ancladero.
Portuário *adj* portuario.
Porvir *s* porvenir, futuro.
Posar *v* posar.
Pose *s* pose.
Pós-escrito *s* posdata.
Posição *s* posición, postura, situación.
Positivar *v* realizar, positivar.
Positivo *adj* positivo, evidente.
Posologia *s* posología.
Pós-operatório *adj* postoperatorio.
Posposto *adj* pospuesto, despreciado.
Possante *adj* pujante.
Possessão *s* posesión, dominio.
Possessivo *adj* posesivo.
Possesso *adj* poseso, endemoniado.
Possibilidade *s* posibilidad.
Possível *adj* posible, practicable.
Possuidor *s* poseedor.
Possuir *v* poseer, contener.
Postal *s* postal.
Postar *v* apostar, colocarse, disponer.
Poste *s* poste, columna, o pilar.
Postergar *v* postergar.
Posterior *adj* posterior, ulterior, siguiente.
Postiço *adj* postizo.
Posto *s* puesto.
Postular *v* postular, pedir, solicitar.
Póstumo *adj* póstumo.
Postura *s* postura, actitud.

POTÁVEL — PREGUEAR   383

Potável *adj* potable.
Pote *s* pote.
Potência *s* potencia.
Potenciação *s* potenciación.
Potentado *s* potentado.
Potente *adj* potente, poderoso, enérgico.
Potestade *s* poder, potestad.
Potranca *s* potranca.
Potro *s* potro.
Pouca-vergonha *s* desvergüenza, inmoralidad.
Pouco *adj* poco, no mucho.
Poupado *adj* economizado, ahorrado.
Poupança *s* ahorro, economías.
Poupar *v* ahorrar, economizar.
Pousada *s* posada, albergue.
Povo *s* gente, pueblo, plebe.
Povoador *s* poblador.
Povoar *v* poblar.
Praça *s* plaza, mercado.
Prado *s* prado, hipódromo.
Praga *s* plaga, calamidad.
Praguejar *v* maldecir, jurar.
Praia *s* playa.
Prancheta *s* plancheta, tablero para dibujo.
Pranto *s* llanto, lloro.
Prata *s* plata.
Prateado *adj* plateado, argénteo.
Pratear *v* platear.
Prateleira *s* estante, anaquel, entrepaño, mostrador.
Prática *s* práctica, experiencia, uso.
Praticar *v* platicar, ejercer, cometer.
Prato *s* plato.
Praxe *s* práctica, costumbre, uso.
Prazer *s* placer, agrado, goce, gusto.
Prazo *s* plazo.
Preâmbulo *s* preámbulo, preliminar, prólogo.
Precário *adj* precario.
Precaução *s* precaución, recaudo, resguardo.
Precaver *v* precaver, prevenir.
Precavido *adj* precavido.
Prece *s* oración, rezo, plegaria, súplica.
Precedência *s* precedencia, anterioridad.

Preceder *v* preceder, anteceder.
Preceito *s* precepto, mandamiento.
Preceptor *s* preceptor.
Precioso *adj* precioso, primoroso.
Precipício *s* precipicio, abismo.
Precipitar *v* precipitar, apresurar, despeñar.
Preciso *adj* preciso, necesario, exacto, determinado.
Preclaro *adj* preclaro, ilustre.
Preço *s* precio, coste, importe, valor.
Precoce *adj* precoz, prematuro, adelantado.
Preconceber *v* preconcebir.
Preconceito *s* prejuieio.
Preconizar *v* preconizar, alabar.
Precursor *adj* precursor.
Predestinar *v* predestinar.
Predeterminar *v* predeterminar.
Predição *s* predicción, pronóstico.
Predicar *v* predicar.
Predileção *s* predilección.
Predileto *adj* predilecto.
Prédio *s* edificio, predio.
Predispor *v* predisponer.
Predizer *v* predecir, vaticinar.
Predominante *adj* predominante.
Predominar *v* predominar, preponderar, prevalecer.
Preeminente *adj* preeminente.
Preencher *v* henchir, cumplir, rellenar.
Preexistir *v* preexistir.
Prefácio *s* prefacio, prólogo.
Prefeito *s* alcalde, intendente.
Prefeitura *s* prefectura, alcaldía.
Preferência *s* preferencia, predilección.
Preferir *v* preferir, anteponer, escoger.
Prefixar *v* prefijar.
Prefixo *adj* prefijo.
Prega *s* pliegue, dobladillo.
Pregador *s* orador, predicador.
Pregão *s* pregón.
Pregar *v* clavar, fijar, predicar, sermonear, aconsejar, preconizar.
Prego *s* clavo, chillón, punta.
Pregoeiro *s* pregonero.
Preguear *v* plegar, plisar, fruncir.

PREGUIÇA — PRIMAVERA

Preguiça s pereza, indolencia, dejadez.
Pré-história s prehistoria.
Prejudicar v perjudicar, atrasar.
Prejudicial adj perjudicial, dañino, nocivo.
Prejuízo s perjuicio, pérdida.
Preleção s disertación, lección.
Preliminar adj preliminar.
Prelúdio s preludio.
Prematuro adj prematuro, temprano.
Premeditar v premeditar.
Premente adj premiativo.
Premiar v premiar, laurear.
Prêmio s premio, recompensa.
Premonição s premonición.
Pré-natal adj prenatal.
Prenda s prenda, dádiva, regalo.
Prender v prender, unir, cautivar.
Prenhada adj preñada, embarazada, llena.
Prenhe adj preñado, grávido.
Prensa s prensa, viga.
Prenunciar v prenunciar.
Preocupar v preocupar.
Preparação s preparación.
Preparar v preparar, disponer, entablar.
Preparativos s preparativos.
Preparo s preparación.
Preponderar v preponderar, predominar, prevalecer.
Preposição s preposición.
Prepotente adj prepotente.
Prepúcio s prepucio.
Prerrogativa s prerrogativa.
Presa s presa, garra, botín.
Presbítero s presbítero, sacerdote.
Prescindir v prescindir, dispensar.
Prescrever v prescribir, recetar.
Presença s presencia.
Presenciar v presenciar, ver.
Presente adj actual; s ofrenda, dádiva, regalo.
Presentear v regalar, obsequiar.
Presépio s belén, presepio.
Preservar v preservar.
Preservativo s preservativo.
Presidente s presidente.

Presidiário s presidiario, penitenciario.
Presidir v presidir.
Preso adj preso, arrestado, detenido, recluso.
Pressa s prisa, urgencia.
Presságio s presagio, agüero, augurio.
Pressão s presión, ahogo.
Pressentimento s presentimiento, intuición, premonición.
Pressupor v presuponer, prever.
Pressuposto s presupuesto.
Prestação s prestación, plazos.
Prestar v prestar, beneficiar.
Prestativo adj servicial, solícito.
Prestes adj presto.
Presteza s presteza, ligereza, prisa.
Prestígio s prestigio, valía.
Préstimo s capacidad, utilidad, valor.
Presumido adj presumido, hinchado.
Presumir v presumir, suponer.
Presunção s presunción, arrogancia, vanagloria.
Presunto s jamón, lacón.
Pretender s pretender, apetecer, solicitar.
Pretenso adj pretenso.
Preterir v preterir, ultrapasar.
Pretérito adj pretérito, pasado.
Pretexto s pretexto, excusa, subterfugio.
Preto adj negro, obscuro.
Pretor s pretor, magistrado.
Prevalecer v prevalecer, predominar.
Prevaricar v prevaricar.
Prevenção s prevención, precaución, reserva.
Prevenir v prevenir, anticipar, precaver, preparar.
Preventivo adj preventivo, profiláctico.
Prever v prever, presagiar, pronosticar.
Prévio adj previo.
Previsão s previsión, pronóstico.
Prezado adj muy estimado, apreciado.
Prezar v preciar, apreciar, estimar.
Prima s prima.
Primar v primar, ser el primero.
Primário adj primario.
Primata s primate.
Primavera v primavera.

PRIMAZIA — PROMÍSCUO

Primazia s primacía, prioridad, excelencia.
Primeiro adj, num primer, primero, uno, anterior.
Primitivo adj primitivo.
Primo s primo.
Primogênito adj primogénito.
Primor s primor.
Primoroso adj primoroso, bello.
Princesa s princesa.
Principado s principado.
Principal adj principal.
Príncipe s príncipe.
Principiante s principiante, aprendiz.
Principiar v principiar, comenzar, empezar, iniciar.
Prior s prior.
Prioridade s prioridad, privilegio.
Prisão s prisión, apresamiento, reclusión.
Prisioneiro adj prisionero, recluso.
Prisma s prisma.
Privação s privación, abstención, abstinencia.
Privada s letrina, retrete.
Privado adj privado, personal.
Privar v privar, despojar, abstenerse, cohibirse.
Privativo adj privativo, exclusivo.
Privilégio s privilegio, regalía.
Proa s proa.
Probabilidade s probabilidad.
Problema s problema.
Procedência s procedencia.
Proceder v proceder, provenir.
Procedimento s procedimiento, conducta, práctica.
Processar v procesar.
Processo s proceso.
Processual adj procesal.
Proclamar v exaltar, proclamar.
Procriar v procrear, poblar.
Procurador s procurador, apoderado.
Procurar v procurar, buscar, demandar, solicitar.
Prodigalizar v prodigar.
Prodígio s prodigio, portento.
Prodigioso adj prodigioso, espantoso.

Pródigo adj pródigo.
Produção s producción, obra.
Produtivo adj productivo, eficaz.
Produto s producto.
Produtor s productor.
Produzir v producir, crear, engendrar, fabricar, hacer.
Proeminente adj proeminente.
Proeza s aventura, hazaña.
Profanar v profanar.
Profecia s profecía, vaticinio.
Proferir v proferir, pronunciar.
Professar v profesar.
Professor s profesor, maestro, pedagogo.
Profeta s profeta, adivino.
Profetizar v profetizar, adivinar, vaticinar.
Profilaxia s profilaxis.
Profissão s profesión.
Profissional adj profesional.
Prófugo s prófugo, desertor.
Profundo adj profundo, hondo, penetrante.
Profusão s profusión.
Progenitor s progenitor.
Prognóstico s pronóstico.
Programa s programa.
Programação s programación.
Programar v programar.
Progredir v progresar, avanzar, prosperar.
Progresso s progreso, avance, desarrollo.
Proibição s prohibición, interdicción.
Proibir v prohibir, vedar.
Projetar v proyectar.
Projétil s proyectil.
Projeto s proyecto, plan, programa, traza.
Prole s prole, descendencia.
Proletário adj proletario.
Proliferação s proliferación.
Proliferar v proliferar.
Prolixo adj prolijo.
Prólogo s prefacio, prólogo.
Prolongar v prolongar, alargar, continuar.
Promessa s promesa.
Prometer v prometer, afirmar, asegurar.
Prometido s prometido, novio.
Promíscuo adj promiscuo, mezclado.

PROMISSOR — PROVEITOSO

Promissor *adj* prometedor, promisorio.
Promoção *s* promoción.
Promotor *s* promotor.
Promover *v* promover, fomentar, suscitar.
Promulgar *v* promulgar.
Pronome *s* pronombre.
Pronominal *adj* pronominal.
Prontidão *s* prontitud, actividad, diligencia, prisa.
Prontificar-se *v* ofrecerse, prestarse, disponerse.
Pronto *adj* pronto, acabado, terminado, listo, presto.
Pronto-socorro *s* hospital para casos de urgencia.
Pronúncia *s* pronunciación.
Pronunciamento *s* pronunciamiento.
Pronunciar *v* pronunciar, proferir, articular.
Propagação *s* propagación, invasión.
Propaganda *s* propaganda.
Propagar *v* propagar, difundir, transmitir.
Propalar *v* propalar, alardear.
Proparoxítono *adj* proparoxítono, esdrújulo.
Propensão *s* propensión, tendencia, inclinación.
Propenso *adj* propenso, tendencioso.
Propício *s* propicio.
Propina *s* propina.
Proponente *adj* proponente.
Propor *v* proponer.
Proporção *s* proporción, simetría.
Proporcionar *v* proporcionar, ofrecer.
Proposição *s* proposición.
Propósito *s* propósito, intención.
Proposta *s* propuesta, oferta.
Propriedade *s* propiedad, virtud, dominio, inmueble.
Proprietário *s* propietario, amo, dueño.
Próprio *adj* propio, oportuno.
Propugnar *v* propugnar.
Propulsão *s* propulsión.
Propulsar *v* propulsar.
Prorrogação *s* prórroga.

Prorrogar *v* prorrogar, aplazar.
Prorromper *v* prorrumpir.
Prosa *s* prosa.
Prosaico *adj* prosaico.
Proscrever *v* proscribir.
Proscrito *adj* proscrito.
Proselitismo *s* proselitismo.
Prosódia *s* prosodia.
Prospecto *s* programa, prospecto.
Prosperar *v* prosperar, crecer.
Prosperidade *s* prosperidad.
Prosseguimento *s* seguimiento.
Prosseguir *v* proseguir, continuar, insistir.
Próstata *s* próstata.
Prosternar *v* prosternar, postrar.
Prostíbulo *s* prostíbulo, burdel.
Prostituir *v* prostituir.
Prostituta *s* prostituta, meretriz, ramera.
Prostração *s* postración.
Prostrar *v* postrar, abatir, derrubar.
Protagonista *s* protagonista.
Proteção *s* protección, amparo.
Protecionismo *s* proteccionismo.
Proteger *v* proteger, amparar, defender, abrigar.
Protegido *adj* refugiado.
Proteína *s* proteína.
Protelar *v* prorrogar, demorar, retardar.
Prótese *s* prótesis.
Protestante *adj* protestante.
Protestantismo *s* protestantismo.
Protestar *v* protestar.
Protesto *s* protesta, reclamación.
Protetor *s* protector, defensor.
Protocolar *adj* protocolario.
Protoplasma *s* protoplasma.
Protótipo *s* prototipo.
Protuberância *s* protuberancia.
Prova *s* prueba, comprobación, documento, testimonio.
Provação *s* prueba, desgracia.
Provar *v* probar, demonstrar.
Provável *adj* probable.
Provedor *s* proveedor.
Proveito *s* provecho, beneficio.
Proveitoso *adj* provechoso.

PROVENIENTE — PÚRPURA

Proveniente *adj* proveniente, originario, procedente.

Prover *v* proveer, abastecer, aprovisionar, equipar, habilitar, mantener.

Proverbial *adj* proverbial.

Provérbio *s* proverbio, máxima, refrán, adagio.

Proveta *s* probeta.

Providência *s* providencia.

Província *s* provincia.

Provinciano *adj* provinciano.

Provir *v* provenir, proceder, derivar.

Provisão *s* provisión, suministro.

Provisor *s* provisor.

Provisório *adj* provisional, transitorio.

Provocação *s* provocación, desafío.

Provocador *s* provocador.

Provocar *v* provocar, incitar.

Proximidade *s* proximidad, aproximación, inmediación.

Próximo *adj* próximo, mediato, cercano, vecino.

Prudência *s* prudencia, moderación.

Prudente *adj* prudente, juicioso, cauto, precavido.

Prumo *s* plomo, plomada.

Pseudônimo *s* pseudónimo, seudónimo.

Psicanálise *s* psicoanálisis, sicoanálisis.

Psicologia *s* psicología, sicología.

Psicológico *adj* psicológico.

Psicopata *s* psicópata, sicópata.

Psicose *s* psicosis.

Psicoterapia *s* psicoterapia.

Psique *s* psique.

Psíquico *adj* psíquico, síquico.

Pua *s* púa, puya.

Puberdade *s* pubertad.

Púbere *s* púber.

Púbis *s* pubis.

Publicação *s* publicación.

Publicar *v* publicar, editar, imprimir.

Publicidade *s* publicidad.

Público *adj* público.

Pudico *adj* púdico.

Pudim *s* pudín.

Pudor *s* pudor, recato, vergüenza.

Pueril *adj* pueril, infantil.

Puerilidade *s* puerilidad, niñería.

Pugilismo *s* boxeo, pugilismo.

Pugilista *s* boxeador, pugilista.

Pugna *s* pugna.

Pugnar *v* pugnar.

Puir *v* pulir.

Pujança *s* pujanza.

Pujante *adj* pujante, robusto, poderoso.

Pular *v* saltar.

Pulcro *adj* pulcro.

Pulga *s* pulga.

Pulha *s* pulla.

Pulmão *s* pulmón.

Pulo *s* salto.

Pulôver *s* jersey.

Púlpito *s* púlpito.

Pulsação *s* pulsación, palpitación, latido.

Pulsar *v* pulsar, palpitar, latir.

Pulseira *s* pulsera.

Pulso *s* pulso, muñeca.

Pulverizar *v* pulverizar.

Puma *s* puma.

Punção *s* punción.

Punçar *v* punzar.

Pundonor *s* pundonor, punto de honor.

Pungente *adj* pungente.

Pungir *v* pungir, punzar.

Punhal *s* daga, puñal.

Punhalada *s* puñalada.

Punho *s* puño.

Punição *s* punición, castigo, pena.

Punir *v* punir, castigar, escarmentar.

Pupila *s* pupila.

Pupilo *s* pupilo.

Purê *s* puré.

Pureza *s* pureza, inocencia, virginidad.

Purga *s* purga.

Purgação *s* purgación.

Purgante *adj* laxante, purgante.

Purgar *v* purgar, purificar.

Purgativo *adj* purga, purgante.

Purgatório *adj* purgatorio.

Purificar *v* purificar, expurgar, purgar.

Purismo *s* purismo.

Puritanismo *s* puritanismo.

Puro *adj* puro, limpio, claro.

Púrpura *s* púrpura.

PURULENTO — PUXA-SACO

Purulento *adj* purulento.
Pus *s* pus.
Pusilânime *adj* pusilánime.
Pústula *s* pústula, llaga.
Putrefação *s* putrefacción.
Putrefazer *v* pudrir, corromper.

Pútrido *adj* pútrido, podrido, fétido.
Puxa *interj* ¡o!.
Puxador *s* tirador.
Puxão *s* tirón.
Puxar *v* tirar, empujar.
Puxa-saco *adj* adulador, halagador.

q Q

Q s décimosexta letra del alfabeto portugués.
Quadra s cuadra.
Quadrado s cuadrado.
Quadrante s cuadrante.
Quadricular v cuadricular.
Quadril s cuadril, anca, cadera.
Quadrilátero s cuadrilátero.
Quadrilha s cuadrilla.
Quadrimotor s cuartimotor.
Quadro s cuadro, marco.
Quadro-negro s pizarra, encerado.
Quadrúmano s cuadrúmano.
Quadrúpede s cuadrúpedo.
Quadruplicar v cuadruplicar.
Qual pron cual, cuál; interj ¡ca!
Qualidade s cualidad.
Qualificação s calificación.
Qualificar v calificar.
Qualitativo adj cualitativo.
Qualquer pron cualquier, cualquiera, alguno.
Quando adv cuando.
Quantia s cuantía.
Quantidade s cuantidad, cantidad.
Quanto adv cuánto, cuanto.
Quão adv cuanto.
Quarentena s cuarentena.
Quaresma s cuaresma.
Quarta s cuarta.
Quarta-feira s miércoles.
Quarteirão s cuadra, manzana de casas.
Quartel s cuartel.
Quarteto s cuarteto.
Quarto s cuarto, aposento.
Quartzo s cuarzo.
Quase adv casi, por poco.
Quaternário adj cuaternario.

Que pron que.
Quebra s quiebra.
Quebra-cabeças s rompecabezas.
Quebrado adj quebrado, partido.
Quebra-luz s pantalla para amortiguar la luz.
Quebra-mar s rompeolas, dique.
Quebra-nozes s cascanueces.
Quebrantar v quebrantar, debilitar.
Quebranto s quebrantamiento, postración.
Quebrar v quebrar, romper, partir.
Queda s caída, declive.
Quedar v quedar, detener.
Queijaria s quesería.
Queijeira s quesera.
Queijo s queso.
Queima s quema.
Queimada s quemada.
Queimado adj quemado, tostado.
Queimar v quemar, secar, tostar.
Queima-roupa loc adv a quemarropa, cara a cara.
Queixa s queja, lamento.
Queixada s quejada.
Queixar-se v quejarse.
Queixo s quijada, mentón.
Quem pron quien, el cual, alguien que, uno, cualquier persona.
Quente adj caliente.
Quentura s calor, fiebre.
Querela s querella.
Querência s querencia.
Querer v querer, amarse, desear, opinar.
Querido adj querido, amado.
Quermesse s quermese.
Querosene s querosén.
Querubim s querubín.

QUESTÃO — QUOTIZAR

Questão s cuestión, pendencia, asunto.
Questionar v cuestionar, discutir.
Questionário s cuestionario.
Quiabo s planta brasileña comestible.
Quiçá adv quizá, talvez.
Quietar v quietar, aquietar, tranquilizar.
Quieto adj quieto, sereno, sosegado.
Quietude s quietud, paz, sosiego.
Quilate s quilate.
Quilha s quilla.
Quilo s kilo.
Quilograma s kilogramo.
Quilombo s quilombo.
Quilometragem s kilometraje.
Quilômetro s kilómetro.
Quimera s quimera, ilusión.
Química s química.
Quimono s quimono.
Quina s quina, esquina.
Quindim s doce brasileño.
Quinhão s quiñón.
Quinina s quinina.

Quinquinario adj quinquenal.
Quinquilharia s quincallería.
Quinta s quinta, casa de campo, finca rústica.
Quinta-feira s jueves.
Quintal s quintal, quinta pequeña.
Quinteto s quinteto.
Quinzena s quincena.
Quiosque s quiosco.
Quiproquó s equívoco, engaño, confusión de palabras.
Quiromancia s quiromancia.
Quisto adj quiste, estimado.
Quitanda s abacería, tienda donde se venden frutas y verduras.
Quitar v quitar, tirar, evitar, dejar.
Quitute s manjar exquisito.
Quixotada s quijotada, fanfarronada.
Quociente s cociente.
Quota s cuota, quiñón.
Quotidiano adj cotidiano.
Quotizar v cotizar.

r R

R s decimoséptima letra del alfabeto portugués.
Rã s rana, batracio.
Rabada s rabada.
Rabanada s torrija, rebanada de pan mojada con leche, azúcar y huevos, y frita.
Rabanete s rabanete.
Rabino s rabino.
Rabiscar v garabatear, garrapatear.
Rabo s cola, rabo.
Rabo-de-cavalo s coleta.
Rabugento adj quisquilloso, regañón.
Raça s raza, etnia.
Ração s ración, pitanza.
Racha s raja, grieta.
Rachadura s hendedura.
Rachar v rajar, resquebrajar, hendir, quebrantar.
Racial adj racial.
Raciocinar v raciocinar, razonar.
Racional adj lógico, racional.
Racionalismo s racionalismo.
Racionalizar v racionalizar.
Racionamento s racionamiento.
Racionar v racionar.
Racismo s racismo.
Radar s radar.
Radiação s radiación.
Radiador s radiador.
Radiante adj radiante, alegre.
Radiatividade s radiactividad.
Radical adj radical.
Radicalização s radicalización.
Radicar v radicar.
Rádio s radio, transistor.
Radiodifusão s radiodifusión.
Radiografia s radiografía.

Radiologia s radiología.
Radioscopia s radioscopia.
Radioso adj radioso.
Radioterapia s radioterapia.
Raia s raya.
Raiar v rayar.
Rainha s reina.
Raio s rayo.
Raiva s rabia, furia, ira.
Raivoso adj rabioso.
Raiz s raíz, origen.
Rajada s racha, ráfaga.
Rajado adj rayado.
Ralador s rallador.
Ralar v rallar.
Ralé s ralea, plebe.
Ralhar v regañar, reprender, reñir.
Ralo adj ralo, poco espeso; s rallador, colador, criba.
Rama s rama, ramaje.
Ramagem s ramaje, follaje.
Ramal s ramal, rama.
Ramalhete s ramillete, ramo.
Rameira s prostituta, ramera.
Ramificar v ramificar.
Ramo s rama, ramo.
Rampa s rampa, pendiente.
Rancheiro s ranchero.
Rancho s rancho.
Rancor s rencor.
Rançoso adj rancioso.
Ranger v crujir, rechinar.
Rangido s rechinamiento.
Ranhento adj mocoso.
Ranhura s ranura.
Rapar v raspar, cortar.
Rapaz s rapaz, muchacho.
Rapé s rapé, tabaco en polvo.

RAPIDEZ — RECEAR

Rapidez s rapidez, prisa.
Rápido adj rápido, veloz, pronto.
Rapina s rapiña.
Rapinar v rapiñar.
Raposo s raposo.
Raptar v raptar, robar.
Raquete s pala, raqueta.
Raquítico s raquítico.
Rarear v enrarecer.
Raro adj raro, contado, escaso, extravagante.
Rasante adj rasante.
Rascunho s borrador, minuta.
Rasgado adj rasgado, roto.
Rasgar v rasgar, romper, despedazar.
Raso adj llano, raso, plano.
Raspadeira s raspador.
Raspado adj raído, pelón.
Raspador s raedera.
Raspar v raspar, rasar, arañar.
Rasteira s zancadilla.
Rasteiro adj rastrero.
Rastreamento s rastreo.
Rastrear v rastrear.
Rastro s rastro, señal.
Rasurar v borrar, tachar, raspar.
Ratazana s rata grande, ratona.
Ratificar v ratificar, aprobar.
Rato s ratón.
Ratoeira s ratonera.
Razão s razón, causa, motivo.
Razoável adj razonable, justo.
Reabastecer v reabastecer, abastecer.
Reabertura s reapertura.
Reabilitação s rehabilitación.
Reação s reacción.
Reacionário adj reaccionario.
Readaptação s readaptación.
Readaptar v readaptar, reeducar.
Reagir v reaccionar, reactivar.
Reajustar v reajustar.
Reajuste s reajuste.
Real adj real, actual, regio, verdadero.
Realçar v realzar, acentuar.
Realce s realce, relieve.
Realeza s realeza.
Realidade s realidad, verdad.

Realização s realización, ejecución, producción.
Realizar v realizar, efectuar, ejecutar, hacer.
Reanimar v reanimar, vivificar.
Reaparecer v reaparecer, resurgir.
Reaparição s reaparición, resurgimiento.
Reaproveitamento s reciclaje.
Reaquecer v recalentar.
Reassumir v reasumir, recobrar.
Reativo adj reactivo.
Reator s reactor.
Reaver v recuperar, recobrar, restablecer.
Reavivar v reavivar, reanimar.
Rebaixar v rebajar.
Rebanho s rebaño, grei.
Rebater v rebatir, controvertir, rebotar, refutar.
Rebelar v rebelar, insubordinar.
Rebelde adj rebelde, contumaz, incorregible, indócil.
Rebeldia s rebeldía, insubordinación.
Rebelião s rebelión, insurrección, sedición.
Rebentar v reventar.
Rebento s renuevo, vástago.
Rebobinar v rebobinar.
Rebocador adj revocador.
Rebocar v remolcar.
Reboco s revoque.
Reboque s remolque.
Rebuçar v ocultar, embozar.
Rebuço s solapa, disfraz.
Rebuliço s rebullicio, desorden.
Recado s recado, aviso.
Recaída s recaída.
Recair v recaer.
Recalcar v recalcar.
Recalcitrar v recalcitrar, desobedecer.
Recanto s lugar retirado.
Recapacitar v recapacitar.
Recapitulação s recapitulación, repetición.
Recarga s recarga.
Recatar v recatar, encubrir.
Recato s recato, cautela, pudor.
Recear v recelar, sospechar, temer.

RECEBER — REDIZER

Receber v recibir, admitir, cobrar, sufrir.
Recebimento s recibimiento, recibo.
Receio s recelo, temor.
Receita s receta, ingreso.
Receitar v recetar.
Recém adv, adj recién, nuevo.
Recém-chegado adj, s recién llegado.
Recém-nascido adj, s recién nacido.
Recenseamento s padrón, empadronamiento.
Recensear v empadronar, enumerar.
Recente adj reciente, nuevo.
Recentemente adv recientemente.
Receoso adj receloso, tímido, temeroso.
Recepção s recepción.
Receptáculo s receptáculo, recipiente.
Receptivo receptivo.
Receptor adj receptor.
Recessão s recesión.
Rechaçar v rechazar, repeler.
Rechaço s rechazo.
Rechear v rellenar.
Recheio s relleno.
Rechonchudo adj rechoncho.
Recibo s recibo, vale.
Reciclar v reciclar.
Reciclável adj reciclable.
Recife s arrecife.
Recinto s recinto.
Recipiente s recipiente.
Recíproco adj recíproco.
Recitar v declamar, recitar.
Reclamação s reclamación, protesto.
Reclamo s reclamo, anuncio, llamada.
Reclinar v reclinar, recostar.
Recluso adj recluso.
Recobrar v recobrar, recuperar.
Recobrir v recubrir.
Recolher v recoger.
Recolhimento s recogimiento, recato.
Recomendar v recomendar, aconsejar.
Recomendável adj recomendable.
Recompensa s recompensa, remuneración.
Recompor v recomponer.
Recôncavo s concavidad, cueva.
Reconcentrar v reconcentrar.

Reconciliar v reconciliar.
Recôndito adj recóndito.
Reconduzir v reconducir.
Reconfortar v reconfortar.
Reconhecer v reconocer.
Reconhecimento s reconocimiento.
Reconquista s reconquista.
Reconsiderar v reconsiderar.
Reconstituir v reconstituir.
Reconstrução s reconstrucción.
Reconstruir v reconstruir.
Recontar v recontar.
Reconvir v reconvenir.
Recopilação s recopilación.
Recopilar v recopilar.
Recordação s recuerdo.
Recordar v recordar.
Recordista s plusmarquista.
Recorrer v apelar, recurrir.
Recortar v recortar.
Recorte s recorte.
Recostar v recostar.
Recreação s recreación, diversión.
Recrear v recrear, divertir.
Recreativo adj recreativo.
Recreio s recreo, placer.
Recriar v recriar.
Recriminar v recriminar, acusar, censurar.
Recrudescer v recrudecer.
Recrutamento s reclutamiento.
Recrutar v reclutar.
Recuar v retroceder.
Recuperar v recuperar, recobrar.
Recuperável adj recuperable.
Recurso s recurso.
Recusa s negativa.
Recusar v recusar, negar, oponerse.
Redação s redacción.
Redator s escritor, redactor.
Rede s ardid, hamaca.
Rédea s rienda.
Redemoinho s remolino.
Redenção s redención.
Redigir v redactar.
Redimir v redimir.
Redizer v redecir.

REDOBRAR — REGRESSO

Redobrar *v* redoblar.
Redoma *s* redoma.
Redondeza *v* redondez.
Redondo *adj* redondo.
Redor *s* alrededor.
Redução *s* reducción, conversión.
Redundância *s* redundancia.
Reduplicar *v* reduplicar, redoblar.
Reduto *s* reducto.
Redutor *s* reductor.
Reduzido *adj* reducido, sumario.
Reduzir *v* reducir.
Reedição *s* reimpresión.
Reeditar *v* reimprimir.
Reeducar *v* reeducar.
Reeleição *s* reelección.
Reembolsar *v* reembolsar.
Reencarnar *v* reencarnar.
Reencontrar *v* reencontrar.
Reentrar *v* entrar nuevamente.
Reerguer *v* reconstruir.
Refazer *v* rehacer.
Refeito *adj* rehecho.
Refeitório *s* refectorio.
Refém *s* rehén.
Referência *s* referencia.
Referendar *v* refrendar.
Referente *s* referente.
Referir *v* referir, citar, narrar.
Refinar *v* refinar.
Refinaria *s* refinería.
Refletido *adj* reflexivo, prudente, reflejado.
Refletir *v* reflejar, reflectar.
Reflexão *s* reflexión, raciocinio.
Reflexo *s* reflejo, viso.
Reflorestar *v* repoblar.
Refluir *v* refluir.
Refluxo *s* reflujo.
Refogado *s* rehogado, guisado.
Refogar *v* guisar, rehogar.
Reforçar *v* reforzar, esforzar, rebatir, remendar.
Reforço *s* refuerzo.
Reforma *s* reforma.
Reformar *v* reformar, renovar, transformar.

Reformatório *s* reformatorio.
Refratário *adj* refractario.
Refrear *v* refrenar, reprimir, frenar.
Refrega *s* refriega.
Refrescante *adj* refrescante.
Refrescar *v* refrescar, refrigerar.
Refrigerado *adj* climatizado.
Refrigerante *s* refrigerante, refresco.
Refrigerar *v* refrescar, refrigerar.
Refugar *v* rehusar, apartar.
Refugiado *adj* refugiado.
Refugiar-se *v* refugiarse.
Refúgio *s* refugio.
Refulgir *v* refulgir.
Refundir *v* refundir.
Refutar *v* refutar, contestar, rebatir.
Rega *v* riego.
Regaço *s* regazo.
Regador *s* regador, regadera.
Regalar *v* regalar, deleitar.
Regalia *s* regalía.
Regar *v* regar.
Regatear *v* deprimir, regatear.
Regato *s* regato, arroyo.
Regência *s* regencia.
Regenerar *v* regenerar.
Reger *v* regir, guiar, gobernar.
Região *s* región, país.
Regime *s* régimen, dieta.
Regimento *s* regimiento, estatuto, norma.
Régio *adj* regio, real.
Regional *adj* regional.
Registrar *v* registrar, inscribir.
Registro *s* registro.
Rego *s* reguera, surco.
Regozijar *v* regocijar.
Regra *s* regla, ley, orden.
Regrado *adj* reglado, rayado, sensato.
Regrar *v* reglar, ajustar.
Regras *s* menstruación.
Regredir *v* retroceder una enfermedad, mejorar.
Regressão *s* regresión, regreso.
Regressar *v* regresar, retroceder.
Regressivo *adj* regresivo, retroactivo.
Regresso *s* regreso.

RÉGUA — RENEGAR

Régua s regla.
Regulagem s reglaje.
Regulamentar adj reglamentario; v reglamentar, regular.
Regulamento s reglamento, regulación.
Regular v regular, reglar.
Regularizar s regularizar, metodizar.
Regurgitar v regurgitar.
Rei s rey, soberano.
Reimprimir v reimprimir.
Reinar v reinar.
Reincidir v reincidir.
Reiniciar v iniciar de nuevo.
Reino s reino, estado.
Reintegração s reintegración.
Reintegrar v reintegrar, reconstruir.
Reiteração s reiteración.
Reitor s rector.
Reitoria s rectoría.
Reivindicar v reivindicar, reclamar.
Rejuvenescer v rejuvenecer, remozar.
Relação s relación, lista.
Relacionamento s relación.
Relâmpago s relámpago.
Relampejar v relampaguear.
Relançar v mirar.
Relatar v relatar, mencionar.
Relatividade v relatividad.
Relativo adj relativo.
Relato s relato, narración.
Relatório s relación, descripción.
Relaxado adj relajado, flojo, blando.
Relaxamento s relajamiento.
Relaxar v relajar, aflojar, ablandar, suavizar.
Relegar v relegar.
Relembrar v recordar, rememorar.
Relento s relente, rocío.
Relevante adj relevante.
Relevar v relevar.
Relevo s relieve.
Relicário s relicario.
Religião s religión.
Religioso s religioso, pío, devoto.
Relinchar v relinchar.
Relíquia s reliquia.
Relógio s reloj.

Relojoaria s relojería.
Reluzente adj reluciente, flamante, lustroso.
Reluzir v relucir, lucir, relumbrar.
Relva s césped, prado.
Remador s remador, remero.
Remanescente adj remanente.
Remanescer v remanecer.
Remanso s remanso, quietud.
Remar v remar.
Remarcar v remarcar.
Rematar v rematar, terminar.
Remediar v remediar.
Remédio s remedio, medicamento.
Remela s lagaña.
Rememorar v rememorar.
Remendar v remendar.
Remessa s envío, remesa.
Remetente s remitente.
Remeter s remitir, enviar, mandar.
Remexer v hurgar, revolver, menear.
Reminiscência s reminiscencia.
Remir v redimir.
Remissão s remisión, perdón.
Remissível adj remisible.
Remo s remo.
Remoção s remoción.
Remoçar v remozar, rejuvenecerse.
Remodelar v reformar, renovar.
Remoer v remoler.
Remoinho s remolino.
Remontar v remontar.
Remorso s remordimiento.
Remoto adj remoto, distante.
Remover v remover.
Removível adj removible.
Remuneração s remuneración, sueldo.
Remunerar v remunerar, recompensar.
Rena s reno.
Renascentista adj renacentista.
Renda s renta, encaje, renda.
Render v rendir, someter, sujetar, durar.
Rendido adj rendido, entregado, cansado.
Rendimento s rendimiento, renta, lucro.
Rendoso adj rentoso.
Renegado s renegado.
Renegar v renegar.

RENHIDO — RESGUARDO

Renhido *adj* reñido.
Renhir *v* pelear, reñir.
Renome *s* renombre, celebridad.
Renovação *s* renovación, regeneración.
Renovar *v* renovar, reparar.
Renovável *adj* renovable.
Rentável *adj* rentable.
Renúncia *s* renuncia, abandono.
Renunciar *v* renunciar, abandonar, renegar.
Reorganizar *v* reorganizar.
Reparar *v* reparar, arreglar, renovar.
Reparo *s* reparo.
Repartição *s* repartición, oficial.
Repartir *v* repartir, dividir.
Repassar *v* repasar.
Repatriação *s* repatriación.
Repatriar *v* repatriar.
Repelente *adj* repelente, asqueroso.
Repelir *v* repeler, lanzar, rechazar.
Repentino *adj* repentino, súbito.
Repercussão *s* repercusión, eco.
Repercutir *v* repercutir.
Repertório *s* repertorio.
Repetição *s* repetición.
Repetido *adj* repetido, frecuente.
Repicar *v* repicar.
Repisar *v* repisar.
Repleto *adj* repleto, lleno.
Réplica *s* réplica, contestación.
Repolho *s* repollo.
Repor *v* reponer, rehacer.
Reportagem *s* reportaje.
Reportar *v* reportar.
Repórter *s* reportero.
Reposição *s* reposición.
Repousar *v* reposar, descansar, dormir, posar.
Repouso *s* reposo, descanso, holganza.
Repovoação *s* repoblación.
Repreender *v* reprehender, amonestar.
Repreensão *s* reprehensión, amonestación.
Represa *s* represa.
Represália *s* represalia, venganza.
Representação *s* representación.
Representar *v* representar.

Repressão *s* represión.
Repressivo *adj* represivo.
Reprimir *v* reprimir, refrenar, contener.
Reprodução *s* reproducción, copia.
Reproduzir *v* reproducir, copiar, multiplicarse.
Reprovação *s* reprobación, repulsión.
Reprovar *v* reprobar, desaprobar, desechar.
Réptil *s* reptil.
República *s* república.
Republicano *adj* republicano.
Repudiar *v* repudiar.
Repúdio *s* repudio.
Repugnância *s* repugnancia, asco, fastidio.
Repugnar *v* repugnar.
Repulsa *s* repulsa, aversión, repugnancia.
Repulsivo *adj* repulsivo, repugnante.
Requebro *s* requiebro.
Requeijão *s* requesón.
Requentar *v* recalentar.
Requerer *v* requerir, solicitar.
Requerimento *s* requerimiento, petición, solicitud.
Requintado *adj* requintado, refinado.
Requisitar *v* requisar.
Requisito *s* requisito.
Rês *s* res.
Rescaldo *s* rescoldo.
Rescindir *v* rescindir.
Rescisão *s* rescisión.
Resenha *s* reseña.
Reserva *s* reserva.
Reservado *adj* reservado, guardado, oculto, íntimo.
Reservar *v* reservar.
Reservatório *s* reservatorio.
Reservista *s* reservista.
Resfolegar *v* resollar, respirar.
Resfriado *adj* constipado, resfriado.
Resfriar *v* enfriar, resfriar.
Resgatar *v* rescatar, redimir.
Resguardar *v* resguardar, ahorrar, preservar.
Resguardo *s* resguardo, pudor, prudencia.

RESIDÊNCIA — RETOCAR

Residência s residencia, domicilio.
Residir v residir, habitar, morar.
Resíduo s residuo, detrito.
Resignado adj resignado, paciente.
Resignar v resignar, conformarse.
Resina s resina.
Resistência s resistencia, oposición.
Resistir v resistir, defenderse.
Resmungar v refunfuñar, murmurar.
Resolução s resolución, decisión.
Resoluto adj resoluto, decidido.
Resolver v resolver, decidir, transformar.
Resolvido adj resuelto, temerario.
Respaldar v respaldar.
Respaldo s respaldo.
Respeitar v respetar, considerar.
Respeitável adj respetable, venerable.
Respeito s respeto, consideración.
Respingar v respingar, cocear.
Respingo s respingo.
Respiração s respiración.
Respirar v respirar.
Resplandecente adj resplandeciente.
Resplandecer v resplandecer, relucir.
Responder v responder, contestar.
Responsabilidade s responsabilidad, obligación.
Responsável adj responsable.
Resposta s respuesta.
Resquício s resquicio.
Ressaca s resaca, flujo y reflujo.
Ressaltar v resaltar, sobresalir.
Ressalva s reserva, cláusula, resguardo, excepción.
Ressalvar v salvar, acautelarse, garantizar.
Ressarcir v resarcir, indemnizar, compensar.
Ressecar v resecar, secar.
Ressentido adj resentido, ofendido.
Ressentir v resentir.
Ressonância s resonancia.
Ressurgimento s resurgimiento, resurrección.
Ressurgir v resurgir.
Ressurreição s resurrección.
Ressuscitar v resucitar, resurgir.

Restabelecer v restablecer, restaurador, renovar, convalecer.
Restabelecimento s restablecimiento, restauración.
Restante adj restante.
Restar v restar, sobrar, quedar.
Restauração s restauración, reparo.
Restaurante s restaurante.
Restaurar v restaurar, restablecer, recuperar.
Réstia s ristra.
Restinga s restinga, albufera, marisma.
Restituição s restitución, entrega, devolución.
Restituir v restituir, reponer, volver.
Resto s resto, restante.
Restrição s restricción.
Restringir v restringir, limitarse, reducir.
Restrito adj restricto, limitado.
Resultado s resultado, consecuencia, secuela.
Resultar v resultar, provenir.
Resumido adj reducido, conciso.
Resumir v reducir, abreviar, sintetizar.
Resumo s resumen, extracto, síntesis.
Resvaladiço adj resbaladizo.
Resvalar v resbalar, patinar.
Reta s recta.
Retábulo s retablo.
Retaguarda s retaguardia.
Retalhar v retazar, retajar, cortar.
Retalho s retazo, jira.
Retângulo s rectángulo.
Retardado adj retrasado.
Retardar v retardar, demorar, atrasar.
Retardatário adj retardatario.
Retenção s retención, detención.
Reter v retener, detener, suspender.
Reticência s reticencia.
Retidão s rectitud.
Retificar v rectificar.
Retina s retina.
Retirada s retirada, evacuación, retiro.
Retirado adj retirado, recogido, solitario.
Retirar v retirar, rehuir, irse.
Reto adj recto, derecho.
Retocar v retocar, perfeccionar.

RETOMAR — RIQUEZA

Retomar *v* reanudar.
Retoque *s* retoque.
Retorcer *v* retorcer, enrollar.
Retórica *s* retórica.
Retornar *v* retornar, volver, reaparecer, regresar.
Retorno *s* retorno.
Retração *s* retracción.
Retraído *adj* retraído, recogido.
Retraimento *s* retraimiento, contracción.
Retransmitir *v* retransmitir.
Retratar *v* retractar, retratar.
Retrato *s* retrato, fotografía.
Retribuir *v* retribuir, gratificar, pagar.
Retroagir *v* producir efecto retroactivo.
Retroativo *adj* retroactivo.
Retroceder *v* retroceder, regresar.
Retrógrado *adj* retrógrado.
Retrospectivo *adj* retrospectivo.
Retrovisor *s* retrovisor.
Retumbar *v* retumbar, resonar.
Réu *s* reo.
Reumatismo *s* reuma, reúma.
Reunião *s* reunión.
Reunir *v* reunir, aglomerar, agrupar, almacenar, incorporar, juntar.
Revalidação *s* revália.
Revalidar *v* confirmar, revalidar.
Revalorizar *v* revalorizar.
Revanche *s* revancha.
Revelação *s* revelación.
Revelar *v* revelar.
Revenda *s* reventa.
Revender *v* revender.
Rever *v* rever, revisar.
Reverberação *s* reverberación.
Reverdecer *v* reverdecer.
Reverenciar *v* reverenciar, venerar.
Reverendo *adj* reverendo.
Reversão *s* reversión.
Reversível *adj* reversible.
Reverso *s* reverso, revés.
Revés *s* revés, envés.
Revestir *v* revestir, solar.
Revezar *v* revezar, alternar.
Revidar *v* reenvidar.
Revigorar *v* robustecer, tonificar.

Revirar *v* revirar, cambiar, torcer.
Reviravolta *s* recoveco.
Revisão *s* revisión.
Revisar *v* revisar.
Revista *s* revista.
Revistar *v* revistar, examinar.
Reviver *v* revivir, renacer, resucitar.
Revoada *s* revuelo.
Revogação *s* revocación.
Revogar *v* revocar, abolir, abrogar.
Revoltado *adj* sublevado, revoltoso.
Revoltar *v* revolucionar, indignar.
Revolto *adj* revuelto.
Revolução *s* revolución.
Revolucionar *v* revolucionar.
Revolucionário *adj* revolucionario.
Revólver *s* revólver.
Revolvido *adj* revuelto.
Reza *s* rezo.
Rezar *v* rezar, orar.
Riacho *s* arroyo, riachuelo.
Ribanceira *s* ribazo.
Ribeira *s* ribera.
Ribeirinho *adj* ribereño.
Ribeiro *s* riachuelo, arroyo.
Rícino *s* ricino.
Rico *adj* rico, acaudalado, adinerado, opulento.
Ricochetear *v* rebotar.
Ridicularizar *v* ridicularizar, satirizar.
Ridículo *adj* ridículo, risible, grotesco.
Rifa *s* rifa, sorteo.
Rifar *v* rifar, sortear.
Rifle *s* rifle.
Rigidez *s* rigidez.
Rígido *adj* rígido, tieso, erecto, inflexible.
Rigor *s* rigor, severidad, crueldad.
Rigoroso *adj* rigoroso, severo, exacto.
Rijo *adj* duro, rígido.
Rim *s* riñón.
Rimar *v* rimar.
Rímel *s* rímel.
Rincão *s* rincón.
Rinoceronte *s* rinoceronte.
Rio *s* río.
Ripa *s* ripia, listón.
Riqueza *s* riqueza, fortuna.

RIR — RUFIÃO

Rir *v* reír.
Risada *s* risada, carcajada.
Risca *s* lista, trazo.
Riscado *adj* listado, rayado, tachado.
Riscar *v* rayar, arañar, surcar, tachar.
Risco *s* raya, trazo, surco.
Riso *s* risa, sonrisa.
Risonho *adj* risueño.
Ritmo *s* ritmo, cadencia.
Rito *s* rito.
Ritual *s* ritual, liturgia.
Rival *adj* rival, concorrente, competidor.
Rivalizar *v* rivalizar, competir, emular.
Rixa *s* riña, bola, escaramuza.
Robalo *s* róbalo.
Robô *s* robot, autómata.
Robusto *adj* vigoroso, recio, fornido.
Roca *s* roca.
Roçar *v* rasar, refregar, rozar.
Rocha *s* peña, roca.
Rochedo *s* peñasco, roca.
Rocio *s* rocío.
Roda *s* rueda.
Rodagem *s* rodaje, rodamiento.
Rodapé *s* rodapié.
Rodar *v* rodar, rodear.
Rodear *v* rodear, rondar.
Rodeio *s* rodeo, giro.
Rodela *s* rodela.
Rodízio *s* rotación, tanda.
Rodovia *s* autopista, autovía, carretera.
Roedor *adj* roedor.
Roer *v* roer, corroer.
Rogar *v* rogar, implorar.
Rogo *s* ruego, plegaria, súplica, oración.
Rol *s* rol, lista.
Rolar *v* rodar, girar.
Roldana *s* polea, roldana.
Roleta *s* ruleta.
Rolha *s* corcho, tampón.
Roliço *adj* rollizo.
Rolo *s* embrollo, rollo, rulo.
Romã *s* granada.
Romance *s* romance.
Romancista *s* romancista, novelista.
Românico *adj* románico.
Romântico *adj* romántico.

Romaria *s* peregrinación, romería.
Rombo *s* rombo, obtuso o sin punta.
Romeiro *s* romero, peregrino.
Romper *v* romper, rasgar.
Roncar *v* roncar, resollar.
Ronda *s* ronda, patrulla.
Rondar *v* patrullar, rondar, merodear.
Rosa *s* rosa.
Rosário *s* rosario.
Rosbife *s* rosbif.
Rosca *s* rosca.
Roseira *s* rosal.
Rosnar *v* gruñir.
Rosto *s* rostro, cara, fisonomía.
Rota *s* ruta, camino, rota.
Rotação *s* giro, rotación.
Rotativo *adj* rotativo.
Roteiro *s* itinerario, ruta, guía.
Rotina *s* rutina, hábito.
Rotineiro *adj* rutinario, habitual, ordinario.
Roto *adj* roto, rasgado.
Rótula *s* rótula, rodilla.
Rotular *v* rotular, etiquetar.
Rótulo *s* etiqueta, letrero.
Roubar *v* robar, estafar, hurtar, pillar.
Roubo *s* robo, rapto.
Roupa *s* ropa, indumentaria, prenda, vestimenta.
Roupão *s* bata, albornoz.
Rouquidão *s* ronquera.
Rouxinol *s* ruiseñor.
Roxo *adj* violáceo, violeta.
Rua *s* calle, camino público.
Rubi *s* rubí.
Ruborizado *adj* ruborizado, encendido.
Ruborizar *v* ruborizar, sonrojar.
Rubrica *s* rúbrica.
Rubro *adj* rojo, encarnado, bermejo.
Ruço *adj* rucio, descolorido.
Rude *adj* rudo, bronco, inculto, intratable.
Rudeza *s* rudeza, aspereza, grosería, estupidez.
Rudimento *s* rudimento.
Ruela *s* calleja, callejuela.
Rufião *s* rufián, gigolo.

R

RIR / RUF

RUGA — RUTINA

Ruga s arruga, ruga, pliegue.
Rugido s bramido, rugido.
Rugir v rugir, bramar.
Ruído s ruído, son, sonido, rumor.
Ruim adj ruin, vil, malo.
Ruína s ruína, desolación, estrago.
Ruindade s maldad, ruindad.
Ruivo adj pelirrojo.
Rum s ron.
Ruminante adj rumiante.
Rumo s rumbo, ruta, dirección, orientación.

Rumor s rumor, ruido.
Rupestre adj rupestre.
Ruptura s ruptura, fractura, rompimiento.
Rural adj rural, agrario.
Rústico adj rústico, agreste, rural.
Rutilante adj rutilante, brillante.
Rutilar v rutilar, brillar, resplandecer.
Rútilo adj rútilo, rutilante.
Rutina s rutina.

S s

S s décimoctava letra del alfabeto português.
Sábado s sábado.
Sabão s jabón.
Sabático adj sabático.
Sabatina s sabatina.
Sabedoria s sabiduría.
Saber v saber, conocer.
Sabichão s sabihondo.
Sábio s erudito, docto, sabio.
Sabonete s jaboncillo, jabonete, jabón.
Saboneteira s jabonera.
Saborear v saborear, degustar, gustar.
Saboroso adj sabroso, apetitoso, gustoso.
Sabotagem s sabotaje, saboteo.
Sabotar v sabotear, destruir.
Sabre s machete, sable.
Sabugueiro s saúco, sabugo.
Sacada s balcón, saca.
Sacar v sacar, arrancar, girar.
Saca-rolhas s sacacorchos.
Sacerdócio s sacerdocio.
Sacerdote s sacerdote, cura.
Saciado adj saciado, harto.
Saciar v saciar, saturar.
Saco s bolsa, saco.
Sacola s alforja, macuto.
Sacralizar v sacralizar.
Sacramentar v sacramentar.
Sacramento s sacramento.
Sacrário s sagrario.
Sacrificar v sacrificar, inmolar.
Sacrifício s sacrificio, inmolación, privación.
Sacrilégio s sacrilegio.
Sacristão s sacristán.
Sacro adj sacro, sagrado.
Sacrossanto adj sacrosanto.

Sacudir v sacudir, estremecer.
Sádico adj sádico.
Sadio adj sano, saludable.
Sadismo s sadismo.
Safado adj indecente, guarro.
Safar v quitar, extraer, borrar.
Safári s safari.
Safira s zafiro.
Safo adj zafado.
Safra s cosecha.
Saga s saga.
Sagacidade s sagacidad.
Sagrado adj sagrado, santo, inmaculado, sacro.
Sagu s sagú.
Saguão s portal, portería, entrada, hall.
Saia s falda.
Saída s salida.
Sair v salir, partir, irse a la calle.
Sal s sal.
Sala s sala.
Salada s ensalada.
Salamaleque s reverencia, cortesía.
Salamandra s salamandra.
Salame s salchichón, embutido.
Salão s salón, sala grande.
Salário s salario, paga, jornal.
Saldar v saldar.
Saleiro s salero.
Salgado adj salado.
Salgar v salar.
Salientar v sobresalir, destacar, acentuar.
Saliente adj saliente, saledizo, salido.
Salitre s salitre.
Saliva s saliva, baba.
Salivar v salivar, escupir.
Salmão s salmón.
Salmo s salmo, cántico.

402 SALMOURA — SAÚDE

Salmoura s salmuera.
Salobre adj salobre.
Salpicão s salpicón.
Salpicar v salpicar.
Salsa s perejil.
Salsaparrilha s zarzaparrilla.
Salsicha s salchicha, embutido.
Salsichão s salchichón.
Salsicharia s salchichería.
Saltador adj saltador.
Saltar v saltar.
Salteador s salteador, bandido, ladrón.
Saltimbanco s saltimbanqui.
Salto s salto, bote.
Salubridade s salubridad.
Salutar adj saludable, salubre.
Salvação s salvación.
Salvaguarda s salvaguardia, custodia.
Salvaguardar v salvaguardar.
Salvamento s salvación, salvamento.
Salvar v salvar, librar.
Salva-vidas s salvavidas.
Salve interj ¡salve!.
Salvo adj intacto, salvo.
Salvo-conduto s salvoconducto.
Samaritano adj samaritano.
Samba s baile popular brasileño.
Samurai s samurai.
Sanar v curar, sanar.
Sanatório s sanatorio.
Sanção s sanción.
Sancionar v sancionar.
Sandália s sandalia.
Sândalo s sándalo.
Sandice s sandez, disparate.
Sanduíche s bocadillo, emparedado.
Saneamento s saneamiento.
Sangrento adj sangriento, ensangrentado.
Sangria s sangría, bebida de agua, limón y vino tinto.
Sangue s sangre.
Sanguessuga s sanguijuela.
Sanguíneo adj sanguíneo.
Sanha s saña, ira, furia.
Sanidade s sanidad, salud.
Sanitário s sanitario.

Santidade s santidad, pureza.
Santo adj santo, sagrado.
Santuário s santuario, templo.
São adj sano.
Sapa s zapa.
Sapataria s zapatería.
Sapatear v zapatear.
Sapateiro s zapatero.
Sapatilha s zapatilla.
Sapato s calzado, zapato.
Sapiência s sapiencia, sabiduría.
Sapo s sapo.
Saponáceo adj saponáceo, jabonoso.
Saque s saque.
Saquear v saquear, robar.
Saracotear v requebrar, mover con gracia.
Sarampo s sarampión.
Sarar v sanar, curar.
Sarau s sarao.
Sarcasmo s sarcasmo, escarnio, ironía.
Sarda s peca, caballa.
Sardinha s sardina.
Sardônico adj sardónico, sarcástico.
Sargaço s sargazo.
Sargento s sargento.
Sarjeta s sarga fina, arroyo.
Sarmento s sarmiento.
Sarna s sarna.
Sarnento adj sarnoso.
Sarrafo s viga pequeña, listón.
Sarro s sarro.
Satã s satán, espíritu del mal.
Satanás s satanás.
Satélite s satélite.
Satirizar v satirizar, ironizar.
Satisfação s satisfacción, alegría.
Satisfazer v satisfacer, cumplir, pagar, saciar.
Satisfeito adj satisfecho, contento, realizable.
Saturação s saturación.
Saudação s saludo, salutación, felicitación.
Saudade s nostalgia, añoranza.
Saudar v saludar, felicitar.
Saudável adj saludable, sano.
Saúde s salud, sanidad.

SAUDOSO — SÊMOLA

Saudoso *adj* nostálgico.
Sauna *s* sauna.
Savana *s* sabana.
Saxofone *s* saxófono, saxo.
Saxônio *adj* sajón.
Se *pron* se, sí, a sí.
Se *conj* si.
Sé *s* sede, catedral, seo.
Sebáceo *adj* sebáceo, ensebado, seboso.
Sebento *adj* seboso, sebáceo.
Sebo *s* sebo, carnaza, grasa.
Seca *s* seca, estiaje.
Seção *s* sección, parte, corte.
Secar *v* secar, enjugar, marchitar, mustiar.
Seccionar *s* seccionar, cortar.
Seco *adj* seco, enjuto, marchito, árido, áspero, rudo.
Secreção *s* secreción.
Secretaria *s* secretaría, oficina.
Secretária *s* secretaria.
Secreto *adj* secreto, reservado, solitario.
Sectário *s* sectario, adepto.
Secular *adj* secular, laico.
Secularizar *v* secularizar.
Século *s* siglo, época.
Secundar *v* secundar.
Secundário *adj* secundario, accesorio.
Secura *s* sequedad, secura.
Seda *s* seda.
Sedar *v* sedar, calmar.
Sedativo *adj* sedante, calmante.
Sede *s* sed, sede.
Sedentário *adj* sedentario, inactivo.
Sedição *s* sedición, levantamiento, motín.
Sedimentar *v* sedimentar.
Sedoso *adj* sedoso.
Sedução *s* seducción.
Seduzir *v* seducir, sobornar.
Sega *s* siega.
Segar *v* segar.
Segmentação *s* segmentación.
Segmentar *v* segmentar, cortar.
Segredo *s* secreto.
Segregação *s* segregación.
Segregar *v* separar, segregar.

Seguimento *s* seguimiento.
Seguinte *adj* siguiente, inmediato.
Seguir *v* seguir, proseguir, acosar.
Segunda *s* segunda.
Segunda-feira *s* lunes.
Segundo *adj* secundario, segundo; *prep* según; *num* segundo.
Segurança *s* seguridad, solidez, confianza.
Segurar *v* aferrar, amparar, agarrar.
Seguro *adj* seguro, fiel, infalible, sostenido.
Seio *s* seno, pecho.
Seita *s* secta, doctrina.
Seiva *s* savia, jugo.
Seixo *s* callao, china, guija, guijarro.
Sela *s* silla.
Selar *v* sellar.
Selecionar *v* seleccionar.
Seleto *adj* selecto.
Seletor *s* selector.
Selo *s* sello, estampilla, cuño.
Selva *s* selva, bosque.
Selvagem *adj* salvaje, selvático.
Selvageria *s* salvajismo.
Sem *prep* sin.
Semáforo *s* semáforo.
Semana *s* semana.
Semanal *adj* semanal.
Semanário *s* semanario.
Semântica *s* semántica.
Semblante *s* semblante.
Semeadura *s* siembra.
Semear *v* sembrar, granear, plantar.
Semelhança *s* semblanza.
Semelhante *adj* semejante, parecido, prójimo, símil.
Semelhar *v* semejar, parecer.
Sêmen *s* semen, esperma.
Semente *s* semilla, simiente, grano.
Sementeira *s* sembrado.
Semestral *adj* semestral.
Semicírculo *s* semicírculo.
Seminário *s* seminario.
Seminarista *s* seminarista.
Semita *adj* judío, semita.
Sêmola *s* sémola.

SEMPRE — SEXO

Sempre *adv* siempre, eternamente.
Sempre-viva *s* siempreviva.
Sem-vergonha *adj* sinvergüenza.
Sem-vergonhice *s* desvergüenza.
Senado *s* senado.
Senador *s* senador.
Senda *s* senda, sendero, camino estrecho.
Senha *s* seña, señal.
Senhor *s* señor, amo, dueño.
Senhora *s* señora.
Senhorio *s* señorío.
Senhorita *s* señorita, joven soltera.
Senil *adj* senil, decrépito, caduco.
Senilidade *s* senilidad, vejez.
Sensabor *s* sinsabor.
Sensação *s* sensación, impresión.
Sensacional *adj* sensacional, notable.
Sensatez *s* juicio, sensatez.
Sensato *adj* sensato, cuerdo.
Sensibilizar *v* sensibilizar.
Sensitivo *adj* sensitivo.
Sensível *adj* sensible, sensitivo, susceptible.
Sensorial *adj* sensorial.
Sensual *adj* sensual, erótico.
Sensualidade *s* sensualidad, lujuria.
Sentado *adj* sentado.
Sentar *v* sentar.
Sentença *s* sentencia, decisión.
Sentenciar *v* sentenciar, juzgar.
Sentido *s* sentido, significación, acepción, noción; *adj* sentido.
Sentimento *s* sentimiento.
Sentinela *s* centinela, vigilante.
Sentir *v* sentir, percibir.
Separação *s* separación.
Separado *adj* separado, apartado, distante.
Separar *v* separar, abstraer.
Septicemia *s* septicemia.
Sepulcro *s* sepulcro, sepultura, entierro, mausoleo.
Sepultar *v* sepultar, enterrar, inhumar.
Sequela *s* secuela, resultado.
Sequência *s* secuencia, serie.
Sequestrar *v* secuestrar, aislar.
Sequestro *s* secuestro.

Sequioso *adj* sediento.
Séquito *s* corte, séquito.
Ser *v* ser, existir.
Serão *s* velada, tertulia.
Sereia *s* sirena.
Serenar *v* serenar, pacificar.
Serenata *s* serenata.
Serenidade *s* serenidad, sosiego, paciencia.
Sereno *adj* sereno, tranquilo.
Série *s* serial, serie.
Seriedade *s* seriedad, severidad, formalidad.
Seringa *s* jeringa, lavativa.
Seringueira *s* gomero.
Sério *adj* serio, austero, grave, severo.
Sermão *s* sermón.
Serpente *s* serpiente, cobra.
Serpentina *s* serpentina.
Serra *s* serranía, sierra.
Serragem *s* serrín.
Serralheiro *s* cerrajero, herrero.
Serralho *s* serrallo.
Serrania *s* serranía.
Serrar *v* serrar.
Serrote *s* serrucho, sierra.
Servente *s* servidor, sirviente, criado, servo.
Serventia *s* utilidad.
Serviço *s* servicio, empleo.
Servidão *s* esclavitud, servidumbre.
Servidor *s* servidor.
Servil *adj* servil, esclavo.
Servir *v* servir, cuidar.
Servo *s* siervo.
Sessão *s* sesión.
Sesta *s* siesta.
Seta *s* flecha, saeta.
Setembro *s* septiembre.
Setentrional *adj* septentrional.
Setor *s* sector, ramo.
Setuagenário *s* septuagenario.
Seu *pron* suyo, su.
Severidade *s* severidad.
Severo *adj* severo, serio, austero.
Sevícias *s* sevícias, malos tratos, crueldad.
Sexo *s* sexo.

SEXOLOGIA — SINÔNIMO

Sexologia s sexología.
Sexta-feira s viernes.
Sexteto s sexteto.
Sexual adj sexual.
Sexualidade s sexualidad.
Short s short.
Show s show, espectáculo.
Siamês s siamés.
Sibilante adj sibilante.
Sideral adj astral, estelar.
Siderurgia s siderurgia.
Siderúrgico adj siderúrgico.
Sidra s sidra.
Sifão s sifón.
Sífilis s sífilis.
Sigilo s secreto.
Sigiloso adj sigiloso.
Sigla s sigla.
Signatário s signatario.
Significado s significado, significación.
Significar v significar.
Signo s signo.
Sílaba s sílaba.
Silábico adj silábico.
Silêncio s silencio.
Silhueta s silueta.
Silicone s silicona.
Silicose s silicosis.
Silo s silo.
Silogismo s silogismo.
Silva s zarza, zarzal.
Silvar v silbar, pitar.
Silvestre adj silvestre, agreste, bravío.
Silvícola adj silvícola.
Silvicultor s silvicultor.
Silvicultura s silvicultura.
Silvo s silbo, chifla, pitido.
Sim adv si.
Simbiose s simbiosis.
Simbólico adj simbólico, alegórico.
Simbolismo s simbolismo.
Simbolizar v simbolizar.
Símbolo s símbolo.
Simetria s simetría.
Simétrico adj simétrico.
Similar adj similar, homólogo, paralelo.
Símile s símil.

Símio s macaco, simio.
Simpatia s simpatía, gusto.
Simpático adj simpático.
Simpatizar v simpatizar.
Simples adj simple, sencillo, fácil, modesto, puro.
Simplicidade s simplicidad, sencillez.
Simplificar v simplificar.
Simplório adj simplón.
Simpósio s simposio.
Simulação s simulación, fingimiento.
Simulacro s simulacro.
Simular v simular, fingir, afectar.
Simultâneo adj simultáneo, sincrónico.
Sina s sino, destino.
Sinagoga s sinagoga.
Sinal s seña, estigma, huella, indicio, insignia, lacra, mancha.
Sinalização s señalamiento.
Sinalizar v señalar.
Sinceridade s sinceridad, franqueza.
Sincero adj sincero, leal, natural, honesto.
Sincopar v sincopar.
Síncope s síncope.
Sincretismo s sincretismo.
Sincronia s sincronía.
Sincronizar v sincronizar.
Sindical adj sindical.
Sindicalismo s sindicalismo.
Sindicalizar v sindicar.
Sindicância s investigación, averiguación.
Sindicato s sindicato.
Síndico s síndico.
Síndrome s síndrome.
Sineta s esquila.
Sinfonia s sinfonía.
Sinfônico adj sinfónico.
Singelo adj sencillo, simple.
Singular adj singular, extravagante, particular.
Singularizar v singularizar.
Sinistra s siniestra, la mano izquierda.
Sinistro adj sinistro, fatídico.
Sino s campana.
Sínodo s sínodo.
Sinônimo s sinónimo.

SINOPSE — SOPAPO

Sinopse s sinopsis.
Sintático adj sintáctico.
Sintaxe s sintaxis.
Síntese s síntesis, compendio, concisión, sumario.
Sintetizar v sintetizar.
Sintoma s síntoma, amago.
Sintonia s sintonía.
Sintonizar v sintonizar.
Sinuoso adj sinuoso.
Sinusite s sinusitis.
Sionismo s sionismo.
Sísmico adj sísmico.
Sofisma s sofisma.
Sofisticação s sofisticación.
Sofisticar v sofisticar.
Sofredor adj sufridor.
Sôfrego adj voraz, ávido.
Sofreguidão s voracidad.
Sofrer v sufrir, padecer.
Sofrido adj sufrido.
Sofrimento s dolor, sufrimiento.
Sofrível adj sufrible.
Sogro s suegro.
Soja s soja, soya.
Sol s sol.
Solapar v socavar.
Solar s solar, palacio; adj solar.
Solário s solario.
Solavanco s tumbo, traqueo.
Solda s suelda.
Soldado s soldado.
Soldar v sueldo, emplomar.
Soldo s sueldo, estipendio, soldada.
Soleira s solera.
Solenidade s solemnidad, festividad, función.
Soletrar v deletrear, silabear.
Solfejo s solfa.
Solicitar v solicitar, pedir, pretender.
Solícito adj solícito, cuidadoso, hacendoso, oficioso, servicial.
Solidão s soledad.
Solidariedade s solidaridad.
Solidarizar v solidarizar.
Solidez s solidez, dureza, espesura, fuerza.
Solidificar v solidificar, coagular.

Sólido adj sólido, macizo.
Solilóquio s soliloquio.
Solista s solista, concertista.
Solitária s tenia.
Solitário adj solitario, solo.
Solo s piso, suelo, solar.
Solstício s solsticio.
Soltar v soltar, desligar, desatarse.
Solteiro adj soltero, célibe.
Solto adj suelto, libre.
Soltura s soltura.
Solução s solución.
Soluçar v sollozar.
Solucionar v resolver, solucionar.
Soluço s sollozo.
Solúvel adj soluble.
Solvente adj solvente.
Solver v resolver, solver.
Som s son, sonido.
Soma s suma, cantidad.
Somar v sumar, juntar.
Somático adj somático.
Sombra s sombra, espectro, mancha.
Sombrear v obscurecer, sombrear.
Sombrinha s sombrilla.
Sombrio adj sombrío, obscuro.
Sonâmbulo adj sonámbulo.
Sonata s sonata.
Sonda s sonda.
Sondagem s sondeo.
Sondar v sondar.
Soneca s sueño corto.
Sonegar v ocultar, encubrir.
Soneira s somnolencia.
Soneto s soneto.
Sonhador adj soñador, idealista.
Sonhar v soñar.
Sonho s sueño, devaneo.
Sonífero s somnífero.
Sono s sueño, indolencia.
Sonolência s somnolencia, sueño leve.
Sonolento adj somnoliento.
Sonorizar v sonorizar.
Sonoro adj sonoro.
Sonso adj disimulado.
Sopa s sopa.
Sopapo s sopapo, puñetazo, puñada.

SOPEIRA — SUCÇÃO

Sopeira s sopera.
Sopesar v sopesar.
Soporífero adj soporífero.
Soprano s soprano.
Soprar v soplar.
Sopro s soplo.
Sordidez s sordidez.
Soro s suero.
Soror s sor.
Sorrir v sonreír.
Sorriso s sonrisa.
Sorte s suerte, destino.
Sortear v sortear.
Sorteio s sorteo.
Sortido adj surtido.
Sortilégio s maleficio, sortilegio.
Sortir v surtir.
Sorver v sorber.
Sorvete s helado, sorbete.
Sorveteria s heladería.
Sorvo s sorbo, trago.
Soslaio s soslayo.
Sossegar v sosegar, descansar, serenar.
Sossego s sosiego, descanso, quietud, serenidad.
Sótão s sobrado, buhardilla.
Sotaque s acento, pronunciación.
Soterrar v soterrar, enterrar.
Soturno adj soturno, taciturno.
Sova s paliza, solfa.
Sovaco s axila.
Sovar v sobar, amasar, zurrar.
Sovina adj agarrado, mezquino.
Sozinho adj solo, único.
Status s estatus.
Stress s stress, estrés.
Suar v sudar, transpirar.
Suave adj suave, blando, delicado.
Suavidade s suavidad.
Subalterno adj subalterno.
Subconsciente adj subconsciente.
Subcutâneo adj subcutáneo.
Subdesenvolvimento s subdesarrollo.
Subentender v sobrentender.
Subentendido adj subentendido, sobrentendido.
Subestimar v subestimar.

Subida s subida.
Subir v subir.
Súbito adj súbito, impensado, improviso, instantáneo.
Subjacente adj subyacente.
Subjetivo adj subjetivo.
Subjugado adj subyugado, sumiso.
Subjuntivo s subjuntivo.
Sublevação s sublevación, pronunciamiento, rebelión.
Sublime adj sublime.
Submarino adj submarino.
Submergir v submergir, hundir.
Submeter v someter.
Submissão s sumisión.
Subordinação s subordinación, dependencia.
Subordinar v sujetar, subordinar.
Subornar v corromper, sobornar.
Suborno s soborno.
Sub-rogar v subrogar.
Subscrever v subscribir.
Subscrição s subscripción.
Subsequente adj subsiguiente.
Subserviência s servilismo.
Subsidiar v subvencionar.
Subsídio s subsidio, subvención.
Subsistir v subsistir.
Subsolo s subsuelo.
Substância s substancia, sustancia, materia.
Substancioso s substancioso, suculento.
Substantivo s sustantivo, substantivo.
Substituição s substitución, suplencia, sustitución.
Substituir v substituir, suceder.
Substrato s substrato.
Subterfúgio s subterfugio.
Subterrâneo adj subterráneo.
Subtração s substracción.
Subtrair v substraer.
Subúrbio s suburbio.
Subvenção s subvención.
Subversão s subversión.
Sucata s chatarra.
Sucateiro s chatarrero.
Sucção s succión.

SUCEDER — SUPREMACIA

Suceder *v* suceder.
Sucedido *adj* sucedido.
Sucessão *s* sucesión.
Sucessivo *adj* seguido, sucesivo.
Sucesso *s* suceso, éxito.
Sucessor *s* sucesor, descendiente, heredero.
Sucinto *adj* sucinto.
Suco *s* jugo, zumo.
Suculento *adj* jugoso, suculento, substancial.
Sucumbir *v* sucumbir.
Sucursal *s* sucursal.
Sudário *s* sudario.
Sudeste *s* sudeste, sureste.
Súdito *s* súbdito.
Sudoeste *s* sudoeste, suroeste.
Suéter *s* suéter.
Suficiente *adj* suficiente, bueno.
Sufixo *s* sufijo.
Sufocar *v* sufocar, ahogar.
Sufoco *s* sofoco.
Sufragar *v* sufragar.
Sufrágio *s* sufragio, voto.
Sugar *v* sorber, succionar.
Sugerir *v* sugerir, insinuar.
Sugestão *s* sugestión, sugerencia, insinuación.
Suíças *s* patillas.
Suicidar-se *v* suicidarse.
Suicídio *s* suicidio.
Suíno *s* suíno, guarro.
Suíte *s* suite.
Sujar *v* ensuciar, desasear, manchar.
Sujeição *s* sujeción, vasallaje.
Sujeira *s* suciedad, basura, imundicia, mugre.
Sujeitar *v* sujetar, dominar, prender.
Sujeito *adj* sujeto.
Sujo *adj* sucio, inmundo, mugriento, puerco.
Sul *s* sur, sud.
Sul-americano *adj* sudamericano.
Sulfúrico *adj* sulfúrico.
Sulino *adj* sureño.
Sultão *s* sultán.
Sumário *s* sumario, compendio.

Sumiço *s* desaparecimiento.
Sumidade *s* sumidad.
Sumidouro *s* sumidero.
Sumir *v* desaparecer, sumir.
Sumo *s* jugo, zumo.
Suntuosidade *s* grandiosidad, suntuosidad.
Suor *s* sudor.
Superabundância *s* superabundancia, hartura.
Superação *s* superación.
Superalimentar *v* sobrealimentar.
Superar *v* superar, sobrepasar, sobrepujar, vencer.
Superável *adj* superable.
Supercílio *s* ceja.
Superdotado *adj* superdotado.
Superestimar *v* sobrestimar.
Superfície *s* superficie.
Supérfluo *adj* superfluo.
Super-homem *s* superhombre.
Superintendência *s* superintendencia.
Superintender *v* presidir.
Superior *adj* superior, máximo, mayor.
Superioridade *s* superioridad.
Superlativo *adj* superlativo.
Supermercado *s* hipermercado, supermercado.
Supersônico *adj* supersónico.
Superstição *s* superstición.
Supersticioso *adj* supersticioso.
Supervisão *s* supervisión.
Supervisionar *v* supervisar.
Suplantar *v* suplantar.
Suplemento *s* suplemento.
Suplente *s* substituto, suplente.
Súplica *s* súplica, petición, plegaria.
Suplicar *v* suplicar, implorar.
Suplício *s* suplicio, tortura.
Supor *v* suponer, creer.
Suportar *v* soportar, sobrellevar.
Suportável *adj* soportable, tolerable.
Suporte *s* pedestal, soporte.
Suposição *s* suposición.
Supositório *s* supositorio.
Suposto *adj* supuesto.
Supremacia *s* hegemonía, supremacía.

SUPREMO — SUTURA

Supremo *adj* supremo, soberano, sumo.
Supressão *s* supresión, corte.
Suprimento *s* provisión.
Suprimir *v* abolir, suprimir.
Suprir *v* suplir.
Supurar *v* supurar.
Surdez *s* sordera.
Surdina *s* sordina.
Surdo *adj* sordo.
Surdo-mudo *s* sordomudo.
Surfe *s* surf.
Surgir *v* surgir.
Surpreendente *adj* sorprendente.
Surpreender *v* sobrecoger, sorprender.
Surpresa *s* sorpresa.
Surra *s* paliza, solfa, zurra.
Surrar *v* sobar, pegar.
Surrupiar *s* hurtar, robar.
Surtir *s* surtir, originar.
Surto *adj* surto, anclado.

Suscetível *adj* susceptible.
Suscitar *v* provocar, suscitar.
Suspeita *s* sospecha.
Suspeitar *v* sospechar, desconfiar.
Suspeito *adj* sospechoso.
Suspensão *s* suspensión.
Suspenso *adj* suspenso, colgado.
Suspensório *s* tirantes.
Suspirar *v* suspirar.
Sussurrar *v* murmurar, susurrar.
Sustentação *s* sustentación, apoyo.
Sustentador *s* sustentador, patrocinador.
Sustentar *v* sustentar, mantener, conservar.
Suster *v* sostener.
Susto *s* susto, miedo, sobresalto.
Sutiã *s* sujetador, sostén.
Sutil *adj* sutil, tenue, delicado.
Sutileza *s* sutileza.
Sutura *s* sutura, costura.

t T

T s décimonona letra del alfabeto portugués; T-abreviatura de tonelada.

Taba s taba, residencia de indios en América del Sur.

Tabacaria s tabaquería, estanco.

Tabaco s tabaco.

Tabagismo s tabaquismo.

Tabefe s bofetón.

Tabela s índice, lista.

Tabelar v tarifar, tabellar.

Tabelião s escribano, notario.

Taberna s taberna, casa de bebidas y comidas.

Tabique s tabique.

Tablado s tablado, estrado.

Tabu s tabú.

Tábua s tabla.

Tabuada s tabla.

Tabuado s tablado, porción de tablas.

Tabular adj tabular.

Tabuleiro s tablero.

Tabuleta s tablilla.

Taça s copa.

Tacha s tachuela, tacha.

Tachar v tachar, censurar, notar.

Tacho s vasija para cocer los alimentos, cazuela.

Tácito adj tácito, silencioso, callado.

Taciturno adj tacirturno, callado, triste.

Taco s tarugo, taco.

Tafetá s tafetán, tejido.

Tagarela adj hablador, indiscreto, chirlón.

Tagarelar v charlar, chismear.

Taifa s taifa (conjunto de marineros y soldados que durante el combate guarnecen la cubierta).

Taimado adj taimado, astuto.

Taipa s tapia.

Tal pron éste, ése, aquél, esto, aquello, alguno, cierto; adv tal cual, exactamente; adj tal, semejante.

Talão s talón, calcañar.

Talar v talar, arruinar.

Talco s talco.

Talento s talento, inteligencia.

Talha s talla, entalladura.

Talhadeira s cortadera, tajadera.

Talhado adj tajado, cortado.

Talhar v tajar, tallar, cortar.

Talharim s tallarín.

Talhe s talle.

Talher s cubierto, conjunto de tenedor, cuchillo y cuchara.

Talismã s talismán, amuleto.

Talo s tallo, pecíolo.

Talonário s talonario.

Talvez adv tal vez, quizá.

Tamanco s zueco, galocha.

Tamanho adj tamaño, volumen.

Tâmara s dátil, támara.

Também adv también, igualmente, del mismo modo.

Tambor s tambor.

Tampa s tapa, papadera.

Tampão s tapón grande.

Tampouco adv tampoco.

Tanga s taparrabo.

Tangente adj tangente, tañente.

Tanger v tañer, sonar.

Tangerina s mandarina.

Tangível adj tangible, palpable.

Tango s tango.

Tanino s tanino.

Tanque s tanque, carro de asalto, depósito.

TANTÃ — TÊNIA 411

Tantã *adj* tantán, batintín.
Tanto *adj* tanto, tamaño; *adv* de tal modo, con tal fuerza; *s* porción, cuantía.
Tão *adv* tan, tanto.
Tapar *v* tapar, vendar.
Tapear *v* engañar, disimular.
Tapeçaria *s* tapicería, tapiz.
Tapera *s* hacienda abandonada, casa en ruinas.
Tapete *s* tapete, alfombra, alcatifa.
Tapioca *s* tapioca, fécula extraida de la mandioca.
Tapume *s* cercado, sebe, tabique.
Taquicardia *s* taquicardia.
Taquigrafia *s* taquigrafía.
Tara *s* tara.
Tarado *adj* tarado.
Tardar *v* tardar, demorarse.
Tarde *s* tarde, tardíamente.
Tardinha *s* tardecica, cerca de la tarde.
Tardio *adj* tardío, tardo.
Tarefa *s* tarea.
Tarimba *s* tarima.
Tarrafa *s* red para pescar.
Tarraxa *s* tornillo, clavo.
Tártaro *s* tártaro.
Tartaruga *s* tortuga.
Tasca *s* tasca, taberna ordinaria.
Tatear *v* apalpar.
Tática *s* táctica.
Tato *s* tacto.
Tatuagem *s* tatuaje.
Taverna *s* taberna.
Taxa *s* tasa, impuesto.
Taxar *v* tasar, limitar.
Táxi *s* taxi.
Taxista *s* taxista.
Tear *s* telar.
Teatro *s* teatro.
Tecelagem *s* tejeduría.
Tecelão *s* tejedor.
Tecer *v* tejer, prepararse, intrigar.
Tecido *s* tejido.
Tecla *s* tecla.
Técnica *s* técnica.
Tecnologia *s* tecnología.
Tédio *s* tedio, fastidio, enfado.

Teia *s* tela, trama, telaraña.
Teimar *v* obstinarse, porfiar.
Teimosia *s* obstinación, terquedad.
Teimoso *adj* obstinado, pertinaz, prolongado, insistente.
Tela *s* tela, cuadro, tejido.
Telecomunicação *s* telecomunicación.
Teleférico *s* teleférico.
Telefonar *v* telefonear.
Telefone *s* teléfono.
Telefonia *s* telefonía.
Telegrafar *v* telegrafiar.
Telegrafia *s* telegrafía.
Telegrama *s* telegrama.
Telejornal *s* telediario.
Telepatia *s* telepatía.
Telescópio *s* telescopio.
Telespectador *s* telespectador.
Teletipo *s* teletipo.
Televisão *s* televisión.
Telex *s* télex.
Telha *s* teja.
Telhado *s* techo, tejado.
Tema *s* tema, objeto.
Temer *v* recelar, temer.
Temerário *adj* temerario.
Temido *adj* temido, temeroso, tímido.
Temor *s* temor, miedo.
Têmpera *s* temple.
Temperado *adj* temperado, adobado, picante.
Templo *s* santuario, templo.
Tempo *s* tiempo, edad, época.
Temporada *s* temporada.
Temporal *s* tempestad, vendaval.
Temporão *adj* prematuro, precoz, temprano.
Tenaz *adj* férreo, constante; *s* tenaza, pinza, tenaz.
Tenazes *s* tenacillas.
Tenda *s* tienda.
Tendão *s* tendón, nervio.
Tendência *s* tendencia.
Tender *v* tender.
Tenebroso *adj* tenebroso, lóbrego.
Tenente *s* teniente.
Tênia *s* tenia, gusano intestinal.

TENISTA — TINTA

Tenista s tenista.
Tenor s tenor.
Tenro adj tierno, blando, nuevo.
Tensão s tensión, erección.
Tenso adj tenso, estirado.
Tentador adj tentador.
Tentear v tantear.
Tento s tiento.
Tênue adj tenue, delgado, sutil.
Teologia s teología.
Teorema s teorema.
Teoria s teoría.
Tépido adj templado, tibio.
Tequila s tequila.
Ter v tener, haber, poseer.
Terapêutica s terapéutica.
Terça-feira s martes.
Terceto s terceto.
Terço s tercio, rosario.
Terçol s orzuelo.
Tergiversar s tergiversar.
Termas s termas, caldas.
Térmico adj térmico.
Terminar v terminar, concluir, acabar.
Término s término, límite.
Terminologia s terminología.
Termo s término, límite, mojón.
Termodinâmica s termodinámica.
Termômetro s termómetro.
Termonuclear adj termonuclear.
Termostato s termostato.
Terno s traje, trío.
Ternura s ternura, cariño, mimo.
Terra s tierra, suelo.
Terraço s terraza, azotea.
Terraplenagem s terraplenamiento.
Terráqueo adj terráqueo, terrestre.
Terremoto s terremoto, seísmo.
Terreno adj terreno; s sitio, terreno.
Térreo adj térreo, terroso, que queda a ras del suelo.
Terrestre adj terrestre.
Terrina s sopera.
Território s territorio.
Terrível adj terrible, grande, tremendo.
Terror s terror, miedo, espanto.
Terso adj terso, limpio.

Tertúlia s tertulia.
Tese s tesis.
Teso adj tieso, estirado.
Tesoura s tijera.
Tesouraria s tesorería.
Tesouro s tesoro.
Testa s frente, testa.
Testa-de-ferro s testaferro.
Testamento s testamento.
Teste s test, prueba.
Testemunha s testigo, prueba.
Testemunhar v atestiguar, testimoniar.
Testemunho s testimonio, prueba, vestigio.
Testículo s testículo.
Teta s ubre, teta.
Tétano s tétano.
Teto s techo.
Tétrico adj tétrico, fúnebre.
Teu pron tu, tuyo, de tí.
Têxtil adj textil.
Texto s texto.
Textura s textura.
Tez s tez.
Ti pron ti.
Tia s tía.
Tiara s tiara.
Tíbia s tibia.
Tição s tizón.
Tifo s tifus.
Tigela s tazón, cuenco.
Tigre s tigre.
Tijolo s ladrillo.
Til s tilde.
Tília s tila.
Timão s timón.
Timbre s timbre, emblema, sello, señal, marca.
Time s equipo.
Timidez s timidez, encogimiento, vergüenza.
Tímido adj tímido, apagado, modesto.
Tina s tina, cuba, palangana.
Tingido adj teñido.
Tingir v teñir.
Tino s tino, juicio, acierto, prudencia.
Tinta s tinta.

TINTURARIA — TORRESMO

Tinturaria s tintorería.
Tio s tío.
Típico adj típico.
Tipo s tipo.
Tipografia s imprenta, tipografía.
Tira s tira, venda, hijuela, lista.
Tirada s tirada.
Tirania s tiranía, despotismo.
Tirano s tirano, déspota.
Tirar v eliminar, sacar.
Tiritar v tiritar.
Tiro s tiro, disparo.
Tirotear v tirotear.
Tísico s, adj tísico, tuberculoso.
Titã s titán.
Títere s títere.
Titubear v titubear, vacilar.
Título s título.
Toada s canto.
Toalha s toalla.
Toalheiro s toallero.
Tobogã s tobogán.
Toca-discos s tocadiscos.
Tocar v tocar.
Tocha s antorcha, cirio.
Toco s tocón, cepa.
Todavia conj todavía, aún, sin embargo, empero.
Todo adj, pron todo, entero, completo, total.
Todo s conjunto, suma, universalidad.
Toga s toga.
Toicinho s tocino.
Toldar v entoldar.
Toldo s toldo.
Tolerante adj tolerante, indulgente.
Tolerar v tolerar, consentir, permitir.
Tolerável adj tolerable, soportable.
Tolher v tullir, privar.
Tolice s tontería, necedad, estupidez.
Tolo adj tonto, loco, ridículo.
Tom s tono, sonido, acento.
Tomada s toma, enchufe.
Tomar v tomar, agarrar, conquistar, robar.
Tomate s tomate.
Tombar v tumbar, inclinar, derribar.

Tombo s tumbo, caída.
Tômbola s tómbola.
Tomo s tomo, parte.
Tonalidade s tonalidad.
Tonel s tonel.
Tonelada s tonelada.
Tônico adj tónico.
Tonteira s tontería, vértigo.
Tonto adj tonto, demente.
Tontura s mareo, vértigo.
Topada s tropezón.
Topar v topar, chocar.
Topázio s topacio.
Topete s copete, tupé.
Tópico adj tópico.
Topo s topetada, topetazo, encuentro.
Topografia s topografía.
Toque s toque, contacto, sonido.
Tórax s tórax.
Torção s torsión.
Torcer v torcer, inclinar.
Torcicolo s tortícolis.
Torcida s torcida, mecha.
Torcido adj torcido, ladeado.
Tormenta s tormenta, temporal.
Tormento s tormento, sufrimiento, desgracia.
Tornar v tornar, vuelta, regreso.
Tornear v tornear.
Torneio s torneo.
Torneira s grifo.
Torneiro s tornero.
Torno s torno.
Tornozelo s tobillo.
Torpe adj torpe, indecoroso.
Torpedear v torpedear.
Torpedo s torpedo.
Torpor s torpor.
Torquês s tenaza, alicates.
Torrada s tostada.
Torrão s terrón.
Torrar v torrar, tostar.
Torre s torre.
Torrefação s torrefacción.
Torrencial adj torrencial, impetuoso.
Torrente s torrente.
Torresmo s torrezno, chicharrón.

TÓRRIDO — TRANSITAR

Tórrido *adj* tórrido.
Torso *s* torso.
Torta *s* tarta, torta.
Torto *adj* torcido; *s* ofensa, daño.
Tortuosidade *s* tortuosidad.
Tortura *s* tortura, tormento.
Torturar *v* torturar, atormentar.
Torvelinho *s* torbellino.
Torvo *adj* torvo, feo.
Tosar *v* tonsurar, trasquilar.
Tosco *adj* tosco, grosero.
Tosquiar *v* esquilar, trasquilar.
Tosse *s* tos.
Tossir *v* toser.
Tostar *v* quemar, tostar.
Total *adj* total, completo, entero.
Totalidade *s* totalidad.
Totalitário *adj* totalitario.
Totalizar *v* totalizar.
Touca *s* toca.
Toucador *s* tocador.
Toucinho *s* tocino, carne de grasa de cerdo.
Toupeira *s* topo.
Tourada *s* corrida de toros, torada.
Tourear *v* torear.
Toureiro *s* torero, matador.
Touro *s* toro.
Tóxico *adj* tóxico.
Toxicologia *s* toxicología.
Toxina *s* toxina.
Trabalhador *s* trabajador, obrero, operario.
Trabalhar *v* trabajar, labrar.
Trabalhista *adj* laborista.
Trabalho *s* trabajo, ejercicio.
Traça *s* polilla.
Traçado *s* trazado.
Tração *s* tracción.
Traçar *v* trazar, delinear, proyectar.
Traço *s* trazo, raya.
Tracoma *s* tracoma.
Tradição *s* tradición.
Tradução *s* traducción, versión.
Traduzir *v* traducir, representar.
Trafegar *v* trafagar, traficar, negociar.
Tráfego *s* tráfego, tráfico.

Traficar *v* traficar, comerciar, negociar.
Tráfico *s* tráfico.
Tragar *v* tragar.
Tragédia *s* tragedia.
Trágico *adj* trágico.
Trago *s* trago, sorbo.
Traição *s* traición.
Traidor *adj* traidor, desleal.
Trair *v* traicionar.
Trajar *v* trajear, vestir.
Traje *s* traje, vestimenta.
Trajeto *s* trayecto, camino.
Trajetória *s* trayectoria, órbita.
Trama *s* trama, tejido.
Trâmite *s* trámite.
Tramoia *s* tramoya de teatro.
Trampa *s* trampa, engaño, excremento.
Trampolim *s* trampolín.
Tranca *s* tranca.
Trança *s* trenza.
Trancar *v* trancar.
Trançar *v* entrenzar.
Tranquilizar *v* tranquilizar, calmar.
Tranquilo *adj* tranquilo, sereno, sosegado.
Transação *s* transacción.
Transatlântico *adj* transatlántico.
Transbordar *v* transbordar, derramar.
Transcendental *s* transcendental.
Transcendente *adj* transcendente.
Transcender *v* transcender, trascender.
Transcorrer *v* transcurrir.
Transcrever *v* transcribir.
Transcrição *s* transcripción.
Transcurso *s* transcurso.
Transe *s* trance, crisis.
Transeunte *adj* transeúnte.
Transexual *adj* transexual.
Transferir *v* transferir, diferir, mudar.
Transfigurar *v* transfigurar.
Transformação *s* transformación.
Transformar *v* transformar, transfigurar.
Trânsfuga *s* tránsfuga.
Transfusão *s* transfusión.
Transigir *v* transigir, conciliar, contemporizar.
Transístor *s* transistor.
Transitar *v* transitar.

TRANSITÁVEL — TRIBUNAL

Transitável *adj* transitable.
Transitório *adj* transitorio, pasajero, breve.
Transladar *v* trasladar.
Translúcido *adj* translúcido.
Transmigrar *v* transmigrar.
Transmissão *s* transmisión.
Transmissor *adj* transmisor.
Transmitir *s* transmitir, transferir, comunicar.
Transmutar *v* transmudar.
Transmutável *adj* transmutable.
Transparecer *v* transparentarse.
Transparente *adj* transparente.
Transpassar *v* traspasar.
Transpiração *s* transpiración, sudor.
Transpirar *v* transpirar, sudar.
Transplantar *v* trasplantar.
Transplante *s* trasplante.
Transpor *v* transponer, ultrapasar.
Transportador *adj* transportador.
Transportar *v* trasladar, traducir, transportar.
Transposição *s* transposición.
Transtornar *v* transtornar, desorganizar.
Transtorno *s* trastorno, alteración.
Transvasar *v* transvasar, trasegar.
Transversal *adj* transversal, colateral.
Trapaça *s* trapaza, burla.
Trapacear *v* trapacear.
Trapalhada *s* trapería, embrollo.
Trapeiro *s* trapero, chamarilero.
Trapézio *s* trapecio.
Trapo *s* trapo, harapo.
Traqueia *s* tráquea.
Traquejo *s* gran práctica o experiencia en cualquier servicio.
Traquinagem *s* travesura.
Traquinar *s* hacer travesuras, jugar.
Traseira *s* trasera, nalga.
Traseiro *adj* trasero.
Trasfegar *s* trasegar.
Trasladar *v* trasladar.
Traspasse *s* traspaso.
Traste *s* trasto.
Tratado *s* tratado.
Tratamento *s* tratamiento, trato.

Tratante *s* tratante, bellaco.
Tratar *v* tratar.
Trator *s* tractor.
Trauma *s* trauma.
Trava *s* traba.
Travamento *s* trabamiento.
Travar *s* trabar, frenar.
Trave *s* trabe, viga.
Través *s* través, flanco.
Travessa *s* travesaño, travesia.
Travessão *s* broche.
Travesseiro *s* almohada larga de la cama.
Travessia *s* travesía.
Travesso *adj* travieso.
Travesti *s* travesti.
Travo *s* amargo.
Trazer *v* traer.
Trecho *s* trecho.
Trégua *s* tregua.
Treinador *s* entrenador.
Treinamento *s* entrenamiento.
Treinar *v* entrenar.
Trejeito *s* mueca, gesto.
Trem *s* tren.
Tremedeira *v* tremielga.
Tremendo *s* tremendo, horrible.
Tremer *v* tremer, estremecer, oscilar.
Tremoço *s* altramuz.
Tremor *s* tremor, temblor.
Trêmulo *adj* trépido, tembloroso.
Trenó *s* trineo.
Trepadeira *adj* enredadera, trepadora.
Trepanação *s* trepanación.
Trepanar *v* trepanar.
Trepar *v* trepar, subir.
Trepidar *v* trepidar, temblar.
Tresnoitar *v* trasnochar.
Trespassar *v* traspasar.
Treta *s* treta, astucia.
Treva *s* obscuridad.
Trevo *s* trébol.
Triagem *s* elección.
Triângulo *s* triángulo.
Tribo *s* tribu.
Tribulação *s* tribulación.
Tribuna *s* tribuna.
Tribunal *s* tribunal.

TRIBUTAR — TÚNICA

Tributar v tributar.
Tricô s punto.
Tricotar v tricotar.
Triênio s trienio.
Trigêmeo s trillizo.
Trigo s trigo.
Trigonometria s trigonometría.
Trilhar v trillar.
Trilho s carril, trillo.
Trinado s trinado, gorjeo.
Trinar v trinar, gorjear.
Trincar v trincar.
Trincheira s trinchera, barricada.
Trinco s pestillo, trinquete.
Trindade s trinidad.
Trino s trinitario.
Trio s trío.
Tripa s tripa, intestino.
Tripé s trípode.
Tríplice adj tríplece, triplo.
Triplo adj triple, triplo.
Tripulação s tripulación.
Tripulante s tripulante.
Triste adj triste.
Tristonho adj tristón, melancólico.
Triturar v moler, triturar.
Triunfar v triunfar, vencer.
Triunfo s triunfo.
Trivial adj trivial, vulgar.
Troar v tronar.
Troca s trueque, cambio, mudanza.
Troça s escarnio, mofa, chanza.
Trocadilho s juego de palabras.
Trocar v trocar, cambiar, permutar.
Troçar v escarnecer, burlar, ridiculizar.
Troco s cambio, trueque.
Troféu s trofeo, honor.
Tróleibus s trolebús.
Tromba s tromba.
Trombada s trompada, encontronazo.
Trombeta s trompeta.
Trombone s trombón.
Trombose s trombosis.
Trompa s trompa, trompeta.
Tronco s tronco, tallo.
Trono s trono.
Tropa s tropa.

Tropeçar v tropezar.
Trôpego adj torpe.
Tropel s tropel.
Trópico s trópico.
Trotar v trotar.
Trote s trote.
Trouxa s paquete.
Trovador s trovador.
Trovão s trueno.
Trovejar v tronar.
Trovoada s tronada.
Trucagem s trucaje.
Trucidar v degollar, mutilar.
Truculento adj truculento, cruel.
Trufa s trufa.
Truncado adj truncado, mutilado.
Truncar v truncar, mutilar.
Trunfo s triunfo.
Truque s truque, truco.
Truste s truste.
Truta s trucha.
Tu pron tú.
Tubarão s tiburón.
Tubérculo s tubérculo.
Tuberculose s tuberculosis.
Tubo s tubo, canuto.
Tubulação s tubería.
Tucano s tucán.
Tudo pron todo.
Tufão s tifón.
Tufo s porción de plantas o flores, plumas, toba.
Tugir v susurrar.
Tugúrio s tugurio.
Tule s tul.
Tulha s granero, silo.
Tulipa s tulipán.
Tumba s tumba.
Tumefato adj tumefacto.
Túmido s túmido, hinchado.
Tumor s tumor, quiste.
Túmulo s túmulo, sepulcro.
Tumulto s tumulto, motín, alboroto.
Tumultuar v tumultuar.
Tunda s tunda, paliza.
Túnel s túnel.
Túnica s túnica.

TURBA — TUTOR

Turba *s* turba, multitud.
Turbante *s* turbante.
Turbar *v* turbar.
Turbina *s* turbina.
Turco *adj* otomano, turco.
Túrgido *adj* túrgido.
Turíbulo *s* turíbulo, incensario.
Turismo *s* turismo.
Turma *s* pandilla, bando.

Turmalina *s* turmalina.
Turno *s* turno, vez.
Turquesa *s* turquesa.
Turvação *s* turbación, confusión.
Turvar *v* turbar.
Turvo *adj* obscuro, turbio.
Tutano *s* tuétano.
Tutela *s* tutela.
Tutor *s* tutor. .

u U

U s vigésima letra del alfabeto portugués.
Úbere s ubre, teta.
Ubiquidade s ubicuidad.
Ufanar-se v ufanarse, jactarse.
Ufania s ufanía, ostentación, vanidad.
Ufano adj ufano, jactancioso, contento.
Uivar v aullar.
Uivo s aullido.
Úlcera s úlcera, fístula, plaga, llaga.
Ulterior adj ulterior, posterior.
Ultimar v ultimar, concluir.
Ultimato s ultimátum.
Último adj último, final.
Ultrajar v ultrajar, injuriar, insultar.
Ultraje s ultraje, injuria, insulto.
Ultramar s ultramar.
Ultrapassar v ultrapasar, exceder, sobrar, sobrepasar, transponer.
Umbigo s ombligo.
Umbral s umbral.
Umedecer v humedecer.
Úmero s húmero.
Umidade s humedad.
Úmido adj húmedo.
Unânime adj unánime.
Unção s unción, devoción.
Ungir v ungir.
Unguento s ungüento, emplasto, linimento.
Unha s uña, garra.
Unhar v arañar, rasguñar.
União s unión, enlace, matrimonio.
Unicelular adj unicelular.
Unicidade s unicidad.
Único adj único, solo, incomparable, singular.
Unicórnio s unicornio.
Unidade s unidad.

Unificar v unificar, reunir.
Uniforme adj uniforme.
Uniformizar v uniformar, hermanar.
Unilateral adj unilateral.
Unir v unir, vincular, juntar.
Uníssono adj unísono.
Unitário adj unitario.
Universal adj universal, general.
Universidade v universidad.
Universo s cosmos, orbe, universo.
Unívoco adj unívoco.
Untar v ungir, untar.
Unto s unto, manteca de puerco por derretir.
Urânio s uranio.
Urbanismo s urbanismo.
Urbanístico adj urbanístico.
Urbanizar v urbanizar.
Urbano adj urbano.
Urbe s urbe, ciudad.
Urdidura s urdidura.
Urdimento s urdidura.
Urdir v entretejer, urdir.
Ureia s urea.
Uremia s uremia.
Ureter s uréter.
Uretra s uretra.
Urgente adj urgente.
Urgir v urgir.
Urina s orina.
Urinar v orinar.
Urna s urna, ataúd.
Urologia s urología.
Urrar v rugir, bramar.
Urso s oso.
Urticária s urticaria.
Urtiga s ortiga.
Urubu s urubú, especie de buitre.

URZE — UVA

Urze *s* brezo, urce.
Usança *s* usanza, uso.
Usar *v* usar, deteriorar.
Usina *s* usina, factoría.
Uso *s* uso, empleo, tradición, hábito, usanza.
Usual *adj* usual, ordinario, corriente.
Usuário *s* usuario.
Usufruir *v* usufructuar, gozar.
Usura *s* usura, agio.

Usurpar *v* usurpar, detentar.
Utensílio *s* utensilio, pertrecho.
Útero *s* matriz, útero.
Útil *adj* útil, aprovechable.
Utilidade *s* utilidad, servicio.
Utilizar *v* utilizar, ocupar.
Utopia *s* utopía, fantasía.
Utópico *adj* utópico, fantástico.
Uva *s* uva.

V

V *s* vigésima primera letra del alfabeto portugués; V-cinco en la numeracion romana.

Vaca *s* vaca.

Vacância *s* vacancia.

Vacaria *s* vaquería, vacada.

Vacilante *adj* vacilante, trémulo.

Vacilar *v* vacilar, oscilar, tambalear.

Vacina *s* vacuna.

Vacinar *v* vacunar.

Vacum *adj* vacuno.

Vácuo *adj* vacuo, vacío.

Vadear *v* vadear.

Vadiagem *s* vagancia, hampa.

Vadiar *v* vagar, vagabundear.

Vaga *s* ola, plaza, onda.

Vagabundagem *s* vagabundeo.

Vagabundear *v* vagabundear.

Vagalhão *s* ola muy grande.

Vaga-lume *s* luciérnaga.

Vagão *s* vagón.

Vagar *v* vagar, vaguear; *s* lentitud, ocio.

Vagaroso *adj* lento, moroso, paulatino.

Vagem *s* vaina, baca.

Vagina *s* vagina.

Vago *adj* vago, evasivo.

Vaguear *v* errar, vaguear.

Vaia *s* abucheo, pitada.

Vaiar *v* abuchear, silbar.

Vaidade *s* vanidad, alarde.

Vaidoso *adj* vanidoso, engolado.

Vaivém *s* vaivén.

Vala *s* foso, valla.

Vale *s* vale, boletín.

Valente *adj* valeroso, valiente.

Valentia *s* valentía, valor.

Valer *v* valer, costar.

Valeriana *s* valeriana.

Valeta *s* hijuela, zanja.

Valia *s* valor, valía.

Validade *s* validez.

Validar *v* legalizar, validar.

Válido *adj* válido, útil.

Valise *s* maletín.

Valor *s* valor, valía, virtud.

Valorização *s* valoración.

Valorizar *v* evaluar, valorizar.

Valoroso *adj* valeroso.

Valsa *s* vals.

Vampiro *s* vampiro.

Vândalo *adj* vándalo, selvaje.

Vangloriar-se *v* vanagloriarse, jactarse, ufanarse.

Vanguarda *s* vanguardia.

Vantagem *s* ventaja.

Vantajoso *adj* ventajoso, lucrativo, útil.

Vão *adj* vano, fatuo; *s* mella, nicho.

Vapor *s* tufo, vapor.

Vaporizar *v* vaporizar.

Vaqueiro *s* vaquero.

Vara *s* vara, bastón.

Varal *s* colgador, tendedero.

Varanda *s* balcón, baranda, barandilla.

Varão *s* hombre, varón.

Varejão *s* economato.

Varejo *loc adv* a venta al por menor.

Vareta *s* varilla, palillo.

Variação *s* variación, mudanza.

Variado *adj* variado, vario, múltiple, surtido.

Variar *v* variar, mudar, cambiar, alternar.

Varicela *s* varicela.

Variedade *s* variedad, profusión.

Vário *adj* vario, variado.

Varíola *s* viruela.

Varonil *adj* varonil, viril.

VARREDOR — VERGONHA

Varredor s barrendero.
Varrer v barrer, escobar.
Varrido adj barrido, limpio.
Várzea s vega, campiña.
Vasilha s vajilla, vasija.
Vasilhame s envase, vasija.
Vaso s florero, urna, ánfora, pote.
Vassalo s súbdito, vasallo.
Vassoura s escoba.
Vastidão s amplitud, inmensidad.
Vasto adj vasto, extenso, amplio.
Vatapá s iguaria hecha con pescado, aceite y pimienta.
Vaticinar v vaticinar, predecir.
Vau s vado, bajío.
Vazamento s vaciamiento.
Vazar v vaciar, filtrar, verter, derramar.
Vazio adj vacío, hueco.
Veado s venado, corzo.
Vedação s defensa, veda.
Vedar v vedar, estancar, privar.
Vedete s vedette.
Veemente adj vehemente, ardiente, fervoroso.
Vegetação s vegetación.
Vegetal adj vegetal; s planta.
Vegetar v vegetar, germinar.
Veia s vena, vaso.
Veicular v transportar en vehículo, introducir, importar.
Veículo s vehículo.
Veio s filón, vena.
Vela s vela.
Velado adj velado, cubierto, oculto.
Velar v velar, vigilar.
Veleiro s velero.
Velhacaria s bellaquería, picardía.
Velhaco adj bellaco, bribón.
Velharia s vejez.
Velhice s vejez, senilidad.
Velho adj viejo, anciano, abuelo, anticuado; s viejo.
Velocidade s velocidad, marcha.
Velocímetro s velocímetro.
Velocípede s velocípedo.
Velório s velatorio, funeral.
Veloz adj veloz, rápido, ligero.

Veludo s velludo.
Venal adj venal, venoso.
Vencedor adj vencedor.
Vencer v vencer, sujetar, triunfar.
Venda s venda, vender.
Venda s venta, tienda, taberna.
Vendar v vendar, tapar.
Vendaval s vendaval, tempestad.
Vender v vender.
Veneno s veneno.
Venenoso adj venenoso.
Venerar v respetar, venerar.
Venerável adj venerable.
Venéreo adj venéreo.
Vênia s venia.
Venial adj venial.
Venoso adj venoso.
Ventania s ventarrón, viento forte.
Ventar v ventear.
Ventilador s ventilador.
Ventilar v ventilar.
Vento s viento.
Ventosa s ventosa.
Ventre s vientre, barriga.
Ventrículo s ventrículo.
Ventríloquo adj ventrílocuo.
Ventura s ventura, buena suerte.
Ver v ver, presenciar.
Veracidade s veracidad, exactitud.
Veranear v veranear.
Verão s verano, estío.
Veraz adj veraz, verdadero, verídico.
Verbal adj verbal, oral.
Verbete s apunte, nota, ficha.
Verbo s verbo.
Verborreia s verborrea.
Verdade s verdad, realidad.
Verde adj verde.
Verdejar v verdea.
Verdura s hortaliza, verdura.
Verdureiro s verdulero.
Vereador s concejal.
Vereda s vereda, camino estrecho.
Veredito s veredicto.
Vergar v cimbrar, curvar, doblar.
Vergel s vergel, jardín.
Vergonha s vergüenza.

V

VAR / VER

VERGONHOSO — VILÃO

Vergonhoso *adj* vergonzoso, deshonesto, obsceno, tímido.
Verídico *adj* verídico, verdadero.
Verificação *s* verificación.
Verificar *v* verificar, examinar, examinar.
Verme *s* gusanillo, gusano.
Vermelhão *adj* bermellón.
Vermelho *adj* rojo, bermejo, rubro.
Vermicida *adj* vermicida.
Vermute *s* vermut.
Vernáculo *adj* vernáculo, nativo.
Verniz *s* barniz, charol.
Verossímil *adj* verosímil, natural.
Verruga *s* verruga.
Verruma *s* barrena, taladro.
Verrumar *v* barrenar.
Versado *adj* versado, perito.
Versão *s* versión, traducción.
Versar *v* versar, volver.
Versátil *adj* versátil, voluble.
Versículo *s* versículo.
Versificar *v* versificar.
Verso *s* verso.
Vertebrado *adj* vertebrado.
Verter *v* verter, derramar, traducir.
Vertical *adj* vertical.
Vértice *s* vértice, cúspide.
Vertigem *s* vértigo.
Vesgo *adj* bizco, estrábico, bisojo.
Vesícula *s* vesícula.
Vespa *s* avispa.
Véspera *s* víspera.
Vespertino *adj* vespertino.
Veste *s* veste, vestido, traje.
Vestiário *s* ropero, vestuario.
Vestíbulo *s* vestíbulo.
Vestido *s* vestido, traje.
Vestígio *s* vestigio, huella, marca.
Vestimenta *s* vestimenta, vestidura.
Vestir *v* vestir, cubrir.
Vestuário *s* vestuario, traje completo.
Vetar *v* vetar, prohibir.
Veterano *adj* veterano, antiguo.
Veterinário *s* veterinario.
Veto *s* veto, prohibición, recusa.
Vetusto *adj* vetusto, viejo, antiguo.
Véu *s* velo.

Vexar *v* vejar.
Vexatório *adj* vejatorio.
Vez *s* vez.
Via *s* vía, trayectoria, camino.
Viaduto *s* viaducto.
Viagem *s* viaje, jornada.
Viajante *s* viajante, viajero.
Viário *s* calzada de la vía férrea.
Viatura *s* vehículo.
Viável *adj* viable.
Víbora *s* víbora.
Vibração *s* vibración.
Vibrar *v* vibrar, mover, agitar, conmover.
Vice-rei *s* virrey.
Vice-versa *loc adv* viceversa.
Viciar *v* viciar.
Vicinal *adj* vecinal.
Vicissitude *s* vicisitud.
Viço *s* lozanía.
Viçoso *adj* lozano, vigoroso.
Vicunha *s* vicuña.
Vida *s* vida.
Videira *s* cepa, vid.
Vidente *adj* vidente, que ve.
Vidraça *s* vidriera, vitral.
Vidraceiro *s* vidriero.
Vidrado *adj* vidriado.
Vidraria *s* vidriería, fábrica de vidrios.
Vidrilho *s* canutillo, lentejuelas.
Vidro *s* vidrio.
Viela *s* callejuela.
Viés *s* biés, sesgo.
Viga *s* viga.
Vigário *s* vicario.
Vigência *s* vigencia.
Vigente *adj* vigente.
Vigia *s* vigía.
Vigiar *v* atalaya, centinela, espía.
Vigilância *s* vigilancia, precaución.
Vigilar *v* vigilar.
Vigília *s* vigilia, insomnio.
Vigor *s* vigor, energía, fuerza muscular.
Vigorar *v* vigorar, fortalecer.
Vil *adj* vil, infame.
Vila *s* poblado, villa.
Vilania *s* villanía.
Vilão *adj* villano.

VILAREJO — VOCAÇÃO

Vilarejo s aldea, pueblo, lugarejo.
Vileza s vileza, villanía, bajeza.
Vilipêndio s vilipendio.
Vime s mimbre.
Vimeiro s mimbrera.
Vinagre s vinagre.
Vincar v plegar, arrugar.
Vinco s raya, pliegue.
Vincular v vincular, atar.
Vinda s venida, llegada.
Vindima s vendimia.
Vindouro s venidero, futuro.
Vingador s vengador.
Vingança s venganza.
Vingar v vengar.
Vinha s viña.
Vinhedo s viñedo.
Vinheta s viñeta.
Vinho s vino.
Vinícola adj vinícola.
Viola s guitarra, instrumento de cuerda.
Violação s violación.
Violáceo adj violáceo.
Violão s violón, instrumento músico de seis cuerdas.
Violar v violar, ofender, profanar.
Violentar v violentar, desflorar, forzar.
Violento adj violento, intenso, impetuoso.
Violeta s violeta.
Violino s violín.
Viperino adj viperino.
Vir v venir.
Virar v virar, doblar.
Virgem s virgen, doncella.
Virgindade s virgindad.
Vírgula s coma, virgulilla.
Viril adj viril, masculino.
Virilha s ingle.
Virilidade s virilidad, vigor.
Virtual adj virtual, potencial.
Virtude s virtud, bien.
Virulento adj virulento.
Vírus s virus.
Visado s visto.
Visão s visión.
Visar v visar, mirar.

Víscera s víscera.
Visconde s vizconde.
Viscoso adj viscoso, pegajoso.
Viseira s visera.
Visionário adj visionario.
Visitar v visita.
Visível adj visible.
Vislumbrar v vislumbrar.
Vislumbre s vislumbre.
Vista s vista, panorama.
Visto adj visto, conocido, notorio, sabido; s visado, visto bueno.
Vistoriar v registrar, inspeccionar.
Vistoso adj vistoso, jarifo.
Visual adj visual.
Vital adj vital.
Vitalidade s vitalidad.
Vitamina s vitamina.
Vitelo s ternero, becerro.
Vítima s víctima, mártir.
Vitimar s sacrificar, damnificar, matar.
Vitória s victoria, triunfo.
Vitral s vitral, vidriera de colores o con pinturas.
Vítreo adj vítreo.
Vitrificar v vitrificar.
Vitrina s vitrina, escaparate.
Vitupério s vituperio, ultraje, insulto.
Viuvez s viudez.
Viúvo s viudo.
Viva s ¡viva!
Vivacidade s vivacidad.
Viveiro s vivero.
Vivenda s vivienda.
Viver v vivir, existir, residir, morar.
Víveres s víveres.
Vívido adj vívido, vivaz.
Vivo adj vivo.
Vizinhança s vecindad, proximidades, cercanías.
Vizinho adj vecino, limítrofe, próximo; s vecino.
Voador adj volador.
Voar v volar.
Vocabulário s vocabulario, diccionario.
Vocábulo s vocablo, voz.
Vocação s tendencia, vocación.

VOCAL — VURMO

Vocal *adj* vocal, oral.
Vocálico *adj* vocálico.
Você *pron* usted, forma de tratamiento cortesano y familiar.
Vociferar *v* vociferar.
Vodca *s* vodka.
Voejar *v* revolotear, rastrear.
Voga *s* boga.
Vogal *s* vocal; *adj* vocal.
Volátil *adj* volátil.
Vôlei *s* balonvolea.
Volta *s* vuelta.
Voltagem *s* voltaje.
Voltar *v* volver, regresar.
Voltear *v* voltear.
Volume *s* volumen, tamaño.
Volumoso *adj* voluminoso.
Voluntário *adj* instintivo, voluntario.
Volúpia *s* voluptuosidad.
Volúvel *adj* voluble, fácil, falso, inconstante.
Volver *v* volver, pensar.
Vomitar *v* vomitar, lanzar.
Vômito *s* vómito.
Vontade *s* voluntad, deseo, gana, intención.

Voo *s* vuelo.
Voracidade *s* glotonería, voracidad.
Voraz *adj* voraz, ávido, goloso.
Vós *pron* vos, os, vosotros.
Vosso *pron* vuestro.
Votação *s* elección, votación.
Voto *s* voto, opinión, sufragio.
Vovó *s* abuela.
Vovô *s* abuelo.
Voz *s* voz.
Vozear *v* vocear.
Vulcânico *adj* vulcánico.
Vulcão *s* volcán.
Vulgar *adj* vulgar, trivial, mediocre.
Vulgarizar *s* vulgarizar, popularizar.
Vulgo *s* vulgo.
Vulnerar *v* vulnerar, herir.
Vulnerável *adj* vulnerable.
Vulpino *adj* vulpino.
Vulto *s* rostro.
Vultoso *adj* voluminoso.
Vulturno *s* vulturno.
Vulva *s* vulva.
Vurmo *s* pus o sangre purulenta de las heridas.

X *s* vigésima segunda letra del alfabeto portugués.
Xácara *s* jácara, seguidilla.
Xadrez *s* ajedrez.
Xale *s* chal.
Xampu *s* champú.
Xará *s* tocayo, homónimo.
Xarope *s* jarabe, arrope.
Xenofobia *s* xenofobia.
Xeque *s* jaque, jeque.
Xereta *adj* curioso, intrigante.
Xeretar *v* fisgonear, intrigar, chismear.
Xerez *s* jerez.
Xerife *s* sheriff.
Xerografia *s* xerografía.
Xícara *s* jícara, taza.
Xingar *v* insultar, injuriar.
Xisto *s* pizarra, esquisito.
Xixi *s* pipí, pis.
Xodó *s* amor, pasión.
Xoxota *s* coño.
Xucro *adj* arisco, salvaje.
Xurdir *v* luchar por la vida.
Xuxo *s* pez selacio de la costa de Portugal.

z Z

Z s vigésima tercera letra del alfabeto portugués.
Zabumba s zambomba, bombo.
Zanga s cólera, ira, enfado.
Zangado adj enfadado.
Zangão s zángano.
Zangar v enfadar, atufar.
Zarcão s bermejón.
Zarolho s tuerto, bizco, estrábico.
Zarpar v zarpar, levar anclas.
Zarzuela s zarzuela.
Zebra s cebra.
Zebrar v listar, alistar.
Zebu s cebú.
Zelador s celador, conserje.
Zelar v celar, vigilar.
Zelo s celo, desvelo, devoción, escrúpulo, esmero.
Zeloso adj celoso, cuidadoso.
Zénite s cenit, auge, apogeo.
Zepelim s zepelín, globo dirigible.
Zero s cero.
Ziguezague s zigzag.
Zinco s cinc, zinc.

Zíngaro adj cíngaro, gitano.
Zíper s cremallera.
Zoada s zurrido.
Zodíaco s zodíaco.
Zombador adj zumbón, burlón.
Zombar v jugar, burlarse, mofar.
Zombaria s escarnio, burla, chacota, ironía.
Zombeteiro adj sarcástico.
Zona s área, banda.
Zonzo adj atolondrado.
Zoologia s zoología.
Zoológico s zoológico, zoo.
Zopeiro adj tonto, zoquete.
Zorro adj astuto.
Zuco adj tonto, borracho.
Zuído s zumbido.
Zumbir v zumbar, silbar.
Zunido s silbo, zumbido, silbido.
Zunir v silbar, zumbar.
Zunzum s rumor, zumbido.
Zurrar v rebuznar, roznear.
Zurro s rebuzno.
Zurzir v azotar, castigar, critica áspera.

Z / ZUR

Minidicionário Escolar

Suplemento gramatical

O alfabeto espanhol
Divisão silábica
Pronúncia
Numerais
Verbos

Noções de Gramática Espanhola

O ALFABETO ESPANHOL:

O alfabeto espanhol apresenta-se com 28 (vinte e oito) letras:

a - *a (a)*	**j** - *jota (h'ota)*	**r** - *erre ('erre)*
b - *be (be)*	**k** - *ka (ka)*	**s** - *ese ('ese)*
c - *ce (θe)*	**l** - *ele ('ele)*	**t** - *te (te)*
ch - *che (tʃe)*	**ll** - *elle ('eλe)*	**u** - *u (u)*
d - *de (de)*	**m** - *eme ('eme)*	**v** - *uve ('uve)*
e - *e (e)*	**n** - *ene ('ene)*	**x** - *equis ('ekis)*
f - *efe ('efe)*	**ñ** - *eñe ('eñe)*	**y** - *i griega (igr'jega)*
g - *ge (he)*	**o** - *o (o)*	**z** - *zeta (θ'eta)*
h - *hache ('atʃe)*	**p** - *pe (pe)*	
i - *i (i)*	**q** - *cu (ku)*	

a. Ch, ll e ñ são consoantes distintas que no alfabeto espanhol sucedem, respectivamente: c, l e n.

Início da palavra	Meio da palavra
choco	acelerón
clarín	achaque
llaga	fallo
lodo	falsedad
niebla	pinta
ñantota	piñata

b. O h é uma consoante muda, pronunciada apenas em algumas palavras estrangeiras:

hard *(h'ard)*

c. A representação fonética do **x** *(ks)* indica que o som entre parênteses, usado em várias regiões, é omitido em outras:

e.xa.me *[e(k)s'ame]*.

O som *(s)* corresponde ao **x** em início de palavra:

xe.nó.fo.bo *(seno'fobo)*.

d. O **w** uve doble *('ube d'oble)* não faz parte do alfabeto, mas aparece em algumas palavras estrangeiras.

SUPLEMENTO GRAMATICAL

DIVISÃO SILÁBICA:

A divisão silábica em espanhol é semelhante ao português, sendo que:

a. A consoante dupla **rr** e a letra **ll** ficam sempre na mesma sílaba:

co.rrom.per
lla.ma
de.rri.bar

b. As consoantes **c** e **n**, quando duplicadas, ficam em sílabas diferentes:

ac.ci.den.te
in.ne.ga.ble
fac.cio.s o

c. Os ditongos **i** ou **u** + **vogal** não se separam:

cie.go
fue.go
cua.jo

d. Nunca se duplica a consoante **s** em espanhol.

e. Se houver **h** em um grupo vocálico, separam-se as vogais:

co.he.sión
a.hi.já.do

f. As palavras compostas podem ser separadas etimologica ou foneticamente:

des.in.te.grar
ou
de.sin.te.grar

PRONÚNCIA:

a. As vogais são sempre orais:
(a) Portugal *(Purtu'gal)*
(e) erro *('erru)*
(i) agil *('ahil)* e para y usado como vogal rey *(r'ei)*
(o) ovo *('ovo)*
(u) mula *('mula)*

b. As consoantes foram simplificadas:
(b) para **b** e **v** – blanco *(bl'anko)* – vino *(b'ino)*
(k) para **c**, seguido de **a, o, u, k ,qu** – capa *(k'apa)* – queso *(k'eso)*
(θ) para **c**, seguido de **e, i, z** – cerca *(θ'erka)* – zapato *(θap'ato)*
(t$\int$) para **ch** – ancho *('ant$\int$o)* – igual **ch** precedido de **t**
(d) dado *(d'ado)* – no final da palavra soa brando
(f) fango *(f'ango)*
(g) para **g**, seguido de **a, o, u** – agua *('agwa)* – hoguera *(og'era)*
(h) para **j** e **g** seguido de **e, i** – caja *(k'aha)* – ágil *('ahil)*
(j) para **i** nos ditongos – fiesta *(f'jesta)*
(l) lente *(l 'ente)*
(λ) para **ll** – calle *(k'aλe)* – igual ao **lh** do português
(m) madre *(m'adre)*
(n) natal *(nat'al)*
(ñ) para **ñ** – caña *(k'aña)* – igual ao **nh** do português
(p) paño *(p'año)*
(r) no início e após **l, n, s** é forte – red *(red)* – alrededor *(alreded'or)* no meio ou final é brando – general *(hener'al)*
(rr) para **rr** – tierra *(t'jerra)*
(s) para **s** e **x** inicial – sosiego *(sos'jego)* – xerocopia *(serok'pja)*
[k(s)] para **x** – exigir *[e(k)sih'ir]*
(θ) para **z** e **c** seguidos de **e** ou **i** – azúcar *(aθ'ukar)*
(t) tortilla *(tort'iλa)*
(w) cuatro *(k'watro)*
(y) para **y** – arroyo *(arr'oyo)*

NUMERAIS: *(Los Numerales)*

	CARDINAIS *(Cardinales)*	ORDINAIS *(Ordinales)*
0	*cero*	—
1	*uno*	*primero*
2	*dos*	*segundo*
3	*tres*	*tercero*
4	*cuatro*	*cuarto*
5	*cinco*	*quinto*
6	*seis*	*sexto*
7	*siete*	*sé(p)timo*
8	*ocho*	*octavo*
9	*nueve*	*noveno, nono*
10	*diez*	*décimo*
11	*once*	*undécimo*
12	*doce*	*duodécimo*
13	*trece*	*decimotercero, decimotercio*
14	*catorce*	*decimocuarto*
15	*quince*	*decimoquinto*
16	*dieciséis*	*decimosexto*
17	*diecisiete*	*decimosé(p)timo*
18	*dieciocho*	*decimoctavo*
19	*diecinueve*	*decimonoveno, decimonono*
20	*veinte*	*vigésimo*
21	*veintiuno*	*vigésimo primero, vigésimo primo*
22	*veintidós*	*vigésimo segundo*
30	*treinta*	*trigésimo*
31	*treinta y uno*	*trigésimo primero, trigésimo primo*
40	*cuarenta*	*cuadragésimo*
50	*cincuenta*	*quincuagésimo*
60	*sesenta*	*sexagésimo*
70	*setenta*	*septuagésimo*
80	*ochenta*	*octogésimo*
90	*noventa*	*nonagésimo*
100	*ciento / cien*	*centésimo*
101	*ciento uno*	*centésimo primero*
200	*doscientos*	*ducentésimo*
300	*trescientos*	*tricentésimo*
400	*cuatrocientos*	*cuadringentésimo*
500	*quinientos*	*quingentésimo*
600	*seiscientos*	*sexcentésimo*
700	*setecientos*	*septingentésimo*
800	*ochocientos*	*octingentésimo*
900	*novecientos*	*noningentésimo*
1.000	*mil*	*milésimo*
1.001	*mil uno*	*milésimo primero*
100.000	*cien mil*	*cien milésimo*
1.000.000	*un millón*	*millonésimo*
2.000.000	*dos millones*	*dos millonésimo*

Os numerais 1 (cardinal e ordinal) e 3 (ordinal), bem como suas derivações (ordinal), perdem o **O** final diante de substantivo.

Ex.: *un perro* (um cachorro); *primer dia del mes* (primeiro dia do mês); *tercer piso* (terceiro andar)

OS VERBOS:

a. A conjugação dos verbos tem três modelos, que se distinguem pela terminação:

> **Primeiro Grupo:** O infinitivo termina em ar.
> **Segundo Grupo:** O infinitivo termina em er.
> **Terceiro Grupo:** O infinitivo termina em ir.

b. VERBOS AUXILIARES:
Existem quatro importantes verbos auxiliares: ter, haver, ser, estar.

LOS VERBOS:

a. *La conjugación de los verbos tiene tres modelos, que se distinguen por la terminación:*

> **Primer Grupo:** *El infinitivo termina en ar.*
> **Segundo Grupo:** *El infinitivo termina en er.*
> **Tercer Grupo:** *El infinitivo termina en ir.*

b. *VERBOS AUXILIARES:*
Hay cuatro grandes verbos auxiliares: tener, haber, ser, estar.

MODELOS DE CONJUGAÇÃO COMPLETA:
MODELOS DE CONJUGACIÓN COMPLETA:

Verbo TER (*TENER*) Verbo HAVER (*HABER*)

MODO INDICATIVO *(Modo Indicativo)*

Presente (*Presente*)

eu tenho	*(yo tengo)*
tu tens	*(tú tienes)*
ele tem	*(él tiene)*
nós temos	*(nosotros tenemos)*
vós tendes	*(vosotros tenéis)*
eles têm	*(ellos tienen)*
eu hei	*(yo ze)*
tu hás	*(tú has)*
ele há	*(él ha)*
nós havemos	*(nosotros hemos)*
vós haveis	*(vosotros habéis)*
eles hão	*(ellos han)*

SUPLEMENTO GRAMATICAL

Pretérito Imperfeito (*Pretérito Imperfecto*)

tinha	*(tenía)*
tinhas	*(tenías)*
tinha	*(tenía)*
tínhamos	*(teníamos)*
tínheis	*(teníais)*
tinham	*(tenían)*
havia	*(había)*
havias	*(habías)*
havia	*(había)*
havíamos	*(habíamos)*
havíeis	*(habíais)*
haviam	*(habían)*

Pretérito Perfeito (*Pretérito Perfecto*)

tive	*(tuve)*
tiveste	*(tuviste)*
teve	*(tuvo)*
tivemos	*(tuvimos)*
tivestes	*(tuvisteis)*
tiveram	*(tuvieron)*
houve	*(hube)*
houveste	*(hubiste)*
houve	*(hubo)*
houvemos	*(hubimos)*
houvestes	*(hubisteis)*
houveram	*(hubieron)*

Pretérito mais que Perfeito (*Pretérito Pluscuamperfecto*)

tivera	*(tuviera)*
tiveras	*(tuvieras)*
tivera	*(tuviera)*
tivéramos	*(tuviéramos)*
tivéreis	*(tuvierais)*
tiveram	*(tuvieran)*
houvera	*(hubiera)*
houveras	*(hubieras)*
houvera	*(hubiera)*
houvéramos	*(hubiéramos)*
houvéreis	*(hubierais)*
houveram	*(hubieran)*

Futuro do Presente (*Futuro Imperfecto*)

terei	*(tendré)*
terás	*(tendrás)*
terá	*(tendrá)*
teremos	*(tendremos)*
tereis	*(tendréis)*
terão	*(tendrán)*
haverei	*(habré)*
haverás	*(habrás)*
haverá	*(habrá)*
haveremos	*(habremos)*
havereis	*(habréis)*
haverão	*(habrán)*

Futuro do Pretérito (*Condicional*)

teria	*(tendría)*
terias	*(tendrías)*
teria	*(tendría)*
teríamos	*(tendríamos)*
teríeis	*(tendréis)*
teriam	*(tendrían)*
haveria	*(habría)*
haverias	*(habrias)*
haveria	*(habría)*
haveríamos	*(habríamos)*
haveríeis	*(habríais)*
haveriam	*(habrían)*

MODO SUBJUNTIVO (*Modo Subjuntivo*)

Presente (*Presente*)

tenha	*(tenga)*
tenhas	*(tengas)*
tenha	*(tenga)*
tenhamos	*(tengamos)*
tenhais	*(tengáis)*
tenham	*(tengan)*
haja	*(haya)*
hajas	*(hayas)*
haja	*(haya)*
hajamos	*(hayamos)*
hajais	*(hayáis)*
hajam	*(hayan)*

Pretérito Imperfeito *(Pretérito Imperfecto)*

tivesse	*(tuviese)*
tivesses	*(tuvieses)*
tivesse	*(tuviese)*
tivéssemos	*(tuviésemos)*
tivésseis	*(tuvieseis)*
tivessem	*(tuviesen)*
houvesse	*(hubiese)*
houvesses	*(hubieses)*
houvesse	*(hubiese)*
houvéssemos	*(hubiésemos)*
houvésseis	*(hubieseis)*
houvessem	*(hubiesen)*

Futuro *(Futuro Imperfecto)*

tiver	*(tuviere)*
tiveres	*(tuvieres)*
tiver	*(tuviere)*
tivermos	*(tuviéremos)*
tiverdes	*(tuviereis)*
tiverem	*(tuvieren)*
houver	*(hubiere)*
houveres	*(hubieres)*
houver	*(hubiere)*
houvermos	*(hubiéremos)*
houverdes	*(hubiereis)*
houverem	*(hubieren)*

MODO IMPERATIVO *(Modo Imperativo)*

tem	*(ten)*
tenha	*(tenga)*
tenhamos	*(tengamos)*
tende	*(tened)*
tenham	*(tengan)*
há	*(he)*
haja	*(haya)*
hajamos	*(hayamos)*
havei	*(habed)*
hajam	*(hayan)*

437

MODO INFINITIVO *(Modo Infinitivo)*

Impessoal *(Impersonal)*

ter *(tener)*	haver *(haber)*

Pessoal *(Personal)*

ter	*(que tenga)*
teres	*(que tengas)*
ter	*(que tenga)*
termos	*(que tengamos)*
terdes	*(que tengáis)*
terem	*(que tengan)*
haver	*(que haya)*
haveres	*(que hayas)*
haver	*(que haya)*
havermos	*(que hayamos)*
haverdes	*(que hayáis)*
haverem	*(que hayan)*

Gerúndio *(Gerundio)*

tendo *(teniendo)*	havendo *(habiendo)*

Particípio *(Participio)*

tido *(tenido)*	havido *(habido)*

Verbo SER *(SER)*   Verbo ESTAR *(ESTAR)*

MODO INDICATIVO *(Modo Indicativo)*

Presente *(Presente)*

sou	*(soy)*
és	*(eres)*
é	*(es)*
somos	*(somos)*
sois	*(sois)*
são	*(son)*
estou	*(estoy)*
estás	*(estás)*
está	*(está)*
estamos	*(estamos)*
estais	*(estáis)*
estão	*(están)*

Pretérito Imperfeito *(Imperfecto)*

era	*(era)*
eras	*(eras)*
era	*(era)*
éramos	*(éramos)*
éreis	*(erais)*
eram	*(eran)*
estava	*(estaba)*
estavas	*(estabas)*
estava	*(estaba)*
estávamos	*(estábamos)*
estáveis	*(estabais)*
estavam	*(estaban)*

Pretérito Perfeito *(Perfecto)*

fui	*(fui)*
foste	*(fuiste)*
foi	*(fue)*
fomos	*(fuimos)*
fostes	*(fuisteis)*
foram	*(fueron)*
estive	*(estuve)*
estiveste	*(estuviste)*
esteve	*(estuvo)*
estivemos	*(estuvimos)*
estivestes	*(estuvisteis)*
estiveram	*(estuvieron)*

Pretérito mais que Perfeito (*Pretérito Pluscuamperfecto*)

fora	(*fuera*)
foras	(*fueras*)
fora	(*fuera*)
fôramos	(*fuéramos*)
fôreis	(*fuerais*)
foram	(*fueran*)
estivera	(*estuviera*)
estiveras	(*estuvieras*)
estivera	(*estuviera*)
estivéramos	(*estuviéramos*)
estivéreis	(*estuvierais*)
estiveram	(*estuvieran*)

Futuro do Presente (*Imperfecto*)

serei	(*seré*)
serás	(*serás*)
será	(*será*)
seremos	(*seremos*)
sereis	(*seréis*)
serão	(*serán*)
estarei	(*estaré*)
estarás	(*estarás*)
estará	(*estará*)
estaremos	(*estaremos*)
estareis	(*estaréis*)
estarão	(*estarán*)

Futuro do Pretérito (*Condicional*)

seria	(*sería*)
serias	(*serías*)
seria	(*sería*)
seríamos	(*seríamos*)
seríeis	(*seríais*)
seriam	(*serían*)
estaria	(*estaría*)
estarias	(*estarías*)
estaría	(*estaría*)
estaríamos	(*estaríamos*)
estaríeis	(*estaríais*)
estariam	(*estarían*)

440

MODO SUBJUNTIVO *(Modo Subjuntivo)*

Presente *(Presente)*

seja	*(sea)*
sejas	*(seas)*
seja	*(sea)*
sejamos	*(seamos)*
sejais	*(seáis)*
sejam .	*(sean)*

esteja	*(esté)*
estejas	*(estés)*
esteja	*(esté)*
estejamos	*(estemos)*
estejais	*(estéis)*
estejam	*(estén)*

Pretérito Imperfeito *(Pretérito Imperfecto)*

fosse	*(fuese)*
fosses	*(fueses)*
fosse	*(fuese)*
fôssemos	*(fuésemos)*
fôsseis	*(fueseis)*
fossem	*(fuesen)*

estivesse	*(estuviese)*
estivesses	*(estuvieses)*
estivesse	*(estuviese)*
estivéssemos	*(estuviésemos)*
estivésseis	*(estuvieseis)*
estivessem	*(estuviesen)*

Futuro *(Futuro Imperfecto)*

for	*(fuere)*
fores	*(fueres)*
for	*(fuere)*
formos	*(fuéremos)*
fordes	*(fuereis)*
forem	*(fueren)*

estiver	*(estuviere)*
estiveres	*(estuvieres)*
estiver	*(estuviere)*
estivermos	*(estuviéremos)*
estiverdes	*(estuviereis)*
estiverem	*(estuvieren)*

441

MODO IMPERATIVO (Modo Imperativo)

sê	(sé tú)
seja	(sea él)
sejamos	(seamos)
sede	(sed)
sejam	(sean)
está	(está tú)
esteja	(esté él)
estejamos	(estemos)
estai	(estad)
estejam	(estén)

MODO INFINITIVO Modo Infinitivo)

Impessoal (Impersonal)

ser (ser)	estar (estar)

Pessoal (Personal)

ser	(que yo sea)
seres	(que tú seas)
ser	(que él sea)
sermos	(que nosotros seamos)
serdes	(que vosotros seáis)
serem	(que ellos sean)
estar	(que yo esté)
estares	(que tú estés)
estar	(que él esté)
estarmos	(que nosotros estemos)
estardes	(que vosotros estéis)
estarem	(que ellos estén)

Gerúndio (Gerundio)

sendo (siendo)	estando (estando)

Particípio (Participio)

sido (sido)	estado (estado)

SUPLEMENTO GRAMATICAL

ALGUNS VERBOS IRREGULARES:
(Algunos Verbos Irregulares):

abastecer	*abastecer*
abstrair	*abstraer*
aderir	*adherir*
adoecer	*adolecer*
afazer	*habituar*
amaldiçoar	*maldecir*
apor	*justaponer*
aquecer	*calentar*
bendizer	*bendecir*
benfazer	*beneficiar*
benquerer	*bienquerer*
brunir	*bruñir*
bulir	*bullir*
cingir	*ceñir*
cobrir	*cubrir*
começar	*comenzar*
compor	*componer*
comprazer	*complacer*
condizer	*condecir*
conhecer	*conocer*
cozer	*cocer*
crer	*creer*
custar	*costar*
dar	*dar*
deduzir	*deducir*
demolir	*demoler*
depor	*deponer*
descer	*descender*
desfazer	*deshacer*
despendurar	*descolgar*
despir	*desnudar*
desterrar	*desterrar*
dizer	*decir*
eleger	*elegir*
embelezar	*embellecer*
falecer	*fallecer*
frigir	*freir*
gelar	*helar*
grunhir	*gruñir*
haver	*haber*
impor	*imponer*
inflorar	*florescer*
interpor	*interponer*

443

julgar	*juzgar*
labuzar	*ensuciar*
lembrar	*acordar*
maganear	*tunantear*
moer	*moler*
morrer	*morir*
namorar	*enamorar*
nascer	*nacer*
negar	*negar*
oferecer	*ofrecer*
opor	*oponer*
ouvir	*oír*
padecer	*padecer*
pensar	*pensar*
perolar	*perlificar*
poder	*poder*
querer	*querer*
quotizar	*cotizar*
rachar	*rajar*
rapar	*raspar*
reduzir	*reducir*
reger	*regir*
rir	*reír*
saber	*saber*
sair	*salir*
seduzir	*seducir*
sentir	*sentir*
ser	*ser*
talhar	*tajar*
tanger	*tañer*
tingir	*teñir*
trazer	*traer*
uberar	*fecundar*
untar	*untar*
vacinar	*vacunar*
valar	*vallar*
velar	*velar*
vir	*venir*
voar	*volar*
voltar	*volver*
xadrezar	*ajedrezar*
xingar	*insultar*
zabumbar	*aturdir*
zangar	*enfadar*
zebrar	*listar*
zurzir	*apalear*

ESPANHOL E PORTUGUÊS: SEMELHANÇAS E DIFERENÇAS

EL ALFABETO PORTUGUÉS

El alfabeto portugués consta de 23 letras:

a – a (a)

b – bê (be)

c – cê (se)

d – dê (de)

e – e (e)

f – efe ('ɛfi)

g – gê (ʒe)

h – agá (ag'a)

i – i (i)

j – jota ('ʒɔta)

l – ele ('ɛli)

m – eme ('emi)

n – ene ('eni)

o – o (ɔ)

p – pê (pe)

q – quê (ke)

r – erre ('ɛȓi)

s – esse ('ɛsi)

t – tê (te)

u – u (u)

v – vê (ve)

x – xis (ʃis)

z – zê (ze)

a. *Las letras **K**, cá (ka), **w** – dábliu (d'abliu) y **y** – ípsilon ('ipsilõw) sólo se usan en las palabras de derivación extranjera.*

b. *El sonido de las consonantes **ch, ll , ñ**, se representa, en portugués, por los grupos de letras **ch, lh, nh**. Estas letras siguen el orden alfabético del portugués:*

En el inicio de la palabra

caderno

leito

narina

En el medio de la palabra

aceno

pilastra

caneca

SEPARACIÓN SILÁBICA

a. *En portugués, siempre se separan:*
las consonantes duplicadas

guer.ra

ne.ces.sá.rio

b. *Jamás se separan:*
*los grupos: **ch, lh, nh, gu, qu***

ca.**cha**.ça

ve.**lho**

c. *Las sílabas en portugués no se separan por la etimología, pero por la fonética:*

i.na.lar

PRONUNCIACIÓN Y TRANSCRIPCIÓN FONÉTICA

a. *Vocales orales:*
  a, ɛ, e, i, ɔ, o, u, ə, ʌ

b. *Vocales nasales:*
  ã, ẽ, ĩ, õ, ũ

c. *Semivocales:*
  j, w

d. *Para las consonantes, los símbolos son los siguientes:*
  b, d, f, g, ʒ, k, l, λ, m, n, ñ, p, r, r̃, s, ʃ, t, v, z

PRONUNCIACIÓN Y TRANSCRIPCIÓN FONÉTICA